国家科学技术学术著作出版基金资助出版

高速铁路无砟轨道空间精细化分析方法及其应用

高 亮 著

科学出版社

北 京

内 容 简 介

本书重点阐述作者及其研究团队在高速铁路无砟轨道空间精细化分析方法及其应用研究方面所取得的系统性成果。全书共 9 章:第 1 章在系统分析国内外高速铁路无砟轨道发展概况的基础上,提出无砟轨道精细化设计及维护理念;第 2 章研究高速铁路无砟轨道结构细部参数取值及相关荷载组合;第 3 章建立无砟轨道空间实体设计模型、配筋检算模型、病害分析模型及动力仿真模型并分别进行验证,提出精细化分析模型群在设计、检算及维护中的应用原则;第 4 章至第 7 章分别针对无砟轨道设计、检算、病害机理、病害整治等方面,对空间精细化分析方法的应用进行具体阐述;第 8 章则依托作者在无砟轨道现场测试与监测方面的大量工作,对无砟轨道相关静动态测试及长期监测技术展开研究;第 9 章简要总结了本书的主要研究成果,并对无砟轨道未来的研究方向进行了展望。

本书可供从事高速铁路无砟轨道研究、设计及运营维护等相关工作的学者、专家、技术人员等参考。

图书在版编目(CIP)数据

高速铁路无砟轨道空间精细化分析方法及其应用/高亮著. —北京:科学出版社,2020.6
ISBN 978-7-03-060165-0

Ⅰ. ①高⋯ Ⅱ. ①高⋯ Ⅲ. ①高速铁路-无砟轨道-设计 Ⅳ. ①U213.2

中国版本图书馆 CIP 数据核字(2018)第 291126 号

责任编辑:周 炜 罗 娟 / 责任校对:王萌萌
责任印制:师艳茹 / 封面设计:陈 敬

科学出版社 出版
北京东黄城根北街 16 号
邮政编码:100717
http://www.sciencep.com

北京九天鸿程印刷有限责任公司 印刷
科学出版社发行 各地新华书店经销

*

2020 年 6 月第 一 版 开本:720×1000 B5
2020 年 6 月第一次印刷 印张:26 3/4
字数:536 000

定价:228.00 元
(如有印装质量问题,我社负责调换)

序 一

我国高速铁路已成为走向世界的"国家名片"。为满足线路高平顺、少维修的要求,高速铁路广泛采用无砟轨道结构形式。作为高速车辆最主要和直接的承力结构,无砟轨道的服役状态直接影响高速列车运营的安全性及舒适性。随着我国高速铁路建设规模的不断扩大、运营时间的不断积累,无砟轨道在服役过程中出现了突发、群发性的病害,而这些问题大多与既有的研究多重视初期设计而忽视运营条件下的服役性能有关。因此,针对高速铁路建造及运营各个阶段开展无砟轨道理论及应用技术研究具有重要的科学价值及现实意义。

作为国内外知名轨道工程研究团队,北京交通大学高亮教授及其团队为满足无砟轨道设计、检算和运营维护各阶段研究的需要,建立了无砟轨道空间精细化模型、预应力配筋检算模型以及层间病害精细化分析模型,提出了一整套贯穿于建造及运营的无砟轨道精细化分析理论体系及应用技术。他们作为无砟轨道再创新联合攻关组重要成员,为我国无砟轨道再创新提供了重要的理论支撑;作为主要理论支撑方,成功指导设计的具有完全自主知识产权的Ⅲ型板式轨道作为我国高速铁路的核心技术及主型产品推广至海外。研究成果填补了多项无砟轨道技术的空白,达到了国际领先水平,为我国高速铁路的大规模建设、安全运营及"走出去"战略提供了重要的理论及技术支撑。

该书是系统性论述高速铁路无砟轨道空间精细化分析方法及其应用的学术专著,内容翔实,结构严谨,具有极高的科学性和前瞻性,对从事高速铁路无砟轨道研究、设计及运营维护等相关人员都具有重要的参考价值。

高亮教授长期致力于高速铁路轨道结构基础理论与应用领域的研究,在无砟轨道、无缝线路等方面取得了一系列突破性成果,得到国内外同行的高度认可。

该书的出版将对我国高速铁路无砟轨道设计、建造和运营维护提供重要的理论指导,对促进铁路行业的科技进步、推动我国高速铁路科学发展意义重大。

中国工程院院士
2018年1月

序　二

近年来，我国高速铁路的建设和运营取得了举世瞩目的成就，为国民经济又好又快发展做出了重要贡献。高速铁路品牌在世界范围内的认知度也逐步提升，中国高速铁路已成为打造中国装备"走出去"的亮丽名片。无砟轨道由于其诸多优点，成为我国高速铁路最主要的轨道形式。随着无砟轨道的不断发展以及研究的深化，传统的弹性地基上的叠合梁和梁-薄板设计理论已难以满足无砟轨道精细化设计的需求。

高亮教授带领的团队，在国家及原铁道部/中国铁路总公司科技攻关项目的持续支持下，针对无砟轨道建造与运营中存在的一系列问题，通过理论与试验研究，历经多年，在基础理论和应用技术两方面均取得了突破性进展。建立了一套完整的针对无砟轨道设计、检算与运营维护等不同阶段的精细化空间实体分析模型系统，提出了无砟轨道精细化设计及维护理念，形成了系统的无砟轨道空间精细化建造及维护理论体系，取得了一系列具有国际领先水平的科研成果。

该书富集了高亮教授近年来的科研成果与其丰富的实践经验，首次建立了无砟轨道精细化分析模型及方法，为我国高速铁路无砟轨道再创新及"走出去"战略发挥了重要作用。全书内容与现有高速铁路无砟轨道技术难题紧密相关，具有较高的科学前瞻性与很好的实用价值。书中提出的理论模型、仿真技术、评估方法、监测技术等对从事高速铁路无砟轨道研究、设计及运营维护的学者、专家、技术人员等都具有重要的参考价值。

高亮教授长期从事轨道结构设计理论与应用的研究，在高速铁路无砟轨道、无缝线路的设计中取得了众多创新性的研究成果，治学严谨，得到了国内外同行的充分肯定。该书行文流畅，内容翔实，结构严谨，图文并茂，是一部极具学术价值和应用价值的优秀专著。

中国工程院院士
2019 年 1 月

序 三

无砟轨道由于其平顺性高、耐久性好、维修工作量小等优点，成为近年来我国高速铁路最主要的轨道形式。无砟轨道作为直接和高速列车接触的系统，其平顺性、安全性、耐久性与列车的安全平稳运行直接相关。

当前，我国无砟轨道服役里程已超过 2 万 km，应用规模大并仍处于快速发展阶段。无砟轨道铺设范围跨越不同气候带及各种地理环境，包括北方大温差、冬季异常低温及冰雪环境地区，南方潮湿、多雨及持续高温地区，西北干旱、大风环境地区等，面临着与复杂温度气候环境的适应性问题。同时，无砟轨道结构材料构成繁杂，结构形式多样，且与下部路基、桥隧基础等结构相互影响、相互制约，形成了一个空间耦合的多层结构体系，面临着结构层间变形协调以及与下部基础间的适应性问题。这些问题对无砟轨道的建造及安全服役带来重大挑战，需要突破众多重大技术难题。

高亮教授是我国轨道结构领域知名专家，在无砟轨道方面具有较高的造诣。他带领团队紧密围绕高速铁路无砟轨道建造及服役过程中面临的技术难点，以无砟轨道空间精细化系统分析方法为核心，以室内模型试验及现场测试为基础，分别针对无砟轨道分析参数及荷载组合、无砟轨道空间精细化分析模型的建立及验证、结构与材料参数影响规律、无砟轨道层间病害产生机理、无砟轨道静动态检测与监测等诸多方面进行了系统性研究，取得了一系列创新性成果。相关研究成果为京沪、武广、京津等数十条高速铁路无砟轨道的建造及安全服役提供了重要的理论支撑。

该书是关于无砟轨道空间精细化分析方法理论及应用研究的学术专著，见解独到，内容丰富，其理论性、创新性和实用性等都得到充分体现。该书的出版对无砟轨道领域的科学研究意义重大且具有较高的工程应用价值，为从事高速铁路无砟轨道研究、设计及运营维护的学者、专家、技术人员提供了重要的参考。

赵国堂

中国国家铁路集团有限公司科技和信息化部主任

2019 年 1 月

前　　言

铁路是国民经济发展的大动脉,而高速铁路已成为拉动社会经济发展的重要引擎。目前,我国已成为世界上高速铁路投产运营速度最快、运营里程最长、在建规模最大的国家。高速铁路技术主要集中于列车和下部基础两大方面。下部基础中轨道是与车轮直接接触、制约列车安全平稳运行的核心。无砟轨道因平顺性高、耐久性好、维修工作量小等优点,成为近年来我国高速铁路最主要的轨道形式。

目前,我国无砟轨道的应用范围已初具规模并仍处于快速发展阶段。气候、地质环境条件的多样性以及自身结构的复杂性对无砟轨道的建造及安全服役不断提出新的挑战。传统的无砟轨道分析理论对轨道结构及外部荷载简化较多,无法满足复杂气候、地质条件下高速铁路安全建造及长期运营的需要。随着高速铁路线路运营时间的加长,无砟轨道的病害呈现出群发、突发、反复发等特征,给高速铁路的安全运营带来隐患。因此,针对高速铁路建造及运营各个阶段开展无砟轨道精细化分析理论及应用技术研究具有重要的科学价值及现实意义。

本书在充分吸收国内外无砟轨道相关研究成果的基础上,对高速铁路无砟轨道关键参数、精细化分析模型群、关键设计参数影响规律、配筋检算、层间病害产生机理与整治措施以及检测与监测技术等进行深入的理论与试验研究,建立以无砟轨道空间实体设计模型、配筋检算模型、病害分析模型及动力仿真模型为主的精细化模型群,系统地提出无砟轨道精细化分析理念和方法,形成一套贯穿无砟轨道设计、建造及运营的无砟轨道空间精细化设计理论体系。研究成果已成功应用于京沪、郑西、哈大等高速铁路,支撑了我国高速铁路无砟轨道再创新工作;成功指导设计的Ⅲ型板式轨道作为我国高速铁路的核心技术及主型产品推广至海外,是我国高速铁路"走出去"战略的重要技术组成部分。

本书是作者及研究团队近年来在无砟轨道设计理论方面研究成果的系统总结与升华。内容主要依托"高速铁路无砟轨道设计技术"[国家高技术研究发展计划(863计划)项目,2006AA11Z105],"基于高精度结构光的高速铁路轮轨动态接触姿态检测系统"(国家重大科研仪器研制项目,51827813),"高速铁路无砟轨道结构模态参数辨识及对轮轨关系影响机理研究"(国家自然科学基金联合基金"重点支持项目",高铁联合基金,U1734206),"复杂温度条件下高速铁路无砟轨道多层结构体系变形协调与控制机理"(国家自然科学基金面上项目,51578056)等国家级项目,以及"基础设施基础理论及前瞻技术研究——复杂温度循环下高铁无砟轨道力学行为及损伤特性研究"(中国铁路总公司重大课题,2017G010A),"艰险困难山区高速铁路无砟轨道关键技术研究——山区高速铁路桥上CRTSⅡ型板式无砟轨道台后锚固体系研究"(铁道部重点课题,2010G018-D-2),"无砟轨道安全技术深化研究——无砟轨道安全技术静力仿真分析研究"(铁道部重大课题,2011G029-B-1),"CRTSⅢ型板式无砟轨道结构理论深化研究"(铁道部重大课题,2012G001-B),"高速铁路轨道结构关键技术研究——高速铁路CRTSⅡ型板式轨道底座板与充填层伤损修复关键技术研究"(铁道部重大课题,2012G008-A),"铁路基础设施检测监测及评价技术研究——高速铁路长大桥梁、高架站轨道系统综合监测技术研究"(铁道部重点课题,2012G003-A),"路基冻胀控制标准研究"(铁道部重大课题,中国铁路总公司科研试验,Z2013-038-4-Ⅱ),"CRTSⅡ板式无砟轨道温度场监测及温度效应理论研究"(铁道部重大课题,Z2013-G001-3),"复杂温度条件下无缝线路与无砟轨道相互作用关系及维护方法研究"(铁道部重大课题,2014G001-F),"客货共线无砟轨道结构服役状态和养修技术研究——客货共线无砟轨道部件状态演变规律"(铁道部重大课题,2015G001-B-1),"无砟轨道应用技术深化研究——高速铁路轨道系统监测检测技术深化研究"(铁道部重大课题,2015G001-L)等多项省部级重大、重点课题。

  本书针对高速铁路无砟轨道建造及运营中的关键技术问题,阐述作者及研究团队在高速铁路无砟轨道空间精细化分析方法及其应用研究方面所取得的系统性成果。全书共9章;第1章在系统分析国内外高速铁路无砟轨道发展与研究概况的基础上,提出无砟轨道精细化设计及维护理念;第2章研究高速铁路无砟轨道结构细部参数取值及相关荷载组合;第3章建立无砟轨道空间实体设计模型、配筋检算模型、病害分析模型及动力仿真分析模型并分别进行验证,提出精细化分析模型群;第4章为面向无砟轨道设计需求,基于高速铁路无砟轨道空间精细化分析模型与方法,以我国具有自主知识产权的CRTSⅢ型板式无砟轨道为例,对无砟轨道关键设计参数影响规律及结构选型展开深化研究;第5章以CRTSⅢ型板式无砟轨道普通钢筋、预应力钢筋及门型筋配置方案为例,介绍精细化分析方法在无砟轨道检算中的应用;第6章与第7章针对运营阶段无砟轨道出现的病害问题,基于精细化分析方法对无砟轨道典型病害的发生机理及其影响进行研究,并提出病害养护时机和合理维修措施;第8章则依托作者在无砟轨道现场测试与监测方面的大量工作,对无砟轨道相关静动态测试及长期监测技术展开研究;第9章简要总结了本书的主要研究成果,并对无砟轨道未来的研究方向进行了展望。

  在开展高速铁路无砟轨道空间精细化分析方法及应用的研究中,作者得到原铁道部/中国铁路总公司、国家铁路局有关领导的亲切关怀与鼓励,获得了国家自然科学基金、863 计划、原铁道部/中国铁路总公司科技发展计划、教育部博士点基金等项目的资助,并得到中国铁道科学研究院及各相关高校、设计院、铁路局、工程局等相关专家的大力支持与帮助。在本书的撰写过程中,博士研究生赵磊、钟阳龙、赵闻强、侯博文参与了大量的研究工作,课题组成员蔡小培、肖宏、辛涛、崔日新、尤明熙、梁淑娟、阮庆伍、刘心成、刘铁旭、任西冲、蔡航、马卓然、黄伊琛等进行了国内外研究资料的收集整理及分析、检测与监测等工作。在此,对上述单位及个人的支持与帮助一并表示感谢。

限于作者水平,书中难免存在疏漏和不妥之处,敬请广大读者批评指正。

作　者

2020 年 1 月

目 录

序一
序二
序三
前言

第1章　绪论 ·· 1
　1.1　高速铁路无砟轨道发展概况 ·· 2
　　1.1.1　无砟轨道特点 ··· 2
　　1.1.2　无砟轨道发展过程 ·· 2
　1.2　无砟轨道运营中存在的问题 ·· 17
　1.3　无砟轨道分析方法研究现状 ·· 22
　　1.3.1　无砟轨道设计及检算方法 ··· 22
　　1.3.2　无砟轨道病害分析方法 ·· 26
　1.4　无砟轨道分析方法发展趋势 ·· 30
　1.5　本章小结 ··· 31
第2章　高速铁路无砟轨道结构参数及荷载 ··· 32
　2.1　无砟轨道主体结构参数取值 ·· 33
　2.2　无砟轨道结构相互作用参数试验研究 ····································· 34
　　2.2.1　扣件阻力及刚度试验 ·· 35
　　2.2.2　土工布摩擦系数试验 ·· 38
　　2.2.3　混凝土与基床表层黏结性能试验 ··································· 41
　　2.2.4　限位销钉限位刚度试验 ·· 47
　2.3　无砟轨道设计荷载及荷载组合 ·· 56
　　2.3.1　无砟轨道主要荷载种类 ·· 56
　　2.3.2　无砟轨道荷载取值研究 ·· 58
　　2.3.3　设计荷载组合原则 ··· 62
　2.4　本章小结 ··· 66
第3章　无砟轨道精细化分析模型群的建立 ··· 68
　3.1　空间实体设计模型 ·· 68
　　3.1.1　无砟轨道空间实体设计模型建模方法 ···························· 68

3.1.2　无砟轨道空间实体设计模型验证 ………………………………… 73
3.2　配筋检算模型 …………………………………………………………… 76
　　3.2.1　配筋检算模型建模方法 …………………………………………… 77
　　3.2.2　配筋检算模型验证 ………………………………………………… 81
3.3　病害分析模型 …………………………………………………………… 90
　　3.3.1　无砟轨道病害分析模型建模方法 ………………………………… 90
　　3.3.2　无砟轨道病害分析模型验证 ……………………………………… 101
3.4　动力仿真模型 …………………………………………………………… 102
　　3.4.1　车辆模型 …………………………………………………………… 103
　　3.4.2　轨道有限元模型 …………………………………………………… 105
　　3.4.3　轮轨接触模型 ……………………………………………………… 106
　　3.4.4　系统动力仿真模型的耦合与求解 ………………………………… 108
　　3.4.5　轨道不平顺选取 …………………………………………………… 110
　　3.4.6　动力仿真模型的验证 ……………………………………………… 111
3.5　精细化分析模型群应用原则 …………………………………………… 112
　　3.5.1　精细化分析模型群在无砟轨道设计中的应用 …………………… 113
　　3.5.2　精细化分析模型群在无砟轨道检算中的应用 …………………… 113
　　3.5.3　精细化分析模型群在无砟轨道病害机理及整治研究中的应用 … 114
3.6　本章小结 ………………………………………………………………… 116

第4章　精细化分析方法在无砟轨道设计中的应用 ……………………… 117
4.1　无砟轨道整体设计思路 ………………………………………………… 117
4.2　无砟轨道荷载效应分析 ………………………………………………… 118
　　4.2.1　车辆荷载效应 ……………………………………………………… 118
　　4.2.2　温度荷载效应 ……………………………………………………… 123
　　4.2.3　基础变形荷载效应 ………………………………………………… 131
4.3　无砟轨道主要结构形式及参数研究 …………………………………… 137
　　4.3.1　轨道板结构参数影响 ……………………………………………… 137
　　4.3.2　填充层/调整层结构参数影响 ……………………………………… 143
　　4.3.3　轨道板与填充层材料差异影响 …………………………………… 145
　　4.3.4　无砟轨道结构参数选型建议 ……………………………………… 149
4.4　无砟轨道限位结构及连接形式研究 …………………………………… 149
　　4.4.1　限位结构单凹槽设计与优化 ……………………………………… 150
　　4.4.2　单双凹槽限位结构布设方案综合比选 …………………………… 156
　　4.4.3　轨道板单元与纵连方案比选 ……………………………………… 161

目录

4.4.4 填充层/调整层单元与纵连方案比选 …… 169
4.4.5 底座板合理纵连长度的设计 …… 175
4.4.6 复合板体系中板下隔离层设置的影响 …… 183
4.5 无砟轨道动力学特性评估及减振设计 …… 187
4.5.1 CRTSⅢ型板式无砟轨道整体动力学特性评估 …… 187
4.5.2 减振型CRTSⅢ型板式无砟轨道设计 …… 191
4.6 本章小结 …… 197

第5章 精细化分析方法在无砟轨道检算中的应用 …… 200
5.1 无砟轨道整体检算思路 …… 200
5.2 无砟轨道普通钢筋配置方案检算 …… 202
5.2.1 普通钢筋配置方案 …… 202
5.2.2 不同钢筋配置方案检算分析 …… 203
5.3 无砟轨道预应力钢筋检算 …… 215
5.3.1 轨道板预压力效应检算 …… 216
5.3.2 车辆垂向荷载作用下预应力轨道板受力分析 …… 220
5.3.3 温度荷载作用下预应力轨道板受力分析 …… 223
5.3.4 不同荷载组合轨道板受力影响对比 …… 233
5.4 无砟轨道特殊钢筋设置检算 …… 238
5.4.1 门型筋设置必要性及强度检算 …… 238
5.4.2 门型筋对复合板黏结面强度影响分析 …… 242
5.4.3 自密实混凝土层厚度减小对门型筋强度影响 …… 257
5.5 本章小结 …… 258

第6章 基于精细化分析方法的病害机理研究 …… 260
6.1 无砟轨道砂浆层离缝病害研究 …… 260
6.1.1 砂浆层离缝产生及演变机理分析 …… 260
6.1.2 砂浆层离缝动力影响规律研究 …… 284
6.2 无砟轨道轨道板上拱病害研究 …… 302
6.2.1 不同升温幅度下轨道结构上拱变形规律 …… 302
6.2.2 窄接缝伤损程度对轨道结构上拱变形的影响 …… 306
6.3 无砟轨道支承层与路基间离缝病害研究 …… 313
6.3.1 下凹单波余弦式路基沉降下离缝产生及演变机理分析 …… 313
6.3.2 下凹半波余弦式路基沉降下离缝产生及演变机理分析 …… 321
6.4 本章小结 …… 327

第 7 章　基于精细化分析方法的病害整治研究 ………………………………… 329
7.1　CRTS Ⅰ型板式无砟轨道砂浆层离缝整治方法研究 …………………… 329
7.1.1　砂浆层离缝病害的维修时机研究 …………………………… 329
7.1.2　砂浆层离缝修补材料弹性模量选取研究 …………………… 332
7.2　CRTS Ⅱ型板式无砟轨道轨道板上拱病害整治方法研究 ……………… 336
7.2.1　轨道板上拱病害维修时机研究 ……………………………… 336
7.2.2　上拱病害维修中的轨道板锚固方案研究 …………………… 338
7.3　双块式轨道上拱病害整治方法研究 …………………………………… 344
7.3.1　不同销钉布置方案下道床板变形规律分析 ………………… 346
7.3.2　上拱病害整治植筋方案的比选 ……………………………… 350
7.4　本章小结 ………………………………………………………………… 351

第 8 章　高速铁路无砟轨道现场测试与监测 …………………………………… 353
8.1　无砟轨道力学性能现场测试 …………………………………………… 353
8.1.1　现场测试概况 ………………………………………………… 353
8.1.2　测试方法 ……………………………………………………… 356
8.1.3　测试数据的处理与评判标准 ………………………………… 359
8.1.4　测试结果分析 ………………………………………………… 360
8.2　无砟轨道监测技术研究 ………………………………………………… 372
8.2.1　监测方法研究 ………………………………………………… 372
8.2.2　光纤光栅监测方法的应用案例 ……………………………… 376
8.2.3　数字式温度传感器监测方法的应用案例 …………………… 391
8.3　本章小结 ………………………………………………………………… 397

第 9 章　结语 …………………………………………………………………… 398

参考文献 ………………………………………………………………………… 400

第1章 绪 论

铁路是国民经济发展的大动脉,而高速铁路已成为现代化铁路运输的必然选择。截至2019年底,我国高速铁路总里程已达3.5万km,"四纵四横"干线已顺利收官,2016年7月重新调整的《中长期铁路网规划》在原规划"四纵四横"主骨架基础上,打造"八纵八横"铁路网[1]。预计到2030年,铁路网和高速铁路网还将进一步增长,如图1.1所示,最终实现相邻大中城市间1~4h交通圈、城市群内0.5~2h交通圈。目前我国已成为世界上高速铁路投产运营速度最快、运营里程最长、在建规模最大的国家[2]。我国高铁发展速度之快,规模之大,成果之突出,效益之广泛,举世瞩目。

图1.1 我国铁路网和高速铁路网中长期增长率预测

(2020年之后为《中长期铁路网规划》中未来预计建成规模,中国铁路网规模包括高速铁路网规模)

无砟轨道由于其平顺性高、耐久性好、维修工作量小等优点,成为近年来我国高速铁路最主要的轨道形式,例如,京津城际正线无砟轨道占全线比例高达95%,京沪高速铁路无砟轨道占全线比例高达96.8%,同时,国内其他高铁线路中无砟轨道也占较高比例[3]。目前,我国已铺设的无砟轨道形式主要有单元板式、纵连板式、双块式、道岔区板式及长枕埋入式、弹性支承块式等[4,5],主要系列有CRTS Ⅰ型板式、CRTS Ⅱ型板式、CRTS Ⅲ型板式及 CRTS Ⅰ 型双块式、CRTS Ⅱ型双块式等。

无砟轨道材料构成繁杂,由不同类型的混凝土、砂浆、乳化沥青、土工布及树脂/橡胶弹性缓冲垫层等多种材料组成;本身又包含无砟轨道板、限位结构、连接部件、底座板/支承层、滑动层及黏结层等各种结构形式;在服役过程中还受到多种复杂荷载条件、下部基础的影响,各层间应力传递关系复杂。而高速铁路具有高安全、高平顺、高耐久的特点,这就对无砟轨道长期服役性能提出了更高的要求。因此,在进行无砟轨道设计时,需针对不同无砟轨道形式,充分考虑荷载条件,建立细致的分析模型,进行全面的设计与评估。

1.1　高速铁路无砟轨道发展概况

无砟轨道利用钢筋混凝土代替普通有砟轨道的碎石道砟作为承力层,其服役状态将直接影响高速列车运营的安全性、平稳性及舒适性。与有砟轨道相比,无砟轨道平顺性更好,稳定性更高,养护维修工作量更少[6]。自20世纪60年代开始,许多国家相继开展了各类无砟轨道结构的研究与铺设,各类无砟轨道得到不同程度的应用和发展。

1.1.1　无砟轨道特点

传统有砟轨道结构自诞生之日起,就显现出稳定性差的缺点。在列车荷载长期作用下,碎石道床产生累积变形,道砟也在不断磨损和粉化。随着高速、重载铁路的不断发展,有砟道床道砟粉化及道床累积变形的问题日益突出,必须通过强化轨道结构以及频繁的养护维修工作来满足线路高平顺性、高稳定性的要求。而无砟轨道与有砟轨道相比,取消了碎石道床,其轨道保持几何状态的能力得到提高,轨道稳定性更强,维修工作量更少,已成为高速铁路轨道结构的主要发展方向。日本、德国等高速铁路发达国家在高速铁路设计中,尤其是设计速度在350km/h以上的高速铁路线上,均倾向于采用无砟轨道结构。我国台湾的高速铁路原来设计无砟轨道的比例为45%,后来则变更为全线采用无砟轨道;京津城际正线无砟轨道占全线比例高达95%;京沪高速铁路无砟轨道占全线比例高达96.8%,各条高速铁路线路无砟轨道均有着较高的比例。随着无砟轨道技术的日趋成熟和完善,无砟轨道在世界高速铁路线建设中将发挥更大的作用。

1.1.2　无砟轨道发展过程

国内外大多数高速铁路均采用无砟轨道作为主要结构形式。德国是世界上最早进行无砟轨道研发的国家之一,其研发模式为:政府制定统一设计标准,由企业自主研发,最终由德国联邦铁路局(Eisenbahn Bundesamt,EBA)检查认证后可上道试铺,经过5年试运营后确定是否正式使用[7]。经过二十多家企业数十年的研发积累,共研发了雷达型、博格型、旭普林型、Getrac型、ATD型、BTD型、Berlin型、SATO型、FFYS型、Walter型、Heitkamp型等上百种无砟轨道结构形式[8]。目前,在德国以及其他地区得到广泛应用的主要轨道形式有雷达型、博格型、旭普林型等。

日本比较倾向于板式轨道的研发，主要以铁道综合技术研究所为核心，组织高校、企业等研发团队对不同板型进行设计、试验及改进，推出了单元板式及单元框架板式等多种板式无砟轨道形式[9]，并推出主要在城市轨道交通中应用的梯子式无砟轨道结构。其他国家也相继推出了多种不同类型的无砟轨道，如奥地利的 Porr 型板式无砟轨道、英国的 PACT 型无砟轨道、瑞士的弹性支承块式无砟轨道，以及法国的 VSB 型双块式无砟轨道等。

从应用情况来看，德国和日本的无砟轨道应用较为广泛，国际上大多数国家都引进这两个国家的无砟轨道技术并应用于高速铁路建设中。本节主要对这两个国家的无砟轨道技术及应用进行概括分析，进而对我国无砟轨道技术的发展进行综合阐述。

1. 德国无砟轨道

德国早期高速铁路较多采用有砟轨道结构形式，在应用中发现列车运营速度提高后道砟耐久性迅速降低，道砟粉化现象越来越明显，维修工作量显著增加，导致运营成本也随之提高[10]。自 20 世纪 60 年代开始，德国逐渐将目标由有砟转向无砟。目前，德国多家企业参与研发了上百种无砟轨道结构形式，但最终批准通过的仅有十几种，其中得到大范围推广应用的有雷达-2000 型无砟轨道、博格型板式无砟轨道、旭普林型无砟轨道[10~15]。表1.1 为近年来德国无砟轨道的应用情况。

表1.1　德国无砟轨道应用现状

线路名称	设计速度/(km/h)	运营速度/(km/h)	线路全长/km	无砟轨道全长/km	比例/%	无砟轨道形式	开通年份
柏林—汉诺威	280	280	264	190	72	雷达型、旭普林型、BTD型、ATD型	1998
科隆—法兰克福	330	300	177	150	85	雷达型、旭普林型、Berlin型	2002
纽伦堡—因戈尔施塔特	330	300	89	75	84	雷达型、博格型板式	2006
莱比锡/哈雷—爱尔福特	250	250	123	83	67	ÖBB 板式轨道（奥地利）	2015
埃本斯费尔德—爱尔福特	300	300	100	86	86	博格型板式	2017

1）雷达型无砟轨道

雷达型无砟轨道最早应用于德国比勒费尔德—哈姆的一段试验线上。其最初设计方案是将一根场内预制的整体式轨枕嵌入混凝土道床板，在道床板下铺设支承层。支承层施工完毕后，通过精调设备将轨枕架设于支承层上方，并进行道床板现场浇筑,浇筑完成后等待轨枕位置完全固定,方可撤除轨枕固定装置。在运营中发现,由于预制轨枕与现浇道床板间存在新老混凝土接触面,易出现裂缝进水等问题,从雷达-柏林型无砟轨道开始取消了整根轨枕的设计,改为选用两个小轨枕块,轨枕块间预留钢筋进行连接,例如,雷达-2000 型无砟轨道采用双块式轨枕底部预留钢桁架的形式来保证两轨枕块与道床板之间的连接,仅在螺栓孔附近保留有混凝土[16]。这种设计既保证了轨枕块之间的横向稳定性,同时也降低了新老混凝土界面面积,预留钢筋的设置也加强了新老混凝土的接触约束。此外,两个轨枕块代替整根轨枕使得施工运输成本大幅降低,轨道结构高度也由原来的 650mm 降低至 472mm,轨道乃至整体线路的经济性得到较大程度的增强。雷达型无砟轨道发展历程如图 1.2 所示[17]。

2）旭普林型无砟轨道

旭普林型无砟轨道与雷达-2000 型无砟轨道的结构基本类似,其区别在于旭普林型无砟轨道预留钢桁架在轨枕块内部,且轨枕块下方无裸露钢筋,其现场实物对比如图 1.3 所示。

在施工方法上,不同于雷达-2000 型无砟轨道先固定轨枕块后浇筑道床板的方法,旭普林型无砟轨道在支承层上直接浇筑钢筋混凝土道床板,待道床板具有一定黏度,并保证轨枕块在重力作用下不再下沉时,将轨枕块直接振捣入道床板内,图 1.4 为旭普林型无砟轨道轨枕块振捣施工过程。

雷达-2000 型无砟轨道与旭普林型无砟轨道在路基上和隧道内均将道床板纵连,每隔一定距离设置伸缩假缝。而桥上由于桥梁梁缝及梁体变形等附加因素的影响,道床板均采用单元式结构,其纵横向几何形位通过在道床板下加销钉或者混凝土固定销进行保持。在温度变化时,路基上纵连道床板会产生较大的纵向伸缩变形,因此在过渡段处需设置相应的端梁结构来限制其变形。

旭普林型无砟轨道较雷达-2000 型无砟轨道机械化程度更高,因而旭普林型无砟轨道施工精度更有保障,但总体施工造价有所提高。此外,在具体应用过程中,旭普林型无砟轨道由于其振捣施工方式的特殊性,也出现了道床板混凝土离析浮浆、预制轨枕块周围早期裂纹等病害。

3）博格型板式无砟轨道

博格型板式无砟轨道（博格板）在场内预制单块轨道板并施加横向预应力,为提高出场精度,还需对承轨槽进行精细的数控打磨。施工时先浇筑支承层或底座板,浇筑完成后放置轨道板并进行粗调和精调,以确保轨道板几何形位,然后通过轨道板上预留的灌注孔位置对水泥乳化沥青砂浆（cement asphalt mortar, CAM）层进行灌注。博格板结构组成如图 1.5 所示[18]。早期博格板在德国现场应用情况如图 1.6 所示。

第 1 章 绪　论

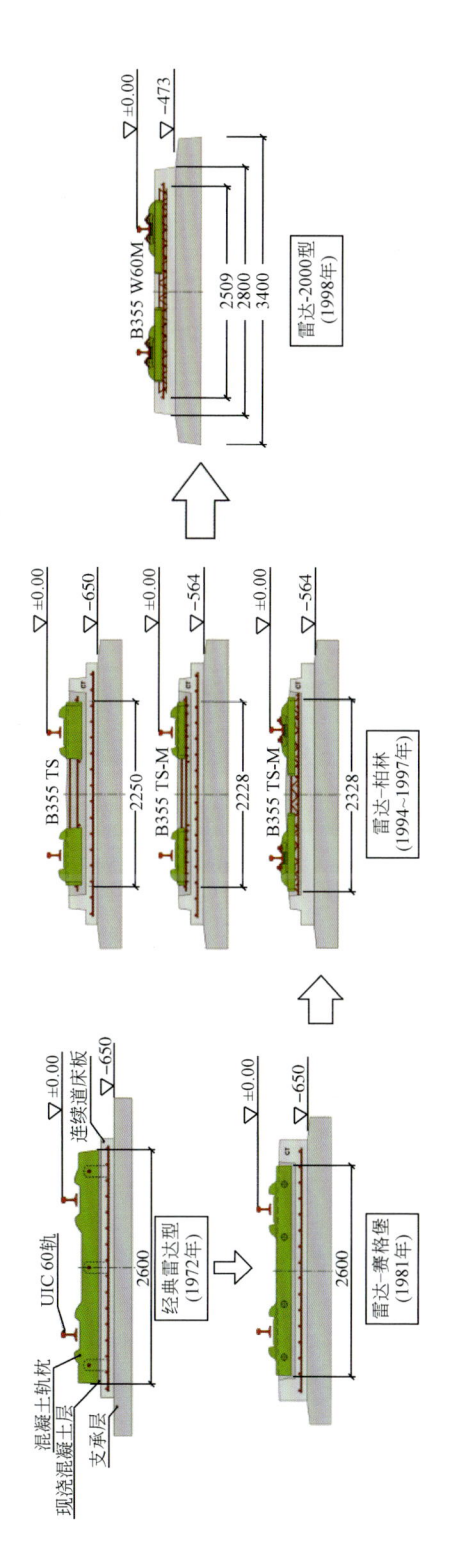

图 1.2　雷达型无砟轨道发展历程(单位:mm)

(a) 雷达-2000型　　　　　　　　　　　　(b) 旭普林型

图 1.3　雷达-2000 型与旭普林型无砟轨道预留钢桁架对比

图 1.4　旭普林型无砟轨道轨枕块振捣施工过程

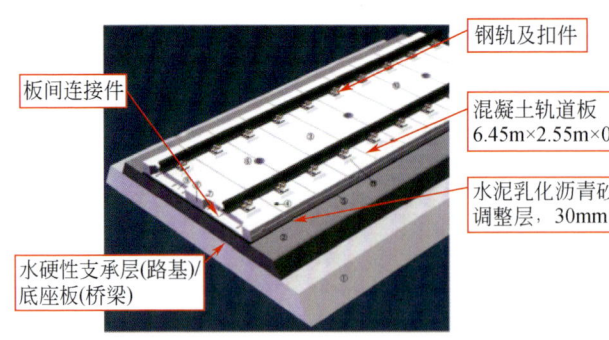

图 1.5　博格板结构组成示意图　　　　图 1.6　德国博格板现场应用

博格板与其他预制板式无砟轨道结构最大的区别在于其采用板间纵连方式，砂浆层浇筑完成后，博格板利用板间纵向螺杆和夹紧装置将轨道板进行纵连，并在板间接缝处浇筑混凝土封闭接缝，从而形成全线纵连无砟轨道结构。

由于博格板在桥梁、路基、隧道中均为纵连结构，而路基上采用的支承层结构与桥上及隧道内底座板尺寸及材料存在差异，在整体环境温度变化下会产生温度力不平衡,因此在路桥过渡段或者桥隧过渡段等位置会设置锚固体系来约束无砟轨道温度变形。为了消除桥梁在温度下的收缩变形对无砟轨道的影响,博格板还在桥上设置了滑动层,以便使桥梁与底座板隔离开,减少桥梁的纵向伸缩对无砟轨道的影响,而设置隔离层后,该区域无砟轨道的横向稳定性由轨道板侧边的侧向挡块来提供。

2. 日本无砟轨道

日本无砟轨道研发始于20世纪60年代东海道新干线开通运营之后,最早应用于山阳新干线。其研发初衷主要是提高轨道精度以适应更高速度的列车运行,解决有砟轨道在高速行车下的道砟飞溅、养护维修工作量大等问题。无砟轨道作为最终选择主要是因为其采用场内预制大幅提高了轨道精度,板下可设置弹性缓冲垫层,从而满足局部区段减振需求,同时施工速度也得到了大幅提升。由于日本在桥上及路基上采用的无砟轨道均为单元式结构,其后期的养护与维修较为便利,实际应用也证明,无砟轨道的维修成本远低于普通有砟轨道,在列车运营速度较高的情况下养护维修成本的降低尤为显著。近年来,日本新干线采用无砟轨道的比例在逐年提高,目前已建成无砟轨道总里程超过2700km,新干线应用无砟轨道超过1600km,日本新干线上采用的不同轨道形式比例如图1.7所示[19,20]。目前,日本应用于高速铁路的无砟轨道结构主要有A型(图1.8)、框架型板式(图1.9)、减振G型(图1.10)及RA型(图1.11)四种[18]。

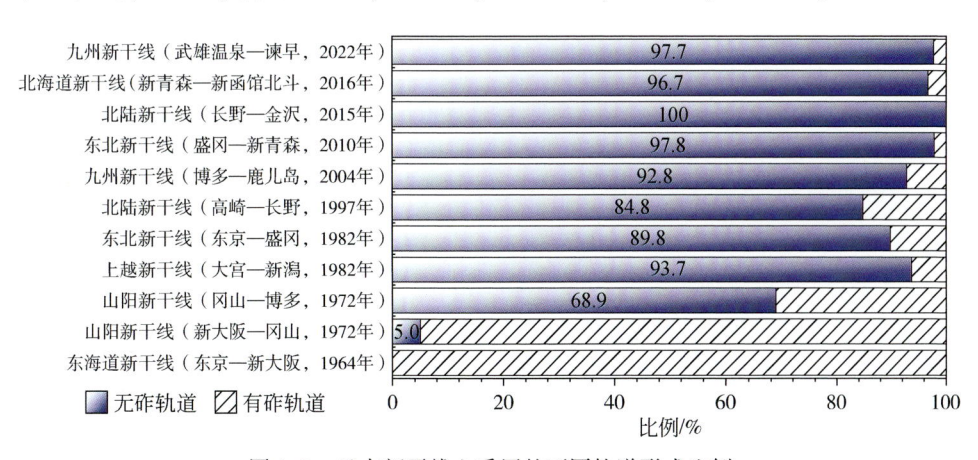

图1.7 日本新干线上采用的不同轨道形式比例

1) A型与框架型板式无砟轨道

A型与框架型板式无砟轨道是日本新干线上应用较早的两种轨道类型。A型为平面大板结构,无砟轨道由上到下依次为钢轨、扣件、单元式轨道板、CA砂浆层和底座板。其中，CA 砂浆为主要起填充、找平及支撑作用的低弹模砂浆，单元结构轨道板下砂浆面积有限，因此 CA 砂浆对轨道提供的纵横向约束较小，需通过在板端位置处设置连接于底座板上的凸台。同时，凸台与轨道板间采用树脂层填充，来改善单元式轨道板温度变化伸缩对凸台受力的影响。在后期施工时，CA 砂浆层采用袋装法施工，直接弱化 CA 砂浆与轨道板、底座板间的黏结约束。

框架型板式无砟轨道在原有 A 型平面大板的基础上，将预制轨道板改变为框架式结构，板端仍使用圆形凸台限位，其承载能力能达到与原有 A 型平面大板相当的水平，且混凝土使用量明显降低，由垂向温度梯度所引起的翘曲变形效应也有所改善。但框架型板式无砟轨道在实际使用过程中暴露了一定的问题，如板中空腔效应加剧了行车过程中的振动噪声，板内积水也对砂浆层耐久性有较大的影响。

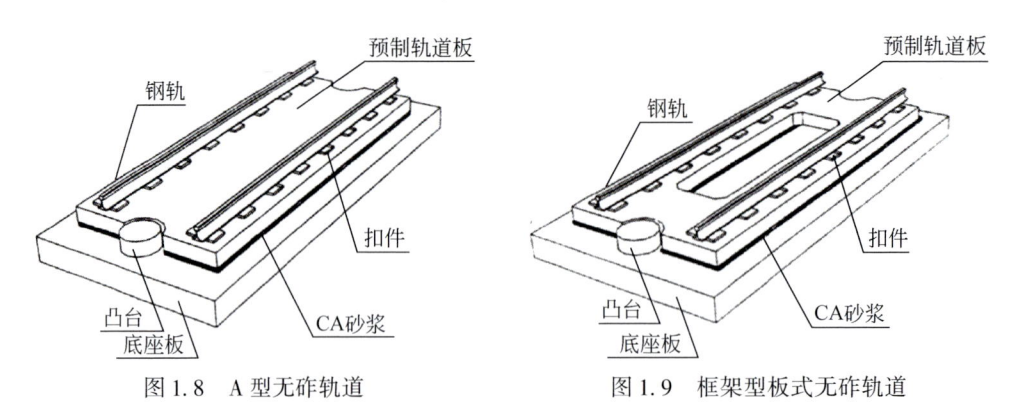

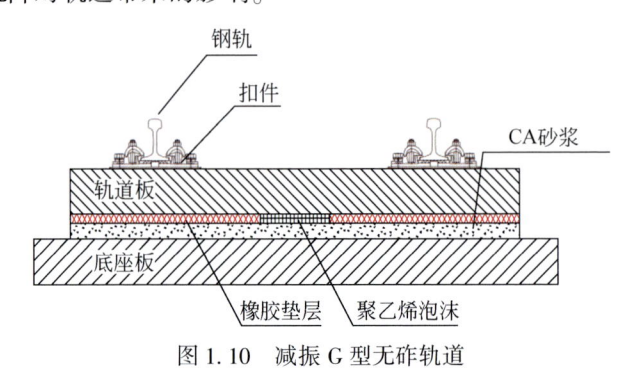

图 1.8　A 型无砟轨道　　　　　　　　图 1.9　框架型板式无砟轨道

2）减振 G 型及 RA 型无砟轨道

减振 G 型无砟轨道是在原有 A 型无砟轨道的基础上，在轨道板与砂浆层间设置了聚乙烯泡沫和橡胶垫层以提供减振性能。RA 型无砟轨道则是在原有 A 型无砟轨道的基础上，将轨道板纵向长度减小为 1.15m，使用了沥青混凝土代替了原有的底座结构，并采用碎石沥青稳定层强化基床，该板型大多在路基上使用，以缓解路基不均匀沉降对轨道带来的影响。

图 1.10　减振 G 型无砟轨道

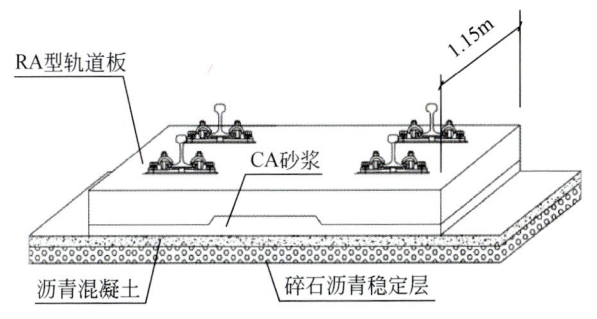

图 1.11　路基上 RA 型无砟轨道

经过 50 多年的发展,日本无砟轨道已成功应用于其国内多条新干线线路。另外,日本研发的包括梯子式轨道、M 型轨道等多种无砟轨道,也在国内外多条城市轨道交通线路得到应用。

3. 中国无砟轨道

中国无砟轨道的研究始于 20 世纪 60 年代,轨道形式也尝试了板式、框架式、长枕埋入式等多种形式,但大多数只在隧道内小规模试用[21]。至 80 年代末期,无砟轨道总铺设里程约为 300km,进入 90 年代,秦沈客运专线揭开了我国铁路建设步入高速化的序幕,在狗河、双河特大桥上均铺设了无砟轨道试验段。但总体来说,该时期我国无砟轨道的铺设尚未形成规模。

21 世纪以来,中国高速铁路经历了一次跨越式的发展,通过从国外引进先进技术及装备,完成了国内多条高速铁路无砟轨道技术的引进、消化吸收与再创新。中国先后引进了德国雷达-2000 型、旭普林型、博格型板式无砟轨道,日本标准板式及框架板式无砟轨道。在原铁道部的统一组织下,无砟轨道技术再创新攻关组在遂渝线上对引进的多种无砟轨道形式进行了大型综合试验,充分消化吸收了国外先进无砟轨道技术,并结合中国国情和实际线路运营环境进行了再创新,逐渐形成了具有中国技术特色的 CRTS Ⅰ 型板式、CRTS Ⅱ 型板式、双块式无砟轨道以及应用于岔区的无砟道岔板、长枕埋入式轨道等结构体系,初步形成了一整套设计方法、施工装备及施工工艺,为后期高速铁路的大规模建设奠定了基础。

在对国外无砟轨道技术进行消化吸收和再创新的同时,中国也开始尝试研发具有我国完全自主知识产权的板式无砟轨道结构,并在 2008 年正式通车的成灌铁路线上进行了多种形式无砟轨道综合试验,如图 1.12 所示,在综合试验的基础上,提出了结构更为合理、具有自主知识产权的 CRTS Ⅲ 型板式无砟轨道,并正式在武汉城市圈城际铁路上得到应用。2013 年 9 月正式通车的盘营高速铁路上全线铺设了 CRTS Ⅲ 型板式无砟轨道,这是中国自主研发的无砟轨道首次正式应用于高速铁路。另外,

2016年9月开通的郑徐高速铁路也采用CRTSⅢ型板式无砟轨道作为其主要轨道形式,未来中国还将在新建线路上继续大量采用CRTSⅢ型板式无砟轨道。至此,中国具有自主知识产权的高速铁路无砟轨道结构形式已逐渐形成并完善,并逐渐占据中国新建高速铁路无砟轨道的主要市场。其中CRTSⅢ型板式无砟轨道成套技术的形成对于扩大中国高速铁路在世界范围的影响力具有重大意义,作为中国高速铁路"走出去"战略的核心技术,为中国输出高速铁路技术提供有力的技术支撑。

图1.12 成灌铁路线上板式无砟轨道综合试验段

目前,中国投入应用的无砟轨道形式主要有CRTSⅠ型、CRTSⅡ型、CRTSⅢ型板式无砟轨道和CRTSⅠ型、CRTSⅡ型双块式无砟轨道等。

1) CRTSⅠ型板式无砟轨道

CRTSⅠ型板式无砟轨道技术主要借鉴日本标准板式无砟轨道结构,自上而下主要由钢轨、扣件、双向预应力轨道板、低弹性模量CA砂浆、底座板、凸台及树脂橡胶缓冲垫层等组成,采用轨道板在对应凸台位置处断开的单元板形式。

在路基上、桥上及隧道内的CRTSⅠ型板式无砟轨道结构形式基本一致,但约束方式有所不同。桥上底座板通过桥上预埋钢筋与桥面板相连接,隧道内底座板设置在仰拱回填层或者隧道底板上,超高设置在底座板上[22~25]。路基上、桥上和隧道内的CRTSⅠ型板式无砟轨道断面布置如图1.13~图1.15所示[26]。

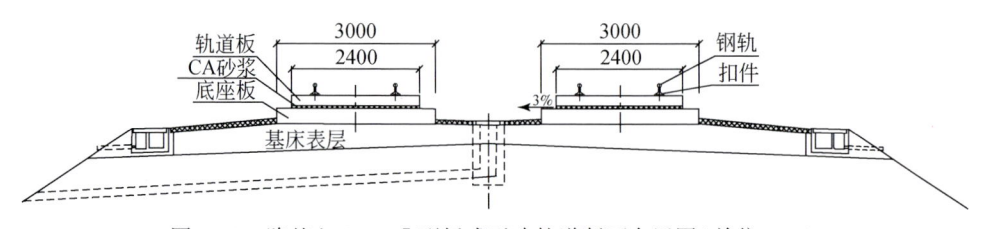

图1.13 路基上CRTSⅠ型板式无砟轨道断面布置图(单位:mm)

CRTSⅠ型板式无砟轨道标准轨道板长4.962m,宽2.4m,每块板上布置8个扣件,扣件间距0.629m,单块板平面尺寸如图1.16所示。为减小温度力效应,

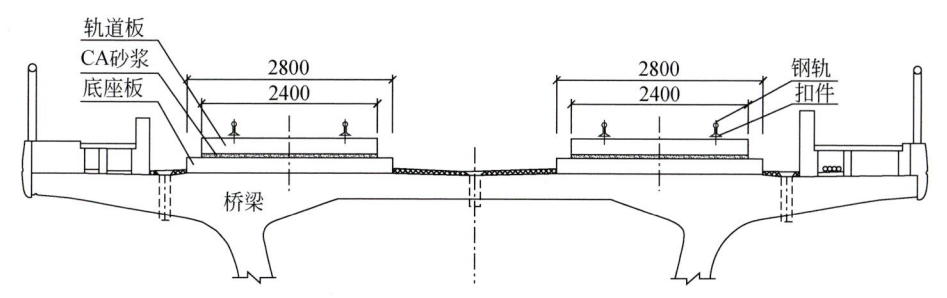

图1.14 桥上CRTS I型板式无砟轨道断面布置图(单位:mm)

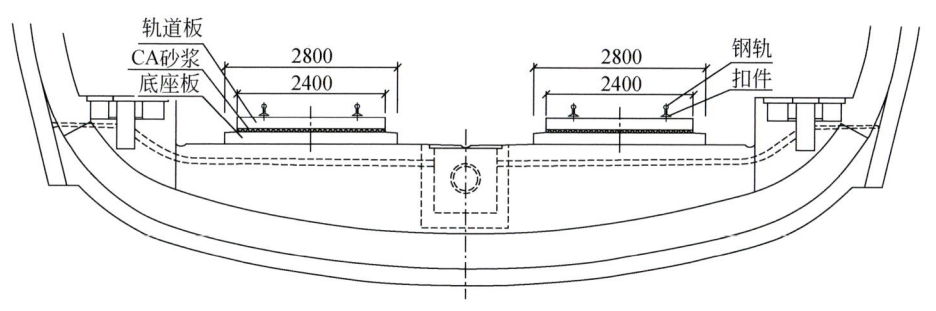

图1.15 有仰拱隧道内CRTS I型板式无砟轨道断面布置图(单位:mm)

CRTS I型板式无砟轨道还包含框架式轨道板结构。此外,还存在其他长度的非标准板以适应由桥梁等下部基础不同长度带来的限制[27]。

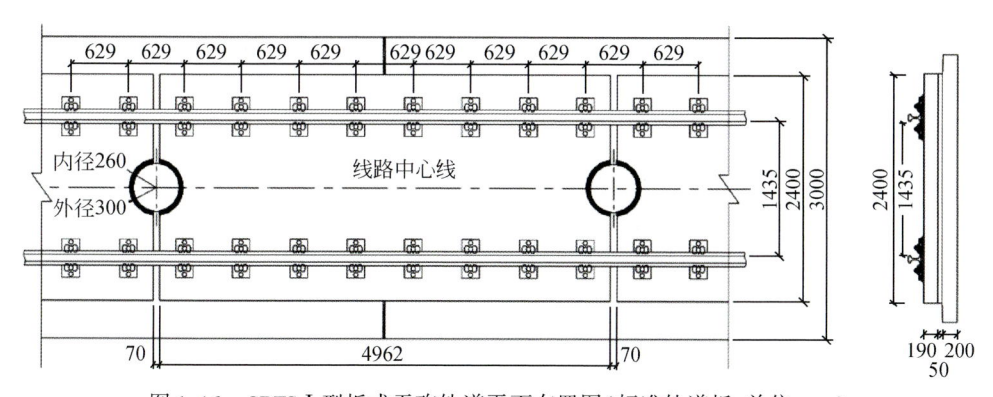

图1.16 CRTS I型板式无砟轨道平面布置图(标准轨道板,单位:mm)

目前,CRTS I型板式无砟轨道主要应用于中国石太高铁(图1.17)、沪宁城际、宁安城际、海南东环线、成绵乐客专、哈大客专(图1.18)、哈齐客专等线路。

图 1.17　石太高铁 CRTS Ⅰ 型板式
无砟轨道现场

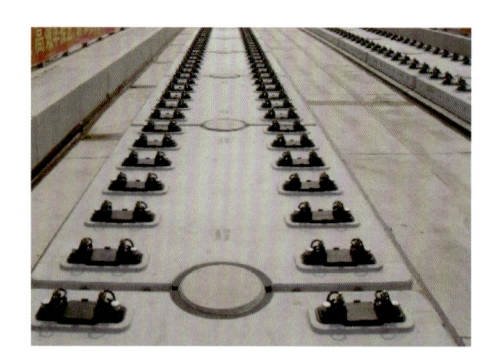

图 1.18　哈大客专 CRTS Ⅰ 型板式
无砟轨道现场

2) CRTS Ⅱ 型板式无砟轨道

CRTS Ⅱ 型板式无砟轨道技术主要借鉴了德国博格型板式无砟轨道结构,路基上 CRTS Ⅱ 型板式无砟轨道自上而下主要由钢轨、扣件、预应力轨道板、高弹性模量 CA 砂浆层、水硬性支承层等组成。桥上 CA 砂浆层下为混凝土底座板,为了隔离桥梁温度伸缩对无砟轨道的影响,底座下设置"两布一膜"滑动层;为了抵抗轨道板所受到的横向力,在桥上底座板侧边每隔一定距离设置一倒 L 形侧向挡块;为了防止牵引制动条件下轨道板产生较大位移,在桥梁固定支座位置处设置剪力齿槽等固结机构,将桥面板与底座连接,从而在一定程度上限制其纵向位移。隧道内 CRTS Ⅱ 型板式无砟轨道与路基上无砟轨道结构组成基本一致,曲线超高在隧道仰拱回填层(有仰拱隧道)或底板(无仰拱隧道)上设置。路基上、桥上和隧道内 CRTS Ⅱ 型板式无砟轨道断面布置如图 1.19~图 1.21 所示[26]。

在路桥过渡段或者桥隧过渡段,桥上无砟轨道由梁体传递至底座板处的温度力要明显大于路基或隧道支承层[27],因此在对应桥台后,相应地研发了双柱型(П型)、倒 T 型等多种台后锚固体系。台后锚固体系将底座板所受温度力传递至路基或隧道上,并限制桥上底座板产生过大的伸缩位移。路桥过渡段台后典型锚固体系如图 1.22 所示,桥隧过渡段台后典型锚固体系[28-34]如图 1.23 所示。

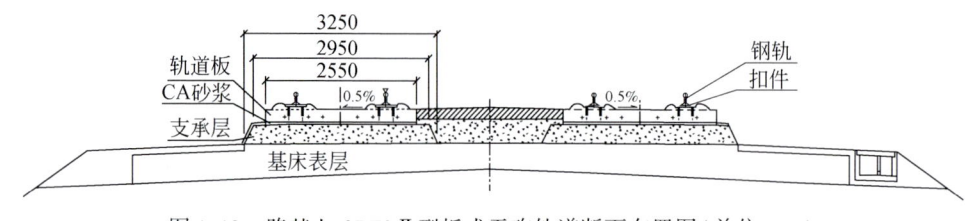

图 1.19　路基上 CRTS Ⅱ 型板式无砟轨道断面布置图(单位:mm)

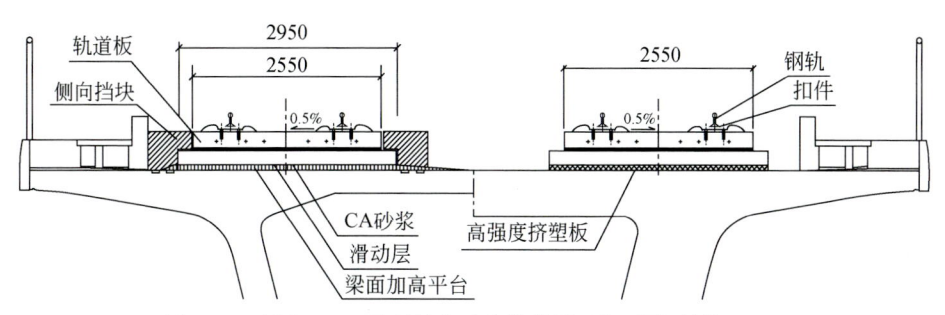

图 1.20　桥上 CRTS Ⅱ 型板式无砟轨道断面布置图(单位:mm)

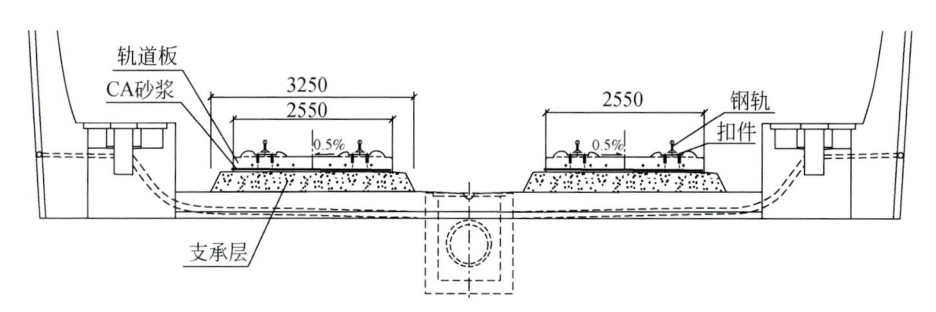

图 1.21　无仰拱隧道内 CRTS Ⅱ 型板式无砟轨道断面布置图(单位:mm)

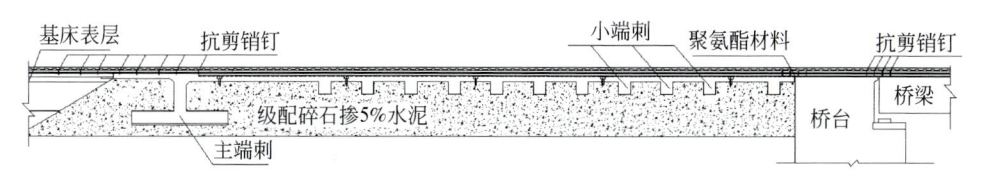

图 1.22　路桥过渡段台后典型锚固体系示意图

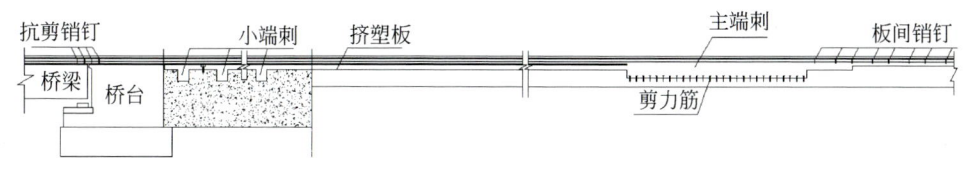

图 1.23　桥隧过渡段台后典型锚固体系示意图

目前,CRTS Ⅱ 型板式无砟轨道在我国京津城际(图 1.24)、沪杭高铁、京沪高铁(图 1.25)、沪昆高铁、合蚌客专、津秦客专、杭甬客专等多条高速铁路线路应用,截至 2015 年底,其正线总里程已达 4852km,占高速铁路无砟轨道线路总里程的 32.9%。

图 1.24 京津城际 CRTS Ⅱ 型板式无砟轨道 　　图 1.25 京沪高铁 CRTS Ⅱ 型板式无砟轨道

3）CRTS Ⅲ 型板式无砟轨道

除钢轨、扣件外，CRTS Ⅲ 型板式无砟轨道自上而下主要由轨道板、自密实混凝土、底座板等组成。轨道板与自密实混凝土组成复合板共同受力，复合板下设置隔离层将复合板与底座板的变形进行隔离。自密实混凝土板下设置凸台，与底座板上设置的凹槽连接，凸台与凹槽间设置弹性缓冲垫层，以提供底座对上部复合板的纵横向限位，并缓解复合板温度伸缩对下部底座板受力的影响。在桥上为了适应桥梁长度，还存在不同板长的轨道板；隧道内底座板直接浇筑于隧道底板上。路基上、桥上和隧道内 CRTS Ⅲ 型板式无砟轨道断面布置如图 1.26～图 1.28[26]所示。

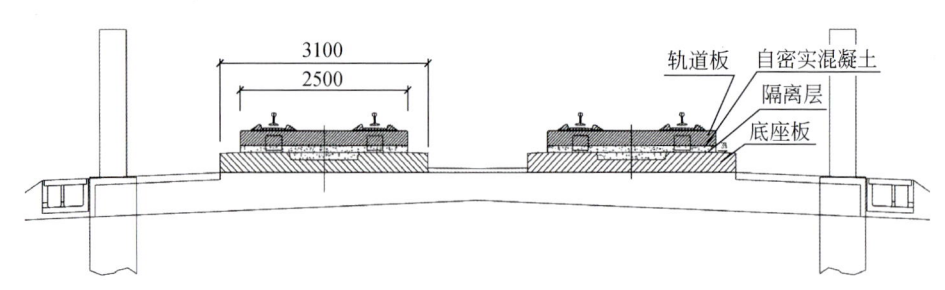

图 1.26　路基上 CRTS Ⅲ 型板式无砟轨道断面布置图（单位：mm）

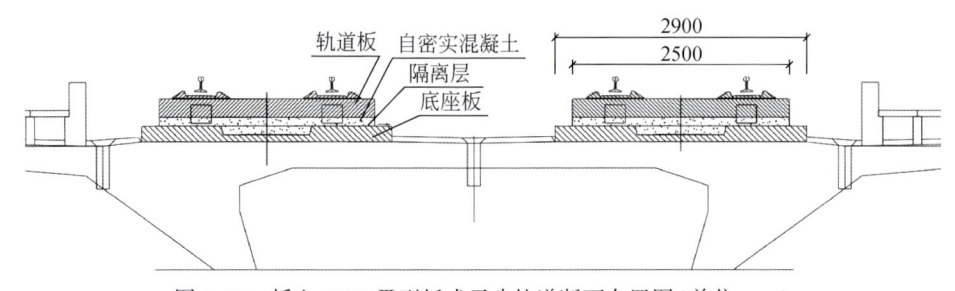

图 1.27　桥上 CRTS Ⅲ 型板式无砟轨道断面布置图（单位：mm）

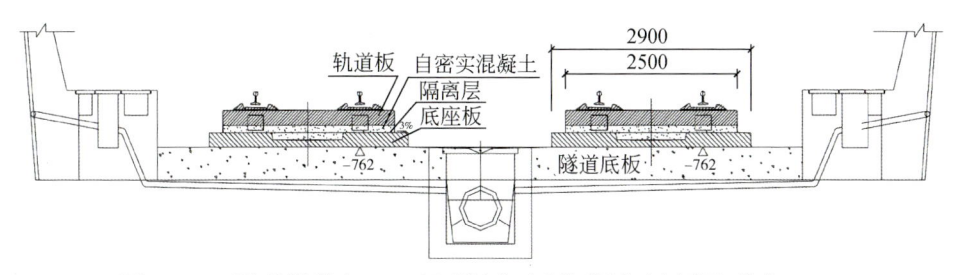

图1.28 无仰拱隧道内CRTSⅢ型板式无砟轨道断面布置图(单位:mm)

目前,CRTSⅢ型板式无砟轨道已应用于中国盘营客专(图1.29)、西宝客专及郑徐客专等多条高速铁路线路,具有良好的应用前景。

图1.29 盘营客专CRTSⅢ型板式无砟轨道

4)双块式无砟轨道

中国双块式无砟轨道分CRTSⅠ型、CRTSⅡ型两种,主要技术分别借鉴了德国雷达-2000型和旭普林型无砟轨道。两种轨道结构组成基本一致,主要区别在于双块式轨枕钢桁架形式及无砟轨道施工方法不同。

路基上双块式无砟轨道结构自上而下主要由钢轨、扣件、轨枕块、道床板、支承层组成。路基上为纵连式结构,道床板与支承层间隔一定距离设置伸缩假缝;桥上双块式无砟轨道为单元分块式结构,底座板通过预埋钢筋与梁面连接,底座板上设置凹槽,对应道床板上设置凸台,通过两者之间的咬合进行道床板的纵横向限位。道床板与底座板间设置隔离层,凹槽周围设置弹性垫层,消除单元式道床板翘曲变形效应对底座板及层间黏结的影响;隧道内与路基上类似,其道床板直接铺设于隧道仰拱回填层(有仰拱隧道)或底板(无仰拱隧道)上。路基上、桥上和隧道内双块式无砟轨道断面布置如图1.30~图1.32所示[26,35]。

在路桥过渡段或者桥隧过渡段位置处,路基上或者隧道内纵连道床板因升降温影响将产生一定的伸缩位移,需在过渡段处设置端梁加以限制。双块式无砟轨

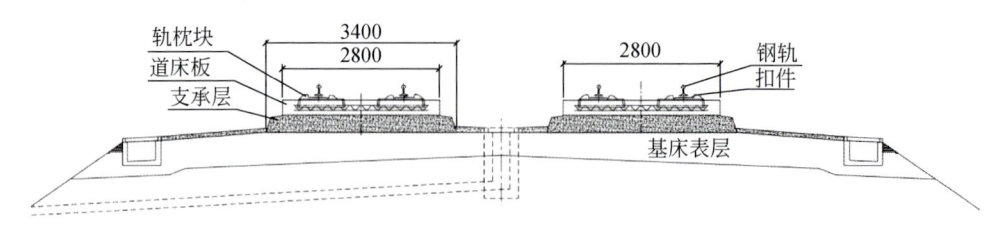

图 1.30 路基上双块式无砟轨道断面布置图(单位:mm)

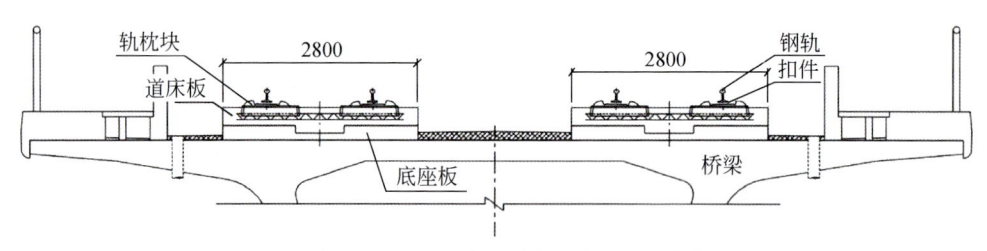

图 1.31 桥上双块式无砟轨道断面布置图(单位:mm)

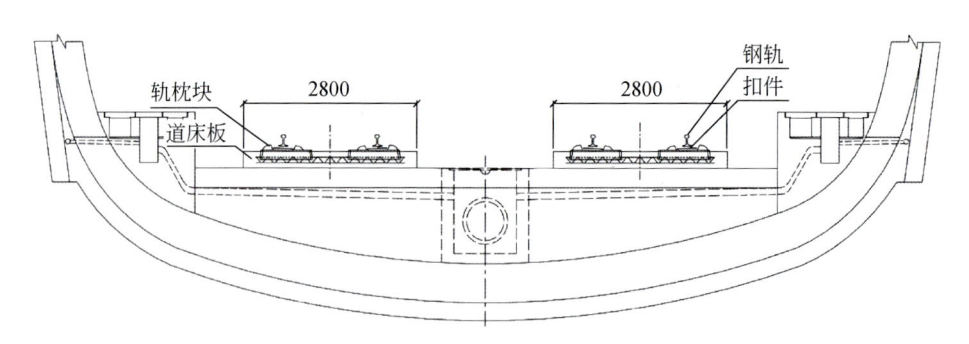

图 1.32 有仰拱隧道内双块式无砟轨道断面布置图(单位:mm)

道路桥过渡段端梁结构如图 1.33 所示[36],在后期为了提高其限位能力、进一步保证线路平顺性,已将其改为双端梁结构。

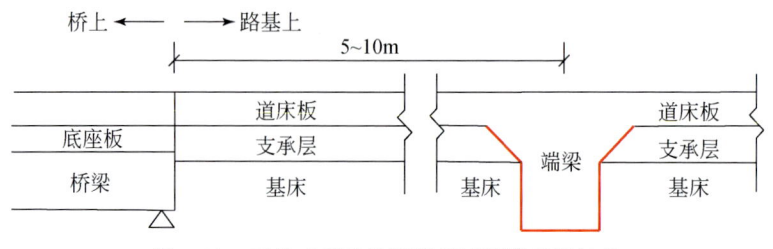

图 1.33 双块式无砟轨道路桥过渡段端梁结构

目前,CRTS Ⅰ型双块式无砟轨道主要应用于武广高铁、大西高铁等高速铁路线路,CRTS Ⅱ型双块式无砟轨道应用于郑西高铁。

1.2 无砟轨道运营中存在的问题

在往复车辆荷载、复杂气候及下部基础等多因素作用下,无砟轨道服役状态的逐渐劣化是不可避免的。

1) CRTS Ⅰ型板式无砟轨道病害

CRTS Ⅰ型板式无砟轨道在使用过程中,出现了轨道板掉块、劣化,砂浆层离缝[37],部分预应力钢棒窜出,长大桥梁梁端限位结构及底座板破坏等诸多类型的病害,部分现场病害如图1.34所示。

(a) CA砂浆掉块 　　　　(b) 底座板剪坏

(c) 限位结构破坏

图1.34　CRTS Ⅰ型板式无砟轨道结构病害示意图

对某线路某区段调研发现,CRTS Ⅰ型板式无砟轨道双向预应力轨道板纵横向预应力筋均存在封锚破损、预应力钢棒外露情况。据统计,该段 CRTS Ⅰ型板式无

砟轨道共出现横向封锚破损、预应力钢棒外露 3 处,纵向封锚脱落 11 处,横向封锚脱落 8 处。轨道板预应力筋破坏现场情况如图 1.35 所示。

(a) 横向预应力筋破坏

(b) 纵向预应力筋破坏

(c) 破坏预应力筋细部

图 1.35　CRTS Ⅰ 型板式无砟轨道轨道板预应力筋破坏示意图

2) CRTS Ⅱ 型板式无砟轨道病害

CRTS Ⅱ 型板式无砟轨道在使用过程中,出现了线间混凝土封闭层上拱与破损、侧向挡块破损、轨道板掉块等病害。此外,由于其纵连结构的特殊性,容易受到温度荷载效应的影响,还会出现宽窄接缝压溃、轨道板与砂浆层间漏浆与离缝等问题[38,39]。图 1.36 为部分 CRTS Ⅱ 型板式无砟轨道典型病害。

此外,受温度荷载效应的影响,CRTS Ⅱ 型板式无砟轨道还存在轨道板上拱、板间离缝这两类较为典型的病害。例如,在轨道板上拱病害方面,2013 年夏季,华东地区 5 条 CRTS Ⅱ 型板式无砟轨道高速铁路由于受极端高温的影响出现了不同程度的胀板上拱现象,如图 1.37 所示。经统计,其中位于路基上 12 处,位于桥梁上 95 处,位于隧道 0 处,位于过渡段 9 处,集中整治了 116 处;在板间离缝病害方面,对某高速铁路线路上行某地段现场调研发现,在夏季持续高温条件下,CRTS Ⅱ 型

第 1 章 绪 论

(a) 线间封闭层拱起

(b) 侧向挡块破坏

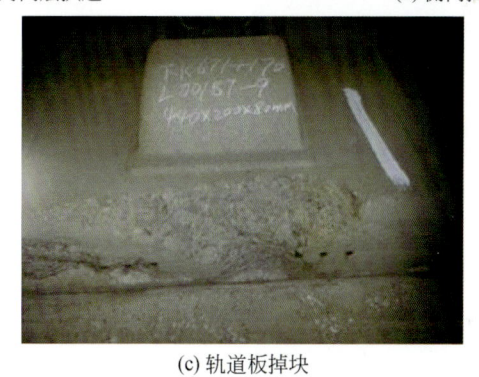

(c) 轨道板掉块

图 1.36　CRTS Ⅱ 型板式无砟轨道结构病害示意图

(a) 路基地段多块轨道板连续上拱

(b) 桥上单个宽接缝相邻轨道板上拱

(c) 上拱导致轨道板纵向移动

图 1.37　CRTS Ⅱ 型板式无砟轨道轨道板上拱病害示意图

板式无砟轨道轨道板与 CA 砂浆层间出现了明显的离缝现象,如图 1.38 所示。个别离缝区域最大离缝高度达到 10mm 以上。据现场调研统计,2013 年夏季持续异常高温条件下,某高速铁路线路某局管区内 CRTS Ⅱ 型板式无砟轨道共出现层间离缝 141 处。层间离缝的产生影响了高速列车的安全运营,使得部分地区不得不进行限速处理,导致列车大面积晚点。

图 1.38　CRTS Ⅱ 型板式无砟轨道轨道板与 CA 砂浆层间离缝

3) CRTS Ⅲ 型板式无砟轨道病害

CRTS Ⅲ 型板式无砟轨道在高速铁路上的应用时间较短,目前病害问题并不集中。在调研过程中发现自密实混凝土层与轨道板在边角位置处存在离缝、自密实混凝土掉块等问题,如图 1.39 和图 1.40 所示。由于两层间设置了门型筋,轨道板下整体离缝可能性较小,但边角离缝可能带来的进水析浆等问题也值得注意[40]。

4) 双块式无砟轨道病害

双块式无砟轨道在使用过程中出现了假缝反射裂纹、支承层贯通裂纹、轨枕块与道床板离缝、轨枕块角裂纹、过渡段与端梁等位置处上拱离缝等诸多病害,如图 1.41 ~ 图 1.43 所示[41]。

上述无砟轨道病害调研结果表明,目前线路上已采用的多种无砟轨道结构在运营过程中所出现的病害多集中于层间,尤其是不同时期浇筑的新老混凝土交界面之间,如现浇的 CRTS Ⅰ 型板式无砟轨道砂浆层与轨道板间、CRTS Ⅱ 型板式无砟轨道砂浆层与轨道板间、双块式无砟轨道现浇道床板与预制轨枕块之间。另外,无

图 1.39　CRTSⅢ型板式无砟轨道轨道板与自密实混凝土离缝

图 1.40　CRTSⅢ型板式无砟轨道自密实混凝土掉块

图 1.41　双块式无砟轨道层间离缝

图 1.42　双块式无砟轨道轨枕块角裂纹

图 1.43　双块式无砟轨道轨枕块掉块

砟轨道下层底座板（支承层）与基床表层之间，因基础变形而产生的基床表层离缝病害也较为突出，基床表层离缝后雨水侵入继而产生翻浆、冒泥等病害问题将降低无砟轨道的耐久性，造成车辆通过时动态冲击增大，严重时将危及列车运营安全。这些病害的出现，一部分原因是目前对结构病害机理尚不清楚，同时也与无砟轨道在整体设计、施工、维护过程中缺乏系统分析是分不开的。总体来说，高速铁路无砟轨道系统需要精细化管理与精细化分析，这也是本书研究内容所重点关注的。

1.3　无砟轨道分析方法研究现状

国内外针对不同形式无砟轨道结构进行了大量的研究工作，提出了不同形式无砟轨道设计方法，指导了既有无砟轨道的设计工作。同时，无砟轨道在国内外高速铁路的应用过程中出现各类结构病害，其病害机理及整治工作同样是国内外学者关注的焦点。下面从无砟轨道设计及检算方法和无砟轨道病害分析方法这两个方面对国内外的相关研究进行概述。

1.3.1　无砟轨道设计及检算方法

板是工程中最常用的结构形式，叠合板、层合板、功能梯度板等各种板式结构也大量应用于基础设施建设工程中。目前，国内外各种无砟轨道均采用了多层组合板作为其主要结构形式。国内外学者对板本身的计算理论进行了大量细致的研究，在此基础上针对无砟轨道这种多层结构体系，发展了基于多层叠合梁/薄板的设计理论及方法。

早期的无砟轨道结构设计计算主要采用弹性地基梁理论，将钢轨视为弹性地基上的长梁，轨下基础则通过 Winkler 地基梁进行模拟。根据轨道结构特点及其计算要求逐渐发展为弹性地基上多层叠合梁模型，计算时采用截取有限长梁的方式对结构纵向及横向内力分别求解，从而指导无砟轨道的设计。此类方法在苏联、德国、日本及中国早期无砟轨道设计中得到了广泛应用。

随着力学理论及计算手段的发展，无砟轨道的设计理论也由早期的叠合梁理论逐渐向板设计理论发展。在板的弯曲受力研究方面，早在 20 世纪五六十年代，就开始进行了大量的研究，Clough 等[42]和 Melosh[43]在 20 世纪 60 年代建立了基于直接刚度法的位移型板单元。这样的单元多基于经典薄板理论，板单元的能量泛函中包含位移的二阶偏导数，并且要求位移为 C^1 类连续（位移函数二阶连续可导）。为了构造协调板单元，不得不增加节点的自由度，补充扭率或者曲率到节点自由度中，构造 16、18、21、24 参数的协调矩形或三角形单元[44,45]，高阶单元的引入可以提高计算精度，但高阶导数自由度的边界条件不易确定，且存在材料差异所引起的高阶自由度导数不连续问题。

随着高阶单元的引入，所得到的板在受弯分析中往往显得"过刚"，其应用范围也局限于薄板。20世纪中期，Mindlin[46]、Reissner[47]提出了中厚板理论，其能量泛函仅包含位移的一阶导数，因此只要求位移是 C^0 类连续(位移函数一阶连续可导)，其单元应用范围也更加广泛。但中厚板理论在对板厚度较薄问题进行处理时，求得的位移会因剪切闭锁而逐渐趋于 $0^{[48]}$。为了解决剪切闭锁问题，大量学者通过缩减积分法、替代剪应变法、稳定矩阵法等多种方法对中厚板理论进行改进以适应不同厚度的板，但始终缺乏合理的解决方案。

类似无砟轨道这种不同材料所组成的多层板式结构在工程上的广泛应用也带来了计算理论的快速发展，其中有限单元法是模拟多层材料复合系统最为广泛的方法之一。其计算理论主要基于以下几种[49]：经典层合板理论、剪切变形理论(一阶与高阶)、叠层层合理论和三维理论。

目前，国内外在对无砟轨道进行受力分析时，采用了不同的设计理论。本书将从传力体系、荷载取值及计算方法上对国内外无砟轨道设计理论进行综合阐述。

1. 国外设计理论

1) 日本板式轨道设计理论

日本在对无砟轨道预应力轨道板进行设计时，车辆荷载主要考虑设计轮载、疲劳检算轮载及异常轮载，并考虑施工时的吊装和运输荷载。由于日本轨道板多为单元结构，温度翘曲变形引起的局部支承效应明显，故后期在设计时考虑了轨道板下不均匀支承效应，并逐渐改用袋装法施工板下 CA 砂浆。CA 砂浆的主要功能是调平与填充，并作为缓冲层，降低轨道上部动荷载对底座及路基的冲击。底座的设计主要考虑车辆荷载、温度收缩及下部基础的沉降变形。由于路基上底座与基床表层间黏结强度的不确定性，选择对多块底座进行纵连，以轨道自重所产生的摩擦力来抵抗无砟轨道所受到的横向力。凸台的设计考虑轨道板的温度伸缩和车辆的横向荷载及牵引、制动效应。整体来看，垂向传力自上而下经由轨道板、砂浆层及底座板逐渐传递至下部基础，水平荷载传递至轨道板后由板端凸台传递至底座板，由底座板与下部基础间的摩擦或黏结效应来抵抗。计算方法上，日本过去多采用弹性地基梁或弹性地基板等方法。

在荷载选取方面[50]，对于车辆荷载，新干线采用 P 标准活荷载，其中，P 标准活荷载取 170kN，一般设计和特殊检算时分别选取不同的荷载系数。例如，山阳新干线板式轨道一般设计时选用 1.35 倍荷载系数，特殊检算时选用 3 倍荷载系数；上越新干线板式轨道一般设计时选用 3 倍荷载系数，特殊检算时选用 4 倍荷载系数。疲劳检算时根据实测结果统计来确定一定的车辆荷载变动系数。设计横向荷载的取值则根据最大脱轨系数 0.8 来选取，为标准活荷载的 80%，横向疲劳检算荷载为标准活荷载的 40%。

2) 德国无砟轨道设计理论

德国无砟轨道结构设计时，由于无砟轨道多为纵连结构，其设计方法多借鉴公路连续混凝土工程设计方法，车辆荷载、纵连结构的温度伸缩力及混凝土收缩变形多由连续铺设的混凝土板抵抗，无砟轨道各层形成良好的整体抗弯体系将车辆荷载平均分配至基床顶面。在计算时，参考公路路面结构设计方法，将整体抗弯的多层无砟轨道体系转化为单层等效梁，再根据 Winkler 弹性地基梁板理论计算等效梁的弯矩和内力。德国无砟轨道对基床施工质量要求严格，基床顶面变形模量不得低于 120MPa，并秉承工后零沉降理念，从而不考虑基础变形对无砟轨道受力的影响[51,52]。

在荷载选取方面，以博格板为例，主要考虑恒载、活载及温度荷载。恒载主要为自重荷载，仅在水平向荷载检算时考虑，竖向荷载计算时不做考虑。活载选用 UIC71 活载图式的最大轴重 250kN，考虑动载效应及曲线上的离心力，将设计轴重增加至 450kN。温度荷载考虑最大温差 40℃。由于博格板在设计时认为轨道板在板上预裂缝位置处开裂后仍能保证工作性能，因此轨道板横向配筋参考预应力轨枕横向配筋设计方法，纵向仅考虑纵连杆系设计。另外，由于博格板是一种较为理想化的纵连体系，为了保持整体的连续性，设计时引入了台后锚固体系、桥上侧向挡块、梁端限位机构等多种附属结构，附属结构均需进行单独检算。

2. 国内设计理论

中国无砟轨道结构形式多样，既有单元式无砟轨道，也有纵连式无砟轨道。在无砟轨道理论再创新阶段，国内学者在借鉴国外既有无砟轨道设计理念的基础上，系统地对荷载取值及组合方法、荷载效应计算方法进行了梳理，提出了适应不同无砟轨道类型的无砟轨道设计理论。目前的主流设计理论主要有叠合梁理论、基于薄板的梁-板-板理论及本书作者提出的空间实体分析理论等。

1) 荷载效应计算方法

在车辆荷载计算方面，无砟轨道技术再创新攻关组提出了梁-板-板模型，该方法由于计算相对简单，相对叠合梁理论较为接近实际受力，在无砟轨道建设初期得到了较好的应用[53,54]。该方法改进了德国无砟轨道计算中将无砟轨道等效为单一弹性体进行分析的方法，针对不同材料层单独建立壳单元，层间通过节点弹簧-阻尼单元来模拟层间黏结，针对每一层，通过控制板层单元的积分点数来实现对一阶和高阶剪切变形理论模型的模拟。当选择高阶剪切变形理论时，即相当于对每一无砟轨道层分别利用叠层层合理论,不同层间通过弹簧阻尼单元进行位移协调,从而达到叠层层合板的效果,如图 1.44 所示。该方法计算结果已较为接近三维弹性理论计算结果,但在考虑温度效应、细部结构设计方面存在一定局限。

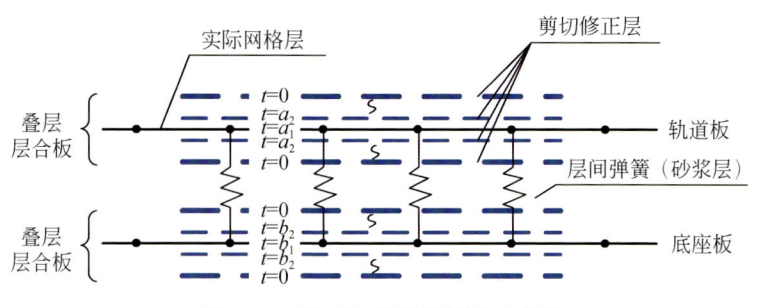

图 1.44 梁-板-板分析模型示意图

在分析无砟轨道温度变化影响时,考虑无砟轨道整体升降温效应及温度梯度效应。鉴于梁-板-板理论的局限性,对于因整体升降温所引起的无砟轨道温度力分析参照了混凝土路面相关计算方法,并考虑扣件、限位凸台、限位凹槽等结构的影响。对于无砟轨道翘曲变形,参照 Westergaard 翘曲应力计算公式,再考虑翘曲变形情况下的局部支撑效应,对翘曲变形应力进行分析。

在分析基础沉降对无砟轨道影响时,考虑允许最大不均匀沉降为 20m 范围内 15mm 的沉降量,采用梁-板-板理论模型,对无砟轨道的荷载效应进行分析,通过车辆荷载下沉降区底座板与基床表面未产生离缝为依据来确定最大允许沉降量。

2) 设计荷载取值

在荷载取值方面,选取实际车辆轴重作为标准轴重,设计时考虑一定的动载系数,与其他荷载组合时,动载系数取为 1.5,单独检算时,速度 250km/h 时动载系数取为 2.5,速度 300km/h 及以上时动载系数取为 3。温度荷载取值参考《铁路无缝线路设计规范》(TB 10015—2012)中区域气温差,参照无砟轨道施工温度来选取。无砟轨道技术再创新攻关组[54]中对无砟轨道温度梯度的选取参考了混凝土路面工程中推荐的取值方法,区分严寒地区、寒冷地区和温暖地区,并根据板厚进行相关修正,推荐正负温度梯度均为 45℃/m,后期测试研究结果表明,部分地区实测正温度梯度要明显高于初始估计值。计算混凝土收缩时,将预制混凝土、现浇混凝土的温度梯度分别等效成不同的降温幅度进行考虑。

3) 设计荷载组合

在荷载组合方面,按荷载性质和发生的概率将其分为主力、附加力和特殊力三种。设计时对仅存在主力、存在主力与附加力组合、考虑特殊力三种情况进行设计,不同情况下选用的安全系数有所区别。

综上所述,目前国内外无砟轨道设计理论还存在诸多不足。现有设计理论大多将轨道结构考虑为一层或多层梁/薄板模型,在计算由温度梯度效应带来的翘曲变形时有诸多不便;现有设计理论还对无砟轨道的限位结构做了过多的简化,对其进行设计时主要依靠工程经验;此外,在考虑基础沉降等复杂荷载组合作用时也无法直观地反映出轨道结构的实际受力变形状态。这就需要发展一种能够精确再现复杂荷载组合作用下结构整体受力状态的分析方法。

3. 无砟轨道设计检算方法

目前无砟轨道的设计检算项目主要根据荷载组合及结构性质的不同有所改变。

在主力作用下,对于无砟轨道不同的钢筋混凝土结构层,检算项目主要分为结构强度(混凝土压应力、钢筋拉应力)、疲劳强度及裂纹宽度。其中对疲劳强度进行检算时,疲劳循环次数按 60 年寿命周期确定,通过轮载进行估算。对于预应力轨道板,在检算结构裂纹时不允许开裂。对无砟轨道的调整层,如 CA 砂浆层等,应进行抗压、抗拉强度检算。素混凝土及水硬性支承层不纳入检算。

主力与附加力组合下,检算项目与主力作用下相同,但指标应满足主力与附加力作用下的容许限值。

考虑特殊力时,检算钢筋混凝土或预应力混凝土的结构强度,此时不再检算裂纹宽度。

在检算方法上,目前大多参照国内外各类规范中关于各类指标的检算公式,多数属于混凝土结构常规检算,无法关注无砟轨道整体的受力特性。尤其是针对钢筋混凝土结构层,其受力分布、均衡性常影响到无砟轨道现场服役性能,此类检算国内外均研究较少,同时也缺乏较为合理的检算方法。

1.3.2 无砟轨道病害分析方法

随着无砟轨道在国内高速铁路的大规模应用,无砟轨道病害问题也日益凸显。近年来,针对无砟轨道病害问题,国内外学者做了大量研究,主要集中在无砟轨道病害产生机理、病害状态下服役性能、无砟轨道病害无损检测、无砟轨道病害维修技术等方面。

1. 无砟轨道病害产生机理研究

国外学者对病害产生机理的研究主要集中在材料劣化、沉降及地震等荷载效应影响等方面,Tatematsu 等[55]对无砟轨道钢筋盐蚀机理进行研究,提出了一种抑制无砟轨道钢筋盐蚀的新方法。Takahashi[56]选取严寒地区劣化混凝土轨道板进行调研分析,发现阳面轨道板劣化更为严重,提出碱硅酸反应和霜冻作用是严寒地区无砟轨道轨道板劣化的重要原因。Rose 等[57]讨论了水泥沥青混凝土在无砟轨道上的应用情况以及在应用过程中可能出现的开裂、离缝等病害。Anon[58]从轨枕与道床板黏结面受力的角度讨论了双块式无砟轨道在使用过程中可能存在的开裂问题。Rutherford 等[59]对 CA 砂浆的力学性能进行了研究,对其与不同混凝土间的黏结强度进行了试件试验。Muramoto 等[60]对黏土路基上无砟轨道含水率变化下的沉降特性进行了大型实尺试验,验证了黏土路基上无砟轨道病害机制,并提出了两种针对黏土路基沉降与病害的改进方法。Takiguchi 等[61]对无砟轨道预应力钢筋的受力进行了分析,对无砟轨道预应力进行了评估,并分析了地震荷载下预应力混凝土板伤损的可能性。Toyooka 等[62]利用振动台对桥上无砟轨道在强地震荷载下的振动效应进行了模型分析,提出并验证了引入阻尼装置来降低地震对无砟轨道影响的模型。

  国内学者在病害产生机理方面的研究较为广泛。在无砟轨道结构裂缝及发展机理方面,王森荣等[63]对既有线路无砟轨道开裂情况进行了调研,指出温度和混凝土的收缩对无砟轨道裂缝影响较大,并分别针对混凝土配合比、施工工艺以及养护方面提出了防裂建议。刘振民等[41]对遂渝线双块式无砟轨道裂纹情况进行了调研与汇总,从道床板设计、施工和混凝土配合比等多方面分析了裂缝成因,对双块式无砟轨道抗裂设计提出了相关建议。王会永[64]从无砟轨道温度场分布影响方面对双块式轨枕与道床板间裂缝产生原因进行了介绍。吴欢[65]对 CRTS I 型板式无砟轨道裂纹的产生原因进行了调研,对影响裂纹扩展的可能因素进行了探讨,并重点对无砟轨道含裂纹情况下的动态服役性能进行了研究。张勇[66]对道床板与支承层接触面上层间约束对道床板的温度荷载效应及裂缝的影响进行了分析,并利用在板上预设裂缝,建立了考虑混凝土开裂的路基上双块式无砟轨道模型,对道床板内钢筋和混凝土力学特性进行了研究。陆达飞[67]对双块式无砟轨道裂纹的产生原因进行了汇总,在国内外规范研究的基础上,提出了中国无砟轨道裂纹的推荐控制标准。吴斌等[68]对温度升降及混凝土收缩变形条件下无砟轨道及配筋的受力进行了分析,对双块式道床板开裂的可能性进行了研究,分析了双块式无砟轨道道床板厚度、配筋率及裂缝间距对其力学特性及裂缝宽度的影响。张艳锋[69]对无砟轨道混凝土材料的断裂参数进行了大量的试件试验与统计分析,给出了具有一定应用价值的混凝土道床断裂力学参数。周志亮[70]从施工、材料配比及后期车辆运营荷载等多方面对无砟轨道的开裂原因进行了分析,从施工角度对无砟轨道抗裂提出了建议。崔国庆[71]从设计和施工角度对武广高铁双块式无砟轨道道床板上裂纹成因展开分析,提出了降低裂缝数量和裂缝宽度的措施。此外,刘扬[72]考虑了外部环境条件下无砟轨道承载层的混凝土保护层厚度、裂缝宽度、钢筋锈蚀等耐久性影响指标，建立了无砟轨道耐久性整体计算模型，从材料层次、结构层次、构件层次等方面对轨道结构的使用寿命进行了研究。朱长华等[73]对CRTS I型板式无砟轨道上可能存在的裂纹形式进行了汇总，认为大量无砟轨道板表面裂纹多由混凝土收缩造成，控制轨道板裂纹需从混凝土养护及减少轨道板约束两方面考虑。

在无砟轨道层间离缝机理方面，王会永等[74]对双块式道床板浇筑后轨枕和道床板间黏结应力发展及破坏的可能性进行了研究，对双块式轨枕尺寸对黏结应力发展的影响进行了研究。赵伟[75]对单元板式无砟轨道凸台周围树脂层破坏后凸台受力性能及 CA 砂浆局部填充效应进行了研究。吴绍利等[39]通过调研认为雨雪冻融和动车组长期高速通过对轨道板和砂浆层的冲击是轨道板与砂浆层间出现离缝的主要原因，并对异丁烯树脂、环氧砂浆等修补材料对离缝修复的可能性及工艺进行了研究。杨金成[76]从施工角度对 CRTS II 型板式无砟轨道的轨道板表面裂纹、宽接缝工后裂纹、轨道板与 CA 砂浆层间离缝、砂浆层斜裂纹的可能产生原因进行了介绍。杨明华[77]对桥上纵连板式无砟轨道的轨道板与砂浆层的离缝状况进行了统计，并对桥上无砟轨道温度梯度进行了测试，认为长期暴露在自然环境中所导致的无砟轨道温度梯度的反复变化使轨道板产生翘曲变形，导致轨道板与 CA 砂浆层连接处产生离缝。卫军等[78]认为轨道板翘曲变形及其反复作用是造成结构层间脱空剥离的主要原因，并利用有限元软件，对无砟轨道正负温度梯度下层间应力进行了研究，同时研究了纵连钢筋数差异对轨道板翘曲的影响。朱晓斌等[79]计算了 CRTS II 型板式无砟轨道 CA 砂浆填充层在膨胀补偿前后的边缘及中央区部位的收缩应力，分析了不同龄期 CA 砂浆开裂的可能性。刘丹等[80]利用有限元软件对单元式无砟轨道和纵连式无砟轨道在具有初始曲率情况下上拱的可能性进行了探讨，对层间出现离缝后不同形式无砟轨道的横向和垂向失稳温度荷载进行了计算与研究。高增增[81]对路基不均匀沉降后无砟轨道脱空现象进行了讨论，利用梁-板-板模型对车辆荷载下无砟轨道脱空后的受弯情况进行了研究。

2. 无砟轨道病害状态下服役性能研究

在无砟轨道病害状态下服役性能研究方面，朱胜阳等[35]对双块式无砟轨道在含裂纹情况下的动态服役性能进行了研究，认为裂纹对车辆及轨道振动性能的影响较小，但会明显增加裂纹附近钢筋和混凝土的动态拉压应力。此外，朱胜阳等[82]还建立了车辆-无砟轨道动力学分析模型，对温度变形下列车经过时的动力学响应进行了仿真分析，对温度裂纹的刚度退化特性进行了研究。段翔远等[83]分析了大跨桥梁因墩高差异而引起的桥梁不均匀变形下车辆-轨道-桥梁动力学响应，对桥梁不均匀变形下无砟轨道的服役性能进行了研究。黄应州等[84]对海南东环铁路无砟轨道的地基沉降进行了观测与评估,对路基沉降对无砟轨道的影响进行了探讨。杨荣山等[85]对双块式无砟轨道支承层开裂后无砟轨道的服役性能进行了研究,提出了降低支承层弹性模量有利于控制支承层裂纹,同时也有助于下部基础的均匀受力。徐庆元等[86]对路基沉降下多种板式无砟轨道的动态服役性能进行了评估,结果表明,基础沉降对车辆运营平稳性影响最大,对无砟轨道系统的振动影响较小。

3. 无砟轨道病害无损检测研究

在无砟轨道病害无损检测方面,国内外学者也做了大量的研究。Tanaka 等[87]对红外线检测技术在无砟轨道板上掉块、开裂等破坏上的应用进行了研究,并对既有线路桥上无砟轨道的掉块情况进行了测试,对测试方法进行了验证。Chapeleau 等[88]对光纤光栅测试技术在无砟轨道监测上的应用进行了讨论,并利用等比例室内模型对光纤光栅测试技术在无砟轨道裂纹及变形方面的监测进行了验证。魏祥龙等[89]对无砟轨道不同结构层可能存在的裂纹情况进行了统计,对不同裂纹的地质雷达无损检测技术进行了研究。

4. 无砟轨道病害维修技术研究

在无砟轨道病害修补材料及修补技术方面,国内外学者也做了大量的研究。胡新明等[90,91]对双块式无砟轨道轨枕块与道床板间翻浆病害进行了实地调研,利用环氧树脂砂浆对轨枕块下脱空进行了填充与修复,并对其修复原则和修复材料、工艺进行了研究。另外,还对 CRTS Ⅱ型板式无砟轨道 CA 砂浆与轨道板间离缝的修补材料与修补工艺进行了研究。Ueda 等[92]对水泥基裂纹修复材料在无砟轨道裂纹及离缝修复上的应用进行了研究,从修补材料和混凝土间黏结性能以及透水性等方面对修复效果进行了评估。杨金成[76]在 CRTS Ⅱ型板式无砟轨道裂缝研究的基础上对裂纹的修补技术进行了介绍。Takagi 等[93]对山阳新干线、东北新干线和上越新干线上应用磨料射流切割技术对无砟轨道修复的方法进行了研究,指出磨料射流切割技术可实现无砟轨道的快速修复。杨明华[77]讨论了温度力释放法、轨道板下压法以及层间注浆法在离缝治理中应用的可能性。马伟斌等[94]对京通铁路隧道内无砟轨道的裂纹、下沉及侵蚀等病害情况进行了调研,对无砟轨道裂纹的快速检测及修复技术进行了研究。曾真[95]对无砟轨道不同的伤损形式进行了总结,对多种无砟轨道伤损的可能因素进行了汇总分析,对 CA 砂浆不均匀支撑的静动态影响进行了仿真分析,并对 CA 砂浆的修程修制和修补效果进行了评估。张绮[96]对无砟轨道底座与桥梁间离缝的修补材料与修补技术进行了研究。

1.4 无砟轨道分析方法发展趋势

由无砟轨道分析方法的研究现状可知,目前国内外现有的分析理论还存在许多不足。例如,在进行无砟轨道设计时国内外多采用弹性地基梁-板分析模型,该模型对无砟轨道简化较多,尚无法对无砟轨道真实服役状态下的荷载效应进行细致的模拟,尤其对于温度梯度荷载效应、轨道细部结构设计等方面存在较大的局限性;目前对无砟轨道配筋检算考虑因素较少,对于配筋后无砟轨道真实服役状态尚不明确,对其配筋后受力均匀性等特征尚无有效方法验证;此外,目前对无砟轨道病害的研究多集中在病害监测、病害修补材料及病害修补技术方面,而对无砟轨道裂纹、离缝等病害的研究多基于材料性能方面,对基于结构与材料综合特性的病害发生、发展机理研究较少,病害整治效果欠佳。综上所述,目前亟待发展一种贯穿无砟轨道设计、检算与科学维护等不同阶段的精细化分析方法,以满足高速铁路建造与安全运营要求。无砟轨道精细化分析方法应满足以下三方面的要求:

(1)结构设计的精细化。为满足高速铁路高平顺、高安全的要求,轨道结构设计的精细化是非常必要的。过去大多采用叠合梁、梁-板、板-板等简化模型,难以对结构细部特征进行考虑。在无砟轨道设计初期,如果设计因素考虑得不够细致,有可能带来后期养护维修工作量的大幅提高,并有可能导致大面积的隐蔽工程破坏。因此,在设计时应尽量考虑足够的荷载条件和部件参数,建立精细化的分析模型,从而提高设计精度,尽量避免后期运营的安全隐患。

(2)检算手段的精细化。无砟轨道作为混凝土结构,在其内部配置了预应力筋、门型筋、普通纵横筋等大量钢筋。现有检算手段大多基于工程经验,对配筋进行检算时往往采用简化过多的经验公式,无法反映已配筋的无砟轨道结构受力及变形是否均衡,尤其是预应力荷载作为影响无砟轨道板应力状况的重要因素,往往在分析模型中未受到重视。同时,对于轨道板预应力锚固端效应以及多种荷载组合下预应力轨道板变形等问题也仍缺乏细致的分析。因此,有必要在无砟轨道检算模型中考虑钢筋的具体影响,对荷载组合下轨道板受力进行精细化检算。

(3)病害分析及整治的精细化。在无砟轨道病害产生及演变机理研究方面,目前研究方式过于单一且无法模拟病害演变过程。为了解决运营中所出现的病害问题,首先应采用合理的分析方法,对病害的产生及演变机理进行研究,避免对病害进行盲目的维修与整治。因此,应建立包含无砟轨道病害产生、扩展及整治的精细化分析模型,从而为无砟轨道养护维修提供科学的理论指导。

无砟轨道从设计、检算到维护的过程较为复杂,每一过程的影响因素千差万别,此时仅依靠一种单一的分析模型无法适应整个过程。因此,需要综合各个阶段的特点,建立合理的、适用性强的精细化分析模型群,最终形成系统的无砟轨道空间精细化分析方法。

1.5 本章小结

本章主要介绍了高速铁路无砟轨道发展及研究概况。无砟轨道拥有更高的平顺性、稳定性,目前已发展出诸多形式,并在国内外高速铁路中得到广泛应用,但其在运营过程中也暴露出一定的病害问题。这些病害的出现,一部分原因是目前对结构病害机理尚不清楚,同时也与无砟轨道在整体设计、施工、维护过程中缺乏系统分析是分不开的。综合现有无砟轨道分析理论可知,现有理论在无砟轨道设计、检算、病害分析方法等方面还存在诸多不足,无法做到考虑结构细部参数、复杂荷载下结构真实受力分布等因素。因此,亟待发展一种贯穿无砟轨道设计、检算与运营等不同阶段系统的精细化分析方法,以适应高速铁路无砟轨道精细化管理与分析的需求。

第 2 章　高速铁路无砟轨道结构参数及荷载

在无砟轨道的设计与检算过程中,结构各项参数取值和荷载加载方式将决定设计是否满足安全性和经济性的要求,参数的精细化程度也决定了设计与检算模型的精度和可靠性。因此,对无砟轨道结构的精细化分析必须在明确无砟轨道系统结构、材料及荷载参数的基础上进行。本书将无砟轨道系统分为主体结构、层间相互作用(传力体系)、限位结构三大类。其中主体结构主要为钢轨、轨道板/道床板、填充层、底座板/支承层等主体结构的尺寸材料参数;层间相互作用包含扣件弹性参数、层间黏结参数、隔离层参数、部分轨道结构中包含的缓冲层参数等反映主体结构间相互作用的参数;限位结构主要涵盖限位凸台、限位垫层、限位销钉等各类结构及材料属性。目前对于无砟轨道主体结构的部分参数,国内外学者进行了较多的理论研究和试验研究,且部分参数已列入相应的规范与技术条件[26,97~99],在精细化分析中可以直接借鉴使用。但对于层间相互作用、限位结构性能等关键参数,现有研究涉及较少,需要进行进一步研究。

无砟轨道结构层间相互作用复杂多样,例如,为了缓冲巨大的温度力,部分区域设置了滑动层或隔离层;为了限制无砟轨道的位移,在板间、板侧与板下设置了多种限位结构。因此,为了实现无砟轨道的精细化模拟,必须明确无砟轨道结构层间相互作用参数,包括层间相互作用及限位结构参数,如滑动层的摩擦系数、底座板与基床表层的黏结性能等。故需要通过获取限位结构的服役性能参数、建立层间黏结与滑移情况的试验模型、进行细部结构的模拟及参数试验,来实现对无砟轨道的精细化模拟,提高设计精度及可靠性。无砟轨道设计参数框架如图 2.1 所示。

目前,除轨道结构主体参数对设计检算有影响外,荷载参数取值对无砟轨道设计的安全性也有极大的影响。既有研究在无砟轨道荷载及荷载组合方式方面做了大量的工作,研究结果已列入相应的规范[97~99]。但随着无砟轨道病害的不断出现及无砟轨道形式的创新,参数的种类、取值及组合方式已无法满足无砟轨道精细化分析的要求。部分荷载在取值上也与实际运营环境有所差异,例如,在全国范围内的无砟轨道温度梯度测试中,大量的测试结果显示,无砟轨道正温度梯度远远超过原先所认为的 90℃/m;又如,随着无砟轨道的发展与规模化应用,下部基础的不均匀沉降波长与单元板式无砟轨道板长相关性研究较少,无法对基础不均匀沉降荷载下板下脱空发生时机进行合理的预测。

综上所述,本章将从主体结构参数取值、轨道结构相互作用及其细部参数试验

第 2 章　高速铁路无砟轨道结构参数及荷载

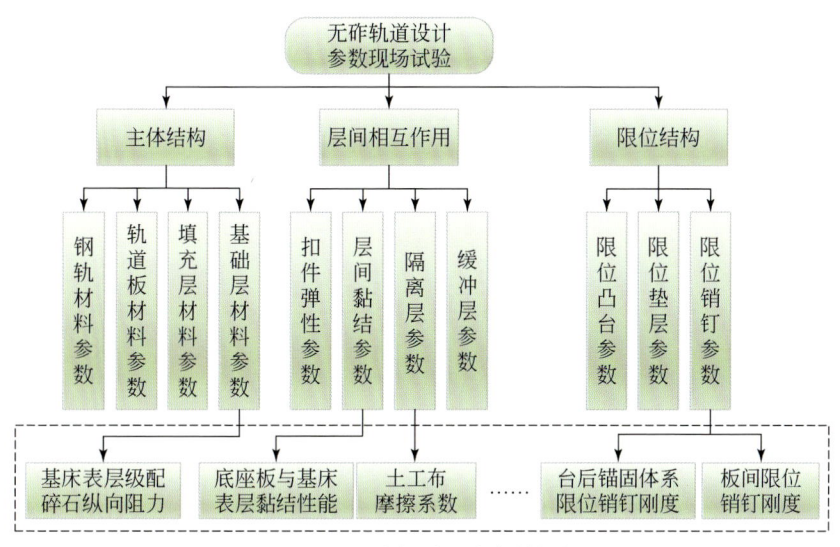

图 2.1　无砟轨道设计参数框架

研究、无砟轨道设计荷载取值及荷载组合原则等方面对无砟轨道系统设计参数进行研究,对尚未明确的参数及缺乏的参数进行补充测试,为无砟轨道精细化分析模型的建立奠定基础。

2.1　无砟轨道主体结构参数取值

本节针对不同无砟轨道结构,结合相关设计资料,以路基上 CRTS Ⅰ 型、CRTS Ⅱ 型和 CRTS Ⅲ 型板式无砟轨道为例,对其主体结构参数进行介绍。

CRTS Ⅰ 型板式无砟轨道自上而下由钢轨、扣件、双向预应力轨道板、低弹性模量 CA 砂浆、底座板、凸台及树脂橡胶缓冲垫层等组成。CRTS Ⅱ 型板式无砟轨道自上而下由钢轨、扣件、预应力轨道板、高弹性模量 CA 砂浆、支承层或底座板、两布一膜或两布滑动层等组成,桥上设置侧向挡块进行限位,路桥过渡段或者桥隧过渡段设置倒 T 型或者双柱型台后锚固体系。CRTS Ⅲ 型板式无砟轨道自上而下主要由钢轨、扣件、轨道板、自密实混凝土与限位凸台、板下隔离层与凸台周边垫板、底座板等结构组成。路基上 CRTS Ⅰ 型、CRTS Ⅱ 型和 CRTS Ⅲ 型板式无砟轨道主体结构参数见表 2.1[26]。

值得说明的是,对于每一个无砟轨道主体结构参数的合理取值,都建立在大量结构选型工作的基础上,以满足无砟轨道自身针对复杂荷载场的适应性、结构经济性、可施工性等。

表 2.1　无砟轨道主体结构参数（以路基上为例）

主体参数	CRTS I 型板式无砟轨道	CRTS II 型板式无砟轨道	CRTS III 型板式无砟轨道
钢轨	CHN60 轨，弹性模量 2.1×10^{11} Pa，线膨胀系数 1.18×10^{-5}		
扣件	WJ-7B 扣件	Vossloh300 扣件	WJ-8C 扣件
扣件间距/m	0.629	0.65	0.63
扣件刚度	垂向刚度 25kN/mm，纵向阻力 9kN		
轨道板尺寸/(m×m×m)	4.962×2.4×0.19	6.45×2.55×0.2	5.6×2.5×0.21
轨道板材料	C60	C55	C60
砂浆层/自密实混凝土层厚度/m	0.05	0.03	0.09
砂浆层/自密实混凝土层材料	SL-1 型砂浆，袋装法施工，弹性模量 100~300MPa	SL-2 型砂浆，模筑法施工，弹性模量 7000~10000MPa	自密实混凝土，混凝土等级 C40，弹性模量 3.25×10^4 MPa
底座板尺寸	厚 0.3m，宽 2.8m	厚 0.3m，宽 2.95m	厚 0.3m，宽 3.1m
底座板材料	C40 混凝土	HGT 水硬性混凝土	C40 混凝土
纵横向限位方式	轨道板端圆形凸台	砂浆层浇筑后上下黏结限位	自密实混凝土板下凸台与底座板上凹槽配合限位
限位结构尺寸	圆形凸台半径 0.3m	—	两个方形凸台，长×宽×厚 0.7m×1.0m×0.1m
限位垫层刚度	25MPa(凸台周边树脂橡胶垫层)	—	20~40kN/mm(板下凸台四周弹性垫层等效刚度)
路基刚度	等效垂向刚度 76MPa/m，纵横向摩擦，摩擦系数 0.5		

2.2　无砟轨道结构相互作用参数试验研究

无砟轨道结构相互作用参数的合理取值是实现无砟轨道精细化分析的关键。目前部分无砟轨道结构相互作用参数已经有较为成熟的技术条件可以借鉴，但总体而言并不全面，尚无法满足精细化分析的实际需求。因此，本节主要在借鉴、参考已有研究及各类技术条件的基础上，对目前较为缺乏的部分相互作用参数如扣件阻力及刚度、土工布摩擦系数、混凝土与基床表层间黏结性能、限位销钉限位刚度等关键参数进行试验，从而获得相应的参数，以满足精细化分析的要求。

2.2.1 扣件阻力及刚度试验

1. 纵向阻力

扣件纵向阻力试验现场及试验简图分别如图 2.2 和图 2.3 所示。测试时,将轨枕固定于平整水平地面基础,通过扣件系统将短钢轨扣压至轨枕上。测试设备组装完成后,通过千斤顶向短钢轨施加纵向水平荷载,测定钢轨在荷载作用下产生的纵向位移。通过荷载 P 及钢轨与轨枕的纵向相对位移 u,得出扣件的位移-纵向阻力试验曲线。

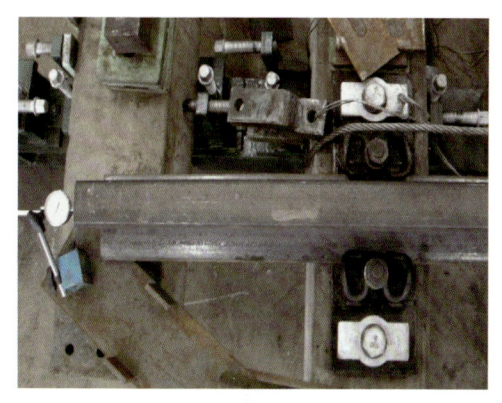

图 2.2　扣件纵向阻力试验现场 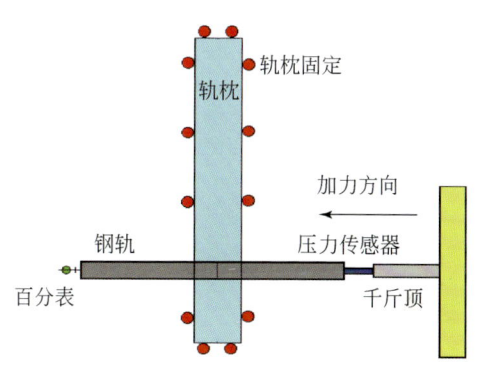　　图 2.3　扣件纵向阻力试验简图

不同扭矩扣件位移-纵向阻力试验曲线如图 2.4 所示。扣件安装时,要求"三点接触",经测试,"三点接触"时扣件螺栓扭矩约为 140N·m。由图 2.4 可知,当扣件"三点接触"前,扣件的纵向阻力随扭矩的增加而增大;当扣件"三点接触"后,增大扣件螺栓扭矩,扣件纵向阻力没有显著增加。在扣件正常安装情况下,钢轨与轨枕相对位移达到 2mm 时,每组扣件纵向阻力约为 10kN。

2. 横向阻力

扣件横向阻力试验现场及试验简图分别如图 2.5 和图 2.6 所示。通过千斤顶向扣件处的短钢轨施加横向水平荷载,测定钢轨在荷载作用下产生的横向位移。通过荷载 P 及钢轨与轨枕的横向相对位移 u,得出扣件的位移-横向阻力曲线。

不同扭矩扣件位移-横向阻力试验曲线如图 2.7 所示。当扣件"三点接触"后,即扣件螺栓扭矩达到约 140N·m 时,增大扣件螺栓扭矩对增大扣件横向阻力没有显著效果。根据测试结果,扣件横向静刚度约为 20kN/mm。

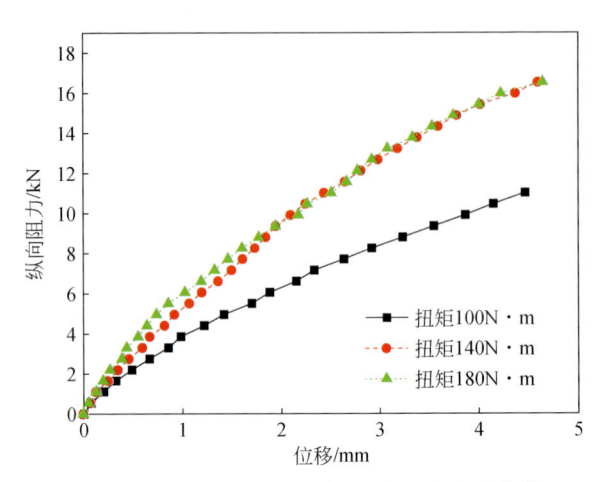

图 2.4　不同扭矩扣件位移-纵向阻力试验曲线

图 2.5　扣件横向阻力试验现场

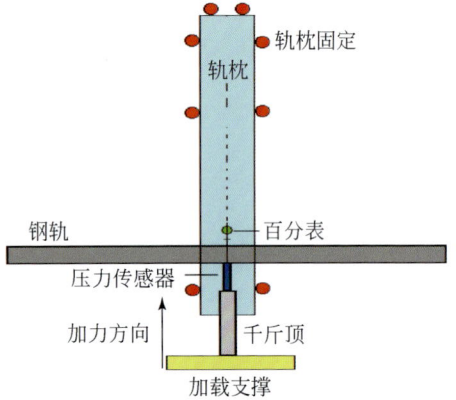

图 2.6　扣件横向阻力试验简图

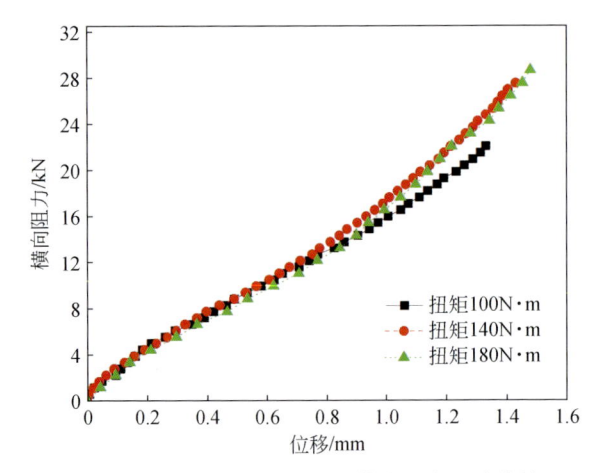

图 2.7　不同扭矩扣件位移-横向阻力试验曲线

3. 扣件阻矩

扣件阻矩试验现场及试验简图分别如图 2.8 和图 2.9 所示。测试时通过千斤顶向钢轨施加横向的水平荷载，测定钢轨在荷载作用下产生的扭转角。通过荷载力矩 M 及钢轨与轨枕的扭转角 β，得出不同扭矩扣件扭转角–阻矩试验曲线。

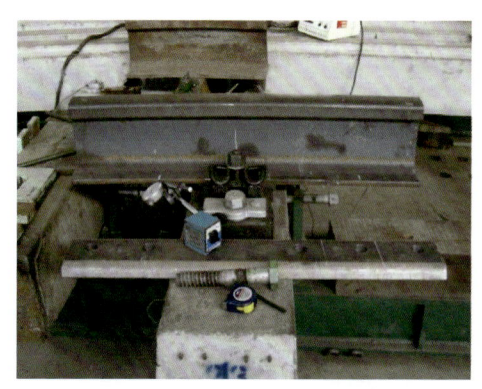

图 2.8　扣件阻矩试验现场　　　　图 2.9　扣件阻矩试验简图

不同扭矩扣件扭转角–阻矩试验曲线如图 2.10 所示。扣件阻矩随螺栓扭矩增加而略有增大。扣件螺栓扭矩从 140N·m 增大至 180N·m 时，扣件阻矩增幅相对明显。螺栓扭矩为 140N·m 时，扣件阻矩公式拟合如下：

$$M = 44.05\beta^{\frac{1}{0.97}} \tag{2.1}$$

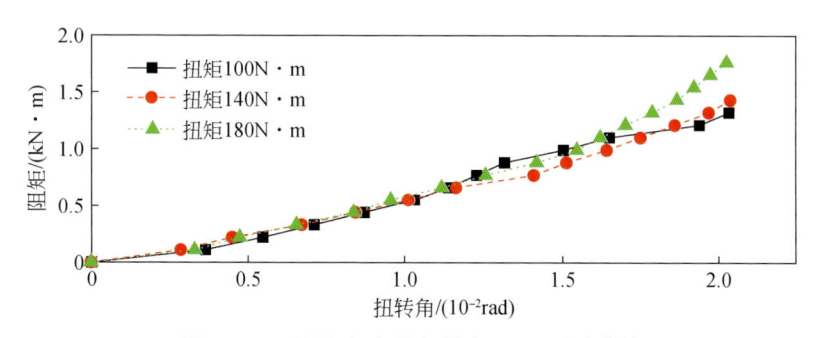

图 2.10　不同扭矩扣件扭转角–阻矩试验曲线

4. 垂向刚度

国内外对扣件的垂向刚度进行了大量研究，已有相关标准可供参考。因此本书结合我国《高速铁路设计规范》(TB 10621—2014)[26]及《高速铁路扣件　第 1 部分:通用技术条件》(TB/T 3395.1—2015)[97]规定的无砟轨道扣件静刚度设计值(25±2.5)kN/mm,建议垂向静刚度可取值为25kN/mm。

综上所述,在对无砟轨道扣件进行计算取值时,建议垂向静刚度为25kN/mm,横向静刚度为20kN/mm,每组扣件纵向阻力为10kN。

2.2.2 土工布摩擦系数试验

CRTS Ⅱ型板式无砟轨道在桥上底座板与桥梁间设置了两布一膜滑动层,在桥台后底座板与摩擦板间设置了两层土工布,以缓冲主端刺所受到的纵向力。对于两布一膜滑动层滑动系数,目前已进行了大量的试验工作[34,54],对其层间摩擦系数已有了基本的共识,而对两层土工布间摩擦参数的研究较少。

1. 试验设计

为了测试两层土工布所能提供的摩擦系数及底座板的推移阻力,采用图2.11所示的测试方法。现场试验时按图2.12浇筑两块试验台座,采用油压可读的液压千斤顶分级对试验台座加载,通过记录每级荷载下试验台座的平均位移得到顶推力下试验台座受力与位移的关系曲线。

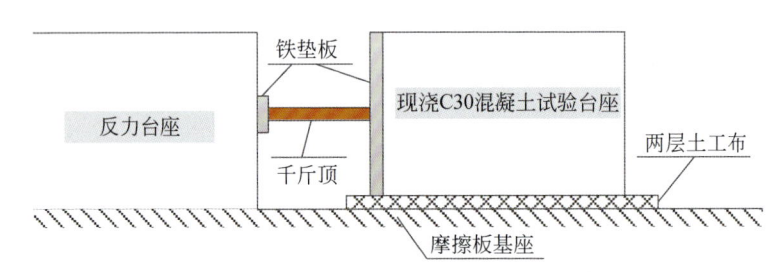

图2.11 土工布摩擦系数测定试验设计

根据试验台座受力与位移的关系曲线可以判断出试验台座发生滑动时所对应的顶推力的大小F,即摩擦启动力,试验台座的重量G可以通过试验台座的体积和混凝土的密度计算,从而推算出对应的土工布的摩擦系数μ。

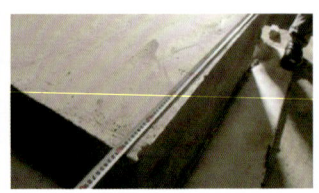

(a) 土工布黏结　　(b) 立模　　(c) 拆模

图2.12 试验台座制作

第 2 章　高速铁路无砟轨道结构参数及荷载

试验台座经过 7 天的养护,强度达到凝固时的 50% 左右,以满足摩擦力顶推需求。试验时在试验台座的前后两面(千斤顶压力头顶推的一面记为前面)各安装两个等强度梁弹片式位移计,用来记录不同推力作用下试块的位移,并设置两个电子位移计以进行实时读取。顶推设备为油压千斤顶,最大顶推力 3t,标定后再进行读数;位移计采用塞尺进行标定,以保证数据的准确性。测试现场布置如图 2.13 所示。

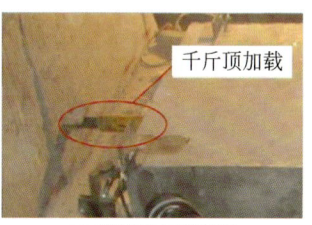

(a) 位移测点　　　　(b) 实时位移观测　　　　(c) 顶推千斤顶加载

图 2.13　土工布摩擦系数试验测试现场布置

2. 试验结果分析

通过对试验台座进行四次分级加载,加载油压间隔为 0.2MPa,平衡时间为 3min,得到顶推力-位移曲线,如图 2.14 所示。

图 2.14 分别为 A、B 两试块 4 组测试数据经过标定处理得到的顶推力-位移关系曲线。由图可知,在顶推力较小时,顶推力与位移之间呈线性关系,当顶推力增加到某一值时,试块与两层土工布间开始发生微小滑动,此时千斤顶的顶推力即为两层土工布的摩擦启动力,由此换算每组测试测得的摩擦系数,见表 2.2。

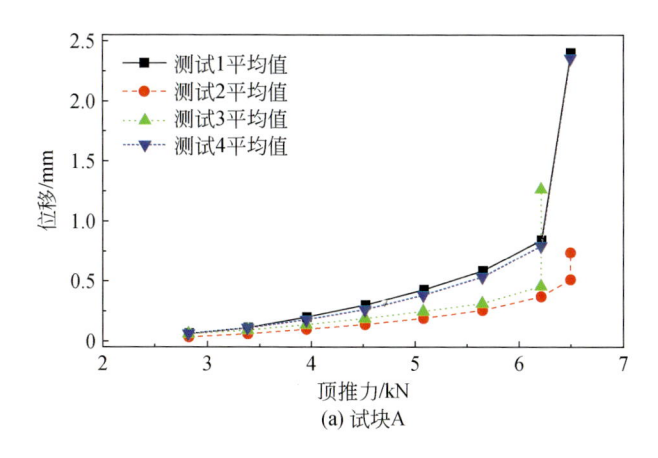

(a) 试块A

(b) 试块B

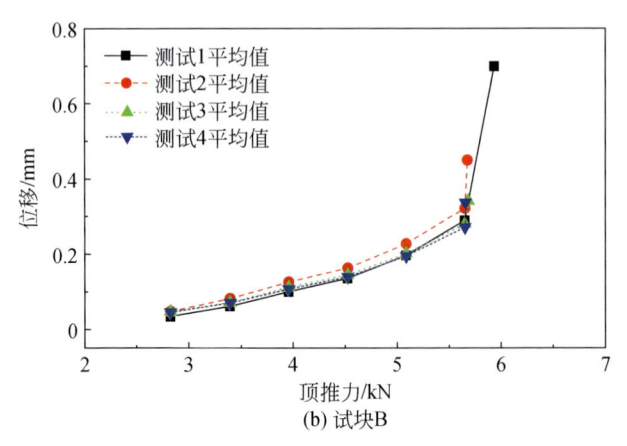

图 2.14　两块试验台座 4 次顶推力-位移关系曲线

表 2.2　测试所得的土工布间摩擦系数

	测试内容	测试 1	测试 2	测试 3	测试 4
试块 A	千斤顶油压/MPa	4.6	4.6	4.4	4.4
	压力/kN	6.50	6.50	6.22	6.22
	土工布摩擦系数	0.87	0.87	0.83	0.83
	摩擦启动位移/mm	0.843	0.795	0.458	0.516
试块 B	千斤顶油压/MPa	4.2	4.1	4.1	4.1
	压力/kN	5.93	5.79	5.79	5.79
	土工布摩擦系数	0.79	0.77	0.77	0.77
	摩擦启动位移/mm	0.289	0.312	0.278	0.270

测试结果表明，试块 A 土工布摩擦系数的平均值为 0.85，标准方差为 0.023，所得的平均值有效。按照概率分布特性，滑动层的摩擦系数分布范围为 0.792~0.908。试块 B 土工布摩擦系数的平均值为 0.775，标准方差为 0.01，所得的平均值有效。按照概率分布特性，滑动层的摩擦系数分布范围为 0.75~0.8。试块 A 两层土工布的摩擦启动位移为 0.46~0.85mm，试块 B 两层土工布的摩擦启动位移为 0.27~0.31mm，由此可知，土工布的摩擦启动位移的变化范围稍大，但均在 1mm 以内。

3. 试验结论

本节对实际施工条件下两层土工布间的摩擦系数进行现场还原试验设计，并对土工布摩擦系数进行测试，测试结果显示，土工布摩擦系数为 0.75~0.9，摩擦启

第 2 章 高速铁路无砟轨道结构参数及荷载

动位移为 0.27~0.85mm,摩擦启动位移变化范围稍大。对桥台后底座板下接触关系进行取值时,可根据具体计算需求取相应的最不利切向摩擦系数。

2.2.3 混凝土与基床表层黏结性能试验

不同类型无砟轨道现浇底座与路基之间均存在混凝土与基床表层之间的现浇黏结问题,目前,对于此黏结层的黏结性能尚缺乏试验研究。本书基于现场实际施工状况,选择台后短路基段掺5%水泥级配碎石基床及普通路基段级配碎石基床表层进行黏结性能试验。短路基段选择桥台作为反力台座,普通路基段选取已施工完成的底座板作为反力台座,浇筑单位尺寸(1.0m×1.0m×0.3m)的试验台座对混凝土与掺水泥级配碎石以及普通级配碎石间的黏结性能进行测试。

1. 试验方案

为了准确测得混凝土与基床间的黏结性能,针对短路基与普通路基,分别设计如图 2.15 所示的测试方法,试验台座尺寸均为 1.0m×1.0m×0.3m。

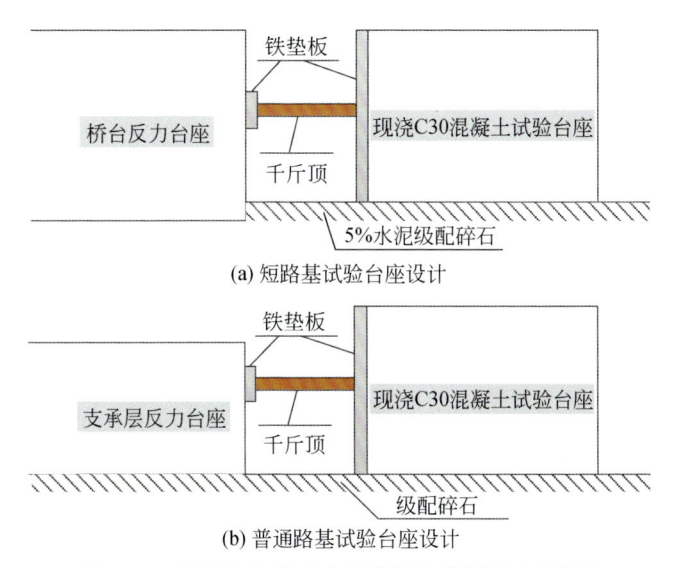

(a) 短路基试验台座设计

(b) 普通路基试验台座设计

图 2.15 混凝土与基床表层黏结性能测试试验设计

台座试块体积为 0.3m³,混凝土密度为 2500kg/m³,则试块的质量为 750kg,即 7.5kN。试验台座距离反力台座 0.4m,在试验台座浇筑前,首先将基床表面清扫干净,按照预定尺寸立模板,将混凝土泵送到模板中并人工振捣密实,养护 7 天后拆模进行相关试验。顶推设备为油压千斤顶,最大顶推力为 50t,千斤顶与位移计均需进行标定,试验台座的建立如图 2.16 所示。

(a) 立模　　　　　　　　　(b) 测试　　　　　　　　　(c) 破坏

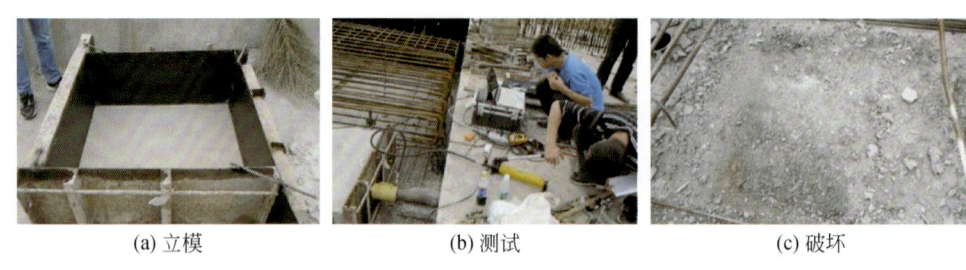

图 2.16　试验台座的立模、测试与破坏

2. 试验结果分析

1) 短路基上层间黏结性能测试

对短路基上试验台座进行顶推试验，对 4 次顶推力与位移关系进行测试与记录，得到 4 次顶推力与位移关系曲线如图 2.17 所示。图 2.17 中两公式分别代表不同阶段顶推力-位移曲线拟合方程，其中 y 为顶推力，x 为位移，R^2 为拟合相关系数。

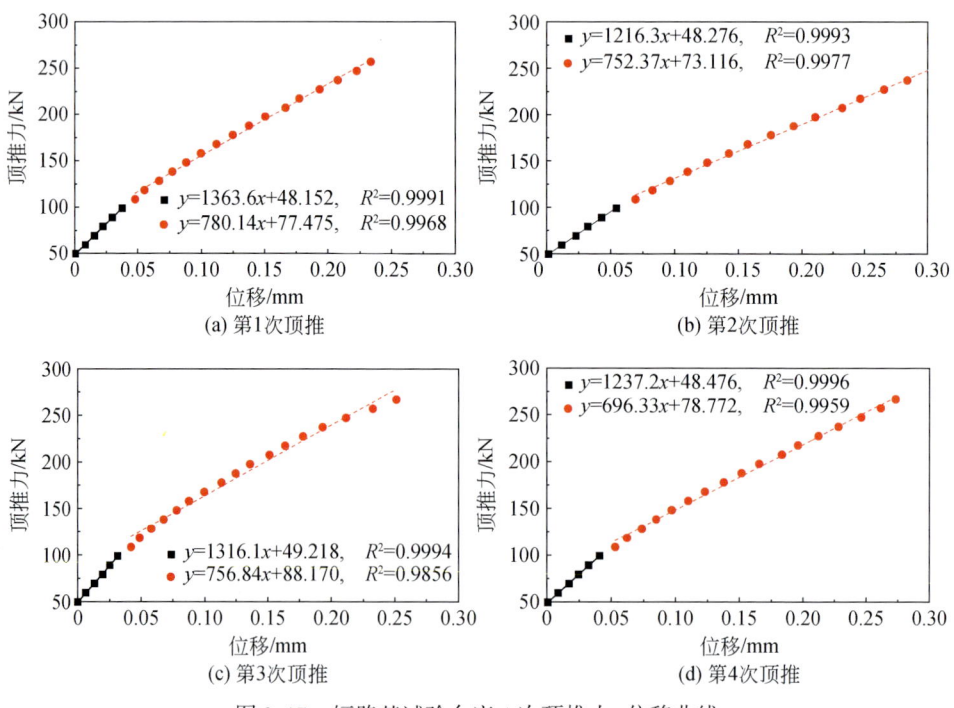

(a) 第1次顶推
$y=1363.6x+48.152, \quad R^2=0.9991$
$y=780.14x+77.475, \quad R^2=0.9968$

(b) 第2次顶推
$y=1216.3x+48.276, \quad R^2=0.9993$
$y=752.37x+73.116, \quad R^2=0.9977$

(c) 第3次顶推
$y=1316.1x+49.218, \quad R^2=0.9994$
$y=756.84x+88.170, \quad R^2=0.9856$

(d) 第4次顶推
$y=1237.2x+48.476, \quad R^2=0.9996$
$y=696.33x+78.772, \quad R^2=0.9959$

图 2.17　短路基试验台座 4 次顶推力-位移曲线

图 2.17 的测试结果表明,在顶推力接近 300kN 时,试验台座产生的位移已接近 0.3mm。试验台座位移由下部基础变形和试验台座本身变形两部分组成,为了研究试验台座本身的变形,需要建立底部刚性约束的试验台座有限元模型,并对 300kN 荷载作用下试验台座变形情况进行分析,模型尺寸与现场工况一致。试验台座弹性模量选为 C30 混凝土弹性模量的 70%。荷载作用方向试验台座位移云图如图 2.18 所示。

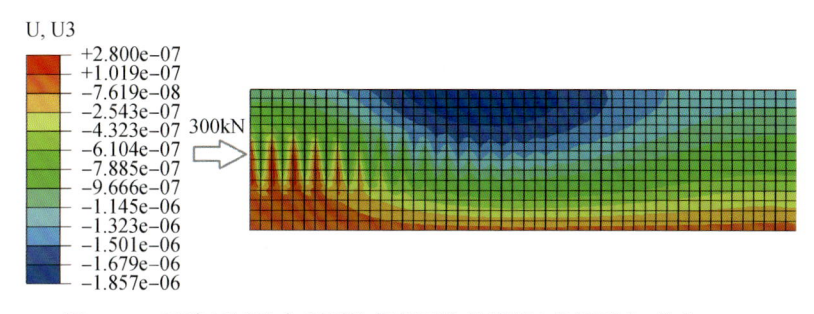

图 2.18 短路基试验台座顶推荷载下位移模拟(底部固定,单位:mm)

通过图 2.18 可知,因试验台座自身变形所产生的位移约为 0.002mm,远小于试验台座实际测得位移。由此可知,测试所得位移主要为下部基础变形所造成的试验台座的刚体位移。

顶推力-位移曲线斜率即基础所能提供的横向限位刚度,刚度统计结果如图 2.19 所示。

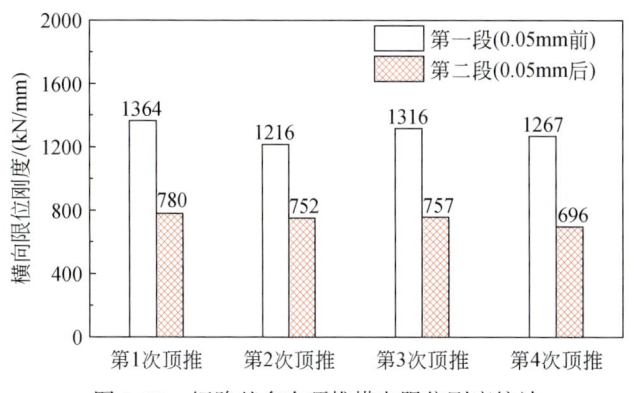

图 2.19 短路基多次顶推横向限位刚度统计

从图 2.19 可以看出,顶推位移在 0.05mm 前后,横向限位刚度有明显的差异。其中第一段(0.05mm 前)刚度为 1200~1400kN/mm,第二段(0.05mm 后)刚度较小,为 700~800kN/mm。4 次测试结果双线性明显,且两段刚度测试结果线性均较好。

对试块顶推至破坏，获取破坏极限荷载，顶推力-位移曲线如图 2.20 所示。由图可知，在顶推力为 437kN 时，单位面积试验台座与水泥级配碎石间黏结破坏，黏结面平均剪应力为 0.437MPa，黏结破坏时试块位移在 0.62mm 左右。

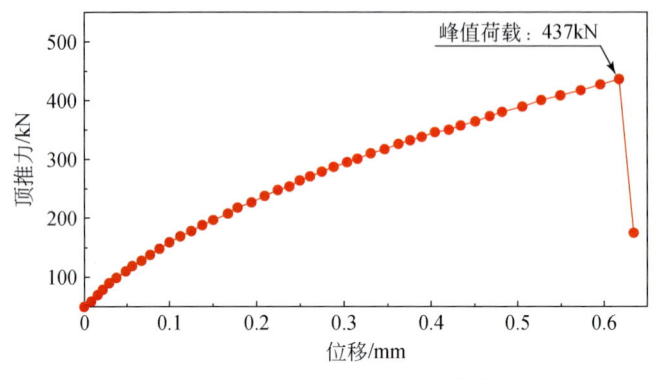

图 2.20　短路基顶推破坏下极限荷载曲线

2）普通路基上层间黏结性能测试

对普通路基上试验台座进行顶推试验，对 4 次顶推力与位移关系进行测试与记录，得到 4 次顶推力与位移关系曲线如图 2.21 所示。

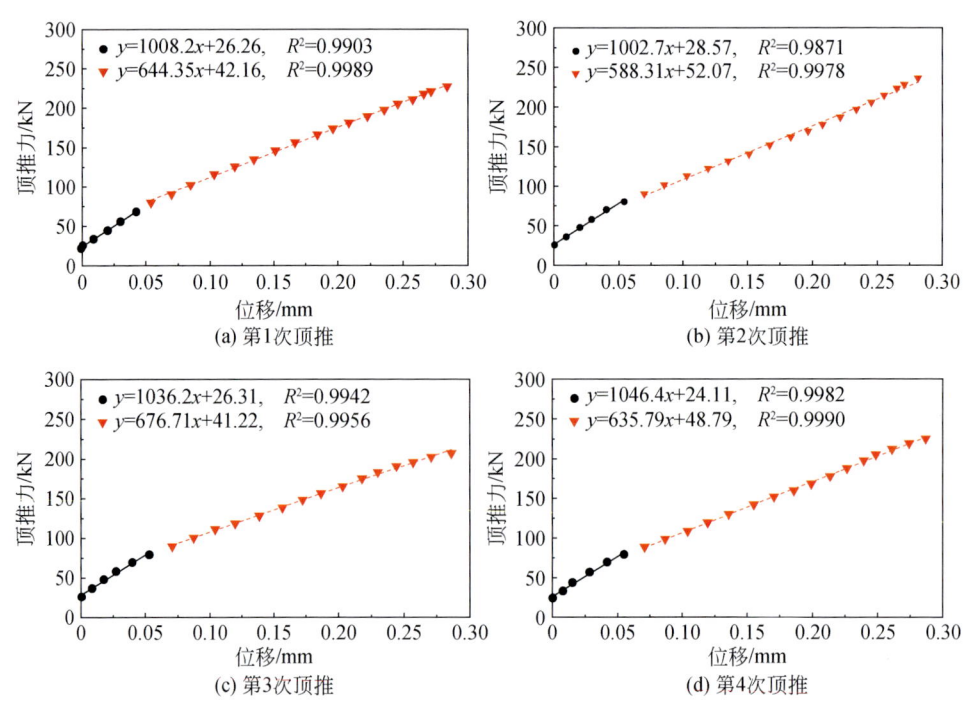

(a) 第1次顶推：$y=1008.2x+26.26$, $R^2=0.9903$；$y=644.35x+42.16$, $R^2=0.9989$

(b) 第2次顶推：$y=1002.7x+28.57$, $R^2=0.9871$；$y=588.31x+52.07$, $R^2=0.9978$

(c) 第3次顶推：$y=1036.2x+26.31$, $R^2=0.9942$；$y=676.71x+41.22$, $R^2=0.9956$

(d) 第4次顶推：$y=1046.4x+24.11$, $R^2=0.9982$；$y=635.79x+48.79$, $R^2=0.9990$

图 2.21　普通路基试验台座 4 次顶推力-位移曲线

普通路基上,顶推力-位移曲线所得到的横向限位刚度统计结果如图 2.22 所示。

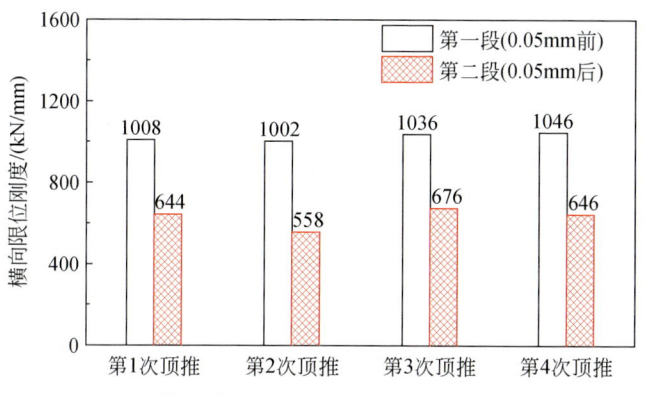

图 2.22　普通路基 4 次顶推横向限位刚度统计结果

由图 2.22 可知,顶推位移在 0.05mm 前后,横向限位刚度有明显的差异,其中第一段(0.05mm 前)刚度较大,为 1000～1100kN/mm,第二段(0.05mm 后)刚度较小,为 550～700kN/mm。4 次测试结果双线性明显,且两段刚度测试结果线性均较好。

将试块顶推至破坏,获取破坏极限荷载,顶推力-位移曲线如图 2.23 所示。由图可知,在顶推力为 304kN 时,单位面积试验台座与水泥级配碎石间黏结破坏,黏结面平均剪应力为 0.304MPa,黏结破坏时试块位移在 0.42mm 左右。

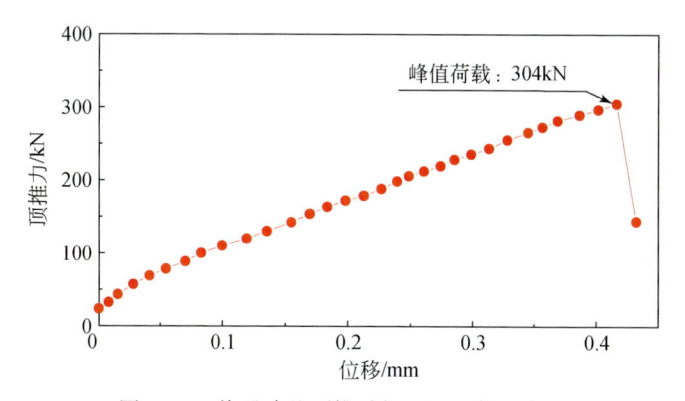

图 2.23　普通路基顶推破坏下极限荷载曲线

3. 试验结论

将普通路基与短路基上的横向限位刚度取平均得等效限位刚度进行对比,结果如图 2.24 所示。

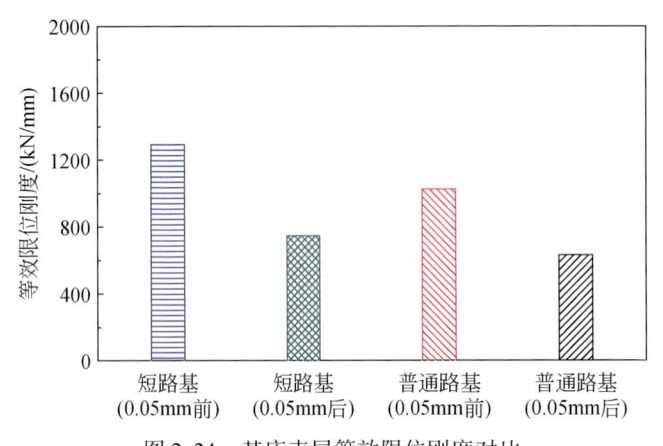

图 2.24　基床表层等效限位刚度对比

从等效限位刚度对比中可以看出,短路基上基床表层使用掺水泥级配碎石,它所提供的等效限位刚度较未掺水泥的普通路基级配碎石所提供的等效限位刚度稍大,在台座位移达到 0.05mm 之前,水泥级配碎石所能提供的等效限位刚度在1290kN/mm 左右,普通级配碎石所能提供的等效限位刚度在 1023kN/mm 左右。在台座位移达到 0.05mm 之后,水泥级配碎石所能提供的等效限位刚度在 746kN/mm 左右,普通级配碎石所能提供的等效限位刚度在 631kN/mm 左右,相比水泥级配碎石降低 20% 左右。

对短路基上掺水泥级配碎石−底座板混凝土和普通路基上级配碎石−底座板混凝土的黏结破坏时顶推力−位移曲线进行对比,对比结果如图 2.25 所示。

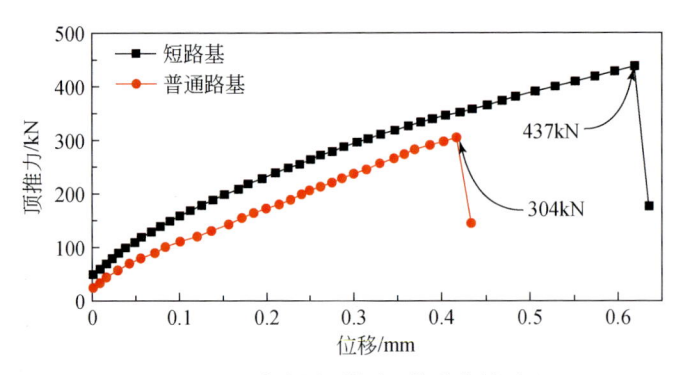

图 2.25　基床表层顶推力−位移曲线对比

黏结破坏时的测试结果表明,普通路基上级配碎石抗剪切能力较短路基上掺水泥级配碎石的抗剪切能力要小,相同黏结面积及现场施工条件下,普通路基所提供的最大抗剪力小 30% 左右。

第 2 章　高速铁路无砟轨道结构参数及荷载

试验结果的对比表明,级配碎石中掺入水泥能够在限位刚度及抗剪强度方面对级配碎石进行一定程度的加强,其中抗剪强度增加了 30% 左右,所能提供的限位刚度增加 20% 左右。因此,在计算中认为一般情况下混凝土与级配碎石基床表层的抗剪强度取为 0.4MPa;底座板与水泥级配碎石层间抗剪强度较一般情况提高 30%。

2.2.4　限位销钉限位刚度试验

无砟轨道为典型的多层材料形成的复合结构体系,在温度荷载及车辆纵横向荷载条件下,层间会产生一定程度的不协调变形。为了抑制层间不协调变形可能导致的轨道病害问题,无砟轨道各层间均设置了不同类型的限位装置。其中,限位销钉作为重要的限位装置,在无砟轨道设计中有较为广泛的应用。

CRTS Ⅱ 型板式无砟轨道端刺区大量应用了限位销钉结构,例如,隧道内主端刺与隧道仰拱回填层间及端刺区轨道板与底座板间,均设置了大量的限位销钉,如图 2.26~图 2.28 所示。本书将对这两种条件下的限位销钉限位刚度分别进行测试分析。

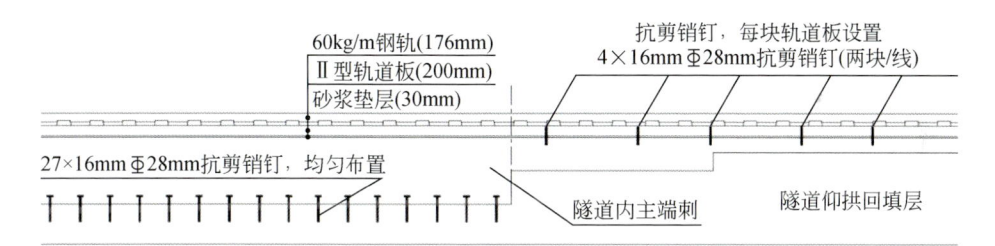

图 2.26　隧道内主端刺设计方案

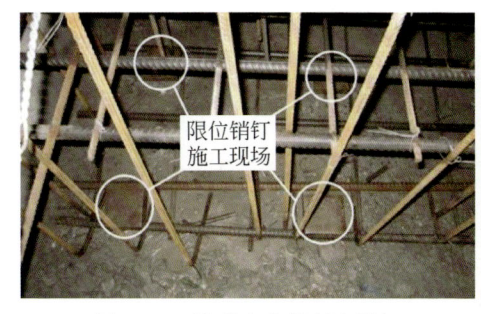

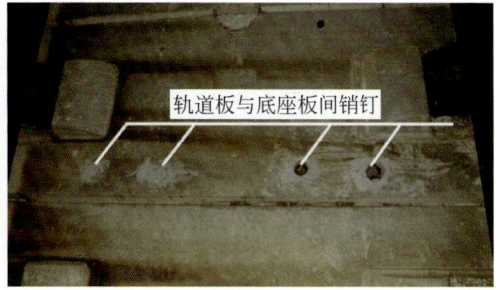

图 2.27　隧道内主端刺上销钉　　图 2.28　轨道板与底座板间销钉

1. 试验方案

1) 隧道内端刺区销钉限位试验设计

在不同施工环境下隧道内端刺区销钉的限位刚度也有所不同,因此本书针对各类施工情况,分别设计相应的测试试验台座工况。为了模拟隧道仰拱回填层和隧道内主端刺浇筑接触面间可能存在的脱离现象,分别对层间黏结和未黏结情况下的销钉限位刚度进行试验设计与台座试制;在施工检查中发现部分销钉植入后,由于隧道内施工积水问题,可能产生一定程度的植筋胶失效,为了研究植筋胶的黏结效果,分别设置了植筋周围含植筋胶和不含植筋胶的试验台座;为考虑钢筋的纯剪效应,在一块新浇筑的混凝土试验台座与下层回填层上采用表面磨平、刷油及设置塑料薄膜的方式设置滑动层,尽量减小摩擦力;为了考虑多根销钉共同工作时对混凝土的约束效应,分别试制了试验台座内含单根和多根销钉的情况,多根销钉间距与实际端刺区设计方案一致。

具体试验台座设置情况见表2.3。

表2.3　隧道内销钉刚度试验台座设置

台座编号	层间黏结	植筋胶	销钉	试块尺寸/(m×m×m)	试块重量/kN
台座1	黏结	无	1	0.4×0.4×0.3	1.2
台座2	黏结	有	1	0.4×0.4×0.3	1.2
台座3	无黏结	有	1	0.4×0.4×0.3	1.2
台座4	无黏结	有	2	1.0×0.4×0.3	3.0
台座5	无黏结	有	4	1.0×1.0×0.3	7.5

加载环境和试验台座设置示意图如图2.29~图2.34所示。

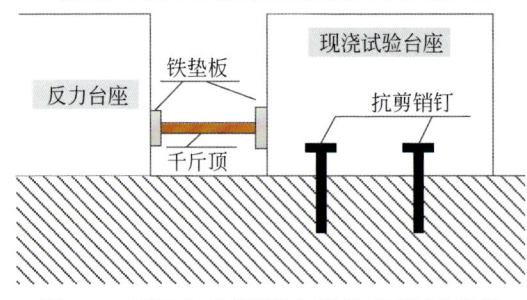

图2.29　隧道内端刺区销钉限位刚度试验设计

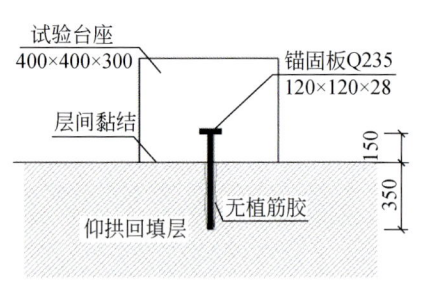

图2.30　台座1设计方案(单位:mm)

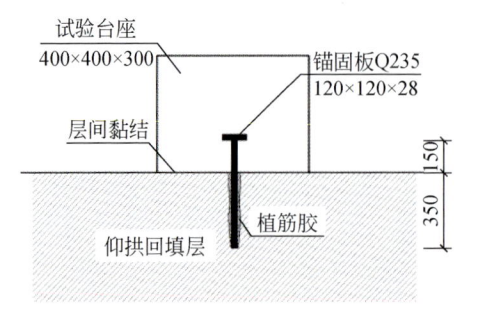

图2.31　台座2设计方案(单位:mm)

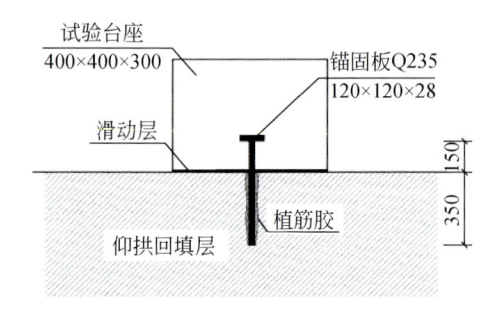

图2.32　台座3设计方案(单位:mm)

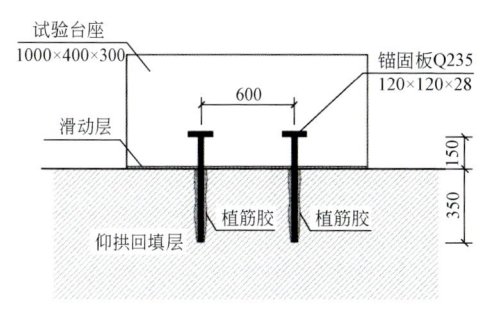

第 2 章 高速铁路无砟轨道结构参数及荷载

图 2.33 台座 4 设计方案(单位:mm)

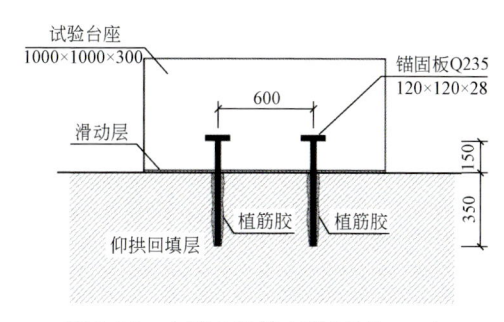

图 2.34 台座 5 设计方案(单位:mm)

根据不同的限位销钉根数,浇筑了不同尺寸的试验台座,以保证限位销钉间的设计间距。不同试验台座按照上述施工对台座与基础黏结方式、植筋胶进行了设置,如图 2.35 所示。

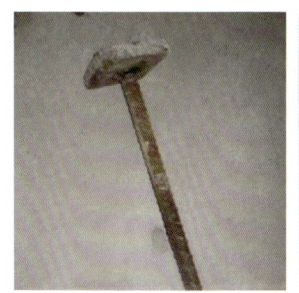

(a) 销钉示意图　　(b) 灌注植筋胶　　(c) 加载与测试

图 2.35 销钉及试验台座施工

2) 轨道板与底座板间销钉限位试验设计

由于轨道板与底座板间限位销钉设置方式与隧道内主端刺下销钉不同,其顶部取消了锚固板设计,并存在砂浆层这一薄弱层对限位上的影响,因此需要对轨道板与底座板间的限位销钉进行补充试验。试验中浇筑了两块试验台座,试验台座中分别设置 1 根和 2 根限位销钉,与端刺区销钉受力进行对比。

具体试验台座设置情况如表 2.4 及图 2.36~图 2.38 所示。

表 2.4 轨道板与底座板间销钉刚度测试台座设置

台座编号	层间黏结	植筋胶	销钉	试块尺寸/(m×m×m)	试块重量/kN
台座 6	黏结	有	1	0.4×0.4×0.3	1.2
台座 7	黏结	有	2	1.0×0.4×0.3	3.0

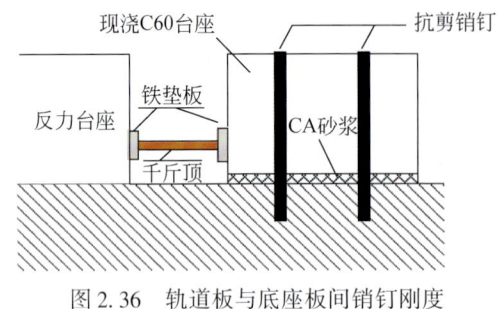

图 2.36 轨道板与底座板间销钉刚度试验设计

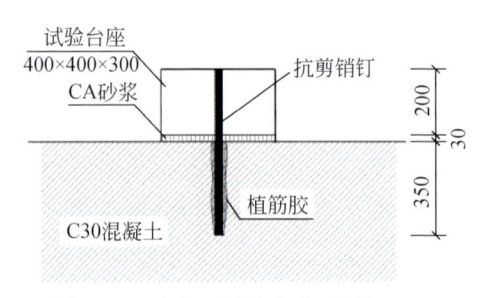

图 2.37 台座 6 设计方案(单位:mm)

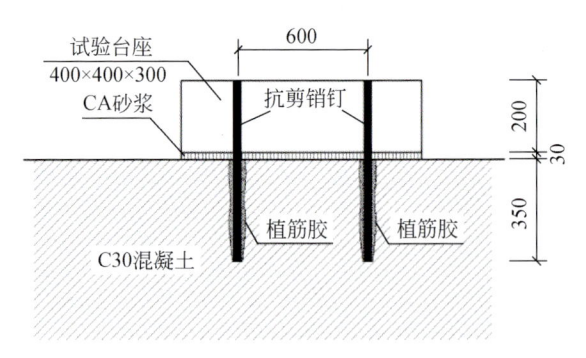

图 2.38 台座 7 设计方案(单位:mm)

按照上述要求,对两块试验台座进行制作与测试,过程如图 2.39 所示。

(a) 台座浇筑　　(b) 位移测点布置　　(c) 顶推加载

图 2.39 试验台座的施工与测试过程

2. 试验结果分析

本节对无砟轨道不同位置处销钉限位能力的测试方法和测试结果进行了分析。根据所得现场试验数据,对植筋胶使用与否、层间黏结与否、限位销钉根数以及不同位置处销钉限位刚度进行试验研究。下面选取隧道内端刺区销钉的台座 1、台座 2 结果为例,进行初步分析。

第 2 章　高速铁路无砟轨道结构参数及荷载

1) 隧道内端刺区销钉试验结果分析

（1）台座 1 顶推试验结果。

台座 1 在植筋后不进行植筋胶处理，台座与基础浇筑为一体。对台座 1 进行顶推试验，顶推力-位移曲线如图 2.40 和图 2.41 所示。

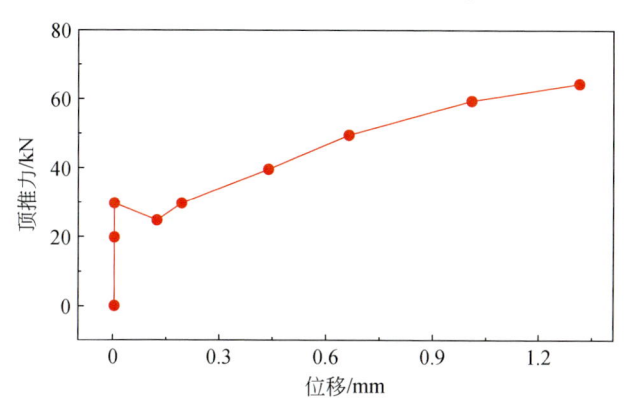

图 2.40　台座 1 顶推力-位移曲线（整体曲线）

从顶推试验中可以看出，在黏结面未破坏前，试块位移基本为 0，当顶推力达到 30kN 左右时，黏结面发生破坏，试块位移增至 0.15mm，而后千斤顶压力有所卸载，顶推力下降至 24.75kN，黏结面破坏，在黏结面破坏以后，位移变化趋势如图 2.41 所示。由此可知，在混凝土黏结面破坏后，未设置植筋胶的销钉限位刚度在 33kN/mm 左右。黏结面所受最大剪切力在 29.7kN 左右，黏结面积为 0.16m^2，平均剪应力在 0.186MPa 左右。

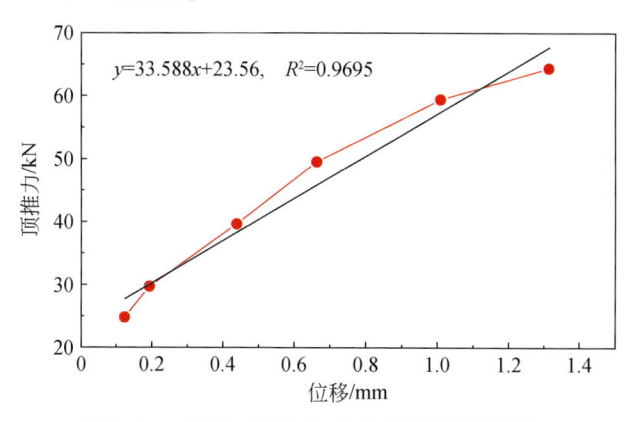

图 2.41　台座 1 顶推力-位移曲线（线性阶段）

（2）台座 2 顶推试验结果。

台座 2 是在台座 1 的基础上，在销钉周围填充植筋胶，台座与基础均浇筑为一体。对台座 2 进行第 1 次顶推试验,顶推力-位移曲线如图 2.42 所示。

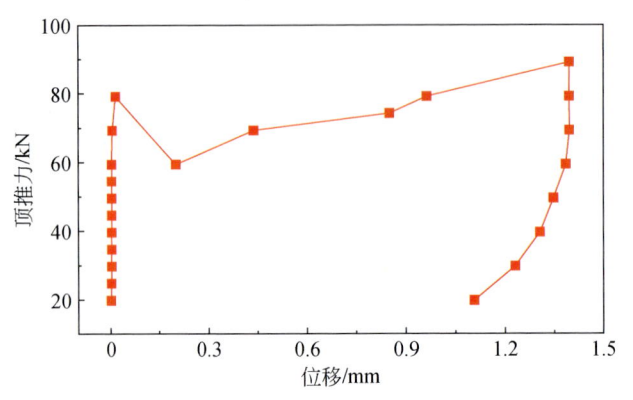

图 2.42　台座 2 顶推力-位移曲线(第 1 次)

由图 2.42 可知,在第 1 次顶推时,浇筑的混凝土层之间存在一定程度的黏结力,当顶推力达到 80kN 左右时,黏结面发生破坏,位移突然增加,千斤顶压力有所卸载,此时位移在 0.2mm 左右,顶推力降至 59.4kN。破坏时剪切面所受平均剪应力为 0.495MPa。可以看出,与未设置植筋胶相比,剪切面抗剪强度有明显提高,其主要原因在于植筋胶的应用使得限位销钉和混凝土试块共同工作,使限位销钉分担了部分剪切力。

在第 1 次顶推至台座与基础间发生黏结破坏之后,对台座 2 进行 2 次顶推,获得限位销钉限位刚度,2 次顶推力-位移曲线如图 2.43 所示。

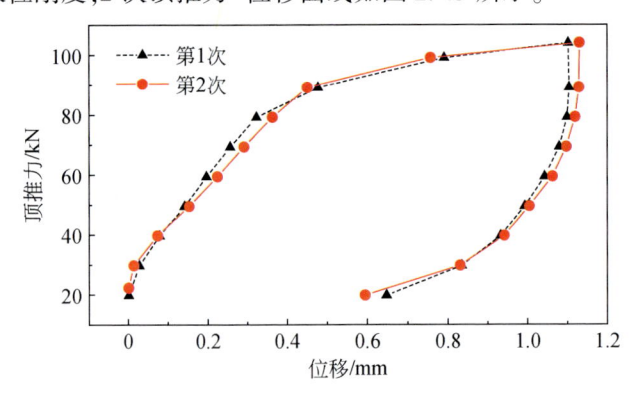

图 2.43　台座 2 线性阶段 2 次顶推及卸载的顶推力-位移曲线

在加载与卸载过程中,限位销钉的限位刚度呈现出一定程度的非线性关系,在顶推力达到 80kN 以前视为一个阶段,此时限位刚度较大;而当顶推力达到 80kN 后,限位刚度明显降低。将两个阶段的位移与顶推力曲线进行线性拟合,结果如图 2.44 和图 2.45 所示,该拟合方程的斜率基本可视为其实际测试到的限位刚度数值。

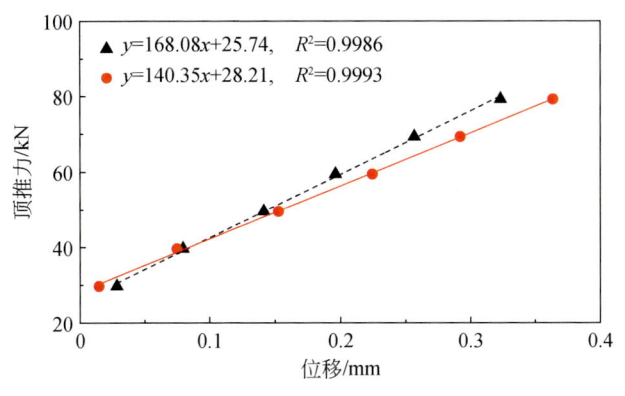

图 2.44　台座 2 第一阶段顶推力-位移曲线

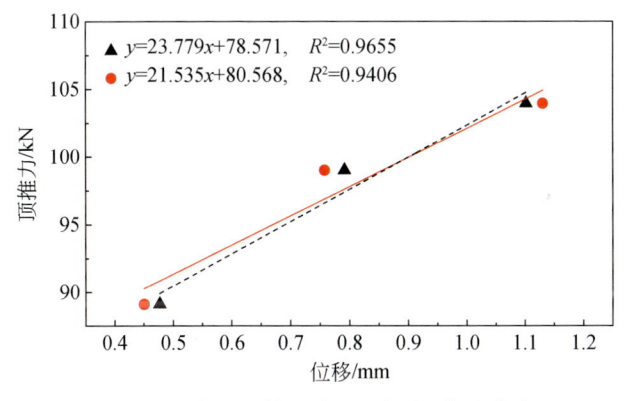

图 2.45　台座 2 第二阶段顶推力-位移曲线

由图 2.44 和图 2.45 可以看出，顶推力在 80kN 以前，销钉限位刚度为 140~168kN/mm。顶推力超过 80kN，限位刚度为 22~24kN/mm，并且有逐渐减小的趋势。

综上所述，台座顶推试验测试结果的大致规律如下。在加载与卸载过程中，限位销钉的限位刚度基本呈非线性变化，可大致分为两个阶段：在达到某一顶推荷载之前，限位销钉的限位刚度较大，限位能力较强；在达到该顶推力之后，限位刚度开始降低，限位能力变弱。限位刚度在顶推力作用下的变化过程与屈服过程较为相似，为方便描述，本书将限位刚度出现降低时的临界顶推力定义为类"屈服"临界荷载。

2）限位销钉刚度双线性分析

限位销钉顶推试验结果表明，顶推荷载达到一定值时，限位销钉的限位刚度会出现明显的类"屈服"现象，其值会明显降低，主要原因在于此时限位销钉可能出现了屈服,统计各台座试验结果见表2.5。

表2.5 限位销钉限位刚度汇总

台座编号	"屈服"前刚度/(kN/mm)	类"屈服"临界荷载/kN	临界位移/mm	"屈服"后刚度/(kN/mm)
台座2	154	79	0.34	22
台座3	148	90	0.44	23
台座4	437	155	0.37	82
台座5	1198	—	—	—
台座6	80	67	0.64	19
台座7	154	121	0.60	29

从表2.5中可知,顶推荷载达到一定值后,台座2、台座3、台座4、台座6、台座7均出现明显的限位刚度降低。台座2和台座3为单根隧道端刺区销钉,其提供的限位刚度在荷载加载至80~90kN,相对位移在0.3~0.4mm时出现下降,由150kN/mm左右降低至20kN/mm左右。台座4为两根隧道端刺区销钉,其提供的限位刚度在荷载加载至155kN,相对位移为0.37mm时出现下降,由437kN/mm降低至82kN/mm左右。台座5荷载下试验台座位移在0.17mm左右,在较小的切向位移下限位销钉限位刚度未出现降低现象。台座6、台座7为轨道板上限位销钉,单根限位销钉提供的限位刚度在荷载加载至67kN,位移为0.64mm时,由80kN/mm降低至19kN/mm左右;两根限位销钉提供的限位刚度在荷载加载至121kN,位移为0.60mm左右时由154kN/mm降低至30kN/mm左右。

综上所述,隧道内端刺区限位销钉在相对位移为0.3~0.4mm时,会出现明显的刚度下降,轨道板上限位销钉在相对位移为0.6mm左右时,出现刚度下降阶段。

3)单根限位销钉"屈服"前刚度对比

台座1、台座2、台座3中均为一根限位销钉,根数相同的情况下,其"屈服"前的等效限位刚度如图2.46所示。

从图2.46可以看出,采用植筋胶的两种工况(台座2和台座3)的限位销钉等效限位刚度要明显大于台座1中未设置植筋胶时的等效限位刚度,说明植筋胶能够显著提高限位销钉的限位性能。因此,为了防止因植筋胶失效导致限位销钉的限位刚度降低,建议施工时严格控制植筋胶的灌注质量,并对其采取保护措施。而从两种设置植筋胶的限位销钉等效限位刚度对比中可以看出,两种情况限位刚度相差不大,由于台座2试块底部与底座间黏结,而在黏结破坏之后仍存在一定的咬合,因此限位刚度稍大。

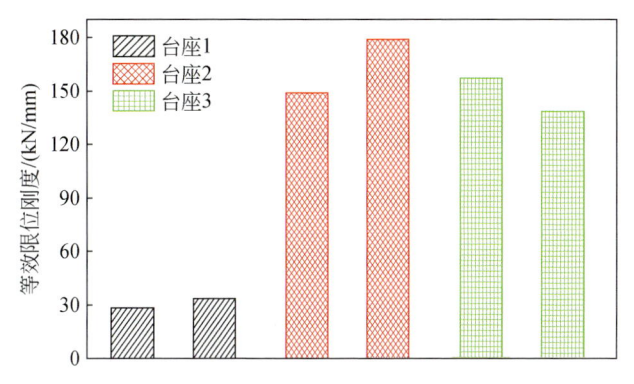

第 2 章　高速铁路无砟轨道结构参数及荷载

图 2.46　单根限位销钉"屈服"前的等效限位刚度对比（如无特殊说明，每个台座两组数据分别表示第 1 次顶推与第 2 次顶推）

4）不同根数限位销钉"屈服"前刚度对比

对台座 3、台座 4、台座 5 中不同根数情况下限位销钉等效限位刚度及限位刚度转折点进行对比分析，如图 2.47 和图 2.48 所示。

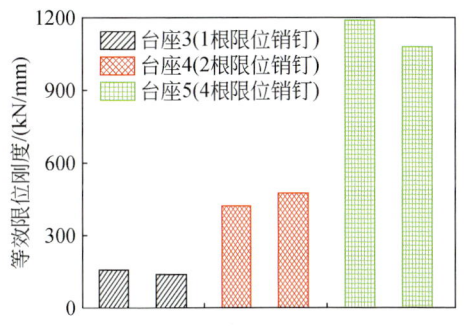

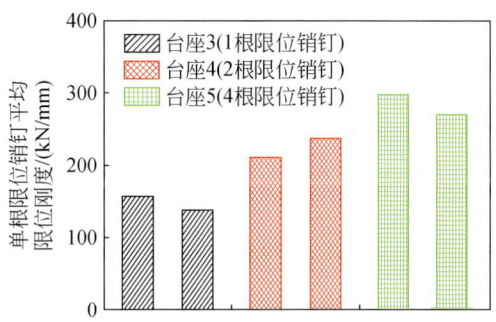

图 2.47　不同限位销钉数量下等效限位刚度　　图 2.48　单根限位销钉平均限位刚度

从图中可以看出，随着限位销钉数量的增加，其等效限位刚度明显增加，并且在多根限位销钉同时使用时，每根限位销钉所提供的限位刚度均有一定程度的提高，其中，台座 3 限位刚度平均值为 148kN/mm，台座 4 单根限位销钉平均限位刚度为 218kN/mm，台座 5 单根限位销钉平均限位刚度为 300kN/mm。试验结果表明，4 根限位销钉共同工作时的单根限位销钉平均限位刚度是单根限位销钉单独使用时限位刚度的 2 倍左右，多根限位销钉工况测试出的等效限位刚度有一定程度的提高。这主要是由于限位销钉的群锚效应对区域混凝土起到了加强作用。

5）隧道内端刺区限位销钉与轨道板上限位销钉对比

由于轨道板上限位销钉穿过轨道板和 CA 砂浆层与底座板相连，在顶推荷载下，CA 砂浆层相当于薄弱夹层，提供了一定的变形空间，故限位刚度较隧道内限位销钉的限位刚度有一定程度的降低，且出现刚度下降阶段时层间错动位移也较大（隧道内端刺区错动位移为 0.3~0.4mm,轨道板与底座板间限位销钉错动位移在 0.6mm 左右),图 2.49 为相似工作环境下(台座 3 和台座 6)限位销钉等效限位刚度对比。

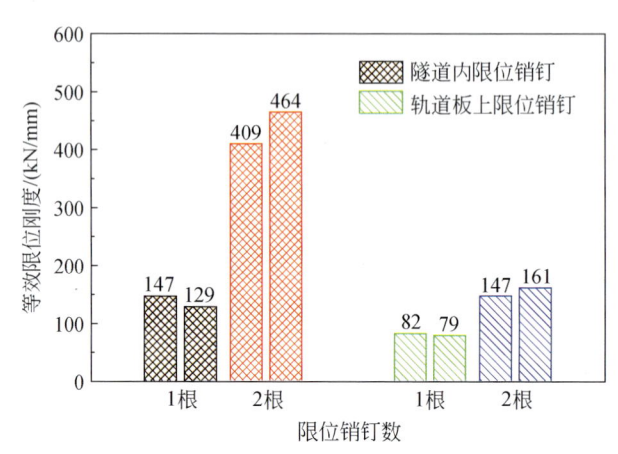

图 2.49　隧道内限位销钉与轨道板上限位销钉等效限位刚度对比

由此可知,在刚度未下降的第一阶段,轨道板与底座间单根限位销钉的限位刚度较隧道区限位销钉小一半左右,并且由于所约束的混凝土弹性模量较小,多根限位销钉组合时的刚度基本为单根限位销钉限位刚度的叠加。

综上所述,限位销钉双线性刚度取值情况如下:隧道内端刺区限位销钉类"屈服"临界位移取为 0.3mm,在单根限位销钉情况下其限位刚度取为 150kN/mm,考虑群锚效应情况下单根限位销钉限位刚度取为 220kN/mm;轨道板端刺区限位销钉类"屈服"临界位移取为 0.6mm,在单根限位销钉情况下其限位刚度取为 75kN/mm,考虑群锚效应情况下单根限位销钉限位刚度取为 110kN/mm。

2.3　无砟轨道设计荷载及荷载组合

2.3.1　无砟轨道主要荷载种类

无砟轨道在施工和运营过程中承受的荷载主要包括结构自重、温度荷载、列车垂向和横向荷载、制动力或牵引力、混凝土收缩与徐变、基础不均匀变形、临时施工荷载等[54]。

1)结构自重

结构构件及附属设施自重主要包括钢轨、轨道板、支承层(底座)等结构构件的自重。自重属于恒载,作为主力。

2)温度荷载

温度荷载包括整体温度变化和温度梯度荷载。温度荷载随着时间的改变而变化,但长期存在于无砟轨道结构中。因此,将温度荷载归类为活载,作为主力。

3) 列车垂向和横向荷载

列车垂向和横向荷载是无砟轨道服役期承受的最基本的活载之一,作为主力。

4) 制动力或牵引力

由于列车的制动力和牵引力发生的概率较列车竖向荷载小,但又较施工临时荷载发生的概率大,故将制动力和牵引力作为附加力,但对一些限位结构等应作为主力考虑。

5) 混凝土收缩与徐变

由钢筋混凝土结构或构件为主构成的无砟轨道,混凝土的收缩和徐变是其不可避免且长期承受的荷载。可将混凝土收缩和徐变的影响归类为恒载,作为主力。

6) 基础不均匀变形

基础不均匀变形主要包括路基不均匀沉降和桥梁的挠曲变形。当无砟轨道位于桥梁上时,桥梁在列车荷载作用下发生挠曲,致使无砟轨道产生附加荷载效应;当无砟轨道位于路基上时,路基的不均匀沉降也将致使无砟轨道产生附加荷载效应。考虑到桥梁挠曲发生的概率和列车荷载相等,故将桥梁挠曲归类为活载,作为主力;由于无砟轨道对路基的要求较高,路基不均匀沉降概率较小,可将路基不均匀沉降作为附加力。

7) 临时施工荷载

临时施工荷载包括无砟轨道预制件的吊装、运输、堆放等临时荷载。由于此荷载仅在施工阶段暂时出现,且还可采取临时措施保证安全,因此将施工荷载作为特殊荷载。

根据上述荷载的特点,无砟轨道的荷载分类见表 2.6。在无砟轨道主体结构设计中,应包括列车垂向和横向荷载、温度荷载、制动力或牵引力以及混凝土收缩与徐变等影响,同时应考虑基础不均匀变形对轨道结构受力的影响。

表 2.6 无砟轨道的荷载分类

荷载分类		荷载名称
主力	恒载	结构自重
		混凝土收缩与徐变
	活载	温度荷载
		列车垂向和横向荷载
		桥梁挠曲
附加力		制动力或牵引力
		路基不均匀沉降
特殊荷载		施工临时荷载

2.3.2 无砟轨道荷载取值研究

1)温度荷载取值研究

温度变化对无砟轨道受力的影响十分显著,无砟轨道温度荷载主要包括整体升温和降温、正负温度梯度以及隧道口纵向温度梯度。

年温度变化使轨道结构产生整体升温和降温,在轨道结构内部产生温度变化荷载。既有研究认为无砟轨道一年内最高温度、最低温度与当地的最高气温、最低气温相同,可参考《铁路无缝线路设计规范》(TB 10015—2012)[100]中区域最高气温和最低气温来选取。本书以寒冷地区为例,考虑无砟轨道整体最大升温45℃,最大降温40℃。

混凝土的热传导性能差,在太阳照射下,无砟轨道昼夜上下表面温度沿厚度方向上存在一定的温度梯度,轨道板在复杂温度环境下的热胀冷缩会导致轨道板的翘曲变形。作者依托京沪高铁津沪线路所桥上 CRTS Ⅱ 型板式无砟轨道温度监测平台及北京交通大学校内场地无砟轨道温度荷载试验,对不同深度处的板温进行了长期测试,取其中部分测试结果如图 2.50 和图 2.51 所示。

其中,板深 20cm 测试结果即轨道板内部整体温度梯度情况,板深 6cm 则为轨道板表面 6cm 范围内的温度梯度分布情况。可以看出,轨道板内部温度梯度分布是不均衡的。图 2.52 为 2014 年 7 月某天无砟轨道垂向温度分布实测值与仿真结果。从实测值与仿真结果都可以看出,轨道板内部温度沿垂向是呈非线性变化的,其中轨道板表面温度变化幅度较大,传递至轨道底面时变化幅度逐渐减小。最终对测试及仿真结果进行线性温度梯度拟合,得到 2014 年 7 月最大正温度梯度为 68.83℃/m,2014 年 8 月最大正温度梯度为 66.61℃/m。

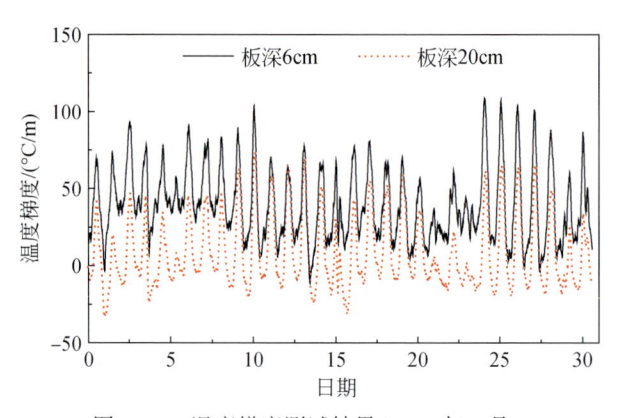

图 2.50 温度梯度测试结果(2014 年 7 月)

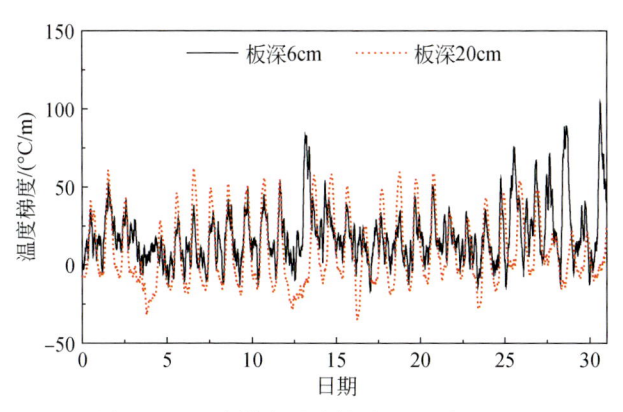

第 2 章　高速铁路无砟轨道结构参数及荷载

图 2.51　温度梯度测试结果(2014 年 8 月)

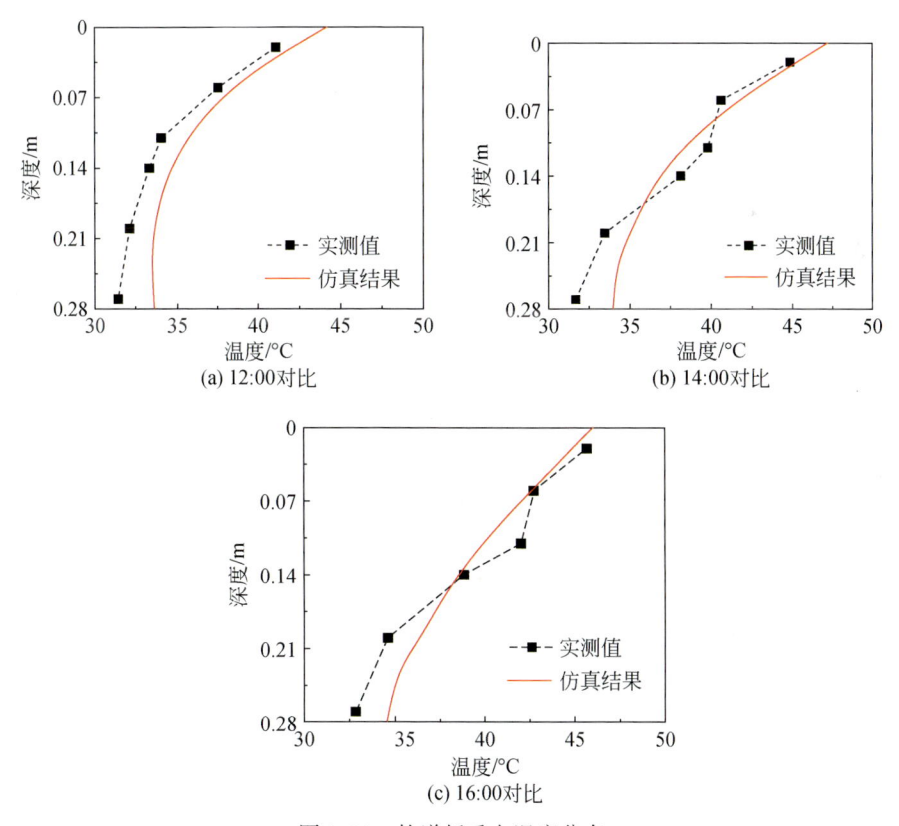

图 2.52　轨道板垂向温度分布

另外,中国铁道科学研究院也对不同区域无砟轨道温度梯度进行了大量测试[101],测试结果汇总见表 2.7。

表 2.7　温度梯度测试结果汇总　　　　　　　（单位:℃/m）

温度梯度	盘营高铁	西宝客专	兰新二线		哈大成高子试验段	
			实测值	推算值	实测值	推算值
正温度梯度	59.0	69.0	67.0	58.0	93.6	68.6
负温度梯度	26.8	27.0	35.0	30.0	50.7	37.2

从表 2.7 可以看出,除哈大成高子线 CRTS Ⅰ 型板式无砟轨道温度梯度测点测试结果正负温度梯度较大外,盘营高铁和西宝客专 CRTS Ⅲ 型板式无砟轨道以及兰新二线双块式无砟轨道温度梯度实测值均较小,其中正温度梯度为 59~70℃/m,负温度梯度为 26~35℃/m。本书在分析时参考无砟轨道技术再创新理论组及表 2.7 哈大成高子试验段测试结果,偏于安全考虑,选择更为保守的线性温度梯度,考虑极端正温度梯度 95℃/m,负温度梯度与规范一致,取为 45℃/m。

隧道口纵向温度梯度研究方面,国内外学者已对隧道内外温差的选取有了一定的研究。范俊杰[102]根据中国及日本的观测资料研究,提出夏季隧道内的轨温比隧道外低 20℃左右,冬季隧道内气温、轨温平均高于隧道外 17℃。李阳春[103]根据对隧道内外的无缝线路轨温和气温变化规律长期观测提出:隧道内的轨温与气温变化幅度较小,夏季隧道内气温、轨温分别比隧道外低 20~30℃,冬季隧道内则要比隧道外高 3~8℃,分布范围为 10~50m。张向民等[104]对青藏铁路高寒地区风火山隧道轨温的长期监测数据显示,一年间,隧道内外轨温差最大为 40.2℃,测试范围距离隧道口 50m。陈建勋等[105]也提出隧道内气温变化较大的分布范围在距离隧道口 50m 内。目前,无砟轨道板设计温度浮动范围与气温浮动范围一致,最高轨温较最高气温高 20℃[26]。因此,依据上述结论,隧道内外无砟轨道板温差最大不超过 25℃,轨温差最大 45℃,分布于距离隧道口 50m 范围内。

根据《铁路无缝线路设计规范》(TB 10015—2012)[100],对隧道口纵向温度梯度取值,考虑严寒地区气温变化情况,选取隧道外钢轨升温幅度 65℃,隧道内钢轨升温幅度 20℃,隧道外无砟轨道最大升温幅度 45℃,隧道内无砟轨道最大升温幅度 20℃。隧道口温度纵向分布情况如图 2.53 所示。

因此一般无砟轨道设计检算温度荷载为:整体最大升温幅度 45℃,最大降温幅度 40℃,正温度梯度 95℃/m,负温度梯度 45℃/m;隧道口纵向温度梯度荷载为:隧道外无砟轨道最大升温幅度 45℃,隧道内无砟轨道最大升温幅度 20℃,即两者存在 25℃的温度差,纵向温度梯度考虑线性分布。

同时考虑设计安全,本书取最不利工况进行分析:在考虑整体温度荷载及隧道口纵向温度梯度时,对无砟轨道整体进行加载;进行温度梯度荷载计算时,仅对预制轨道板或者现浇道床板进行加载。

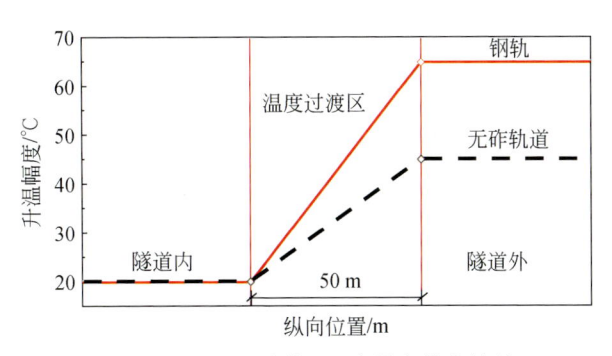

第 2 章　高速铁路无砟轨道结构参数及荷载

图 2.53　隧道口温度纵向分布情况

2) 列车荷载取值研究

无砟轨道主体结构设计时，为保证主体结构纵向、横向和垂向的稳定性，列车荷载主要考虑垂向荷载、横向荷载以及制动力等。

结合目前客运专线设计时速 350km/h，根据《高速铁路设计规范》(TB 10621—2014)[26]选取 3 倍静轮重，结合无砟轨道技术再创新攻关组的研究成果及目前我国高速铁路线路开行动车组情况，取轴重 170kN，3 倍静轮重即为 255kN。横向荷载取为 80% 静轮重，本书取 68kN。对于纵连板式无砟轨道，按照在扣件节点处加载垂向荷载、横向荷载作为最不利荷载，对于单元板式无砟轨道，垂向荷载、横向荷载加载区分板中和板端，对于底座板分段纵连的 CRTS Ⅰ 型和 CRTS Ⅲ 型板式无砟轨道，加载还需区分底座板中部和轨道板中部。以 CRTS Ⅲ 型板式无砟轨道为例，其垂向荷载、横向荷载加载位置如图 2.54 所示。位置 A 垂向荷载、横向荷载作用于底座板端部，位置 B 垂向荷载、横向荷载作用于轨道板中部，位置 C 垂向荷载、横向荷载作用于底座板中部。

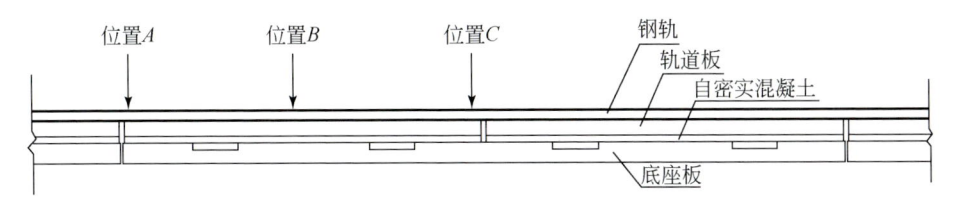

图 2.54　不同工况荷载作用位置

列车启动、制动或行驶中的调速均需要利用车轮与钢轨间的摩擦力来实现，相应地在钢轨顶面产生纵向力。综合考虑《高速铁路设计规范》(TB 10621—2014)[26]和《铁路桥涵设计规范》(TB 10002—2017)，取最不利纵向车辆设计荷载110kN，采用每个扣件节点上加载单个扣件纵向阻力以检验无砟轨道纵向限位能力。

3）混凝土收缩与徐变荷载取值研究

混凝土收缩荷载的取值主要与混凝土组成材料性质有关，影响混凝土组成材料性质的因素较多，主要与混凝土的配合比、施工方法、大气环境、养护水平等有关。参照《高速铁路设计规范》（TB 10621—2014）[26]，无砟轨道混凝土收缩的影响可按降温的方法来计算，等效降温幅度为10℃。

4）路基不均匀沉降变形取值研究

路基不均匀沉降变形可显著影响无砟轨道受力，变形较大时还可能成为设计中的主控因素。另外，下部基础不均匀变形过大时底座结构与下部基础间可能存在离缝，车辆高速运行过程中会产生明显的动态冲击。

目前，无砟轨道技术再创新攻关组对路基不均匀沉降曲线建议为下凹半波正弦曲线，沉降曲线公式如式（2.2）所示，该沉降曲线示意图如图2.55(a)所示。

$$y = f_0 \sin \frac{\pi x}{l_0} \tag{2.2}$$

式中，f_0为最大沉降量；l_0为不均匀沉降范围，即沉降波长。

然而，部分文献［105］~［107］在模拟不均匀沉降曲线时，采用下凹单波余弦曲线，沉降曲线公式如式（2.3）所示，该沉降曲线示意图如图2.55(b)所示。

$$y = f_0 \left[\frac{1}{2} - \frac{1}{2} \cos\left(\frac{2\pi x}{l_0}\right) \right] \tag{2.3}$$

(a) 下凹半波正弦曲线　　　　(b) 下凹单波余弦曲线

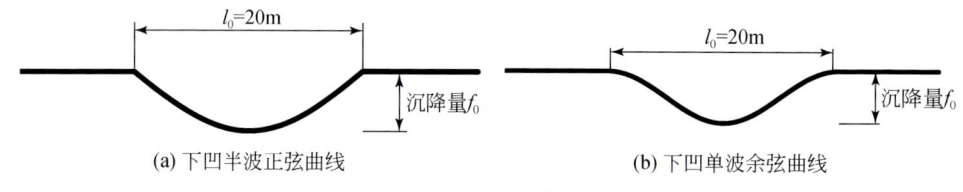

图 2.55　两类下凹型沉降曲线示意图

对比可知，下凹半波正弦曲线在沉降区内最大曲率是下凹单波余弦曲线的一半。相对而言，下凹单波余弦曲线带来的无砟轨道各层内力更加明显，并且在沉降区边缘与未沉降区衔接位置处，下凹半波正弦曲线是不平滑的，而下凹单波余弦曲线是平滑的，如果采用下凹半波正弦曲线来模拟路基沉降变形，会导致无砟轨道内力最大值出现在沉降区外侧。综合上述分析，本书选取下凹单波余弦曲线对路基沉降曲线进行模拟。

2.3.3　设计荷载组合原则

荷载组合下无砟轨道结构层的内力与弯矩是各结构层配筋的主要依据，既有设计方法多以车辆荷载为主，而忽略了温度荷载的影响。随着无砟轨道设计理论的发展及对既有病害问题的研究发现，无论是纵连结构还是单元结构，温度荷载，尤其是温度梯度，对无砟轨道的影响不容忽视，因此无砟轨道配筋设计中应充分重视温度荷载与车辆荷载组合情况下无砟轨道的内力与弯矩。

在对无砟轨道各结构层的设计过程中，首先应该明确各结构层在整个无砟轨道系统中的功能定位。在明确功能定位的基础上，确定结构层所受到的主要荷载形式及荷载组合方式，从而为各结构层的合理设计提供指导。在容许应力法中，按照荷载作用性质及发生概率，将其分为主力、附加力、特殊荷载等类型。主力是经常作用的荷载，附加力是产生概率稍小，或者其最大值不经常发生的荷载，特殊荷载则是暂时的或者灾害性的荷载，发生的概率较小。基于各种荷载发生概率及作用性质，设计荷载组合时采用下述三种情况：①仅计算主力；②主力和附加力同时作用；③考虑特殊荷载。

在无砟轨道设计时，以"主力"和"主力+附加力"作为结构配筋设计依据，以特殊荷载组合作为结构强度检算依据。不同的荷载组合下结构安全系数有所不同，其中，主力作用下结构安全系数选取要高一些，对于附加力和特殊荷载时结构安全系数选取则可以低一些。例如，仅计算车辆荷载这一主力时，取 3 倍静轴重(速度≥300km/h)，在与其他附加荷载进行组合时，取 1.5 倍静轴重。

本节主要依据无砟轨道技术再创新攻关组研究成果及《高速铁路设计规范》(TB 10621—2014)[26]等，以 CRTSⅢ型板式无砟轨道为例，对所采用的设计荷载参数及组合进行阐述。

1) 轨道板

轨道板是无砟轨道的重要承力层，其上需提供可靠的扣件接口，下部也要设置门型钢筋与自密实混凝土黏结成为整体。轨道板直接暴露于空气中，受温度梯度的影响较大，在轨道板表层更甚，其产生裂纹的可能性也最大。轨道板裂纹将会对自身耐久性及扣件锚固系统产生较大的不利影响，而轨道板上不设置预裂缝。因此，为保证轨道板在长期荷载下的正常服役性能及耐久性，服役期间轨道板不允许出现裂纹，因此需采用预应力结构。

轨道板设计时主要应考虑列车垂向和横向荷载、温度荷载、混凝土收缩与徐变、基础不均匀沉降等荷载的影响。单元式无砟轨道一般较少考虑整体升温和降温效应，而由于轨道板与下部自密实混凝土黏结形成复合板结构，整体升温和降温下底座板限位效应会对复合板产生一定的附加荷载。因此，无砟轨道轨道板设计应考虑温度力及下部限位效应的影响。轨道板主要设计荷载组合见表 2.8。

表 2.8　轨道板主要设计荷载组合

荷载分类	荷载组合
主力	列车垂向荷载
	50%列车垂向荷载+温度伸缩+温度梯度(路基上)
	50%列车垂向荷载+温度伸缩+温度梯度+桥梁挠曲(桥梁上)
主力+附加力	50%列车垂向荷载+温度伸缩+温度梯度+路基不均匀沉降(路基上)

注：车辆荷载区分板中和板端进行加载；无砟轨道板在检算过程中，应考虑轨道板预应力及预应力损失，并对上述荷载组合进行轨道板受拉检算，保证无砟轨道板中无拉应力出现。

2) 自密实混凝土层

自密实混凝土层是 CRTS Ⅲ 型板式无砟轨道核心技术与设计关键之一，自密实混凝土层在施工阶段起到调整下部基础施工误差的作用，浇筑完成后与轨道板黏结形成复合板作为主要结构层承受上部荷载，其设计不仅包括自身配筋设计，也包括自密实混凝土层与轨道板间的黏结设计。

自密实混凝土层设计时主要应考虑列车垂向和横向荷载、温度荷载、混凝土收缩与徐变、基础不均匀沉降等荷载的影响。与轨道板设计考虑因素类似，CRTS Ⅲ型板式无砟轨道自密实混凝土层设计时应着重考虑温度力及下部限位效应的影响。由于轨道板与自密实混凝土层形成复合板共同受力，上部轨道板因温度梯度所产生的温度翘曲变形对自密实混凝土层影响也应着重考虑。

(1) 自密实混凝土层配筋设计时主要检算荷载组合见表 2.9。

表 2.9　自密实混凝土层配筋设计时主要检算荷载组合

荷载分类	荷载组合
主力	列车垂向荷载
	50%列车垂向荷载+温度伸缩+温度梯度(路基上)
	50%列车垂向荷载+温度伸缩+温度梯度+桥梁挠曲(桥梁上)
主力+附加力	50%列车垂向荷载+温度伸缩+温度梯度+路基不均匀沉降(路基上)

注：车辆荷载区分板中和板端进行加载。

(2) 自密实混凝土层与轨道板间黏结检算时主要检算荷载组合见表 2.10。

表 2.10　自密实混凝土层与轨道板间黏结检算时主要检算荷载组合

荷载分类	荷载组合
主力	列车横向荷载
主力+附加力	50%列车横向荷载+牵引制动力+温度伸缩+温度梯度

注：车辆荷载区分板中和板端进行加载；自密实混凝土层与轨道板间检算应考虑层间黏结效应。

第 2 章　高速铁路无砟轨道结构参数及荷载

3）底座板

CRTS Ⅲ型板式无砟轨道底座板在路基上为两块或三块纵连,板间设置剪力筋以限制底座板间相对错动。底座板作为主要持力层,承受上部轨道结构传递荷载,并起到扩大荷载作用范围,降低基床表层应力的作用。其设计主要包括底座板配筋设计、剪力筋刚度及强度检算、底座板与基床表层黏结强度检算等。

底座板设计时主要应考虑列车垂向和横向荷载、温度荷载、混凝土收缩与徐变、基础不均匀沉降等荷载的影响。

（1）底座板配筋设计时主要检算荷载组合见表 2.11。

表 2.11　底座板配筋设计时主要检算荷载组合

荷载分类	荷载组合
主力	列车垂向荷载
	50%列车垂向荷载+温度伸缩+温度梯度（路基上）
	50%列车垂向荷载+温度伸缩+温度梯度+桥梁挠曲（桥梁上）
主力+附加力	50%列车垂向荷载+温度伸缩+温度梯度+路基不均匀沉降（路基上）

注：车辆荷载区分板中和板端进行加载。

（2）底座板剪力筋主要检算荷载组合见表 2.12。

表 2.12　底座板剪力筋主要检算荷载组合

荷载分类	荷载组合
主力	列车垂向荷载
	50%列车垂向荷载+桥梁挠曲（桥梁上）
主力+附加力	50%列车垂向荷载+路基不均匀沉降（路基上）

注：车辆荷载区分板中和板端进行加载。

（3）底座板与基床表层间黏结强度主要检算荷载组合见表 2.13。

表 2.13　底座板与基床表层间黏结强度主要检算荷载组合

特殊检算对象	荷载组合
底座板-基床表层黏结强度	路基不均匀沉降（路基上）

4）限位凸台

限位凸台提供底座板对上部复合板的纵横向限位,因此设计时主要关注车辆的横向荷载和制动力,另外,温度的伸缩及翘曲变形下限位凸台也起到了伸缩限位作用,因此也要关注温度伸缩的温度梯度的作用。

限位凸台配筋设计时主要检算荷载组合见表 2.14。

表 2.14　限位凸台配筋设计时主要检算荷载组合

荷载分类	荷载组合
主力	80%列车横向荷载
主力+附加力	40%列车横向荷载+牵引制动力+温度伸缩+温度梯度

注:车辆荷载区分板中和板端进行加载。

5)凹槽周边弹性垫层刚度设计

凹槽周边弹性垫层作为限位凸台与底座板的直接承载体,所受荷载与凸台所受荷载一致。其所受荷载主要有列车横向荷载、温度伸缩及温度梯度等。

凹槽周边弹性垫层刚度设计时主要检算荷载组合见表 2.15。

表 2.15　凹槽周边弹性垫层刚度设计时主要检算荷载组合

荷载分类	荷载组合
主力	80%列车横向荷载
主力+附加力	40%列车横向荷载+牵引制动力+温度伸缩+温度梯度

注:车辆荷载区分板中和板端进行加载;垫层刚度主要依据垫层对上部复合板的几何形位限位能力来进行设计。

需要说明的是,上述荷载组合的原则对叠合梁、梁-板-板等模型都可适用,在无砟轨道设计中也基本参照此原则,但在精细化分析方法具体应用时,可适时对组合情况进行调整。例如,在实际问题分析过程中考虑下部基础精细化建模后,对路基沉降和桥梁变形等荷载的考虑即可按照实际情况加载,其他荷载组合参数也可根据设计、计算需求进行调整。

2.4　本章小结

本章从主体结构参数、细部参数试验、设计荷载及荷载组合原则等方面对无砟轨道系统设计参数进行研究,为无砟轨道精细化分析模型的建立奠定参数基础,其主要结论如下。

(1)无砟轨道主体结构参数方面,结合相关设计资料,以路基上 CRTS Ⅰ 型、CRTS Ⅱ 型和 CRTS Ⅲ 型板式无砟轨道为例,对无砟轨道的具体主体结构参数进行了简要概述。

(2)在层间相互作用及细部结构参数方面,针对部分目前较为缺乏的相互作用参数分别进行了扣件阻力及限位刚度试验、桥台后底座板土工布摩擦系数试验、混凝土与基床表层黏结性能试验和限位销钉限位刚度试验,得到的参数建议如下:

通过扣件纵向阻力及横向刚度试验,结合既有规范,建议在对无砟轨道扣件参数进行计算取值时,取垂向静刚度为25kN/mm,横向静刚度为20kN/mm,纵向阻力为10kN/组。

对 CRTS Ⅱ型板式无砟轨道台后设置的两层土工布摩擦系数的测试结果表明,土工布摩擦系数为0.75~0.9,摩擦启动位移为0.27~0.85mm。对桥台后底座板下接触关系进行取值时,可根据具体计算需求取相应的最不利切向摩擦系数。

混凝土与级配碎石基床表层间黏结性能试验的结果表明,一般情况下混凝土与级配碎石基床表层的抗剪强度取值为0.4MPa;底座板与水泥级配碎石层间抗剪强度较一般情况提高30%。

隧道内端刺区及轨道板端刺区限位销钉限位刚度试验结果表明,隧道内端刺区限位销钉类"屈服"临界位移取为0.3mm,在单根限位销钉情况下其限位刚度取为150kN/mm,考虑群锚效应情况下单根限位销钉限位刚度取为220kN/mm;轨道板端刺区限位销钉类"屈服"临界位移取为0.6mm,在单根限位销钉情况下其限位刚度取为75kN/mm,考虑群锚效应情况下单根限位销钉限位刚度取为110kN/mm。

(3)在设计荷载及组合原则方面,针对荷载效应性质,对无砟轨道的主要荷载进行了分类,综合分析了荷载组合中温度荷载、列车垂向和横向荷载、混凝土收缩与徐变及基础不均匀沉降的荷载取值。对于温度荷载取值,可取整体最大升温幅度45℃,最大降温幅度40℃;正温度梯度95℃/m,负温度梯度45℃/m。在隧道口附近,隧道内外无砟轨道存在最大25℃的温度差,纵向温度梯度考虑线性分布。车辆荷载依据目前开行动车组最大轴重170kN,选取3倍静轮重255kN,横向荷载取为80%静轮重68kN。对于混凝土收缩与徐变荷载,可采用等效整体降温幅度10℃模拟。路基不均匀沉降荷载选取下凹单波余弦曲线对沉降曲线进行模拟。

第3章 无砟轨道精细化分析模型群的建立

无砟轨道精细化分析涉及无砟轨道设计、检算及养护维修等多个过程,而在不同过程中涉及的内容也各有不同。例如,在设计过程中,希望更关注无砟轨道系统中整体的协调和优化,同时保证设计满足安全性、经济性等要求;检算过程是对设计内容的一项重要反馈,其内容应该包含配筋、预应力等更多的细节;而运营阶段往往要研究病害的发生机理并提出相应的治理措施,对于层间关系等细部相互作用的考虑显得更加重要;此外,当涉及无砟轨道动力学特性评估和减振设计时,动力仿真模型的引入十分必要。因此,针对无砟轨道设计、检算及养护维修等过程的差异,本章利用不同的建模方法分别建立空间实体设计模型、配筋检算模型、病害分析模型及动力仿真模型。

3.1 空间实体设计模型

随着高速铁路的不断发展,线路运营对平顺性、稳定性等要求更加严格,下部轨道结构的精细化设计更加重要。无砟轨道空间实体设计模型的主要目的在于尽量精确地再现不同荷载组合下结构的真实受力状态,优化影响结构受力的关键参数,从而获得最优结构设计方案。因此,为满足高速铁路高平顺、高安全需求,针对现有梁-板-板等方法在无砟轨道温度梯度效应分析、细部结构设计等方面的不足,在明确无砟轨道实体分析模型建立方法的基础上,建立充分考虑结构实体细部特征的空间实体设计模型,并对其合理性进行验证。通过对结构细节的系统分析及精确模拟,最终实现利用实体模型对无砟轨道进行精细化设计。

3.1.1 无砟轨道空间实体设计模型建模方法

无砟轨道结构层一般包括轨道板、底座板及填充层等,限位结构包括限位凸台、缓冲垫层等。例如,CRTS I 型板式无砟轨道结构层主要由轨道板、砂浆层、底座板组成,其限位能力主要靠轨道板端的凸台提供,轨道板与凸台间设置弹性缓冲垫层以缓解受力。

在对钢轨与扣件进行建模时,钢轨选用实体单元进行模拟,扣件选用三向弹簧-阻尼单元模拟。扣件采用多根弹簧进行模拟,以真实模拟轨下垫板尺寸效应,同时降低轨道板上扣件位置处的应力集中。钢轨和扣件有限元模型如图3.1和图3.2所示。

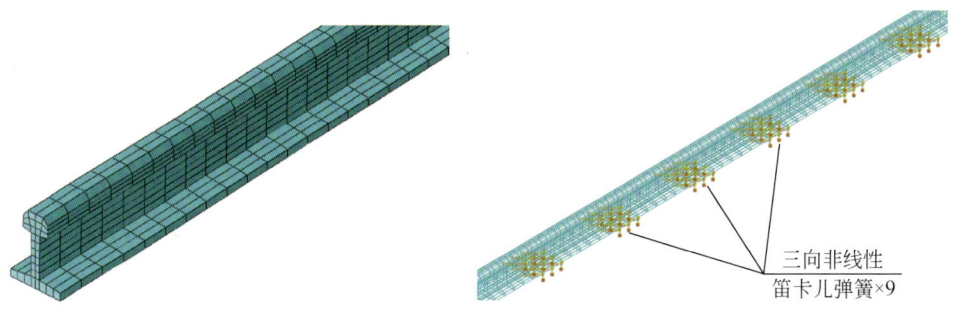

图 3.1 钢轨有限元模型

图 3.2 扣件有限元模型

无砟轨道结构层也采用实体单元进行模拟,按照结构层尺寸、纵连方式等进行实体建模,其建模难点在于层间接触方式的准确模拟。无砟轨道不同结构层间因功能定位及施工方法不同,接触形式也有较大的区别。例如,CRTS I 型板式无砟轨道的砂浆层与轨道板间的接触特性因施工方法的不同而产生差异:模筑法施工时,层间黏结紧密,采用共节点方法进行模拟;袋装法施工后上下层间隔离,在模拟时法向采用硬接触进行模拟,不考虑上下层相互侵入,切向考虑一定摩擦系数进行模拟。CRTS III 型板式无砟轨道自密实混凝土现浇施工,因与轨道板间设置了大量的门型筋进行黏结,故两层间也采用共节点进行建模。自密实混凝土与底座板间设置了隔离层,凸台周围又设置了缓冲垫层。对隔离层进行建模时,法向采用硬接触进行模拟,切向考虑一定摩擦系数进行模拟;对弹性缓冲垫层进行建模时,在已知材料参数的情况下可按照实体进行建模,在仅已知等效弹性参数时,利用接触属性进行模拟,法向考虑设计接触刚度,切向考虑一定摩擦系数进行模拟。

基于以上建模理念,结合无砟轨道本身的技术特点,以 CRTS I 型、CRTS II 型、CRTS III 型板式无砟轨道为例,对空间实体设计模型的建立进行阐述。

1)CRTS I 型板式无砟轨道空间实体设计模型

根据 CRTS I 型板式无砟轨道设计图纸和相关参考文献[26],建立轨道板、砂浆层及底座板仿真分析模型,如图3.3所示。

其中,底座板凸台与轨道板和砂浆层间设置树脂橡胶填充层,以实体单元进行模拟。轨道板、砂浆层和底座板均采用实体单元进行模拟,无砟轨道整体模型如图3.4所示。

2)CRTS II 型板式无砟轨道空间实体设计模型

CRTS II 型板式无砟轨道轨道板间钢筋施工完成后对轨道板接缝位置进行灌

浆封闭,形成全线纵连式结构。轨道板尺寸及所建立的轨道板及接缝有限元模型如图 3.5 及图 3.6 所示。

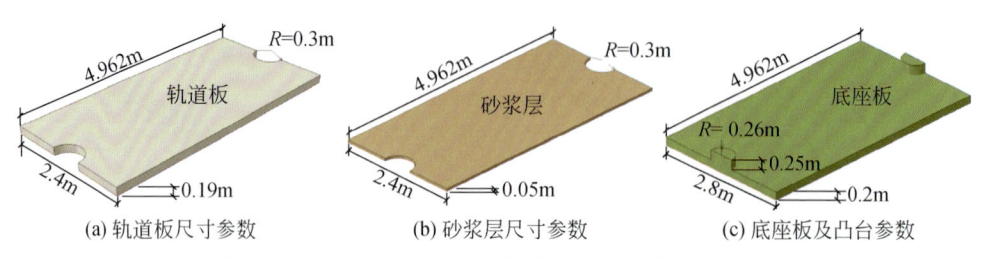

(a) 轨道板尺寸参数　　(b) 砂浆层尺寸参数　　(c) 底座板及凸台参数

图 3.3　CRTS Ⅰ 型板式无砟轨道各结构层模型示意图

图 3.4　CRTS Ⅰ 型板式无砟轨道整体模型图

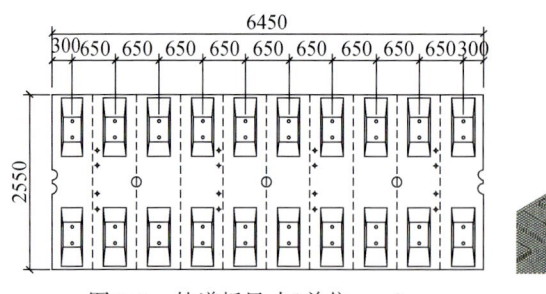

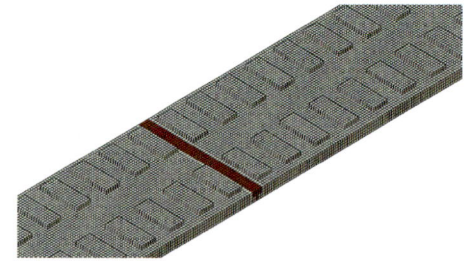

图 3.5　轨道板尺寸(单位:mm)　　图 3.6　轨道板及接缝有限元模型

砂浆层与轨道板等宽,砂浆层与底座板有限元模型如图 3.7 所示。底座板/支承层全线纵连,支承层与基床表层间现浇黏结为一体,底座板与桥梁间设置两布一膜滑动层以减小无砟轨道与桥梁间的相互约束。CRTS Ⅱ 型板式无砟轨道整体模型如图 3.8 所示。

路桥过渡段按照标准端刺进行设计。其中,桥上及桥台部分底座板下铺设两布

第3章 无砟轨道精细化分析模型群的建立

一膜滑动层,并在桥台部分用限位销钉限制底座板和轨道板板间位移。桥台后的摩擦板与底座板间铺设两层土工布,滑动层参数通过前面试验获取;摩擦板设置小端刺与路基填料进行黏结。在距桥台 50m 左右位置处设置端刺,主端刺与底座板进行锚固并设置限位销钉,从而限制底座板位移,限位销钉参数可通过前面试验获取。路桥过渡段摩擦板小端刺及主端刺模型如图 3.9 及图 3.10 所示(以倒 T 型端刺为例)。

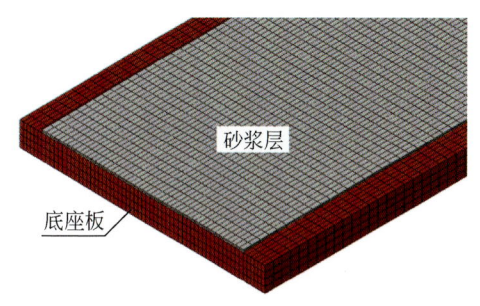

图 3.7　砂浆层与底座板有限元模型

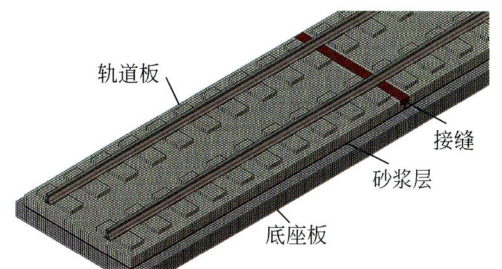

图 3.8　CRTS Ⅱ型板式无砟轨道整体模型

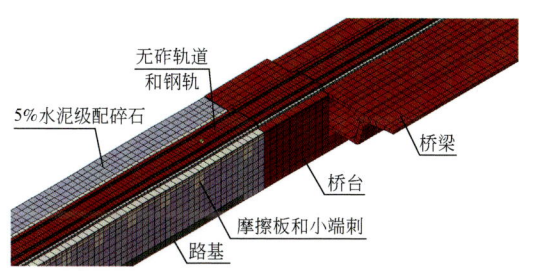

图 3.9　路桥过渡段摩擦板小端刺模型

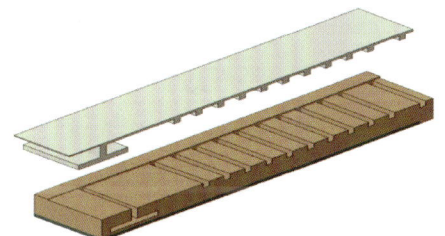

图 3.10　路桥过渡段摩擦板主端刺模型

桥隧过渡段在隧道口路基长度大于一个标准端刺时,将标准端刺设置于隧道口外;在隧道口的路基长度小于一个标准端刺时,将主端刺设置于隧道内,并在隧道外的一小段路基上设置小端刺进行连接。隧道内主端刺现浇在隧道仰拱回填层上,并用限位销钉进行固定,限位销钉参数通过前面试验获取。桥隧过渡段摩擦板端刺模型及下部基础设置如图 3.11 及图 3.12 所示。

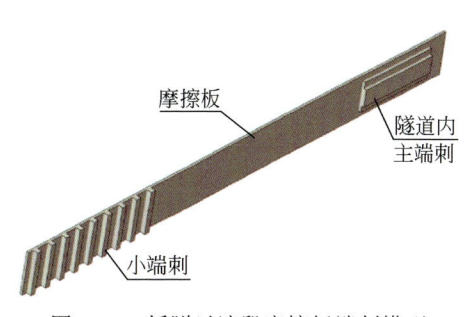

图 3.11　桥隧过渡段摩擦板端刺模型

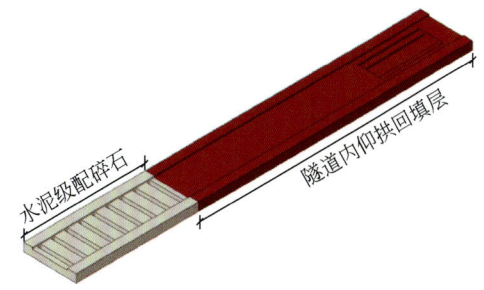

图 3.12　桥隧过渡段下部基础设置

3) CRTSⅢ型板式无砟轨道空间实体设计模型

CRTSⅢ型板式无砟轨道在轨道板下部灌注自密实混凝土,并与之形成复合板结构共同受力。根据设计方案,建立 CRTSⅢ型板式无砟轨道轨道板有限元模型如图 3.13(a)所示。轨道板上预留门型筋,与自密实混凝土层相连接。自密实混凝土与底座板之间铺设土工布。土工布间纵横向摩擦系数依据前面试验测定。轨道板与自密实混凝土层间门型筋模型如图 3.13(b)所示。自密实混凝土层两端设置向下的凸台与底座板相连,具体布置及所建立的模型如图 3.13(c)所示。

底座板上对应自密实混凝土层凸台位置设置凹槽与之相连,凹槽内侧填充弹性垫层。弹性垫层按照实体建模,底座板有限元模型如图 3.13(d)所示。CRTSⅢ型板式无砟轨道横断面布置和整体有限元模型如图 3.14 和图 3.15 所示。

(a) 无砟轨道轨道板有限元模型

(b) 轨道板与自密实混凝土间门型筋模型

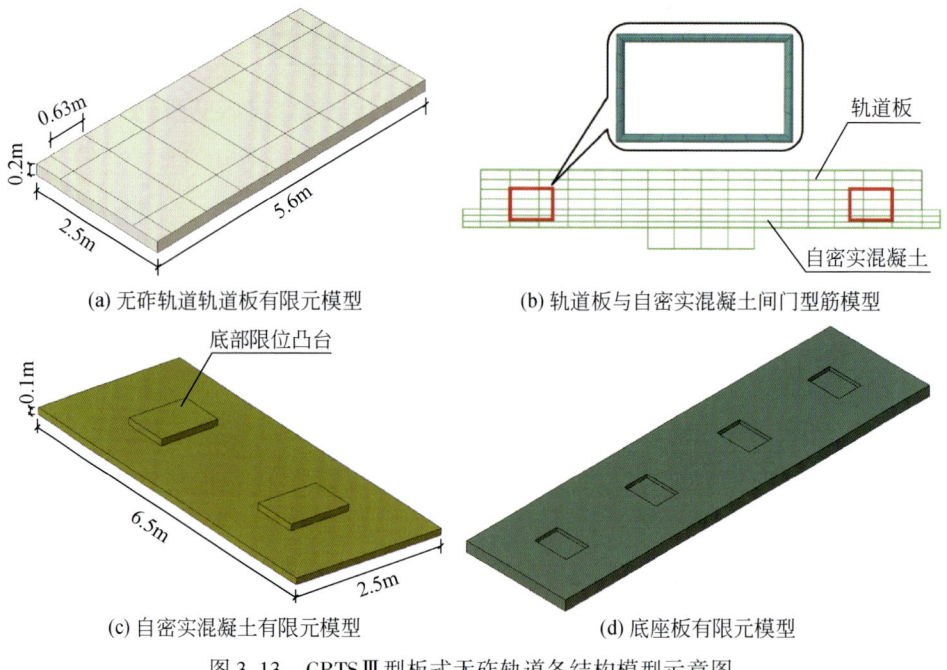

(c) 自密实混凝土有限元模型

(d) 底座板有限元模型

图 3.13　CRTSⅢ型板式无砟轨道各结构模型示意图

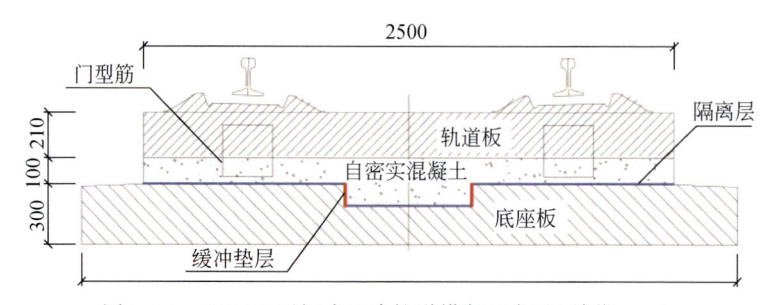

图 3.14　CRTSⅢ型板式无砟轨道横断面布置(单位:mm)

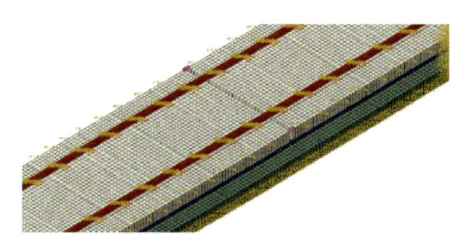

第 3 章　无砟轨道精细化分析模型群的建立

图 3.15　CRTS Ⅲ 型板式无砟轨道整体有限元模型

3.1.2　无砟轨道空间实体设计模型验证

以往在对无砟轨道内力进行分析时,常采用简化的梁-板-板模型,该模型在进行双块式及纵连板式无砟轨道的内力计算时得到了较好的应用。采用壳单元对无砟轨道板进行模拟的优点在于分析中可方便地对板上每个点处的点弯矩进行提取,而实体单元则需要进行二次积分处理以获取截面弯矩。为了保证本书所建立空间实体分析模型的实用性,基于 Python 自主编程,通过 GUI 插件接口进行软件二次开发形成界面化操作,实现了对空间实体单元截面弯矩等内力的提取,操作简便,易于实现,操作界面如图 3.16 所示。需要说明的是,本书所提出的实体单元内力提取方法对梁单元与实体单元都适用。

图 3.16　内力提取二次开发界面

为验证自主编程对壳单元和实体单元弯矩提取结果的准确性,本书建立了加载及边界条件,如图 3.17 所示的验证模型。将荷载作用下壳单元模型和实体模型中无砟轨道整体的弯矩计算结果与理论结果进行对比,对比结果如图 3.18 所示。

由图 3.18 可知,该方法所提取的内力无论对壳单元还是对实体单元,其误差都是极小的,其弯矩分布趋势及峰值大小均与理论计算结果一致。因此,本书所提出的利用自主编程提取实体单元内力的方法方便且准确,保证了后续内力分析的

图 3.17 验证模型的加载及边界条件

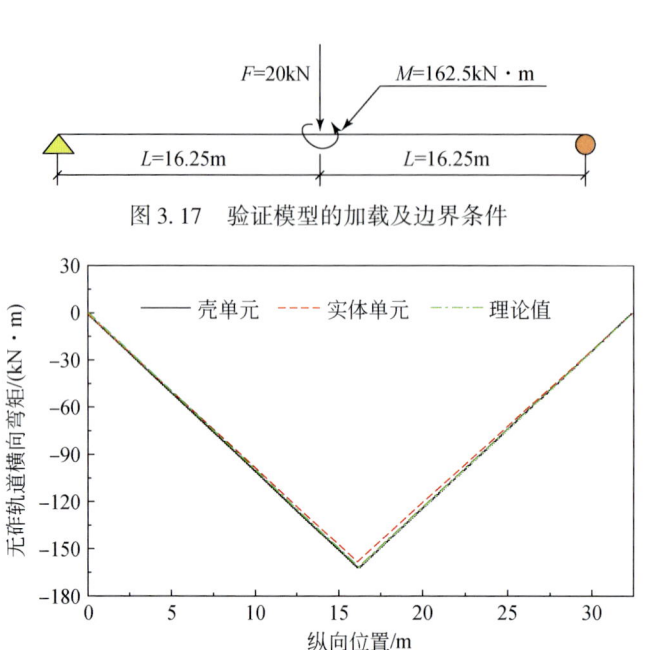

图 3.18 二次开发分析结果与理论值对比

正确性。同时,该方法也显著降低了实体单元内力积分方法的难度,保证了空间实体设计模型的实用性。

既有车辆荷载效应计算理论中,将无砟轨道各层简化为壳单元,将钢轨等效为梁单元,梁与板及多层板间采用弹簧阻尼单元进行连接,形成梁-板-板受力体系。以 CRTS Ⅲ 型板式无砟轨道为例,在车辆荷载 255kN 作用下,对梁-板-板模型和空间实体设计模型下轨道板垂向位移(轨下位置)及轨道板截面横向弯矩进行对比,如图 3.19 和图 3.20 所示。

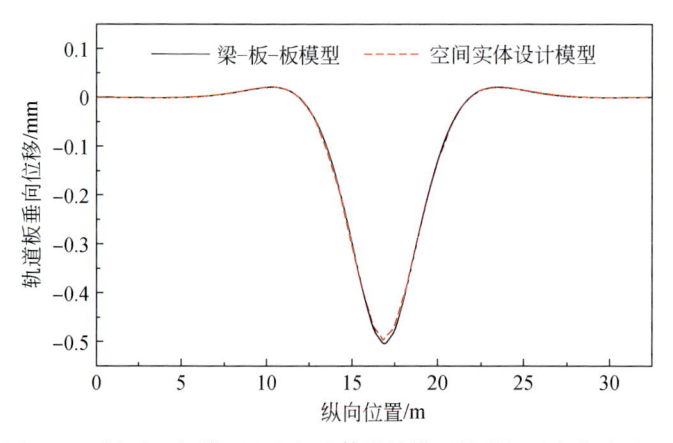

图 3.19 梁-板-板模型和空间实体设计模型轨道板垂向位移对比

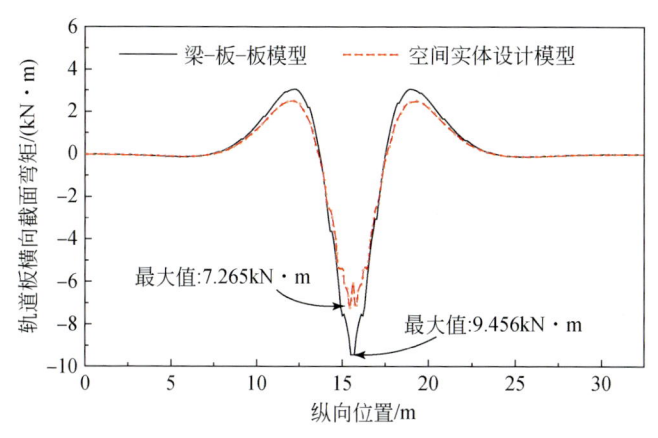

图 3.20 梁-板-板模型和空间实体设计模型轨道板横向截面弯矩对比

由图 3.19 和图 3.20 可知,两种计算模型对轨道位移计算结果相差较小,变形趋势与峰值大小均较为一致,但利用两种模型所得的轨道板横向截面弯矩计算结果有一定差别。其中,空间实体设计模型所得轨道板横向截面负弯矩最大值为 7.265kN·m,梁-板-板模型所得轨道板横向截面负弯矩最大值为 9.456kN·m。既有设计方法采用点弯矩对轨道板进行配筋设计,而根据梁-板-板模型点弯矩换算得到的轨道板横向截面负弯矩最大值为 12.237kN·m。不同设计方法下轨道板横向截面弯矩最大值结果对比如图 3.21 所示。

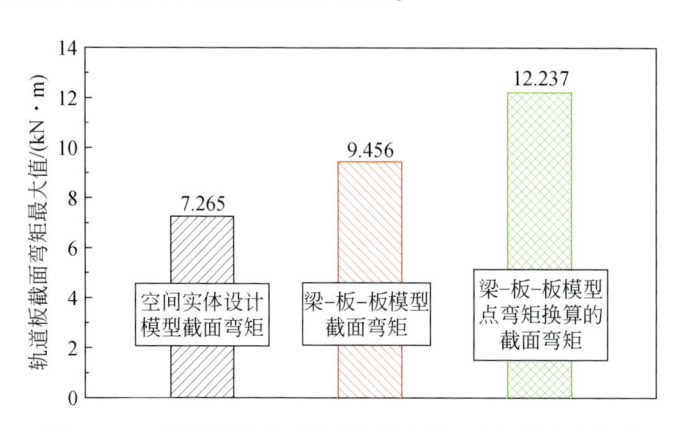

图 3.21 不同设计方法下轨道板横向截面弯矩最大值结果

图 3.21 的对比结果表明,目前设计方法中以点弯矩换算得到的截面弯矩比梁-板-板模型的实际截面弯矩及精细化空间实体模型所得到的截面弯矩均大,其主要原因在于点弯矩最大值为扣件点处的最大弯矩,同一截面其余位置处的点弯

矩均较小，以截面上最大点弯矩来等效截面弯矩会造成较大的浪费，本例中较实际截面弯矩富余量在30%左右。

梁-板-板模型与空间实体设计模型截面弯矩对比结果表明，空间实体设计模型所得的截面弯矩小于梁-板-板模型的截面弯矩。其主要原因在于梁-板-板模型将无砟轨道轨道板简化为壳单元时，忽略了其空间效应及局部变形，从而增强了其整体抗弯刚度，引起荷载作用位置处弯矩的增加。当荷载作用位置较为随机时，如建筑工程楼盖板设计等情况，考虑结构存在局部拉应力，一般采用点弯矩模型。但无砟轨道属于叠合板结构，其车辆荷载作用位置明确，按照点弯矩进行配筋设计容易造成配筋过量和浪费。

此外，对于CRTS Ⅲ型板式无砟轨道这类较为复杂的无砟轨道结构，具有一定厚度的轨道板与自密实混凝土层现浇为一体，形成复合受力体系；但两者由于施工要求又必须单独进行设计；自密实混凝土层下部设置凸台与底座板相连接，凸台的尺寸较大，不可忽略。因此，可以发现将上层复合板简化为一层均匀材质的薄壳进行设计既不能满足工程设计的需求，也会带来较大的设计误差，故在实际设计过程中采用空间实体设计模型较为合理。

3.2　配筋检算模型

无砟轨道作为典型的钢筋混凝土结构，混凝土与其内部钢筋是共同工作的。轨道结构内部钢筋按一定方式排布组成了钢筋骨架，因此在轨道设计方案定型前，对配筋方案的检算是一项不容忽视的内容。如图3.22所示传统的无砟轨道配筋检算，大多基于容许应力法，往往只考虑配筋量，并仅基于工程经验对配筋方案进行选择，无法直观地表征无砟轨道配筋后的整体应力均衡、应变协调等受力特性。因此，为了满足无砟轨道精细化分析的要求，需要建立合理的检算手段，考虑钢筋不同粗细、间距等因素，关注配筋后结构的整体受力状态，反演优化配筋方案，从而改善结构长期服役特性。

此外，为了抵抗车辆荷载、温度梯度等作用对轨道板表面应力的影响，目前轨道板多按预应力板进行设计。在整个服役过程中，轨道板一直处于预压状态，因此对预应力筋的检算更具特殊性。在无砟轨道服役阶段的检算过程中，如果忽略预压效应，仅考虑车辆荷载、温度荷载等，那么轨道板整体应力仿真结果就是不精确的。另外，预应力轨道板在服役过程中出现了出场时轨道板翘曲、预应力筋周围出现裂纹等问题，需要在检算中满足其受力均衡性，预防问题的发生。目前，对无砟轨道轨道板进行分析时鲜有文献考虑预应力筋的预压效应，对预压状态下轨道板表面应力分布及锚固端局部应力分布等方面的研究也较为匮乏。

第 3 章　无砟轨道精细化分析模型群的建立

因此,无砟轨道服役阶段的检算有必要对预应力荷载进行建模与分析,尤其是对轨道板受力进行检算时,更应将预应力荷载与其他荷载进行组合,从而更加精确地分析轨道板的受力情况。由此可见,开展无砟轨道轨道板配筋检算模型的研究是非常必要的。

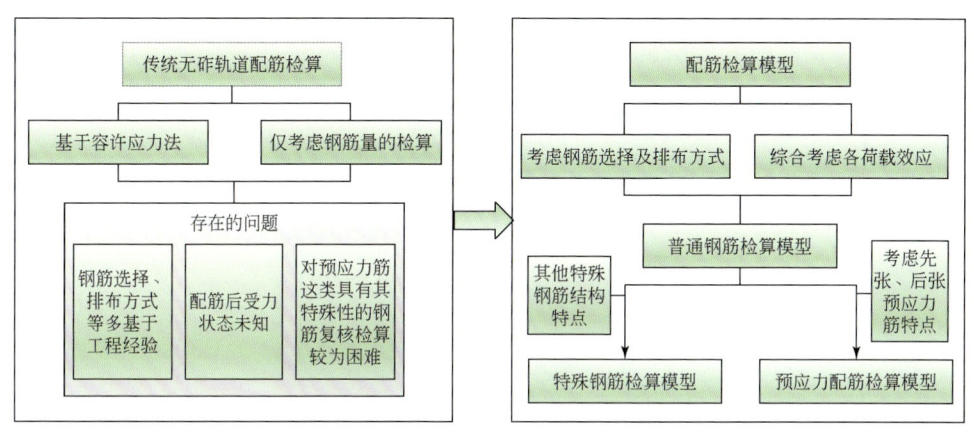

图 3.22　配筋检算模型发展思路

3.2.1　配筋检算模型建模方法

为了反映配筋后轨道结构的受力,建立配筋检算模型时需要将轨道结构内钢筋骨架构成进行模拟,图 3.23 为 CRTS Ⅲ 型板式无砟轨道双凹槽底座板配筋检算模型。本书在普通钢筋检算模型的基础上发展了预应力配筋检算模型和特殊钢筋检算模型,并以后张法为例,着重阐述预应力配筋检算模型的建立方法,对普通钢筋检算模型的建立过程不再赘述。

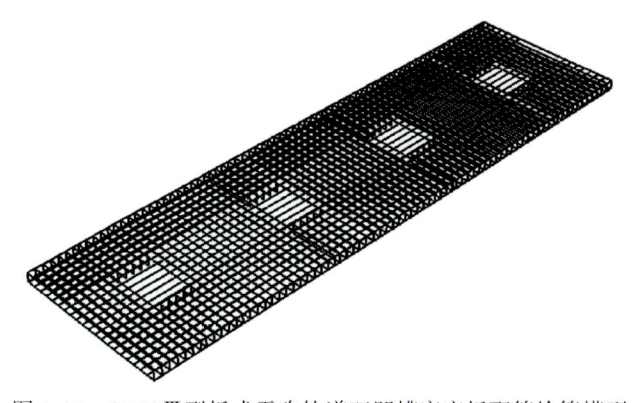

图 3.23　CRTS Ⅲ 型板式无砟轨道双凹槽底座板配筋检算模型

建立轨道板预应力配筋检算模型时，轨道板、钢筋均为实体单元，钢筋与轨道板内部节点间采用三向弹簧进行耦合。其中，对于后张轨道板沿钢筋径向的弹簧刚度为0，简化认为钢筋与管道无摩擦，其余两个方向的弹簧考虑为刚性，预应力钢筋与轨道板间无相互侵入，预应力钢筋端部与轨道板节点区域耦合。轨道板与预应力钢筋共同工作模型如图3.24所示。为避免预应力钢筋加载过程中混凝土锚穴位置处的应力集中，在预应力钢筋端部建立锚固端，与轨道板混凝土相接触，如图3.25所示。

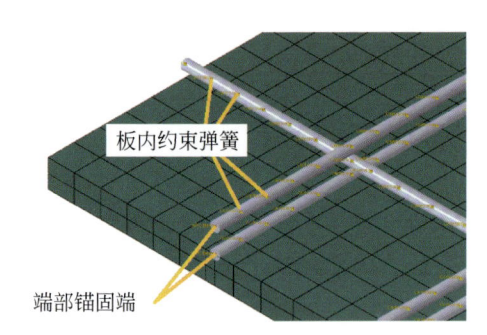

图3.24 轨道板与预应力钢筋共同工作模型

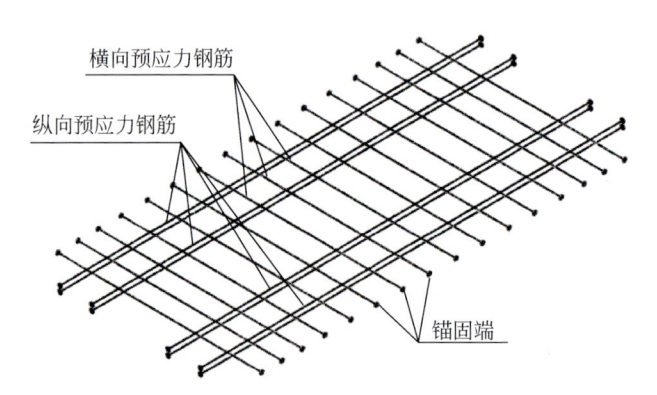

图3.25 预应力钢筋与锚固端模型

轨道板一直处于预压状态，而具体建模分析时，在包含轨道板、自密实混凝土层/砂浆层、支承层/底座板的完整模型建立后进行预应力加载会导致下部自密实混凝土或砂浆层同时受力，从而带来偏心弯曲。因此，对初始预应力状态进行模拟时，采用先对轨道板进行加载、后黏结轨道板与自密实混凝土层或砂浆层的方式，以提高模拟精度。

1) CRTS Ⅰ型板式无砟轨道预应力配筋检算模型

CRTS Ⅰ型板式无砟轨道的轨道板采用双向后张预应力技术进行施工。基于

第 3 章 无砟轨道精细化分析模型群的建立

铁路工程建设通用参考图中的说明可知，预应力钢筋为低松弛预应力钢棒，直径13mm，抗拉强度不低于1420MPa，纵向单根预应力钢筋张拉力为122kN，横向单根预应力钢筋张拉力为127kN。轨道板内预应力配筋设计及板内预应力配筋分布如图3.26和图3.27所示。

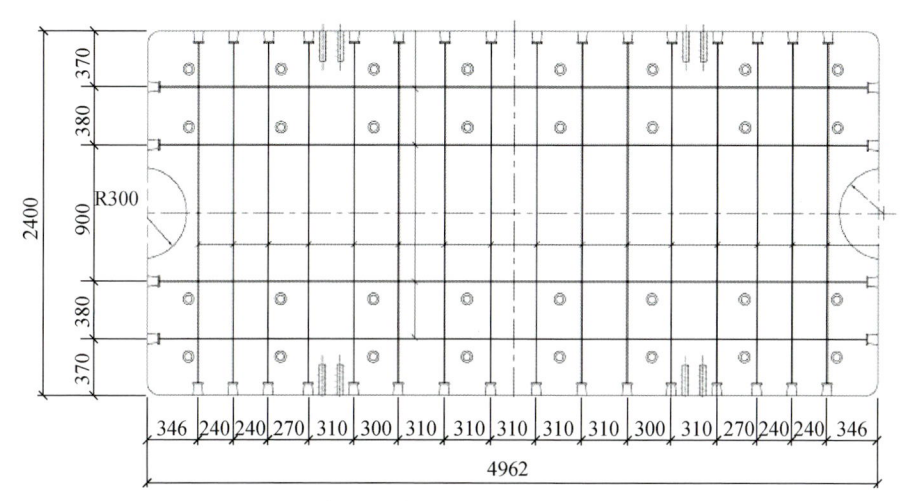

图 3.26 轨道板内预应力配筋设计及板内预应力配筋分布（单位：mm）

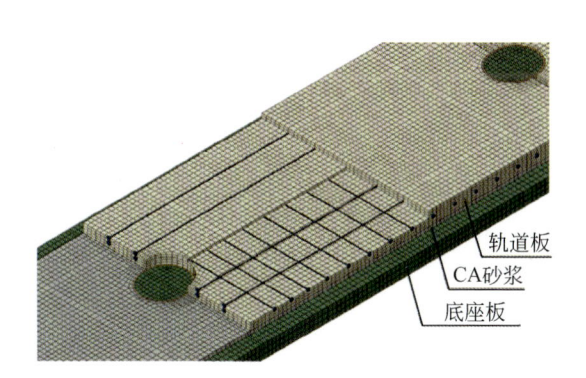

图 3.27 预应力配筋在无砟轨道板内分布

2）CRTS Ⅱ 型板式无砟轨道预应力配筋检算模型

CRTS Ⅱ 型板式无砟轨道的轨道板是单向先张预应力混凝土预制板，仅在横向设置60根直径为10mm的预应力钢筋，纵向则通过6根直径为20mm的精轧螺纹钢筋连接成整体。单根预应力钢筋的设计预应力为68.3kN，张拉应力为870N/mm^2。在进行CRTS Ⅱ 型板式无砟轨道先张轨道板建模时，建模方法与前面所述后张板类似，但对三向弹簧的耦合处理上考虑钢筋与混凝土间的黏结性能，且不再建立锚固端，同时在加载过程中考虑放张时预应力损失的修正。轨道板内下层钢筋配置方案及建立的 CRTS Ⅱ 型板式无砟轨道配筋检算模型如图 3.28 和图 3.29 所示。

图 3.28　CRTS Ⅱ 型板式无砟轨道轨道板内下层配筋检算模型(三块板)

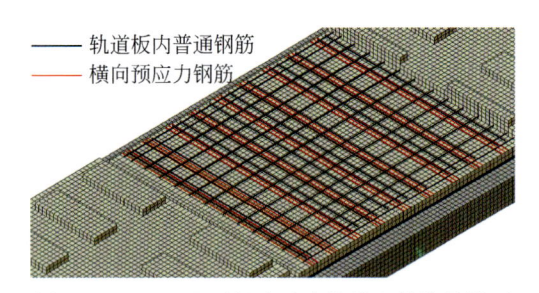

图 3.29　CRTS Ⅱ 型板式无砟轨道配筋检算模型

3) CRTS Ⅲ 型板式无砟轨道预应力配筋检算模型

除部分试验段铺设的 CRTS Ⅱ 型普通板式无砟轨道外，CRTS Ⅲ 型板式无砟轨道的轨道板为双向预应力板，每根横向预应力钢筋张拉力为 127kN，纵向预应力钢筋张拉力为 122kN。在对轨道板及预应力钢筋进行建模时，采用实体单元进行建模，预应力加载方式可考虑先张与后张两种方法，本书以后张为例。所建立纵横向预应力钢筋检算模型及预应力钢筋在无砟轨道整体模型内分布如图 3.30 和图 3.31 所示。

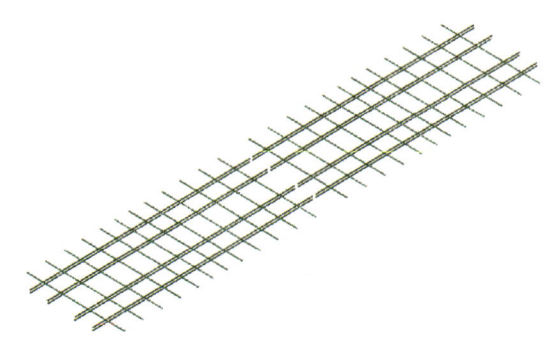

图 3.30　CRTS Ⅲ 型板式无砟轨道轨道板内纵横向预应力钢筋检算模型(两块轨道板)

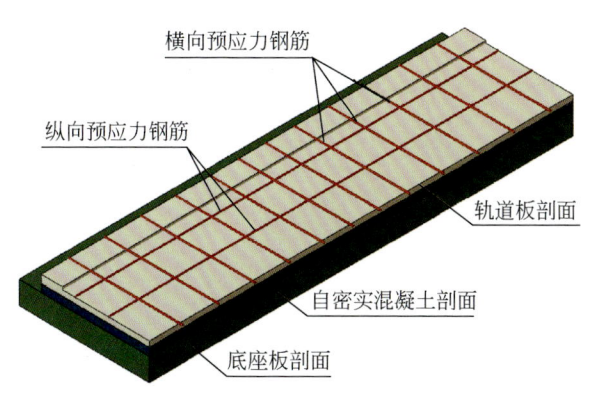

第 3 章　无砟轨道精细化分析模型群的建立

图 3.31　CRTSⅢ型板式无砟轨道预应力钢筋在无砟轨道整体模型内分布

3.2.2　配筋检算模型验证

1. 配筋检算模型可实施性验证

钢筋混凝土结构通过在混凝土中加入钢筋网、钢板或纤维等材料,使之与混凝土共同工作来改善混凝土的力学性质。无砟轨道作为典型的钢筋混凝土结构,其内部各类主筋、构造筋的排布,共同组成了内部钢筋网。本书所发展的配筋检算模型,其主要目的在于弥补既有配筋方法在钢筋布置优化方面的局限性,将配筋方案向可视、可调、精细化设计的方向发展。本书期望通过该模型对结构配筋进行细微调整,达到改善局部应力和应变状态的目的,从而进一步增强结构长期服役性能。

1) 配筋检算模型算例

本节以某块钢筋混凝土板为例,对配筋检算模型的可实施性进行验证,具体工况如图 3.32 所示。钢筋混凝土板长 5.6m、宽 2.5m、厚 0.2m,在板中上表面承受了面积为 4225mm^2、大小为 0.5MPa 的均布荷载,并只考虑纵向配筋,计算得到的配筋面积不应小于 782mm^2。

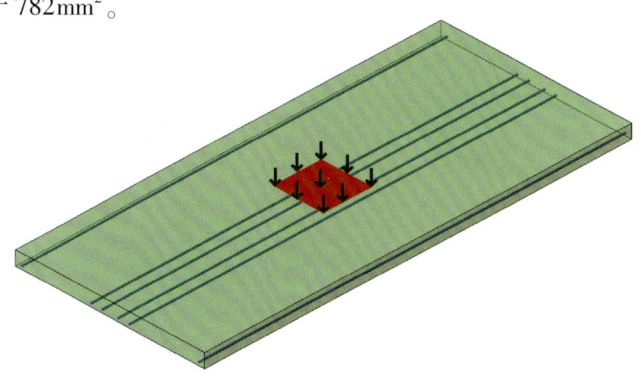

图 3.32　钢筋混凝土板计算工况示意图

为验证配筋检算模型的可实施性,综合考虑各配筋方案,如图 3.33 所示,各方案钢筋均配置在受拉区,并已满足最小保护层厚度的要求。

(a) 配筋方案A(4Φ16mm,钢筋分布在两侧)

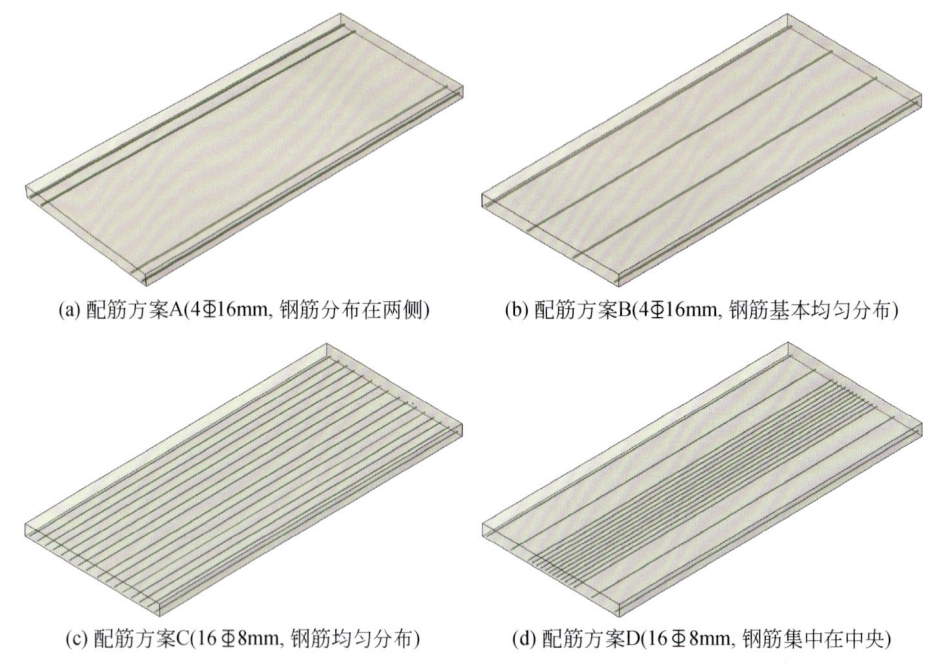

(b) 配筋方案B(4Φ16mm,钢筋基本均匀分布)

(c) 配筋方案C(16Φ8mm,钢筋均匀分布)

(d) 配筋方案D(16Φ8mm,钢筋集中在中央)

图 3.33　钢筋混凝土板配筋方案

2) 基于传统应力路径的配筋评价指标

提取各配筋方案混凝土板板底中线处纵向应力,对比情况如图 3.34 所示。由图 3.34 可知,在满足相同配筋率的条件下,调整配筋方案后,其纵向应力分布发生了变化。

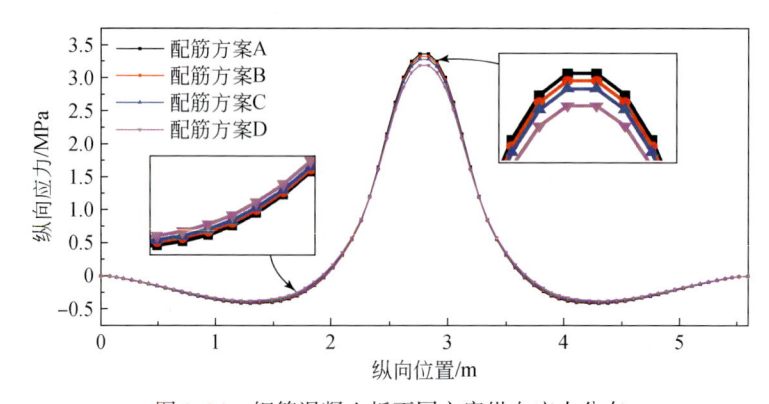

图 3.34　钢筋混凝土板不同方案纵向应力分布

第3章 无砟轨道精细化分析模型群的建立

进一步分析图3.34可知,在钢筋数量最多且钢筋主要集中在加载位置处的配筋方案D下,混凝土板纵向拉应力最小;配筋数量最少,且在加载位置附近未配置钢筋的配筋方案A出现最大的纵向拉应力;配筋方案B和配筋方案C作为两种均布的配筋方案,两者应力居于配筋方案A与配筋方案D之间。定量分析纵向拉应力最大值可知,配筋方案D较配筋方案A减小了5.55%,配筋方案B和配筋方案C较配筋方案A分别减小了1.26%和2.6%。此外,从图3.34还可发现,配筋方案D较配筋方案A、配筋方案B和配筋方案C压应力水平也有所降低,整体曲线线形更为缓和。

但从长期服役状态评估的角度出发,单一分析应力在某一路径的直观分布并比较其拉应力最大值,通用性不强,无法完全说明配筋方案改变所带来的受力差异对结构整体服役性能的影响。为了评价结构整体服役性能,需要通过不同角度将其整体性能离散化为明确的评价要素,并将几个要素联系起来,从而达到表征整体力学性能的目的。在此案例中,将结构服役性能离散为应力均衡和变形协调两大要素,以此从减小局部应力集中和均衡整体受力的角度,提出对应的合理评价指标来评价各配筋方案的优劣。

3) 基于综合指数法的配筋评价指标研究

为选择合理的配筋方案评价指标,对应离散后的应力均衡和变形协调两大要素,将整体性能特征分为应力特征与变形特征,如图3.35所示。针对应力特征与变形特征,选取具有代表性的指标进行综合评价。

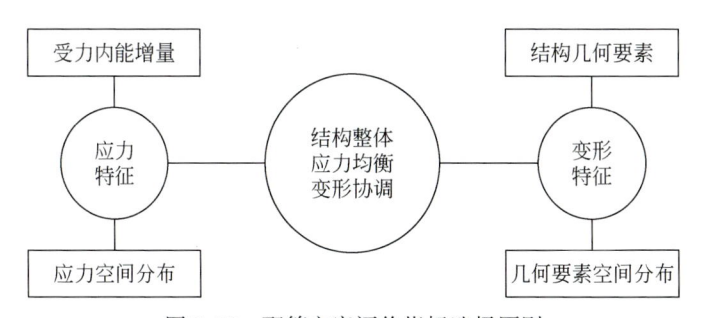

图3.35 配筋方案评价指标选择原则

针对应力特征,考虑到外力在变形过程中所做的功将全部转化为内能储存在弹性体内部,因此结构受力后的应变能增量无疑为表征结构应力特征提供了一个合理的方法。参考结构应变能密度的概念,结构整体的应变能密度为

$$V_\varepsilon = V_v + V_d \tag{3.1}$$

式中,V_v为由体积改变导致的应变能密度,即体积应变能密度;V_d为形状改变对应的应变能密度,即形状改变能密度。

考虑到第四强度理论中,主要将形状改变能密度作为材料发生塑性屈服破坏的依据,即达到单向拉伸时发生塑性屈服破坏的形状改变能密度时,结构发生塑性屈服破坏。在本案例中,也只考虑形状改变能密度作为结构应力特征的表征指标。

在应变能密度中,对应的体积改变能密度为

$$V_v = \frac{1-2\nu}{6E}(\sigma_1+\sigma_2+\sigma_3)^2 \quad (3.2)$$

式中,σ_1、σ_2、σ_3 分别为结构的三个主应力;E 为弹性模量;ν 为泊松比。

则对应的形状改变能密度为

$$V_d = V_\varepsilon - V_v = \frac{1+\nu}{6E}[(\sigma_1-\sigma_2)^2+(\sigma_2-\sigma_3)^2+(\sigma_3-\sigma_1)^2] \quad (3.3)$$

根据材料力学的概念,式(3.3)也可写为

$$V_d = \frac{1+\nu}{6E}[(\sigma_x-\sigma_y)^2+(\sigma_y-\sigma_z)^2+(\sigma_z-\sigma_x)^2+6(\tau_{xy}^2+\tau_{yz}^2+\tau_{xz}^2)] = \frac{1+\nu}{3E}\sigma_s^2 \quad (3.4)$$

式中,σ_x、σ_y、σ_z 分别为结构的三向正应力;τ_{xy}、τ_{yz}、τ_{xz} 分别为结构的三向切应力;σ_s 为结构 von Mises 应力。

由式(3.4)所表述的形状改变能密度 V_d 的概念可知,V_d 综合了结构各方向正应力、切应力,可以较好地反映结构的整体应力特征。

将形状改变能密度 V_d 作为受力协调要素所需的应力特征后,还需要寻找一个指标以匹配评价变形协调要素的变形特征。如果说对于应力特征,主要关注能量的变化,那么对于变形特征,需要更多地从结构整体的几何要素入手。

在本案例中钢筋混凝土板作为典型的板结构,在受到荷载作用后发生变形,其变形后的几何要素可根据单元划分情况等因素视为多个三维欧氏空间中的曲面。评价结构变形协调性,必然涉及变形的空间分布情况,且在明确变形空间分布的基础上采用变形的相对变化量更为合理,那么从曲面质量入手无疑是最合适的。

曲面曲率在一定程度上反映了曲面质量,在各个曲率指标中,高斯曲率反映曲面的弯曲程度,在评价结构变形时能够体现相对变形率等变形特性。此外,当高斯曲率发生突变时,即发生曲率不连续时,说明此时结构已存在开裂等不连续问题,因此这里选取高斯曲率作为结构变形特征的表征指标。高斯曲率表达式为

$$K = \kappa_1 \kappa_2 \quad (3.5)$$

式中,K 为曲面上某一点的高斯曲率;κ_1、κ_2 为曲面上该点的主曲率。

钢筋混凝土板配筋方案 A 底面结构变形及对应的高斯曲率分布,如图 3.36 所示,可以很清晰地看出高斯曲率所代表的几何意义。

为综合评价结构整体受力变形特征,在本案例中,根据钢筋混凝土板结构特点,结合单元划分情况,沿厚度方向划分为多层,本章限于篇幅,只取结构顶面与底

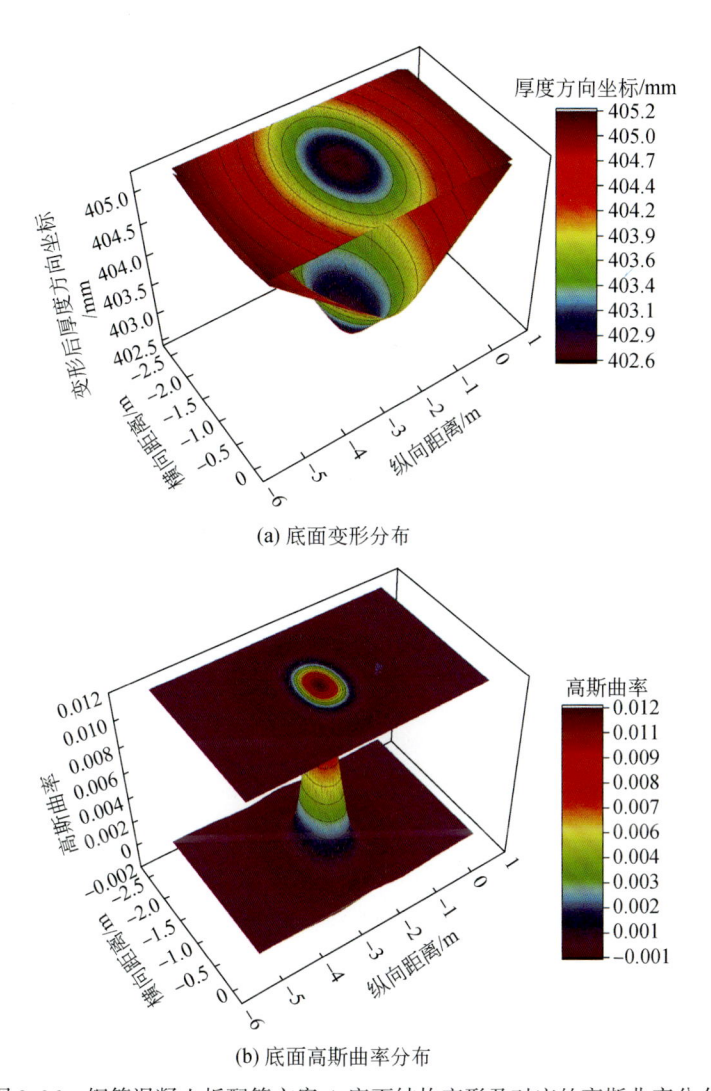

第3章 无砟轨道精细化分析模型群的建立

(a) 底面变形分布

(b) 底面高斯曲率分布

图 3.36 钢筋混凝土板配筋方案 A 底面结构变形及对应的高斯曲率分布

面处各个节点,并提取各节点处应变能密度及变形后高斯曲率。条件允许时可对分层后各面均进行对比,以此分析板结构每层的受力变形特征以及不同层沿厚度方向的应力均衡、变形协调性。应变能密度与高斯曲率量值和结构受力优劣性均存在相同的负相关关系,因此根据综合指数法的基本思想,将这两种同类指标相乘,计算出结构受力变形综合指数:

$$T = V_d K \tag{3.6}$$

式中,T 为结构面某一点的结构受力变形综合指数(简称综合指数);V_d 为该点的形状改变能密度;K 为曲面上该点的高斯曲率。

以配筋方案 A 为例,提取钢筋混凝土板底面与顶面综合指数如图 3.37 所示。

(a) 底面结构受力变形综合指数分布

(b) 顶面结构受力变形综合指数分布

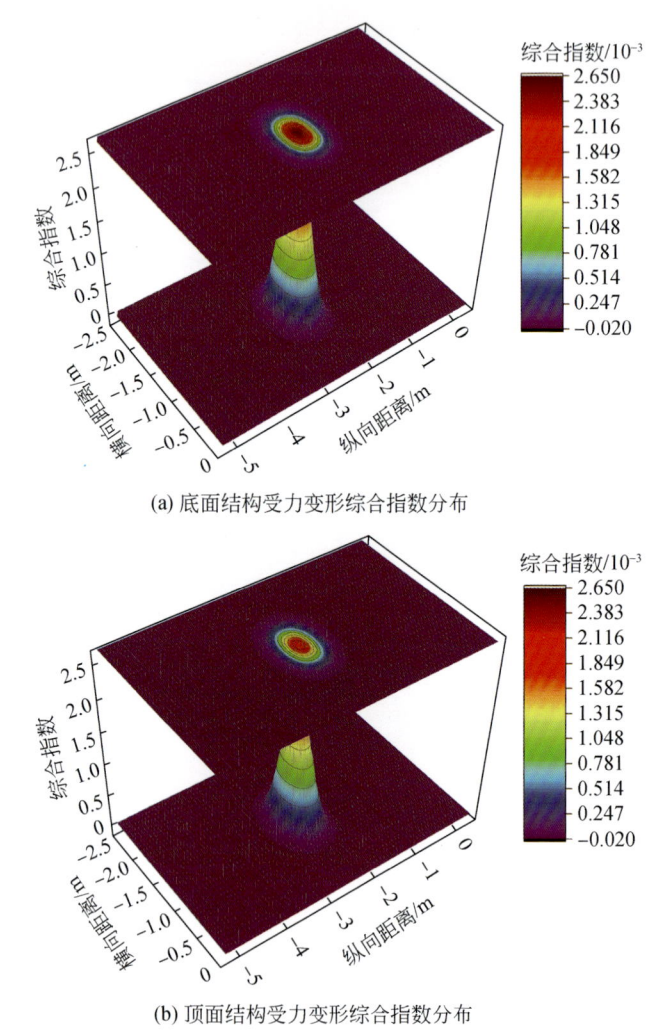

图 3.37　钢筋混凝土板配筋方案 A 底面、顶面结构受力变形综合指数分布

由图 3.37 可知,相较于图 3.34 中单一路径下的纵向应力曲线,此时提取的综合指数显得更为"尖锐",在本案例中还在一定程度上体现了所受荷载的特征。此外,综合顶面、底面后该指标也更能反映结构受力变形的空间分布特征。为了进一步量化各方案间受力变形差异,借鉴轨道不平顺评价指标中幅值管理及轨道质量指数(track quality index,TQI)的理念,选取各方案结构底面、顶面综合指数最大值及均方差进行对比。此外,评价均衡性时,为消除由量纲和数据尺度带来的影响,进一步提取变异系数(coefficient of variation)进行对比。

第 3 章　无砟轨道精细化分析模型群的建立

变异系数定义为标准差与平均值之比,即

$$C_v = \frac{\sigma}{\mu} \tag{3.7}$$

式中,C_v 为变异系数;σ 为标准差;μ 为平均值。

各配筋方案底面、顶面各统计指标对比结果见表 3.1。

表 3.1　各配筋方案底面、顶面各统计指标对比

结构面	统计指标名称	配筋方案 A	配筋方案 B	配筋方案 C	配筋方案 D
底面	综合指数最大值/10^{-3}	2.64	2.58	2.54	2.41
	综合指数均方差/10^{-4}	2.665	2.595	2.548	2.435
	综合指数变异系数/10^{-2}	18.31	18.21	18.19	18.18
顶面	综合指数最大值/10^{-3}	1.99	1.93	1.93	1.89
	综合指数均方差/10^{-4}	2.065	2.041	2.023	1.984
	综合指数变异系数	5.46	5.46	5.45	5.43

由表 3.1 可知,从配筋方案 A 到配筋方案 D,结构受力变形综合指数最大值、综合指数均方差、综合指数变异系数均有不同程度的减小。以变化较为显著的底面为例,综合指数最大值由 2.64×10^{-3} 降至 2.41×10^{-3},降低了 8.7%;均方差降低了 8.6%;综合指数变异系数总体量值变化不大,但也呈现出降低的趋势。说明在应力均衡、变形协调方面,配筋方案 D 较前三方案均有一定的改善。

4) 基于类应变能密度的配筋评价指标研究

需要说明的是,上述结构受力变形综合指数中所取的弹性应变能密度理论综合了各方向应力分量,当借鉴类应变能密度概念,只针对配筋方案间某一应力分量提出相对应的类应变能密度指标时,其差异还可能进一步增大。例如,在本案例中以纵向应力分量为例,其纵向类应变能密度可定义为

$$J = \frac{1}{2}\sigma_i \varepsilon_i \tag{3.8}$$

式中,J 为类应变能密度;σ_i、ε_i 分别为每个单元积分点的纵向应力与应变。由于大部分结构配置钢筋后主要期望改善其受拉特性,此处忽略结构受压区对类应变能密度分布的贡献。

提取上述各配筋方案纵向类应变能密度分布,对比如图 3.38 所示。

由图 3.38 可知,钢筋混凝土板结构受拉区主要集中在板中附近,纵、横向类应变能密度分布规律也有所差别。与图 3.34 相比,图 3.38 能更加准确地把握底面纵向应力整体特征,避免由于人为选择路径的不确定性对结果造成干扰。仍然借鉴轨道不平顺评价指标中幅值管理及轨道质量指数的理念,选取各配筋方案差异

(a) 底面纵向类应变能密度分布

(b) 顶面纵向类应变能密度分布

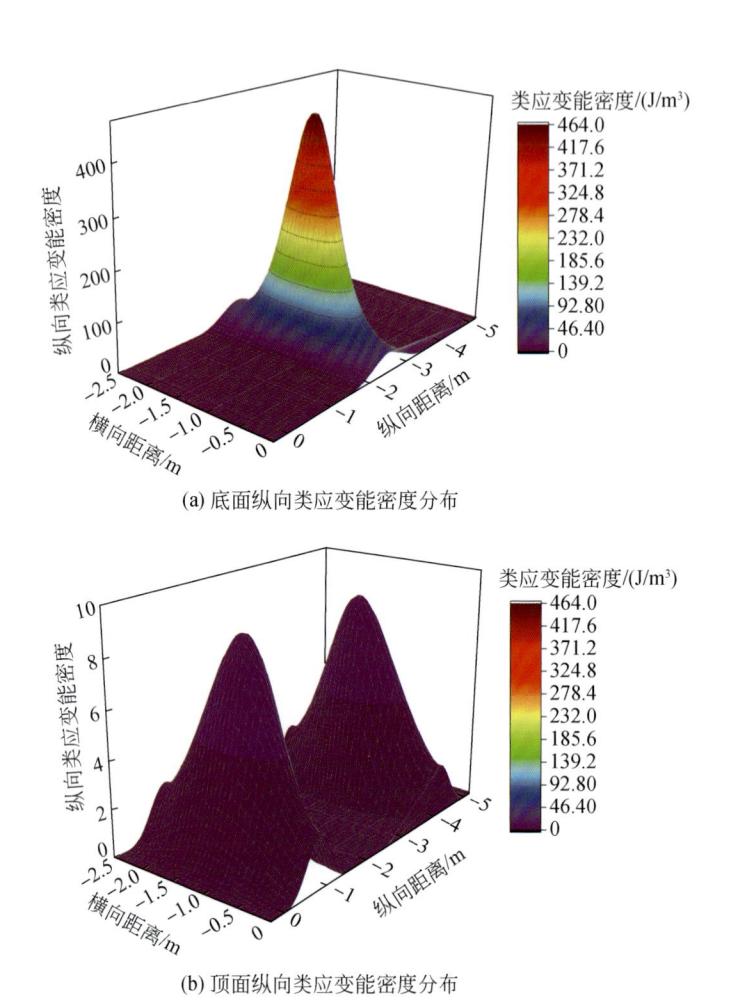

图 3.38　钢筋混凝土板配筋方案 A 底面、顶面纵向类应变能密度分布

较大的结构底面纵向类应变能密度最大值及均方差,其对比见表 3.2。

表 3.2　各配筋方案底面纵向类应变能密度最大值及均方差对比

方案名称	配筋方案 A	配筋方案 B	配筋方案 C	配筋方案 D
纵向类应变能密度最大值/(J/m³)	462.64	450.66	437.26	410.71
纵向类应变能密度均方差	66.88	64.61	63.34	60.52

由表 3.2 可知,从配筋方案 A 至配筋方案 D,其局部纵向类应变能密度最大值均有不同程度的降低,配筋方案 D 较配筋方案 A 减小了 11.22%,略高于之前的结

构受力变形综合指数对比结果。同时由表3.2中纵向类应变能密度均方差结果可知，从配筋方案A到配筋方案D，纵向类应变能密度均方差有不同程度的减小，配筋方案D较配筋方案A减小了9.5%，说明配筋方案D受力在一定程度上更为均衡。在长期荷载的作用下，按照配筋方案A配筋的混凝土板也更容易在该位置出现问题。该纵向类应变能密度指标具有一定的参考意义，但倾向结构整体受力特征评价时，仍建议采用结构受力变形综合指数。需要说明的是，随着研究的逐渐深入，未来还可能提出更为合理的指标来表征轨道工程整体受力特征，推动轨道工程向精细均衡的目标发展，相关工作仍将继续进行。

上述分析结果表明，合理的钢筋配置方案能够优化钢筋混凝土结构的整体受力，达到均衡应力分布的效果，说明本书所提出的配筋检算模型可实施性良好。综合表面结构应力、变形特征空间分布后能更好地反映结构整体受力特征，不过结构受力明确时也可通过典型路径对受力情况进行评价。但值得注意的是，本章算例仅仅取简单结构和荷载情况，所得到的结构受力线形、量值差异较小，当结构更为复杂、荷载更加多样时，配筋检算模型将具有更大的意义。

2. 预应力检算模型验证

以CRTSⅢ型板式无砟轨道后张预应力轨道板为例，对轨道板横向预应力钢筋施加张拉力127kN，纵向预应力钢筋施加张拉力122kN，在设计预应力荷载下，轨道板内力仿真结果和理想值对比如图3.39和图3.40所示。

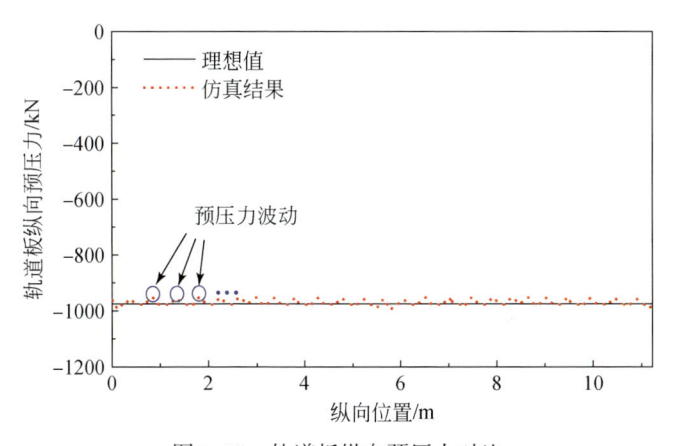

图3.39 轨道板纵向预压力对比

图3.39和图3.40表明，预应力施加后，轨道板内部预压力仿真结果与理想值能够较好地相互验证。预压力仿真结果出现小幅度的波动，其中，纵向预压力对应横向预应力钢筋锚固位置会出现一定波动，横向预压力对应纵向预应力钢筋锚固

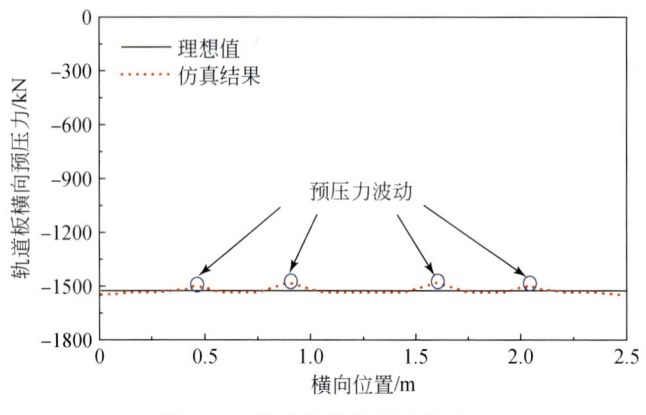

图 3.40　轨道板横向预压力对比

位置也会出现一定波动。出现此波动的主要原因在于本书在建立预应力钢筋分析模型时考虑了锚固端与轨道板间的接触。锚固端在与轨道板接触后承担了部分预压力,故轨道板预压力在此处出现波动。而在实际施工过程中由锚固端带来的小幅度预压力波动也是真实存在且不可避免的。由此可知,本书所建立的预应力配筋模型合理可信,并更能反映实际施工中轨道板的真实受力情况,能够满足工程中对预应力轨道结构进行精细化检算的要求。

3.3　病害分析模型

开展无砟轨道病害产生及演变机理的模拟是实现无砟轨道精细化分析的重要内容之一,也是病害整治的重要理论基础。由 1.3.2 节表明,轨道层间离缝病害是目前无砟轨道的主要病害。但已有研究基本以轨道理想状态下机理分析或病害发生后状态评估为主,对病害发展过程考虑较少。因此,本节将以层间病害机理分析模型为例,对病害分析模型的建立理念进行阐述,以期更好地指导病害整治工作,对轨道结构进行科学维护。

3.3.1　无砟轨道病害分析模型建模方法

固体力学中将结构不连续问题分为两类[107,108],分别是由结构组成材料差异造成的弱不连续问题和结构内部几何形状差异引起的强不连续问题。前者的复杂性主要来源于材料差异界面上应力和应变的不连续;后者则以裂纹为代表,其复杂性主要来源于接触面上位移的不连续和裂纹尖端的奇异性。无砟轨道层间接触离缝问题,是典型的两种复杂不连续的混合。在接触面区域内,由于材料的不连续以

第3章 无砟轨道精细化分析模型群的建立

及工后接触不良,层间会产生离缝现象,继而引起开裂区域位移不连续和裂纹尖端位置处的应力场奇异。

目前在处理不连续问题方面,国内外学者基于有限元法、边界元法、无单元法等理论提出了较多的计算方法[109~112]。其中有限元法是处理第一类弱不连续问题的主要手段,对于弱非线性问题的处理有明显优势。在强间断分析方面,处理不连续位移时,往往将位移分解为常规部分和改进部分,常规部分与常规有限元法(conventional finite element method, CFEM)一致,而改进部分在处理横贯不连续界面的跳跃时,使用假定来改进应变变分公式,在单元层次上对所改进的自由度进行静力凝聚,获取单元切向刚度矩阵。另一种描述断裂的模型就是 Xu 等[113]提出的较为典型的内聚力模型(cohesive zone model,CZM)。内聚力模型已广泛应用于有限元模拟[114~116],不仅能够实现层与层间的黏结失效问题的模拟,而且能够实现对裂纹扩展的模拟。

1999 年,美国西北大学 Belytschko 课题组首先提出扩展有限元思想,并于 2000 年正式使用扩展有限元法(extended finite element method, XFEM)这一术语[117~120]。该方法目前被认为是求解不连续力学问题最有效的数值方法,它基于标准有限元法框架,保留了常规有限元法的大量优点。在求解不连续问题时,不需要对结构内部几何或物理界面进行单独的网格划分,克服了裂纹尖端高应力和高变形区域网格划分时高密度网格及网格重划分的困难,这也是扩展有限元法和常规有限元法最大的区别。

对于无砟轨道层间离缝问题,采用 CZM 和 XFEM 均能较好地解决。其中,CZM 能够较好地模拟对于接触面由黏结失效而产生的病害问题,该方法也主要用于胶黏层间脱离。但对砂浆与混凝土进行大量的黏结性能试验后发现,试块受拉黏结面破坏时,裂纹通常会蔓延至部分砂浆层上[121]。CZM 在该情况下处理蔓延至砂浆层自身的裂纹时存在较大的局限性,而 XFEM 对于裂纹的模拟不依赖材料材质及几何界面,能够对轨道板与砂浆层的黏结破坏以及裂纹在砂浆层内部的扩散进行模拟。

本书考虑无砟轨道的结构特点,充分利用二次开发等手段,并选用具有较多工程实践经验的 ABAQUS 扩展有限元模块作为主要实现工具,对无砟轨道层间离缝发展进行仿真分析[122~124]。需要指出的是,由于 XFEM 具有更广的适用范围,本书在对层间离缝病害进行模拟时以 XFEM 为主,但不仅限于此方法。当破坏面明确时还运用了计算量较小、运算速度快的内聚力模型、非线性弹簧模型等,为层间离缝病害问题的具体分析提供了多种思路。下面以 XFEM 为例,阐述层间离缝病害分析模型的建立方法。

1. 基于 XFEM 的层间病害模拟方法

XFEM 通过扩展单位分解有限元法(partition of unity finite element method, PUFEM)来实现有限元网格内部的不连续,通过引入加强方程(enrichment function)来实现对 PUFEM 的扩展。在裂纹贯穿及裂纹尖端单元的不连续位移中,加入加强方程来逼近 PUFEM 中的单元位移[107]。

引入附加加强方程的作用是描述由裂纹产生的变量的非平滑特性,如差异材料裂纹接触面上下的应力场等。相对于整体结构的网格单元,裂纹所贯穿的单元数毕竟是有限的,加强方程仅针对此类单元添加额外的自由度来描述裂纹产生所带来的强不连续问题。加强方程为[107]:

$$u^h(x) = \sum_i N_i(x) \left[u_i + \sum_j v^j(x) a_i^j \right] \quad (3.9)$$

式中,u_i 为经典有限元中节点自由度;v^j 为第 i 个节点上的第 j 个加强方程;a_i^j 为第 i 个节点上的第 j 个加强方程的加强自由度。

式(3.9)所引入的加强自由度并不具有实际的物理意义,仅可考虑为加强方程对位移逼近效果的一种验证。可以看出,由于加强自由度的存在,上述方程并不满足内插特性,即 $u_i = u^h(x_i)$,须额外引入其他条件来计算节点的真实位移。

将加强方程做如下转换[125]:

$$\gamma_i^j(x) = v^j(x) - v_i^j(x) \quad (3.10)$$

式中,$v_i^j(x)$ 为加强方程在第 i 个节点的值。

此处,加强方程在任一点处均为0,满足 $u_i = u^h(x_i)$,加强自由度在此条件下可进行内插等前处理操作,将式(3.10)代入式(3.9)得到转换后加强方程为

$$u^h(x) = \sum_i N_i(x) \left[u_i + \sum_j \gamma_i^j(x) a_i^j \right] \quad (3.11)$$

式中,$\gamma_i^j(x)$ 为转换后的第 i 个节点上的第 j 个加强方程;$\gamma_i^j(x)$ 和 $N_i(x)$ 简写为 γ_i^j 和 N_i。

利用 Bubnov-Galerkin 方法将式(3.11)位移逼近公式转换为如下矩阵形式:

$$Kq = f \quad (3.12)$$

式中,K 为总体刚度矩阵;q 为节点自由度矩阵;f 为节点力矩阵。

通过对自由度适当排序,总体刚度矩阵可以表示为

$$K = \begin{bmatrix} K_{uu} & K_{ua} \\ K_{ua}^T & K_{aa} \end{bmatrix} \quad (3.13)$$

式中,K_{uu} 为一般有限元刚度矩阵;K_{aa} 为加强有限元刚度矩阵;K_{ua} 为一般有限元刚度矩阵和加强有限元刚度矩阵之间的耦合矩阵。

总体刚度矩阵 K 中单元的刚度矩阵 K_e 可通过式(3.14)进行求解:

第3章 无砟轨道精细化分析模型群的建立

$$K_e = \int_{\Omega^h} B_\alpha^T C B_\beta \,\mathrm{d}\Omega, \quad \alpha,\beta = u,a \tag{3.14}$$

式中，C 为各向同性线弹性材料的本构矩阵；B_u 为经典形函数的导数矩阵；B_a 为加强形函数的导数矩阵；B_u、B_a 通过式(3.15)给出：

$$B_u = \begin{bmatrix} N_{i,x} & 0 & 0 \\ 0 & N_{i,y} & 0 \\ 0 & 0 & N_{i,z} \\ 0 & N_{i,z} & N_{i,y} \\ N_{i,z} & 0 & N_{i,x} \\ N_{i,y} & N_{i,x} & 0 \end{bmatrix}, \quad B_a = \begin{bmatrix} (N_i\gamma_i^j)_{,x} & 0 & 0 \\ 0 & (N_i\gamma_i^j)_{,y} & 0 \\ 0 & 0 & (N_i\gamma_i^j)_{,z} \\ 0 & (N_i\gamma_i^j)_{,z} & (N_i\gamma_i^j)_{,y} \\ (N_i\gamma_i^j)_{,z} & 0 & (N_i\gamma_i^j)_{,x} \\ (N_i\gamma_i^j)_{,y} & (N_i\gamma_i^j)_{,x} & 0 \end{bmatrix} \tag{3.15}$$

式中，$N_{i,x}$、$N_{i,y}$、$N_{i,z}$ 分别为 $N_i(x)$ 相对 x、y、z 的导数；$(N_i\gamma_i^j)_{,x}$、$(N_i\gamma_i^j)_{,y}$、$(N_i\gamma_i^j)_{,z}$ 分别为 $N_i\gamma_i^j$ 相对 x、y、z 的导数。

$(N_i\gamma_i^j)_{,x_i}$ 通过式(3.16)进行计算：

$$\frac{\partial(N_i(x)\gamma_i^j(x))}{\partial x_i} = \frac{\partial(N_i(x))}{\partial x_i}\gamma_i^j(x) + N_i(x)\frac{\partial(\gamma_i^j(x))}{\partial x_i} \tag{3.16}$$

同样，式(3.12)中 q 和 f 可以用如下方程表示：

$$q^T = [u \quad a]^T \tag{3.17}$$

$$f^T = [f_u \quad f_a]^T \tag{3.18}$$

式中，u 和 a 分别为常规自由度和加强自由度的分向量；f_u 和 f_a 分别为节点力在位移逼近上的常规分量和加强分量。

f_u 和 f_a 通过所施加的外力 $\bar{t}$ 和体力 $\bar{b}$ 来描述：

$$f_u = \int_{\Gamma_t^h} N_i \bar{t} \,\mathrm{d}\Gamma + \int_{\Omega_t^h} N_i \bar{b} \,\mathrm{d}\Omega \tag{3.19}$$

$$f_a = \int_{\Gamma_t^h} N_i \gamma_i^j \bar{t} \,\mathrm{d}\Gamma + \int_{\Omega_t^h} N_i \gamma_i^j \bar{b} \,\mathrm{d}\Omega \tag{3.20}$$

通过加强方程和加强自由度，以及所引入的虚拟单元，可以对不连续应力和应变进行求解。应力和应变具体求解公式如下：

$$\varepsilon = [B_u \quad B_a][u \quad a]^T \tag{3.21}$$

$$\sigma = C\varepsilon \tag{3.22}$$

为了描述材料单元中的裂纹，通常需要引入两种加强方程。引入 Heaviside 阶跃方程来描述非裂纹尖端单元特性，引入稍复杂的方程来描述裂纹尖端渐进位移场。Heaviside 阶跃方程为

$$h(x) = \begin{cases} 1, & \text{裂纹上表面} \\ -1, & \text{裂纹下表面} \end{cases} \tag{3.23}$$

通过式(3.23)描述裂纹上下表面的位移不连续性。

描述裂纹尖端较为复杂,目前采用的较为通用的方法是引入四个加强方程来合并表示含裂纹尖端单元的尖端位移场:

$$\phi_\alpha(x)_{\alpha=1\sim4} = \sqrt{r}\left[\sin\frac{\theta}{2}, \cos\frac{\theta}{2}, \sin\theta\sin\frac{\theta}{2}, \sin\theta\cos\frac{\theta}{2}\right] \quad (3.24)$$

式中,r 和 θ 分别为裂纹尖端局部极坐标系中的坐标,$\theta=0$ 与裂纹方向平行;$\alpha=1\sim4$ 代表 4 个加强方程函数。

可以看出,第一个加强方程在横穿裂纹时是不连续的,与 Heaviside 阶跃方程一致,图 3.41 为 Heaviside 阶跃方程和裂纹尖端加强方程的适用示意图,从图中可以看出,裂纹前的 1~3 个单元须同时使用 Heaviside 阶跃方程和裂纹尖端加强方程。

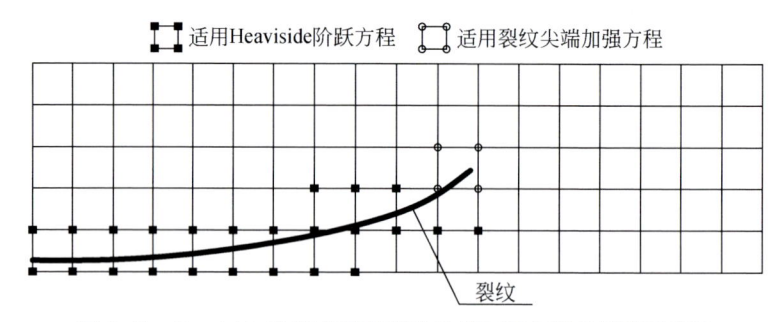

图 3.41 Heaviside 阶跃方程和裂纹尖端加强方程的适用示意图

对于无砟轨道层间接触面材料差异问题的裂纹尖端渐进位移场逼近,目前也有较多的研究[125,126],较为普遍的做法是利用 Dundurs 参数 α 和 β 进行描述:

$$\alpha = \frac{\mu_1(k_2+1) - \mu_2(k_1+1)}{\mu_1(k_2+1) + \mu_2(k_1+1)} \quad (3.25)$$

$$\beta = \frac{\mu_1(k_2-1) - \mu_2(k_1-1)}{\mu_1(k_2-1) + \mu_2(k_1-1)} \quad (3.26)$$

$$k_i = \begin{cases} \dfrac{3-\nu_i}{1+\nu_i}, & \text{平面应力} \\ 3-4\nu_i, & \text{平面应变} \end{cases} \quad (3.27)$$

式中,μ_i 和 ν_i 分别为两种差异材料的剪切模量和泊松比。

不同材料接触面平面应变裂纹尖端渐近位移场可用式(3.28)表示:

$$u_i(r,\theta) = r^{1-\lambda}\{a_i\sin(\lambda\theta) + b_i\cos(\lambda\theta) + c_i\sin[(\lambda-2)\theta] + d_i\cos[(\lambda-2)\theta]\} \quad (3.28)$$

式中，λ 为应力奇异性指数，其是 Dundurs 参数的函数，$0<\lambda<1$，λ 由式(3.29)的解求得

$$\cos(\lambda x) - 2\frac{\alpha-\beta}{1-\beta}(1-\lambda)^2 + \frac{\alpha-\beta^2}{1-\beta^2} = 0 \quad (3.29)$$

α 和 β 在参考文献的列表[126]中给出。当 $\alpha = \beta = 0$ 时，材料为均质材料，$\lambda = 1/2$，应力强度退化如式(3.24)所示。对于差异材料接触面，其尖端位移场的加强方程为

$$\Phi_\alpha(x)_{\alpha=1\sim4} = r^{1-\lambda}\{\sin(\lambda\theta),\cos(\lambda\theta),\sin[(\lambda-2)\theta],\cos[(\lambda-2)\theta]\} \quad (3.30)$$

式中，当 $\theta = \pm\pi$ 时，第一个函数和第三个函数在贯穿裂纹时是不连续的。

在研究裂纹不连续问题时，还需要解决裂纹扩展准则的问题。目前无砟轨道混凝土材料或沥青混凝土的断裂研究大量采用脆性材料的破坏准则作为理论方法，研究脆性材料断裂的关键在于对应力强度因子、裂纹发展方向等方面的研究。下面主要以应力强度因子为例进行阐述。

目前，获取复杂开裂状况下应力强度因子的主要方法为域形式的互动积分法[127~129]，该方法可以看成 Cherepanov 等所提出的 J-积分的一种扩展[130~132]，这种方法将 J-积分中线积分扩大为区域积分，能够较为方便地在有限元中实现。J-积分主要用来计算给定裂纹的能量释放率，互动积分可以用来获取复杂裂纹的应力强度因子。研究证明，该方法在分析均质材料、二相材料以及裂纹的分裂发展等问题时均有较高的精度。

混凝土材料的破坏主要有三种形式，如图 3.42 所示。其中以 Ⅰ 型（纯拉型）、Ⅱ 型（纯剪型）以及两者复合型较为常见。对于混合断裂模式下均质材料的开裂能量释放率 G 可通过 J-积分、应力强度因子和有效杨氏模量 E_{eff} 之间的关系来表示[132]：

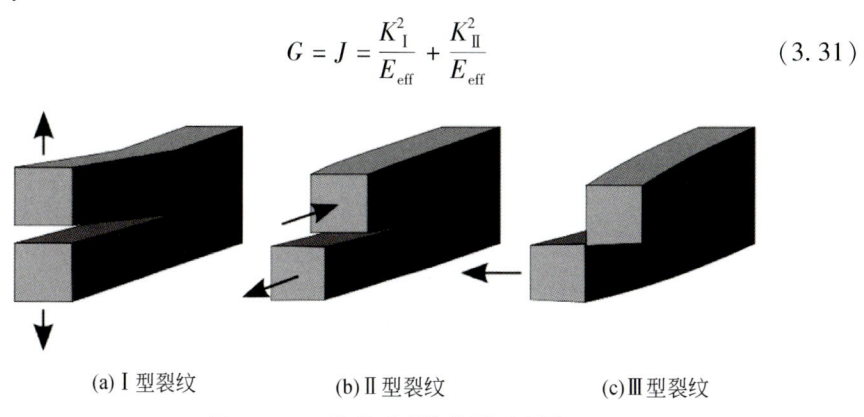

$$G = J = \frac{K_I^2}{E_{eff}} + \frac{K_{II}^2}{E_{eff}} \quad (3.31)$$

(a) Ⅰ 型裂纹　　(b) Ⅱ 型裂纹　　(c) Ⅲ 型裂纹

图 3.42　三种典型裂纹发展示意图

有效杨氏模量 E_{eff} 的计算公式为

$$E_{eff} = \begin{cases} E, & \text{平面应力} \\ \dfrac{E}{1-\nu}, & \text{平面应变} \end{cases} \quad (3.32)$$

式中，E 和 ν 分别为两种差异材料的杨氏模量和泊松比。J-积分用式(3.33)表示：

$$J = \int_{\Gamma} \left(W_{n_1} - \sigma_{jk} n_j \frac{\partial u_k}{\partial x_1} \right) d\Gamma \quad (3.33)$$

式中，W_{n_1} 为应变能密度。

为了求解应力强度因子，假定辅助应力、应变和位移状态与 XFEM 计算所得的应力、应变和位移状态进行叠加，用 $u_{ij}^{(1)}$、$\varepsilon_{ij}^{(1)}$、$\sigma_{ij}^{(1)}$ 分别表示 XFEM 计算所得应力、应变与位移状态，用 $u_{ij}^{(2)}$、$\varepsilon_{ij}^{(2)}$、$\sigma_{ij}^{(2)}$ 分别表示辅助应力、应变和位移状态，式(3.23)可写为

$$J^{(1+2)} = \int_{\Gamma} \left[\frac{1}{2}(\sigma_{ij}^{(1)} + \sigma_{ij}^{(2)})(\varepsilon_{ij}^{(1)} + \varepsilon_{ij}^{(2)})\delta_{1,j} - (\sigma_{ij}^{(1)} + \sigma_{ij}^{(2)}) \frac{\partial(u_i^{(1)} + u_i^{(2)})}{\partial x_1} \right] n_j d\Gamma$$

$$(3.34)$$

式中，$\delta_{1,j}$ 为狄拉克函数。

将式(3.34)中 J-积分分解为 XFEM 状态 $J^{(1)}$、辅助状态 $J^{(2)}$ 和互动状态 $I^{(1,2)}$，互动状态可表示为[133,134]

$$I^{(1,2)} = \int_{\Gamma} \left[W^{(1,2)} \delta_{1,j} - \sigma_{ij}^{(1)} \frac{\partial u_i^{(2)}}{\partial x_1} - \sigma_{ij}^{(2)} \frac{\partial u_i^{(1)}}{\partial x_1} \right] n_j d\Gamma \quad (3.35)$$

式中，$W^{(1,2)}$ 为互动应变能密度，用式(3.36)表述：

$$W^{(1,2)} = \sigma_{ij}^{(1)} \varepsilon_{ij}^{(2)} = \sigma_{ij}^{(2)} \varepsilon_{ij}^{(1)} \quad (3.36)$$

将式(3.34)用叠加的应力状态可以表示为

$$J^{(1+2)} = J^{(1)} + J^{(2)} + \frac{2(K_I^{(1)} K_I^{(2)} + K_{II}^{(1)} K_{II}^{(2)})}{E_{eff}} \quad (3.37)$$

由此可得，互动状态即为式(3.37)右边的第三项：

$$I^{(1,2)} = \frac{2(K_I^{(1)} K_I^{(2)} + K_{II}^{(1)} K_{II}^{(2)})}{E_{eff}} \quad (3.38)$$

XFEM 状态的应力强度因子 $K_I^{(1)}$ 和 $K_{II}^{(1)}$ 可以通过辅助状态的应力强度因子 $K_I^{(2)}$ 和 $K_{II}^{(2)}$ 为 0 和 1 来给出，如下所示：

$$K_I^{(1)} = \frac{I^{(1,\text{Mode I})} E_{eff}}{2}$$

$$K_{II}^{(1)} = \frac{I^{(1,\text{Mode II})} E_{eff}}{2} \quad (3.39)$$

式中，$I^{(1,\text{Mode I})}$ 为 $K_\text{I}^{(2)}=1$ 和 $K_\text{II}^{(2)}=0$ 的互动积分；$I^{(1,\text{Mode II})}$ 为 $K_\text{I}^{(2)}=0$ 和 $K_\text{II}^{(2)}=1$ 的互动积分。

利用式(3.39)，将线积分转换为区域积分。在式(3.39)中引入平滑方程 q_s，q_s 在积分区域内取 1，在积分区域外取 0，积分区域的选取采用由裂纹尖端单元向外辐射 n 个单元，如图 3.43 所示。

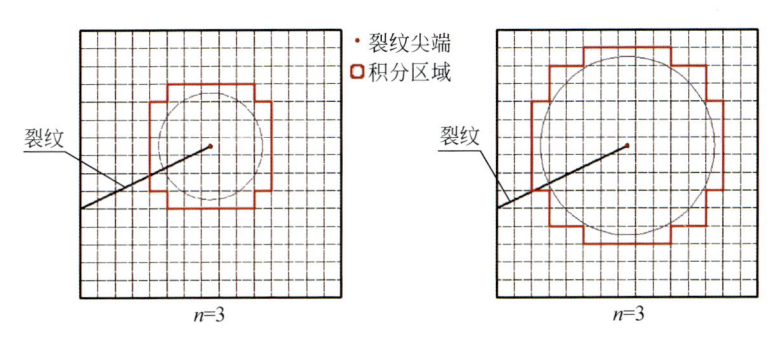

图 3.43 积分区域的选取示意图

当辐射半径达到一定长度时，积分满足路径无关性。在实际应用中，当 $n=3$ 时即可满足积分的路径无关性。采用高斯散度定理获取区域 J-积分表达式如下：

$$I^{(1,2)} = \int_A \left[\sigma_{ij}^{(1)} \frac{\partial u_i^{(2)}}{\partial x_1} - \sigma_{ij}^{(2)} \frac{\partial u_i^{(1)}}{\partial x_1} - W^{(1,2)} \delta_{1j} \right] \frac{\partial q_\text{s}}{\partial x_j} dA \tag{3.40}$$

在研究裂纹扩展问题时，还需对裂纹发展方向进行判定。目前，对于裂纹发展方向的判定准则较多，其中二维裂纹发展[135~138]和三维裂纹发展[138,139]均有较多研究。不同判定准则给出的裂纹发展路径较为相似，其主要区别在于初始微裂纹方向的选取。

既有研究裂纹发展路径的主要方法有最大切应力准则[140]、最大主应力准则[141]、最大能量释放率准则[142,143]、最小弹性能密度准则[144,145]和 T 准则[146,147]等。这些理论在预测裂纹发展方向方面有所差异，但均采用了裂纹尖端位置处的 $K_\text{II}=0$ 准则。其中，对于研究均质、各向同性材料应用较为广泛的是最大切应力准则和最大能量释放率准则。

在最大切应力准则中，近裂纹尖端应力场用式(3.41)进行描述：

$$\begin{aligned}
\sigma_{\theta\theta} &= \frac{1}{\sqrt{2\pi r}} \cos\left[\frac{1}{2}\theta\left(K_\text{I} \cos^2 \frac{1}{2}\theta - \frac{3}{2} K_\text{II} \sin\theta\right)\right] \\
\tau_{\theta\theta} &= \frac{1}{2\sqrt{2\pi r}} \cos\left\{\frac{1}{2}\theta\left[K_\text{I} \sin\theta + K_\text{II}(3\cos\theta - 1)\right]\right\}
\end{aligned} \tag{3.41}$$

式中,θ 和 r 分别为以裂纹尖端位置为原点的极坐标系,与裂纹前缘正交。

利用 $\dfrac{\partial \sigma_{\theta\theta}}{\partial \theta} = 0$ 和 $\tau_{r\theta} = 0$ 可以求出裂纹发展角 θ:

$$\theta = \arccos\left(\frac{3K_{\mathrm{II}}^2 + \sqrt{K_{\mathrm{I}}^4 + 8K_{\mathrm{I}}^2 K_{\mathrm{II}}^2}}{K_{\mathrm{I}}^2 + 9K_{\mathrm{II}}^2}\right) \tag{3.42}$$

在最大能量释放率准则中,裂纹发展方向定义为能量释放最大的方向。如图 3.44 所示的裂纹发展过程中,其自身平面内,能量释放率 G_0 的计算公式为

$$G_0 = \frac{\pi(\kappa+1)}{8\mu}(K_{\mathrm{I}}^2 + K_{\mathrm{II}}^2) \tag{3.43}$$

式中,在计算平面应变问题时,$\kappa = 3 - 4\nu$;在计算广义平面应力问题时,$\kappa = (3-\nu)/(1+\nu)$。

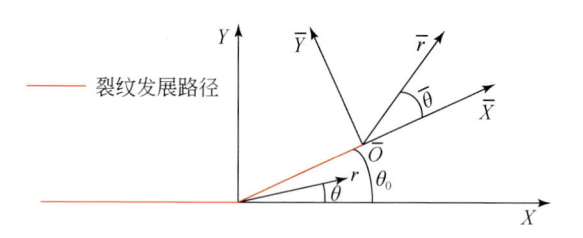

图 3.44 裂纹发展方向的定义

假定裂纹延伸长度为 a,a 与结构本身尺寸和既有裂纹尺寸相比较足够小时,可得到式(3.44)[135]:

$$\frac{\partial G_{\theta_0}}{\partial \theta_0} = \frac{\pi(\kappa+1)}{4\mu}\left(K_{\mathrm{I}_0}\frac{\partial \overline{K}_{\mathrm{I}_0}}{\partial \theta_0} + K_{\mathrm{II}_0}\frac{\partial \overline{K}_{\mathrm{II}_0}}{\partial \theta_0}\right) = 0 \tag{3.44}$$

求解得

$$\frac{\theta_0}{2} = \arctan\left(\frac{K_{\mathrm{I}}}{K_{\mathrm{II}}}\right) \tag{3.45}$$

两种判定准则对裂纹发展方向的预测对比如图 3.45 所示,从图中可以看出,两种判定准则在裂纹发展角预测方面有着较好的一致性。

2. 材料本构关系

目前对无砟轨道各层材料弹性参数的研究较多,相应规范中均进行了规定,前面已进行阐述。而在对层间离缝病害进行研究时,各组成材料的层间黏结强度和黏结破坏软化参数至关重要。

在 20 世纪 60 年代初,断裂力学开始用于混凝土力学行为研究,70 年代以来

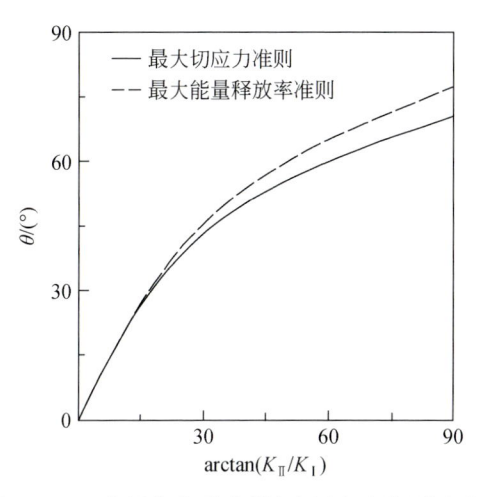

第3章 无砟轨道精细化分析模型群的建立

图 3.45 两种判定准则对裂纹发展方向的预测对比

混凝土非线性断裂理论逐渐完善,断裂能成为描述混凝土断裂特性的重要概念之一[148]。断裂能是材料产生单位面积裂纹时外力所做的功,一般来说可由混凝土的应变软化关系来确定[149~151]。

实测混凝土开裂荷载与裂缝宽度(load P-crack mouth opening distance, P-CMOD)关系曲线如图 3.46 所示[148],其荷载与裂纹开口位移呈现明显的非线性关系,随着开口量 δ 的增加,其等效应力 $\bar{\sigma}(P/\delta$,图 3.46 中曲线斜率)呈非线性递减趋势,如图 3.47 所示。等效应力软化曲线所包含的面积即为混凝土材料的断裂能。

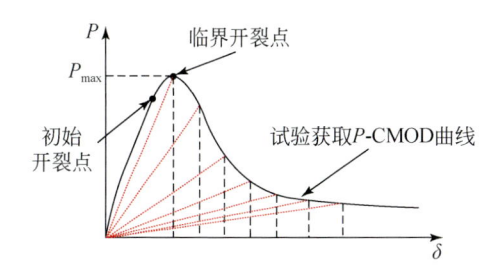

图 3.46 混凝土开裂荷载与裂缝宽度关系曲线　　图 3.47 等效应力软化曲线

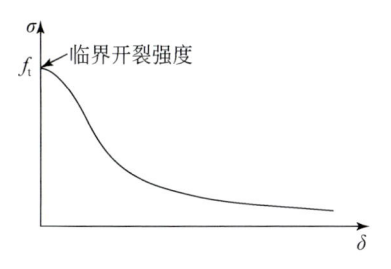

真实软化曲线较为复杂,无法较好地应用于工程实践。国内外在软化曲线的简化方面均有较多研究。Hillerborg 等[152]最早开始混凝土应变软化方面的相关研究,在未对混凝土应变软化进行测试时将应变软化关系假定为一直线,很好地解释

了混凝土的部分力学行为。Petersson[153]和Alfano等[154]建议将单一线性关系转变为双线性,并给出了转折点位置以及最大变形量。Gambarova等[155]后期又对双线性应变软化进行了扩展,提出了分段线性理论。Reinhardt等[156]还提出了指数函数形式的应变软化模型,并通过大量试验给出了指数应变软化模型的多种表达形式,如图3.48所示。

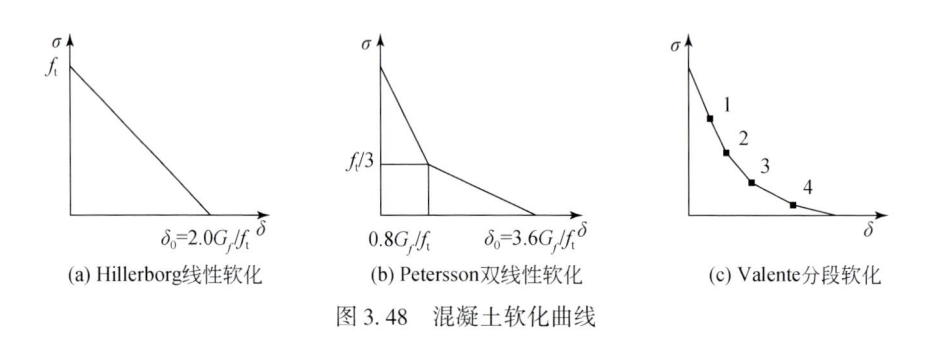

(a) Hillerborg线性软化　　(b) Petersson双线性软化　　(c) Valente分段软化

图3.48　混凝土软化曲线

混凝土线性软化曲线和双线性软化曲线在工程应用中有较好的便利性,已得到广泛应用,其中双线性软化曲线的精度较高,被欧洲混凝土模式规范[157]及中国标准《混凝土结构设计规范》(GB 50010—2010)[158]收录。徐世烺等通过大量试验,提出了改进的双K断裂准则,从混凝土级配和骨料粒径等性能出发,给出断裂能计算公式如下[148,149]:

$$G_f = \frac{0.0204 + 0.0053 \dfrac{d_{max}^{0.95}}{8}}{(f_c/f_{c_0})^{0.7}} \tag{3.46}$$

式中, f_c 为混凝土抗压强度, MPa; $f_{c_0}=10$ MPa; G_f 为断裂能, N/mm; d_{max} 为骨料最大粒径, mm。

式(3.46)对断裂能的计算结果与大多数试验所得试验结果相比仍有一定差距,应用较少,目前断裂能往往仍通过室内三点弯梁试验、楔入劈拉试验等方式获取。

3. 无砟轨道层间离缝病害分析模型

以CRTS Ⅱ型板式无砟轨道为例,建立基于XFEM的无砟轨道层间离缝病害分析模型,如图3.49所示。既有研究[159~163]发现,对CRTS Ⅱ型板式无砟轨道CA砂浆与混凝土间的黏结性能进行试验时,CA砂浆的抗折强度在3MPa以上,CA砂浆层与底座板或者轨道板间的黏结强度为0.5~1.0MPa,且黏结破坏面上大多还存在残留砂浆。因此,建模时主要选择在CA砂浆区域建立XFEM单元。

建模过程中,在XFEM区域不设置初始裂纹,初始裂纹在黏结面达到其黏结强度后产生。结合既有研究[161,162]，考虑 CA 砂浆与混凝土的黏结强度为 0.1～3.0MPa。CRTS Ⅱ型板式无砟轨道的混凝土材料和 CA 砂浆材料断裂能参数参考国内大量相关试验研究结果[161~164]来选取。支承层与基床表层间黏结强度参照前面试验选取，断裂能参数参照素混凝土断裂能试验的推荐值[158,164]。

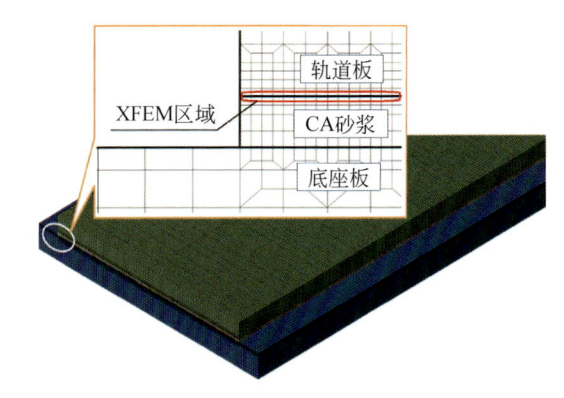

图 3.49　CRTS Ⅱ型板式无砟轨道层间离缝病害分析模型

3.3.2　无砟轨道病害分析模型验证

本节与既有试验结果进行对比，对无砟轨道病害分析模型的合理性进行验证。中国铁道科学研究院[164]对单承轨台模型下 CA 砂浆与轨道板间的黏结强度进行测试，模型如图 3.50 所示。本书建立包含层间离缝扩展区域的单轨枕有限元模型，对单轨枕侧边施加位移荷载，如图 3.51 所示。试验加载和仿真模型模拟的顶推荷载-位移曲线对比如图 3.52 所示。

由图 3.52 可知，所建立的单轨枕有限元模型能够实现对顶推试验较好的模拟，两者顶推力上升阶段和顶推力峰值均较为一致，而软化阶段相同位移下仿真模型所得顶推力稍小于试验结果。主要原因在于：一方面模型中选用的软化模型为近似的双线性软化模型，对真实的混凝土软化过程进行了一定的简化；另一方面，试验加载装置为千斤顶，顶推荷载在软化阶段变异较大，试验数据在下降阶段呈现多段曲线变化。

由此可以得出，本节所建立的层间离缝扩展模型与试验结果吻合度较高，表明本书所建立的病害分析模型是合理可信的。

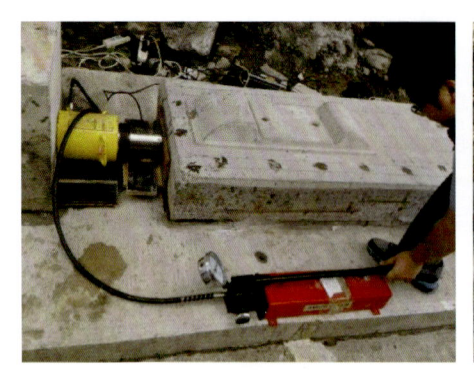

图 3.50　单承轨台测试模型

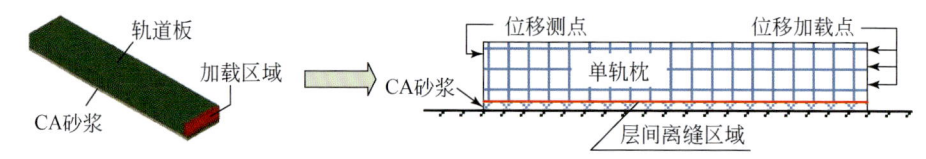

图 3.51　模拟顶推试验的单轨枕有限元模型

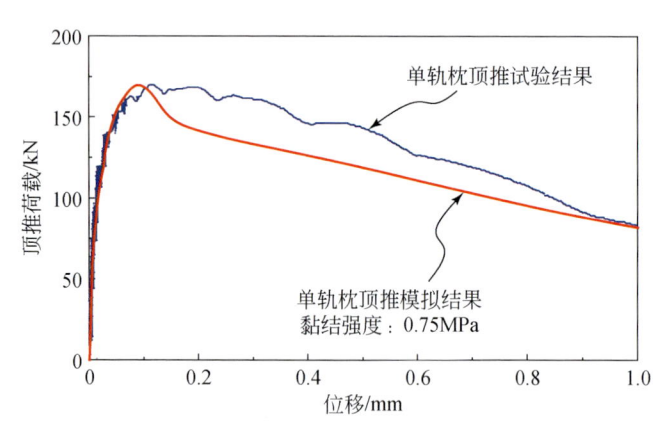

图 3.52　单承轨台顶推模拟结果验证

3.4　动力仿真模型

　　结构的基本力学分析主要包括静力学和动力学两大部分。列车高速行驶时往往会给下部结构带来较大的动力效应，因此在其常规结构设计中动力学效应不容忽视；在轨道涉及减振设计时往往需要明确其动力学特性，此外，当结构出现病害时也需要进行系统的动力评估以评判结构服役的安全状态。总的来说，动力学分析能够对高速列车行进中的行车动力学及轨道结构动力学特性进行分析，为无砟轨道结构的设计评估、参数优化提供理论依据。由此可知，动力仿真模型是检算各类结构能否满足安全性标准的必要手段，是整个空间模型群中不可缺少的一部分。

本书通过FORTRAN自编程序与大型有限元软件相结合，开发了相应的接口技术，建立了动力学仿真平台FORSYS，从而实现了车辆-轨道系统动力响应的耦合计算。在列车-无砟轨道耦合动力仿真模型中，将车辆视为由车体、构架及轮对组成的多刚体系统，并考虑了车体、前后构架及轮对的横向、沉浮、点头、侧滚、摇头自由度以及一系、二系车辆悬挂系统。轮轨间法向作用力由赫兹非线性接触理论确定，切向蠕滑力由Kalker线性蠕滑理论确定。将钢轨视为弹性点支承基础上的Timoshenko梁，分别考虑左、右股钢轨的垂向、横向及转动自由度，钢轨支承点间隔为扣件间距，无砟轨道结构以实体有限元进行模拟，实现了列车-轨道结构的三维动力学仿真。

3.4.1 车辆模型

车辆参数以CRH380-B型高速列车参数为例。在建立模型过程中，充分考虑了车辆的一、二系悬挂系统，抗侧滚扭杆以及抗蛇行减振器等部件的作用，但由于悬挂系统的复杂特性和非线性特点，完全精准地模拟各种部件、弹簧以及阻尼特性会对计算求解带来一定的难度，因此本书在建立车辆模型时进行了一定程度的简化：

（1）不考虑车体、转向架和轮对的变形，即假定车体、转向架和轮对等部件均为刚体，每个刚体有6个自由度。

（2）三大构件的质心左右和前后对称，即不考虑偏心效应。

（3）转向架假定为由刚性杆连接而成。

（4）一系和二系弹簧、阻尼都是线性的，阻尼按黏性阻尼考虑。

车辆模型简图如图3.53所示。

模型中将包括转臂节点以及钢弹簧的一系悬挂系统考虑为弹簧阻尼单元，设置在轮对质心两侧，每转向架4个，共有8个；将包括空气弹簧、二系减振器、抗侧滚扭杆、抗蛇行减振器等的二系悬挂系统考虑为弹簧阻尼单元，对称分布于转向架质心两侧，共有4个弹簧阻尼，均采用三向弹簧（包括阻尼）。以CRH380-B型动车组为例，车体质心、转向架质心、轮对质心位置以及车辆定距、转向架轴距参考车辆的具体参数，见表3.3[165]。

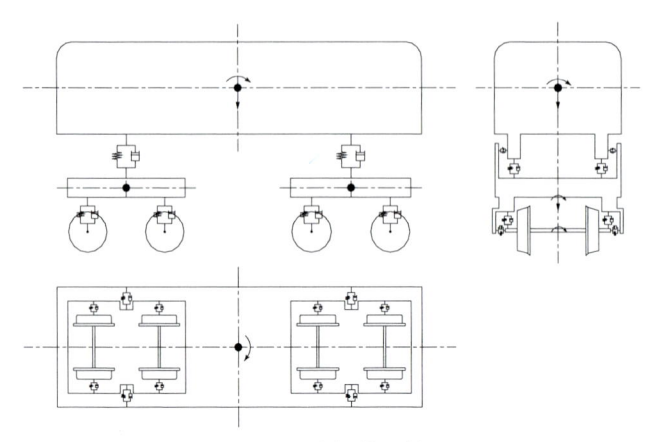

图 3.53　车辆模型简图

表 3.3　CRH380-B 型高速列车参数

参数	参数值
车体质量/kg	48000
转向架质量/kg	3200
轮对质量/kg	2400
车体侧滚惯量/(kg·m^2)	1.15×10^5
车体点头惯量/(kg·m^2)	2.7×10^6
车体摇头惯量/(kg·m^2)	2.7×10^6
转向架侧滚惯量/(kg·m^2)	3200
转向架点头惯量/(kg·m^2)	7200
转向架摇头惯量/(kg·m^2)	6800
轮对侧滚惯量/(kg·m^2)	1200
轮对摇头惯量/(kg·m^2)	1200
一系纵向刚度(轴箱)/(kN/m)	9.0×10^3
一系横向刚度(轴箱)/(kN/m)	3.0×10^3
一系垂向刚度(轴箱)/(kN/m)	1.04×10^3
二系纵向刚度(转向架一侧)/(kN/m)	0.24×10^3
二系横向刚度(转向架一侧)/(kN/m)	0.24×10^3
二系垂向刚度(转向架一侧)/(kN/m)	0.40×10^3

续表

参数	参数值
一系纵向阻尼(轴箱)/(kN·s/m)	0
一系横向阻尼(轴箱)/(kN·s/m)	0
一系垂向阻尼(轴箱)/(kN·s/m)	50
二系纵向阻尼(转向架一侧)/(kN·s/m)	1000
二系横向阻尼(转向架一侧)/(kN·s/m)	30.0
二系垂向阻尼(转向架一侧)/(kN·s/m)	60
一系横向间距之半/m	0.748
二系横向间距之半/m	0.978
车轮名义滚动半径/m	0.46
车辆定距/m	17.375
转向架轴距/m	2.5
车体质心至轨面高度/m	1.7
轮对质心至轨面高度/m	0.46
转向架质心至轨面高度/m	0.6

3.4.2 轨道有限元模型

为了能更准确地分析无砟轨道的动力学特性，本书以CRTSⅢ型板式无砟轨道为例，建立动力仿真模型中的CRTSⅢ型板式无砟轨道有限元模型时，采用如下的简化方式：

(1) 钢轨采用 Timoshenko 梁进行模拟。为反映轨道在垂向支承下的不连续性，模型中采用离散点支承梁模型。

(2) 每一组扣件-垫板系统采用弹簧-阻尼单元模拟。

(3) 轨道板、自密实混凝土层以及底座板等具体结构可根据空间实体设计模型建模方法进行建模。

(4) 计算中没有考虑启动、制动行驶条件，故忽略模型的纵向动力学特性。

基于以上假设，钢轨按扣件间距进行支承，轨道板均布支承于下部基础上。动力仿真模型中的CRTSⅢ型板式无砟轨道有限元模型如图3.54所示。

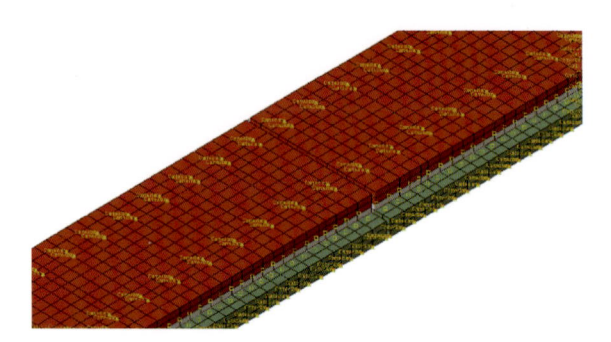

图 3.54　动力仿真模型中的 CRTS Ⅲ 型板式无砟轨道有限元模型

3.4.3　轮轨接触模型

轮轨之间的耦合作用通过轮轨接触来实现。在系统动力仿真模型中,需要首先确定轮轨的空间接触点[166,167],然后根据赫兹非线性接触理论、Kalker 线性蠕滑理论及非线性修正的方法来求解轮轨接触力。

1. 轮轨接触点

轮轨接触点的确定通常采用迹线法。由于轮轨接触点的集合可在空间上形成一条曲线,即轮轨接触点的迹线,因此采用迹线代替整个踏面区域,将轮轨接触点从车轮踏面限定在迹线上,降低轮轨接触点的计算量。

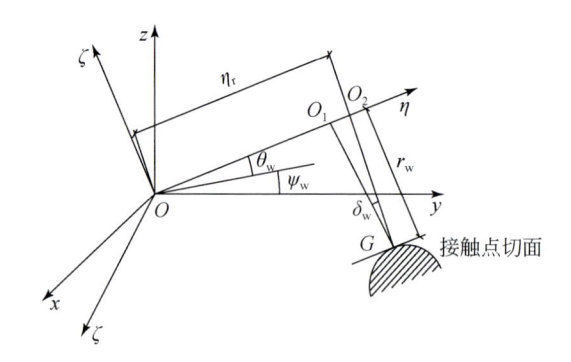

图 3.55　轮轨接触几何示意图

根据图 3.55,能够推导出轮轨接触点的坐标为

$$\begin{cases} x = \eta_r l_x + l_x R_w \tan\delta_w \\ y = \eta_r l_y - \dfrac{R_w}{1 - l_x^2}(l_x^2 l_y \tan\delta_w + l_z m) + y_w \\ z = \eta_r l_z - \dfrac{R_w}{1 - l_x^2}(l_x^2 l_z \tan\delta_w - l_y m) \end{cases} \quad (3.47)$$

式中，R_w 为车轮滚动圆半径；δ_w 为车轮踏面接触角；η_r 为滚动圆距轮轴中间界面的横向距离；y_w 为轮对横向位移；$m = \sqrt{1 - l_x^2(1 + \tan^2\delta_w)}$；$l_x$、$l_y$、$l_z$ 分别为 x、y、z 的方向余弦，且

$$\begin{cases} l_x = -\cos\theta_w \sin\psi_w \\ l_y = -\cos\theta_w \cos\psi_w \\ l_z = \sin\theta_w \end{cases} \quad (3.48)$$

式中，θ_w、ψ_w 分别为轮对的侧滚和摇头角位移。

2. 轮轨法向力

根据赫兹非线性接触理论计算轮轨法向力：

$$P(t) = \left[\frac{1}{G}\Delta Z(t)\right]^{3/2} \quad (3.49)$$

式中，G 为轮轨接触常数；$\Delta Z(t)$ 为 t 时刻轮轨间的弹性压缩量，m。对于锥形踏面车轮，$G = 4.57 R^{-0.149} \times 10^{-8}$ m/N$^{2/3}$；对于磨耗形踏面车轮，$G = 3.86 R^{-0.115} \times 10^{-8}$ m/N$^{2/3}$。

轮轨间的弹性压缩量包括车轮静压量，可以由轮轨接触点处的轮轨位移直接确定：

$$\Delta Z(t) = Z_{wi}(t) - Z_{ri}(t), \quad i = 1 \sim 4 \quad (3.50)$$

式中，$Z_{wi}(t)$、$Z_{ri}(t)$ 分别为 t 时刻第 i 个车轮的位移和车轮下的钢轨位移。

当轮轨界面存在位移不平顺 $Z_0(t)$ 时，轮轨力的表达式为

$$P(t) = \begin{cases} \left\{\dfrac{1}{G}[Z_{wi}(t) - Z_{ri}(t) - Z_0(t)]\right\}^{3/2} \\ 0, \quad \text{轮轨脱离时} \end{cases} \quad (3.51)$$

3. 轮轨切向力

由于摩擦的存在，车轮与钢轨在接触斑上会产生切向力，即轮轨蠕滑力。本书采用 Kalker 线性理论。Kalker 在其线性理论中，假定接触区全部为黏着区，而且切向力为对称分布，因此纵向蠕滑力与横向蠕滑率无关，横向蠕滑力与纵向蠕滑率无关。蠕滑力 T_x、T_y、T_z 与蠕滑率 ξ_x、ξ_y、ξ_z 的线性关系如下：

$$\begin{cases} T_x = -f_{11}\xi_x \\ T_y = -f_{22}\xi_y - f_{23}\xi_z \\ T_z = f_{32}\xi_y - f_{33}\xi_z \end{cases} \quad (3.52)$$

式中,f_{11} 为纵向蠕滑系数;f_{22} 为横向蠕滑系数;$f_{23} = f_{32}$ 为横向/自旋蠕滑系数;f_{33} 为自旋蠕滑系数;ξ_z 为自旋蠕滑率。蠕滑系数可以由式(3.53)确定:

$$\begin{cases} f_{11} = EabC_{11} \\ f_{22} = EabC_{22} \\ f_{23} = E(ab)^{2/3}C_{23} \\ f_{33} = E(ab)^2 C_{33} \end{cases} \quad (3.53)$$

式中,a、b 为轮轨接触椭圆的长、短半轴;E 为轮对与钢轨材料的弹性模量;C_{ij} 为 Kalker 系数,可以查表得出[166]。

最终,可以得到由于蠕滑而产生的轮轨蠕滑力。

左、右轮受到的纵向蠕滑力为

$$\begin{cases} T_{xl} = -f_{11}\left(1 - \dfrac{l_0}{v}\dot{\psi}_w - \dfrac{2r_l}{r_r + r_l}\right) \\ T_{xr} = -f_{11}\left(1 - \dfrac{l_0}{v}\dot{\psi}_w - \dfrac{2r_r}{r_r + r_l}\right) \end{cases} \quad (3.54)$$

式中,v 为车轮线速度。

左、右轮受到的横向蠕滑力为

$$\begin{cases} T_{yl} = -f_{22}\left(\dfrac{\dot{y}_w}{v} + \dfrac{r_l}{l_0}\dot{\theta}_w - \psi_w\right) - f_{22}\left(\dfrac{\dot{\psi}_w}{v} - \dfrac{2\delta_l}{r_r + r_l}\right) \\ T_{yr} = -f_{22}\left(\dfrac{\dot{y}_w}{v} + \dfrac{r_l}{l_0}\dot{\theta}_w - \psi_w\right) - f_{22}\left(\dfrac{\dot{\psi}_w}{v} + \dfrac{2\delta_r}{r_r + r_l}\right) \end{cases} \quad (3.55)$$

左、右轮受到的自旋蠕滑力矩为

$$\begin{cases} M_{zl} = f_{32}\left(\dfrac{\dot{y}_w}{v} + \dfrac{r_l}{l_0}\dot{\theta}_w - \psi_w\right) - f_{33}\left(\dfrac{\dot{\psi}_w}{v} - \dfrac{2\delta_l}{r_r + r_l}\right) \\ M_{zr} = f_{23}\left(\dfrac{\dot{y}_w}{v} + \dfrac{r_l}{l_0}\dot{\theta}_w - \psi_w\right) - f_{33}\left(\dfrac{\dot{\psi}_w}{v} + \dfrac{2\delta_r}{r_r + r_l}\right) \end{cases} \quad (3.56)$$

3.4.4 系统动力仿真模型的耦合与求解

动力学仿真平台 FORSYS 不仅可以将车辆模型与轨道有限元模型进行耦合并求解,还可以进行车辆-道岔-桥梁等复杂系统的建模和分析。下面以本书采用的动力仿真模型,对 FORSYS 平台的求解方法进行阐述。FORSYS 平台主要由 FORTRAN 自编程序模块和有限元模块组成，其模块及耦合流程如图 3.56 所示。

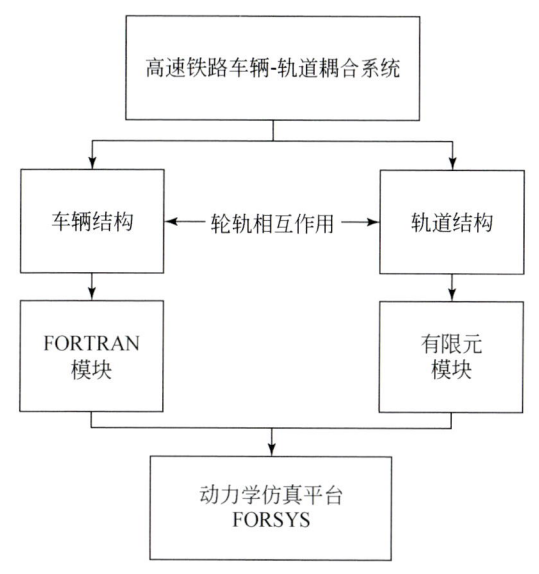

图 3.56　FORSYS 模块及耦合流程

车辆模型和轨道有限元模型均可写为如式(3.57)和式(3.58)所示的动力学方程：

$$M_v\{\ddot{\delta}_v\} + C_v\{\dot{\delta}_v\} + K_v\{\delta_v\} = \{Q_v\} \tag{3.57}$$

$$M_t\{\ddot{\delta}_t\} + C_t\{\dot{\delta}_t\} + K_t\{\delta_t\} = \{Q_t\} \tag{3.58}$$

式中，M、C、K 分别为质量矩阵、阻尼矩阵、刚度矩阵；δ、$\dot{\delta}$、$\ddot{\delta}$、Q 分别为相应自由度的位移、速度、加速度和荷载向量；下标 v 和 t 分别表示车辆模型和轨道有限元模型。

车辆模型可与轨道有限元模型进行耦合联立，其耦合形式为

$$\begin{bmatrix} M_v & \\ & M_t \end{bmatrix} \begin{Bmatrix} \ddot{\delta}_v \\ \ddot{\delta}_t \end{Bmatrix} + \begin{bmatrix} C_v & \\ & C_t \end{bmatrix} \begin{Bmatrix} \dot{\delta}_v \\ \dot{\delta}_t \end{Bmatrix} + \begin{bmatrix} K_v & \\ & K_t \end{bmatrix} \begin{Bmatrix} \delta_v \\ \delta_t \end{Bmatrix} = \begin{Bmatrix} Q_v \\ Q_t \end{Bmatrix} \tag{3.59}$$

针对上述方程组的求解采用 Newmark-β 法[166]，该方法是线性加速度法的推广方法，求解步骤如下。

1）初始参数计算

（1）根据计算结果精度要求，选择适当的积分步长 Δt、积分参数 γ 和 β，并计算积分常数。

(2) 建立系统刚度矩阵(对于线性系统,此步骤无须重复,对于非线性系统,需要每一步重新计算该刚度矩阵)。

$$\tilde{K} = K + \alpha_0 M + \alpha_1 C \tag{3.60}$$

(3) 对有效刚度矩阵进行分解:

$$\tilde{K} = LDL^{\mathrm{T}} \tag{3.61}$$

2) 每迭代步参数计算

(1) 计算系统等效荷载 $\tilde{Q}_{t+\Delta t}$。

$$\tilde{Q}_{t+\Delta t} = Q_{t+\Delta t} + M(\alpha_0 \delta_t + \alpha_2 \dot{\delta}_t + \alpha_3 \ddot{\delta}_t) + C(\alpha_1 \delta_t + \alpha_4 \dot{\delta}_t + \alpha_5 \ddot{\delta}_t) \tag{3.62}$$

(2) 求解 $\delta_{t+\Delta t}$。

$$LDL^{\mathrm{T}} \delta_{t+\Delta t} = \tilde{Q}_{t+\Delta t} \tag{3.63}$$

(3) 计算 $t + \Delta t$ 时刻的加速度和速度。

$$\begin{cases} \ddot{\delta}_{t+\Delta t} = \alpha_0 (\delta_{t+\Delta t} - \delta_t) - \alpha_2 \dot{\delta}_t - \alpha_3 \ddot{\delta}_t \\ \dot{\delta}_{t+\Delta t} = \dot{\delta}_t + \alpha_6 \ddot{\delta}_t + \alpha_7 \ddot{\delta}_{t+\Delta t} \end{cases} \tag{3.64}$$

3.4.5 轨道不平顺选取

在线路实际运营条件下存在钢轨的初始平直性、钢轨磨耗、损伤、扣件间距不均、线路施工高程偏差、轨道过渡段刚度不均、路基不均匀沉降、刚度变化,以及雨雪、气温、地震等随机因素。在这些随机因素的作用下,轨道并非处于理想平顺状态,通常不同位置的轨道不平顺幅值和波长各不相同。因此,轨道不平顺波形不能用单一的简谐、三角、指数或抛物线等规则的波形来描述,而是应该看成由许多不同频率、不同幅值、不同相位的简谐波叠加而成的复杂随机波。从本质上讲,轨道不平顺是一个随机过程,是里程位置的随机函数,任一特定区段的轨道不平顺都可看成随机过程的一个样本。

轨道不平顺的随机性特征决定了对轨道不平顺的描述不能用一个明确的数学表达式来表示,而只能用随机振动理论中描述随机数据的均方差、方差和功率谱密度函数等统计函数来表达轨道不平顺的特征,从时空域、频域、幅值域等方面对轨道不平顺的幅值特性、波长结构以及是否包含周期性波形等进行全面描述。

目前,国内外常用轨道不平顺谱包括美国轨道不平顺谱、德国轨道不平顺谱、中国原长沙铁道学院建议的轨道不平顺谱、中国铁道科学研究院建议的轨道不平顺谱以及中国最新的高速铁路无砟轨道不平顺谱。根据中国高速铁路发展情况,本书选取高速铁路无砟轨道不平顺谱作为线路激励。

2014 年,国家铁路局发布了《高速铁路无砟轨道不平顺谱》(TB/T 3352—

2014)[168],规定了中国高速铁路无砟轨道不平顺谱采用如式(3.65)所示幂公式进行拟合:

$$S(f) = A/f^k \tag{3.65}$$

式中,f为空间频率;A、k为拟合公式系数。

《高速铁路无砟轨道不平顺谱》(TB/T 3352—2014)[168]规定的高速铁路轨道不平顺谱参数见表3.4。

表3.4 《高速铁路无砟轨道不平顺谱》(TB/T 3352—2014)规定的轨道不平顺谱参数

项目	第一段 A	第一段 k	第二段 A	第二段 k	第三段 A	第三段 k	第四段 A	第四段 k
轨距	5.4978×10^{-2}	0.8282	5.0701×10^{-3}	1.9037	1.8778×10^{-4}	4.5948	—	—
水平	3.6148×10^{-3}	1.7278	4.3685×10^{-2}	1.0461	4.5867×10^{-3}	2.0939		
轨向	3.9513×10^{-3}	1.8670	1.1047×10^{-2}	1.5354	7.5633×10^{-4}	2.8171		
高低	1.0544×10^{-5}	3.3891	3.5589×10^{-3}	1.9271	1.9784×10^{-2}	1.3643	3.9849×10^{-4}	3.4516

本模型的输入激励包括轨道的确定性不平顺和随机不平顺(包括实测的不平顺数据和各类轨道谱)。本书在计算时选用《高速铁路无砟轨道不平顺谱》(TB/T 3352—2014)[168]推荐的随机不平顺作为轮轨系统的激励,所生成的包含波长2~200m的不平顺序列如图3.57所示。

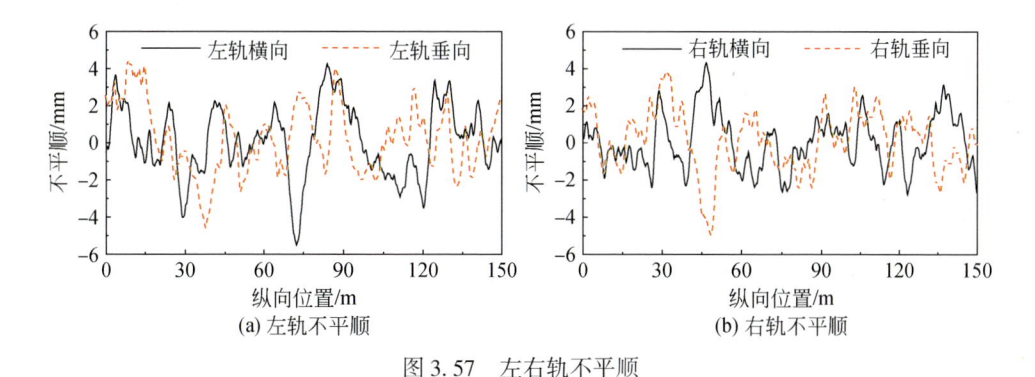

图3.57 左右轨不平顺

3.4.6 动力仿真模型的验证

为了确保模型的建模方法及参数选取合理可靠,故建立典型路基上的CRTS Ⅰ型、CRTS Ⅲ型板式无砟轨道模型,并将计算结果同成都至都江堰铁路动态测试结果及遂渝线板式轨道动态测试结果进行对比[163],分别见表3.5和表3.6。

表 3.5　成都至都江堰铁路板式轨道动态测试结果及理论计算结果对比

指标	测试结果	理论计算结果
轮轨垂向力/kN	92.50	104.49
钢轨垂向动位移/mm	0.84	1.03
轨道板垂向动位移/mm	0.10	0.36
钢轨垂向加速度/(m/s²)	1687.00	1152.90
轨道板垂向加速度/(m/s²)	23.20	13.80
自密实混凝土层垂向加速度/(m/s²)	8.80	13.41
底座板垂向加速度/(m/s²)	2.00	2.311

表 3.6　遂渝线板式轨道动态测试结果及理论计算结果对比

指标	测试结果	理论计算结果
轮轨垂向力/kN	59.6~106.1	101.935
钢轨垂向动位移/mm	0.30~0.88	0.549
钢轨垂向加速度/g	173~926	179
钢轨支点压力/kN	14.4~68.5	27.454
轨道板垂向动位移/mm	0.01~0.87	0.006
轨道板垂向加速度/g	6.1~58.0	7.8
砂浆层压应力/kPa	25.631~38.484	34.911
支承层垂向加速度/g	0.5~9.7	4.4

由理论计算结果与测试结果的对比可知,理论计算结果与动态测试结果较为接近,故采用该方法所建立的模型可以用于下一步的具体理论分析。同时,通过两者的对比也可以发现,理论计算结果较测试结果略大,理论计算结果偏于保守。

此外,作者研究团队也在各高速铁路线路典型工点开展了多项动态测试,取得了大量实测数据,以便在研究中与理论模型相互验证。

3.5　精细化分析模型群应用原则

通过前面介绍的无砟轨道精细化分析模型群可知,为了保证利用精细化分析方法时,模型能够精确、完整地反映客观的无砟轨道系统,需要遵循以下几个原则:

(1)尺寸真实,参数准确。所建立模型的主要尺寸与实际无砟轨道系统应保持一致。

第 3 章　无砟轨道精细化分析模型群的建立

（2）主体结构完整，关键部位不可忽略。对无砟轨道系统中不可忽略的部分应保持其完整性。

（3）结合问题导向，模型合理组合。实际工程问题是复杂多样的，不同问题其具体要求也不同，仅采用单个模型无法满足精细化分析的需求。这就要求模型群能够适应设计、检算、运营维护等不同阶段的实际要求，通过关注不同因素，合理组合模型能够起到解决问题的作用。这就要求模型群在不同阶段的应用也有所区别，需要合理、规范地利用。

3.5.1　精细化分析模型群在无砟轨道设计中的应用

精细化分析模型群在无砟轨道设计中的应用选择如图 3.58 所示。在无砟轨道的设计过程中主要采用了空间实体设计模型，精细化空间实体设计模型用以精确地还原设计方案，并通过调整各项细部参数，对方案进行最终的优化设计；在此基础上，引入动力仿真模型可以进一步对无砟轨道系统整体动力学特性进行评估，并能够反映细部结构的动态响应。此外，在进行无砟轨道减振设计时，两者的结合也尤为重要。

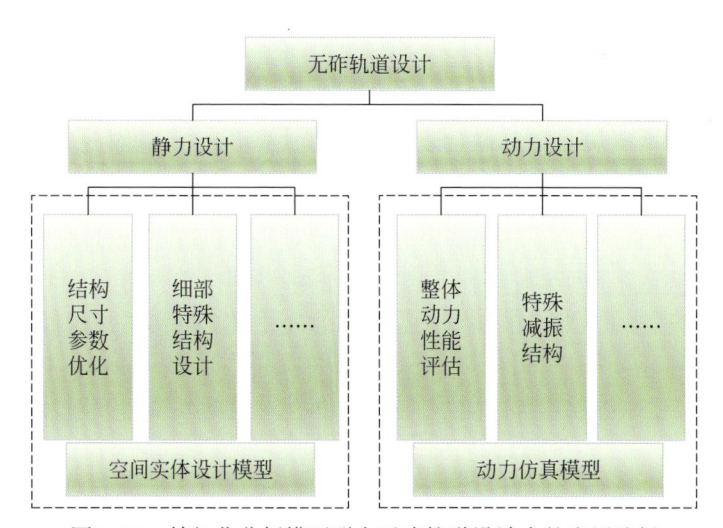

图 3.58　精细化分析模型群在无砟轨道设计中的应用选择

3.5.2　精细化分析模型群在无砟轨道检算中的应用

检算是无砟轨道设计后的必要步骤，尤其是对无砟轨道中普遍存在的预应力钢筋、结构钢筋等配筋问题，更需要进一步确定其配筋方案的合理性。在检算阶段着重采用配筋检算模型来对无砟轨道配筋方案进行合理性检算，如图 3.59 所示。

在特定的检算内容中还要结合空间实体设计模型进行不同内容的检算。在检算完成后,对于不合理的方案,还需要能够反演优化,最终得到最优方案。

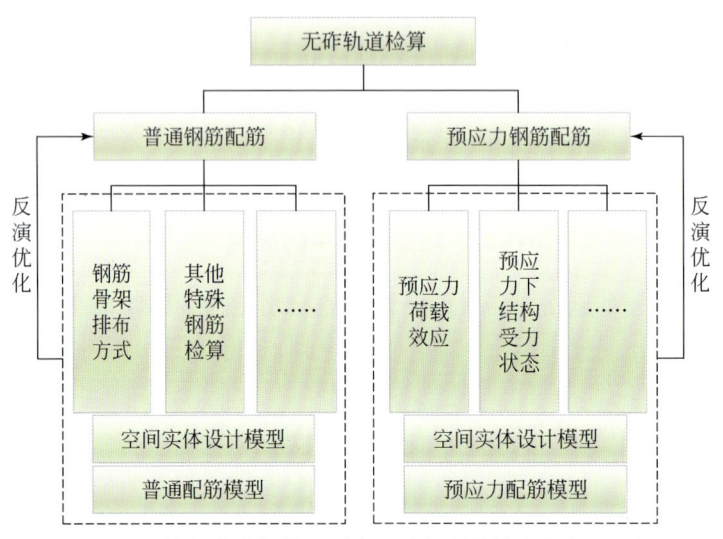

图 3.59　精细化分析模型群在无砟轨道检算中的应用选择

3.5.3　精细化分析模型群在无砟轨道病害机理及整治研究中的应用

在无砟轨道运营服役时常由于各种原因出现了各类病害问题。本书重点关注目前在高速铁路无砟轨道系统中出现较为普遍的离缝及上拱病害问题。如图 3.60 所示,在分析病害问题时,主要利用病害分析模型对病害机理进行分析;需要特别指出的是,当分析涉及高频列车荷载诱发病害机理等问题时,动力仿真模型也不可缺少。但不是所有的工况都需要考虑多个模型的联合应用,例如,离缝深度和范围较小时,其引发的动力响应不明显,此时动力仿真模型便显得不是特别必要。此外,植筋是主要的维修措施之一,因此在病害整治研究中,在涉及植筋方案研究时,可能需要用到配筋模型。

综上所述,设计阶段主要利用空间实体设计模型对无砟轨道在荷载作用下的内力、弯矩进行分析,并对无砟轨道进行参数优化与选型;检算阶段,在掌握无砟轨道配筋方式的基础上,对无砟轨道配筋后力学性能进行检算;运营阶段,针对目前所存在的病害问题,利用病害分析模型对离缝等病害的产生及演变机理进行细致研究,从设计的进一步优化、病害具体整治等方面提出合理的问题解决方案。在具体应用时,模型之间互有交叉,最终形成如图 3.61 所示的无砟轨道精细化分析理论体系。

第 3 章 无砟轨道精细化分析模型群的建立

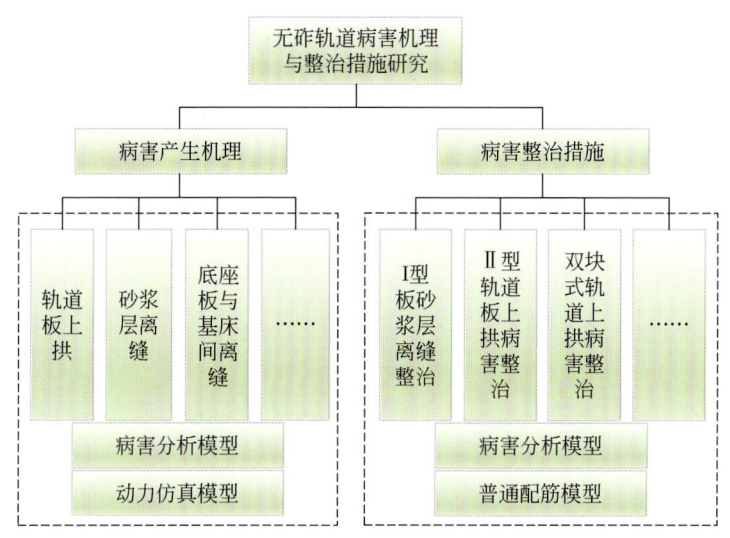

图 3.60 精细化分析模型群在无砟轨道病害机理及整治研究中的应用选择

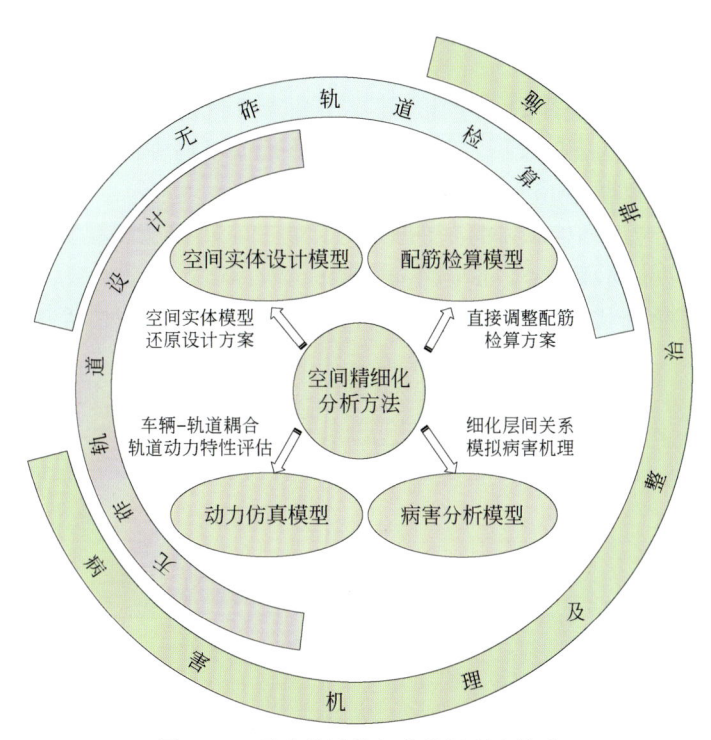

图 3.61 无砟轨道精细化分析理论体系

3.6 本章小结

本章主要介绍了由空间实体设计模型、配筋检算模型、病害分析模型及动力仿真模型构成的无砟轨道精细化分析模型群,详细说明不同模型的分析方法和验证过程,并明确了所建立的无砟轨道精细化分析模型群的使用原则及其在不同条件下的应用范围,主要得到以下结论:

(1) 建立了较为精细的空间实体设计模型,对比已有的梁-板-板理论等方法,该模型在设计轨道细部结构、计算温度荷载效应等方面有独到的优势。并据此模型提出一种较为精确的内力提取方法,保证了空间实体设计模型的精细实用。

(2) 建立了配筋检算模型以弥补现有配筋检算内容的不足。配筋检算内容涵盖了轨道结构中普通钢筋、预应力钢筋及其他特殊钢筋。该模型能够得到结构配筋后的真实受力状态,通过反演设计,实现对钢筋设置方案的优化,为轨道结构的设计提供一种全新的、更为合理的检算方法。此外,在进行检算时,根据轨道板实际特点,提出了优化的受力变形综合指数,以综合评价结构受力均衡和变形协调性。

(3) 通过引入扩展有限元等理论,建立了病害分析模型。与已有方法相比,模型能更完整地模拟病害的发展过程,由此能更好地明确病害机理,从而为制定更合理的病害整治措施提供指导。

(4) 在充分考虑结构细部特征的基础上,通过轮轨接触模型实现了车辆模型与轨道模型的耦合求解,建立了车辆-轨道空间耦合动力仿真模型。动静结合,完善了无砟轨道精细化分析理论体系,为无砟轨道的设计和评估等提供了有效的手段。

第4章 精细化分析方法在无砟轨道设计中的应用

为满足高速铁路高平顺性、高稳定性的需求，无砟轨道主体及细部结构需要更为精细、科学的优化设计。因此，本书利用所提出的空间精细化分析方法，考虑轨道结构服役期间的复杂环境及多因素荷载效应，以CRTSⅢ型板式无砟轨道为例，对无砟轨道主体及细部结构进行设计，并结合动力学分析模型开展无砟轨道动力学特性评估及减振设计。

4.1 无砟轨道整体设计思路

在我国无砟轨道的发展历程中，为了适应我国高速铁路应用需求，2005年我

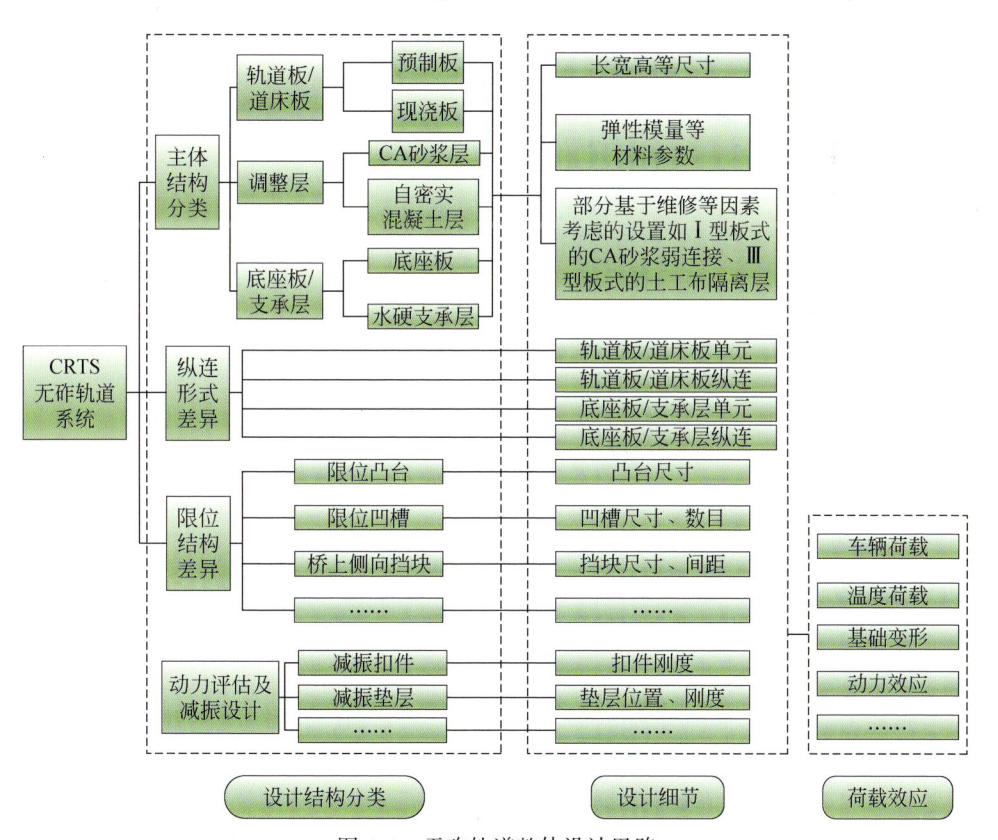

图4.1 无砟轨道整体设计思路

国系统引进了国外高速铁路无砟轨道设计、制造、施工、检测和养护维修等成套技术。但由于国情、路情的不同，国外无砟轨道引进技术在我国客运专线应用过程中存在一些适应性问题。这就需要将引进的无砟轨道技术消化吸收再创新，优化其结构以适应我国国情需要。此外，在我国研发具有自主知识产权的 CRTS Ⅲ 型板式无砟轨道时，更需要进行大量的精细化分析。在进行无砟轨道设计时，需要通过选取合适的荷载组合，对无砟轨道主体结构的尺寸、材料参数进行研究，并针对不同无砟轨道的特点设计适应线路的限位方式和结构形式，具体的设计思路如图 4.1 所示。

本书利用所提出的无砟轨道空间精细化分析方法，开展了对 CRTS Ⅰ 型、CRTS Ⅱ 型、CRTS Ⅲ 型板式无砟轨道等的结构设计及优化工作。但限于篇幅，本章主要以无砟轨道再创新中具有我国自主知识产权的 CRTS Ⅲ 型板式无砟轨道结构设计为例进行分析。

4.2　无砟轨道荷载效应分析

无砟轨道在服役过程中，受到车辆荷载、温度荷载、混凝土收缩与徐变、基础变形荷载等不同荷载的作用。在这种复杂的服役环境下必须明确不同荷载条件对无砟轨道内力与变形的影响规律，即明确无砟轨道荷载效应，才能够保证无砟轨道结构的最优化设计。本节以 CRTS Ⅲ 型板式无砟轨道为例，针对无砟轨道设计荷载组合中车辆、温度以及基础变形这三种较为典型的荷载，对无砟轨道所受荷载效应进行综合分析。

4.2.1　车辆荷载效应

CRTS Ⅲ 型板式无砟轨道在结构设计中必须考虑车辆荷载作用。在对 CRTS Ⅲ 型板式无砟轨道进行车辆荷载加载时，应充分考虑上层轨道板与自密实混凝土层黏结的复合板效应及自密实混凝土处凸台的实体限位效应，如图 4.2 所示。需要说明的是，本书中除特殊情况（如进行底座板纵连长度研究等）外，其余研究中 CRTS Ⅲ 型板式无砟轨道模型都以两块轨道板对应一块底座板的形式进行建模，之后不再说明。

车辆荷载包括列车垂向荷载、横向荷载、牵引力、制动力。其中，垂向荷载和横向荷载是无砟轨道服役期承受的最基本的荷载之一，在目前的国内外各种无砟轨道设计中必须加以考虑。在进行车辆荷载尤其是垂向荷载和横向荷载的加载时，需要考虑其不同加载位置带来的影响。方便起见，对可能的最不利加载位置进行定义：车辆荷载作用于底座板端部伸缩缝处为位置 A；作用于底座板 1/4 长度处，

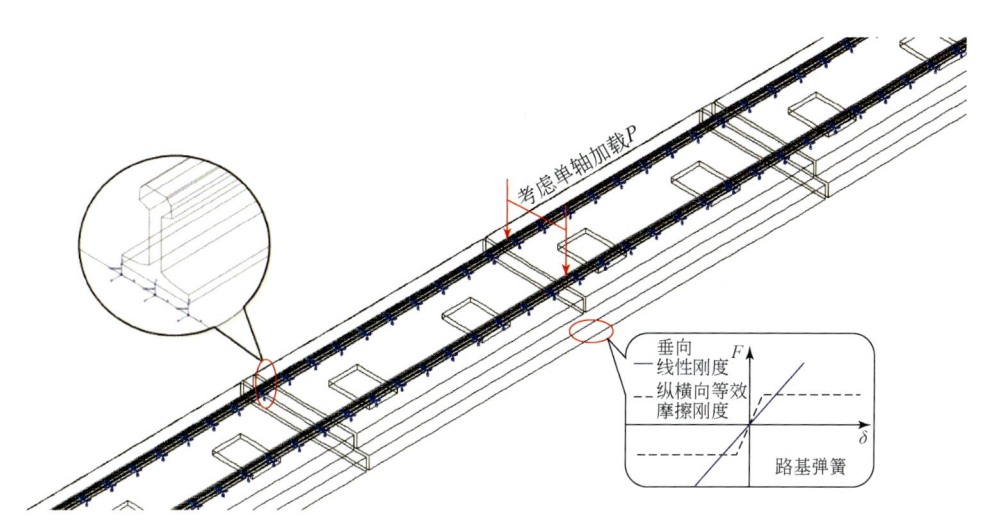

第 4 章 精细化分析方法在无砟轨道设计中的应用

图 4.2 车辆荷载作用下 CRTSⅢ型板式无砟轨道空间实体分析模型

即轨道板中部为位置 B;作用于底座板中央为位置 C,如图 4.3 所示,后续进行分析时不再说明。纵向荷载包括牵引力、制动力,采用第 2 章所述每个扣件节点处加载的形式。

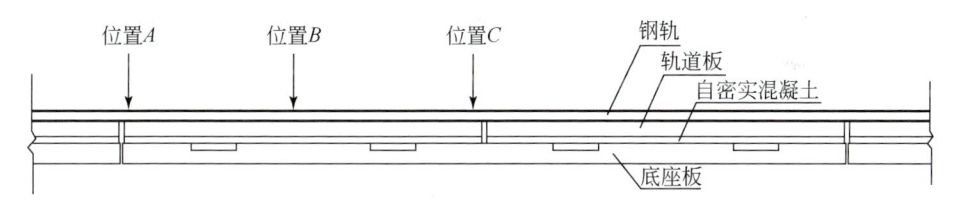

图 4.3 不同车辆垂向荷载加载位置示例

1) 车辆垂向荷载效应

对无砟轨道车辆垂向荷载效应进行分析,以位置 B 施加车辆垂向荷载 255kN(参见第 2 章)为例,在车辆垂向荷载作用下,提取底座板底部纵向应力云图如图 4.4 和图 4.5 所示。

从荷载作用截面处的应力云图可以看出,在车辆垂向荷载作用下,无砟轨道受拉区分布较为均匀,应力分布受荷载作用位置影响较为明确,未出现明显的拉应力集中区域。无砟轨道各层在车辆荷载作用下整体抗弯性能良好。为了进一步对比车辆荷载作用于不同位置时轨道结构受力分布,对荷载作用于如图 4.3 所示不同位置时轨道结构的受力变形情况进行对比分析,部分典型荷载效应云图如图 4.6 ~ 图 4.8 所示。

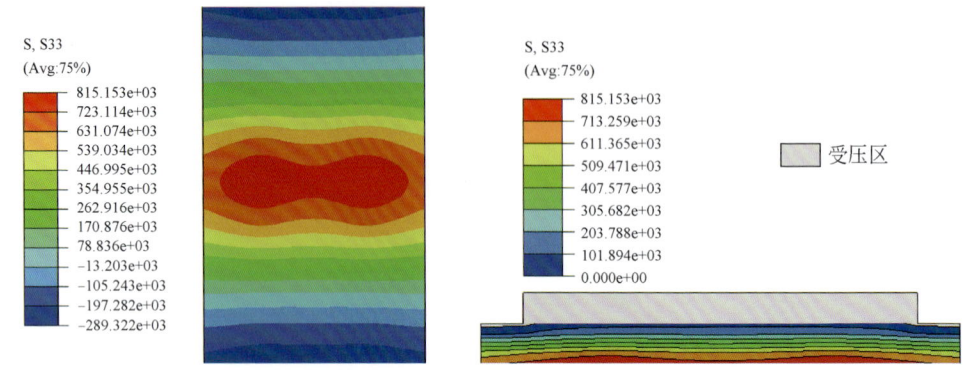

图 4.4　底座板底部纵向应力分布(单位:Pa)　　图 4.5　荷载作用断面受拉区示意图(单位:Pa)

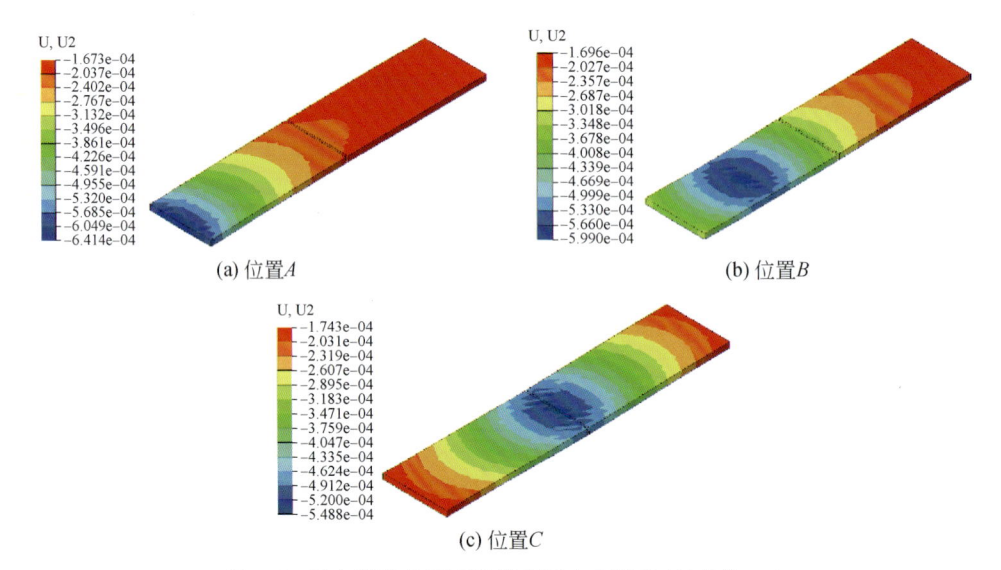

图 4.6　垂向荷载作用下轨道板垂向位移分布(单位:m)

图 4.6 为垂向荷载作用于三个典型不利位置时轨道板垂向位移分布情况。不难看出,轨道板与底座板的垂向位移最大值出现在荷载作用位置处。比较三个位置出现的最大值可以发现,荷载作用于位置 A 时垂向位移显著大于位置 B 和位置 C,这是由于底座板端部伸缩缝处仅通过抗剪钢棒连接,其纵向连接较弱,荷载作用位置下的轨道板相对相邻轨道板产生一定的位移差及转角。荷载作用于位置 B 和位置 C 时两者最大垂向位移差别较小。

由于限位凹槽的存在,轨道板与底座板横向位移分布相差不大,因此在此不再赘述。

提取垂向荷载作用下轨道板和底座板纵向应力如图 4.7 和图 4.8 所示。

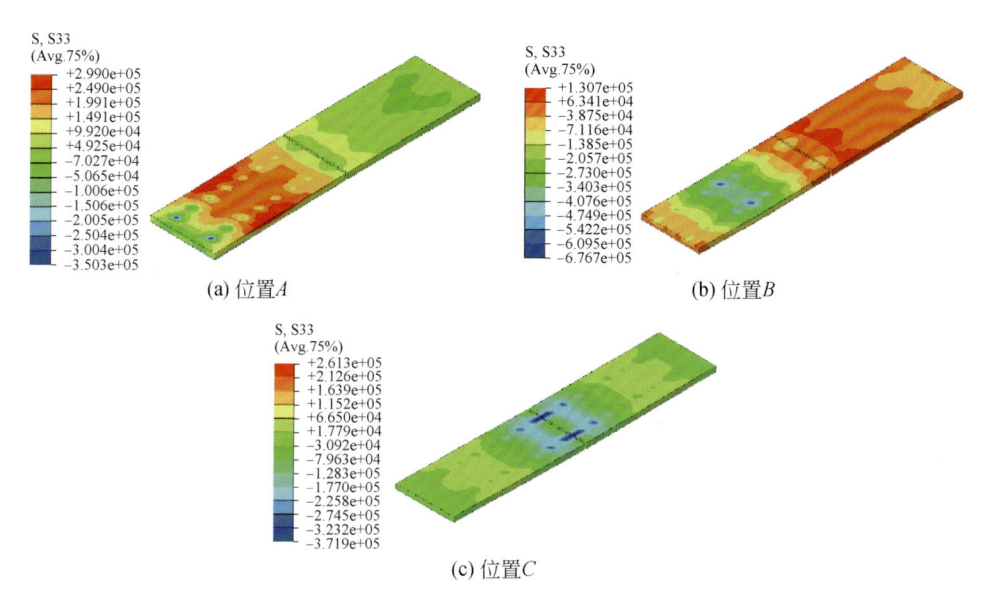

第 4 章　精细化分析方法在无砟轨道设计中的应用

(a) 位置A

(b) 位置B

(c) 位置C

图 4.7　垂向荷载作用下轨道板纵向应力分布(单位:Pa)

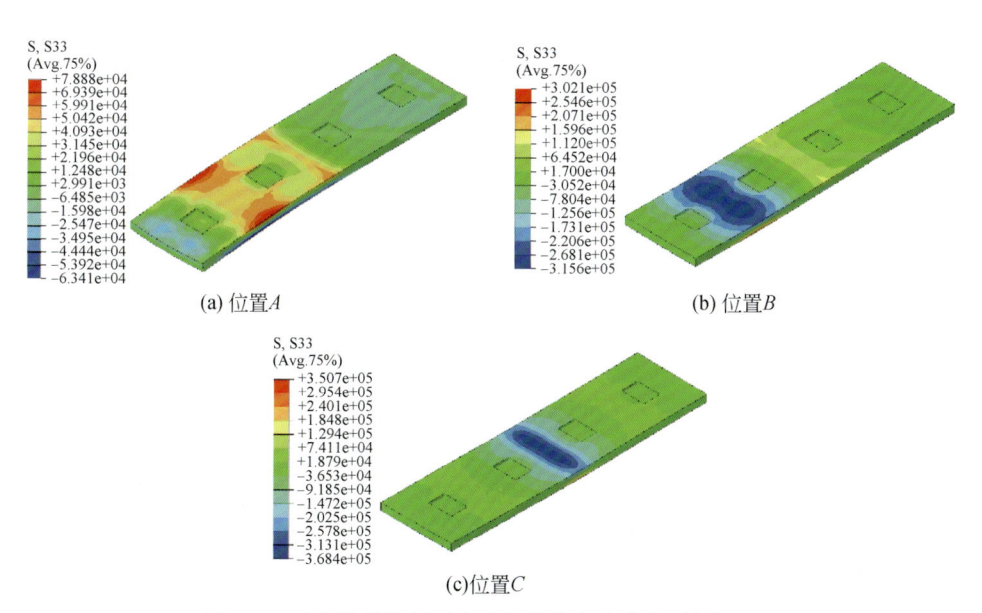

(a) 位置A

(b) 位置B

(c) 位置C

图 4.8　垂向荷载作用下底座板纵向应力分布(单位:Pa)

从图 4.7 和图 4.8 可以看出,当车辆荷载作用于不同位置时,其作用位置处轨道板主要以压应力分布为主,但在周围存在一定的纵向拉应力。对比轨道板纵向最大拉应力可以发现,与最大垂向位移分布规律类似,荷载作用位置 A 处纵向拉应

力大于位置 C，位置 C 处纵向拉应力大于位置 B，这也是由于底座板伸缩缝纵向连接较弱，仅有剪力棒进行抗剪连接，因此刚度相对较小，荷载作用于位置 A 时纵向拉应力显著大于其他两种工况。

2) 车辆横向荷载效应

为探究无砟轨道车辆横向荷载效应，取横向荷载为 80% 轮重，即 68kN，分别施加于位置 A、B、C 处，提取部分计算结果如图 4.9 所示。

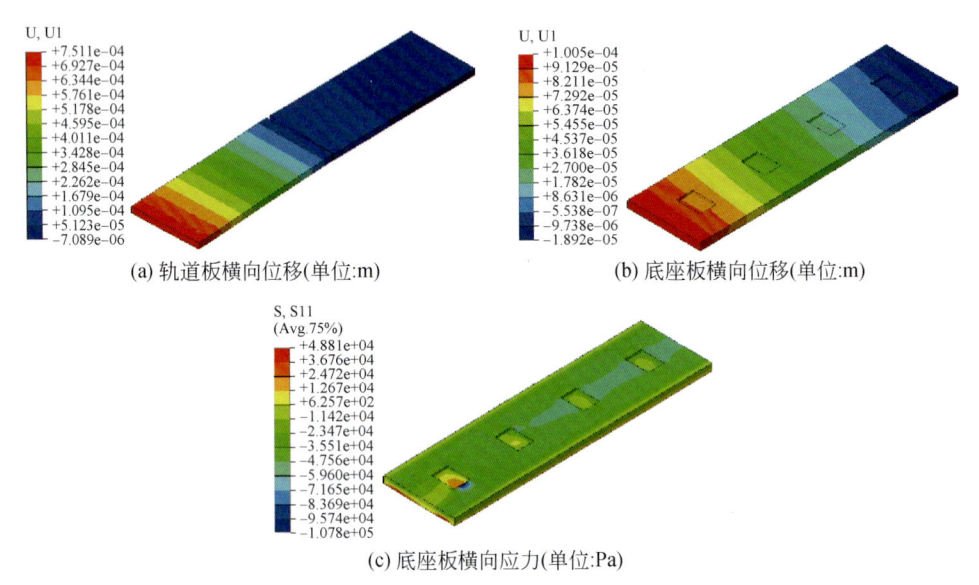

(a) 轨道板横向位移(单位:m)

(b) 底座板横向位移(单位:m)

(c) 底座板横向应力(单位:Pa)

图 4.9　车辆横向荷载作用于位置 A 时轨道结构受力变形情况

计算结果表明，在车辆横向荷载作用下，轨道板产生一定的横向位移，相邻轨道板间存在一定的转角。由于轨道整体横向抗弯刚度及限位凹槽处垫层等因素的影响，传递至底座板处的横向位移较小，但与之相对的，在车辆横向荷载作用位置附近的凹槽承受剪力作用，凹槽周围出现较大的横向应力。

此外，对横向荷载分别作用于位置 A、B、C 处时无砟轨道受力变形情况也进行了对比，横向荷载作用于底座板中，即位置 C 时，横向位移最大，说明底座板中部的横向整体刚度较小。另外，横向荷载作用于位置 C 时，轨道板与底座板间存在较大的横向位移差。横向荷载作用于位置 B 时，轨道结构横向拉应力最大，最大横向拉应力产生在轨道板上，为 1.26MPa。

3) 车辆纵向荷载(制动力)效应

为分析无砟轨道车辆纵向荷载效应，对无砟轨道施加制动力，制动力作用下轨道结构受力变形部分计算结果如图 4.10 所示。

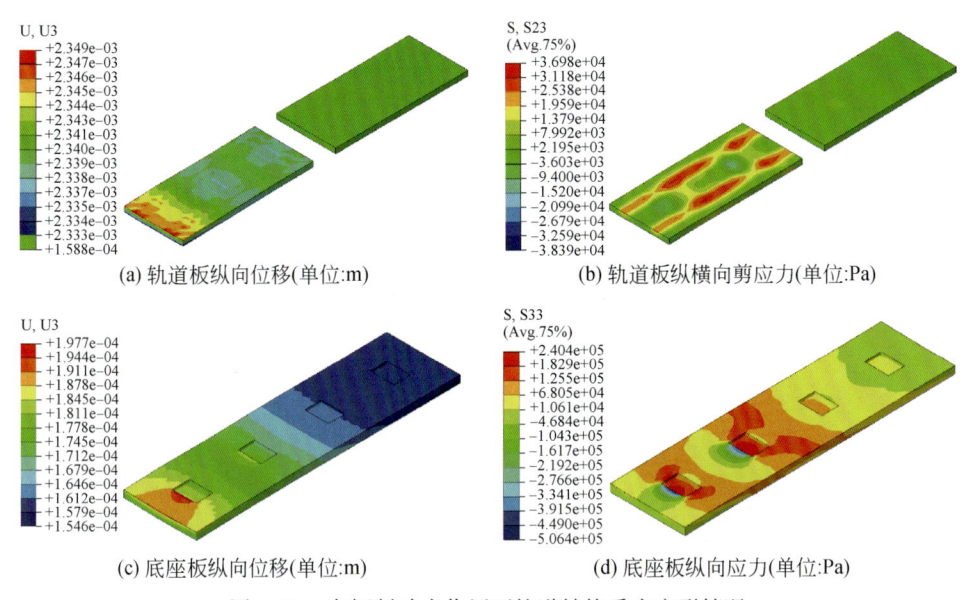

第4章 精细化分析方法在无砟轨道设计中的应用

(a) 轨道板纵向位移(单位:m)

(b) 轨道板纵横向剪应力(单位:Pa)

(c) 底座板纵向位移(单位:m)

(d) 底座板纵向应力(单位:Pa)

图4.10 车辆制动力作用下轨道结构受力变形情况

计算结果表明,在制动力作用下,轨道板与自密实混凝土层整体产生了沿纵向的平移,但所发生的转角较小。从云图中也可看到,在制动力作用下,底座板产生较大的纵向应力,其峰值主要位于限位凹槽处,说明该处受剪严重。因此在后续的限位结构选型过程中应重点关注车辆纵向荷载效应的影响。

4.2.2 温度荷载效应

温度荷载所造成的无砟轨道翘曲变形、温度裂纹等问题逐渐成为影响高速铁路正常运营的重要因素之一[169]。我国幅员辽阔,无砟轨道铺设范围跨越不同气候带及多种地形环境,线路通过地区存在较大的年温差(如哈大线哈尔滨地区最大年温差达到80.5℃)、日温差(如青海部分地区日温差最大突破35℃)、持续高温(如2013年南方地区出现的夏季持续高温)以及异常低温等极端气候条件[170,171]。因此在无砟轨道设计过程中要充分考虑温度荷载的作用。

温度荷载分为整体的升降温及温度梯度荷载。无砟轨道受温度梯度的影响较大,在温度梯度下单元式无砟轨道会产生一定程度的四角翘曲变形。考虑层间黏结效应及层间温度梯度差异的传统解析方法能够方便地应用于工程实际,但由于对细部结构考虑的欠缺以及纵横向温度梯度考虑的不足,无法实现对无砟轨道温度荷载效应的精细化研究[172~176]。因此本节以CRTSⅢ型板式无砟轨道为例,利用精细化单元板式无砟轨道空间实体有限元分析模型,对无砟轨道的温度荷载效应进行阐述。模型考虑了严寒地区大温差条件下无砟轨道在温度梯度荷载作用下的翘曲变形及内力分布情况。取整体升温45℃荷载,整体降温40℃荷载进行计算。在进行温度梯度荷载计算时,对非线性温度梯度进行简化,上层轨道板考虑最大负温度梯度取45℃/m,最大正温度梯度取95℃/m,下层自密实混凝土温度梯度为0。

1. 整体升降温荷载效应

1) 整体升温荷载效应

整体升温45℃荷载作用下,轨道结构垂向位移分布如图4.11所示。

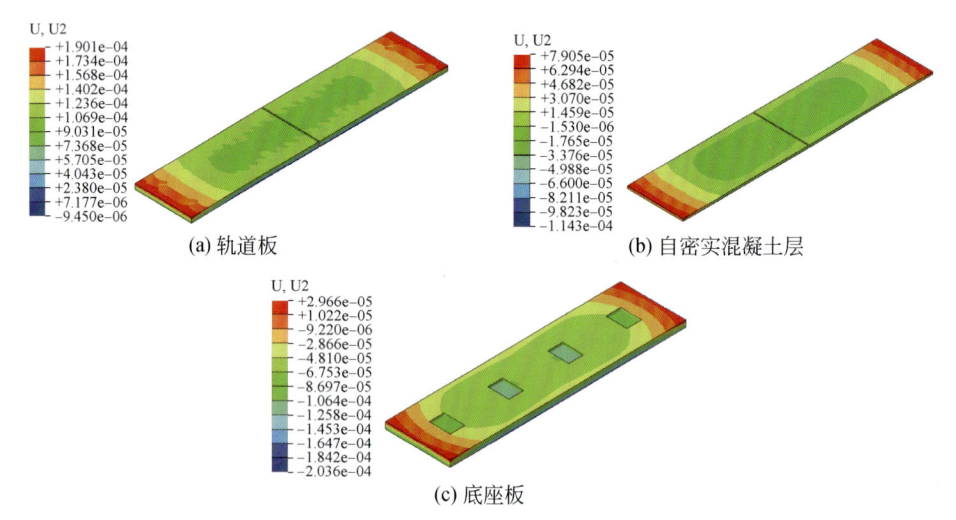

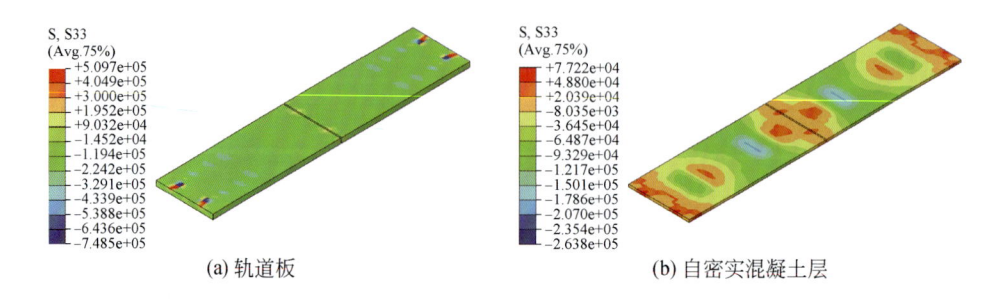

(a) 轨道板

(b) 自密实混凝土层

(c) 底座板

图4.11 整体升温荷载作用下轨道结构垂向位移分布(单位:m)

由图4.11中可知,整体升温荷载作用下,轨道板两端有少量上翘,但上翘量不大,最大位移为0.19mm,自密实混凝土层由于门型筋及自身黏结的原因与轨道板变形趋势相同,说明复合板设计达到了共同受力的目的。底座板位移与复合板位移分布基本相同,但总体来看,由于隔离层的存在,底座板上拱位移较复合板位移更小。图4.12为轨道结构纵向应力分布情况,图4.13为轨道结构横向应力分布。

(a) 轨道板

(b) 自密实混凝土层

(c) 底座板

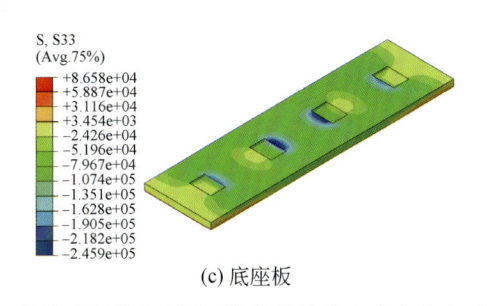

图 4.12　整体升温荷载作用下轨道结构纵向应力分布(单位:Pa)

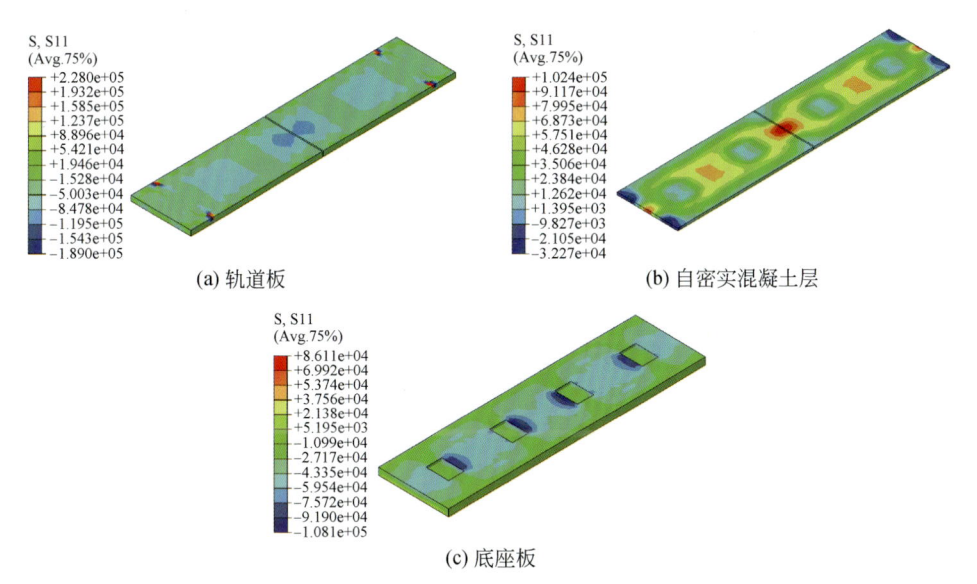

(a) 轨道板

(b) 自密实混凝土层

(c) 底座板

图 4.13　整体升温荷载作用下轨道结构横向应力分布(单位:Pa)

　　由图 4.12 和图 4.13 可知,轨道板、自密实混凝土及底座板纵向应力呈现截然不同的分布。从轨道板拉应力分布能看到较为明显的扣件支承效应;自密实混凝土由于受到上层轨道板的变形约束,其顶面产生纵、横向拉应力,板缝处横向拉应力最大值达到 0.102MPa。自密实混凝土下隔离层的隔离效应明显,底座板纵向拉应力较小,且集中于顶面端部。由底座板受力云图[图 4.12(c)、图 4.13(c)]可知,在整体升温荷载下限位凹槽主要在纵向靠结构中心一侧受到挤压。

2) 整体降温荷载效应

整体降温 40℃荷载作用下,轨道结构部分受力变形情况如图 4.14 所示。

(a) 轨道板垂向位移(单位:m)

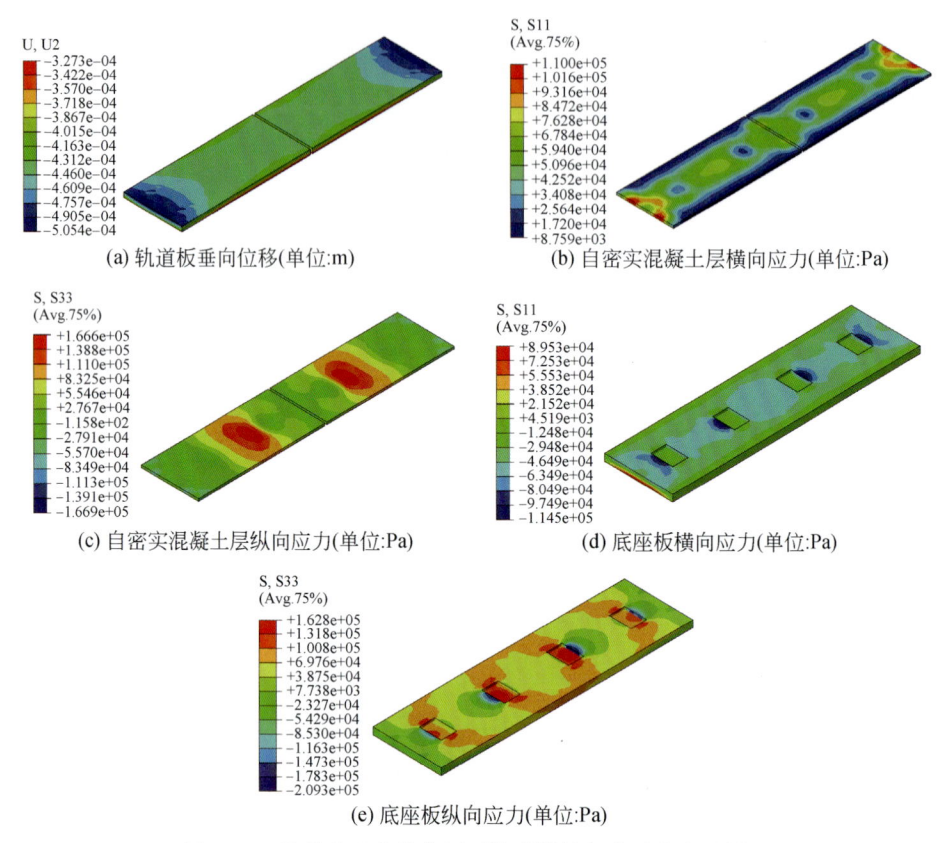

(b) 自密实混凝土层横向应力(单位:Pa)

(c) 自密实混凝土层纵向应力(单位:Pa)

(d) 底座板横向应力(单位:Pa)

(e) 底座板纵向应力(单位:Pa)

图4.14 整体降温荷载作用下轨道结构部分受力变形情况

由图4.14可知,整体降温荷载作用下轨道结构受力变形趋势基本与整体升温作用相反。由底座板纵、横向应力分布可知,限位凹槽纵向上的外侧受到自密实混凝土的挤压;此外,凹槽顶面存在一定的纵向拉应力,但总体看来量值均不大。

2. 温度梯度荷载效应

现有的梁–板–板等分析方法无法完成温度梯度荷载效应的模拟,且在细部结构的受力分析上存在一定局限。CRTSⅢ型板式无砟轨道复合板结构下还存在隔离层、凹槽等细部结构,在具体分析中还需考虑板缝等关键部位。因此,本节以CRTSⅢ型板式无砟轨道的温度梯度荷载效应为分析对象,具体分析无砟轨道应力、变形,并提取相应的设计内力,明确其受力特点。

1) 正温度梯度荷载效应

正温度梯度荷载作用下,为明确无砟轨道的上拱翘曲变形趋势,提取各结构层

第4章 精细化分析方法在无砟轨道设计中的应用

垂向位移分布如图4.15所示。CRTSⅢ型板式无砟轨道设计时将轨道板与自密实混凝土层视为复合结构(称为复合板),认为复合板能够协同受力变形,因此只提取复合板底面,即自密实混凝土层底面中线与侧边位移,并与底座板顶面中线与侧边位移进行对比。

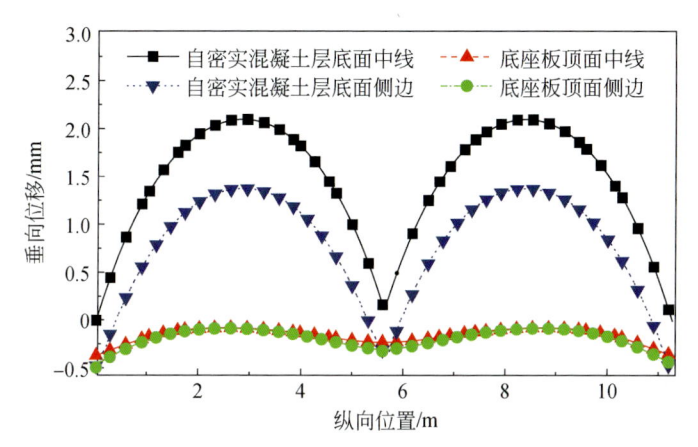

图4.15　正温度梯度荷载作用下无砟轨道复合板底面与底座板顶面垂向位移分布

由图4.15可知,在正温度梯度95℃/m荷载作用下,由于自密实混凝土层底部与底座板间设置了隔离层,层间出现了明显的脱离。其中,板中最大脱空量在2mm左右,侧边最大脱空量在1.5mm左右。无砟轨道上拱变形如图4.16所示。

图4.16　正温度梯度荷载作用下无砟轨道各层变形图(变形放大比例为1∶500)

进一步提取正温度梯度荷载作用下无砟轨道主要应力情况,如图4.17所示。

由图4.17可知,在正温度梯度荷载作用下,复合板顶面中部受压,拉应力主要集中在复合板底面中部,在自密实混凝土层边角处还存在剪应力,但由于隔离层的存在,剪应力较小。此外,对比底座板与复合板纵向应力可知,底座板所受应力较复合板明显降低,说明隔离层对温度应力具有较好的缓冲作用。

(a) 轨道板纵向应力　　　　　(b) 自密实混凝土纵向应力

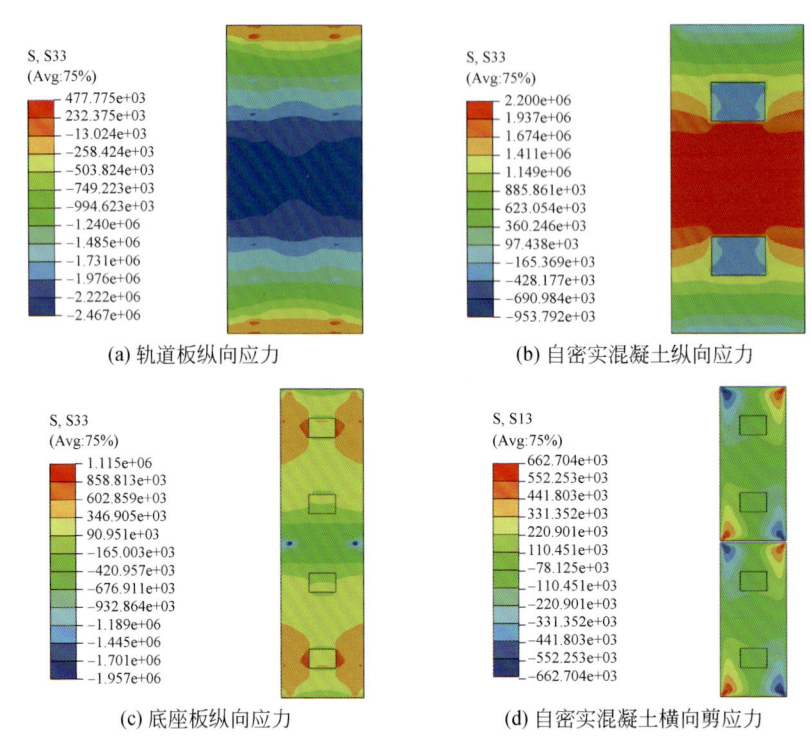

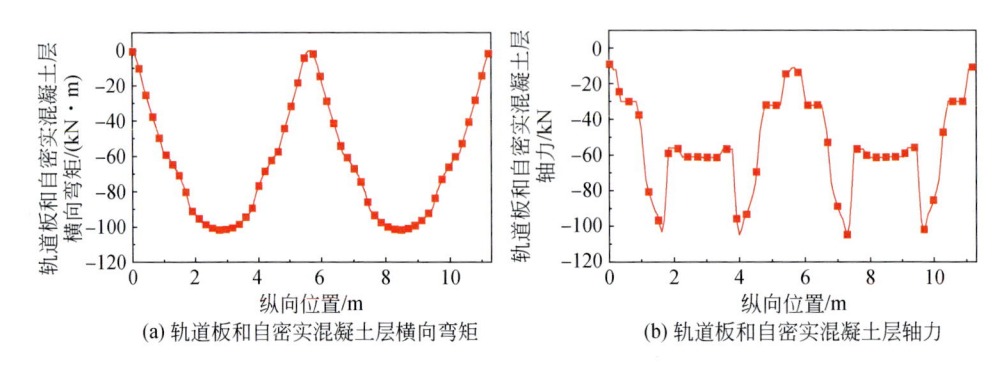

(c) 底座板纵向应力　　　　　(d) 自密实混凝土横向剪应力

图 4.17　正温度梯度荷载作用下无砟轨道部分结构应力分布情况(单位:Pa)

为进一步分析限位凹槽等细部结构对正温度梯度荷载的适应性,提取部分结构内力如图 4.18 所示。

由图 4.18 可知,轨道板弯矩的连续性较好,在凸台处未出现突变情况,而各层内力在限位凸台位置处有较为明显的突变。可以得出,在正温度梯度荷载作用下,凸台主要受剪力作用,产生的弯矩较小。在限位凸台的纵向剪力分析中也可以得出,一块轨道板下限位凸台在正温度梯度荷载作用下出现正负对向剪力,从而限制轨道板伸缩变形,剪力在 7kN 左右。

(a) 轨道板和自密实混凝土层横向弯矩　　　(b) 轨道板和自密实混凝土层轴力

(c) 底座板轴力

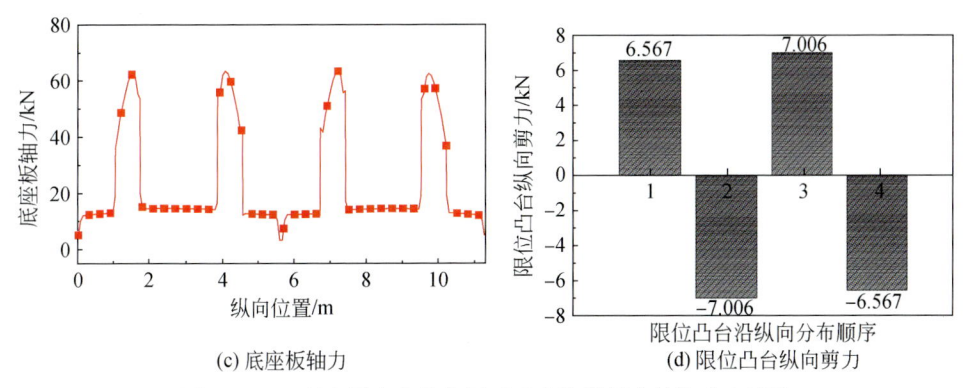

(d) 限位凸台纵向剪力

图 4.18 正温度梯度荷载作用下无砟轨道部分结构内力情况

2）负温度梯度荷载效应

同样，提取负温度梯度荷载作用下无砟轨道复合板底面与底座板顶面垂向位移分布如图 4.19 所示。

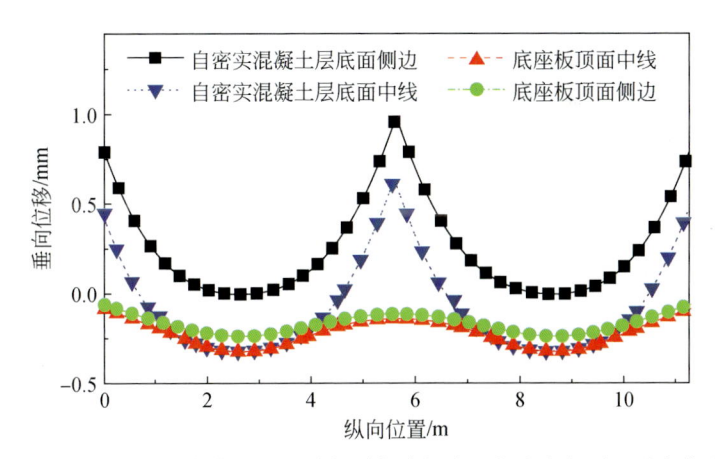

图 4.19 负温度梯度荷载作用下无砟轨道复合板底面与底座板顶面垂向位移分布

由图 4.19 可知，自密实混凝土层端部与底座板间出现了明显的脱离，边角脱离量较大，最大值达到 1mm 左右，中线脱离量较小，自密实混凝土层中部与底座板尚未脱黏，起到局部支撑的作用，如图 4.20 所示。

在负温度梯度荷载作用下，提取部分无砟轨道部分结构应力分布情况如图 4.21 所示。

由图 4.21 可知，在负温度梯度荷载作用下，拉应力主要集中于复合板顶面，复合板底部凸台处也存在少量拉应力，但量值较小。自密实混凝土层凸台四角存在量值较小的剪应力。此外，从复合板与底座板的纵向应力对比可知，负温度梯度荷载作用下隔离层仍能起到较好的缓冲作用。

进一步提取负温度梯度荷载作用下无砟轨道部分结构内力情况,如图 4.22 所示。

图 4.20　负温度梯度荷载作用下无砟轨道各层变形图(变形放大比例为 1∶500)

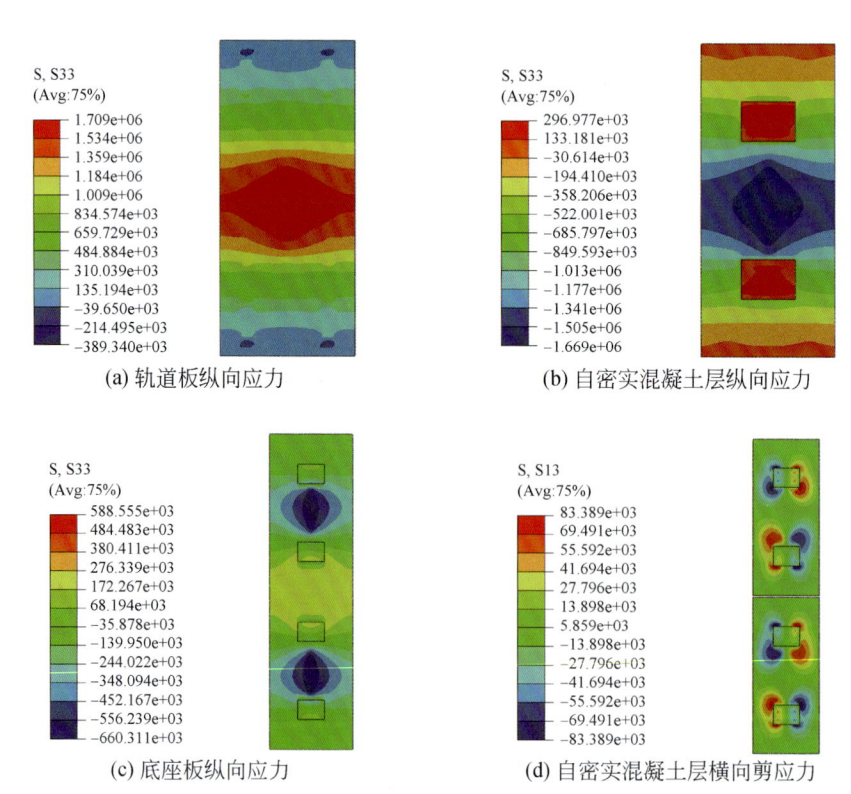

(a) 轨道板纵向应力

(b) 自密实混凝土层纵向应力

(c) 底座板纵向应力

(d) 自密实混凝土层横向剪应力

图 4.21　负温度梯度荷载作用下无砟轨道部分结构应力分布情况(单位:Pa)

第4章 精细化分析方法在无砟轨道设计中的应用

(a) 轨道板和自密实混凝土层横向弯矩

(b) 轨道板和自密实混凝土层轴力

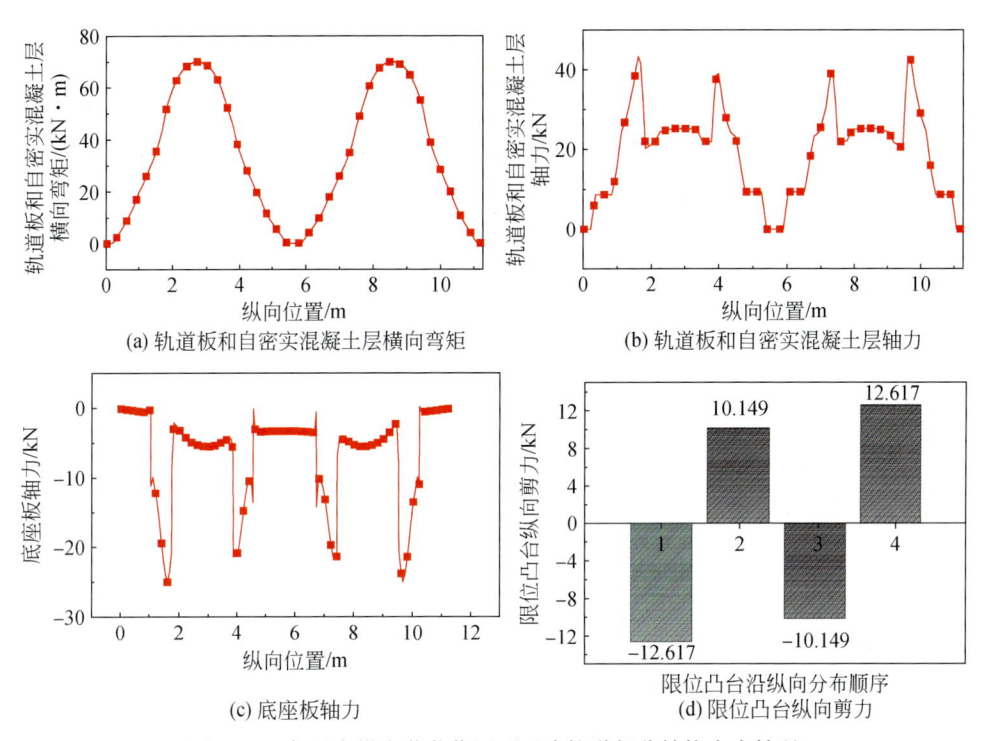

(c) 底座板轴力

(d) 限位凸台纵向剪力

图 4.22 负温度梯度荷载作用下无砟轨道部分结构内力情况

由图 4.22 可知,在负温度梯度荷载作用下,轨道板和自密实混凝土层、底座板的弯矩连续性也较好。而轴力在凸台位置处出现了明显的突变,突变内力主要由凸台剪力承担,凸台剪力为 10～12kN。

上述分析表明,在进行温度荷载效应分析时,除了需要考虑整体升降温情况,轨道内部存在的温度梯度也不容忽视。正温度梯度荷载作用容易引起轨道板中心上拱;负温度梯度荷载作用则容易使轨道板四角翘曲。值得说明的是,混凝土收缩荷载作用与整体降温荷载效应类似,因此在后续分析中不再列出。

分析结果也侧面反映出本书所述的空间精细化分析方法能够在无砟轨道实体建模后实现对其内力的精确分析,并且能够精确再现无砟轨道在温度梯度荷载作用下翘曲、上拱变形的模拟,尤其在 CRTSⅢ型板式无砟轨道层间设置隔离层的情况下,能够对由翘曲、上拱变形造成的层间脱离及局部支撑效应进行精确分析。

4.2.3 基础变形荷载效应

基础变形可显著影响无砟轨道受力,基础变形较大时还可能成为设计中的控制因素[177]。另外,下部基础变形过大时支承层/底座板与下部基础间可能存在离缝,车辆高速运行过程中会产生明显的动态冲击。因此,需要对无砟轨道基础变形荷载效应进行分析。

以路基不均匀沉降为例,在进行分析时,主要考虑路基的不均匀沉降,其形状取为下凹余弦曲线,在空间实体设计模型中加载时考虑其加载坐标,其表达式为

$$y = f_0 \left\{ \frac{1}{2} - \frac{1}{2} \cos \left[\frac{2\pi(l_0 - Z_0)}{l_0} \right] \right\} \quad (4.1)$$

式中,Z_0 为模型不均匀沉降峰值的位置坐标。空间实体模型中加载的沉降曲线如图 4.23 所示。

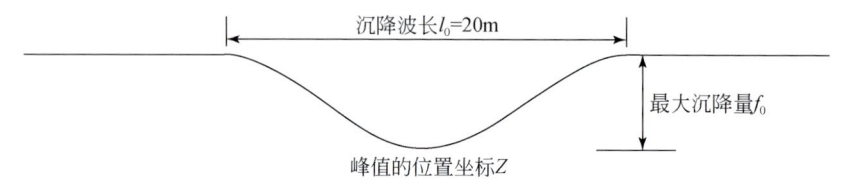

图 4.23 空间实体模型中加载的沉降曲线

目前,针对路基不均匀沉降影响下的无砟轨道内力分析,主要采用解析分析方法进行研究。不同的不均匀沉降限值条件下轨道板(道床板)和底座板弯矩计算公式为

$$M = EI\kappa_{umax} \quad (4.2)$$

式中,κ_{umax} 为变形曲线的曲率最大值。

从式(4.2)不难看出,现有的解析方法偏于保守,且无法考虑在沉降最大值位置发生变化时单元式无砟轨道底座板、轨道板断开带来的附加影响。为弥补传统解析方法的不足,本书通过应用精细化分析方法,对无砟轨道在路基不均匀沉降荷载下的受力、变形及内力进行分析,单元板式无砟轨道沉降加载模型如图 4.24 所示。

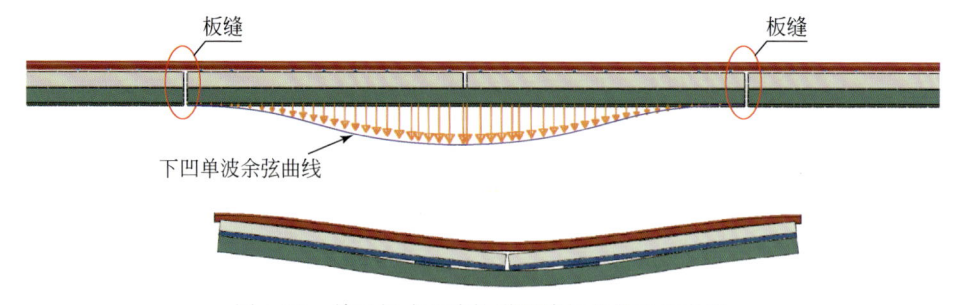

图 4.24 单元板式无砟轨道沉降加载模型示意图

1. 标准路基不均匀沉降荷载作用下轨道受力变形分布规律

以 15mm/20m 的标准路基不均匀沉降荷载作用下沉降最大值发生在底座板中

第4章 精细化分析方法在无砟轨道设计中的应用

位置(即图4.3中所定义的位置 C,下同)时为例,提取轨道板和自密实混凝土层及底座板部分计算结果如图4.25~图4.28所示。

(a) 轨道板　　　　　　　　　　　　　(b) 自密实混凝土层

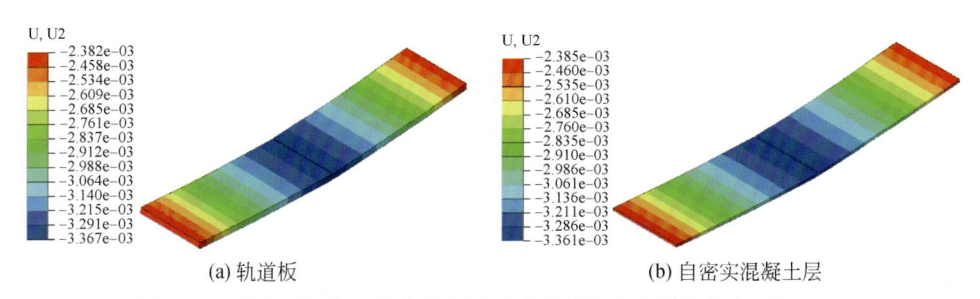

图4.25　路基不均匀沉降荷载作用下轨道结构垂向位移分布(单位:m)

图4.25为路基不均匀沉降荷载作用下轨道结构垂向位移分布。不难发现,在基础不均匀沉降荷载作用下轨道各层均产生了明显的垂向位移,表现出与沉降波形的跟随性,但由于上部钢轨、轨道板自身抗弯刚度及自密实混凝土层下隔离层的隔离作用等,其垂向位移最大值为3.367mm,远小于加载的15mm路基沉降最大值,说明单元式轨道结构层间存在一定的变形传递关系,后续将就不同类型路基沉降对其影响进行进一步研究。另外,计算结果表明轨道纵横向位移较小,在此不再赘述。

路基不均匀沉降对无砟轨道的影响还表现在轨道内部出现较大的纵向应力,提取受影响较大的底座板顶面及底面的纵向应力分布如图4.26所示。从图4.26中可以看出,底座板随沉降曲线跟随变形,沉降峰值周围底座板顶面出现压应力,底面出现较大拉应力,其中纵向拉应力最大值为1.983MPa,接近底座板抗拉强度限值。因此,需要特别注意路基不均匀沉降荷载作用下轨道结构的开裂问题。

底座板顶面

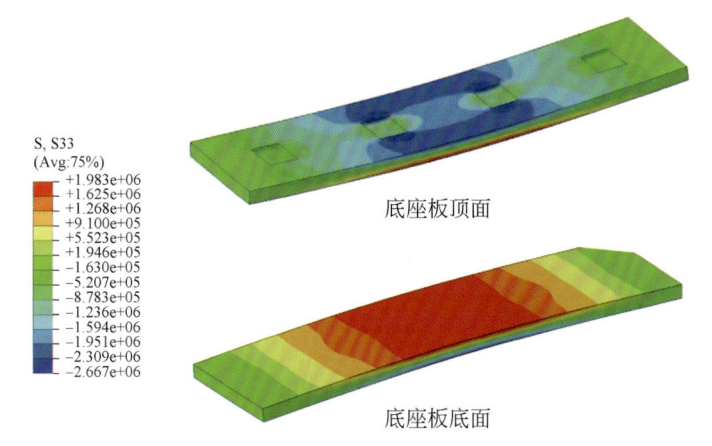

底座板底面

图4.26　路基不均匀沉降荷载作用下底座板纵向应力分布(单位:Pa)

为明确路基不均匀沉降荷载作用下精细化分析方法得到轨道结构内力结果的合理性,进一步提取轨道板和自密实混凝土层内力如图 4.27 和图 4.28 所示。其中,横坐标为沿纵向长度,坐标轴中心为两相邻轨道板板缝。

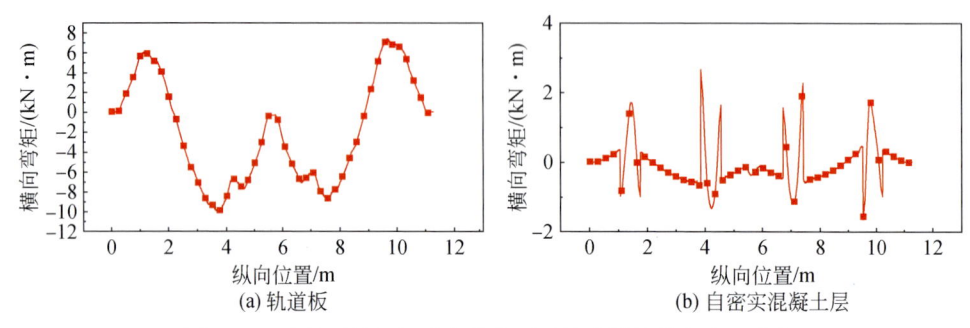

(a) 轨道板

(b) 自密实混凝土层

图 4.27 路基不均匀沉降荷载作用下轨道结构横向弯矩分布

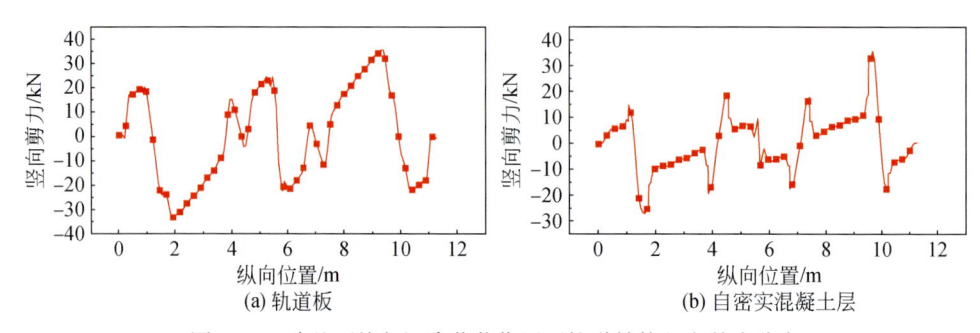

(a) 轨道板

(b) 自密实混凝土层

图 4.28 路基不均匀沉降荷载作用下轨道结构竖向剪力分布

由图 4.27 可以看出,板缝处弯矩均为 0。轨道板上正负弯矩区域与纵向拉压应力存在区域基本对应,也从侧面说明了轨道板变形跟随情况。自密实混凝土横向弯矩和竖向剪力分布与轨道板存在很大区别,体现了隔离层的隔离效应。自密实混凝土层的内力分布也体现了限位凹槽对轨道内力带来的影响。

上述分析表明,空间精细化分析方法能够实现无砟轨道各层内力的快速提取,有效考虑了单元板式无砟轨道板缝的影响,且能够较好地体现出基础不均匀沉降荷载作用下隔离层上下自密实混凝土层与底座板间的隔离效应,较解析计算方法分析结果更加合理。

2. 基础沉降荷载参数对无砟轨道的影响

我国的路基沉降波长一般采用 20m[169],而 CRTS Ⅲ 型板式无砟轨道作为典型的单元板式无砟轨道,当路基沉降波长、沉降最大值作用位置等参数发生变化时,路基沉降对无砟轨道的荷载效应也随之变化。尤其在进行无砟轨道的不均匀沉降控制时,无砟轨道底部与基床表层间脱空位移作为重要的荷载效应指标,更值得人们关注。基于此,本节主要研究路基沉降的荷载参数变化(沉降波长、沉降最大值发生位置)对无砟轨道所受荷载效应的影响,对基础不均匀沉降荷载作用下板下脱空发生时机进行合理预测。

沉降波长对 CRTSⅢ型板式无砟轨道轨道板下离缝高度存在一定影响,对其进行研究时,沉降波长分别取为单块底座板长度(11m 左右)和两块底座板长度(22m 左右),沉降峰值位于底座板中部(对应图 4.3 中定义的位置 C)。最大沉降位置处底座板与基床表层间的离缝高度最大值随沉降量的变化曲线分别如图 4.29 和图 4.30 所示。

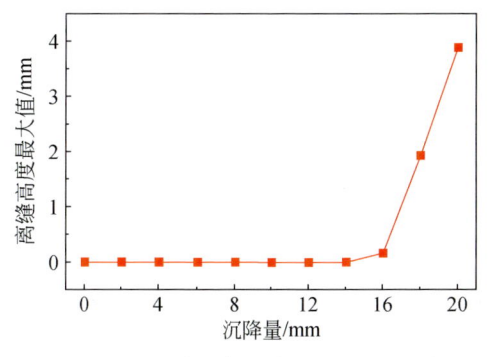

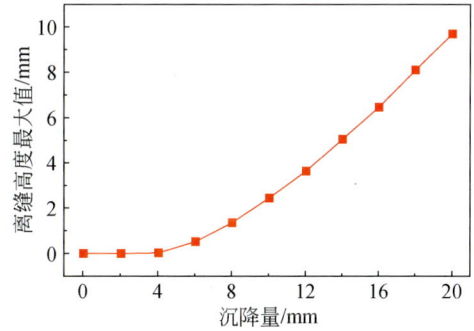

图 4.29　两块底座板长度范围(22m 左右)离缝高度最大值随沉降量的变化曲线

图 4.30　一块底座板长度范围(11m 左右)离缝高度最大值随沉降量的变化曲线

对比图 4.29 和图 4.30 可知,沉降波长对离缝高度与沉降量的关系影响较大,22m 沉降波长左右,沉降量在 14mm 以上时,板中出现部分离缝,而沉降波长在 11m 左右时,板中位置沉降量达到 4mm 以上时即发生离缝,且离缝随着沉降量增大急剧增加,最大沉降量达到 20mm 时,离缝高度最大值在 10mm 左右。短波长不均匀沉降更容易导致 CRTSⅢ型板式无砟轨道底座板下出现离缝。

路基沉降峰值作用位置对 CRTSⅢ型板式无砟轨道底座下的离缝高度也存在一定影响。选取两块底座板长度作为沉降荷载范围基准,沉降公式中 l 取 22m,对沉降峰值发生于不同纵向位置处(分别对应图 4.3 中定义的位置 A、B、C)底座板下离缝高度最大值随沉降量的变化曲线,如图 4.31~图 4.33 所示。沉降峰值位于底座板中部时,离缝发展较晚,初始离缝产生于沉降量 14mm 左右(图 4.33);沉降峰值位于轨道板中部时离缝发展较早,初始离缝产生于沉降量 5mm 左右(图 4.33)。

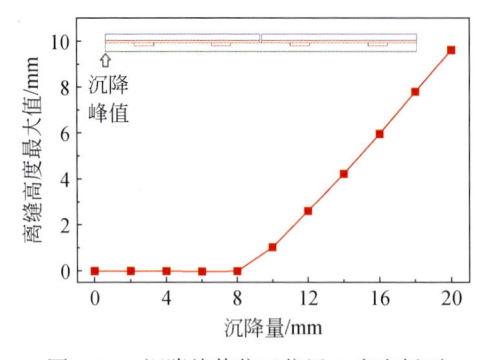

图 4.31 沉降峰值位于位置 A 底座板下离缝高度最大值随沉降量的变化曲线

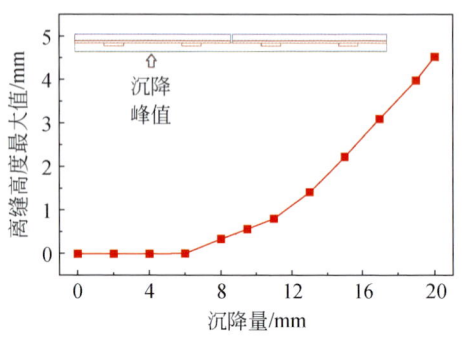

图 4.32 沉降峰值位于位置 B 底座板下离缝高度最大值随沉降量的变化曲线

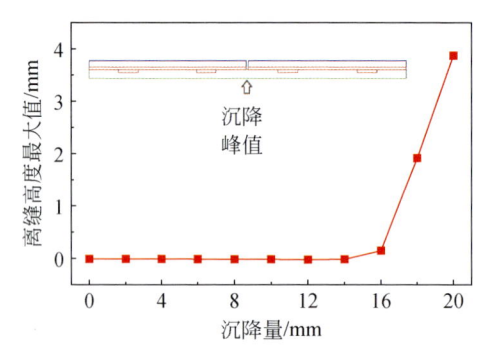

图 4.33 沉降峰值位于位置 C 底座板下离缝高度最大值随沉降量的变化曲线

沉降峰值位于不同位置时离缝开始时机有较大差异。不同位置处离缝开始产生时的沉降量汇总如图 4.34 所示。由图 4.34 可知，在沉降峰值加载于轨道板中部位置时，底座板与基床表层较容易产生离缝。

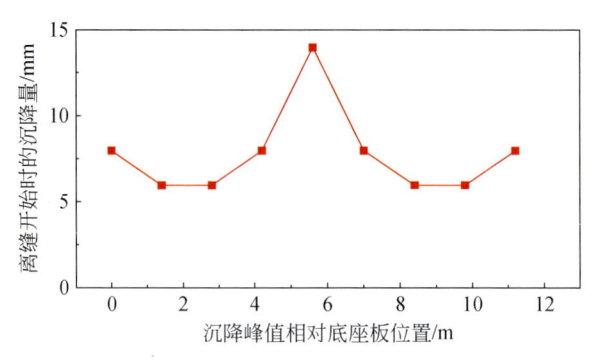

图 4.34 不同位置处离缝开始产生时的沉降量

第4章　精细化分析方法在无砟轨道设计中的应用

综上所述,路基沉降波长较小、沉降峰值靠近轨道板中部位置时更容易致使底座板与基床表层之间产生离缝。从这里也可侧面看出,对CRTSⅢ型板式无砟轨道等单元板式无砟轨道设计时,其路基沉降控制标准也需要进行适当调整,以严格控制底部脱空的产生。

4.3　无砟轨道主要结构形式及参数研究

本节以CRTSⅢ型板式无砟轨道为例,利用无砟轨道空间精细化分析方法,在明确荷载效应的基础上,对轨道板、填充层等无砟轨道主要结构形式及尺寸设计进行研究,对比分析各结构参数对无砟轨道系统受力变形的影响规律,从而优选出合理的设计方案。在进行CRTSⅢ型板式无砟轨道主要结构参数设计时,往往需要对不同结构参数进行大量的计算,例如,在结构方面有轨道板等结构的长度、宽度、厚度;在材料方面考虑各结构层的弹性模量等材料参数。限于篇幅,本节以轨道板厚度参数、填充层厚度参数及轨道板与填充层材料差异为例对精细化分析在无砟轨道主要结构设计中的应用进行阐述。

4.3.1　轨道板结构参数影响

本节以轨道板厚度选型为例,选取不同轨道板厚度,计算其在车辆荷载、温度荷载及基础变形情况下的轨道受力与变形趋势。选取的板厚分别为0.18m、0.21m、0.24m、0.27m。为了消除边界效应,取3块底座板长度进行计算,取中间一块底座板长度的无砟轨道结构计算结果进行分析。在进行轨道板长度、宽度等其他参数的比选时设计方法与此类似,在此不再赘述。

1. 车辆荷载作用下计算结果对比

同样考虑位置A、B、C(参见图4.3中定义)的垂向荷载、横向荷载及纵向制动力作用,探究轨道板厚度变化对轨道结构承受车辆荷载效应的影响。

1)垂向荷载作用下各方案对比

当车辆垂向荷载作用于位置A时,改变轨道板厚度后各结构层垂向位移最大值及纵向拉应力最大值变化如图4.35所示。

由图4.35可知,轨道板厚度的增加提高了结构的整体抗弯刚度,各结构层垂向位移均有小幅度的降低,基本呈线性趋势,但各结构层之间位移差基本无变化。随着轨道板厚度的增加,轨道板、自密实混凝土层和底座板的纵向拉应力最大值也有不同程度的降低。

车辆垂向荷载作用于位置B、位置C时规律类似,其结果不再列出。

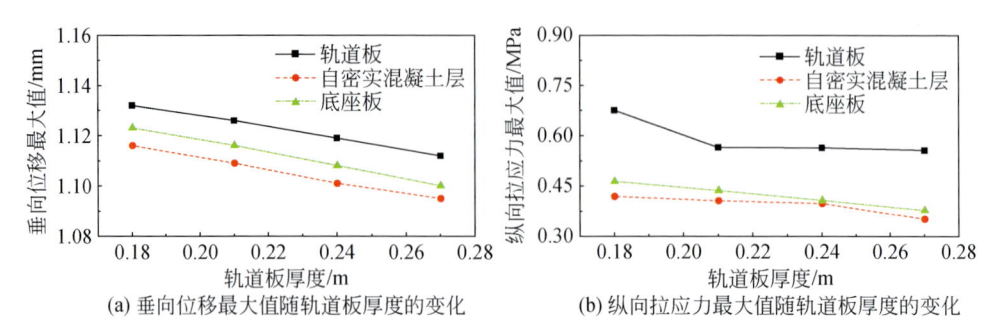

(a) 垂向位移最大值随轨道板厚度的变化　(b) 纵向拉应力最大值随轨道板厚度的变化

图 4.35　车辆垂向荷载作用下轨道板、自密实混凝土层、底座板垂向位移最大值及受力变化规律

2) 横向荷载作用下各方案对比

将车辆横向荷载作用于位置 A 时，随着轨道板厚度增加，轨道板、自密实混凝土层及底座板的纵向拉应力和横向拉应力均有明显降低，其中以轨道板处应力降低最为明显，其受力变化规律如图 4.36 所示。当轨道板厚度从 0.18m 增加至 0.27m 时，轨道板横向拉应力最大值由 1.323MPa 降低至 0.995MPa，降低了 24.8%；纵向拉应力最大值由 0.602MPa 降低至 0.378MPa，降低了 37.2%。此外，纵向位移和横向位移也有一定程度的减小，但总体变化不明显。

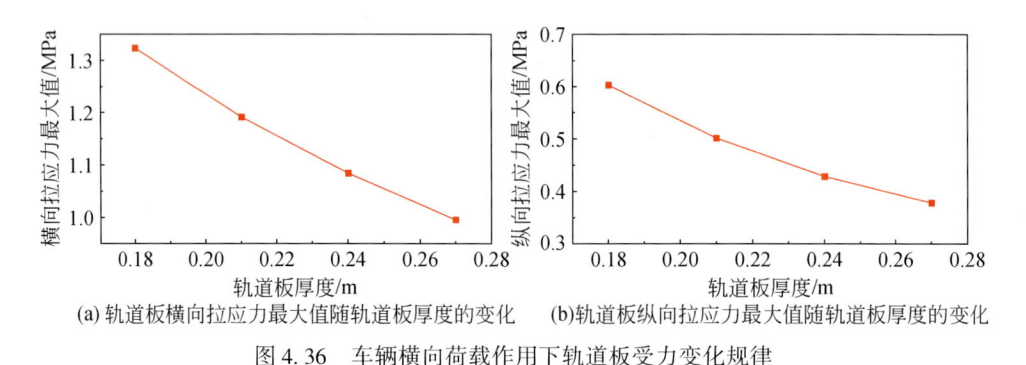

(a) 轨道板横向拉应力最大值随轨道板厚度的变化　(b) 轨道板纵向拉应力最大值随轨道板厚度的变化

图 4.36　车辆横向荷载作用下轨道板受力变化规律

横向荷载作用于位置 B、位置 C 处时表现出同样的变化规律，其结果不再列出。

3) 制动力荷载作用下各方案对比

制动力作用下，轨道板部分受力变形规律如图 4.37 所示。随轨道板厚度增加，轨道结构应力有较大程度的降低。纵向位移随着轨道板厚度增加呈明显减小的趋势。横向位移变化不大，在此不再列出。主要原因在于轨道板厚度增加带来上部复合板自重增加，致使自密实混凝土层与底座板间摩擦力增加，在一定程度上提升了纵向限位能力。

第4章 精细化分析方法在无砟轨道设计中的应用

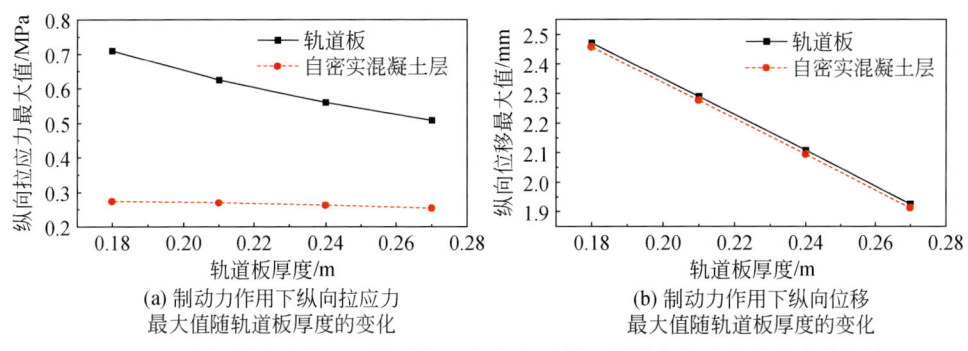

图 4.37 车辆制动力作用下轨道板和自密实混凝土层纵向位移和受力变化规律

(a) 制动力作用下纵向拉应力最大值随轨道板厚度的变化

(b) 制动力作用下纵向位移最大值随轨道板厚度的变化

2. 温度荷载作用下计算结果对比

1) 整体升降温荷载作用下计算结果

提取整体升温荷载作用下轨道板不同厚度方案部分计算结果见表 4.1。

表 4.1 整体升温荷载作用下不同轨道板厚度方案部分计算结果对比

结构层	轨道板厚度/m	横向应力/MPa 最大值	横向应力/MPa 最小值	纵向应力/MPa 最大值	纵向应力/MPa 最小值	横向位移/mm 最大值	横向位移/mm 最小值	垂向位移/mm 最大值	垂向位移/mm 最小值	纵向位移/mm 最大值	纵向位移/mm 最小值
轨道板	0.18	0.221	-0.173	0.524	-0.667	0.563	-0.563	0.123	-0.014	2.033	-2.033
轨道板	0.21	0.191	-0.152	0.445	-0.580	0.563	-0.563	0.133	-0.026	2.078	-2.078
轨道板	0.24	0.168	-0.136	0.386	-0.518	0.563	-0.563	0.142	-0.037	2.123	-2.123
轨道板	0.27	0.149	-0.124	0.341	-0.475	0.563	-0.563	0.150	-0.048	2.155	-2.155
自密实混凝土层	0.18	0.047	-0.043	0.025	-0.098	0.564	-0.564	0.042	-0.104	2.035	-2.035
自密实混凝土层	0.21	0.048	-0.034	0.031	-0.089	0.564	-0.564	0.038	-0.114	2.081	-2.081
自密实混凝土层	0.24	0.051	-0.027	0.035	-0.080	0.564	-0.564	0.034	-0.125	2.126	-2.126
自密实混凝土层	0.27	0.052	-0.021	0.038	-0.073	0.564	-0.564	0.028	-0.134	2.157	-2.157
底座板	0.18	0.012	-0.063	0.002	-0.258	0.700	-0.700	-0.002	-0.194	2.531	-2.531
底座板	0.21	0.012	-0.066	0.002	-0.267	0.700	-0.700	-0.006	-0.206	2.531	-2.531
底座板	0.24	0.012	-0.069	0.002	-0.287	0.700	-0.700	-0.010	-0.217	2.531	-2.530
底座板	0.27	0.017	-0.072	0.002	-0.316	0.700	-0.700	-0.015	-0.228	2.530	-2.530

注:对于应力指标,正值表示受拉,为拉应力;负值表示受压,为压应力。对位移指标,正负值表示相反方向;需要特别注意的是,对垂向位移,正值表示垂直向上,负值表示垂直向下。如无特殊说明均按此规定。

由表 4.1 可知,在整体升温荷载作用下,各结构层纵向拉应力均处于较低的应力水平,远小于轨道板混凝土抗拉强度。轨道板纵向拉应力和横向拉应力随着轨道板厚度的增加而减小;自密实混凝土层纵向拉应力和横向拉应力随板厚增加有所增加,但总体来看增加幅度不大;轨道板和自密实混凝土层所组成的复合板垂向位移差随轨道板厚度的增加有所增加;底座板上应力和位移差异较小。

提取较为典型的轨道板纵向拉应力最大值及垂向位移差这两个指标结果进行对比,如图 4.38 和图 4.39 所示。

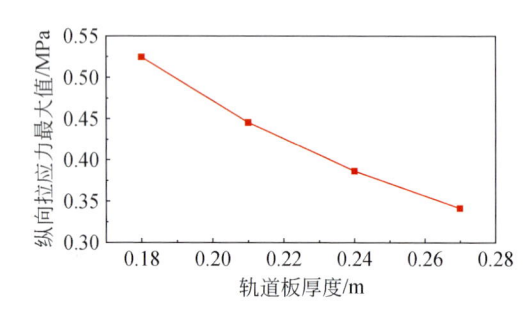

图 4.38 整体升温荷载作用下轨道板纵向拉应力最大值随轨道板厚度的变化

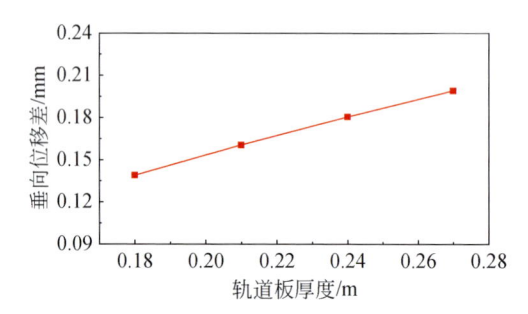

图 4.39 整体升温荷载作用下轨道板垂向位移差随轨道板厚度的变化

在整体升温荷载作用下,各结构层纵向拉应力处于较低的水平,随着轨道板厚度的增加,作为混凝土结构的轨道板体积增大,结构内部受压作用增加,轨道板纵向拉应力最大值有所降低,从 0.524MPa 降低至 0.341MPa,降低了 34.9%;与之相对的是轨道板相对变形有所增加,垂向位移差由 0.137mm 上升至 0.198mm,增加了 44.5%;其余应力变形指标的差异较小。综上所述,增加轨道板厚度能够降低结构拉应力水平,但与之相对的是整体升温下结构的垂向稳定性也有所下降。在整体降温荷载作用下也能得出类似的结论,限于篇幅在此不再列出。

2) 温度梯度荷载作用下计算结果

混凝土自身传热性差,考虑温度梯度的修正[171]对轨道板各厚度方案进行对比。提取正负温度梯度荷载作用下不同轨道板厚度方案部分计算结果,见表 4.2 和表 4.3。

第4章 精细化分析方法在无砟轨道设计中的应用

表4.2 正温度梯度荷载作用下不同轨道板厚度方案部分计算结果对比

结构层	轨道板厚度/m	横向应力/MPa 最大值	横向应力/MPa 最小值	纵向应力/MPa 最大值	纵向应力/MPa 最小值	横向位移/mm 最大值	横向位移/mm 最小值	垂向位移/mm 最大值	垂向位移/mm 最小值	纵向位移/mm 最大值	纵向位移/mm 最小值
轨道板	0.18	1.349	-1.630	1.208	-3.091	0.196	-0.196	0.958	-0.470	0.305	-0.305
	0.21	1.536	-1.484	1.451	-2.860	0.233	-0.233	1.385	-0.518	0.396	-0.396
	0.24	1.671	-1.362	1.664	-2.652	0.269	-0.269	1.724	-0.563	0.487	-0.487
	0.27	1.692	-1.256	1.730	-2.465	0.306	-0.306	1.997	-0.605	0.577	-0.577
自密实混凝土层	0.18	1.278	-1.811	1.656	-0.822	0.052	-0.051	0.943	-0.461	0.127	-0.127
	0.21	1.334	-2.061	1.669	-1.181	0.056	-0.056	1.365	-0.508	0.137	-0.137
	0.24	1.364	-2.291	1.688	-1.496	0.059	-0.059	1.696	-0.551	0.144	-0.144
	0.27	1.373	-2.496	1.745	-1.729	0.062	-0.062	1.962	-0.592	0.148	-0.148
底座板	0.18	0.444	-1.170	0.976	-1.463	0.012	-0.012	-0.087	-0.419	0.039	-0.039
	0.21	0.489	-1.356	1.065	-1.595	0.014	-0.014	-0.086	-0.454	0.042	-0.042
	0.24	0.535	-1.515	1.157	-1.726	0.015	-0.015	-0.085	-0.488	0.045	-0.045
	0.27	0.580	-1.634	1.247	-1.838	0.016	-0.016	-0.083	-0.522	0.049	-0.049

表4.3 负温度梯度荷载作用下不同轨道板厚度方案部分计算结果对比

结构层	轨道板厚度/m	横向应力/MPa 最大值	横向应力/MPa 最小值	纵向应力/MPa 最大值	纵向应力/MPa 最小值	横向位移/mm 最大值	横向位移/mm 最小值	垂向位移/mm 最大值	垂向位移/mm 最小值	纵向位移/mm 最大值	纵向位移/mm 最小值
轨道板	0.18	1.023	-0.622	1.590	-0.601	0.088	-0.088	0.421	-0.279	0.143	-0.143
	0.21	0.986	-0.723	1.631	-0.779	0.106	-0.106	0.560	-0.312	0.182	-0.182
	0.24	0.951	-0.794	1.631	-0.922	0.124	-0.124	0.694	-0.345	0.223	-0.223
	0.27	0.911	-0.806	1.598	-0.966	0.142	-0.142	0.813	-0.376	0.264	-0.264
自密实混凝土层	0.18	0.726	-0.631	0.435	-0.892	0.020	-0.020	0.421	-0.271	0.054	-0.054
	0.21	0.889	-0.657	0.492	-1.000	0.022	-0.022	0.559	-0.302	0.060	-0.060
	0.24	1.024	-0.671	0.549	-1.070	0.024	-0.024	0.693	-0.331	0.064	-0.064
	0.27	1.140	-0.675	0.647	-1.106	0.026	-0.026	0.813	-0.359	0.067	-0.067
底座板	0.18	0.604	-0.680	0.398	-0.361	0.010	-0.010	-0.060	-0.271	0.014	-0.014
	0.21	0.723	-0.785	0.459	-0.490	0.012	-0.012	-0.052	-0.302	0.016	-0.016
	0.24	0.856	-0.893	0.589	-0.631	0.013	-0.013	-0.045	-0.331	0.018	-0.018
	0.27	0.987	-1.016	0.726	-0.773	0.015	-0.015	-0.040	-0.359	0.020	-0.020

由表4.2可知,正温度梯度荷载作用下,随着轨道板厚度增加,轨道板的拉应力和位移均有不同程度的增加,轨道板压应力有一定程度的减小,自密实混凝土层

在混凝土黏结面及门型筋作用下协调变形。但轨道板厚度的改变对自密实混凝土层和底座板纵向应力影响较小。由表 4.3 可知,负温度梯度荷载作用下,轨道板横向应力随轨道板厚度增加稍有减小,纵向应力变化不大。轨道结构的垂向位移差随轨道板厚度增加而有所增加。

3. 路基沉降作用下计算结果对比

路基沉降作用下,轨道板厚度的增加有效改善了复合板的受力状态。如图 4.40 和图 4.41 所示,轨道板厚度从 0.18m 增加至 0.27m 时,轨道板纵向拉应力最大值从 1.039MPa 减小至 0.825MPa,减小 20.6%,自密实混凝土层纵向拉应力最大值由 0.761MPa 降至 0.648MPa,减小了 14.8%。轨道板横向拉应力也有不同程度的降低。此外,随着轨道板厚度的增加,各层垂向位移稍有增加,但总体看来量值不大,增加最为显著的底座板垂向位移最大值也仅从 5.610mm 增加至 5.748mm,增加了约 0.1mm。

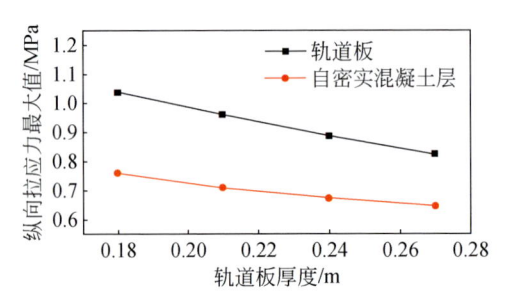

图 4.40　路基沉降作用下复合板纵向拉应力最大值变化

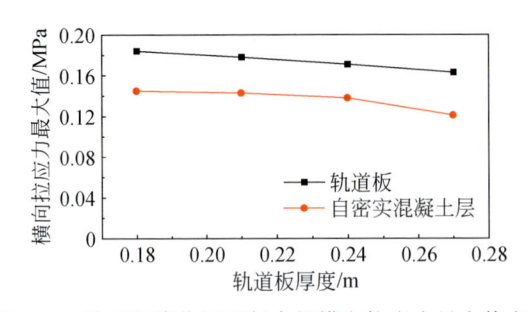

图 4.41　路基沉降作用下复合板横向拉应力最大值变化

目前部分学者认为可通过调整结构与材料参数来提高 CRTS Ⅲ 型板式无砟轨道的经济性,其中轨道板厚度也是重要的调整因素之一。但减小轨道板厚度容易使预制轨道板抵抗荷载能力减弱,尤其是由预应力效应带来的轨道板出场时的翘曲及由自密实混凝土浇筑施工时热拌混合料造成的温度梯度效应问题更需要引起

第4章 精细化分析方法在无砟轨道设计中的应用

重视;减小轨道板厚度在服役过程中也增加了复合板的剪切受力,使得其复合性能减弱。且从综合分析结果来看,轨道板加厚之后,轨道的整体刚度有较大的提升,在大部分荷载作用下轨道结构的整体变形有显著降低,应力也有所减小。

总体来说,在长期荷载作用下,轨道板加厚方案有利于减小轨道结构的应力、变形,延长结构的使用寿命。然而,轨道板加厚可能导致大温差条件下自身应力、变形的增加,还增加了轨道结构的整体高度,使工程造价有所增加。因此,下一步的研究重点是设计合理的轨道板加厚方案,使其既能适应温度变化更为复杂的环境,又能减小工程造价。

4.3.2 填充层/调整层结构参数影响

本节以CRTSⅢ型板式无砟轨道轨道板下填充的自密实混凝土层厚度选型为例,选取不同自密实混凝土层厚度,主要分析车辆荷载、温度荷载作用下轨道结构的受力变形特征。选取的自密实混凝土层厚度分别为0.08m、0.10m、0.12m、0.14m、0.16m。同样,为了消除边界效应,建模时取3块底座板长度进行计算,取中间一块底座板长度的无砟轨道结构进行分析。

1. 车辆荷载作用下计算结果对比

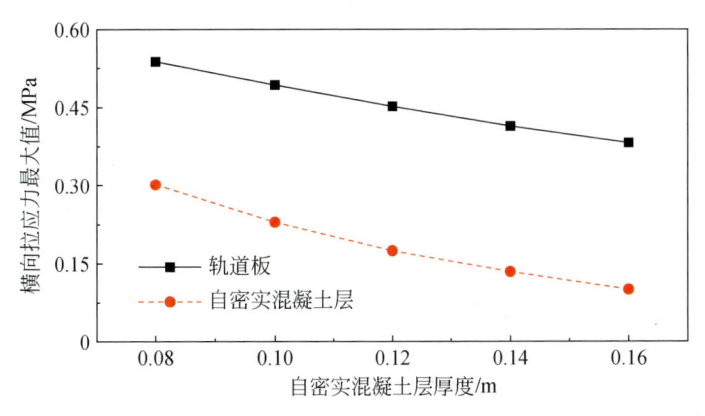

以车辆垂向荷载作用为例,图4.42为车辆垂向荷载作用下轨道板和自密实混凝土层横向拉应力最大值对比。轨道板和自密实混凝土层组成的复合板在车辆荷载作用下,上部受压而下部受拉。由图4.42可知,自密实混凝土层厚度的增加对轨道板及自密实混凝土层横向拉应力有明显的改善,其中轨道板横向拉应力最大值由0.54MPa减小至0.38MPa,自密实混凝土层横向拉应力最大值由0.3MPa降低至0.1MPa。总体来看,自密实混凝土厚度的增加对轨道在车辆荷载下的受力有较为明显的改善。

图4.42 车辆垂向荷载作用下轨道板和自密实混凝土层横向拉应力最大值对比

随着自密实混凝土层厚度的增加,轨道整体刚度上升,无砟轨道垂向位移最大值由 1.121mm 减小至 1.009mm。横向、制动力荷载作用下也能得出类似的结论,此处不再列出。综上所述,自密实混凝土层厚度增加能够增强轨道结构对车辆荷载的抵抗能力。

2. 温度荷载作用下计算结果对比

在整体升降温作用下,自密实混凝土层厚度改变对结构的应力基本无影响,仅对自密实混凝土层本身垂向位移稍有影响,在此不列出所有结果。随自密实混凝土层厚度增加,其本身垂向位移有增加的趋势。例如,在整体升温作用下,自密实混凝土层厚度从 0.08m 增加至 0.16m 时,垂向位移最大值从 0.126mm 增加至 0.150mm,但总体变化量较小。

为研究温度梯度作用下自密实混凝土层厚度改变带来的影响,以正温度梯度为例进行分析。图 4.43 为正温度梯度荷载作用下自密实混凝土层纵向拉应力最大值随其自身厚度增加的变化趋势。可以得出,正温度梯度荷载作用下自密实混凝土层厚度在 0.1m 时,其自身纵向应力最大值最小,为 1.451MPa,之后随着厚度的增加缓慢增大。可见自密实混凝土层过薄或过厚均会造成自身产生较大的纵向拉应力。

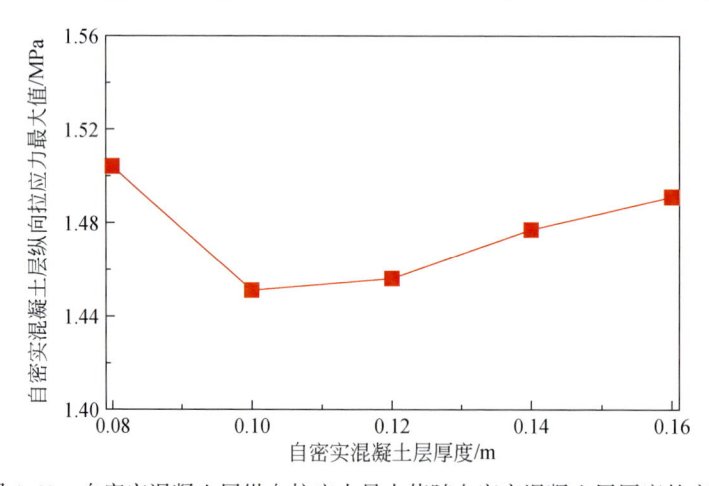

图 4.43 自密实混凝土层纵向拉应力最大值随自密实混凝土层厚度的变化

进一步提取轨道各层垂向位移差分析轨道板翘曲变形趋势如图 4.44 所示。从图 4.44 可以发现,自密实混凝土层厚度的增加对降低复合板翘曲变形量有一定好处,对轨道板纵向伸缩也有一定程度的改善,底座板垂向位移差随着自密实混凝土层厚度的增加呈现出减小的趋势。

综上所述,自密实混凝土层厚度的增加对无砟轨道应力及位移有一定程度的改善。此外,在建设和施工中发现,设置过小的自密实混凝土层厚度会给填充层复

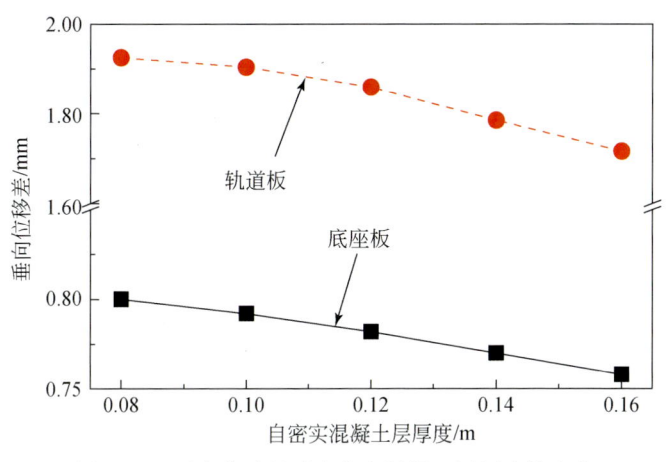

第 4 章 精细化分析方法在无砟轨道设计中的应用

图 4.44 垂向位移差随自密实混凝土层厚度的变化

合板效应带来不良影响,并造成了更大的施工难度。因此,综合考虑车辆荷载及温度荷载下的无砟轨道应力与变形随自密实混凝土层厚度变化的规律,以及无砟轨道的经济性,自密实混凝土层厚度宜大于 0.08m。

4.3.3 轨道板与填充层材料差异影响

CRTSⅢ型板式无砟轨道为了实现轨面高平顺性,采用轨道板预制、板下自密实混凝土填充的施工方法,以保证场内高精度、现场易灌注的设计原则。上部轨道板与下部自密实混凝土是否能形成一个共同受力的复合板,成为 CRTSⅢ型板式无砟轨道轨道板设计原则能否成立的关键。为了准确说明轨道板与自密实混凝土层的力学关系及功能定位,需要考虑自密实混凝土层材料与轨道板材料差异对上部复合板结构受力与变形的影响。

为了表征单一材料构成的单层板与不同材料组成的复合板的力学性能差异,此处将假定两种工况分别进行分析:除原复合板方案外,将假定自密实混凝土层材料替换为与轨道板一致的材料的结构记为单层板,即将单层板与多层复合板的受力与变形进行对比,分析轨道板与自密实混凝土复合后的工作性能。

考虑到复合板受温度梯度荷载影响较大,荷载工况主要选取正负温度梯度荷载进行加载。选取以下指标进行分析:①钢轨位移;②轨道板应力与位移;③自密实混凝土层位移。为了消除边界效应,模型仍然采用三块底座板长度进行计算,取中间底座板长度(两块轨道板)对应的计算结果进行分析。

1. 材料差异对钢轨位移的影响

正负温度梯度情况下轨道板翘曲引起的轨面平顺性变化计算结果如图 4.45 和图 4.46 所示。

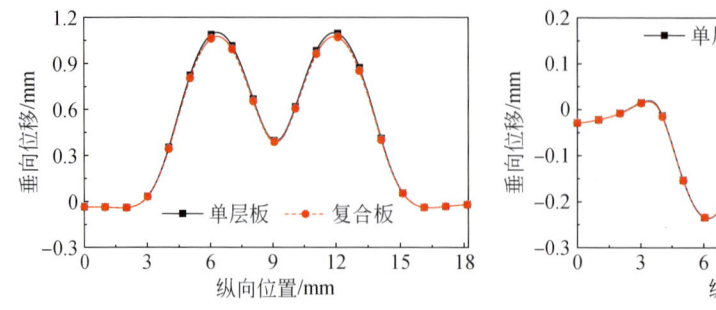

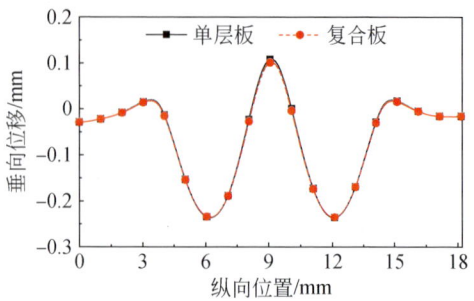

图 4.45 钢轨垂向位移对比(正温度梯度)　　图 4.46 钢轨垂向位移对比(负温度梯度)

可以看出,单层板与复合板在温度梯度荷载作用下轨面平顺性的差异较小,正温度梯度荷载作用下两者最大差异为 0.03mm,负温度梯度荷载作用下最大差异为 0.006mm。

2. 材料差异对轨道板应力的影响

正温度梯度荷载作用下,单层板和复合板工况下轨道板纵向应力云图如图 4.47 所示。

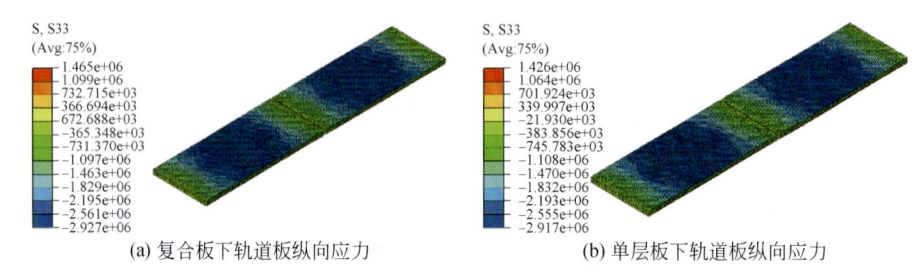

(a) 复合板下轨道板纵向应力　　(b) 单层板下轨道板纵向应力

图 4.47　正温度梯度荷载作用下两种轨道板纵向应力(单位:Pa)

负温度梯度下,单层板和复合板工况下轨道板纵向应力云图如图 4.48 所示。

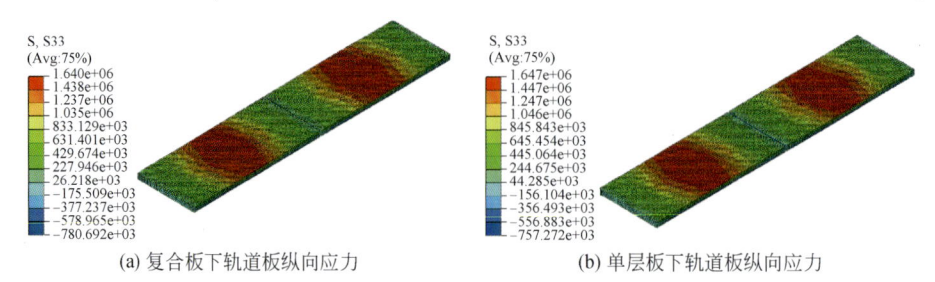

(a) 复合板下轨道板纵向应力　　(b) 单层板下轨道板纵向应力

图 4.48　负温度梯度荷载作用下两种轨道板纵向应力(单位:Pa)

计算结果表明,正温度梯度荷载作用下两种轨道板纵向拉应力、纵向压应力差异较小,拉应力最大值分别为 1.465MPa(复合板)和 1.426MPa(单层板),差异在

第4章 精细化分析方法在无砟轨道设计中的应用

3%左右,压应力最大值分别为2.927MPa(复合板)和2.917MPa(单层板),差异在0.3%左右;负温度梯度荷载作用下两者拉应力、压应力最大值差异也在2%~3%。可以得出,两者在轨道板应力方面的差异较小。

提取正温度梯度下轨道板板顶中线纵向应力分布如图4.49所示,从两种板型的应力分布对比可以看出,轨道板上应力分布基本一致。

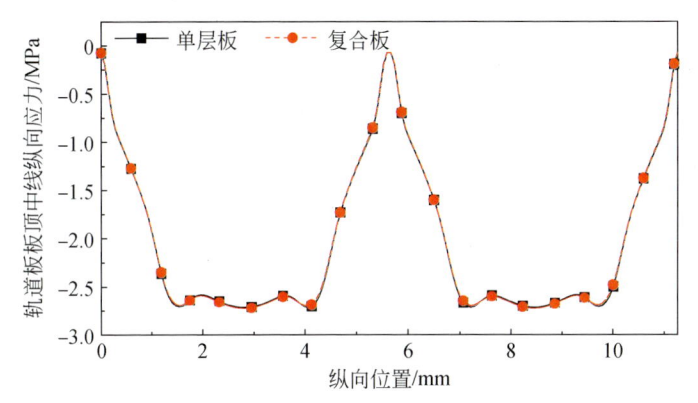

图4.49 正温度梯度荷载作用下轨道板板顶中线纵向应力分布

3. 材料差异对轨道板及自密实混凝土层位移的影响

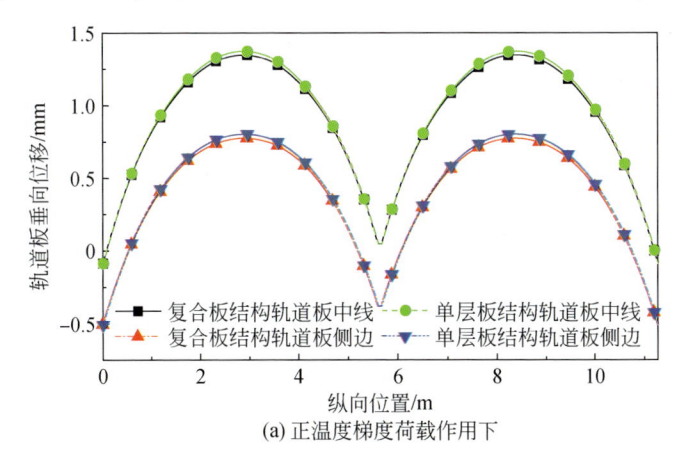

进一步提取正负温度梯度荷载作用下轨道板的垂向位移分布如图4.50所示。对比复合板和单层板在正负温度梯度荷载作用下的轨道板垂向位移差可知,正温度梯度荷载作用下复合板轨道板垂向位移差最大值为1.868mm,单层板轨道板垂向位移差最大值为1.894mm,差异在1.4%左右;负温度梯度下,复合板轨道板垂向位移差最大值为0.861mm,单层板轨道板垂向位移差最大值为0.870mm,差异在3%左右。可以得出,两者在轨道板垂向位移差方面的差异较小。

(a) 正温度梯度荷载作用下

(b) 负温度梯度荷载作用下

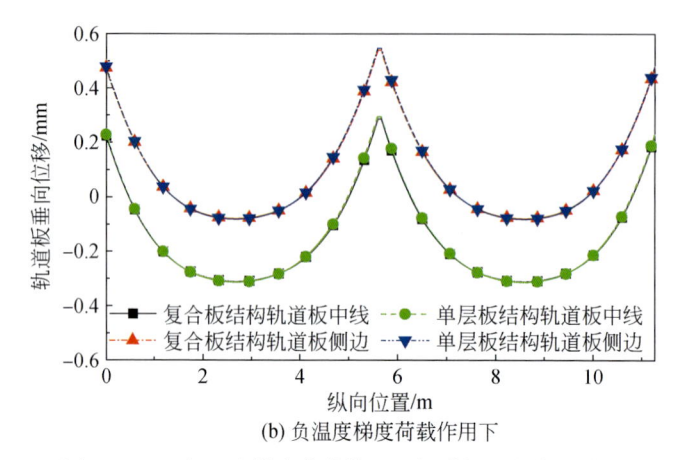

图 4.50　正负温度梯度荷载作用下轨道板垂向位移分布

由图 4.50 还可以看出，从温度梯度荷载作用下不同位置处轨道板垂向位移分布情况来看，复合板和单向板垂向位移分布较为一致，说明自密实混凝土层材料的差异造成的轨道板几何形位差异较小，几乎可以忽略。

选取自密实混凝土层底面侧边垂向位移进行单层板和复合板的对比后发现，正温度梯度荷载作用下，复合板自密实混凝土层垂向位移差最大值 1.836mm，单层板自密实混凝土层垂向位移差最大值 1.862mm，差异在 1.4% 左右；负温度梯度荷载作用下，复合板自密实混凝土层垂向位移差最大值 0.849mm，单层板自密实混凝土层垂向位移差最大值 0.859mm，差异在 1% 左右。可以得出，两者在自密实混凝土层垂向位移差方面的差异较小。

为研究复合板体系下轨道板与自密实混凝土层的共同变形性能，在得到轨道板与自密实混凝土层垂向位移分布的基础上，观察复合板与单层板的层间位移差。提取正负温度梯度荷载作用下轨道板与自密实混凝土层间垂向位移差分布如图 4.51 所示。

(a) 正温度梯度荷载作用下　　(b) 负温度梯度荷载作用下

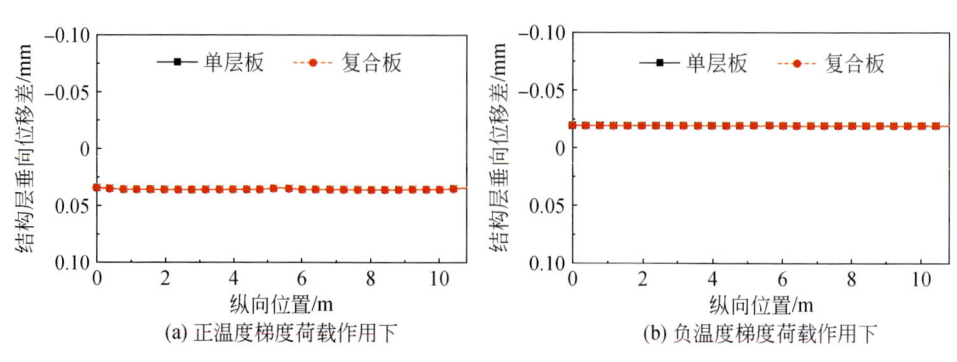

图 4.51　轨道板与自密实混凝土层间垂向位移差分布

从图 4.51 可以看出,轨道板和自密实混凝土层之间的垂向位移差基本可以忽略,不同位置处也基本没有差异。在正温度梯度和负温度梯度荷载作用下轨道板与自密实混凝土层间均能保证较小的位移差别,其共同工作性能与单层轨道板的工作性能基本一致。

综上分析可以看出,自密实混凝土层与轨道板材料差异对轨道板与自密实混凝土层的几何位移分布及层间垂向位移差的影响均很小,说明复合板两层结构共同受力性能良好,在施工工艺质量有保障时能够起到复合作用。但在实际工程中考虑到两者存在新老混凝土交界面这一薄弱受力面,需要重点关注轨道板与自密实混凝土层的层间离缝问题。目前也有部分学者提出将在边角位置进行补强。

4.3.4 无砟轨道结构参数选型建议

采用上述方法,对其他形式的无砟轨道结构尺寸、材料也进行了大量研究,得出无砟轨道结构尺寸对结构受力变形特性的影响规律,并结合分析结果,以路基上无砟轨道为例,得到不同无砟轨道主要结构尺寸和材料参数的选型建议,见表4.4。

表 4.4 不同无砟轨道主要结构尺寸和材料参数的选型建议(路基上)

结构类型	结构参数	CRTS Ⅰ 型板式无砟轨道	CRTS Ⅱ 型板式无砟轨道	CRTS Ⅲ 型板式无砟轨道
轨道板	轨道板宽度	适宜的轨道板宽度在 2.4m 左右	轨道板宽度保持在 2.5m 以上,不宜超过 2.65m	适宜的轨道板宽度在 2.5m 左右
	轨道板厚度	适宜的轨道板厚度在 0.19~0.22m	适宜的轨道板厚度为 0.2~0.25m	保持在 0.21~0.25m,为防止轨道结构整体过重,应受限于底座板厚度
砂浆层/自密实混凝土层	砂浆层/自密实混凝土层厚度	厚度保持在 0.03~0.05m,不宜超过 0.05m	考虑限位特点,厚度不宜过厚,保持在 0.02~0.03m	大于 0.08m
	砂浆层/自密实混凝土层材料	SL-1 型砂浆,袋装法施工,弹性模量 100~300MPa	SL-2 型砂浆,模筑法施工,弹性模量 7000~10000MPa,保持强度的前提下,适当地降低 CA 砂浆弹性模量	自密实混凝土,混凝土等级 C40,弹性模量 $3.4×10^4$ MPa
底座板/支承层	尺寸	底座板/支承层宽度不宜过大,在满足荷载扩散角45°情况下,可适量减小底座板/支承层宽度,厚度保持在 0.25m 以上		
	材料	C40 混凝土底座板	HGT 水硬性混凝土层	C40 混凝土底座板

4.4 无砟轨道限位结构及连接形式研究

无砟轨道为了保证良好的平顺性及长期稳定性,常设置一定的纵横向限位装置,使得轨道结构在复杂荷载作用下不发生过大的错动以致轨道结构失稳;同时,为了保证轨道结构对温度的良好适应能力,单元结构在板与板之间设置伸缩缝、纵连结构在板与板之间加强连接形成合理固定区,保证在温度荷载作用下结构不会产生过大的受力变形,避免结构破坏。不同无砟轨道的主要限位结构和连接形式见表4.5。CRTS Ⅰ型板式无砟轨道轨道板凸台如图4.52所示,桥上CRTS Ⅱ型板式无砟轨道侧向挡块如图4.53所示。

表4.5 不同无砟轨道主要限位结构和连接形式

轨道种类	CRTS Ⅰ型板式无砟轨道	CRTS Ⅱ型板式无砟轨道	CRTS Ⅲ型板式无砟轨道
轨道限位结构	轨道板端圆形凸台	板间强连接,砂浆层浇筑后上下黏结限位、桥上设置侧向挡块	自密实混凝土层下凸台与底座板上限位凹槽
结构连接形式	单元	纵连	单元

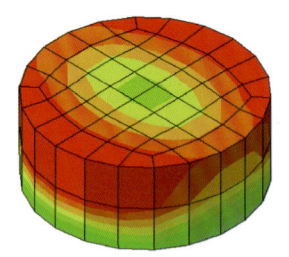

图4.52 CRTS Ⅰ型板式无砟轨道轨道板凸台

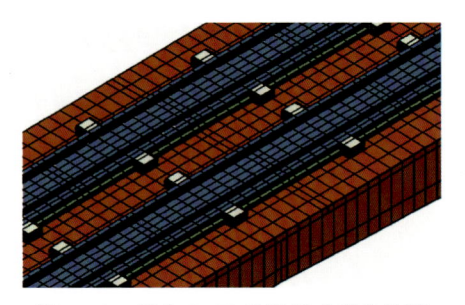

图4.53 桥上CRTS Ⅱ型板式无砟轨道侧向挡块

为了体现空间精细化分析方法在无砟轨道限位结构及板间连接方式设计过程中的应用,本节以CRTS Ⅲ型板式无砟轨道为例,在无砟轨道空间精细化分析模型及荷载效应分析方法的基础上,对限位凹槽形式及尺寸、轨道板纵连与否、底座板合理纵连长度等多个方面关键设计参数的影响规律进行分析,并提出了合理建议。

4.4.1 限位结构单凹槽设计与优化

本节主要以CRTS Ⅲ型板式无砟轨道所采用的限位凹槽形式为例,应用精细化分析方法,对限位结构基本尺寸进行设计优化。

1. 单凹槽基本尺寸方案的确定

当列车横向力以及制动力分别传至自密实混凝土层与底座板之间时,按照最不利受力分析原则,假设钢轨所受到的力完全传递到轨道板上,不考虑钢轨约束,并且认为土工布不提供摩擦力,此时按照自密实混凝土层凸台抗剪切能力来确定凸台的最小尺寸[178]。

考虑列车两个轮对作用于一块轨道板上,横向荷载为136kN,列车制动力按《铁路桥涵设计规范》(TB 10002—2017)[170]考虑一块轨道板最大承受110kN的纵向力,自密实混凝土的纵向抗剪强度为

$$[\tau_c] = 1.35\mathrm{MPa} \tag{4.3}$$

取荷载最大值计算,所需的凹槽最小截面面积为0.1007m²。

当尺寸较小时,在纵横向力作用下,凸台根部有可能产生较大局部应力集中,因此合理选取纵横向尺寸以尽可能减小凸台顶部的拉应力。自密实混凝土层凸台顶面拉应力最大值随凹槽尺寸变化规律如图4.54所示。

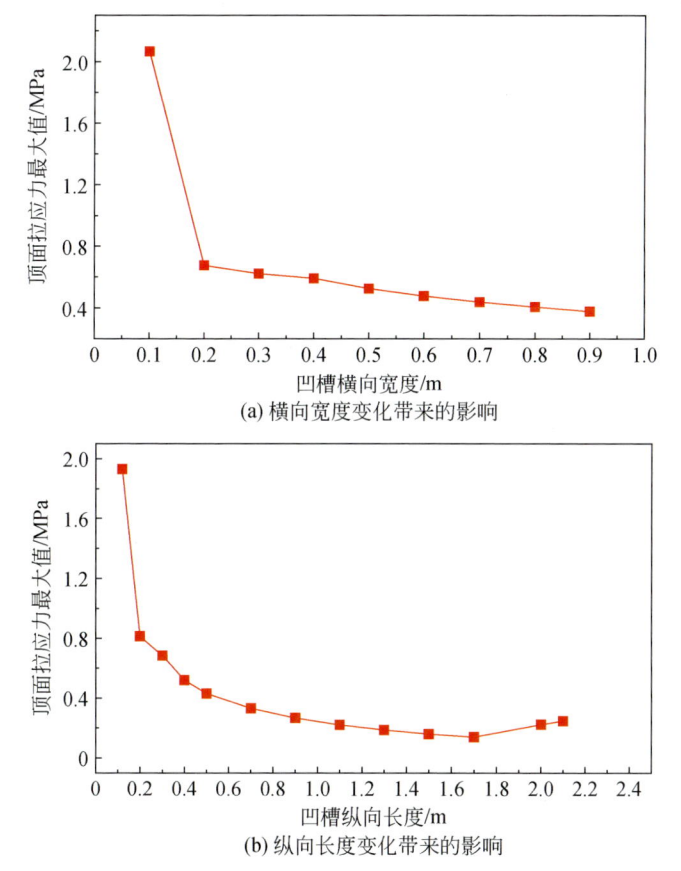

(a) 横向宽度变化带来的影响

(b) 纵向长度变化带来的影响

图4.54 自密实混凝土层凸台顶面拉应力最大值随凹槽尺寸变化趋势

由图4.54可知,当凹槽横向宽度增加时,其顶面拉应力最大值有所减小,当横向宽度超过0.2m后,顶面拉应力最大值减小趋势减缓;同时,从施工及结构角度考虑,凹槽宽度应取板宽度一半以内并尽可能取较大值。当凹槽纵向长度增加时,其

顶面拉应力有减小趋势，在增加到一定程度后应力减小变缓，且拉应力改变不大，综合来看纵向长度可在1.7m附近确定其比选工况。

本书中在满足最小尺寸限值的基础上，考虑一定的安全储备以接近双凹槽方案的限位能力，拟定几种长、宽组合方案，对这几种组合方案进行计算，总结不同方案在长度与宽度改变时轨道受力、变形的变化规律，从而对凹槽长度与宽度的设计给出建议。初步拟定的单凹槽尺寸见表4.6。

表 4.6 单凹槽尺寸 （单位：m）

	尺寸	方案 L1	方案 L2	方案 I
改变长度方案	长	1.5	1.7	2.0
	宽	0.6	0.6	0.6
	尺寸	方案 W1	方案 I	方案 W2
改变宽度方案	长	2.0	2.0	2
	宽	0.5	0.6	0.7

2. 车辆荷载作用下计算结果

1) 垂向荷载作用下计算结果

仍然考虑图4.3所示的车辆荷载加载位置，提取垂向荷载作用于位置 A 时，单凹槽各尺寸方案主要计算结果见表4.7。

表 4.7 垂向荷载作用于位置 A 时单凹槽各尺寸方案主要计算结果

结构层	凹槽尺寸 宽/m	长/m	横向应力/MPa 最大值	最小值	纵向应力/MPa 最大值	最小值	横向位移/mm 最大值	最小值	垂向位移/mm 最大值	最小值	纵向位移/mm 最大值	最小值
轨道板	0.5	2.0	0.232	-1.393	0.562	-1.646	0.017	-0.017	-0.131	-1.122	0.095	-0.013
	0.6	2.0	0.232	-1.391	0.563	-1.646	0.017	-0.017	-0.131	-1.122	0.096	-0.014
	0.7	2.0	0.232	-1.391	0.564	-1.646	0.017	-0.017	-0.131	-1.121	0.096	-0.014
	0.6	1.5	0.231	-1.392	0.556	-1.646	0.017	-0.017	-0.132	-1.123	0.096	-0.014
	0.6	1.7	0.231	-1.392	0.558	-1.646	0.017	-0.017	-0.131	-1.123	0.096	-0.014
自密实混凝土层	0.5	2.0	0.651	-0.021	0.420	-0.725	0.014	-0.014	-0.131	-1.106	0.026	-0.041
	0.6	2.0	0.649	-0.023	0.420	-0.706	0.014	-0.014	-0.131	-1.106	0.026	-0.041
	0.7	2.0	0.649	-0.025	0.420	-0.696	0.014	-0.014	-0.131	-1.105	0.027	-0.041
	0.6	1.5	0.649	-0.026	0.420	-0.672	0.014	-0.014	-0.132	-1.107	0.026	-0.035
	0.6	1.7	0.649	-0.023	0.420	-0.687	0.014	-0.014	-0.131	-1.106	0.026	-0.038

第 4 章　精细化分析方法在无砟轨道设计中的应用

续表

结构层	凹槽尺寸 宽/m	凹槽尺寸 长/m	横向应力/MPa 最大值	横向应力/MPa 最小值	纵向应力/MPa 最大值	纵向应力/MPa 最小值	横向位移/mm 最大值	横向位移/mm 最小值	垂向位移/mm 最大值	垂向位移/mm 最小值	纵向位移/mm 最大值	纵向位移/mm 最小值
底座板	0.5	2.0	0.495	−0.511	0.429	−0.444	0.018	−0.018	−0.129	−1.113	0.018	−0.078
	0.6	2.0	0.495	−0.509	0.430	−0.440	0.018	−0.018	−0.129	−1.113	0.018	−0.077
	0.7	2.0	0.495	−0.508	0.431	−0.436	0.018	−0.018	−0.129	−1.112	0.018	−0.077
	0.6	1.5	0.494	−0.510	0.485	−0.447	0.018	−0.018	−0.129	−1.115	0.018	−0.078
	0.6	1.7	0.494	−0.510	0.450	−0.443	0.018	−0.018	−0.129	−1.114	0.018	−0.078

计算结果表明,凹槽尺寸对垂向荷载作用结果几乎没有影响,在此不再赘述。原因主要有两点:一是凹槽尺寸变化主要是结构纵横向约束尺度的变化,结构垂向特性没有改变;二是自密实混凝土层与底座板之间有较好的接触,凹槽尺寸的改变没有在本质上改变结构的垂向传力。

2) 横向荷载作用下计算结果

将车辆横向荷载作用于位置 A、B、C 处时,从计算结果可知,凹槽尺寸所带来的影响主要集中在结构的横向位移上,凹槽尺寸越大,横向位移越小。

图 4.55 为车辆横向荷载作用于位置 A 时不同方案轨道板横向位移最大值对比。图中存在两条曲线,分别代表改变宽度方案与改变长度方案后其指标的变化,方案间按尺寸由小至大的顺序沿横坐标排列,后续有类似图不再赘述。

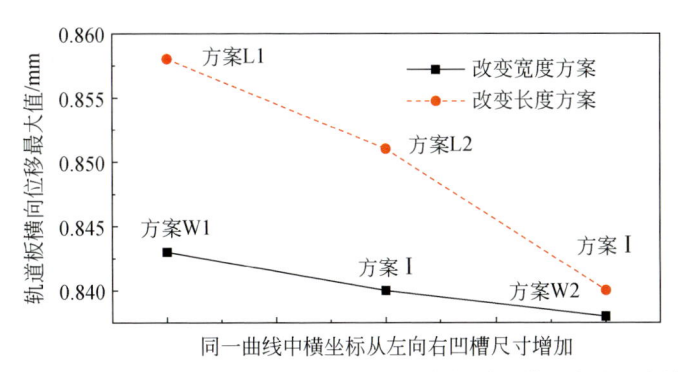

图 4.55　车辆横向荷载作用于位置 A 处不同方案轨道板横向位移最大值对比

由图 4.55 可知,改变凹槽长度比改变凹槽宽度更能限制轨道横向位移,但影响幅度都很小,轨道板横向位移最大值最大改变量仅为 0.02mm。说明自密实混凝土层与底座板之间的摩擦提供了较大的限位能力,以至于分担给凹槽承受的横向荷载较小,因此改变凹槽尺寸对计算结果影响较小。

3）制动力作用下计算结果

凹槽尺寸变化对制动力计算结果有影响，但主要影响轨道纵向位移，对其他结果影响较小。图 4.56 为不同方案轨道板纵向位移最大值对比。由图 4.56 可知，改变凹槽宽度后，轨道板纵向位移最大值变化显著，凹槽宽度越大，纵向位移最大值越小，纵向位移最大值最大变化量为 2.53 mm。因此，为了提高轨道结构的纵向限位能力，不应设置过小的凹槽宽度。

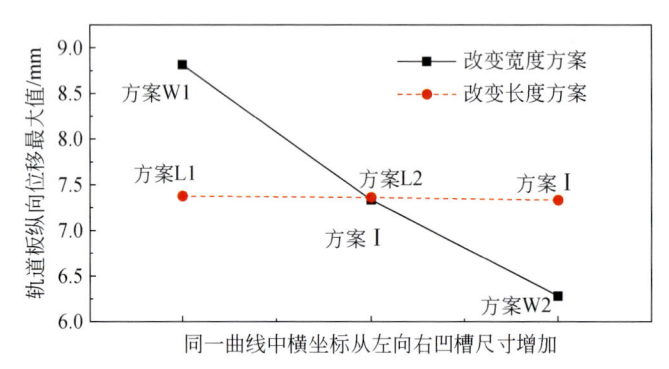

图 4.56 车辆制动力作用下不同方案轨道板纵向位移最大值对比

3. 温度荷载作用下计算结果

1）整体升降温荷载作用下计算结果

由表 4.8 可知，整体升温下，各种凹槽尺寸的轨道计算结果差异不大，稍微有影响的是轨道纵向位移，变化量仅为 0.01 mm。同样在整体温降下，轨道结构的应力、变形结果在不同凹槽尺寸下几乎无差异。说明凹槽尺寸对整体升降温作用下轨道结构的受力状态无明显影响，在此不再列出。

表 4.8 整体升温时单凹槽各尺寸方案主要计算结果

结构层	凹槽尺寸 宽/m	凹槽尺寸 长/m	横向应力/MPa 最大值	横向应力/MPa 最小值	纵向应力/MPa 最大值	纵向应力/MPa 最小值	横向位移/mm 最大值	横向位移/mm 最小值	垂向位移/mm 最大值	垂向位移/mm 最小值	纵向位移/mm 最大值	纵向位移/mm 最小值
轨道板	0.5	2.0	0.190	-0.153	0.445	-0.596	0.563	-0.563	0.129	-0.021	1.975	-1.975
	0.6	2.0	0.190	-0.153	0.445	-0.594	0.563	-0.563	0.130	-0.021	1.985	-1.986
	0.7	2.0	0.190	-0.153	0.445	-0.594	0.563	-0.563	0.130	-0.022	1.996	-1.996
	0.6	1.5	0.190	-0.153	0.445	-0.594	0.563	-0.563	0.129	-0.021	1.982	-1.982
	0.6	1.7	0.190	-0.153	0.445	-0.595	0.563	-0.563	0.130	-0.021	1.983	-1.983

第4章 精细化分析方法在无砟轨道设计中的应用

续表

结构层	凹槽尺寸 宽/m	凹槽尺寸 长/m	横向应力/MPa 最大值	横向应力/MPa 最小值	纵向应力/MPa 最大值	纵向应力/MPa 最小值	横向位移/mm 最大值	横向位移/mm 最小值	垂向位移/mm 最大值	垂向位移/mm 最小值	纵向位移/mm 最大值	纵向位移/mm 最小值
自密实混凝土层	0.5	2.0	0.052	-0.034	0.021	-0.107	0.564	-0.564	0.035	-0.110	1.978	-1.978
	0.6	2.0	0.054	-0.034	0.021	-0.104	0.564	-0.564	0.035	-0.111	1.988	-1.988
	0.7	2.0	0.052	-0.034	0.021	-0.103	0.564	-0.564	0.035	-0.111	1.998	-1.998
	0.6	1.5	0.054	-0.034	0.021	-0.110	0.564	-0.564	0.035	-0.110	1.984	-1.984
	0.6	1.7	0.054	-0.034	0.021	-0.105	0.564	-0.564	0.035	-0.110	1.986	-1.986
底座板	0.5	2.0	0.009	-0.061	0.002	-0.229	0.700	-0.700	-0.009	-0.201	2.532	-2.532
	0.6	2.0	0.010	-0.061	0.002	-0.232	0.700	-0.700	-0.009	-0.202	2.532	-2.532
	0.7	2.0	0.010	-0.061	0.002	-0.235	0.700	-0.700	-0.009	-0.202	2.532	-2.531
	0.6	1.5	0.010	-0.060	0.002	-0.230	0.700	-0.700	-0.009	-0.201	2.532	-2.532
	0.6	1.7	0.010	-0.060	0.002	-0.230	0.700	-0.700	-0.009	-0.201	2.532	-2.532

2）温度梯度荷载作用下计算结果

加载正负温度梯度荷载后,计算结果表明,不同凹槽尺寸对轨道结构位移没有明显影响,仅在正温度梯度时轨道垂向位移有所变化,凹槽尺寸增大后,垂向位移最大值有所降低,但最大变化量仅为0.02mm,说明增大凹槽尺寸对轨道板上拱有一定的约束,但作用不大。

图4.57为正负温度梯度荷载作用下,不同方案下自密实混凝土层横向拉应力最大值对比。不难看出,凹槽尺寸增加后,限位能力有一定提高,自密实混凝土层拉应力有一定程度的上升,但总体上升不大,对整体受力状态影响较小。

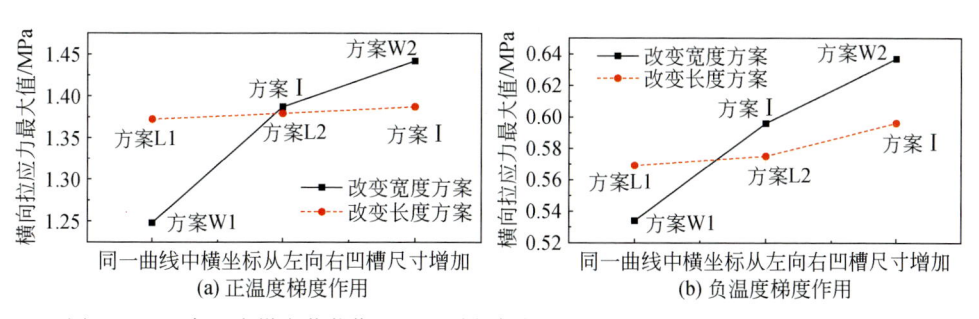

(a) 正温度梯度作用

(b) 负温度梯度作用

图4.57 正负温度梯度荷载作用下不同方案自密实混凝土层横向拉应力最大值对比

4. 路基沉降作用下计算结果

路基沉降作用下,不同凹槽尺寸轨道计算结果主要区别在于轨道结构与沉降变形的跟随性,如图 4.58 所示,凹槽尺寸越大,垂向位移最大值越大,结构跟随性越好,板下离缝可能性降低。

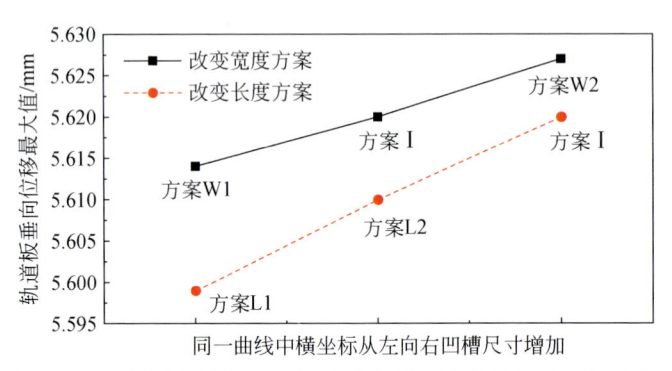

图 4.58 路基沉降作用下不同方案轨道板垂向位移最大值对比

综合各荷载工况下不同方案性能,凹槽宽度增加后,轨道板纵向稳定性得到提升;但在路基沉降作用下其跟随性更强,垂向位移最大值有所增加,不利于保持平顺性,因此建议凹槽宽度取适中值 0.6m。凹槽长度增加时,整体看来,轨道的纵向受力减小,横向限位能力略有提高,但对其他指标影响不明显;从耐久性方面考虑,凹槽长度增加,应力减小,其耐久性更优。因此建议凹槽长度取较大值 2.0m。

4.4.2 单双凹槽限位结构布设方案综合比选

4.4.1 节针对单凹槽的基本结构尺寸进行了设计优化,在 CRTS Ⅲ 型板式无砟轨道中,如何有效合理地设计限位结构的具体布设方案也很重要。双凹槽方案是在单个轨道板下设置两个长方形的凸台[178,179],与底座板上对应设置的两个凹槽配合工作实现限位功能,根据前期研究和现场应用发现,为满足实际运营需求,双凹槽尺寸取为 0.7m×1.0m×0.1m。本节将对单凹槽与双凹槽方案进行比选,单凹槽尺寸选为 0.6m×2.0m×0.1m。计算工况同样考虑车辆荷载(垂向、横向以及制动)、温度荷载(整体升降温、正负温度梯度)、基础沉降荷载。

1. 车辆荷载作用下计算结果

考虑车辆垂向荷载作用于图 4.3 所示的不同位置处,提取垂向荷载作用于位置 A 时两方案主要计算结果见表 4.9。

表 4.9　垂向荷载作用于位置 A 时单双凹槽方案主要计算结果

结构层	凹槽类型	横向应力/MPa 最大值	最小值	纵向应力/MPa 最大值	最小值	横向位移/mm 最大值	最小值	垂向位移/mm 最大值	最小值	纵向位移/mm 最大值	最小值
轨道板	单凹槽	0.232	-1.391	0.563	-1.646	0.017	-0.017	-0.131	-1.122	0.096	-0.014
轨道板	双凹槽	0.230	-1.396	0.565	-1.645	0.017	-0.017	-0.131	-1.126	0.096	-0.014
自密实混凝土层	单凹槽	0.649	-0.023	0.420	-0.706	0.014	-0.014	-0.131	-1.106	0.026	-0.041
自密实混凝土层	双凹槽	0.650	-0.014	0.419	-0.495	0.014	-0.014	-0.131	-1.109	0.026	-0.055
底座板	单凹槽	0.495	-0.509	0.430	-0.440	0.018	-0.018	-0.129	-1.113	0.018	-0.077
底座板	双凹槽	0.493	-0.514	0.436	-0.466	0.018	-0.018	-0.130	-1.116	0.018	-0.078

计算结果表明,在垂向荷载作用下单凹槽和双凹槽方案差异很小,说明凹槽类型对垂向荷载作用结果无明显影响。垂向荷载作用于其他位置时也得到类似的结论。

考虑横向荷载作用位置的不同,提取荷载作用于位置 A 处两方案主要计算结果见表 4.10。

表 4.10　横向荷载作用于位置 A 时单双凹槽方案主要计算结果

结构层	凹槽类型	横向应力/MPa 最大值	最小值	纵向应力/MPa 最大值	最小值	横向位移/mm 最大值	最小值	垂向位移/mm 最大值	最小值	纵向位移/mm 最大值	最小值
轨道板	单凹槽	1.215	-1.126	0.495	-0.604	0.032	-0.877	-0.137	-0.252	0.191	-0.211
轨道板	双凹槽	1.245	-1.157	0.506	-0.633	0.002	-0.844	-0.137	-0.255	0.177	-0.195
自密实混凝土层	单凹槽	0.074	-0.134	0.122	-0.106	0.034	-0.857	-0.137	-0.239	0.190	-0.211
自密实混凝土层	双凹槽	0.078	-0.143	0.131	-0.115	0.004	-0.822	-0.137	-0.241	0.176	-0.196
底座板	单凹槽	0.074	-0.095	0.210	-0.160	-0.088	-0.174	-0.126	-0.251	0.025	-0.020
底座板	双凹槽	0.096	-0.097	0.220	-0.172	-0.089	-0.173	-0.125	-0.254	0.024	-0.020

计算结果表明,在横向荷载作用下双凹槽方案横向位移较小,说明双凹槽方案在一定程度上为轨道结构提供了更好的横向限位能力。双凹槽的结构应力略大于单凹槽,但总体来看,应力结果均处于较低水平且差异不大。

提取制动力作用下单双凹槽方案主要计算结果见表 4.11。

表 4.11　制动力作用下单双凹槽方案主要计算结果

结构层	凹槽类型	横向应力/MPa 最大值	最小值	纵向应力/MPa 最大值	最小值	横向位移/mm 最大值	最小值	垂向位移/mm 最大值	最小值	纵向位移/mm 最大值	最小值
轨道板	单凹槽	0.081	-0.160	0.597	-0.608	0.004	-0.004	-0.104	-0.269	7.336	7.307
轨道板	双凹槽	0.080	-0.159	0.625	-0.615	0.003	-0.003	-0.090	-0.264	2.289	2.263
自密实混凝土层	单凹槽	0.131	-0.192	0.541	-1.421	0.003	-0.003	-0.104	-0.269	7.327	7.294
自密实混凝土层	双凹槽	0.096	-0.045	0.270	-0.434	0.003	-0.003	-0.090	-0.264	2.277	2.255
底座板	单凹槽	0.200	-0.498	0.548	-1.490	0.006	-0.006	-0.099	-0.269	0.149	0.112
底座板	双凹槽	0.143	-0.183	0.260	-0.442	0.006	-0.006	-0.086	-0.265	0.139	0.112

计算结果表明,单双凹槽方案主要在轨道板与自密实混凝土层纵向位移上有较大的差别。提取轨道结构纵向位移最大值对比如图 4.59 所示。

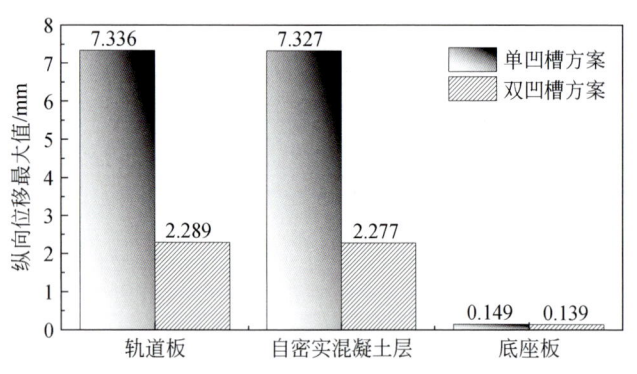

图 4.59　制动力作用下轨道结构纵向位移最大值对比

由图 4.59 可知,单凹槽结构比双凹槽结构存在更大的纵向位移,说明双凹槽结构对轨道上部结构具备更好的纵向限位能力。此外,由表 4.11 还可得知,双凹槽方案下自密实混凝土层与底座板横纵向拉应力均有不同程度的减小。

2. 温度荷载作用下计算结果

提取整体升温与正温度梯度荷载作用下单双凹槽方案主要计算结果,见表 4.12 和表 4.13。

表 4.12　整体升温荷载作用下单双凹槽方案主要计算结果

结构层	凹槽类型	横向应力/MPa 最大值	最小值	纵向应力/MPa 最大值	最小值	横向位移/mm 最大值	最小值	垂向位移/mm 最大值	最小值	纵向位移/mm 最大值	最小值
轨道板	单凹槽	0.190	-0.153	0.445	-0.594	0.563	-0.563	0.130	-0.021	1.985	-1.986
轨道板	双凹槽	0.191	-0.152	0.445	-0.580	0.563	-0.563	0.133	-0.026	2.078	-2.078
自密实混凝土层	单凹槽	0.054	-0.034	0.021	-0.104	0.564	-0.564	0.035	-0.111	1.988	-1.988
自密实混凝土层	双凹槽	0.048	-0.034	0.031	-0.089	0.564	-0.564	0.038	-0.114	2.081	-2.081
底座板	单凹槽	0.010	-0.061	0.002	-0.232	0.700	-0.700	-0.009	-0.202	2.532	-2.532
底座板	双凹槽	0.012	-0.066	0.002	-0.267	0.700	-0.700	-0.006	-0.206	2.531	-2.531

表 4.13　正温度梯度荷载作用下单双凹槽方案主要计算结果

结构层	凹槽类型	横向应力/MPa 最大值	最小值	纵向应力/MPa 最大值	最小值	横向位移/mm 最大值	最小值	垂向位移/mm 最大值	最小值	纵向位移/mm 最大值	最小值
轨道板	单凹槽	1.484	-1.408	1.484	-2.901	0.234	-0.234	1.402	-0.515	0.397	-0.397
轨道板	双凹槽	1.536	-1.484	1.451	-2.860	0.233	-0.233	1.385	-0.518	0.396	-0.396
自密实混凝土层	单凹槽	1.387	-1.710	1.749	-1.186	0.054	-0.054	1.381	-0.505	0.135	-0.135
自密实混凝土层	双凹槽	1.334	-2.061	1.669	-1.181	0.056	-0.056	1.365	-0.508	0.137	-0.137
底座板	单凹槽	0.449	-1.348	1.064	-1.582	0.013	-0.013	-0.078	-0.449	0.041	-0.041
底座板	双凹槽	0.489	-1.356	1.065	-1.595	0.014	-0.014	-0.086	-0.454	0.042	-0.042

计算结果表明,整体升温荷载作用下,单双凹槽方案的位移及应力状态基本无差异,整体降温荷载作用下也有类似规律。在正温度梯度荷载作用下,双凹槽结构的上拱现象要稍小于单凹槽,负温度梯度荷载作用下双凹槽结构也有类似的结果,在此不再列出。总体来看,在设置凹槽体积相近的情况下,两种方案适应温度荷载的能力相差不大,双凹槽方案对温度梯度荷载的抵抗能力稍好于单凹槽方案。

3. 路基沉降作用下计算结果

在路基沉降作用下,双凹槽结构比单凹槽结构垂向位移更大,结构跟随性更好,对路基沉降荷载的适应能力更强。两方案纵横向应力有一定区别,但总体来看区别不大,见表 4.14。

表4.14 路基沉降作用下无砟轨道结构主要计算结果

结构层	凹槽类型	横向应力/MPa 最大值	横向应力/MPa 最小值	纵向应力/MPa 最大值	纵向应力/MPa 最小值	横向位移/mm 最大值	横向位移/mm 最小值	垂向位移/mm 最大值	垂向位移/mm 最小值	纵向位移/mm 最大值	纵向位移/mm 最小值
轨道板	单凹槽	0.186	-0.193	0.657	-0.941	0.005	-0.005	0.844	-5.620	0.210	-0.208
轨道板	双凹槽	0.178	-0.214	0.711	-0.874	0.005	-0.005	0.828	-5.631	0.224	-0.234
自密实混凝土层	单凹槽	0.112	-0.196	1.057	-0.728	0.005	-0.005	0.844	-5.620	0.313	-0.309
自密实混凝土层	双凹槽	0.143	-0.209	0.961	-0.785	0.005	-0.005	0.828	-5.631	0.271	-0.289
底座板	单凹槽	0.456	-0.463	3.519	-3.535	0.020	-0.020	0.877	-5.650	0.250	-0.235
底座板	双凹槽	0.737	-0.467	3.461	-3.969	0.020	-0.020	0.862	-5.660	0.246	-0.248

将上述指标规律汇总见表4.15，其中↑代表性能更优，↓代表性能更差。

表4.15 单凹槽与双凹槽静力学性能对比

荷载类型		对比指标	凹槽类型 双凹槽	凹槽类型 单凹槽
车辆荷载	垂向荷载	限位能力	—	—
车辆荷载	垂向荷载	应力状态		
车辆荷载	横向荷载	限位能力	↑	↓
车辆荷载	横向荷载	应力状态		
车辆荷载	制动力	限位能力	↑	↓
车辆荷载	制动力	应力状态		
温度荷载	整体温度	限位能力		
温度荷载	整体温度	应力状态		
温度荷载	正温度梯度	限位能力	↑	↓
温度荷载	正温度梯度	应力状态		
温度荷载	负温度梯度	限位能力	↑	↓
温度荷载	负温度梯度	应力状态		
路基沉降荷载		限位能力	↑	↓
路基沉降荷载		应力状态		

总体来看，两种凹槽结构形式在车辆荷载和温度荷载作用下的受力与变形有一定区别，但总体而言，在车辆横向荷载、制动力作用下双凹槽方案能够为轨道结构提供更好的限位能力，该方案对温度荷载也具有较好的适应性；在自密实混凝土

层与底座板间摩擦失效的情况下，荷载产生的扭矩完全由凹槽处弹性垫层抵抗，此时双凹槽体现出更明显的优势；此外，采用单凹槽结构时，凹槽尺寸较大，对底座板弯矩的抵抗性能有一定削弱。

综合以上原因，为了防止轨道板在横向作用下产生过大的扭转变形，增加轨道纵向限位能力，保持轨道结构几何形位，建议底座板凹槽形式为双凹槽。而 CRTS Ⅲ 型板式无砟轨道最终定型服役时，也正是采用了此方案。

4.4.3 轨道板单元与纵连方案比选

轨道板纵连后轨道结构的整体抗弯性能可能会有一定程度的提升，本节考虑轨道板单元和纵连两种方案，比较这两种方案的优劣。在纵连方案中，自密实混凝土层与轨道板在板缝处利用预留钢筋进行纵连，之后进行混凝土浇筑。考虑的荷载工况包括车辆荷载、温度荷载以及路基沉降荷载等。

1. 车辆荷载作用下轨道板纵连前后对比

1) 垂向荷载作用下两方案对比

在轨道板纵连后，考虑在轨道板端部与轨道板中部这两个位置进行车辆横向、垂向荷载的加载分别计算轨道板纵连前后的受力及位移情况。

将车辆垂向荷载作用于轨道板端部位置，得到主要计算结果见表 4.16。

表 4.16　轨道板纵连前后垂向荷载作用于轨道板端部计算结果对比

结构层	结构方案	横向应力/MPa 最大值	横向应力/MPa 最小值	纵向应力/MPa 最大值	纵向应力/MPa 最小值	横向位移/mm 最大值	横向位移/mm 最小值	垂向位移/mm 最大值	垂向位移/mm 最小值	纵向位移/mm 最大值	纵向位移/mm 最小值
轨道板	单元	0.230	−1.396	0.565	−1.645	0.017	−0.017	−0.131	−1.126	0.096	−0.014
轨道板	纵连	0.252	−1.585	0.479	−2.928	0.012	−0.012	−0.153	−0.841	0.037	−0.035
自密实混凝土层	单元	0.650	−0.014	0.419	−0.495	0.014	−0.014	−0.131	−1.109	0.026	−0.055
自密实混凝土层	纵连	0.683	−0.016	1.305	−0.508	0.008	−0.008	−0.153	−0.795	0.053	−0.056
底座板	单元	0.493	−0.514	0.436	−0.466	0.018	−0.018	−0.130	−1.116	0.018	−0.078
底座板	纵连	0.500	−0.534	1.062	−1.064	0.007	−0.007	−0.147	−0.792	0.034	−0.034

计算结果表明，相对于单元式轨道结构，纵连式轨道结构中轨道板纵向拉应力稍有减小，而纵向压应力明显增加，自密实混凝土层及底座板的纵向拉压应力增加均较为显著，单元式轨道结构在垂向荷载作用于轨道板端部时底座板纵向拉应力最大值为 0.436MPa，而纵连式轨道结构底座板纵向拉应力最大值达到 1.062MPa，增加了一倍多，如图 4.60 所示。

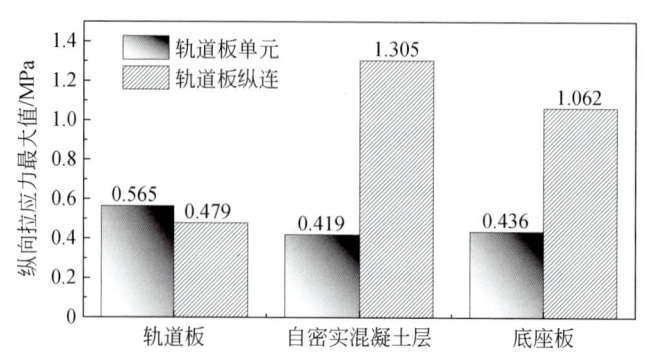

图 4.60 车辆垂向荷载作用下轨道板纵连前后纵向拉应力最大值对比

图 4.61 为垂向荷载作用于不同位置时，轨道板纵连前后自身垂向位移分布对比。由图 4.61 可知，轨道板纵连后，其垂向位移较单元式轨道板稍小，但总体来看变化不大。垂向荷载作用于轨道板中部时，其垂向位移也表现出相同的变化规律。

(a) 荷载作用于轨道板端部

(b) 荷载作用于轨道板中部

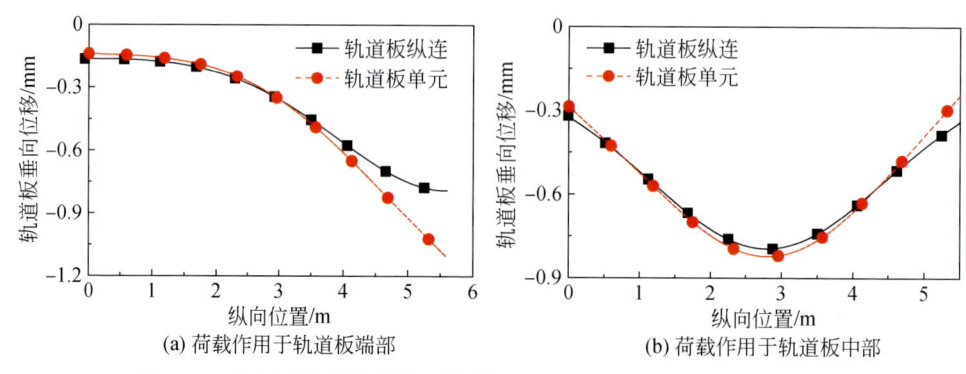

图 4.61 车辆垂向荷载作用下轨道板纵连前后自身垂向位移分布对比

2）横向荷载作用下两方案对比

横向荷载作用于轨道板端部时轨道板纵连前后计算结果见表 4.17。

表 4.17 横向荷载作用于轨道板端部时轨道板纵连前后计算结果对比

结构层	结构方案	横向应力/MPa 最大值	横向应力/MPa 最小值	纵向应力/MPa 最大值	纵向应力/MPa 最小值	横向位移/mm 最大值	横向位移/mm 最小值	垂向位移/mm 最大值	垂向位移/mm 最小值	纵向位移/mm 最大值	纵向位移/mm 最小值
轨道板	单元	1.191	−1.021	0.501	−0.626	0.068	−0.824	−0.103	−0.232	0.193	−0.177
轨道板	纵连	1.317	−1.267	0.663	−0.343	0.039	−0.283	−0.149	−0.245	0.024	−0.024
自密实混凝土层	单元	0.067	−0.156	0.125	−0.121	0.068	−0.801	−0.103	−0.228	0.195	−0.174
自密实混凝土层	纵连	0.120	−0.099	0.428	−0.336	0.040	−0.242	−0.149	−0.228	0.025	−0.025

续表

结构层	结构方案	横向应力/MPa 最大值	横向应力/MPa 最小值	纵向应力/MPa 最大值	纵向应力/MPa 最小值	横向位移/mm 最大值	横向位移/mm 最小值	垂向位移/mm 最大值	垂向位移/mm 最小值	纵向位移/mm 最大值	纵向位移/mm 最小值
底座板	单元	0.104	−0.080	0.080	−0.099	0.089	−0.300	−0.090	−0.242	0.058	−0.062
	纵连	0.059	−0.067	0.139	−0.093	0.023	−0.105	−0.140	−0.236	0.017	−0.016

计算结果表明,轨道板纵连后各结构层横向位移最大值有一定程度的减小,但总体上看量值不大。轨道板纵连后复合板的纵向应力和横向应力均有较大幅度增加,提取变化幅度较明显的轨道板纵连前后纵向拉应力最大值对比如图 4.62 所示。

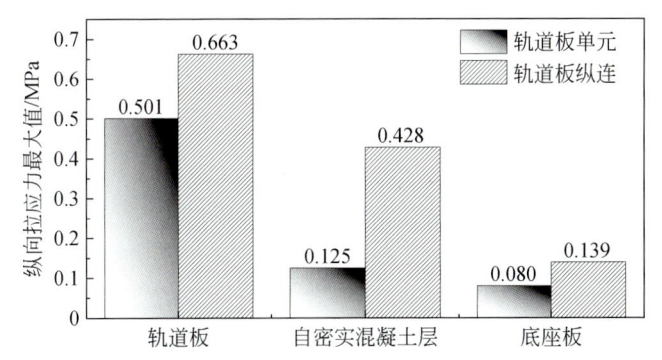

图 4.62 车辆横向荷载作用下轨道板纵连前后纵向拉应力最大值对比

由图 4.62 可知,当车辆横向荷载作用于轨道板端部时,轨道板纵连后其纵向应力最大值由 0.501MPa 增加至 0.663MPa,增加了 32.3%;自密实混凝土层由 0.125MPa 增加至 0.428MPa,增加了约 3.4 倍;底座板处由于复合板下隔离层的存在,其纵向应力增幅不大。

横向荷载作用于轨道板中部时计算结论与横向荷载作用于轨道板端部时的结论相似。

3)制动力作用下两方案对比

制动力作用下轨道板纵连前后部分计算结果见表 4.18。

表 4.18 制动力作用下轨道板纵连前后计算结果对比

结构层	结构方案	横向应力/MPa 最大值	横向应力/MPa 最小值	纵向应力/MPa 最大值	纵向应力/MPa 最小值	横向位移/mm 最大值	横向位移/mm 最小值	垂向位移/mm 最大值	垂向位移/mm 最小值	纵向位移/mm 最大值	纵向位移/mm 最小值
轨道板	单元	0.080	−0.159	0.625	−0.615	0.003	−0.003	−0.090	−0.264	2.289	2.263
	纵连	0.018	−0.097	0.256	−0.268	0.002	−0.002	−0.166	−0.187	0.040	0.000

续表

结构层	结构方案	横向应力/MPa 最大值	横向应力/MPa 最小值	纵向应力/MPa 最大值	纵向应力/MPa 最小值	横向位移/mm 最大值	横向位移/mm 最小值	垂向位移/mm 最大值	垂向位移/mm 最小值	纵向位移/mm 最大值	纵向位移/mm 最小值
自密实混凝土层	单元	0.096	−0.045	0.270	−0.434	0.003	−0.003	−0.090	−0.264	2.277	2.255
自密实混凝土层	纵连	0.077	−0.001	0.111	−0.119	0.002	−0.002	−0.166	−0.187	0.037	0.000
底座板	单元	0.143	−0.183	0.260	−0.442	0.006	−0.006	−0.086	−0.265	0.139	0.112
底座板	纵连	0.048	−0.052	0.046	−0.049	0.002	−0.002	−0.161	−0.187	0.005	0.000

由表 4.18 可知，与单元式轨道结构相比，纵连式轨道结构的各层纵横向应力均有一定的降低，但本身处于一个较低的量级。自密实混凝土层和底座板的纵横向拉压应力相对有所降低，但变化不大。纵连后无砟轨道各层纵向位移在制动力作用下均有一定程度的降低。

2. 温度荷载作用下轨道板纵连前后对比

1）整体升降温荷载作用下两方案对比

整体升温荷载作用下，轨道板纵连后，轨道结构纵向拉应力变化幅度较小，而纵向压应力明显增加，轨道板纵向压应力最大值由 0.58MPa 增加为 18.99MPa 左右，底座板的纵向压应力最大值由 0.27MPa 增加为 22.51MPa，增加显著。整体结构的横向拉压应力均有不同程度的增加，其中，底座板横向拉应力最大值由 0.012MPa 增加为 3.14MPa 左右，增幅最为明显。横向压应力最大值基本都处在板缝处。

此外，在升温条件下，纵连式轨道结构的纵向位移差明显减小，垂向位移差有增加的趋势。图 4.63 为整体升温荷载作用下不同方案轨道板垂向位移对比。

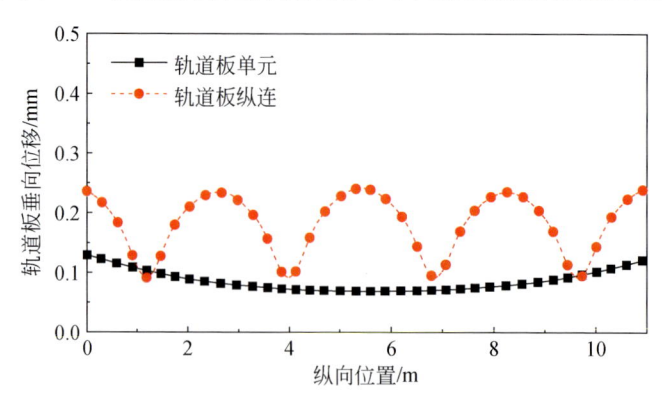

图 4.63 整体升温荷载作用下不同方案轨道板垂向位移对比

由图 4.63 可知，采用纵连式轨道板方案时，由于自密实混凝土层限位凸台的存在，限位凸台间会产生类似于无缝线路碎弯式的上拱，轨道结构变形呈现出以轨

第4章 精细化分析方法在无砟轨道设计中的应用

道板长为特征长度的周期性分布。而单元板式无砟轨道在单块底座板上两块轨道板的垂向变形是协调的,凸台间不会产生局部拱起,且整体翘曲变形较小。

在整体降温荷载作用下,轨道板纵连后,由于无释放应力的伸缩缝,无砟轨道整体纵向拉压应力有明显的增加。轨道板、自密实混凝土层和底座板三层纵向拉应力最大值对比如图4.64所示。其中,底座板纵向拉应力最大值最大,达到近20MPa,大大超过其抗拉强度;而轨道板单元情况下,轨道板、自密实混凝土层和底座板应力均在1MPa以下。从图中可以看出,在整体降温荷载作用下,轨道板纵连后轨道结构开裂的可能性更大。

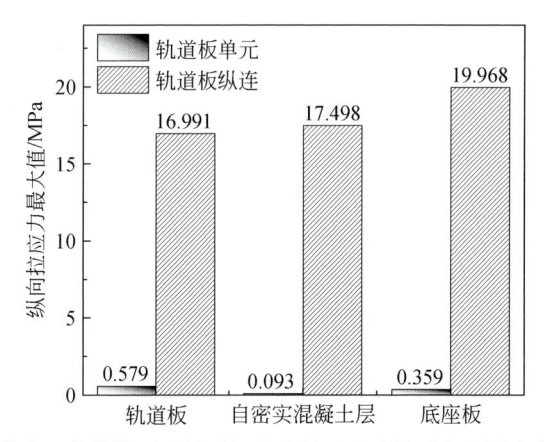

图4.64 整体降温荷载作用下轨道板纵连前后无砟轨道各层纵向拉应力最大值

整体降温荷载作用下,轨道板纵连时无砟轨道纵横向位移有较大程度的降低,而与整体升温情况下类似,垂向位移差在轨道板纵连时也有一定程度的增加。图4.65为纵连前后轨道板垂向位移沿纵向分布的对比。由图可知,凸台的限位效应会带来无砟轨道板0.15mm左右的局部上拱。

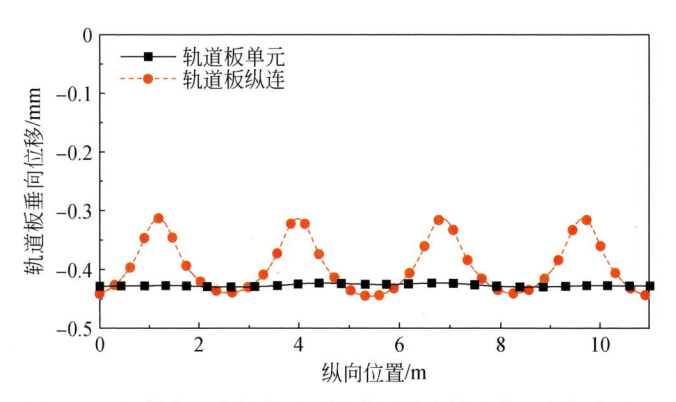

图4.65 整体降温荷载作用下轨道板纵连前后其垂向位移对比

总体而言,将轨道板纵连后,轨道结构将难以适应较大的年温差变化,容易在整体升温和降温荷载作用下出现压溃、开裂等情况。

2)温度梯度荷载作用下两方案对比

正温度梯度荷载作用下,轨道板纵连前后计算结果见表4.19。

表4.19 正温度梯度荷载作用下轨道板纵连前后计算结果对比

结构层	结构方案	横向应力/MPa 最大值	最小值	纵向应力/MPa 最大值	最小值	横向位移/mm 最大值	最小值	垂向位移/mm 最大值	最小值	纵向位移/mm 最大值	最小值
轨道板	单元	1.536	−1.484	1.451	−2.860	0.233	−0.233	1.385	−0.518	0.396	−0.396
	纵连	1.536	−1.379	−0.682	−6.866	0.253	−0.253	0.382	−0.222	0.003	−0.003
自密实混凝土层	单元	1.334	−2.061	1.669	−1.181	0.056	−0.056	1.365	−0.508	0.137	−0.137
	纵连	1.342	−2.014	0.255	−0.270	0.047	−0.047	0.358	−0.221	0.003	−0.003
底座板	单元	0.489	−1.356	1.065	−1.595	0.014	−0.014	−0.086	−0.454	0.042	−0.042
	纵连	0.258	−0.229	0.058	−0.097	0.007	−0.007	−0.162	−0.215	0.001	−0.001

轨道板纵连后无受拉情况产生,但压应力增加较为明显,轨道板纵向压应力最大值由2.86MPa增加至6.87MPa,增加了约1.4倍。

提取正温度梯度荷载作用下两方案轨道板位移云图如图4.66所示。由图可知,轨道板单元翘曲变形为四角翘曲,而轨道板纵连后由于其纵向约束较强,轨道板变形为两边卷曲。

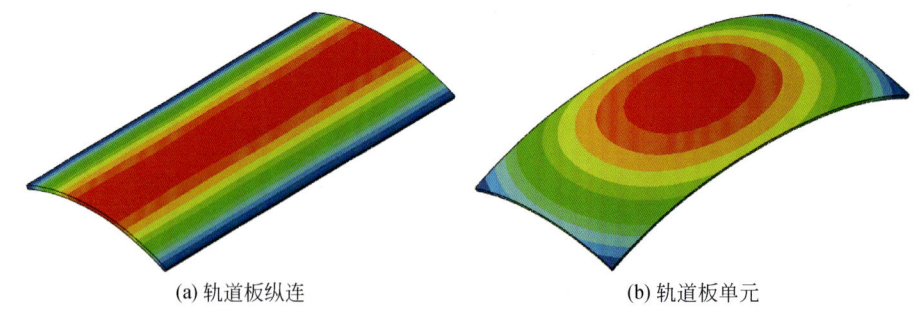

(a) 轨道板纵连　　　　　　　　(b) 轨道板单元

图4.66 正温度梯度荷载作用下纵连前后轨道板变形示意图

提取负温度梯度荷载作用下轨道板纵连前后计算结果见表4.20。

第 4 章 精细化分析方法在无砟轨道设计中的应用

表 4.20 负温度梯度荷载作用下轨道板纵连前后计算结果对比

结构层	结构方案	横向应力/MPa 最大值	横向应力/MPa 最小值	纵向应力/MPa 最大值	纵向应力/MPa 最小值	横向位移/mm 最大值	横向位移/mm 最小值	垂向位移/mm 最大值	垂向位移/mm 最小值	纵向位移/mm 最大值	纵向位移/mm 最小值
轨道板	单元	0.986	−0.723	1.631	−0.779	0.106	−0.106	0.560	−0.312	0.182	−0.182
轨道板	纵连	0.747	−0.721	3.208	0.306	0.120	−0.120	0.069	−0.230	0.002	−0.002
自密实混凝土层	单元	0.889	−0.657	0.492	−1.000	0.022	−0.022	0.559	−0.302	0.060	−0.060
自密实混凝土层	纵连	0.860	−0.649	0.133	−0.125	0.022	−0.022	0.069	−0.218	0.003	−0.003
底座板	单元	0.723	−0.785	0.459	−0.490	0.012	−0.012	−0.052	−0.302	0.016	−0.016
底座板	纵连	0.430	−0.519	0.089	−0.129	0.009	−0.009	−0.132	−0.218	0.001	−0.001

计算结果表明,纵连式轨道结构的轨道板纵向拉应力最大值有明显增大的趋势。单元式轨道板纵向拉应力最大值为 1.631MPa,而纵连式轨道板纵向拉应力最大值为 3.208MPa,增加了约 1 倍,此时需要重点关注轨道板开裂问题。

与正温度梯度荷载作用下计算结果类似的是,在较强纵向约束的作用下,轨道板纵连后轨道板变形由四角翘曲变为两边卷曲,如图 4.67 所示。

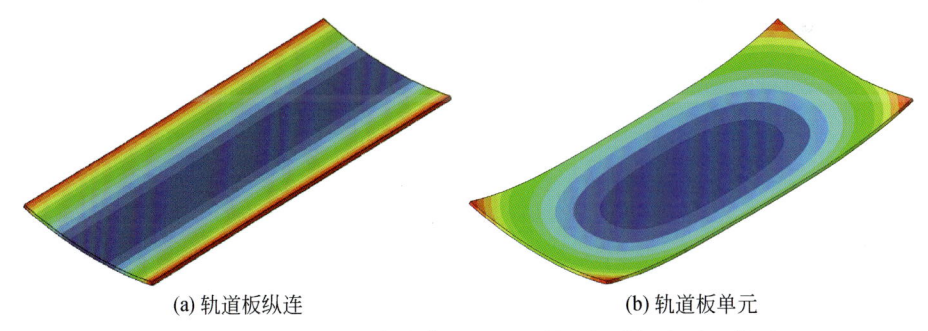

(a) 轨道板纵连　　(b) 轨道板单元

图 4.67 负温度梯度荷载作用下纵连前后轨道板变形示意图

此外,温度梯度荷载主要加载于轨道板上,而自密实混凝土层与底座板间的隔离层降低了上下层之间的相互作用。因此,在温度梯度荷载作用下,两种方案中底座板结果区别较小。

3. 路基沉降作用下轨道板纵连前后对比

提取路基沉降作用下轨道板纵连前后计算结果见表 4.21。

表4.21　路基沉降作用下轨道板纵连前后计算结果对比

结构层	结构方案	横向应力/MPa 最大值	最小值	纵向应力/MPa 最大值	最小值	横向位移/mm 最大值	最小值	垂向位移/mm 最大值	最小值	纵向位移/mm 最大值	最小值
轨道板	单元	0.178	-0.214	0.711	-0.874	0.005	-0.005	0.828	-5.631	0.224	-0.234
	纵连	0.495	-0.166	2.759	-2.310	0.012	-0.012	0.172	-3.797	0.162	-0.161
自密实混凝土层	单元	0.143	-0.209	0.961	-0.785	0.005	-0.005	0.828	-5.631	0.271	-0.289
	纵连	0.242	-0.551	2.404	-2.895	0.013	-0.013	0.172	-3.797	0.227	-0.233
底座板	单元	0.737	-0.467	1.461	-0.969	0.020	-0.020	0.862	-5.660	0.246	-0.248
	纵连	0.538	-0.662	3.250	-2.941	0.018	-0.018	0.176	-4.478	0.194	-0.194

计算结果表明,轨道板纵连后,虽然轨道结构垂向位移最大值稍有降低,但其结构层间跟随性变差,容易出现较大的板下脱空量,且复合板纵向拉应力最大值均有显著增加。提取变化幅度较大的各结构层纵向拉应力最大值对比如图4.68所示。

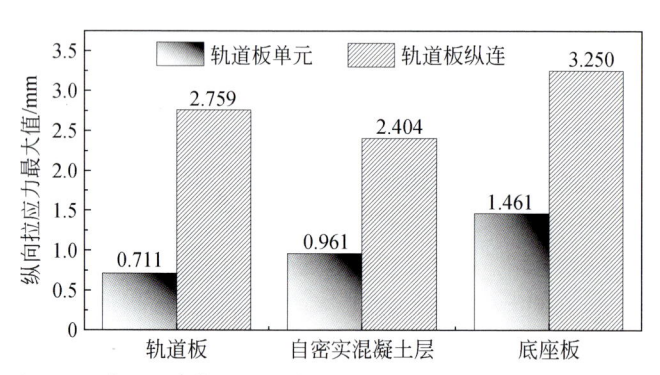

图4.68　路基沉降作用下轨道板纵连前后纵向拉应力最大值对比

由图4.68可知,轨道板纵连后其自身纵向拉应力最大值由0.711MPa增加为2.759MPa,增加了近3倍,自密实混凝土层纵向拉应力最大值由0.961MPa增加为2.404MPa。底座板作为与下部基础直接接触的结构,其量值变化最大,从1.461MPa增加至3.25MPa,已超出底座板抗拉强度,容易导致开裂。

综合以上分析可以得出,轨道板纵连后无砟轨道在温度荷载作用下所受应力较大,三层结构在整体降温下其拉应力已超出混凝土抗拉限值,整体升温时在凸台之间易产生局部拱起的现象,降温幅度较大时也容易在板缝处拉坏;纵连后对基础沉降荷载的适应性也存在一定欠缺。总的来说,在复杂荷载作用下,轨道结构应尽量避免轨道板纵连设置。

4.4.4 填充层/调整层单元与纵连方案比选

本节进一步对 CRTS Ⅲ 型板式无砟轨道自密实混凝土层的单元及纵连方案进行对比分析。采用空间实体设计模型进行计算时,对轨道板仍采用单元式,计算结果中的单元、纵连均指自密实混凝土层的单元、纵连,底座板的单元、纵连方式与自密实混凝土层保持一致。

1. 车辆荷载作用下自密实混凝土层纵连前后对比

1) 垂向荷载作用下两方案对比

将车辆垂向荷载作用于轨道板端部位置,自密实混凝土层纵连后,轨道板纵向拉应力稍有减小,但纵向压应力有明显增加,自密实混凝土层及底座板的纵向拉压应力增加较为显著。如图 4.69 所示,单元式轨道结构在垂向荷载作用于轨道板端部时底座板纵向拉应力最大值为 0.436MPa,而自密实混凝土层纵连后底座板纵向拉应力最大值达到了 1.478MPa,增加了 2.4 倍。在垂向荷载作用下,自密实混凝土层纵连后的轨道结构垂向位移较单元式稍小。

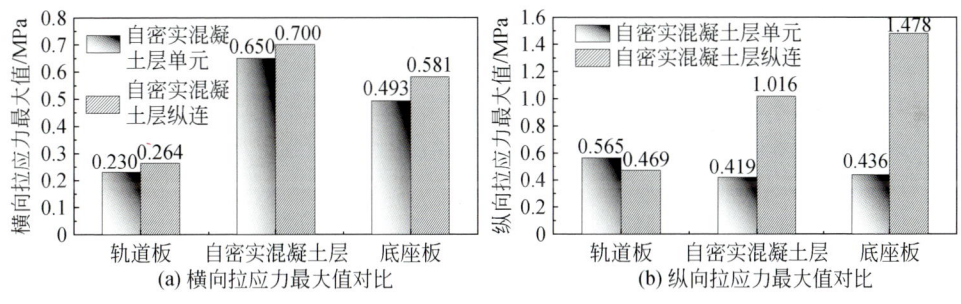

图 4.69 车辆垂向荷载作用下自密实混凝土层纵连前后典型指标对比

垂向荷载作用于轨道板中部时自密实混凝土层纵连与否的差异较小,在此不再赘述。

2) 横向荷载作用下两方案对比

图 4.70 为横向荷载作用下,自密实混凝土层纵连前后轨道板横向位移对比。由图可知,自密实混凝土层纵连后横向位移有一定程度的降低,横向最大位移由 0.8mm 降低至 0.1mm 左右。横向荷载作用于轨道板中部时也能得出类似规律。

但在计算结果中发现,纵连后轨道板与自密实混凝土层的应力稍有增加。提取横向荷载作用下,轨道结构各层纵向应力最大值对比,如图 4.71 所示。由图可知,自密实混凝土纵连后,各层纵向应力均有不同程度的增加,其中以自密实混凝土层自身应力增加最为显著,从 0.125MPa 增加至 1.293MPa,应力最大值出现在板缝处。由于隔离层的存在,底座板纵向应力变化幅度较小。

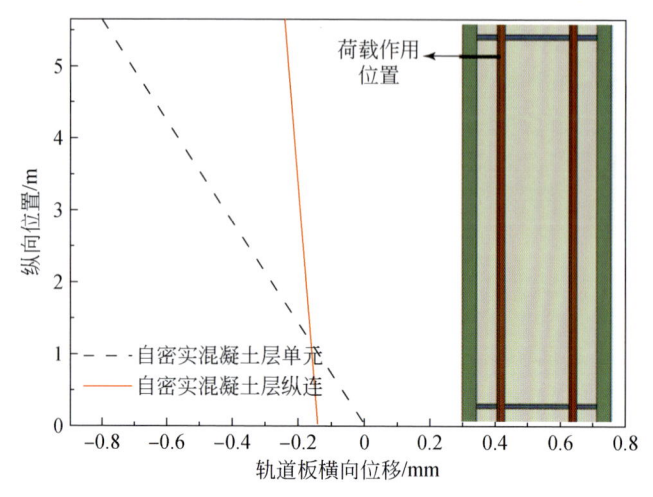

图 4.70 横向荷载作用下自密实混凝土层纵连前后轨道板横向位移对比

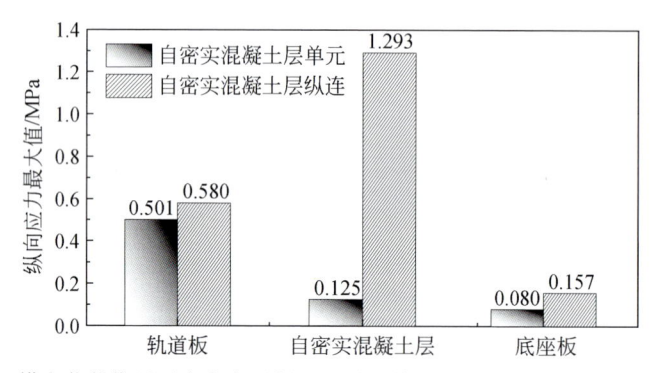

图 4.71 横向荷载作用下自密实混凝土层纵连前后轨道结构纵向应力最大值对比

3) 制动力作用下两方案对比

提取制动力作用下自密实混凝土层纵连前后计算结果见表 4.22。

表 4.22　制动力作用下自密实混凝土层纵连前后计算结果对比

结构层	结构方案	横向应力/MPa 最大值	最小值	纵向应力/MPa 最大值	最小值	横向位移/mm 最大值	最小值	垂向位移/mm 最大值	最小值	纵向位移/mm 最大值	最小值
轨道板	单元	0.080	-0.159	0.625	-0.615	0.003	-0.003	-0.090	-0.264	2.289	2.263
轨道板	纵连	0.077	-0.152	0.598	-0.646	0.003	-0.003	-0.139	-0.204	0.098	0.000
自密实混凝土层	单元	0.096	-0.045	0.270	-0.434	0.003	-0.003	-0.090	-0.264	2.277	2.255
自密实混凝土层	纵连	0.181	-0.099	1.021	-0.887	0.004	-0.004	-0.139	-0.204	0.091	0.000

第4章 精细化分析方法在无砟轨道设计中的应用

续表

结构层	结构方案	横向应力/MPa 最大值	横向应力/MPa 最小值	纵向应力/MPa 最大值	纵向应力/MPa 最小值	横向位移/mm 最大值	横向位移/mm 最小值	垂向位移/mm 最大值	垂向位移/mm 最小值	纵向位移/mm 最大值	纵向位移/mm 最小值
底座板	单元	0.143	−0.183	0.260	−0.442	0.006	−0.006	−0.086	−0.265	0.139	0.112
	纵连	0.091	−0.114	0.178	−0.249	0.003	−0.003	−0.153	−0.203	0.012	0.000

计算结果表明，自密实混凝土层纵连后，制动力作用下结构纵向位移有一定程度的降低。但自密实混凝土层纵连后其自身纵横向应力均有大幅度增加。以纵向拉应力最大值为例进行对比，如图4.72所示。

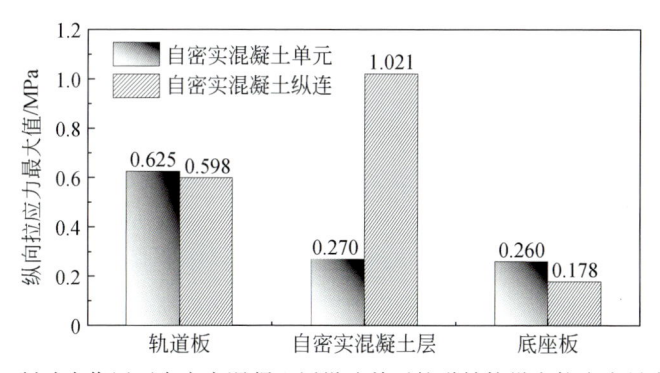

图4.72 制动力作用下自密实混凝土层纵连前后轨道结构纵向拉应力最大值对比

由图4.72可知，自密实混凝土层纵连后其纵向拉应力最大值由0.270MPa上升至1.021MPa，增加了近3倍。而轨道板与底座板纵向拉应力最大值变化不明显。

2. 温度荷载作用下自密实混凝土层纵连前后对比

1) 整体升降温荷载作用下两方案对比

自密实混凝土层纵连而轨道板未纵连时，在板缝位置处，下层自密实混凝土层在整体升温下纵向伸缩受到约束，而轨道板纵向伸缩未受约束，故会产生较为明显的轨道板和自密实混凝土所组成的复合板上拱趋势。

图4.73为整体升温荷载作用下复合板在自密实混凝土层纵连情况下的变形趋势。在复合板上拱的情况下，自密实混凝土层和轨道板的局部应力最大值主要出现在板缝位置处，轨道板纵向拉应力最大值达到1.768MPa，自密实混凝土层局部拉应力最大值达到27.563MPa，而压应力最大值也达到91.4MPa。可见，在整体升温荷载作用下板缝位置处自密实混凝土层会因拉压作用产生破坏。

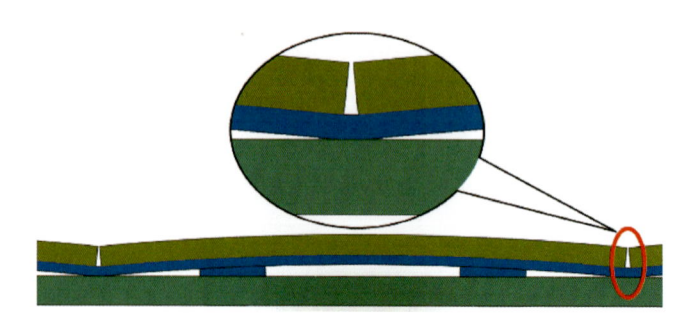

图 4.73 整体升温荷载作用下自密实混凝土层纵连后复合板变形趋势

整体升温荷载作用下自密实混凝土层纵连后复合板与底座板垂向位移对比如图 4.74 所示。由图 4.73 可知,复合板最大上拱位移达到 6.9mm,上部复合板和底座板间会产生明显的离缝,在车辆运营过程中会产生明显的动态冲击。

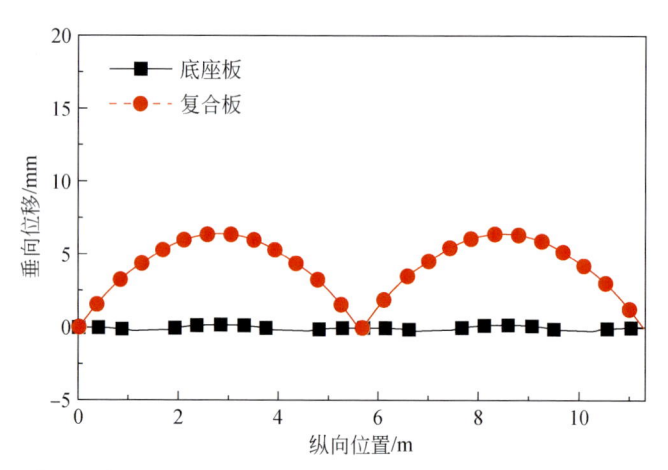

图 4.74 整体升温荷载作用下自密实混凝土层纵连后复合板与底座板垂向位移对比

图 4.75 为整体降温荷载作用下自密实混凝土层纵连后无砟轨道的变形趋势,由图可知,复合板产生四角翘曲。此时板缝位置处自密实混凝土层局部纵向拉应力最大值达到 82.98MPa,复合板纵向拉应力最大值达到 21.88MPa,均远超过混凝土抗拉强度,说明板缝处自密实混凝土层将开裂。此时复合板层间垂向位移差也达到 6.8mm。

图 4.75 整体降温荷载作用下自密实混凝土层纵连后无砟轨道变形趋势

第4章　精细化分析方法在无砟轨道设计中的应用

2)温度梯度荷载作用下两方案对比

自密实混凝土层纵连后,在正温度梯度荷载作用下,轨道板纵向拉应力较小,自密实混凝土层未纵连时轨道板纵向拉应力最大值为1.45MPa,纵连时纵向拉应力最大值为0.77MPa。而自密实混凝土层自身拉应力增加显著,纵连前拉应力最大值仅为1.67MPa,纵连后在板缝位置处已达到10.46MPa。由此可见,正温度梯度荷载作用下,纵连后板端处自密实混凝土层容易产生破坏。由计算结果还发现,自密实混凝土层纵连后,在一定程度上也增大了底座板应力。

对比轨道板垂向位移分布如图4.76所示。由图4.76可知,正温度梯度荷载下自密实混凝土层纵连对无砟轨道位移影响不大,仅在轨道板垂向位移差上稍有增加。

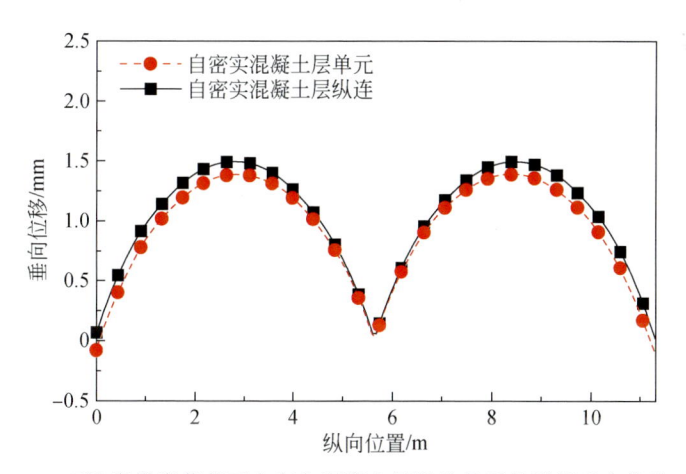

图4.76　正温度梯度荷载下自密实混凝土层纵连前后轨道板垂向位移对比

负温度梯度荷载作用下计算结果与正温度梯度荷载作用下分析结果类似,其中各结构层纵向拉应力最大值情况如图4.77所示。轨道板与自密实混凝土层纵

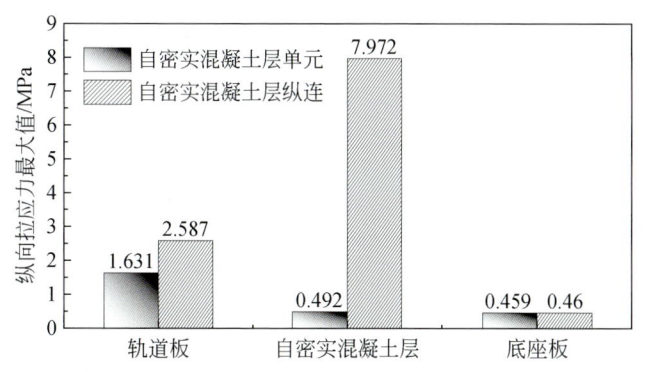

图4.77　负温度梯度荷载作用下自密实混凝土层纵连前后轨道各结构层纵向拉应力最大值对比

向拉应力受自密实混凝土层纵连的影响较大,而无砟轨道位移所受影响较小。自密实混凝土层在板缝位置处纵向拉应力达到 7.972MPa,轨道板的纵向拉应力最大值也由未纵连时的 1.631MPa 增加至 2.587MPa。由此可知,自密实混凝土层纵连后在负温度梯度荷载作用下结构容易发生破坏。

3. 基础沉降作用下自密实混凝土层纵连前后对比

提取基础沉降作用下自密实混凝土层纵连前后计算结果对比,见表 4.23。

表 4.23 基础沉降作用下自密实混凝土层纵连前后计算结果对比

结构层	结构方案	横向应力/MPa 最大值	最小值	纵向应力/MPa 最大值	最小值	横向位移/mm 最大值	最小值	垂向位移/mm 最大值	最小值	纵向位移/mm 最大值	最小值
轨道板	单元	0.178	-0.214	0.711	-0.874	0.005	-0.005	0.828	-5.631	0.224	-0.234
	纵连	0.367	-0.616	1.889	-1.601	0.008	-0.008	0.320	-5.009	0.250	-0.251
自密实混凝土层	单元	0.143	-0.209	0.961	-0.785	0.005	-0.005	0.828	-5.631	0.271	-0.289
	纵连	0.849	-1.674	7.156	-7.292	0.012	-0.012	0.318	-5.002	0.188	-0.192
底座板	单元	0.737	-0.467	1.461	-0.969	0.020	-0.020	0.862	-5.660	0.246	-0.248
	纵连	0.599	-0.587	3.731	-3.390	0.019	-0.019	0.187	-5.040	0.219	-0.219

计算结果表明,自密实混凝土层纵连后各结构层纵向拉压应力最大值均有不同程度的增加,提取变化显著的纵向拉应力最大值进行对比,如图 4.78 所示。

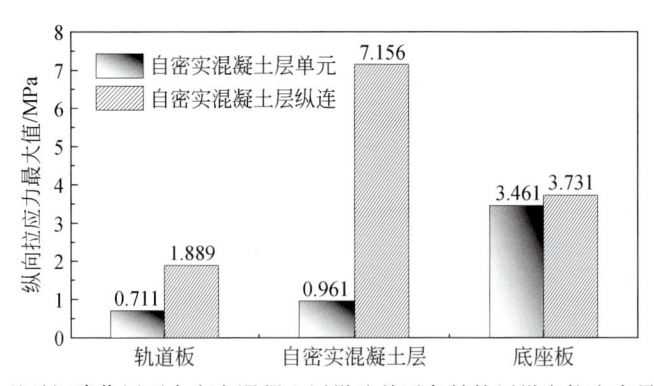

图 4.78 基础沉降作用下自密实混凝土层纵连前后各结构层纵向拉应力最大值对比

由图 4.78 可知,自密实混凝土层纵连后各结构层纵向拉应力明显增加,其中轨道板纵向拉应力最大值由 0.711MPa 增加至 1.889MPa,自密实混凝土层纵向拉应力最大值由 0.961MPa 增加至 7.156MPa,底座板纵向拉应力最大值差异不明显。自密实混凝土层纵向拉应力最大值也发生在板缝位置处。

第4章 精细化分析方法在无砟轨道设计中的应用

以上计算结果表明,自密实混凝土层纵连后,其车辆荷载下的横向和纵向稳定性有一定程度的提升。但在整体升温情况下轨道板与自密实混凝土层所组成的复合板极易产生垂向失稳,整体升温下复合板上拱垂向位移最大值可达6.9mm;在整体降温荷载作用下也容易发生开裂和板间翘曲变形。此外,自密实混凝土层纵连后,部分荷载作用时轨道整体结构的应力均有增加,尤其轨道板缝处的自密实混凝土层,其本身纵向应力增加尤为显著,部分情况下自密实混凝土层纵横向拉应力已超出抗拉强度限值。轨道板与底座板应力也有不同程度的增大。因此综合来看,在未加强轨道结构配筋的情况下,自密实混凝土层纵连后轨道结构的综合服役性能反而被削弱。

综上所述,考虑无砟轨道整体稳定性及板缝位置处的使用耐久性,不建议对自密实混凝土层进行纵连。

4.4.5 底座板合理纵连长度的设计

无砟轨道底座板纵连长度的设计既要满足横向的稳定性又要保证其纵连后轨道结构内部的温度荷载不能过大,因此需要对合理的纵连长度进行研究[178]。此处需要说明的是,在研究底座板合理纵连长度时,其上部轨道板与自密实混凝土层均考虑为单元式。

1. 基于横向稳定性考虑的纵连长度设置

当底座板纵连的长度较短时,由于底座板底部所能承受的横向力较小,其横向稳定性可能得不到保证,因此底座板的合理纵连长度应在保证底座板横向稳定性的前提下,尽可能地减小。

考虑底座板与路基之间的摩擦系数为0.5,则其横向抵抗力限值可以认为是上部结构总体重量的一半。根据无砟轨道技术再创新攻关组以及《高速铁路设计规范》(TB 10621—2014)[26]中的内容,横向受力主要包括无缝线路钢轨横向力、车辆横向摇摆力、离心力、风力等,不同设置方式下横向受力计算结果见表4.24。

表4.24 底座板横向受力计算结果

底座板长度/m	轨道结构重量/kN	横向最大抵抗力/kN	无缝线路钢轨横向力/kN	列车横向摇摆力/kN	离心力/kN	风力/kN	轨道总体横向受力/kN	横向力富余量/kN
5.67	247	123	6	100	42	41	189	−66
11.34	494	247	11	100	42	41	194	53
17.01	741	370	17	100	42	41	200	170
22.68	988	494	23	100	84	82	289	205

续表

底座板 长度/m	轨道结构 重量/kN	横向最大 抵抗力/kN	无缝线路 钢轨横 向力/kN	列车横向 摇摆力/kN	离心力/kN	风力/kN	轨道总体横 向力受力/kN	横向力 富余量/kN
28.35	1235	617	28	100	84	82	294	323
34.02	1482	741	34	100	84	82	300	441
39.69	1729	864	40	100	84	82	306	558

横向力计算时仅考虑底座板底部所能提供的横向约束,钢轨的横向抗弯并没有考虑在内,加上钢轨横向抗弯所能提供的横向力,富余量会有所增大,此部分可作为一定的安全储备。从表4.24中可以看出,当底座板长度≥11.34m时,横向力富余量为53kN,此时横向抵抗力能够满足要求,即底座板纵连长度应不小于两块轨道板所对应的长度。

在此基础上,选取底座板纵连长度对应2块、3块、4块、5块、6块轨道板长度及底座板全纵连时的工况[分别记为底座板 $n(n=2、3、4、5、6)$ 块纵连方案与底座板全纵连方案],以影响轨道整体受力最为显著的年温差升降温条件(整体升降温荷载)为例,对不同结构形式的受力变形情况进行对比分析,以期提出较为合理的底座板纵连长度。为了便于研究纵连长度增加(至6块)后轨道板特性,选取模型长度为18块轨道板长度,两侧钢轨端部采用纵向对称约束。

2. 基于温度荷载考虑的纵连方案比选

1) 整体升温荷载工况

图4.79和图4.80为整体升温条件不同工况下钢轨轴力和横向附加弯矩。

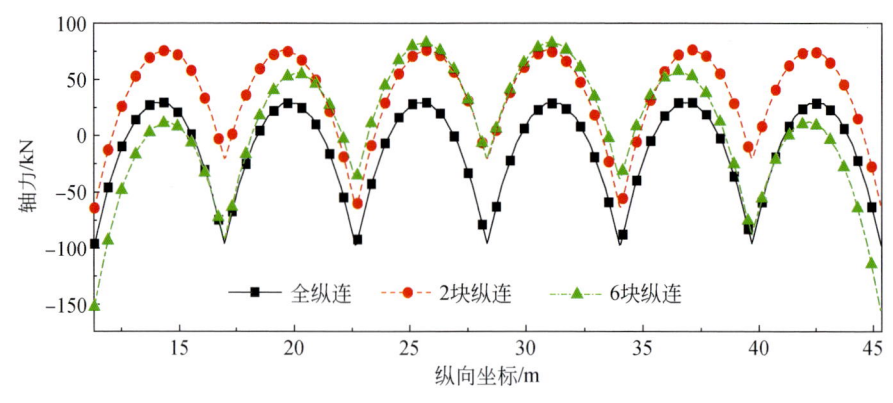

图4.79 不同纵连方式钢轨轴力

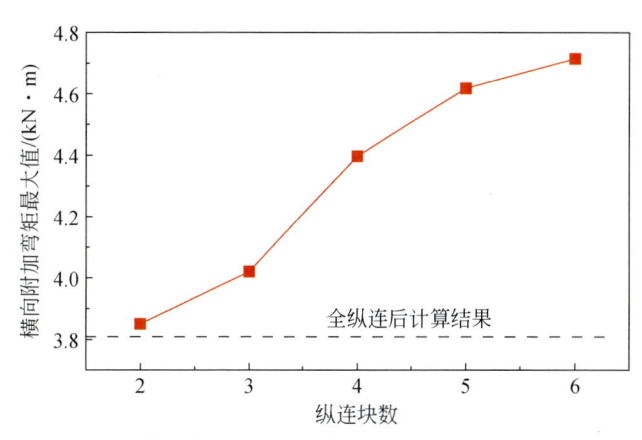

图4.80 钢轨横向附加弯矩最大值随底座板纵连块数的变化趋势

由图4.79和图4.80可知,底座板纵连长度增加后,钢轨轴力有一定程度的减小。但与之相对的,随着底座板纵连长度的增加,钢轨横向附加弯矩不断增加。从底座板2纵连方案到4块纵连方案,钢轨横向附加弯矩最大值由3.850kN·m增加至4.396kN·m,增加了14.2%,但底座板纵连块数达到4块后,其增长趋势有所变缓。

综上所述,钢轨各项受力指标在底座板纵连长度增加之后均有所提高,但均处于一个较小的水平。钢轨在底座板端部位置出现应力、位移的最大值,而当底座板完全纵连后端部效应消失,应力及变形又回到较低的水平。

同样,关注不同方案下轨道板处受力和变形的变化规律。随着底座板纵连长度的增加,轨道板的横向附加弯矩与轴力最大值均有一定增加,主要原因为底座板纵连后两端纵向伸缩变大,轨道板上部受到钢轨的约束,通过限位凹槽对底座板产生一定的限位作用,造成自身应力与内力的增加。全纵连时,轨道板横向附加弯矩最大值与底座板2块纵连方案较为接近。

进一步提取底座板2块纵连方案与底座板6块纵连方案下轨道板横向附加弯矩分布如图4.81所示。

由图4.81可知,增加底座板纵连长度后,底座板端部位置处的轨道板横向附加弯矩明显增大;但与之相对的是中部位置的轨道板横向附加弯矩均有不同程度的减小,这也验证了底座板全纵连时轨道板横向附加弯矩变小的计算结果。

由图4.82和图4.83可知,底座板纵连长度增加后,轨道板内力随着纵连长度的增加而增加,在4块底座板纵连后增加趋势减缓。同横向附加弯矩计算结果,底座板全纵连后轨道板轴力与3块底座板纵连时相近;轨道板的纵向位移最大值随底座板纵连长度的增加明显增大,底座板从2块纵连到6块纵连,轨道板的纵向位

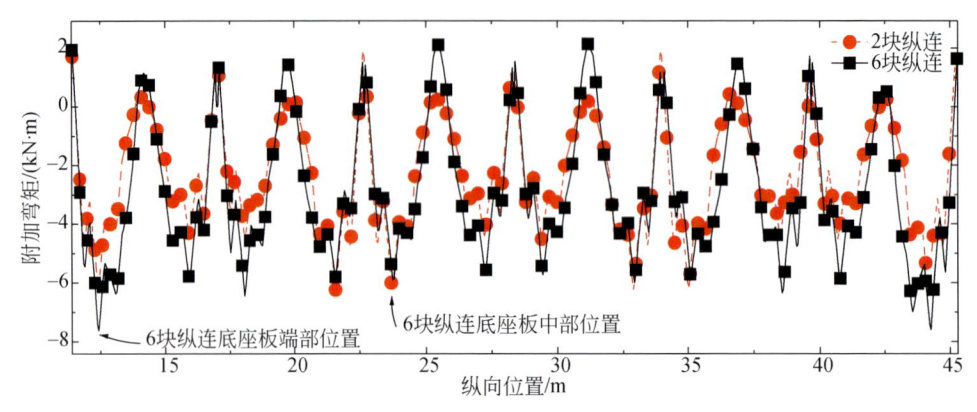

图 4.81　轨道板附加弯矩分布对比

移最大值由 1.094mm 增加至 1.725mm,增加幅度为 58%,其主要原因为底座板的纵向伸缩增加,轨道板随底座板协调变形;轨道板垂向位移也有较大的变化,且最大值主要位于底座板端部位置,这是因为该处底座板产生较大翘曲变形,并传递至轨道板。

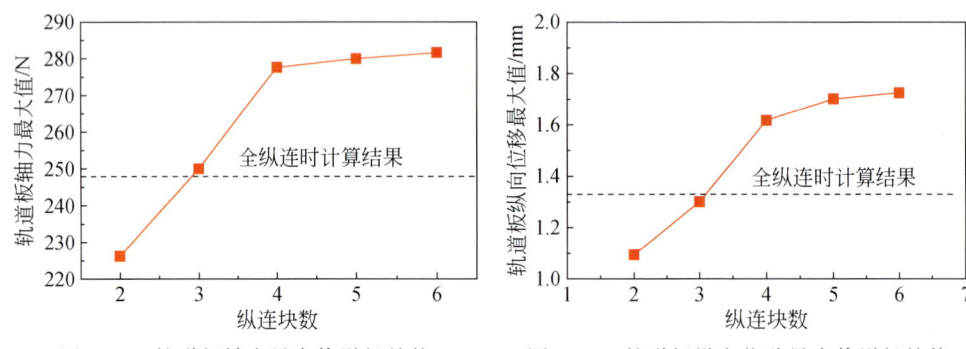

图 4.82　轨道板轴力最大值增长趋势　　图 4.83　轨道板纵向位移最大值增长趋势

自密实混凝土层受力和变形的变化规律与轨道板类似,但其应力及内力增加幅度较轨道板更大。其主要原因为底座板在限位凹槽处限制了复合板的位移,导致该处自密实混凝土层受力较集中,纵向应力和横向应力均成倍增加,纵向拉应力最大值由 0.35MPa 增加至 0.95MPa,增加了约 1.71 倍。提取各方案自密实混凝土层纵向位移及轴力最大值进行对比如图 4.84 和图 4.85 所示。

从图 4.84 和图 4.85 中可以看出,自密实混凝土层纵向位移及轴力均随着底座板纵连长度的增加而呈增长趋势,并在底座板 5 块纵连增加到 6 块纵连时逐渐趋于稳定。

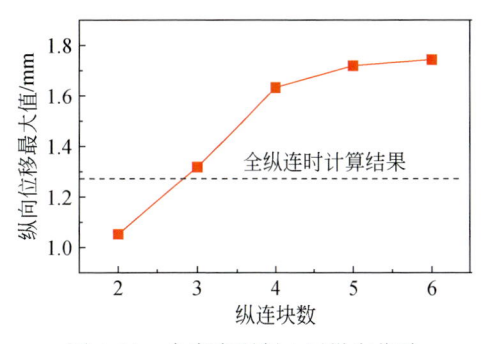

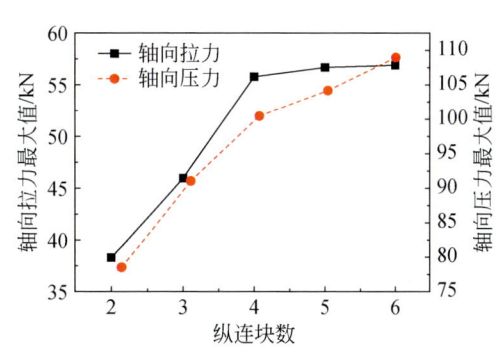

第4章 精细化分析方法在无砟轨道设计中的应用

图 4.84 自密实混凝土层纵向位移最大值随纵连块数变化趋势

图 4.85 自密实混凝土层轴力最大值随纵连块数的变化趋势

进一步提取各工况下底座板受力和变形状态发现，底座板本身受纵连块数的影响较大，纵向应力随纵连长度的增加而增长，增长幅度明显。但底座板全纵连时全截面受压，无拉应力出现。底座板2块纵连时纵向压应力最大值为2.26MPa，底座板6块纵连时纵向压应力最大值为11.07MPa，增加了近4倍。横向弯矩及底座板轴力也随着底座板纵连长度的增加而明显增加，如图4.86~图4.88所示。

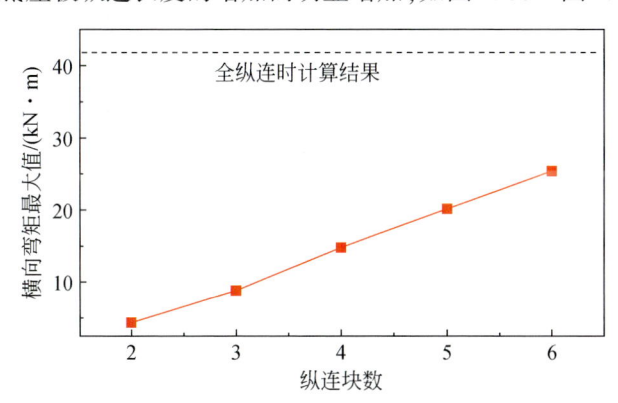

图 4.86 底座板横向弯矩最大值随纵连块数的变化趋势

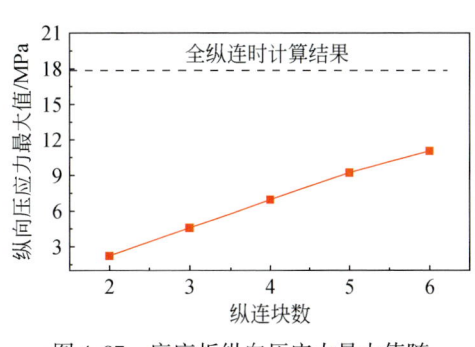

图 4.87 底座板纵向压应力最大值随纵连块数的变化趋势

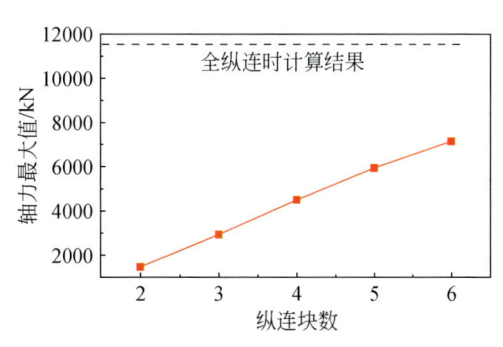

图 4.88 底座板轴力最大值随纵连块数的变化趋势

整体升温荷载作用下，底座板压应力变化趋势受轴力影响，增加趋势明显，纵连时底座板纵向压应力与轴力最大值如图4.87和图4.88所示，这与设计经验吻合。在本书计算模型中，底座板6块纵连方案下底座板均处于伸缩区，底座板轴力最大值与固定区轴力仍有一定差距。

需要指出的是，底座板纵连后固定区的出现与底座板纵连长度以及底座板与路基面之间的黏结或摩擦系数、自密实混凝土层与底座板摩擦系数、限位凹槽处弹性垫层刚度等都有一定关系，影响较大的是纵连长度以及底座板与路基面之间的黏结或摩擦系数[180]。本书中模型底座板与路基面间摩擦系数取为0.5，而对于不同路基土壤条件，底座板与路基面间的摩擦系数会有所不同。路基面上摩擦系数增加，所需要的伸缩区长度就越短。

2）整体降温荷载工况

施加整体降温荷载，提取不同底座板纵连方案下钢轨部分指标计算结果见表4.25。

表4.25 不同底座板纵连方案下钢轨部分指标计算结果

纵连方案	纵向应力/MPa 最大值	最小值	横向应力/MPa 最大值	最小值	纵向位移/mm 最大值	最小值	横向位移/mm 最大值	最小值	垂向位移/mm 最大值	最小值	轴力/N 最大值	最小值	弯矩/(N·m) 最大值	最小值
2块纵连	21.151	-0.006	3.065	-3.158	0.084	-0.066	0.360	-0.353	-0.303	-0.679	77500	-34100	718	-2950
3块纵连	21.775	-6.854	3.553	-3.656	0.087	-0.072	0.361	-0.360	-0.330	-0.668	73900	-57200	809	-3050
4块纵连	22.549	-7.783	3.556	-3.663	0.091	-0.129	0.362	-0.367	-0.320	-0.677	91300	-40100	847	-3220
5块纵连	22.533	-11.167	3.519	-3.627	0.126	-0.138	0.358	-0.386	-0.312	-0.678	89900	-41700	855	-3270
6块纵连	22.632	-11.066	3.532	-3.639	0.143	-0.142	0.359	-0.366	0.309	-0.678	92200	-40500	861	-3290
全纵连	21.151	-0.006	3.065	-3.158	0.084	-0.066	0.360	-0.353	-0.303	-0.679	70300	-26700	895	-3370

计算结果表明，底座板纵连长度增加对钢轨受力和变形影响较小。钢轨轴力稍有变化但均处于较小的应力水平。进一步提取轨道板部分指标计算结果见表4.26。

表4.26 不同底座板纵连方案下轨道板部分指标计算结果

纵连方案	纵向应力/MPa 最大值	最小值	横向应力/MPa 最大值	最小值	纵向位移/mm 最大值	最小值	横向位移/mm 最大值	最小值	垂向位移/mm 最大值	最小值	轴力/N 最大值	最小值	弯矩/(N·m) 最大值	最小值
2块纵连	0.319	-0.014	0.135	-0.128	1.143	-1.145	0.510	-0.531	-0.238	-0.606	156000	-6100	2460	-2110
3块纵连	0.324	-0.022	0.140	-0.129	1.147	-1.090	0.547	-0.545	-0.217	-0.615	156200	-5400	2670	-2060

第4章 精细化分析方法在无砟轨道设计中的应用

续表

纵连方案	纵向应力/MPa 最大值	最小值	横向应力/MPa 最大值	最小值	纵向位移/mm 最大值	最小值	横向位移/mm 最大值	最小值	垂向位移/mm 最大值	最小值	轴力/N 最大值	最小值	弯矩/(N·m) 最大值	最小值
4块纵连	0.329	-0.021	0.142	-0.133	1.159	-1.218	0.547	-0.552	-0.212	-0.621	164300	-5390	2962	-2060
5块纵连	0.332	-0.020	0.142	-0.135	1.188	-1.221	0.543	-0.572	-0.210	-0.625	165800	-5420	3102	-2090
6块纵连	0.336	-0.020	0.142	-0.135	1.199	-1.214	0.544	-0.553	-0.209	-0.625	222600	-8040	13950	-2610
全纵连	0.347	-0.004	0.104	-0.137	1.092	-1.074	0.546	-0.527	-0.264	-0.630	173900	-365	3263	-1850

由表4.26可知，随着底座板纵连长度的增加，轨道板纵向拉应力有增加的趋势，但增加幅值较小。各项位移量随底座板纵连长度变化不明显。轨道板纵向拉应力最大值随底座板纵连块数的变化趋势如图4.89所示。由图可知，随着纵连长度的增加，轨道板纵向拉应力最大值基本呈线性增长，但这种增长不是无限制的：在全纵连方案时，轨道板纵向拉应力最大值达到0.347MPa。

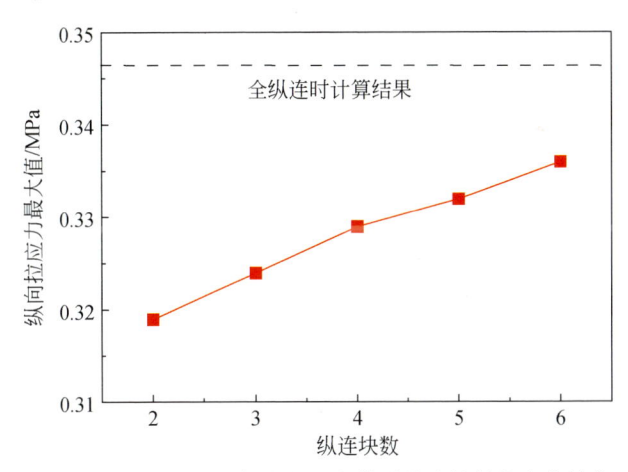

图4.89 轨道板纵向拉应力最大值随纵连块数的变化趋势

不同底座板纵连方案下自密实混凝土层部分指标计算结果见表4.27。由表4.27可知，随着纵连长度的增加，自密实混凝土层横向应力稍有增加，但总体来看量值不大。

表4.27 不同底座板纵连方案下自密实混凝土层部分指标计算结果

纵连方案	纵向应力/MPa 最大值	最小值	横向应力/MPa 最大值	最小值	纵向位移/mm 最大值	最小值	横向位移/mm 最大值	最小值	垂向位移/mm 最大值	最小值	轴力/N 最大值	最小值	弯矩/(N·m) 最大值	最小值
2块纵连	0.250	-0.156	0.193	-0.009	1.138	-1.138	0.497	-0.520	-0.193	-0.564	60200	-892	880	-121

续表

纵连方案	纵向应力/MPa 最大值	纵向应力/MPa 最小值	横向应力/MPa 最大值	横向应力/MPa 最小值	纵向位移/mm 最大值	纵向位移/mm 最小值	横向位移/mm 最大值	横向位移/mm 最小值	垂向位移/mm 最大值	垂向位移/mm 最小值	轴力/N 最大值	轴力/N 最小值	弯矩/(N·m) 最大值	弯矩/(N·m) 最小值
3块纵连	0.250	−0.247	0.194	−0.042	1.147	−1.183	0.545	−0.532	0.178	−0.573	60070	−3240	950.1	−110
4块纵连	0.261	−0.264	0.212	−0.053	1.154	−1.209	0.536	−0.541	−0.166	−0.579	62780	−3020	1099	−110
5块纵连	0.258	−0.225	0.210	−0.043	1.182	−1.210	0.534	−0.559	−0.164	−0.583	62100	−2740	920	−109
6块纵连	0.259	−0.219	0.213	−0.030	1.193	−1.205	0.536	−0.539	−0.163	−0.584	62250	−2610	907	−112
全纵连	0.259	−0.227	0.171	0.008	1.117	−1.100	0.538	−0.523	−0.214	−0.588	62250	−2610	908	−112

对比纵连块数增加后底座板纵向拉应力最大值如图4.90所示。计算结果表明，在整体降温荷载作用下，底座板采用5块纵连方案时，底座板纵向拉应力最大值达到2.67MPa，接近C40混凝土极限抗拉强度，而纵连块数超过5块时，底座板纵向拉应力最大值已超限，底座板处易出现横向拉裂裂缝。

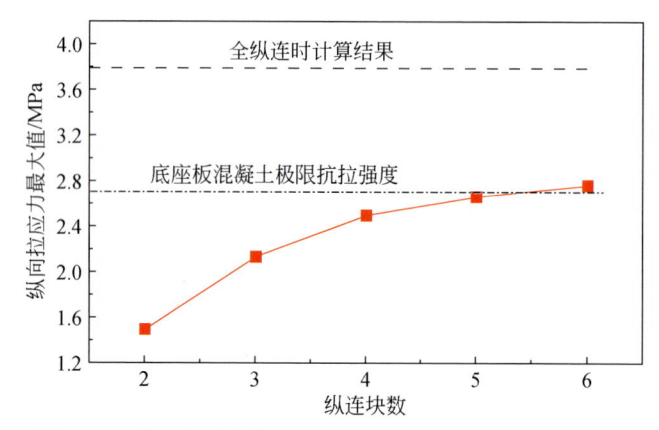

图4.90 底座板纵向拉应力最大值随纵连块数的变化趋势

综上所述，底座板2块到4块纵连时既能保证横向稳定性的要求，又能保证轨道各结构层应力处于较低的水平；而底座板5块或6块纵连时虽然提升了纵连区域内的平顺性，但底座板端部仍然存在较大的结构变形；当超出5块底座板纵连后，底座板纵向拉应力最大值会超出极限抗拉强度限值。综合考虑轨道横向稳定性及结构强度因素，并保证一定的强度安全储备，底座板宜选用2块至4块轨道板长度进行纵连。目前工程中CRTSⅢ型板式无砟轨道在一般情况下都采用此建议进行设计。

4.4.6 复合板体系中板下隔离层设置的影响

CRTSⅢ型板式无砟轨道在自密实混凝土层下设置隔离层,与下部底座板受力进行隔离,实现更易维修的目的。由于隔离层的存在,板间约束降低,轨道板和自密实混凝土层对下部底座板受力状态的影响将显著减小;而上部两层结构将共同变形,形成复合板体系,简称复合板。轨道板为预制C60混凝土,自密实混凝土层为现浇C40混凝土,两者材料差异较小,两层的协调变形有着较大的保障。另外,预制轨道板下预留门型筋与自密实混凝土层进行连接,层间黏结也有较大的保障。

隔离层的存在使得上部复合板与下部底座板在荷载下能够独立变形,对温度梯度荷载效应的影响最为明显。隔离层的设置将使得复合板翘曲变形无法传递至底座板上;同时,轨道板与自密实混凝土层的温度应力也可以得到合理的释放。为说明这一点,本书就隔离层的设置对无砟轨道正负温度梯度荷载效应影响进行了研究。温度梯度荷载加载在轨道板上,正温度梯度取为95℃/m,负温度梯度取为45℃/m。

1. 无砟轨道位移情况

提取正负温度梯度荷载作用下轨道板、自密实混凝土层、底座板垂向位移情况如图4.91和图4.92所示。

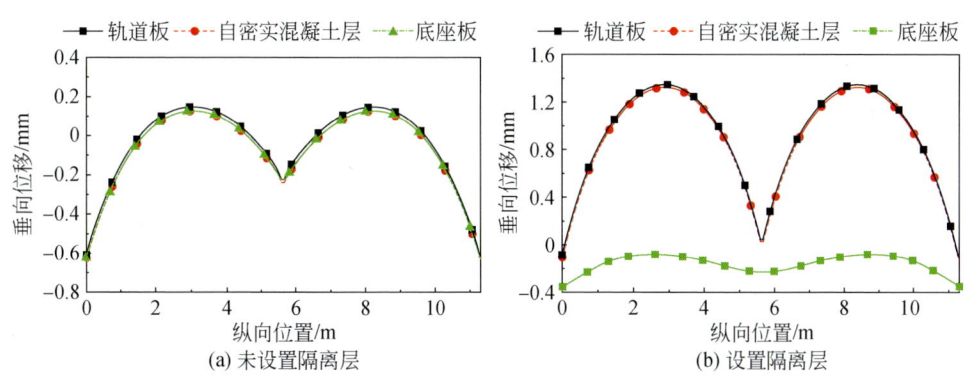

(a) 未设置隔离层 (b) 设置隔离层

图4.91 正温度梯度荷载作用下无砟轨道垂向位移情况

从无砟轨道三层结构垂向位移对比可以看出,在正负温度梯度荷载作用下,未设置隔离层时,无砟轨道三层黏结紧密,三层变形较为一致,设置隔离层后,轨道板与自密实混凝土层垂向变形一致,与底座板变形相差较大。

(a) 未设置隔离层

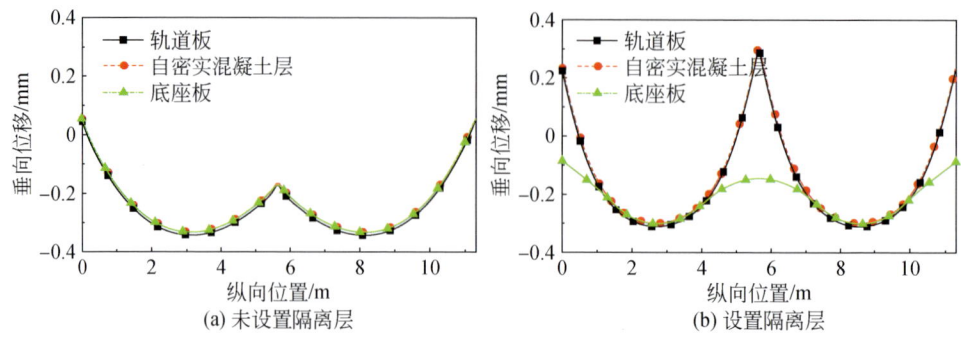

(b) 设置隔离层

图 4.92　负温度梯度荷载作用下无砟轨道垂向位移情况

图 4.93 为板端位置的各层纵向位移对比。其中,横坐标轴负方向表示无砟轨道收缩,正方向表示扩张。由图可知,正温度梯度荷载作用下,轨道板板中上拱;负温度梯度荷载作用下,板角翘曲。存在隔离层时,自密实混凝土层与底座板接触位置处,纵向位移有突变,说明隔离层上下表面存在一定程度的滑移,正温度梯度荷载作用下滑移位移量为 0.025mm,负温度梯度荷载作用下滑移位移量为 0.008mm。

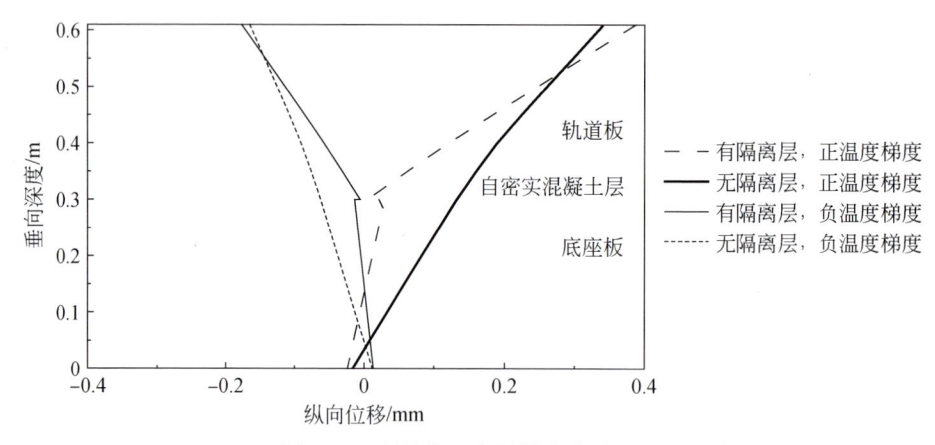

图 4.93　板端位置各层纵向位移对比

轨道板和自密实混凝土层端部位移在是否存在隔离层情况下均是连续的,且均表现出较好的线性。说明轨道板和自密实混凝土层复合效应较为明显。

图 4.94 为正温度梯度荷载作用下,轨道板和自密实混凝土层纵向位移在端部的局部放大,阴影区域为轨道板和自密实混凝土层实际纵向变形与理想线性变形之间的差异。可以看出,设置隔离层后,在上下层变形差更大的情况下,其变形状况仍然好于未设置隔离层的情况。由此可知,隔离层的设置对上部复合板的协同

第4章 精细化分析方法在无砟轨道设计中的应用

变形有一定的改善作用。

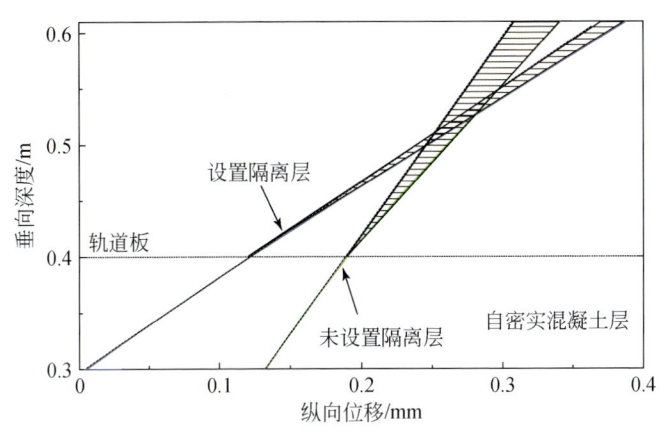

图 4.94 轨道板和自密实混凝土层纵向位移对比

2. 无砟轨道应力情况

黏结面上法向应力与切向应力能够表征复合板层间力学性能。图 4.95 与图 4.96 为温度梯度荷载作用下,复合板黏结面法向应力与切向应力沿纵向的分布情况。由图可知,在正温度梯度荷载作用下,设置隔离层后层间法向拉应力最大值由 0.62MPa 降低至 0.19MPa,层间切向应力最大值由 1.00MPa 降低至 0.28MPa,下降明显;设置隔离层对负温度梯度荷载作用下轨道层间力学特性也有很大改善,设置隔离层后层间切向应力最大值由 0.42MPa 降低至 0.11MPa,法向拉应力稍稍增加但增幅不大。

(a) 正温度梯度荷载作用下

(b) 负温度梯度荷载作用下

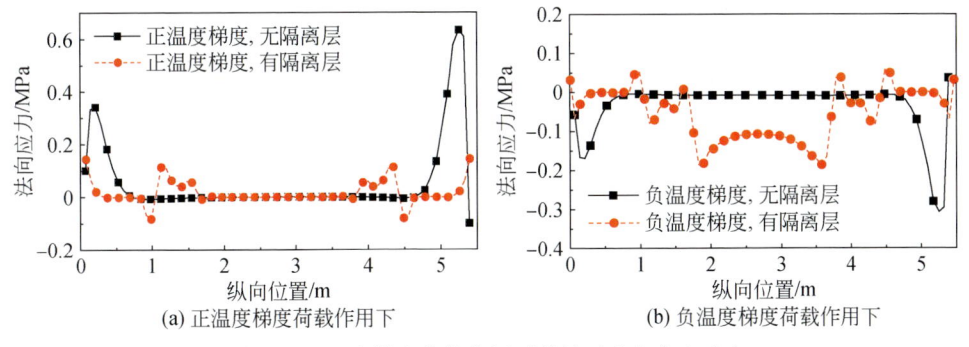

图 4.95 温度梯度荷载作用下黏结面法向应力对比

图4.96 温度梯度荷载作用下黏结面切向应力对比

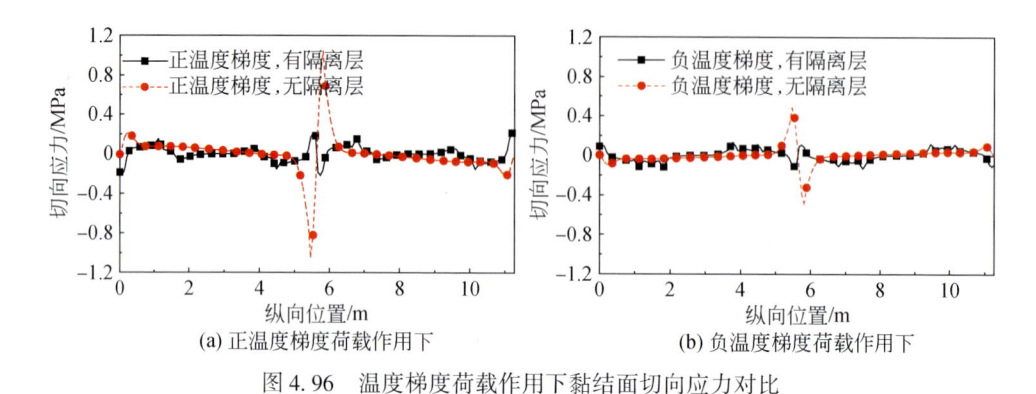

从图4.95与图4.96中可以看出,未设置隔离层的情况下,法向拉应力与切向应力均在复合板端部产生较大的峰值,设置隔离层有效改善了黏结面受力的均衡性。

3. 隔离层设置效果现场调研

轨道板预制时板底预留连接钢筋,板底进行拉毛处理,以保证新老混凝土有效黏结,使两者形成复合结构。但自密实混凝土层灌注于预制轨道板和完成浇筑的底座板之间,相对于混凝土收缩变形基本完成的轨道板和底座板,现浇自密实混凝土层势必存在更大的收缩变形。在长期荷载作用下,若不设置隔离层,不仅自密实混凝土层和底座板层间易发生离缝;在上、下界面均受到约束的情况下自密实混凝土层自身也会不可避免地出现竖向裂纹。

在实际线路应用结果中也发现,设置隔离层的西宝客专CRTSⅢ型先张板式无砟轨道试验段自密实混凝土层基本无竖向裂纹,而未设置隔离层的成灌线上轨道开裂情况较为普遍。除与自密实混凝土配制技术及施工养护工艺相关外,隔离层的设置也起到一定协调变形作用,降低了底座板对自密实混凝土收缩的抑制作用。

对设置了隔离层的盘营客专CRTSⅢ型后张板式无砟轨道调研发现,个别区段由于养护不当,自密实混凝土也出现少量竖向裂纹,其特征为从轨道板和自密实混凝土层黏结面向隔离层方向延伸。但大多数裂纹未到达自密实混凝土层底面,也验证了隔离层具有协调变形、释放温度应力的作用。

从调研情况来看,隔离层的设置可避免自密实混凝土层与底座板间直接的相互作用,减少离缝、泛浆现象和竖向裂纹的产生,这与上述理论分析结果较为一致。

综合上述分析可以得出,隔离层的设置对上部复合板形成及共同受力有以下几方面的改善:

(1)设置隔离层后,轨道板与自密实混凝土层间能够协同变形,翘曲变形量均一致,而底座板与上部复合板变形相互独立。

第4章 精细化分析方法在无砟轨道设计中的应用

(2) 设置隔离层对保证上部复合板协同变形有一定的改善作用,其中翘曲变形下复合板的平截面保持能力改善明显。

(3) 设置隔离层后,轨道板和自密实混凝土层间黏结面上的法向应力及切向应力有较大程度的减小,故而层间黏结破坏的可能性减小。

4.5 无砟轨道动力学特性评估及减振设计

本节以 CRTS Ⅲ 型板式无砟轨道为例,利用精细化分析方法,对无砟轨道、车辆动力学特性进行整体评估,并考虑多种减振方案,对 CRTS Ⅲ 型板式无砟轨道进行减振设计。

4.5.1 CRTS Ⅲ 型板式无砟轨道整体动力学特性评估

为获得 CRTS Ⅲ 型板式无砟轨道整体动力学特性,并进一步验证设计方案的合理性,在空间实体分析模型的基础上,引入动力仿真模型,对车速 350km/h 情况下,路基上 CRTS Ⅲ 型板式无砟轨道-车辆耦合动力学响应进行分析,所得分析结果如图 4.97~图 4.101 所示。

图 4.97 为经过 10Hz 低通滤波处理后的车体垂向加速度和横向加速度,从图中可以看出,在不平顺激励下,车体加速度均有一定波动,但总体量值较小,车体垂向加速度最大值为 $0.018g$,横向加速度最大值为 $0.026g$。

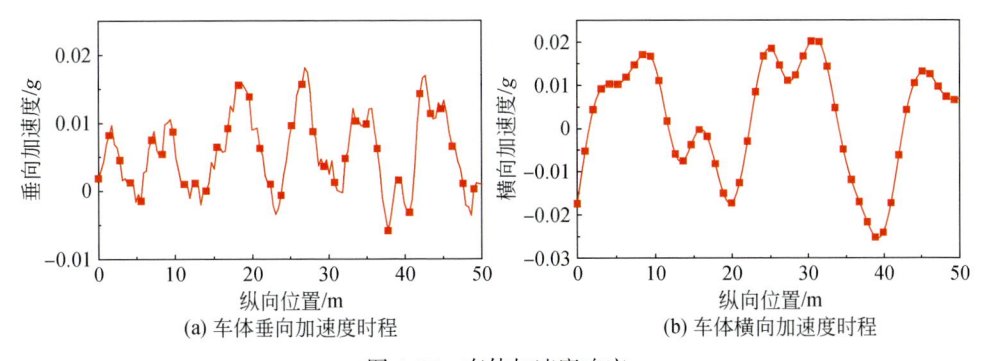

图 4.97 车体加速度响应

图 4.98 为车辆主要安全性指标的计算结果。在轮轨的横向力、垂向力方面,由计算结果可知,轮轨的横向力最大值为 32.52kN,轮轨的垂向力最大值为 137.27kN。根据《高速铁路工程动态验收技术规范》(TB 10761—2013),结果均未超限。

进一步计算脱轨系数及轮重减载率这两个安全性指标,由计算结果可知,脱轨系数最大为 0.48,小于规范限值 0.8;轮重减载率最大为 0.54,同样小于轮重减载率限值 0.8。说明在该无砟轨道设计方案下列车高速运营,以《高速铁路无砟轨道不平顺谱》(TB/T 3352—2014)推荐的随机不平顺作为轮轨系统激励时,轮重减载率和脱轨系数均满足相关规范要求。

(a) 轮轨垂向力时程曲线

(b) 轮轨横向力时程曲线

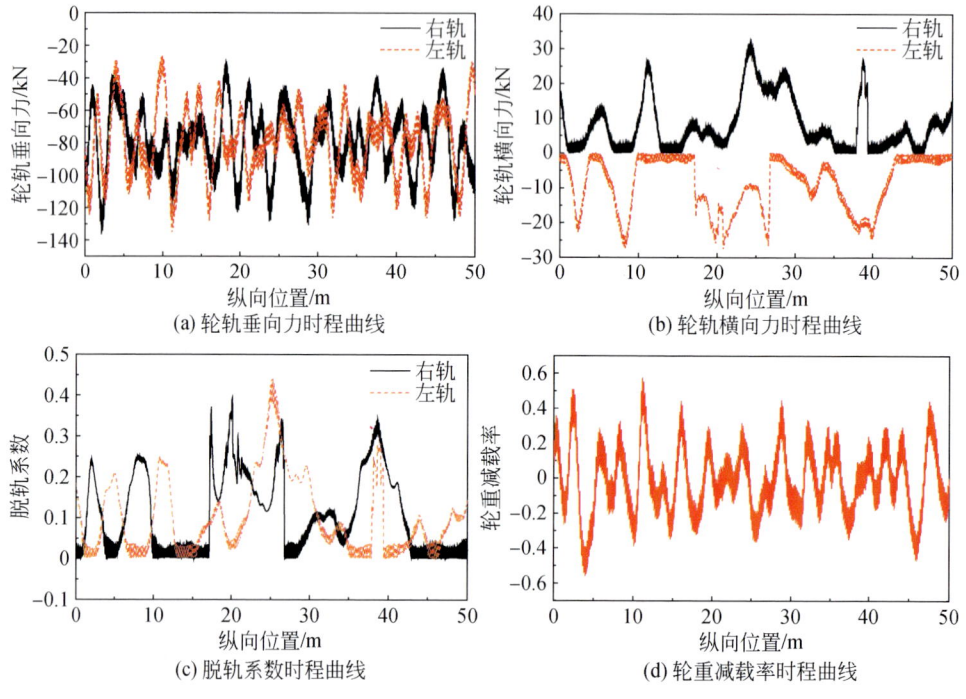

(c) 脱轨系数时程曲线

(d) 轮重减载率时程曲线

图 4.98　车辆主要安全性指标的计算结果

提取钢轨及无砟轨道结构各层垂向加速度,如图 4.99 所示。由图可知,不同位置钢轨垂向加速度波形基本一致,量值无显著差别,钢轨垂向加速度最大值为 46.2g。轨道板、自密实混凝土层以及下部底座板的垂向加速度均有不同程度的衰减,量级相当,轨道板表面、自密实混凝土层底、底座板中部的垂向加速度最大值依次为 1.35g、0.65g、0.78g。

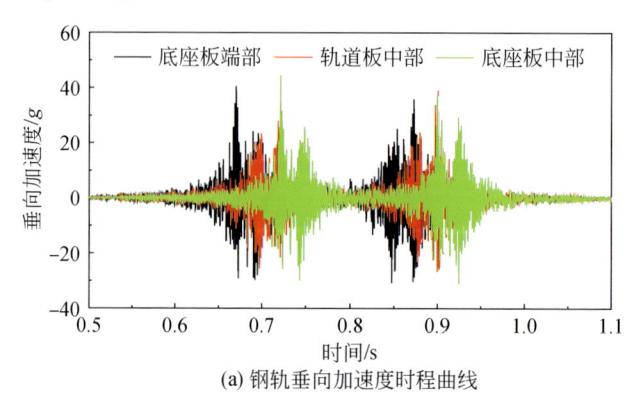

(a) 钢轨垂向加速度时程曲线

第4章 精细化分析方法在无砟轨道设计中的应用

(b) 无砟轨道垂向加速度时程曲线

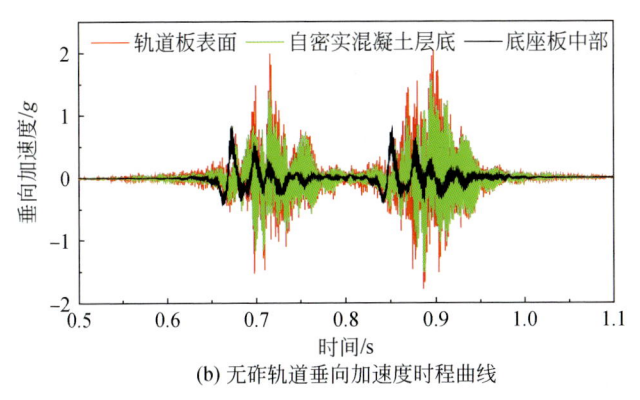

图 4.99 轨道结构垂向加速度时程曲线

图 4.100 为轨道结构垂向动位移时程曲线，曲线的四个尖端代表此时单节高

(a) 钢轨垂向动位移时程曲线

(b) 无砟轨道垂向动位移时程曲线

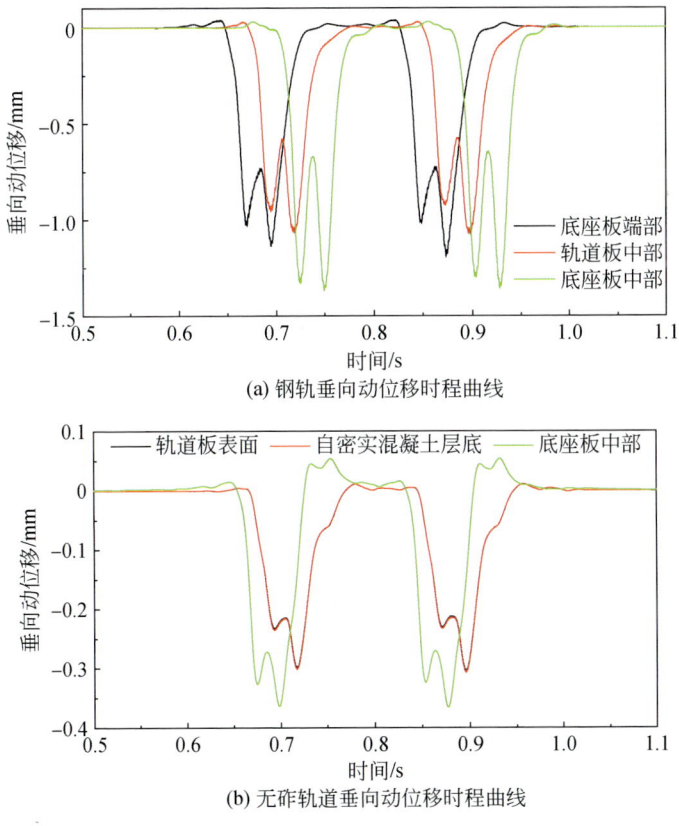

图 4.100 轨道结构垂向动位移时程曲线

速列车的四个轮对分别通过该点。不难发现,钢轨的垂向动位移为1.02mm(板中)和1.17mm(板端),板端及板中的垂向动位移差别较小;对于钢轨以下各层结构,板端的动位移响应大于板中的动位移响应。而在同一轨道结构横断面处,轨道板的垂向动位移最大值同自密实混凝土层接近,约为0.29mm,底座板位移稍大,约为0.36mm。

从图4.101中钢轨动弯应力和扣件支反力的时程曲线同样可以看出,单节列车四轮对依次通过采样点的痕迹。底座板中部(位置C)与底座板端部(位置A)的钢轨动弯应力要稍大于轨道板中部位置(位置B);扣件支反力在底座板中时最大,最大值为43.29kN,轨道板中部位置处扣件支反力较小,为27.00kN,两者相差37.63%左右。

(a) 钢轨动弯应力时程曲线

(b) 扣件支反力时程曲线

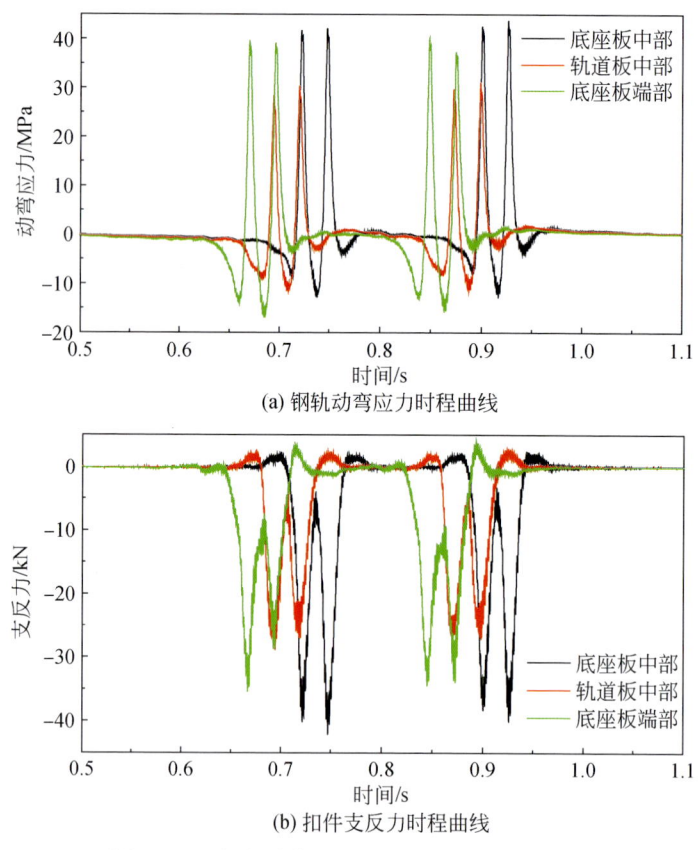

图4.101 钢轨动弯应力及扣件支反力时程曲线

本书的动力学计算结果与盘营客专实际动态测试结果得到相互验证。综合来看,本书所创立的精细化分析方法在无砟轨道动力学评估上应用良好,且目前

CRTSⅢ型板式无砟轨道设计方案能够较好地满足动力学性能要求。

4.5.2 减振型 CRTSⅢ型板式无砟轨道设计

CRTSⅢ型板式无砟轨道轨道板与自密实混凝土层组成的复合板结构,较 CRTSⅠ型板式无砟轨道轨道板参振质量大,且土工布隔离层具有一定的振动缓冲作用。在实际现场测试中,通过对比 CRTSⅢ型板式无砟轨道与其余几类典型的无砟轨道实测动力学数据发现,路基地段由 CRTSⅢ型板式无砟轨道轨道板至底座板的能量衰减量值要高于其他无砟轨道,桥梁地段由 CRTSⅢ型板式无砟轨道轨道板至底座板的能量衰减量值与 CRTSⅠ型双块式无砟轨道道床板和 CRTSⅠ型板式无砟轨道轨道板传至底座板的能量衰减量值基本相当,要高于 CRTSⅡ型板式无砟轨道轨道板至支承层的能量衰减量值,表明 CRTSⅢ型板式无砟轨道有较大潜力可作为新型减振轨道,可对其开展减振设计。

1. 减振轨道配置方案

对 CRTSⅢ型板式无砟轨道考虑减振设计时,参考国内外减振轨道设计方法,可以考虑在其结构内部添加减振垫层作为其减振方案。结合 CRTSⅢ型板式无砟轨道的结构特性,在设置减振垫层时,可以考虑两种设置方式[181]:一是自密实混凝土层下设置减振垫层;二是底座板下设置减振垫层。减振垫层设置方式如图 4.102 所示。

(a) 自密实混凝土层下设置减振垫层　　(b) 底座板下设置减振垫层

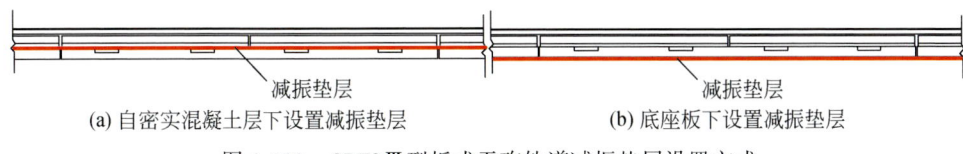

图 4.102　CRTSⅢ型板式无砟轨道减振垫层设置方式

减振垫层需要合适的刚度,刚度过大或过小都有可能带来新的问题,因此需要考虑多种刚度减振垫层进行比选。分别考虑减振垫层刚度为 10MPa/m、20MPa/m、30MPa/m、40MPa/m、50MPa/m、100MPa/m、150MPa/m、200MPa/m。最终汇总计算工况见表 4.28。

表 4.28　减振方案计算工况汇总

设计速度	减振垫层设置方式		减振垫层刚度/(MPa/m)
350km/h	自密实混凝土层下设置减振垫层	底座板下设置减振垫层	10、20、30、40、50、100、150、200

2. 各减振方案时域对比

对比未减振方案与各减振方案可以发现，各车辆-轨道系统动力学响应指标波形均无太大变化。但车体加速度等舒适性指标和轮轨力、脱轨系数、轮重减载率等安全性指标在量值上都有不同程度的减小，结构振动响应也有一定的改善，但与之相对的是动位移指标均有增大。

进一步对比各减振方案之间动力学响应指标，提取不同工况下车辆-轨道系统垂向动力学特性进行比较，如图 4.103 所示。

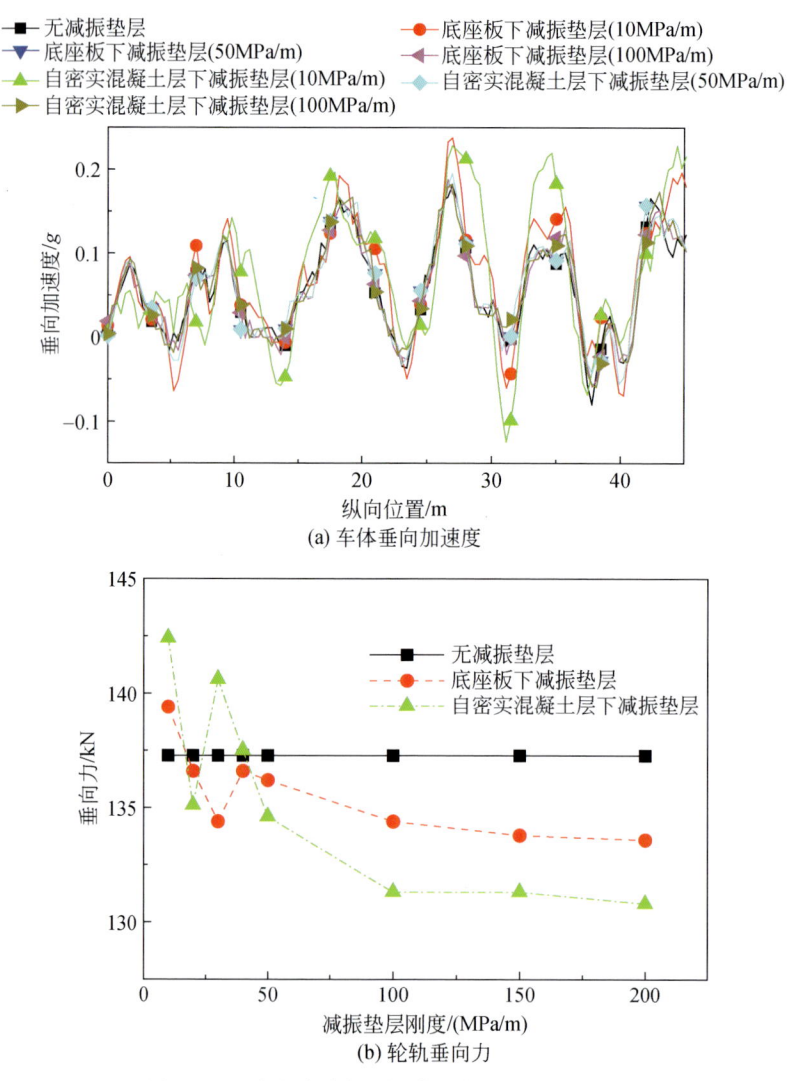

(a) 车体垂向加速度

(b) 轮轨垂向力

图 4.103　各方案车辆-轨道系统垂向动力学特性

从图 4.103 可以看出,车辆垂向加速度随着设置减振垫层的变化规律不明显,但均处于较小的振动水平。轮轨垂向力在插入减振垫层后有明显的降低,且底座板下插入减振垫层的效果更加明显。垫层刚度在 10~200MPa/m 范围内增加时,轮轨垂向接触力的总变化趋势是减小的,但刚度小于 20MPa/m 时,轮轨垂向接触力有增加的趋势。

对比各方案下车辆安全性指标如图 4.104 所示。脱轨系数在自密实混凝土层和底座板下设置减振垫层时有一定程度的减小,轮重减载率在两种方案下也有一定程度的减小,且底座板下减振垫层方案轮重减载率减小更为明显。

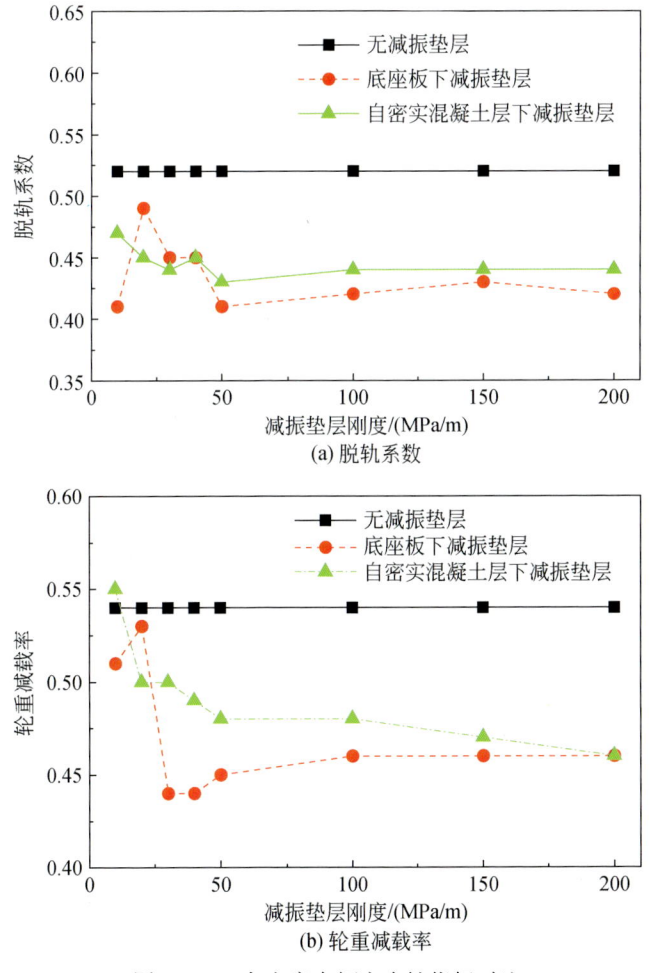

图 4.104 各方案车辆安全性指标对比

进一步提取各方案钢轨垂向加速度如图 4.105 所示。由图 4.105 可知,在自密实混凝土层下减振垫层方案对钢轨垂向加速度影响较小，而在底座板下设置减振垫层后，钢轨的垂向加速度出现显著降低，但在减振垫层刚度达到200MPa/m时，垂向加速度反而较无减振垫层方案有所增加。

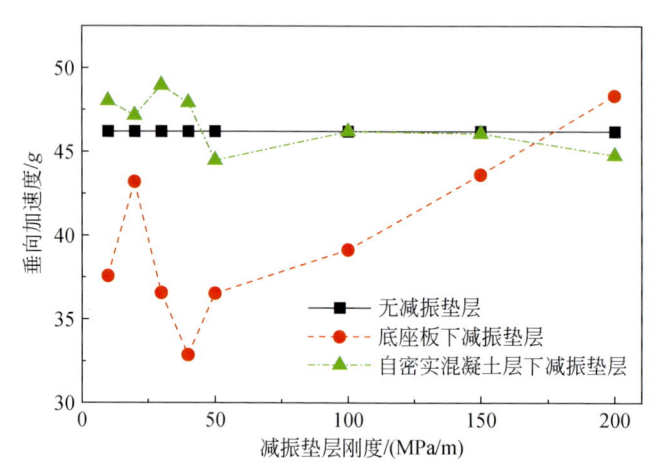

图4.105　各减振方案钢轨垂向加速度对比

对比不同位置处钢轨垂向动位移，结果如图4.106所示。由图可知，减振垫层的插入会引起钢轨垂向动位移的增加。其中，底座板下减振垫层刚度为10MPa/m时，垂向位移在3.7mm左右。自密实混凝土下减振垫层的插入对于钢轨垂向动位移影响稍小，底座板下减振垫层刚度在50MPa/m以上或自密实混凝土下减振垫层刚度在20MPa/m时，钢轨垂向动位移能够控制在2mm以内。

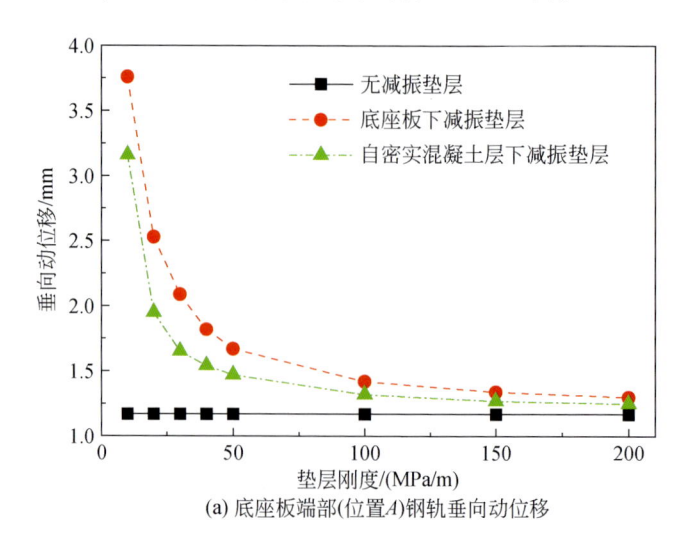

(a) 底座板端部(位置A)钢轨垂向动位移

第4章 精细化分析方法在无砟轨道设计中的应用

(b) 底座板中(位置C)钢轨垂向动位移

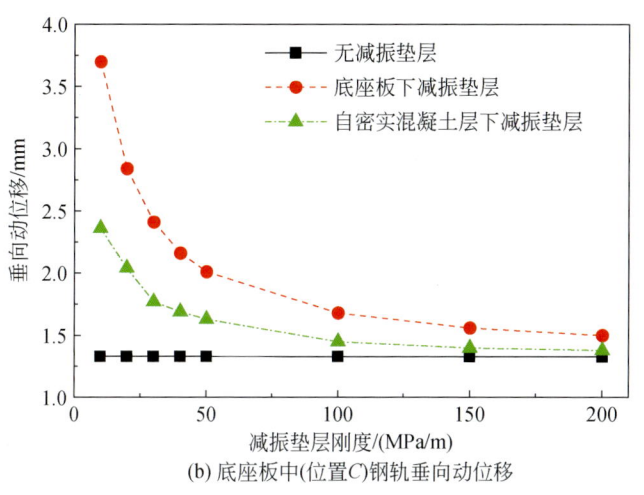

图4.106 各方案不同位置钢轨垂向动位移对比

此外,本节对比了轨下结构的垂向动位移,自密实混凝土层插入减振垫层后,轨道板、自密实混凝土层的垂向动位移增加较大,且随着减振垫层刚度的增加,垂向动位移逐渐减小。底座板下减振垫层插入后,轨下结构振动位移有较大程度的增加,在低刚度减振垫层插入时增加情况尤为明显。

3. 各减振方案频域对比

减振垫层对无砟轨道结构层振动加速度的影响是减振垫层效果评价的关键。在自密实混凝土层下设置减振垫层后,不同工况的轨道板振动加速度级(VAL)对比如图4.107所示。

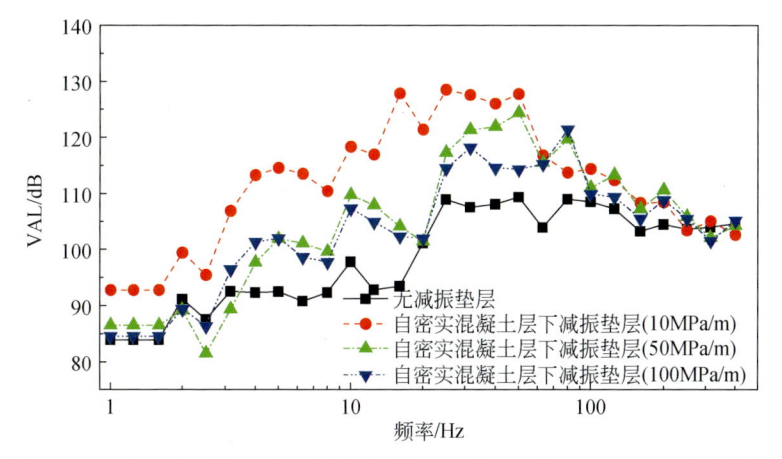

图4.107 自密实混凝土层下设置减振垫层后轨道板振动加速度级变化曲线

自密实混凝土层下设置减振垫层后,分析对比轨道板处的振动加速度级可以看出,减振垫层刚度对轨道板的振动有较大程度的影响,其中在 1~2Hz 频率范围内,小刚度减振垫层方案较其他方案振动加速度级增加了 10dB 左右,而随着刚度增加,低频振动加速度级明显降低。减振垫层刚度在 30~100MPa 时,对轨道板振动加速度级影响较小。

底座板下设置减振垫层后,对比各方案的轨道板振动加速度级如图 4.108 所示。由图可知,底座板下设置减振垫层后,轨道板振动加速度级在 1~5Hz 范围内均有明显降低,平均降低 5dB 左右。而在 5~100Hz 时,较小的减振垫层刚度带来了更大的轨道板振动加速度级,平均增加幅值 20dB 左右。

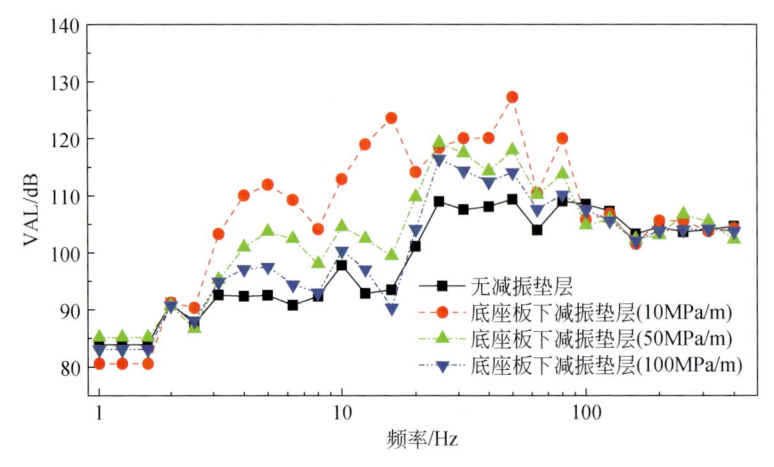

图 4.108　底座板下设置减振垫层后轨道板振动加速度级变化曲线

进一步对比各方案下底座板的振动加速度级,如图 4.109 所示。对比各方案下底座板处振动加速度级可以看出,自密实混凝土下设置减振垫层后,底座板高频范围(80Hz 以上)振动加速度级有明显减小;而底座板下设置减振垫层方案对底座板本身的影响较大,各频域范围内振动加速度级均有不同程度的增加。

通过上述对比可以得出:

(1)设置减振垫层对车辆运行安全性的影响较小,有一定的改善趋势,但减振垫层刚度较小时车辆运营安全性,如轮轨力及轮重减载率,有一定程度的增加。

(2)设置减振垫层会引起钢轨垂向动位移的增加,底座板下减振垫层刚度在 50MPa/m 以上或自密实混凝土层下减振垫层刚度在 20MPa/m 时,钢轨垂向动位移能够控制在 2mm 以内。

(3)自密实混凝土层和底座板下减振垫层的设置对轨道板与底座板的振动加速度级影响较为明显。但小刚度(10MPa)减振垫层可能致使轨道板振动加速度级增加。此外,底座板下设置减振垫层后增加了底座板自身的振动。

第4章 精细化分析方法在无砟轨道设计中的应用

(a) 自密实混凝土层下设置减振垫层

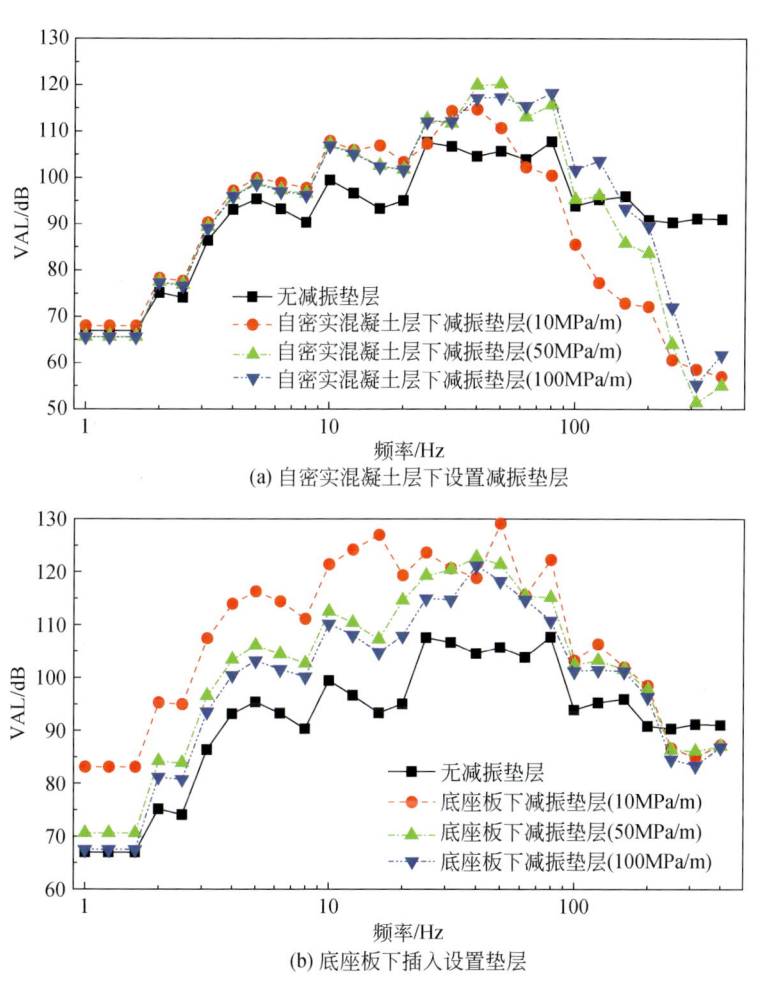

(b) 底座板下插入设置垫层

图4.109 各方案底座板振动加速度级对比

综合分析可以得出,自密实混凝土层下小刚度减振垫层的引入对降低振动向下部传递有较好的作用,较底座板下减振垫层方案有更高的稳定性。但插入的减振垫层刚度不宜过小,过小的减振垫层刚度(10MPa)不但会带来轨面较大的振动位移(近4mm),而且会引起轨道板振动加速度级的大幅度增加。因此,推荐在自密实混凝土层下设置减振垫层,减振垫层刚度为20~30MPa/m。

4.6 本章小结

本章主要介绍了空间精细化分析方法在无砟轨道设计阶段的应用。利用空间精细化分析方法，对不同无砟轨道荷载效应进行了分析，并结合实例对无砟轨道主体结构材料参数及细部结构进行了选型及功能设计，最后结合动力仿真模型对无砟轨道进行整体动力学特性评估和减振设计，主要结论如下：

(1)本书所建立的空间精细化分析方法可实现实体建模时无砟轨道内力的精确分析，在分析具有受力明确、结构尺度多等特点的无砟轨道所受各类荷载效应时具有显著优势。例如，在对CRTSⅢ型板式无砟轨道所受车辆荷载效应进行研究时，可有效分析在车辆垂向、横向、纵向荷载作用下轨道结构主体受力变形、底座板凹槽等细部结构受力特征、扣件承力效应等重要指标；在对CRTSⅢ型板式无砟轨道所受温度荷载效应进行研究时，在分析整体升降温荷载效应的基础上，还能实现无砟轨道在温度梯度荷载作用下翘曲、上拱变形的模拟，尤其是对CRTSⅢ型板式无砟轨道层间设置隔离情况下因翘曲、上拱变形而造成的层间脱离及局部支撑进行精确的分析；在对CRTSⅢ型板式无砟轨道所受基础沉降荷载效应进行研究时，空间精细化分析方法能够再现无砟轨道的板下脱空效应，并可以分析基础沉降荷载参数变化对无砟轨道的影响。

(2)利用空间精细化分析方法，通过对空间实体设计模型参数的精细化调整，比较尺寸、材料等参数的改变对无砟轨道结构受力特性的影响，可以实现对无砟轨道结构形式及参数的选型。本章通过该方法对CRTSⅢ型板式无砟轨道主要结构进行设计，以其轨道板、填充层厚度尺寸为例进行选型研究，发现轨道板加厚方案有利于减小轨道结构的应力，并且能够适应严寒地区较大的温差变化以及较大的温度梯度，延长结构的使用寿命；且建议自密实混凝土层厚度应大于0.08mm。本章还针对两者材料差异对复合板共同工作性能的影响进行分析，发现材料差异下复合板仍具有较好的工作性能。此外，本书还结合以往进行的大量研究工作对各轨道结构选型提出了相关建议。

(3)限位结构与连接形式设计选型是无砟轨道设计中不可缺少的环节，本书所建立的精细化分析方法，可通过对细部关键结构的精确模拟，实现对限位结构与纵连形式的精细化设计。例如，对CRTSⅢ型板式无砟轨道进行限位结构设计时，对不同凹槽设置方式进行了研究，最终建议底座板凹槽形式为双凹槽以增加轨道纵向限位能力；对CRTSⅢ型板式无砟轨道纵连方式进行设计时，建议避免轨道板及自密实混凝土层纵连设置，同时宜选用底座板按2块至4块轨道板长度进行纵连的方案满足横向稳定性及结构强度要求；此外，空间精细化分析方法在分析CRTSⅢ型板式无砟轨道特有的隔离层结构时也具有较好的效果。分析结果表明，隔离层的设置保证了上部复合板的协同变形，同时底座板与上部复合板变形保持相互独立的状态，减少了层间开裂的可能，对上部复合板的形成及共同受力有明显的改善作用。

第 4 章　精细化分析方法在无砟轨道设计中的应用

（4）通过引入动力仿真模型，可将精细化分析方法用于对无砟轨道的动力学特性评估及减振设计。以 CRTS Ⅲ 型板式无砟轨道为例，对其展开动力学特性评估后发现现有设计方案能够较好地满足动力学性能要求，未来依靠空间实体设计模型与动力仿真模型动静相结合，还可以进一步完善结构；此外针对 CRTS Ⅲ 型板式无砟轨道进行减振设计时，推荐自密实混凝土层下设置刚度为 20～30MPa/m 的减振垫层方案，以同时满足结构减振与稳定性的需求。

综上所述，本书提出的精细化分析方法能够满足无砟轨道精细化设计的需求。

第 5 章　精细化分析方法在无砟轨道检算中的应用

无砟轨道从满足结构及功能要求的角度配置了各种结构设计钢筋及各类特殊钢筋。按照传统设计理念,检算时结构内钢筋配筋率、特殊钢筋数量等指标合格即检算完成,对其结构及部件配筋后内部受力变形协调性等情况关注不多。而高速铁路无砟轨道为满足高平顺、高安全、少维修等要求,必须保证其长期运营下结构受力均衡、变形协调,因此需要检算在实际运营条件下细部结构及钢筋具体形式、位置等设置的合理性,从而进一步优化结构及配筋方案。本章主要以 CRTS Ⅲ 型板式无砟轨道为例,对精细化分析方法在检算阶段的应用进行阐述。

5.1　无砟轨道整体检算思路

无砟轨道在混凝土中配有钢筋以加强其服役性能,是典型的钢筋混凝土结构。从结构及功能上,基本可将配置的钢筋分为轨道板普通钢筋、轨道板预应力钢筋、底座板钢筋及一些特殊钢筋。例如,轨道板/道床板配有一定数量的普通钢筋,而在一些预制轨道板结构中还额外配备了预应力钢筋,对轨道板施加了一定的预应力荷载,以保证轨道板在服役过程中不出现裂纹[182];除部分结构采用素混凝土和水硬性支承层外,在 CRTS Ⅱ 型、CRTS Ⅲ 型板式无砟轨道底座板内均配置了钢筋骨架;CRTS Ⅲ 型板式无砟轨道轨道板分先张、后张预应力轨道板,也试铺了普通轨道板,还在轨道板下设置了门型筋、自密实混凝土整体配筋及凹槽加强配筋等特殊钢筋,以保证其特殊的功能定位。

本书运用空间精细化分析方法对采用传统设计方法进行配筋后的无砟轨道进行检算,主要对其服役过程中的整体受力状态进行检算;对于门型筋等特殊钢筋结构,主要对其强度及功能定位需求进行进一步的检算,从而保证无砟轨道系统长期耐久性和稳定性。以 CRTS Ⅲ 型板式无砟轨道为例,无砟轨道主要检算思路如图 5.1 所示。

限于篇幅,本章主要对 CRTS Ⅲ 型板式无砟轨道轨道板上的普通钢筋、预应力筋及特殊钢筋中的板下门型筋进行相关检算,以此阐述精细化分析方法在无砟轨道检算中的应用。

对配筋方案进行检算时,需要综合评价方案的优劣。配筋方案的优劣很大程度上决定了轨道板适应不同线路运营环境的能力。在考虑普通钢筋配筋方案时,需要

第 5 章　精细化分析方法在无砟轨道检算中的应用

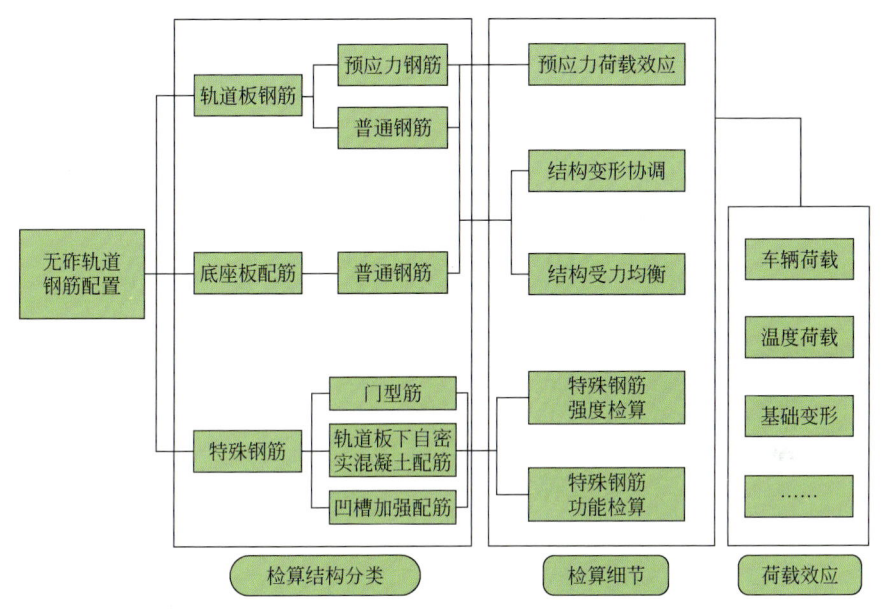

图 5.1　CRTS Ⅲ 型板式无砟轨道主要检算思路

有较为合理的评判指标来评价配筋方案的优劣程度。由于主要关注受力均衡、变形协调等特性，因此在评价钢筋配置方案时，以应力、应变及变形为主要分析对象。由于钢筋在轨道板内以一定形式的网状结构排布形成骨架，受到不同荷载效应的影响，轨道板内部受力也存在一定的区别，因此仅关注其受力的单个峰值无法完整地评价配筋方案的优劣。轨道板作为典型的板结构，尤其在温度梯度荷载作用下体现出典型的温度分层效应，因此本章同样参考第 3 章提出的从整体角度进行评价的结构受力变形综合指数，限于篇幅，取板顶与板底数据对普通钢筋配置方案进行检算比较。

此外，对无砟轨道配筋检算时，钢筋的检算也必不可少。一般而言，对于预应力钢筋，需要检算其预应力效应是否准确、有效地施加在轨道板上；对于普通钢筋，必须检算其强度是否超限，以此保证钢筋网的正常工作性能。本书以钢筋屈服强度作为钢筋的强度检算指标，以 von Mises 应力最大值是否超限作为其工作性能的检验标准。如图 5.2 所示，在 CRTS Ⅲ 型无砟轨道的轨道板中，纵向主筋和横向主筋以 HPB300 为主，因此以 300MPa 为钢筋屈服应力限值。此外，钢筋 von Mises 应力的大小及分布还能在一定程度上反映结构整体受力时的钢筋参与程度。

考虑到预应力钢筋检算的特殊性，即预应力轨道板在预应力、车辆等荷载下不能出现受拉区，因此在检算中结构的纵向应力和横向应力等指标不可或缺，为方便检算过程可取板上典型应力路径进行分析。同时在预应力钢筋检算时还需要考虑预应力荷载效应的正确施加、预应力钢筋服役性能等因素，因此轨道板预压力、预应力钢筋应力等指标也不可或缺。

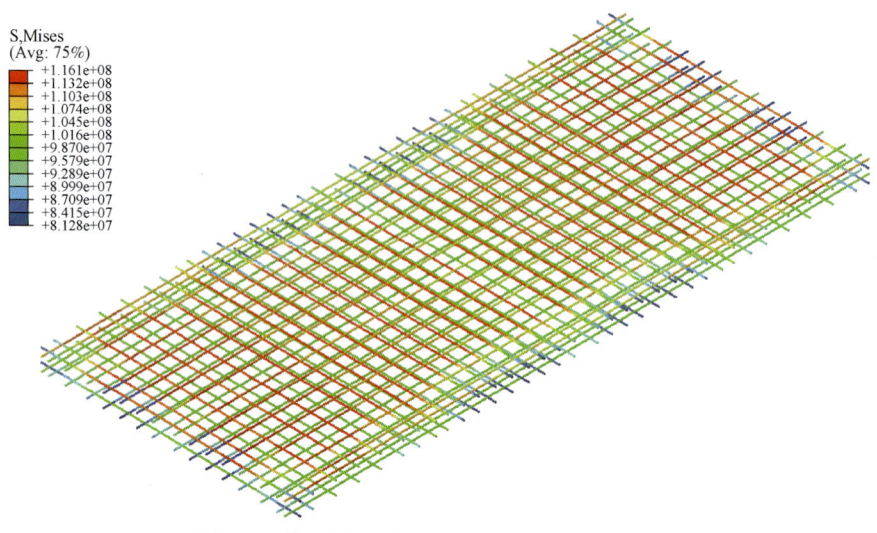

图 5.2　横、纵向钢筋 von Mises 应力分布示意图

对于特殊钢筋,主要对其强度和功能进行检算,具体指标与其功能定位相关,在进行具体分析时应单独考虑其指标选择,在此不再进行赘述。

5.2　无砟轨道普通钢筋配置方案检算

CRTSⅢ型板式无砟轨道的轨道板除施加预应力效应的横向和纵向预应力钢筋外,数目更多的普通钢筋也起到非常重要的作用。上下整齐排列的普通钢筋通过 L 型钢筋搭接、单双面焊接等多种手段形成轨道板的骨架,提高了混凝土轨道板的受力性能,并能保证轨道板开裂后仍能发挥承载能力。此外,在部分试验段还试铺了不采用预应力结构的 CRTSⅢ型普通板式无砟轨道。本节应用空间精细化分析方法对轨道板普通钢筋排布方式的合理性进行检算,主要以受车辆与温度等长期荷载作用的 CRTSⅢ型普通无砟轨道的轨道板为分析对象,对配筋后轨道板受力情况进行分析,以此检算出合理的普通钢筋配筋方案。

5.2.1　普通钢筋配置方案

依据本书中所建立的空间设计模型的分析结果,提取相应荷载下的结构内力,采用传统的配筋设计方式对 CRTSⅢ型普通无砟轨道的轨道板进行钢筋配置方案设计。设计结果表明,为满足配筋率要求,横向配置钢筋面积应不小于 4720.1 mm^2,纵向配置钢筋面积应不小于 3618.3 mm^2。为了保证钢筋骨架的成型,将横、纵向钢筋按两排进行布置。在保证构造要求及保护层厚度的前提下,选用多种直径及数量的钢筋进行配筋方案的具体设计。在考虑实际施工、绝缘等要求的基础上,首先配置整体布置较为稀疏、钢筋直径较大的方案1;同时增加钢筋数量,减小钢筋直径,将钢筋满布至轨道板内,并在轨下位置适当加密,以此设置了方案2;此外,考虑车辆荷载作用位置对轨道板内钢筋间距进一步加密,基于此,对方案2进行调整设置方案3。所设置的方案见表5.1。

表5.1 保证相同配筋率条件下不同普通钢筋配置方案

方案名称	上层纵向钢筋	下层纵向钢筋	上层横向钢筋	下层横向钢筋
方案1	9Φ16mm	9Φ16mm	11Φ16mm	11Φ16mm
方案2	17Φ12mm	17Φ12mm	21Φ12mm	21Φ12mm
方案3	17Φ12mm	17Φ12mm	21Φ12mm	21Φ12mm

5.2.2 不同钢筋配置方案检算分析

为了检算不同钢筋排布方式下轨道板及钢筋服役性能,表5.1定义了配筋方案1、方案2与方案3。本节以长期荷载中较为典型的车辆荷载与温度荷载为例进行检算,分别施加车辆荷载、整体升温45℃、整体降温40℃、正温度梯度95℃/m及负温度梯度45℃/m,分析轨道板整体及钢筋的受力状态。

1. 车辆荷载影响分析

以车辆荷载作用下方案2为例,对轨道结构施加车辆荷载255kN后,提取轨道板板顶及板底的综合指数分布云图如图5.3所示。

(a) 轨道板板顶　　　　　　　　　　(b) 轨道板板底

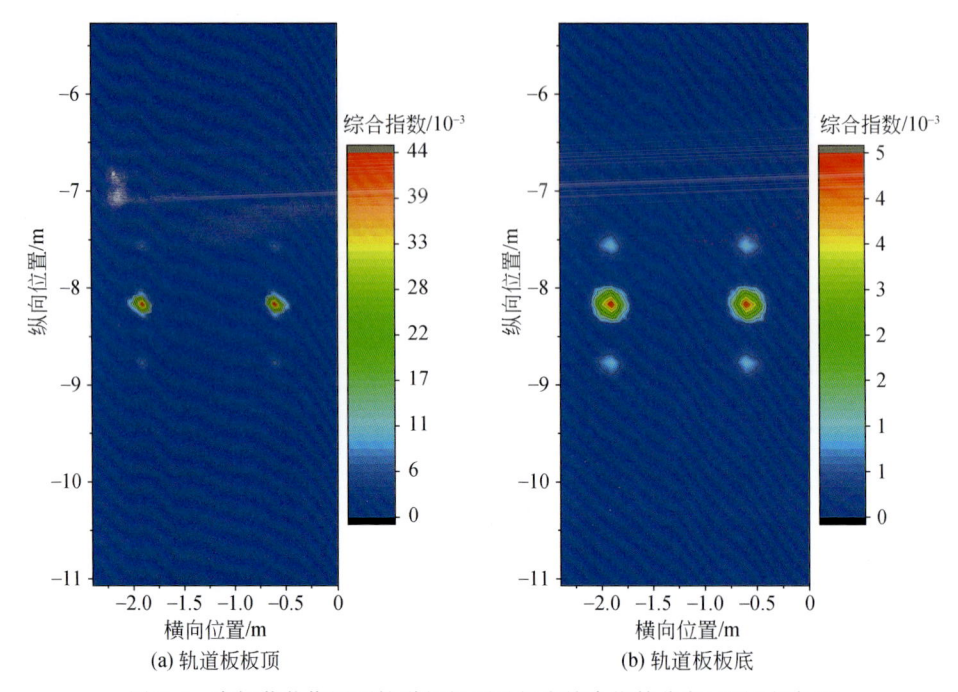

图 5.3　车辆荷载作用下轨道板板顶及板底综合指数分布云图(方案 2)

由图 5.3 可知,综合指数最大值主要集中分布于直接承受车辆荷载的扣件位置,准确地反映出轨道板整体所受的扣件支承效应。轨道板顶面由于直接承受扣件所传递的车辆荷载,其综合指数较板底更大、峰值附近分布更集中。

提取各方案轨道板板顶、板底综合指数的各统计量进行横向对比,见表 5.2。

表 5.2　车辆荷载作用下不同普通钢筋配置方案下轨道板板顶、板底各综合指数指标对比

位置	指标类型	方案 1	方案 2	方案 3
板顶	综合指数最大值/10^{-8}	52.90	43.90	43.00
	综合指数均方差/10^{-8}	2.17	1.80	1.76
	综合指数变异系数	9.90	9.75	9.71
板底	综合指数最大值/10^{-8}	5.76	4.87	4.82
	综合指数均方差/10^{-8}	0.37	0.31	0.30
	综合指数变异系数	4.89	4.82	4.80

由表 5.2 可知,方案 1 相对于方案 2 在各指标上均有不同程度的增加。以变化较为显著的顶面综合指数指标为例,方案 1 综合指数最大值与均方差较方案 2 增加了 20.5%。方案 3 较方案 2 在综合指数最大值、均方差、变异系数指标上均有

第 5 章 精细化分析方法在无砟轨道检算中的应用

所减小,说明方案 3 在钢轨轨下位置对刚度有一定程度的加强。

提取各方案钢筋 von Mises 应力分布云图进行横向对比如图 5.4 所示。

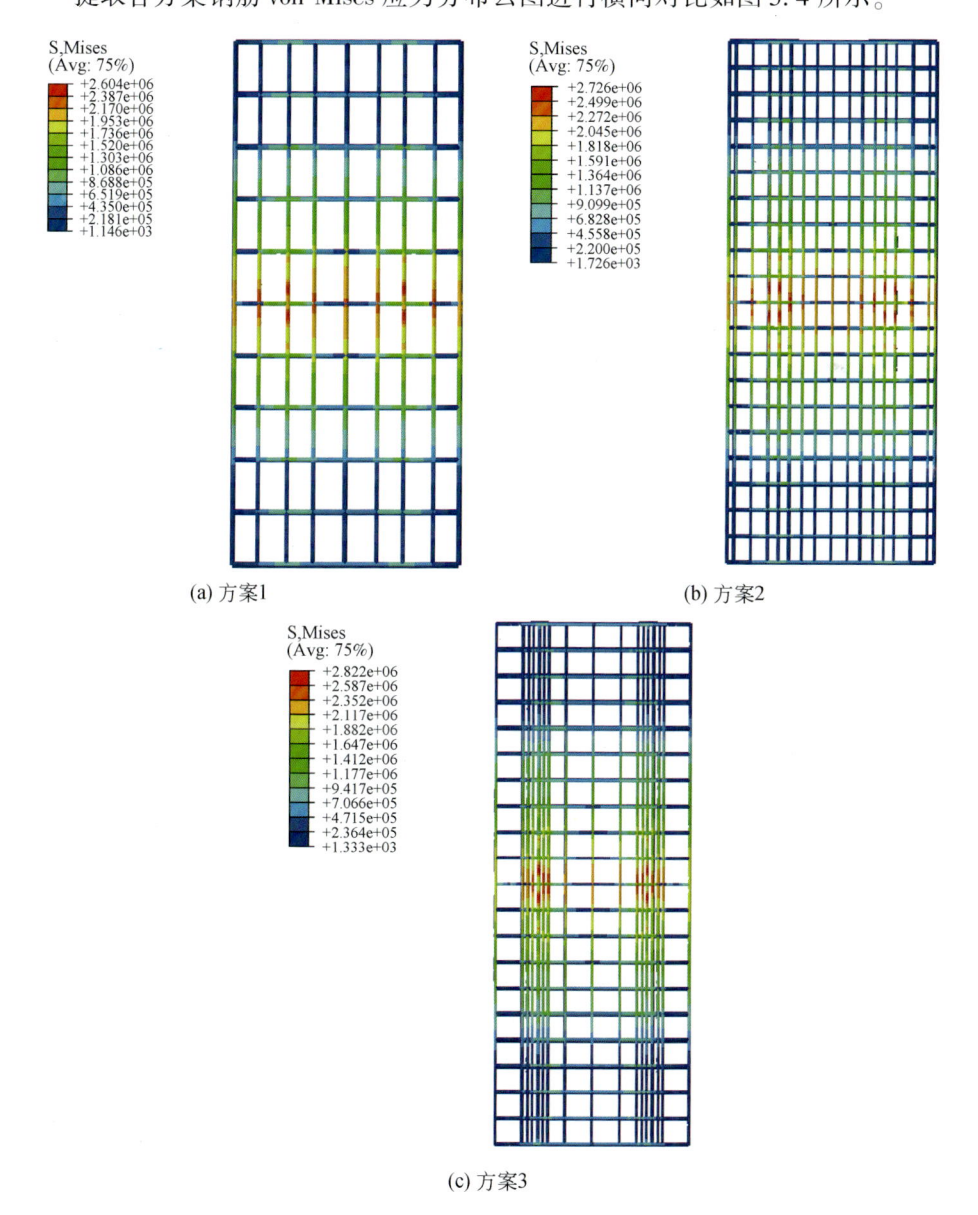

(a) 方案1

(b) 方案2

(c) 方案3

图 5.4 车辆荷载作用下钢筋 von Mises 应力分布云图(单位:Pa)

由图 5.4 可知,在车辆荷载作用下,三种配筋方案钢筋 von Mises 应力分布总体来说差异不大,均能明显看出,应力最大值分布于车辆荷载作用位置附近。由三种方案应力最大值可以看出,方案 1 钢筋 von Mises 应力较其余两种方案更小,三种方案应力均未超过屈服强度。

综合在车辆荷载作用下各配筋方案的表现,可以认为方案 3 表现最佳,方案 2 次之,方案 1 表现最差。

2. 整体升降温荷载影响分析

以整体升温荷载作用下方案 2 为例,对轨道结构施加整体升温 45℃后,提取轨道板板顶及板底综合指数分布云图如图 5.5 所示。

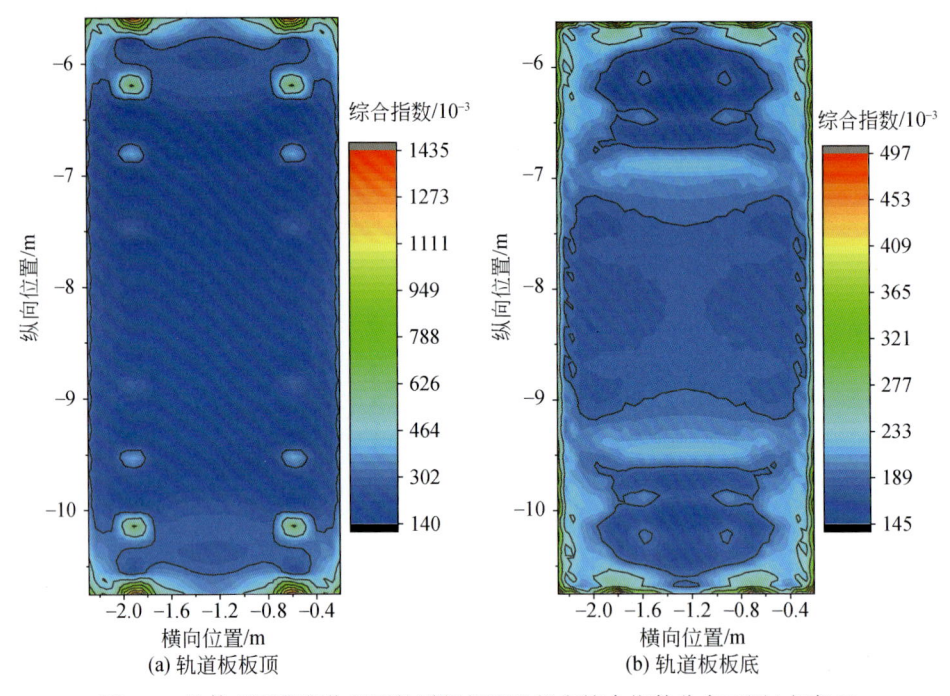

图 5.5　整体升温荷载作用下轨道板板顶及板底综合指数分布云图(方案 2)

由图 5.5 可知,在整体升温荷载作用下,轨道板热胀变形受到来自上部无缝线路的约束作用,轨道板板顶能够看出明显的扣件支承约束效应。其中,板端约束效应最为明显,综合指数最大值也都分布于板端对应扣件位置处。此外,相较于板底与自密实混凝土层升温荷载下的协调变形,更强的扣件约束使得板顶的应变能密度较板底更大,所对应的综合指数也更大。其余两方案规律基本相同,在此不再赘述。

值得说明的是,由于扣件等结构的约束作用,此时轨道板整体变形量值很小,综合指数受高斯曲率影响较小,整体分布规律更接近形状改变能密度的分布。

第5章 精细化分析方法在无砟轨道检算中的应用

提取各方案轨道板板顶、板底综合指数的各统计量进行横向对比,见表5.3。

表5.3 整体升温荷载作用下不同普通钢筋配置方案下轨道板板顶、板底各综合指数指标对比

位置	指标类型	方案1	方案2	方案3
板顶	综合指数最大值/10^{-3}	1654.95	1430.19	3354.46
	综合指数均方差/10^{-3}	153.30	127.30	276.70
	综合指数变异系数	0.60	0.46	0.91
板底	综合指数最大值/10^{-3}	760.19	496.63	1010.89
	综合指数均方差/10^{-3}	68.00	40.05	97.50
	综合指数变异系数	0.36	0.20	0.91

由表5.3可知,综合对比三种配筋方案轨道板受力变形情况发现,从方案1到方案3,各综合指数统计指标均有不同程度的变化。其中方案2在轨道板板顶与板底综合指数最大值上分别较方案1减小了13.6%和34.7%;而方案3在综合指数最大值方面较方案1增大了1倍有余。对比各方案综合指数的均方差与变异系数也能发现类似的规律。提取变化最为显著的方案3轨道板板顶、板底综合指数分布云图,如图5.6所示。

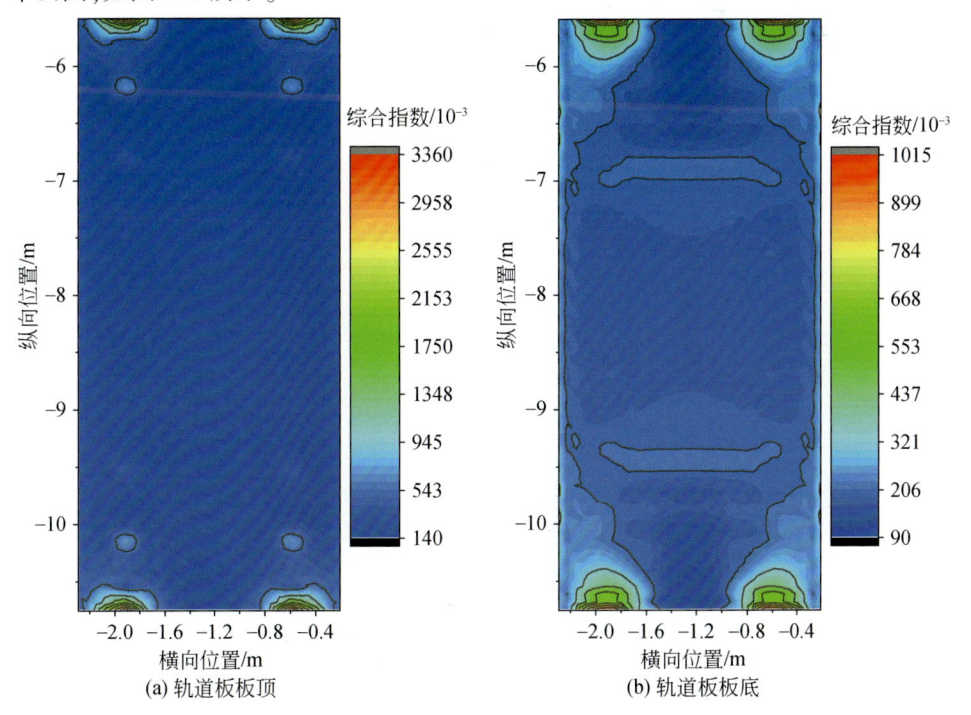

(a) 轨道板板顶

(b) 轨道板板底

图5.6 整体升温荷载作用下轨道板板顶及板底综合指数分布云图(方案3)

横向对比图5.5与图5.6后发现，方案2与方案3轨道板综合指数分布相似，两方案在板中等大部分位置综合指数也基本接近，只在最大值处(即板端扣件对应位置)有非常明显的区别，说明此时方案3在轨道板端部受力更不均衡。这也解释了方案3与方案2的变异系数和标准差存在较大差异的现象。方案1云图也能得出类似的结论，在此不再赘述。

为了进一步检算钢筋强度及其受力状态，提取各方案钢筋 von Mises 应力分布云图进行横向对比，如图5.7所示。

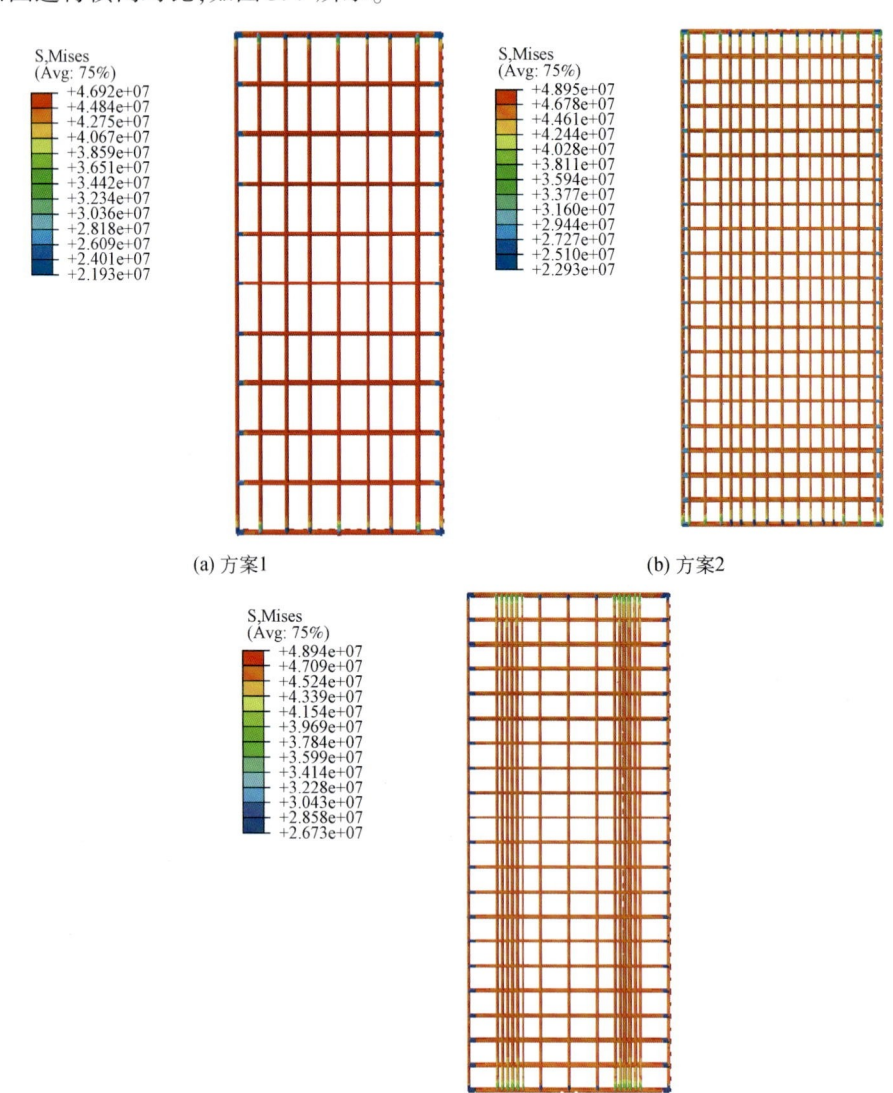

(a) 方案1　　　　　　　　　　(b) 方案2

(c) 方案3

图5.7　整体升温荷载作用下钢筋 von Mises 应力分布云图

由图 5.7 可知,三种方案钢筋 von Mises 应力最大值差异不大,且均远小于 300MPa 的限值,说明此时三种方案的钢筋都处于正常工作范畴。相较于方案 1 与方案 2,方案 3 在纵向钢筋端部的 von Mises 应力分布有较大区别。方案 3 集中布置的纵向钢筋端部存在更高的 von Mises 应力。说明集中布置钢筋后,此处钢筋温度力增加明显,并集中传递至轨道板混凝土端部使得端部混凝土受力更为集中。这也很好地解释了方案 3 轨道板的综合指数为何在端部较方案 1 与方案 2 有显著增加的现象。

综合对比三种配筋方案在整体升温荷载作用下的表现可知,钢筋均匀密布程度最高的方案 2 要优于配筋数量较少的方案 1;而对比方案 3 结果可以发现,在对应轨下位置集中配置纵筋后轨道板在端部受力更为集中,反而破坏了轨道板的受力均衡性。

对整体降温荷载作用下三种配筋方案进行分析也可以得出类似的规律,限于篇幅,在此不再赘述。

3. 正温度梯度荷载影响分析

以方案 2 为例,对轨道结构施加正温度梯度 95℃/m,提取轨道板板顶、板底综合指数分布云图如图 5.8 所示。

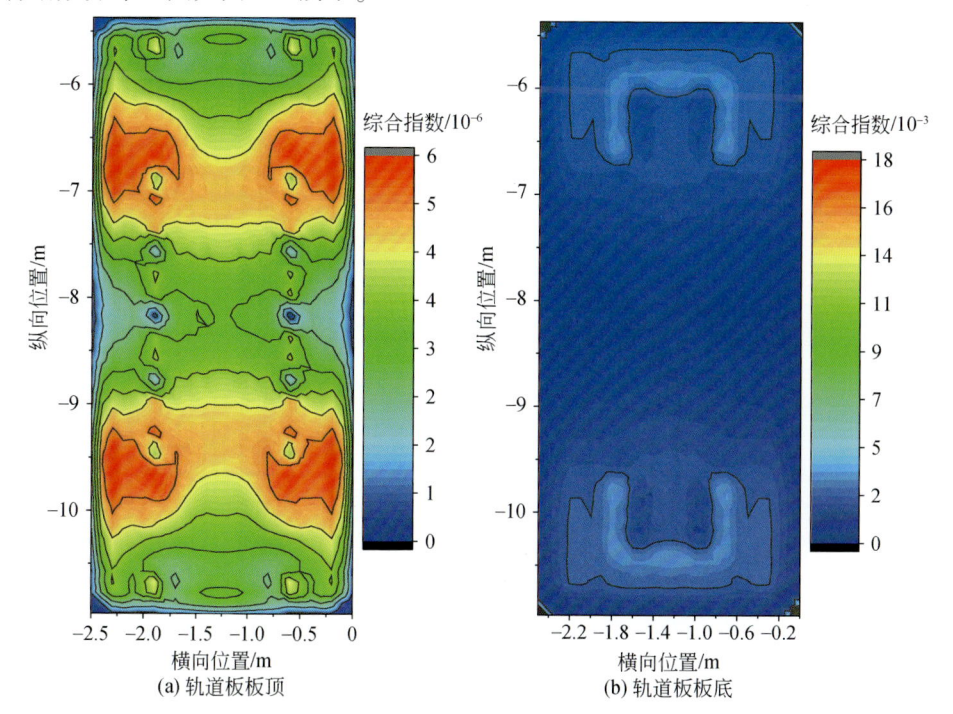

(a) 轨道板板顶

(b) 轨道板板底

图 5.8　正温度梯度荷载作用下轨道板板顶及板底综合指数分布云图(方案 2)

由图 5.8 可知,在正温度梯度荷载作用下轨道板板顶及板底综合指数分布有较为明显的区别。板顶综合指数主要受轨道板变形特性控制,综合指数分布更接近轨道板位移高斯曲率分布;板底则主要由轨道板所受应力控制,综合指数分布更接近形状改变能密度分布,表明轨道板受正温度梯度荷载作用下中心拱起后,受到来自下部结构的约束作用,板底四角出现较为明显的应力峰值。

提取各方案轨道板板顶、板底综合指数的各统计量进行横向对比,见表 5.4。

表 5.4 正温度梯度荷载作用下不同普通钢筋配置方案下轨道板板顶、板底各综合指数指标对比

位置	指标类型	方案 1	方案 2	方案 3
板顶	综合指数最大值/10^{-6}	5.97	5.97	5.98
	综合指数均方差/10^{-6}	1.39	1.35	1.35
	综合指数变异系数	0.40	0.38	0.38
板底	综合指数最大值/10^{-6}	20.80	18.31	18.27
	综合指数均方差/10^{-6}	1.31	1.20	1.20
	综合指数变异系数	1.46	1.25	1.25

由表 5.4 可知,在正温度梯度荷载作用下,三种方案在板顶综合指数上的差异较小,各统计指标主要差别集中在板底。对比板底各指标可知,方案 2 较方案 1 在综合指数最大值上减小了 11.9%,综合指数均方差减小了 8.3%,变异系数减小了 14.4%,说明方案 2 在受力均衡性方面表现更佳;方案 2 与方案 3 在各指标上有所差异但总体来说差别不大。进一步提取各方案钢筋 von Mises 应力分布云图,如图 5.9 所示。

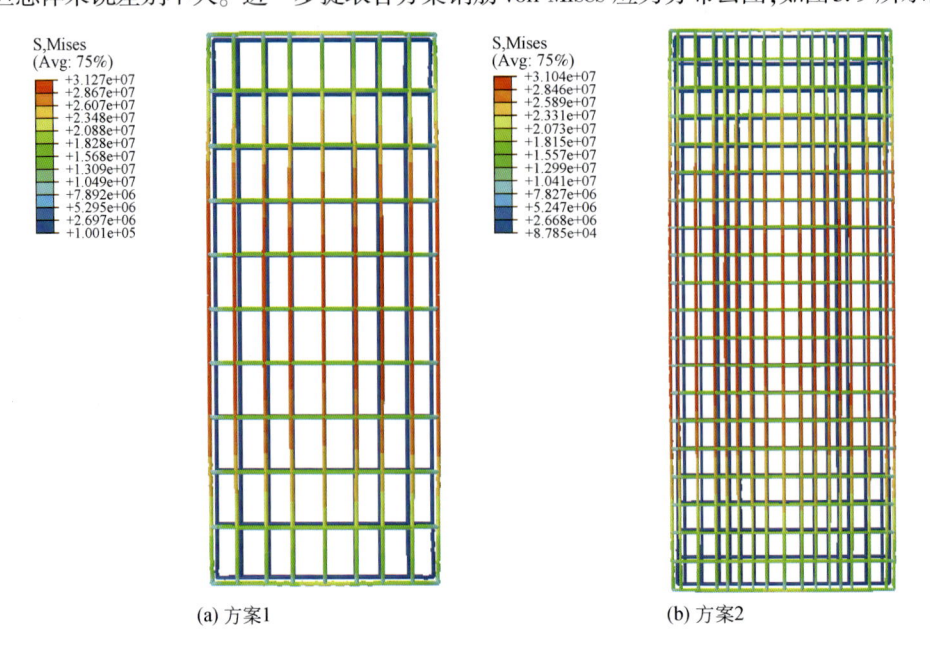

(a) 方案1　　　　　　　　　　　　(b) 方案2

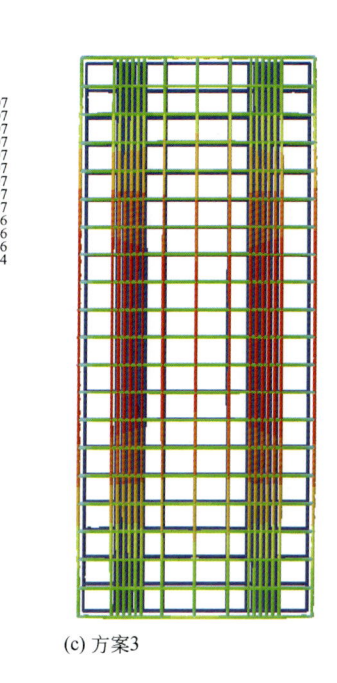

第 5 章　精细化分析方法在无砟轨道检算中的应用

(c) 方案3

图 5.9　正温度梯度荷载作用下钢筋 von Mises 应力分布云图(单位:Pa)

由图 5.9 可知,在正温度梯度荷载作用下,上层钢筋应力较为明显,且应力最大值主要集中于板中,与轨道板变形趋势有所对应,对比各方案钢筋 von Mises 应力最大值发现,三种配筋方案应力最大值差异不大,且远未达到屈服应力限值。

综合正温度梯度荷载作用下各方案表现,方案 2 与方案 3 差别不大,但两方案均好于方案 1。

4. **负温度梯度荷载影响分析**

以方案 2 为例,对轨道结构施加负温度梯度 45℃/m,轨道板综合指数分布云图如图 5.10 所示。

由图 5.10 可知,在负温度梯度荷载作用下轨道板综合指数分布均受到来自变形高斯曲率的影响。与正温度梯度有所不同的是,在负温度梯度荷载作用下轨道板四角翘曲,此时板角受到的约束较弱,综合指数在板角处无明显峰值。

提取各方案轨道板板顶及板底综合指数的各统计量进行横向对比,见表 5.5。

(a) 轨道板板顶　　　　　　　　(b) 轨道板板底

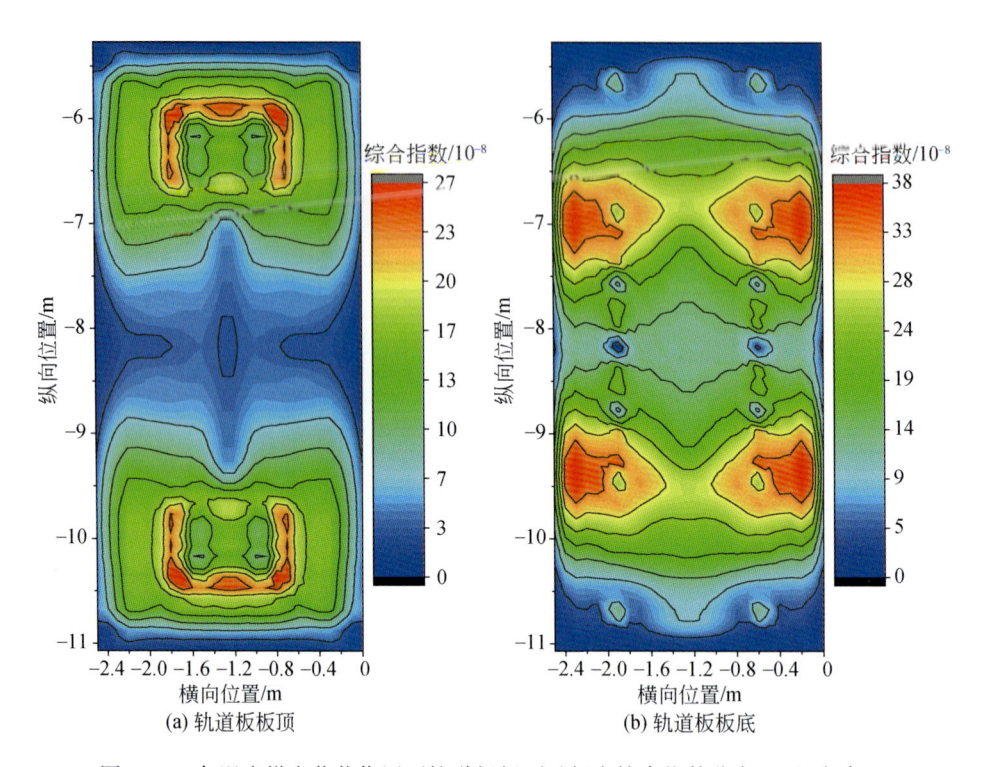

图 5.10　负温度梯度荷载作用下轨道板板顶及板底综合指数分布云图(方案 2)

表 5.5　负温度梯度荷载作用下不同普通钢筋配置方案下轨道板板顶、板底各综合指数指标对比

位置	指标类型	方案 1	方案 2	方案 3
板顶	综合指数最大值/10^{-8}	37.87	37.69	37.69
板顶	综合指数均方差/10^{-6}	0.10	0.10	0.10
板顶	综合指数变异系数	0.65	0.65	0.65
板底	综合指数最大值/10^{-8}	26.33	26.44	26.44
板底	综合指数均方差/10^{-6}	0.06	0.06	0.06
板底	综合指数变异系数	0.73	0.73	0.73

由表 5.5 可知,在负温度梯度荷载作用下,各方案综合指数统计指标无明显差异。

进一步提取钢筋 von Mises 应力分布云图进行对比,如图 5.11 所示。

由图 5.11 可知,负温度梯度荷载作用下,钢筋应力分布与正温度梯度结果相反,下层钢筋应力明显,且应力最大值主要集中于板中。综合各方案应力最大值对比可知,在负温度梯度荷载作用下三种配筋方案钢筋应力差异不大。综合负温度梯度荷载作用下各方案表现,三种方案差别不大。

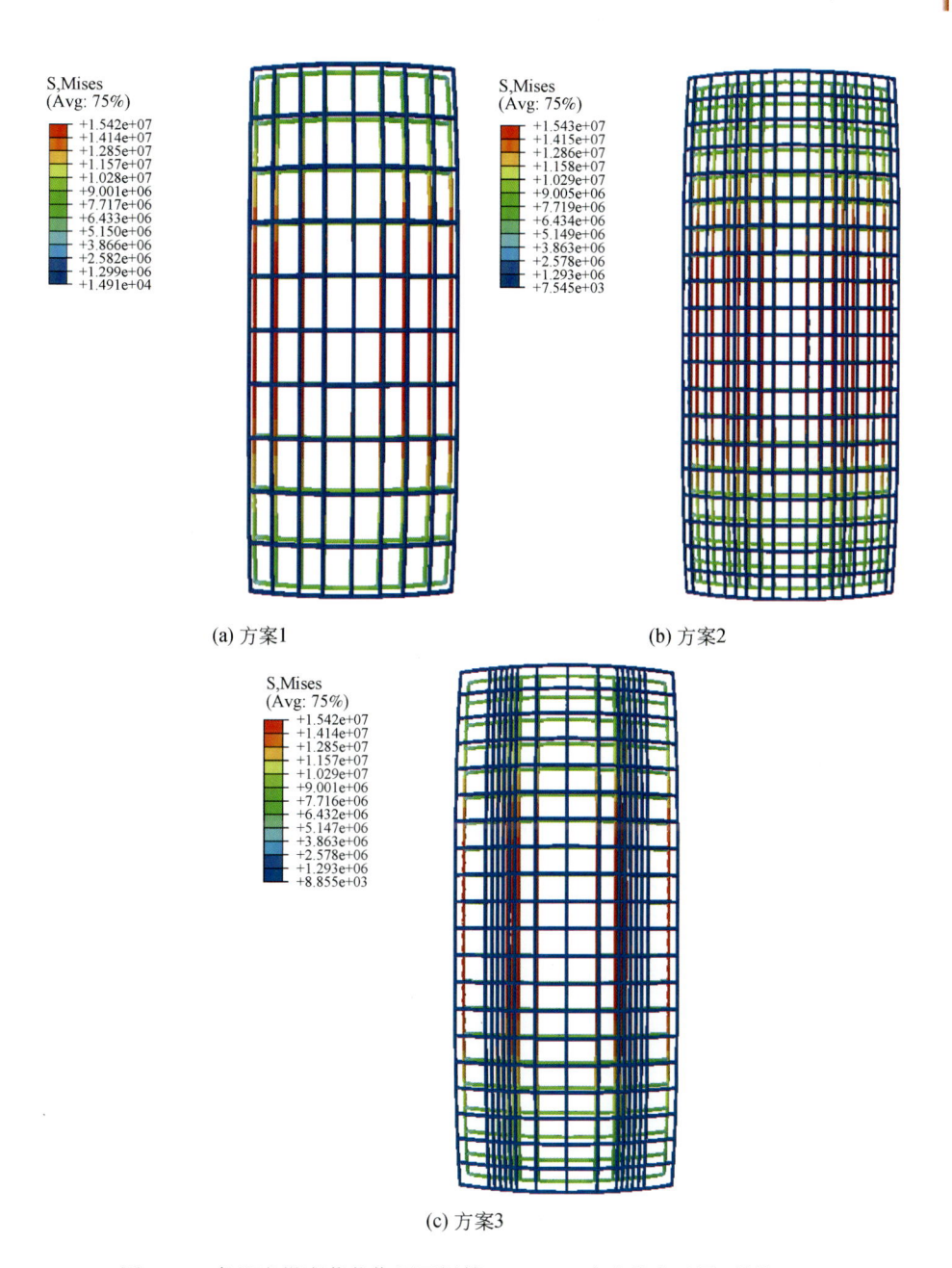

第 5 章 精细化分析方法在无砟轨道检算中的应用

(a) 方案1

(b) 方案2

(c) 方案3

图 5.11 负温度梯度荷载作用下钢筋 von Mises 应力分布云图(单位:Pa)

5. 普通钢筋配置方案综合评价

综合这三种方案在不同荷载下的检算结果,由上述一系列定性、定量分析,以方案 2 为基准,将不同方案进行比较,见表 5.6。

表 5.6　不同荷载工况下各方案综合比较(以方案 2 为参照)

荷载类型	方案 1	方案 2	方案 3
车辆荷载	↓		↑
整体升降温荷载	↓	—	↓↓
正温度梯度荷载	↓	—	—
负温度梯度荷载	—		

注:"↑"表示此方案更优;"↓"表示此方案表现更劣;"—"表明方案间相差不大。

综合来看,除了车辆荷载作用下方案 3 较方案 1 和方案 2 服役性能略有提升外,综合其余工况,方案 2 要明显好于方案 1 和方案 3。而在配筋方式上,相较于方案 1,方案 2 和方案 3 在钢筋排布上数量更多,加密了钢筋网,在结构均衡性上有一定提升。总的来看,方案 1 配筋数量较少,配筋方式过于分散,在承受不同荷载时其表现均较其余两方案更差;方案 3 中过于集中的配筋在加强结构局部刚度的同时反而破坏了原来的协调性,在承受复杂温度荷载时会带来受力均衡性问题。此外,过于集中的配筋还有可能对施工质量造成影响。因此,在三种方案中,钢筋数量更多且轨下适度加密排布的方案 2 对复杂服役环境适应性更强,其布置方案较为合理。

本书还在保证保护层厚度的基础上,基于方案 2 将纵向钢筋均匀排布记为方案 4,将方案较为接近的方案 2 与方案 4 进一步比选,探究适当加密与均匀排布对无砟轨道受力变形均衡性的影响。以车辆荷载及整体升温荷载作为典型荷载,对方案 2 与方案 4 综合指数指标进行对比。

同样选取数值差异较大的轨道板板顶综合指数进行分析,见表 5.7。

表 5.7　不同荷载下方案 2 与方案 4 轨道板板顶综合指数指标对比

荷载类型	指标类型	方案 2	方案 4
车辆荷载	综合指数最大值/10^{-8}	43.90	44.58
	综合指数均方差/10^{-8}	1.80	2.32
	综合指数变异系数	9.75	18.60
整体升温荷载	综合指数最大值/10^{-8}	1430.19	1380.57
	综合指数均方差/10^{-8}	127.30	128.58
	综合指数变异系数	0.46	0.46

计算表明,在车辆荷载作用下,方案 4 较方案 2 各指标均有不同程度的增大,其中综合指数均方差较方案 2 增大了 28.89%,变异系数较方案 2 增大了近 1 倍,说明方案 4 在车辆荷载下的综合表现逊于方案 2;在温度荷载作用下尽管方案 4 的

综合指数最大值较方案2稍低，但其综合指数均方差有所增加。在方案2与方案4受力变形未超限的情况下，方案4的受力均衡性有所降低。综合来看，方案2在不同荷载下的表现仍要优于方案4。在实际应用过程中，CRTS Ⅲ型板式无砟轨道也选用了方案2进行铺设。

因此，在满足配筋率与构造要求的情况下，选择密布的钢筋排布方案，并在关键位置适度加密钢筋，能够改善轨道板在不同环境下的受力，使其应力、变形状态更为均衡、协调。值得注意的是，本书只以钢筋排布方式作为变量对钢筋配置方案进行检算优化，未考量钢筋保护层厚度等其他变量，但方法具有通用性；此外，对于配筋评价指标的选择，本书利用综合指数法进行了一定的探索，未来还将进一步进行研究，以提出更为合理、全面的结构配筋评价指标。

5.3 无砟轨道预应力钢筋检算

在轨道结构中，轨道板通过扣件直接与钢轨相连，直接承受经过钢轨、扣件系统传递的车辆荷载，其强度、稳定性要求较高。因此，轨道板通常采用高标号混凝土，并引入预应力钢筋施加适当的预应力效应，以此改善其在不同荷载作用下的受力状态。以往方法对轨道板预应力钢筋进行配筋计算后，对于轨道板在不同荷载作用下的工作性能无法直观地进行检算。本书应用空间精细化分析方法，能够在配筋计算完成的基础上，对轨道板考虑预应力荷载效应的情况进行分析，检算预应力轨道板实际工作性能。

本节以CRTS Ⅲ预应力型板式无砟轨道为例，对在施加预应力及预应力与其他荷载组合的情况下无砟轨道轨道板的受力与变形情况进行分析。预应力轨道板有先张板与后张板之分，先张板在浇灌轨道板混凝土之前张拉钢筋，利用预应力钢筋与混凝土间的黏结施加预应力，对施工的放张时机等有较高要求；后张板利用锚具张拉钢筋施加预应力，需要考虑端部锚具作用。此处以后张板为例介绍分析方法，先张板可进行类似分析。将轨道板考虑为双向后张预应力板后，其自身的受力状况有较大的改善，在与其他荷载组合情况下轨道板应力也与未施加预应力时有明显的区别。因此，在进行预压力检算的基础上，有必要对预应力条件下无砟轨道附加荷载效应及车辆、温度等荷载条件下的变形及受力进行分析，对不同荷载效应作用下预应力钢筋服役性能进行检算。

值得说明的是，本节为方便检算，并更好地对应纵向、横向预应力钢筋配置需求，在明确轨道板所受效应的基础上取板上典型应力路径作为分析对象。此外，与普通钢筋配置方案类似，利用精细化分析方法还可以对无砟轨道预应力钢筋方案进行调整比选，从而优化预应力轨道板的服役状态，但限于篇幅，本节不再具体说明。

5.3.1 轨道板预压力效应检算

对轨道板施加设计预应力荷载,首先提取轨道板纵向预压力和横向预压力分布如图 5.12 和图 5.13 所示,对其预压力效应进行检验。对 8 根纵向预应力钢筋施加张拉力 122kN,16 根横向预应力钢筋施加张拉力 127kN,因此其纵、横向预压力应为 976kN、1624kN。

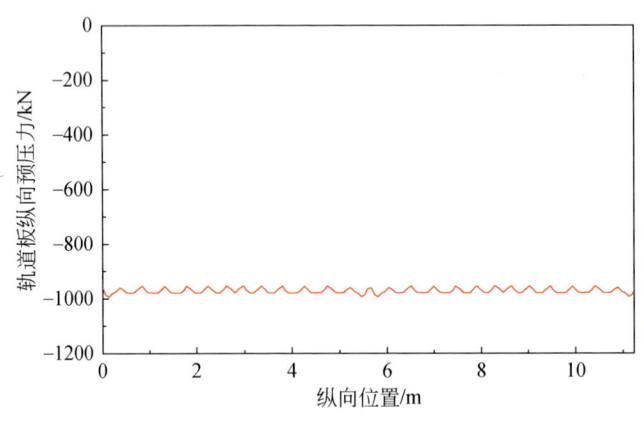

图 5.12 轨道板纵向预压力分布

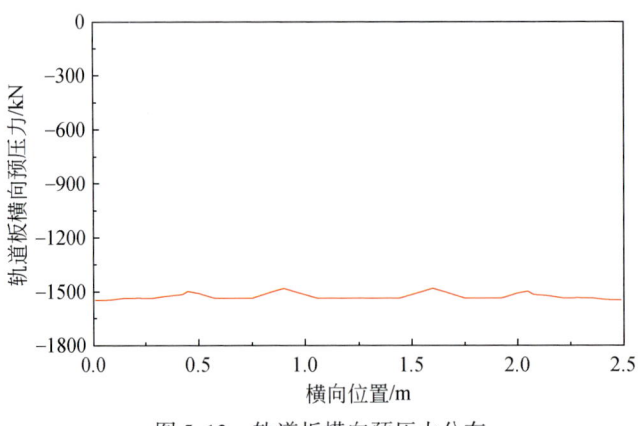

图 5.13 轨道板横向预压力分布

由图 5.12 和图 5.13 可知,轨道板纵向预压力平均为 970kN,横向预压力平均为 1612kN,纵向预压力和横向预压力都有小幅波动,但波动幅度较小,可忽略不计,说明此时预压力已正确施加。

为探明预应力荷载下轨道板受力状态,提取无砟轨道轨道板纵向应力和横向应力分布云图如图 5.14 和图 5.15 所示。

第 5 章　精细化分析方法在无砟轨道检算中的应用

图 5.14　预应力荷载下轨道板纵向应力分布云图(单位:Pa)

图 5.15　预应力荷载下轨道板横向应力分布云图(单位:Pa)

由图 5.14 和图 5.15 可以看出,后张法预应力轨道板应力最大值均出现于轨道板锚固端位置处,轨道板上表面纵向拉应力最大值和纵向压应力最大值分别为 0.4MPa 和 18.7MPa,轨道板横向拉应力最大值和横向压应力最大值分别为 0.35MPa 和 9.66MPa。为了进一步观察轨道板整体受力分布,提取轨道板板顶纵向应力和横向应力分布曲线,如图 5.16 和图 5.17 所示。值得说明的是,在本节中无特殊情况,对轨道板纵向应力主要沿轨道纵向路径提取顶面中线和侧边的应力分布情况;对轨道板横向应力,主要沿轨道横向路径提取顶面中线端部的应力分布。

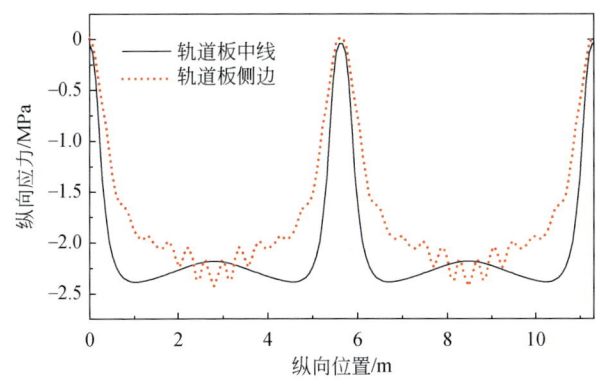

图 5.16　预应力荷载下轨道板板顶纵向应力分布曲线

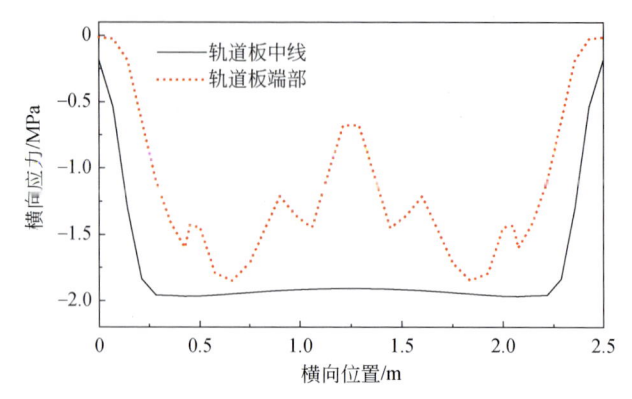

图5.17　预应力荷载下轨道板板顶横向应力分布曲线

由图5.16和图5.17可知,板顶纵向压应力在0~2.5MPa范围内变化,轨道板中线预压应力均匀,轨道板中线至轨道板端部预压应力逐渐降低至0左右。轨道板中线平均横向预压力在2MPa左右,而轨道板侧边横向预压应力在0左右。轨道板侧边由于靠近锚固端,纵向压应力和横向压应力均有一定的波动,但总体相差不大,均未出现拉应力。

轨道板横向位移和纵向位移分布云图如图5.18和图5.19所示,由位移量值可知后张法预应力轨道板定位在整体轨道结构上后较为稳定,基本不产生纵向位移和横向位移。

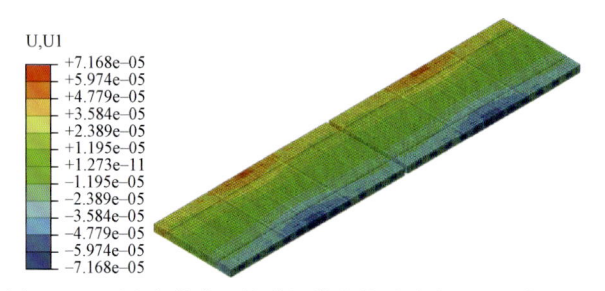

图5.18　预应力荷载下轨道板横向位移分布云图(单位:m)

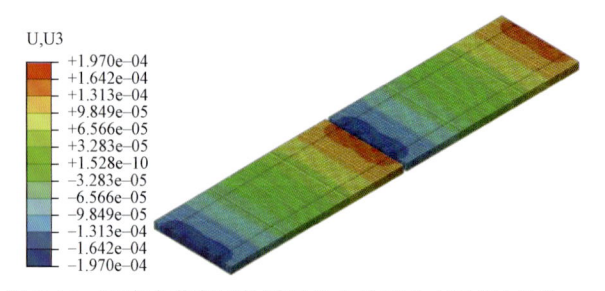

图5.19　预应力荷载下轨道板纵向位移分布云图(单位:m)

第5章 精细化分析方法在无砟轨道检算中的应用

CRTSⅢ型板式无砟轨道作为典型的复合板结构,板下采用自密实混凝土层进行填充。为了关注自密实混凝土层在轨道板受预应力荷载效应的状态下是否能够保持稳定,提取自密实混凝土层 von Mises 应力和总位移分布云图如图 5.20 和图 5.21 所示。

图 5.20 预应力荷载下自密实混凝土层 von Mises 应力分布云图(单位:Pa)

图 5.21 预应力荷载下自密实混凝土层总位移分布云图(单位:m)

从图 5.20 和图 5.21 中自密实混凝土层受力和变形量值不难看出,轨道板承受预应力荷载效应对板下自密实混凝土层基本无影响。

仅预应力荷载下无砟轨道受力与变形计算结果见表 5.8。

表 5.8 仅预应力荷载工况计算结果汇总表

结构类型	受力指标		数值
轨道板	纵向应力/MPa	最大值	0.41
		最小值	−18.71
	横向应力/MPa	最大值	0.35
		最小值	−9.66
	纵向位移/mm	最大值	0.20
		最小值	−0.20
	横向位移/mm	最大值	0.07
		最小值	−0.07

续表

结构类型	受力指标		数值
轨道板	纵向弯矩/(kN·m)	最大值	0
		最小值	0
	横向弯矩/(kN·m)	最大值	0
		最小值	0
	纵向预压力/kN		1205.70
	横向预压力/kN		3814.50
自密实混凝土层	von Mises 应力/MPa		1.35
	总位移/mm		0.77
纵向预应力钢筋	张拉应力/MPa		1136
横向预应力钢筋	张拉应力/MPa		1189

从计算结果可以看出，CRTSⅢ型板式无砟轨道后张预应力轨道板在预应力施加后，轨道板端部及侧边位置会出现小范围的局部拉应力，但基本不影响整体受力性能。其他部位纵横向预压效果明显，锚固端效应纵向影响范围为 0.5~0.7m，横向影响范围在 0.2m 左右。综合来看，增加预应力钢筋后达到了轨道板施加预压力的作用。

5.3.2　车辆垂向荷载作用下预应力轨道板受力分析

5.3.1 节分析了仅预应力荷载下 CRTSⅢ型板式无砟轨道轨道板的受力状态，轨道板在服役过程中，还将受到来自车辆、外界环境等变量的影响，需要承受各种荷载。因此，本书还需对预应力轨道板在不同荷载下的受力状态进行分析。首先选取较为典型的车辆垂向荷载施加于钢轨上。依据《高速铁路设计规范》(TB 10621—2014)[26]，采用 3 倍静轴重进行无砟轨道车辆荷载加载，分析中车辆荷载具体加载方式为单轮单点加载 255kN。

在车辆荷载与轨道板预应力共同作用下，无砟轨道轨道板纵向应力和横向应力分布云图如图 5.22 和图 5.23 所示。提取轨道板板顶纵向应力和横向应力分布曲线，如图 5.24 和图 5.25 所示。

由图 5.22 和图 5.23 可知，在车辆荷载与预应力荷载共同作用下，轨道板纵向拉应力最大值和纵向压应力最大值分别为 0.47MPa 和 22.98MPa。最大值仍处于预应力钢筋锚固端。从图 5.24 和图 5.25 中可以看出，车辆荷载进一步加大了轨道板板顶纵向和横向的受压程度，以纵向应力变化更为明显。此时提取轨道板板底纵向应力分布曲线如图 5.26 所示。由图可知，轨道板板底荷载作用位置附近压应力减小,但轨道板整体仍处于受压状态,说明预应力轨道板抵抗车辆荷载效应的能力较好。

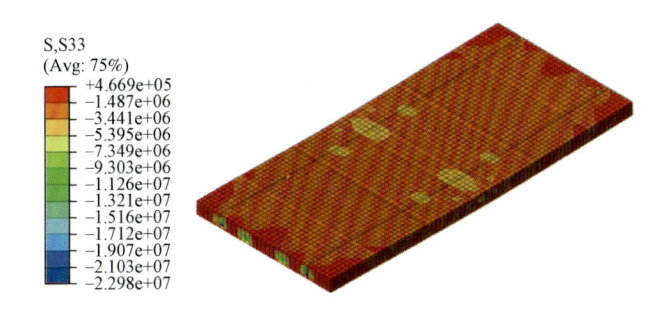

图 5.22 车辆荷载作用下预应力轨道板纵向应力分布云图(单位:Pa)

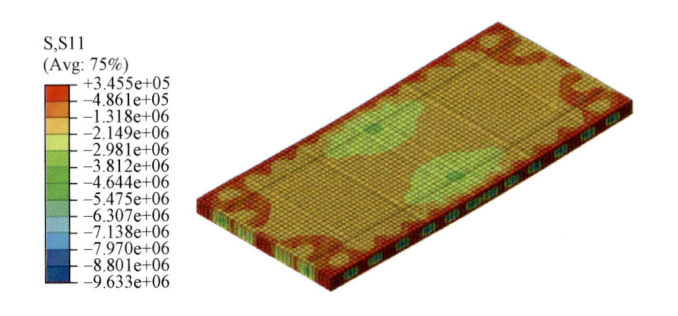

图 5.23 车辆荷载作用下预应力轨道板横向应力分布云图(单位:Pa)

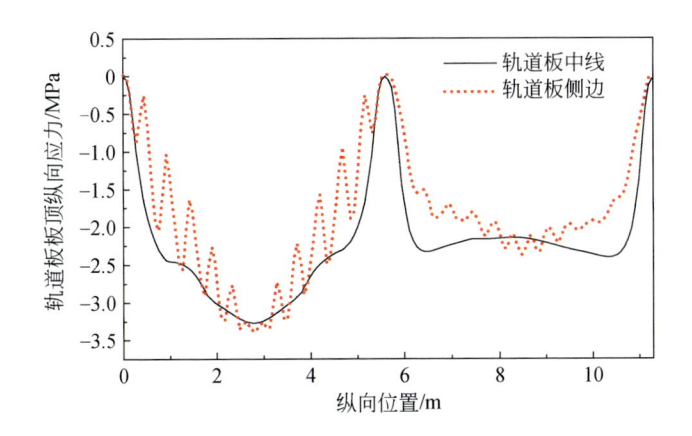

图 5.24 车辆荷载作用下预应力轨道板板顶纵向应力分布曲线

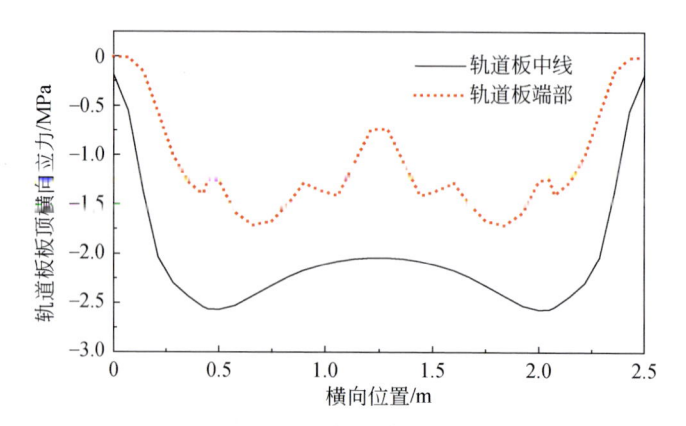

图 5.25　车辆荷载作用下预应力轨道板板顶横向应力分布曲线

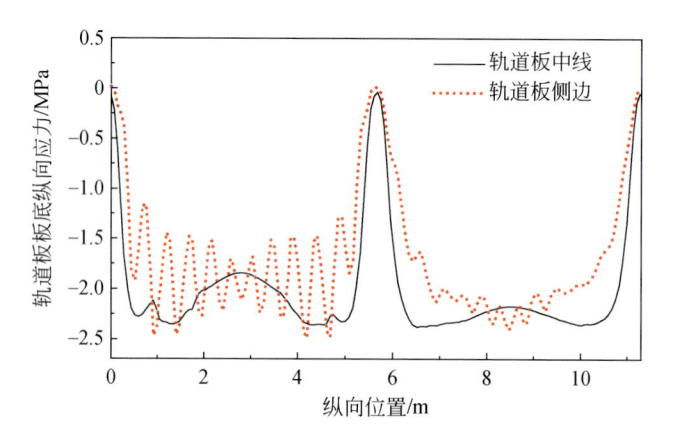

图 5.26　车辆荷载作用下预应力轨道板板底纵向应力分布曲线

为了研究复合板工作性能，提取自密实混凝土层 von Mises 应力及位移分布云图如图 5.27 和图 5.28 所示。由图可知，自密实混凝土层传递垂向荷载及变形后，未产生较大变形，等效应力低于其抗拉强度，说明复合板工作性能良好。

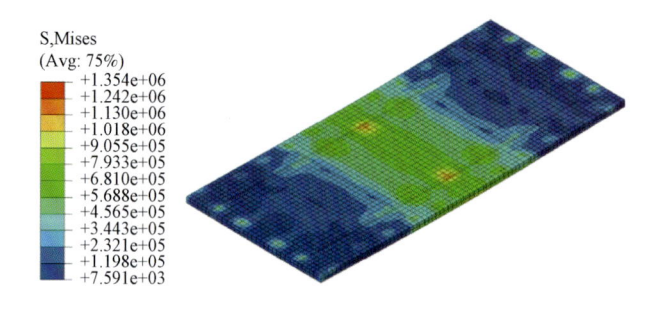

图 5.27　车辆荷载作用下自密实混凝土层 von Mises 应力分布云图(单位：Pa)

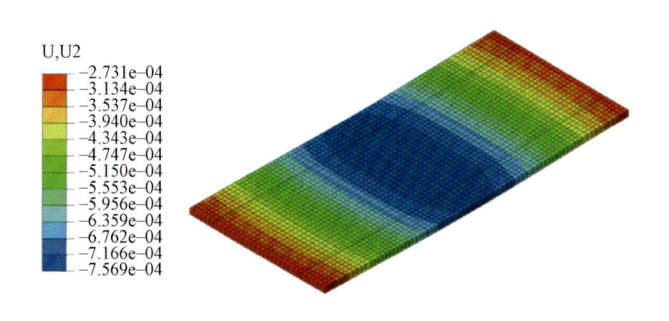

第5章　精细化分析方法在无砟轨道检算中的应用

图 5.28　车辆荷载作用下自密实混凝土层总位移分布云图(单位:m)

在车辆荷载与预应力荷载共同作用下,无砟轨道受力与变形计算结果见表5.9。

表 5.9　车辆荷载与预应力荷载共同作用工况计算结果汇总表

结构类型	受力指标		数值
轨道板	纵向应力/MPa	最大值	0.47
		最小值	−22.98
	横向应力/MPa	最大值	0.35
		最小值	−9.63
	纵向位移/mm	最大值	0.20
		最小值	−0.20
	横向位移/mm	最大值	0.07
		最小值	−0.07
	纵向弯矩/(kN·m)	最大值	1192.00
		最小值	−2.47
	横向弯矩/(kN·m)	最大值	12.67
		最小值	−17.39
	纵向预压力/kN		1424.21
	横向预压力/kN		3899.60
自密实混凝土层	von Mises 应力/MPa		1.35
	总位移/mm		0.77
纵向预应力钢筋	张拉应力/MPa		1190
横向预应力钢筋	张拉应力/MPa		1137

5.3.3　温度荷载作用下预应力轨道板受力分析

本节以较为典型的温度荷载为例,分析预应力轨道板在外界荷载作用下的工作性能。考虑最大升温45℃,最大降温40℃,正温度梯度选取95℃/m,负温度梯度选取45℃/m,分析预应力加载后,无砟轨道在温度荷载下的受力情况。

1. 整体升温荷载影响

预应力加载与整体升温荷载共同作用下,提取无砟轨道荷载效应,轨道板纵向和横向应力及位移云图如图5.29～图5.32所示。

图5.29 整体升温荷载作用下预应力轨道板纵向应力分布云图(单位:Pa)

图5.30 整体升温荷载作用下预应力轨道板横向应力分布云图(单位:Pa)

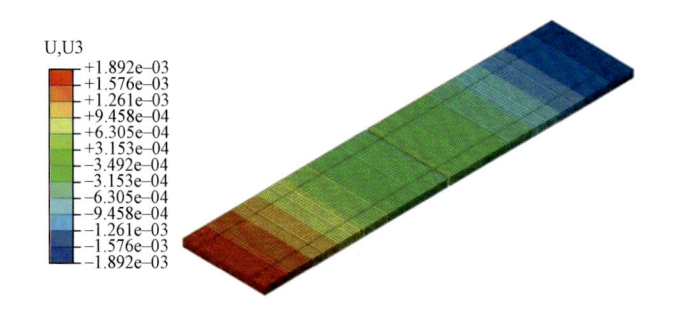

图5.31 整体升温荷载作用下预应力轨道板纵向位移分布云图(单位:m)

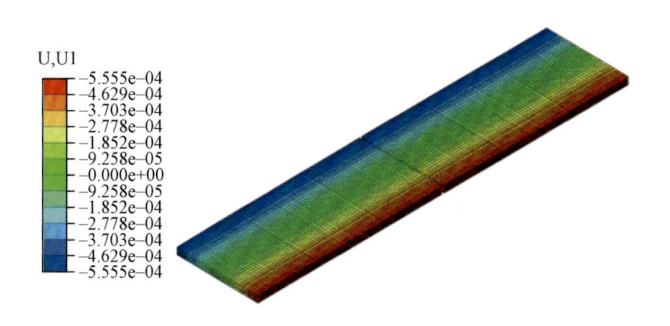

第 5 章 精细化分析方法在无砟轨道检算中的应用

图 5.32 整体升温荷载作用下预应力轨道板横向位移分布云图(单位:m)

由图 5.29 和图 5.30 可知,预应力轨道板在整体升温荷载作用下,其纵向应力和横向应力分布无较大改变,最大应力仍集中于预应力钢筋锚固端,轨道板整体位移变化也较小。总体来说,预应力轨道板受整体升温荷载影响较小。同样提取轨道板板顶纵向应力和横向应力分布曲线如图 5.33 和图 5.34 所示。

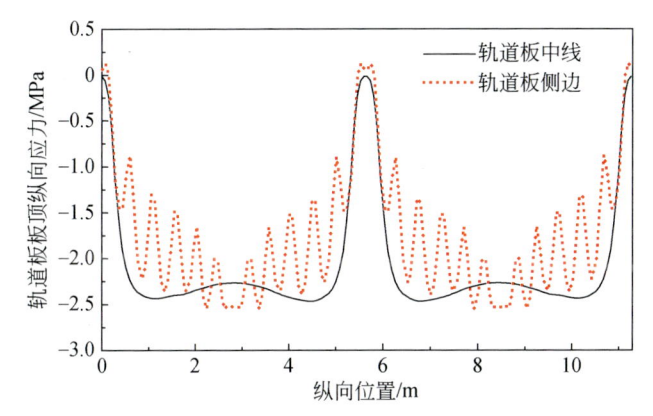

图 5.33 整体升温荷载作用下预应力轨道板板顶纵向应力分布曲线

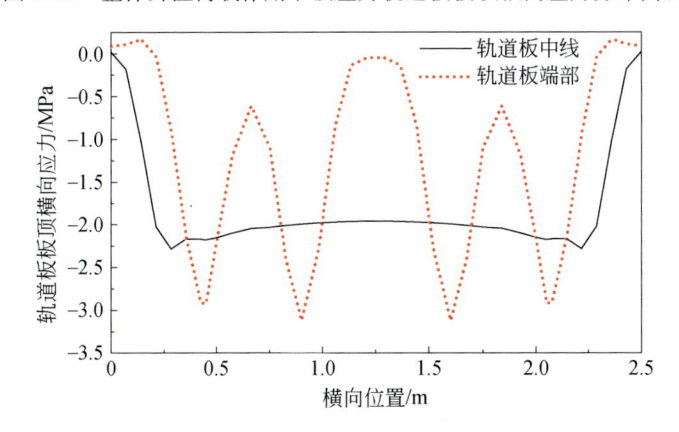

图 5.34 整体升温荷载作用下预应力轨道板板顶横向应力分布曲线

由图 5.33 和图 5.34 可知,轨道板板顶中线纵向应力和横向应力分布与仅预应力荷载工况大致相同,由于板顶侧边靠近锚固端,纵向应力和横向应力均有一定程度的波动,但总体影响不大。

预应力加载与整体升温共同作用下无砟轨道受力与变形计算结果见表 5.10。

表 5.10　整体升温与预应力荷载共同作用工况计算结果汇总表

结构类型	受力指标		数值
轨道板	纵向应力/MPa	最大值	1.96
		最小值	−21.11
	横向应力/MPa	最大值	0.86
		最小值	−11.91
	纵向位移/mm	最大值	0.56
		最小值	−0.56
	横向位移/mm	最大值	1.89
		最小值	−1.89
	纵向弯矩/(kN·m)	最大值	4.90
		最小值	−1.44
	横向弯矩/(kN·m)	最大值	1.08
		最小值	−0.92
	纵向预压力/kN		1291.00
	横向预压力/kN		3994.00
自密实混凝土层	von Mises 应力/MPa		0.45
	总位移/mm		2.08
纵向预应力钢筋	张拉应力/MPa		1123
横向预应力钢筋	张拉应力/MPa		1171

2. 整体降温荷载影响

预应力加载与整体降温荷载共同作用下,提取无砟轨道荷载效应,轨道板纵向和横向应力及位移分布云图如图 5.35 ~ 图 5.38 所示。

由图 5.35 和图 5.36 可知,整体降温情况下,端部应力集中较为明显,但轨道板整体应力分布仍较为均匀。预应力加载与整体降温荷载共同作用下无砟轨道受力与变形计算结果见表 5.11。

第 5 章 精细化分析方法在无砟轨道检算中的应用

图 5.35 整体降温荷载作用下预应力轨道板纵向应力分布云图(单位:Pa)

图 5.36 整体降温荷载作用下预应力轨道板横向应力分布云图(单位:Pa)

图 5.37 整体降温荷载作用下预应力轨道板纵向位移分布云图(单位:m)

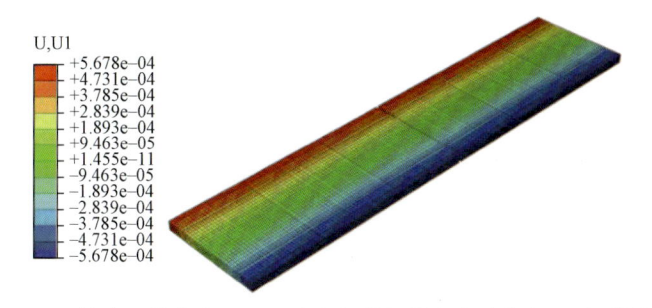

图 5.38 整体降温荷载作用下预应力轨道板横向位移分布云图(单位:m)

表 5.11 整体降温与预应力荷载共同作用工况计算结果汇总表

结构类型	受力指标		数值
轨道板	纵向应力/MPa	最大值	4.15
		最小值	-17.03
	横向应力/MPa	最大值	5.73
		最小值	-7.63
	纵向位移/mm	最大值	2.05
		最小值	-2.05
	横向位移/mm	最大值	0.57
		最小值	-0.57
	纵向弯矩/(kN·m)	最大值	5.60
		最小值	-2.57
	横向弯矩/(kN·m)	最大值	0.46
		最小值	-1.54
	纵向预压力/kN		1230
	横向预压力/kN		3860
自密实混凝土层	von Mises 应力/MPa		0.53
	总位移/mm		1.95
纵向预应力钢筋	张拉应力/MPa		1155
横向预应力钢筋	张拉应力/MPa		1206

3. 正温度梯度荷载影响

预应力加载与正温度梯度荷载共同作用下,无砟轨道荷载效应如图 5.39~图 5.42 所示。

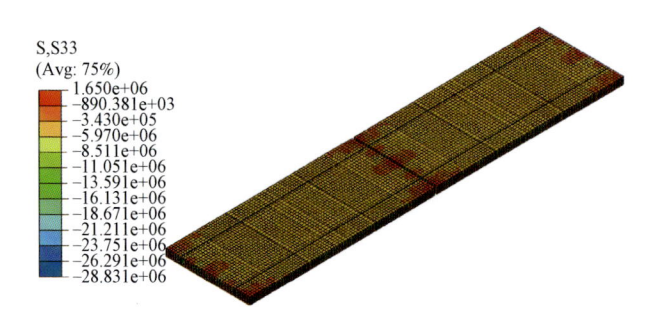

图 5.39 正温度梯度荷载作用下预应力轨道板纵向应力分布云图(单位:Pa)

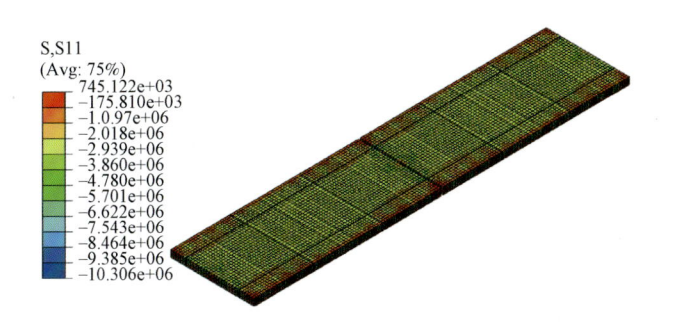

第 5 章　精细化分析方法在无砟轨道检算中的应用

图 5.40　正温度梯度荷载作用下轨道板横向应力分布云图(单位:Pa)

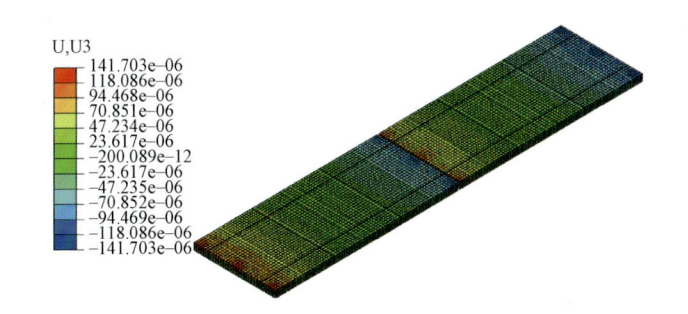

图 5.41　正温度梯度荷载作用下轨道板纵向位移分布云图(单位:m)

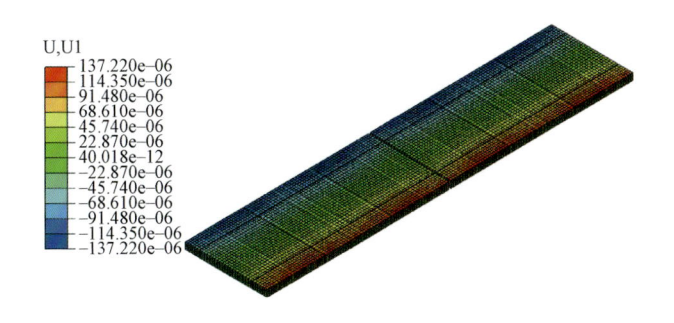

图 5.42　正温度梯度荷载作用下轨道板横向位移分布云图(单位:m)

由图可知,在正温度梯度荷载作用下,预应力轨道板整体仍呈受压状态,板边纵向位移略有变化,说明施加预应力荷载后轨道板抵抗正温度梯度荷载的能力较好。

预应力加载与正温度梯度荷载共同作用下无砟轨道受力与变形计算结果见表 5.12。

表 5.12　正温度梯度与预应力荷载共同作用工况计算结果汇总表

结构类型	受力指标		数值
轨道板	纵向应力/MPa	最大值	1.65
		最小值	−28.83
	横向应力/MPa	最大值	0.75
		最小值	−10.31
	纵向位移/mm	最大值	0.14
		最小值	−0.14
	横向位移/mm	最大值	0.14
		最小值	−0.14
	纵向弯矩/(kN·m)	最大值	23.87
		最小值	0
	横向弯矩/(kN·m)	最大值	29.30
		最小值	0
	纵向预压力/kN		1612
	横向预压力/kN		4437
自密实混凝土层	von Mises 应力/MPa		4.35
	总位移/mm		0.41
纵向预应力钢筋	张拉应力/MPa		1136
横向预应力钢筋	张拉应力/MPa		1188

4. 负温度梯度荷载影响

预应力加载与负温度梯度荷载共同作用下无砟轨道主要荷载效应如图 5.43～图 5.46 所示。

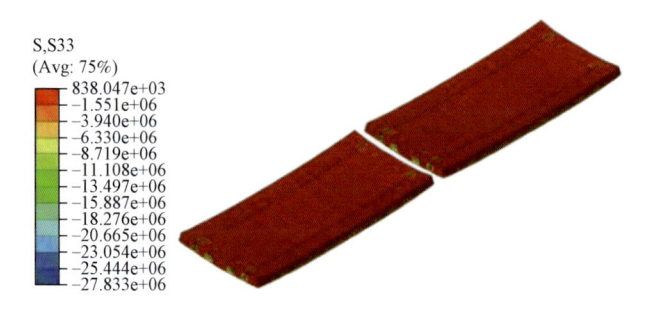

图 5.43　负温度梯度荷载作用下预应力轨道板纵向应力分布云图(单位:Pa)

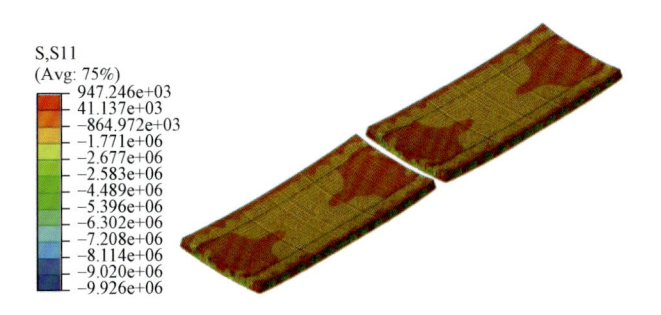

第 5 章　精细化分析方法在无砟轨道检算中的应用

图 5.44　负温度梯度荷载作用下预应力轨道板横向应力分布云图(单位:Pa)

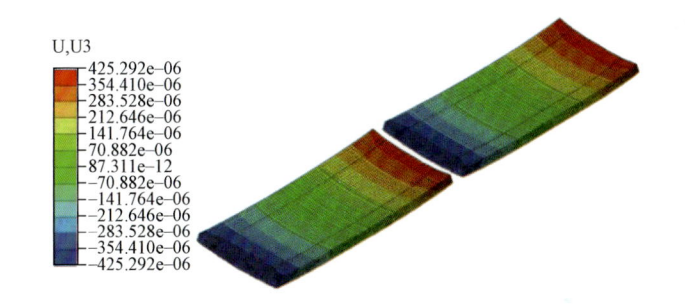

图 5.45　负温度梯度荷载作用下预应力轨道板纵向位移分布云图(单位:m)

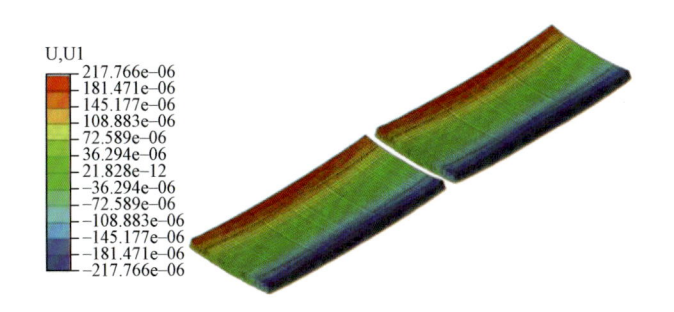

图 5.46　负温度梯度荷载作用下预应力轨道板横向位移分布云图(单位:m)

关注轨道板应力状态,发现轨道板大部分区域存在纵向拉应力,横向应力分布也有较大变化,因此提取轨道板板顶纵向应力和横向应力如图 5.47 和图 5.48 所示。

由图 5.47 和图 5.48 可知,轨道板板顶中线、侧边应力水平均有明显变化,除轨道板中线横向应力外,其余位置均出现拉应力,轨道板端部拉应力波动尤其明显。但从数值上看,轨道板整体拉应力水平较低,预应力轨道板在负温度梯度荷载下仍能保持正常工作状态。

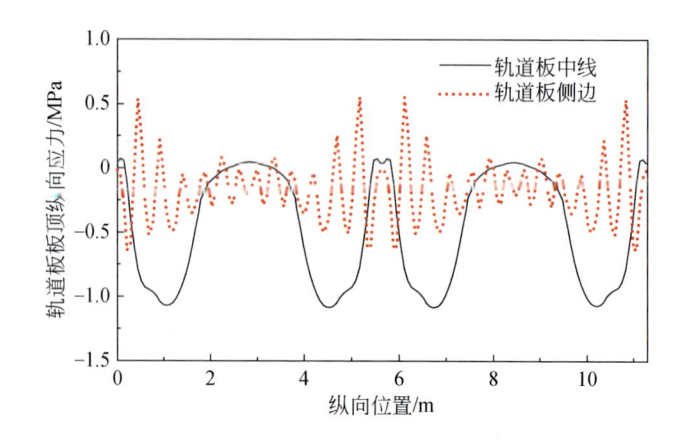

图 5.47　负温度梯度荷载下预应力轨道板板顶纵向应力分布曲线

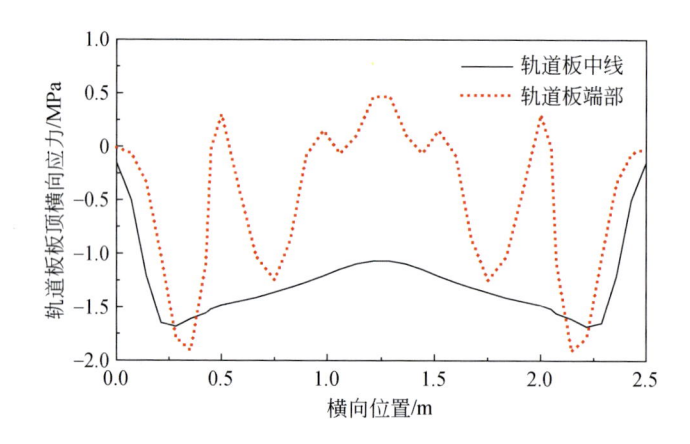

图 5.48　负温度梯度荷载下预应力轨道板板顶横向应力分布曲线

预应力加载与负温度梯度荷载共同作用下无砟轨道受力与变形计算结果见表 5.13。

表 5.13　负温度梯度与预应力荷载共同作用工况计算结果汇总表

结构类型	受力指标		数值
轨道板	纵向应力/MPa	最大值	0.84
		最小值	−27.83
	横向应力/MPa	最大值	0.95
		最小值	−9.93
	纵向位移/mm	最大值	0.43
		最小值	−0.43

续表

结构类型	受力指标		数值
轨道板	横向位移/mm	最大值	0.22
		最小值	-0.22
	纵向弯矩/(kN·m)	最大值	0
		最小值	-58.59
	横向弯矩/(kN·m)	最大值	28.85
		最小值	0
	纵向预压力/kN		1169
	横向预压力/kN		3780
自密实混凝土层	von Mises 应力/MPa		3.28
	总位移/mm		0.37
纵向预应力钢筋	张拉应力/MPa		1146
横向预应力钢筋	张拉应力/MPa		1195

5.3.4 不同荷载组合轨道板受力影响对比

为了更为直观地看出预应力轨道板在各类荷载下的受力工作状态,将 5.3.3 节不同工况下,轨道结构受力与变形对比分布见表 5.14。

对比轨道板纵向应力可知,预应力加载后,轨道板局部的纵向应力较小,而在预应力与整体降温共同作用下,局部纵向拉应力稍大,横向应力的分析结果也类似。通过云图对比可以看出,整体降温情况下,端部应力集中较为明显,而板上拉应力并不明显,图 5.49 为不同荷载工况下轨道板板顶中线纵向应力变化趋势。

对比图 5.49 中各工况曲线可知,普通预应力、预应力与整体升温和整体降温情况下,轨道板板顶应力分布基本一致。在车辆荷载下,荷载作用影响的一定范围内,轨道板板顶压应力有所增加;正温度梯度荷载下,轨道板预压力有所增加;而在负温度梯度下,轨道预压力有明显下降,并且在对应土台位置处均有一定的突变产生,轨道板中部部分区域预压应力基本为 0。在预压荷载下,轨道板上表面未出现拉应力,说明各工况应力云图中拉应力的变化主要为端部锚固区拉应力的变化。图 5.50 为不同荷载工况下轨道板板底中线纵向应力对比情况。由图 5.50 可知,轨道板板底应力分布在车辆和温度荷载作用下变化不明显,底面在车辆及正温度梯度荷载下预压应力有所减小,但尚未出现拉应力。

表 5.14 不同工况下轨道结构受力与变形对比分析

结构类型	受力指标		仅预应力荷载	预应力+车辆荷载	预应力+整体升温荷载	预应力+整体降温荷载	预应力+正温度梯度荷载	预应力+负温度梯度荷载
轨道板	纵向应力/MPa	最大值	0.41	0.47	1.96	4.15	1.65	0.84
		最小值	−18.71	−22.98	−21.11	−17.03	−28.83	−27.83
	横向应力/MPa	最大值	0.35	0.35	0.86	5.73	0.75	0.95
		最小值	−9.66	−9.63	−11.91	−7.63	−10.31	−9.93
	纵向位移/mm	最大值	0.20	0.20	0.56	2.05	0.14	0.43
		最小值	−0.20	−0.20	−0.56	−2.05	−0.14	−0.43
	横向位移/mm	最大值	0.07	0.07	1.89	0.57	0.14	0.22
		最小值	−0.07	−0.07	−1.89	−0.57	−0.14	−0.22
	纵向弯矩/(kN·m)	最大值	0	1192.00	4.90	5.60	23.87	0
		最小值	0	−2.47	−1.44	−2.57	0	−58.59
	横向弯矩/(kN·m)	最大值	0	12.67	1.08	0.46	29.30	28.85
		最小值	0	−17.39	−0.92	−1.54	0	0
	纵向预压力/kN		1205.70	1424.21	1291.00	1230	1612	1169
	横向预压力/kN		3814.50	3899.60	3994.00	3860	4437	3780
	von Mises 应力/MPa		1.35	1.35	0.45	0.53	4.35	3.28
自密实混凝土层	总位移/mm		0.77	0.77	2.08	1.95	0.41	0.37
纵向预应力钢筋	张拉应力/MPa		1136	1190	1123	1155	1136	1146
横向预应力钢筋	张拉应力/MPa		1189	1137	1171	1206	1188	1195

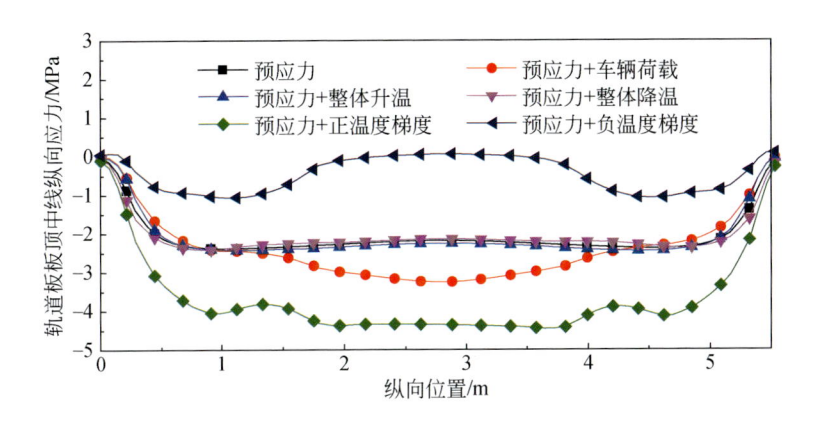

第5章 精细化分析方法在无砟轨道检算中的应用

图5.49 不同荷载工况下轨道板板顶中线纵向应力对比

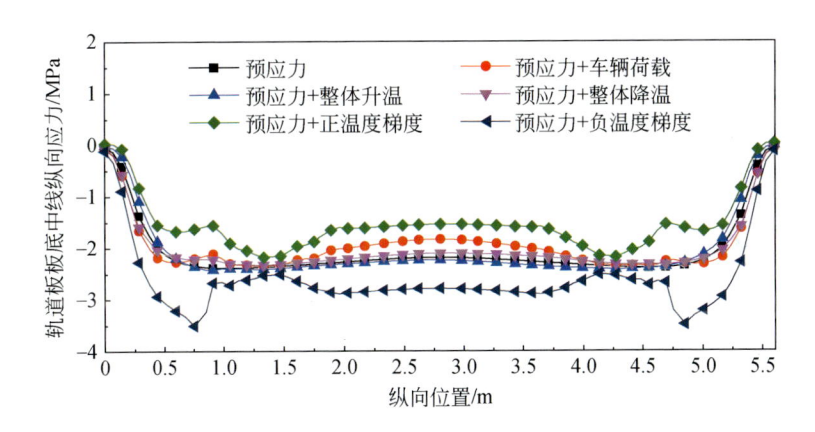

图5.50 不同荷载工况下轨道板板底中线纵向应力对比

图5.51为不同荷载工况下轨道板板顶中线横向应力对比。由图5.51可知，轨道板板顶中线横向应力分布规律与纵向应力分布规律较为类似，车辆荷载与温度梯度荷载对轨道板上横向应力的影响较大，整体温度变化的影响较小。负温度梯度对轨道板预压应力有弱化效应，正温度梯度则对轨道板板顶横向应力有增强效应。负温度梯度下轨道板中线预压应力弱化情况下，仍未出现横向拉应力。

图5.52为不同荷载工况下轨道板纵向预压力对比。由图5.52可知，从轨道板预压力纵向分布情况来看，正负温度梯度对预压力的影响较大，整体升降温对预压力的影响较小。其中车辆荷载作用位置处轨道板有预压效应，主要因为轨道板与自密实混凝土层作为一个复合层进行整体受力，车辆荷载下弯曲时，轨道板此时为承压层。整体升降温过程中，由于底座板、自密实混凝土层、轨道板均产生相同程度的伸缩，无明显约束效应。

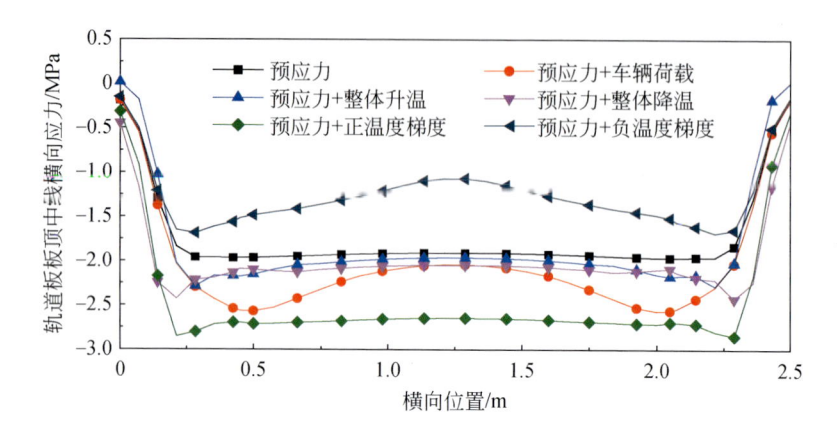

图 5.51 不同荷载工况下轨道板板顶中线横向应力对比

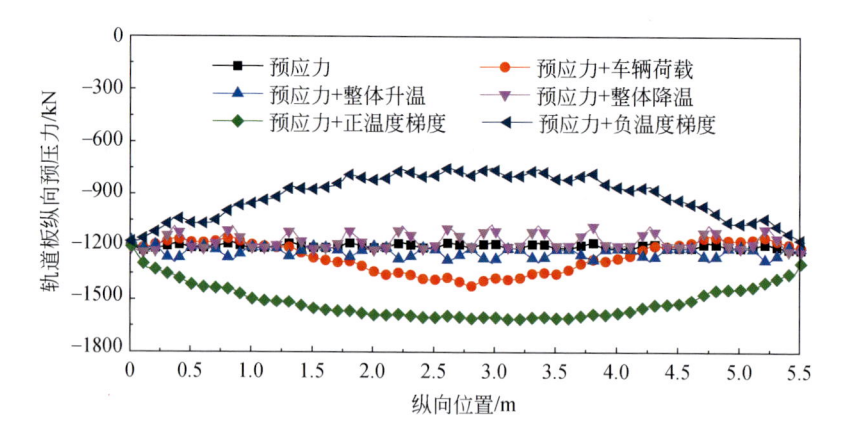

图 5.52 不同荷载工况下轨道板纵向预压力对比

不同荷载工况下轨道板纵向预压力上下限变化情况如图 5.53 所示。由图 5.53 可知，正温度梯度作用下预压力最大增加幅度在 35% 左右，负温度梯度作用下纵向预压力损失最大幅度在 36% 左右。温度梯度荷载下，无砟轨道不同层温度不同，预应力钢筋的温度伸缩与板上不同厚度位置处的温度伸缩变形也有一定的差异，正温度梯度下轨道板温度升高，下部自密实混凝土层对轨道板有约束压力，致使轨道板纵向预压力增加，相反，负温度梯度下轨道板温度低，自密实混凝土层对轨道板有约束拉力，致使轨道板纵向预压力明显降低。

图 5.54 为不同荷载工况下预应力钢筋张拉应力最大值变化情况。由图 5.54 可知，不同荷载工况下，预应力钢筋张拉应力浮动范围较小，其中，整体降温过程中，横向预应力钢筋张拉应力稍大，在 1200MPa 左右。纵横向预应力钢筋应力浮动范围为 1123～1206MPa，较为稳定。

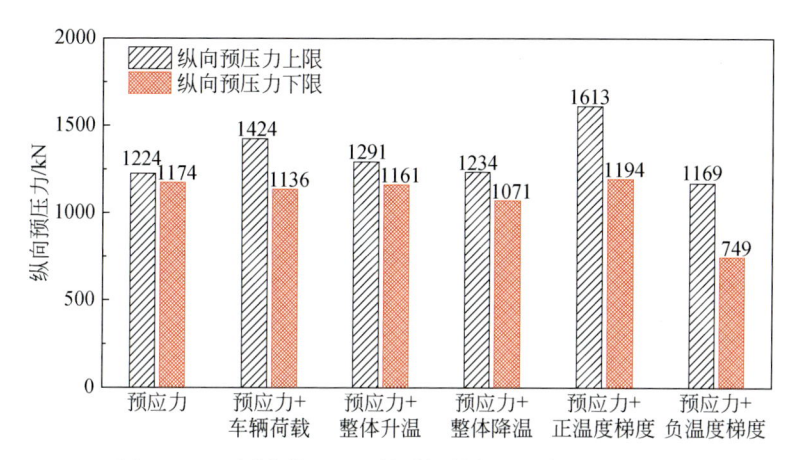

图 5.53　不同荷载工况下轨道板纵向预压力上下限对比

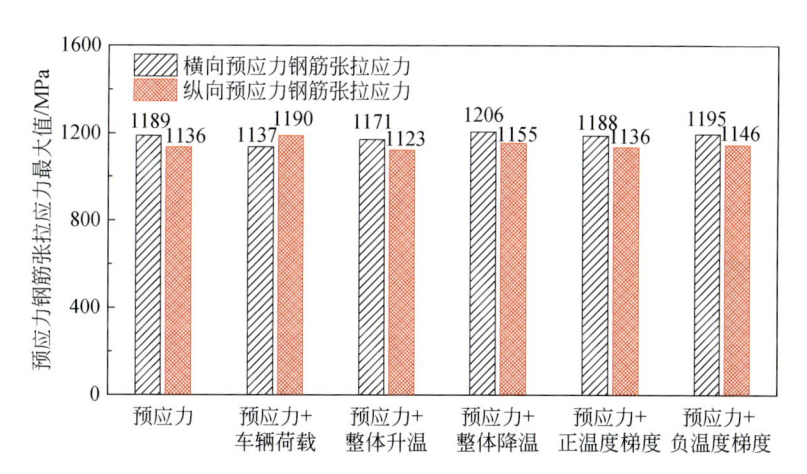

图 5.54　不同荷载工况下纵横向预应力钢筋张拉应力最大值变化情况

图 5.55 为轨道板板顶中线垂向位移对比情况。从不同荷载作用下轨道板板顶中线垂向位移对比可以看出，车辆荷载作用下轨道板垂向弯曲明显，垂向位移差在 0.5mm 左右；温度梯度条件下轨道板仍体现出翘曲变形的趋势，翘曲变形下的垂向位移差在 0.4mm 左右，整体升降温所引起的轨道板垂向变形量较小。

综合来看，由于预应力荷载的预压效应，轨道板中部在车辆荷载、整体升降温及温度梯度下均无拉应力产生，仅在负温度梯度情况下上表面板中位置应力接近为 0。车辆荷载作用下轨道板垂向弯曲明显，但垂向位移差仅在 0.5mm 左右；温度梯度条件下轨道板翘曲变形明显，翘曲变形下的垂向位移差在 0.4mm 左右，但与无预应力配筋轨道板相比已有显著改善。综上所述，认为现有的预应力配筋方案是较为合理的。

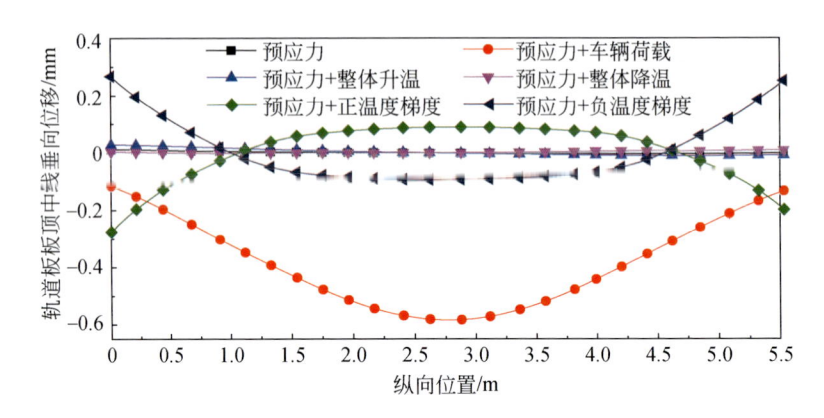

图 5.55　不同荷载工况下轨道板板顶中线垂向位移对比

5.4　无砟轨道特殊钢筋设置检算

无砟轨道在部分结构上常设置一些特殊钢筋以满足特定的服役需求。例如，CRTSⅢ型板式无砟轨道轨道板下预留门型筋与自密实混凝土层相连接，其主要作用是加强层间黏结，提高层间抗拉及剪切强度。另外，预留门型筋也能起到加强上下层黏结刚度的作用。本节以门型筋为例，对无砟轨道特殊钢筋的强度及功能检算流程进行说明。

5.4.1　门型筋设置必要性及强度检算

若不设置门型筋，轨道板与自密实混凝土层的层间黏结会由于存在新老混凝土交界面，在施工不利或较大的荷载条件下产生离缝。因此，希望通过设置门型筋，加强混凝土的层间连接，减少离缝的产生。

1. 考虑轨道板与自密实混凝土层黏结

如果轨道板和自密实混凝土层之间不设置门型筋，而是将轨道板和自密实混凝土层黏结在一起，结构的抗剪强度取轨道板和自密实混凝土材料抗剪强度的较小值。

$$[\tau_c] = 1.35\text{MPa} \tag{5.1}$$

基于剪力流理论可知，制动力 F_b 作用下对结构产生的最大剪应力为

$$\tau_b = \frac{F_b S_{z1}^*}{w I_{z1}} = 0.33\text{MPa} \tag{5.2}$$

式中，w 为轨道板宽度，取为 2.55m；F_b 为列车制动力，按《铁路桥涵设计规范》

(TB 10002—2017)[170]规定取为110kN;S_{z1}^*为轨道板横截面对中性轴的面积矩,$S_{z1}^* = \frac{1}{8}wh^2$,$h$为轨道板厚度,取为0.2m;$I_{z1}$为轨道板横截面惯性矩,$I_{z1} = \frac{1}{12}wh^3$。

列车横向荷载作用下对结构产生的最大剪应力为

$$\tau_h = \frac{F_h S_{z2}^*}{l I_{z2}} = 0.09107 \text{MPa} \tag{5.3}$$

式中,l为轨道板长度,取为5.6m;F_h为横向荷载,考虑安全余量,取为80%轮重,即68kN;S_{z2}^*为轨道板纵向截面对中性轴的面积矩,$S_{z2}^* = \frac{1}{8}lh^2$;$I_{z2}$为轨道板纵向截面惯性矩,$I_{z2} = \frac{1}{12}lh^3$。

$$\tau_b + \tau_h = 0.421 \text{MPa} < [\tau_c] \tag{5.4}$$

由式(5.4)可知,轨道板和自密实混凝土层之间在完全黏结的情况下可以提供足够的抗剪力。

在使用过程中,轨道板和自密实混凝土层之间有可能因为混凝土拉裂而使部分黏结失效,根据

$$\frac{3F_b}{S_x} + \frac{3F_h}{S_x} \leq [\tau_c] \tag{5.5}$$

可知,保证提供足够抗剪阻力的最小黏结面积$S_x \geq 0.396 \text{m}^2$。

2. 仅考虑轨道板与自密实混凝土层之间的摩擦

在轨道板和自密实混凝土层之间的黏结完全失效的情况下,轨道板和自密实混凝土层之间的横向和纵向阻力就全部由摩擦力来提供。对轨道板和自密实混凝土层之间的摩擦阻力进行验算,并根据此计算结果对是否设置门型筋提供合理的建议。

取一块轨道板及其上部钢轨作为隔离体进行受力分析,得到受力平衡公式如下:

$$(\rho_s \cdot 2lg + \rho_c lwhg + F_v) \cdot \mu \geq \sqrt{F_b^2 + F_h^2} \tag{5.6}$$

式中,ρ_s为钢轨线密度,钢轨为CHN60轨,因此取为60kg/m;ρ_c为轨道板密度,为2500kg/m³;l为轨道板长度,取为5.6m;w为轨道板宽度,取为2.55m;h为轨道板厚度,取为0.2m;g为重力加速度,取为9.8m/s²;F_v为列车垂向荷载,列车设计轴重取为170kN,垂向荷载定为3倍静轮重255kN;F_b为列车制动力,按《铁路桥涵设计规范》(TB 10002—2017)[170]规定取为110kN;F_h为横向荷载,取为80%轮重,即68kN;μ为轨道板和自密实混凝土层之间的摩擦系数。

由式(5.6)计算可得 $\mu \geq 0.88$，即当轨道板和自密实混凝土层之间不设置门型筋且层间黏结完全失效时，轨道板和自密实混凝土层之间的摩擦系数必须大于0.88才能提供足够的摩擦阻力。另外，本节计算中只考虑了列车的制动力和横向荷载，如果考虑曲线地段钢轨横向力的作用以及列车晃车作用等因素的影响，将会需要更大的摩擦系数。参照美国混凝土结构设计规范(ACI 318M-05)中对混凝土摩擦系数的规定，混凝土裂缝面摩擦系数为0.8，说明仅依靠轨道板与自密实混凝土层的摩擦无法保证结构的运营安全。而门型筋的设置一方面可以提供足够的水平方向阻力，另一方面由于其锚固作用同时提高了层间黏结性能，确保轨道板和自密实混凝土层之间不存在完全黏结失效的问题。门型筋的设置对于改善结构受力，确保轨道结构安全可靠是很有必要的。因此，在CRTSⅢ型板式无砟轨道结构设计中建议设置门型筋。

3. 仅考虑门型筋群锚作用

门型筋的破坏形式主要有以下四种：第一种是由于自身抗拉强度不足，或是与混凝土间锚固力不足，门型筋被拔出或拔断，这种情况主要出现在温度梯度荷载作用下翘曲变形比较大时；第二种为门型筋的剪切破坏，由于钢筋抗剪强度较高，在轨道板与自密实混凝土层相对错动量较小的情况下很难将其剪坏；第三种比较常见的破坏就是将表面混凝土拉裂，通常情况下钢筋间距较小时易发生这种破坏；第四种是门型筋四周混凝土的压溃，通常钢筋数较少时容易发生这种破坏。最有可能发生的破坏形式主要是第一种钢筋被拔出以及第三种混凝土拉裂。

依照设计比选，门型筋配备的钢筋类型为HRB335，其抗拉强度设计值为335MPa，由此推断每根钢筋所能承受的最大拉力为

$$F = \frac{1}{4}\pi d^2 f_y = 37.89 \text{kN} \tag{5.7}$$

式中，f_y 为抗拉强度。

在钢筋不被破坏的情况下，每根门型筋在底部两两相连，如果要将门型筋拔出则必须要将门型筋所套住的混凝土剪坏，门型筋内自密实混凝土剪切面面积 A 为 0.122m^2，抗剪强度按规范为 $[\tau_c] = 1.35\text{MPa}$，则门型筋能够提供的拉力为

$$F' = \frac{1}{2}[\tau_c] \cdot A = 82.35 \text{kN} \tag{5.8}$$

计算结果表明，相比于门型筋周围混凝土的剪坏，门型筋拉断是更为不利的情况，因此认为门型筋抗拔力极限值为37.89kN。

对于混凝土的拉裂，按照计算公式

$$V_{df} = 36.79 b_n f_c^{\frac{1}{3}} \tag{5.9}$$

计算得到，当 $b_n = 0.244\text{m}$ 时，$V_{df} = 24.7\text{kN}$。

第 5 章　精细化分析方法在无砟轨道检算中的应用

考虑凹槽尺寸为 0.6m×2m,并于轨道板底部设置 22 对直径为 12mm 的门型筋,假定板间混凝土黏结已失效,对其在制动力、横向力及正温度梯度 95℃/m 这三种荷载作用下门型筋受力及板间整体受力状况进行计算,计算结果如图 5.56 所示。

(a) 制动力作用下门型筋剪应力

(b) 制动力作用下轨道板纵向应力

(c) 横向力作用下门型筋剪应力

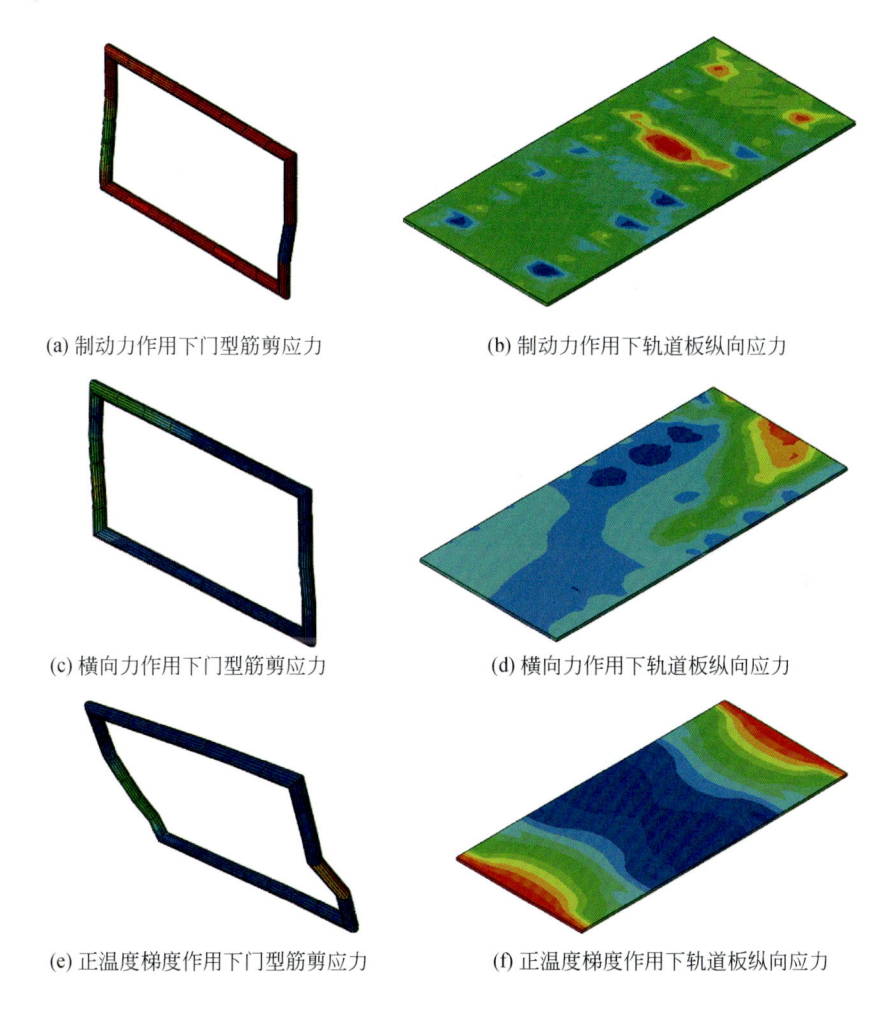

(d) 横向力作用下轨道板纵向应力

(e) 正温度梯度作用下门型筋剪应力

(f) 正温度梯度作用下轨道板纵向应力

图 5.56　不同荷载作用下门型筋及轨道板受力情况

计算结果表明,制动力和横向力作用下,门型筋在凹槽附近受到较大的剪力作用。制动力作用下,门型筋受剪部位主要集中在中部;横向力作用下作用点附近门型筋受剪也较大,且轨道板与自密实混凝土层之间的最大相对错动发生在横向力作用下方。正温度梯度荷载作用下,四角处钢筋受剪较严重,中部门型筋受到上拔力较大。计算结果对比见表 5.15。

表 5.15　门型筋受力计算结果对比

门型筋数	荷载工况	钢筋剪力/kN	板间最大错动量/mm	钢筋上拔力/kN
44	制动力	2.351	0.003	0.724
	横向力	1.174	0.026	1.691
	正温度梯度 95℃/m	12.983	0.084	11.558

对比不同荷载工况可以发现,在正温度梯度 95℃/m 作用下,钢筋的上拔力和板间剪力较前两者大,但是总体来说,均未超出抗拔和抗剪限值。考虑制动力和正温度梯度同时作用时,钢筋剪力为 15.334kN,上拔力为 12.282kN;考虑横向力和正温度梯度同时作用时,钢筋剪力为 14.157kN,上拔力为 13.249kN,均未超出设计限值。

综上所述,可以得出以下几点结论:

(1)轨道板和自密实混凝土层之间完全黏结时,结构具有足够的抗剪力,并有很大的安全余量。

(2)轨道板和自密实混凝土层之间的层间黏结失效后,保证提供足够的抗剪力的最小黏结面积为 0.396m^2,如果完全失效后,轨道板和自密实混凝土层之间的摩擦系数至少要达到 0.88,才能保证结构稳定安全。

(3)如果设置门型筋,在轨道板混凝土黏结失效的情况下,门型筋承受的最大剪力和最大拉力均未超过设计限值,结构受力和变形均在容许范围内。

考虑轨道结构的耐久性,轨道板和自密实混凝土层之间的黏结容易遭到破坏,而且破坏一旦出现就很容易扩展,导致整个接触面黏结失效。而设置门型筋一方面可以提供足够的水平方向的阻力,另一方面由于其锚固作用提高了层间黏结性能,确保轨道板和自密实混凝土层之间不存在完全黏结失效的问题,保证轨道结构不受破坏,因此综合检算结果,认为门型筋的设置是有必要的。

5.4.2　门型筋对复合板黏结面强度影响分析

自密实混凝土层为现浇结构,而轨道板为预制结构,轨道板和自密实混凝土层形成复合板之后,在两层交界面上存在新老混凝土黏结问题以及层间材料差异等问题,受温度荷载影响巨大。温度荷载作用下,尤其是层间温度差异存在时,轨道板与自密实混凝土层间较易产生层间离缝,而在边角位置处存在离缝的可能性更高。因此,需要在已检算门型筋抗剪强度和抗拔强度的基础上,进一步验证门型筋对复合板黏结面强度的影响。因而考虑未设置门型筋方案和设置不同门型筋方案进行分析。

为了更直观地比较黏结面强度这一指标,通过不同温度荷载作用下轨道板与

第5章 精细化分析方法在无砟轨道检算中的应用

自密实混凝土层黏结面切向应力和法向应力情况来比较黏结面离缝可能性。

1. 未设置门型筋

不同温度荷载作用下轨道板与自密实混凝土层黏结面切向应力与法向应力最大值计算结果见表 5.16。

表 5.16　轨道板与自密实混凝土层黏结面切向应力与法向应力最大值计算结果

荷载工况	轨道板应力最大值/MPa				自密实混凝土层应力最大值/MPa			
	切向应力		法向应力		切向应力		法向应力	
	最大值	最小值	最大值	最小值	最大值	最小值	最大值	最小值
整体升温	0.035	−0.035	0.023	−0.041	0.081	−0.081	0.043	−0.068
整体降温	0.034	−0.034	0.022	−0.043	0.029	−0.029	0.011	−0.076
正温度梯度	0.995	−0.035	0.111	−2.045	1.573	−1.573	0.189	−5.483
负温度梯度	0.181	−0.181	0.070	−0.182	0.142	−0.142	0.131	−0.277

从应力分析中可以看出，相较于其余工况，在正温度梯度荷载作用下，黏结面切向应力和法向应力最大值较为突出，其中轨道板上黏结面切向应力最大值达到 1MPa 左右，自密实混凝土层达到 1.573MPa。为了更好地总结其正温度梯度荷载作用下的受力特点，进一步从黏结面不同位置角度对其应力分布进行分析。

1）轨道板底面侧边应力分布规律

轨道板底面侧边法向应力分布如图 5.57 所示。如图 5.57 所示，正温度梯度荷载作用下，法向应力最大值主要集中于边角位置处，分布范围较小，其余位置处应力处于较小的范围。

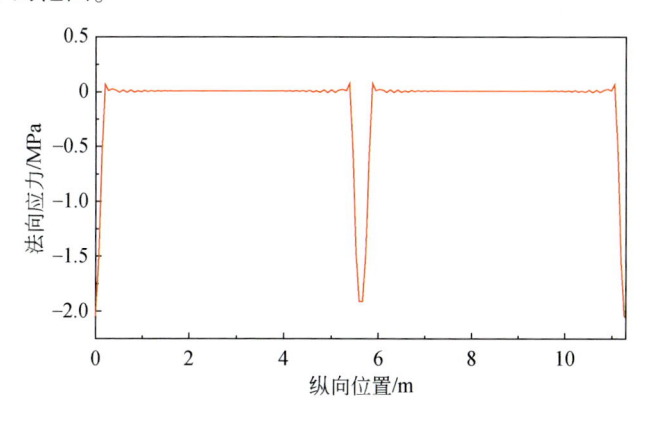

图 5.57　轨道板板底侧边法向应力分布

图 5.58 为距离轨道板侧边不同位置处轨道板板底法向应力的分布情况。由图 5.58 可知,除了边角混凝土法向应力较大以外,轨道板板底法向应力值较小,最大值均在 0.1MPa 以下。接近自密实混凝土凸台位置,不同位置处的轨道板板底法向应力分布均能发现应力有个突变值,但突变值较小。

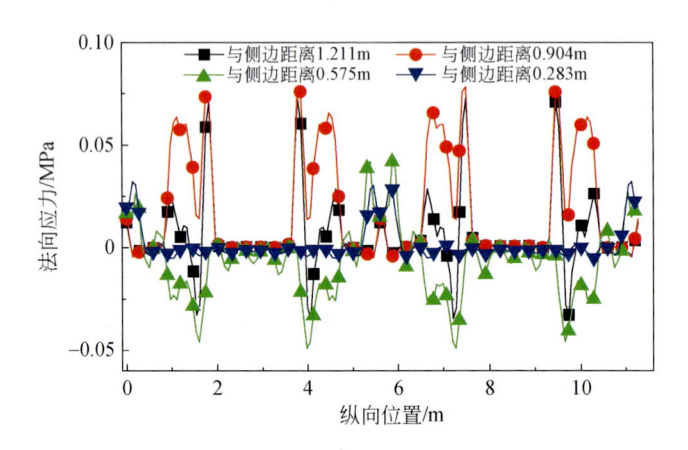

图 5.58　距离轨道板侧边不同位置处轨道板板底法向应力分布

轨道板板底侧边切向应力分布如图 5.59 所示。由图 5.59 可知,轨道板板底边角处切向应力较大,靠近边角位置处,应力最大值接近 1MPa。

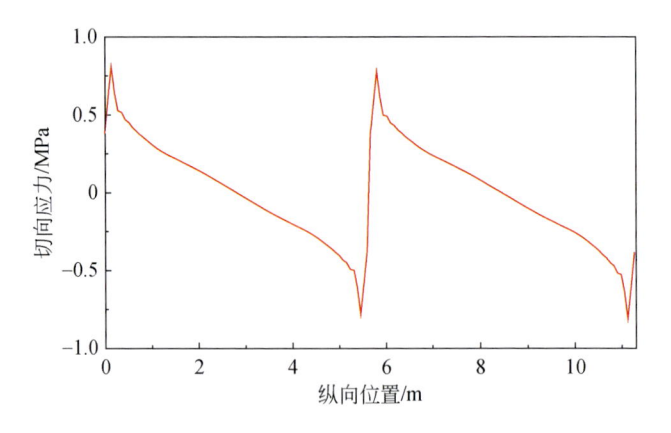

图 5.59　轨道板板底侧边切向应力分布

图 5.60 为距离轨道板侧边不同位置处轨道板板底切向应力的分布情况。相较于边角混凝土,轨道板板底混凝土切向应力较小,最大值在 0.15MPa 以下。轨道板板底中线(与侧边距离 1.211m)接近自密实混凝土层凸台位置处,能够发现轨

道板板底应力存在突变,如图中圆圈标示位置处所示,但突变值较小。最大值产生于两块板上距离轨道板端部 1m 左右位置处。

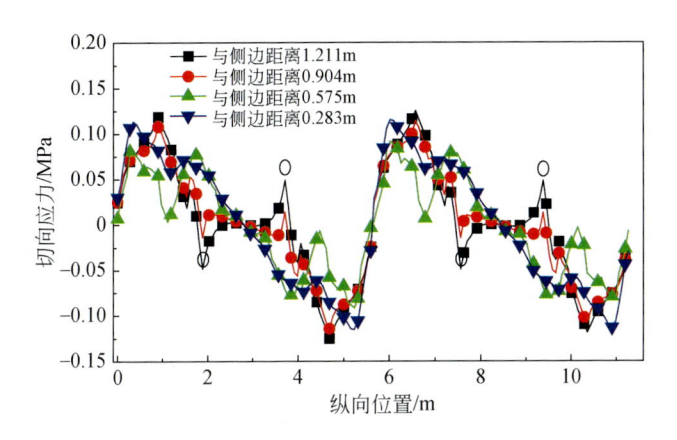

图 5.60 距离轨道板侧边不同位置处轨道板板底切向应力分布

2) 自密实混凝土层顶面侧边应力分布规律

自密实混凝土层顶面侧边法向应力分布如图 5.61 所示。与轨道板板底类似,在边角位置处,自密实混凝土层边角法向应力明显较大,四个角压应力能够达到 4MPa 左右。

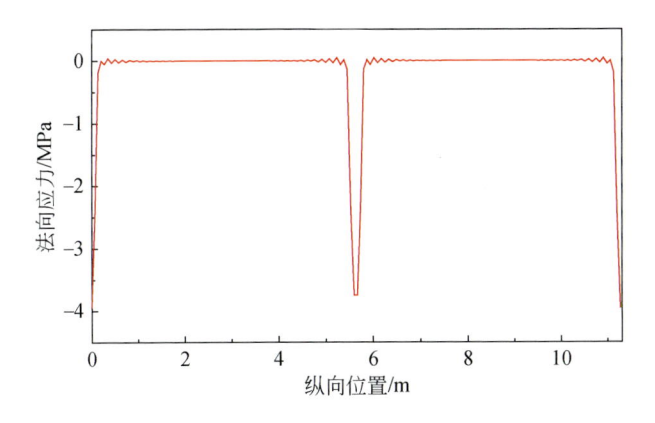

图 5.61 自密实混凝土层顶面侧边法向应力分布

图 5.62 为距离侧边不同位置处自密实混凝土层顶面法向应力分布情况。由图 5.62 可以看出,在黏结面上,自密实混凝土层受到的法向拉应力较小,最大值在 0.15MPa 左右,在每个自密实混凝土层凸台位置处,轨道板法向应力存在突变。

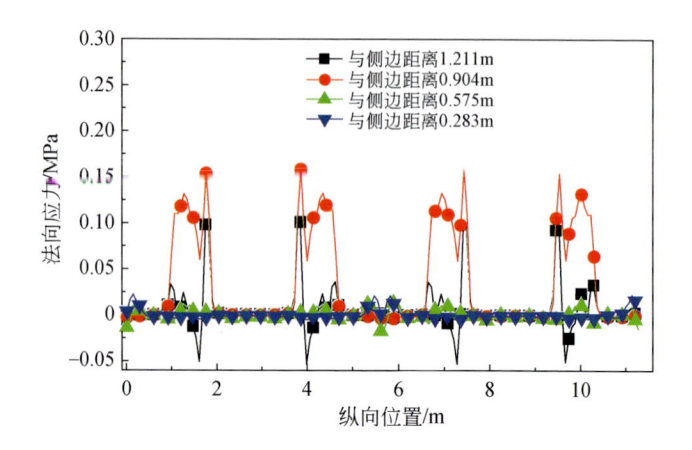

图 5.62　距离侧边不同位置处自密实混凝土层顶面法向应力分布

自密实混凝土层顶面侧边切向应力分布如图 5.63 所示。由图 5.63 可知，自密实混凝土层顶面边角位置处切向应力较大，在四角切向应力能够达到 1.22MPa，在其余区域内切向应力基本在 0.5MPa 以内。

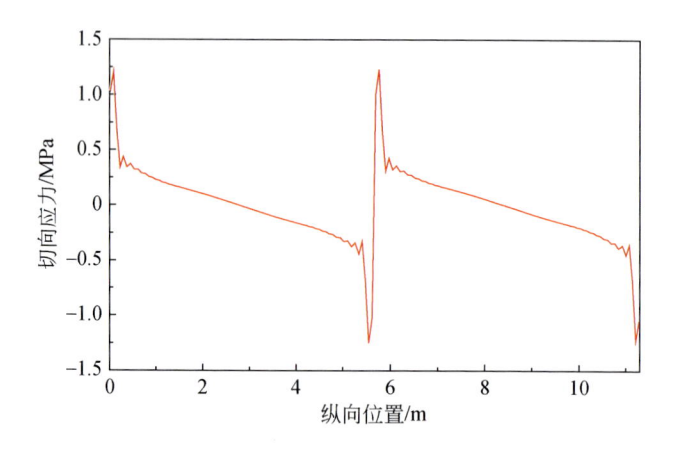

图 5.63　自密实混凝土层顶面侧边切向应力分布

距离侧边不同位置处自密实混凝土层顶面切向应力分布情况如图 5.64 所示。从不同位置处自密实混凝土层顶面切向应力分布情况可以看出，顶面切向应力均处于较小的应力水平，最大值在 0.14MPa 以下。并且最大值产生于距离板端 1m 左右位置处，另外在凸台位置处，黏结面切向应力也产生较大的峰值。

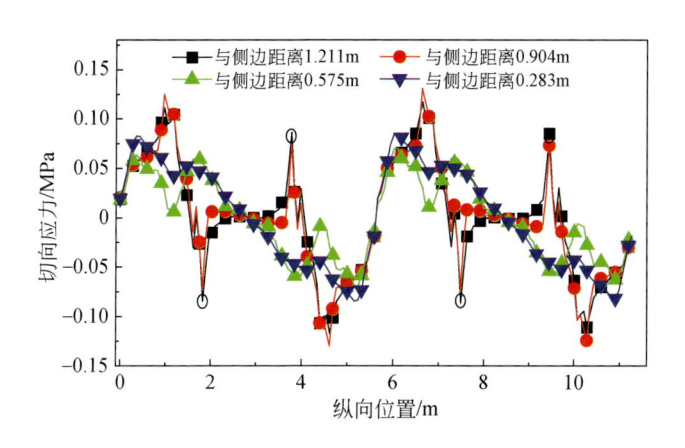

第5章 精细化分析方法在无砟轨道检算中的应用

图 5.64 距离侧边不同位置处自密实混凝土层顶面切向应力分布

计算结果表明，在正温度梯度荷载作用下，边角位置处，轨道板板底受到的最大法向拉应力为 0.07MPa，最大法向压应力为 2.04MPa，最大切向应力为 0.81MPa，自密实混凝土层顶面最大法向拉应力为 0.05MPa 左右，最大法向压应力为 3.94MPa，最大切向应力为 1.22MPa。而轨道板最大容许法向拉应力为 3.5MPa，最大容许法向压应力为 40MPa，最大容许切向应力为 1.75MPa，自密实混凝土层最大容许法向拉应力为 2.7MPa，最大容许法向压应力为 27MPa，最大容许切向拉应力为 1.35MPa，见表 5.17。

表 5.17 轨道板-自密实混凝土应力最大值与容许值对比

	计算指标	实际值	容许值
轨道板底面	最大法向拉应力/MPa	0.07	3.5
	最大法向压应力/MPa	2.04	40
	最大切向应力/MPa	0.81	1.75
自密实混凝土层顶面	最大法向拉应力/MPa	0.05	2.7
	最大法向压应力/MPa	3.94	27
	最大切向应力/MPa	1.22	1.35

由表 5.17 可知，自密实混凝土层顶面切向应力是黏结面强度的控制指标，自密实混凝土层边角切向应力接近限值，并且其最不利荷载出现于四角较小范围内。从图 5.64 中可以看出，边角应力突变出现于距离边角 0.15m 范围内。在此区域内的剪力合力在 15kN 以内，设计中如果考虑用门型筋对此处进行加强，利用门型筋承担此位置处的剪力，可以保证轨道板和自密实混凝土层黏结面的其余位置处于较小的应力水平，保证其黏结作用。

复合板设计理念中,将自密实混凝土层视作调整层,允许其自身开裂,开裂后内部设置的门型筋无法起到纵横向限位作用。在温度梯度荷载作用下,两层之间可能产生一定程度的纵横向错位变形。图5.65和图5.66为正温度梯度荷载作用下,考虑门型筋完全失效时,自密实混凝土层与轨道板板底纵横向位移的分布情况。

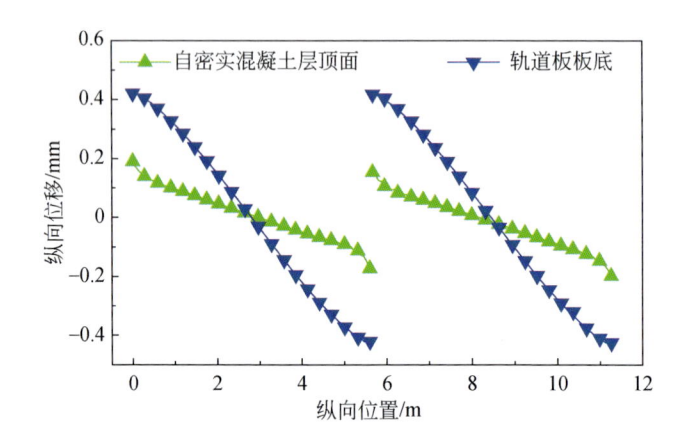

图5.65 正温度梯度荷载作用下自密实混凝土层顶面与轨道板板底纵向位移分布

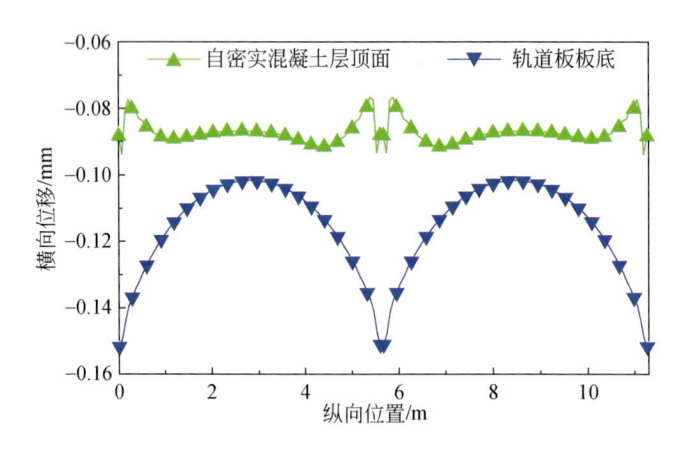

图5.66 正温度梯度荷载作用下自密实混凝土层顶面与轨道板板底横向位移分布

由图5.65和图5.66可知,在正温度梯度荷载作用下,层间纵向位移差较大,在0.2mm左右,而横向位移差较小,在0.06mm左右。

图5.67和图5.68为负温度梯度荷载作用下层间纵向位移差异对比。由图5.67和图5.68可知,在负温度梯度荷载作用下,层间纵向位移差在0.1mm左右,横向位移差在0.01mm左右。

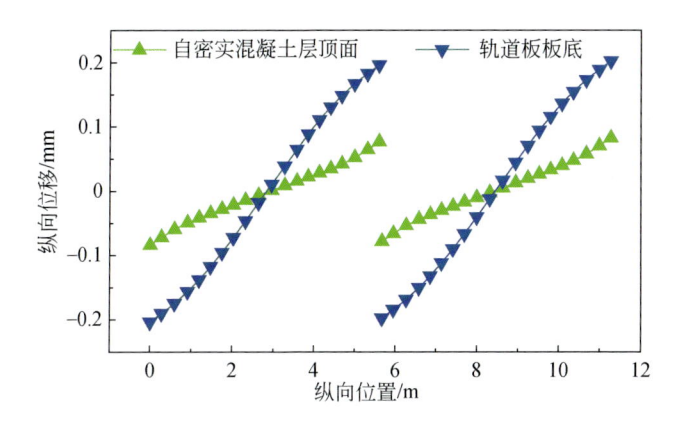

图 5.67　负温度梯度荷载作用下自密实混凝土层顶面与轨道板板底纵向位移分布

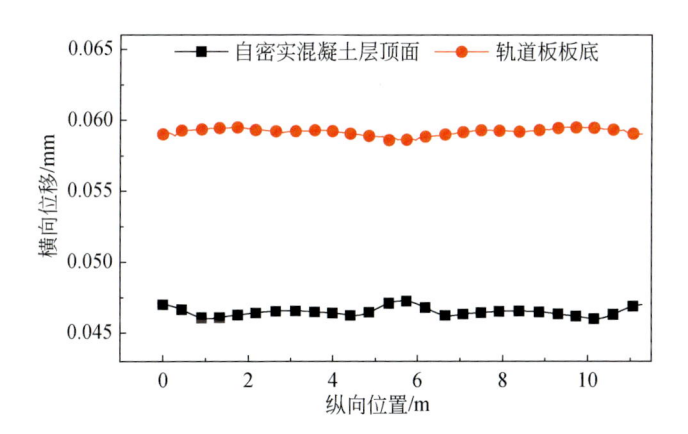

图 5.68　负温度梯度荷载作用下自密实混凝土层顶面与轨道板板底横向位移分布

整体来看，在正温度梯度荷载作用下的板间纵向位移差较大，在 0.2mm 左右，其余荷载工况下的层间位移差均不显著。

2. 设置门型筋

根据前面所述，轨道板与自密实混凝土层黏结面在边角位置处切向应力较大，假定仅在黏结面边角位置处设置门型筋，分析此时门型筋受力、板间切向应力以及板间错动量变化情况。门型筋布置情况（边角方案）如图 5.69 所示。

图 5.70 为正负温度梯度荷载作用下层间横向位移和纵向位移在轨道板板底和自密实混凝土层顶面处的分布对比。由图 5.70 可知，层间位移差较大，板上四组门型筋无法达到限制板间错动位移的目的。

—— 门型筋设置位置

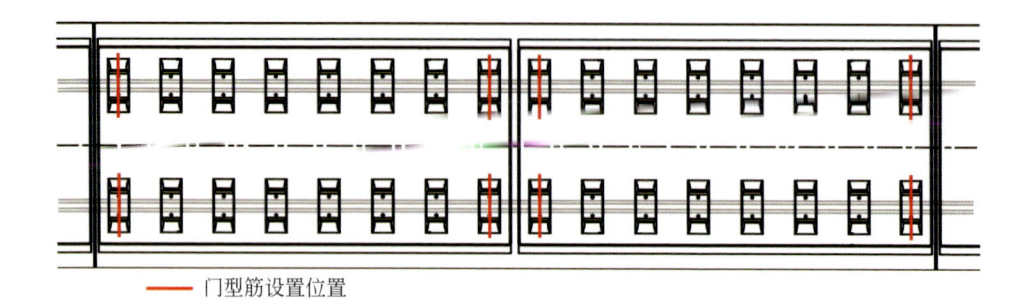

图 5.69　门型筋布置情况(边角方案)

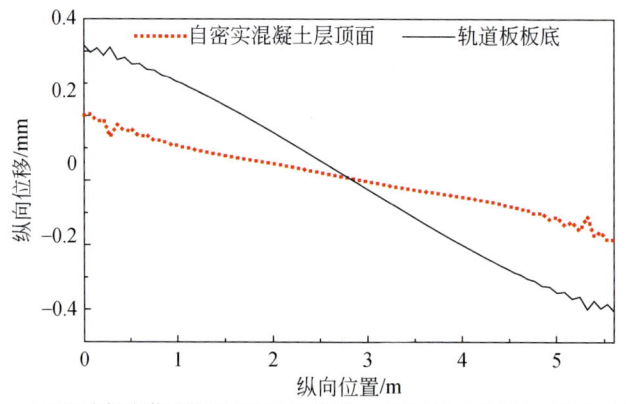

(a) 正温度梯度荷载作用下自密实混凝土层顶面与轨道板板底纵向位移分布

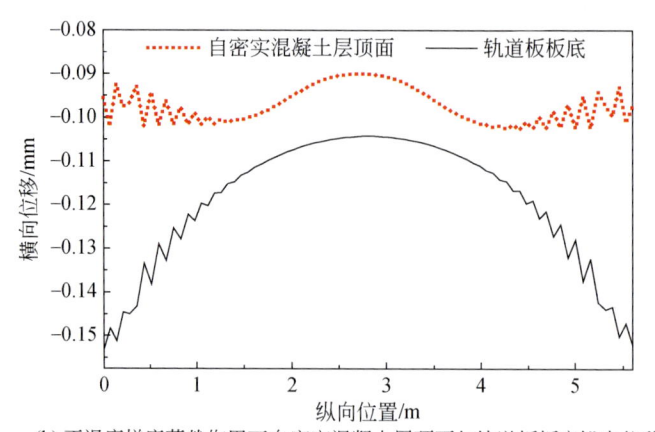

(b) 正温度梯度荷载作用下自密实混凝土层顶面与轨道板板底横向位移分布

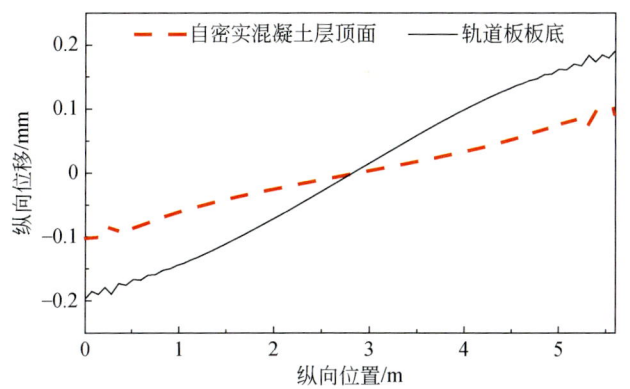

第 5 章　精细化分析方法在无砟轨道检算中的应用　·251·

(c) 负温度梯度荷载作用下自密实混凝土层顶面与轨道板板底纵向位移分布

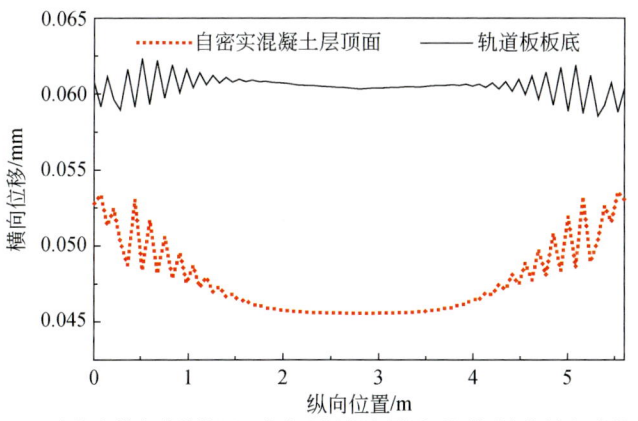

(d) 负温度梯度荷载作用下自密实混凝土层顶面与轨道板板底横向位移分布

图 5.70　正负温度梯度荷载作用下自密实混凝土顶面与
轨道板板底位移分布规律(门型筋边角方案)

　　提取正负温度梯度荷载下复合板不同位置处纵向位移最大值如图 5.71 所示。由图 5.71 可知,轨道板和自密实混凝土层纵向位移最大值在门型筋位置处一致,但其影响范围较小,其余位置处纵向位移差较大。

　　当轨道板下每个承轨台位置均设置一门型筋时,检算其层间错动位移情况。此时门型筋布置情况(满布方案)如图 5.72 所示。图 5.73 和图 5.74 为正温度梯度荷载作用下板间纵向位移和横向位移在自密实混凝土层顶面和轨道板板底侧边位置处的差异对比。图 5.75 为正温度梯度荷载作用下板内不同位置处板间纵向位移最大值的差异对比。图 5.76 和图 5.77 为负温度梯度荷载作用下板间纵向位移和横向位移在自密实混凝土层顶面和轨道板板底侧边位置处的差异对比。图 5.78 为负温度梯度荷载作用下板间纵向位移最大值在板内不同位置处的差异对比。

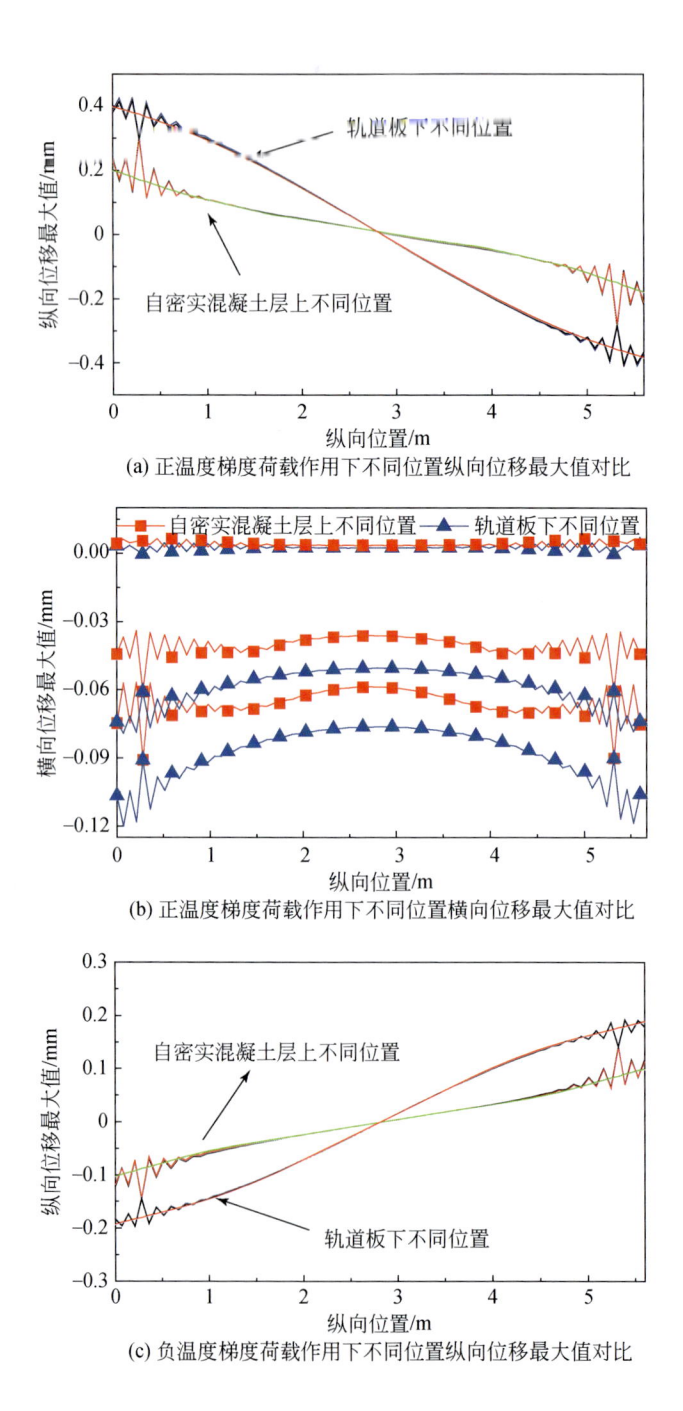

(a) 正温度梯度荷载作用下不同位置纵向位移最大值对比

(b) 正温度梯度荷载作用下不同位置横向位移最大值对比

(c) 负温度梯度荷载作用下不同位置纵向位移最大值对比

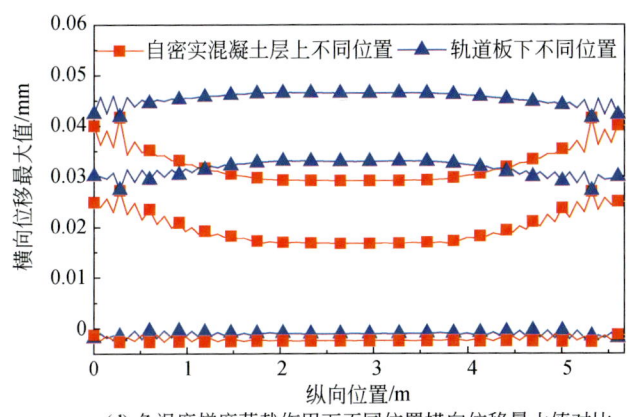

(d) 负温度梯度荷载作用下不同位置横向位移最大值对比

图 5.71　正负温度梯度荷载作用下复合板不同位置
纵向位移和横向位移最大值对比(门型筋边角方案)

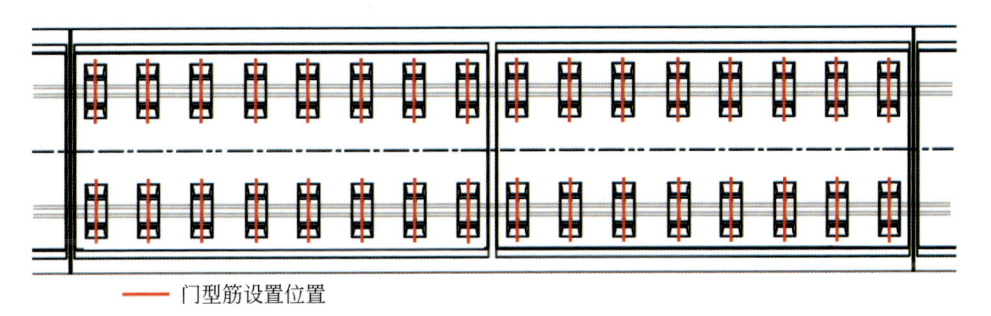

图 5.72　门型筋布置情况(满布方案)

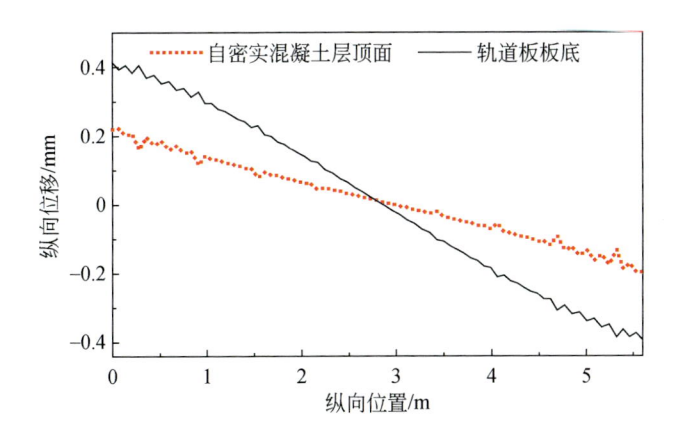

图 5.73　正温度梯度荷载作用下自密实混凝土层顶面与轨道板板底
侧边位置处纵向位移分布(门型筋满布方案)

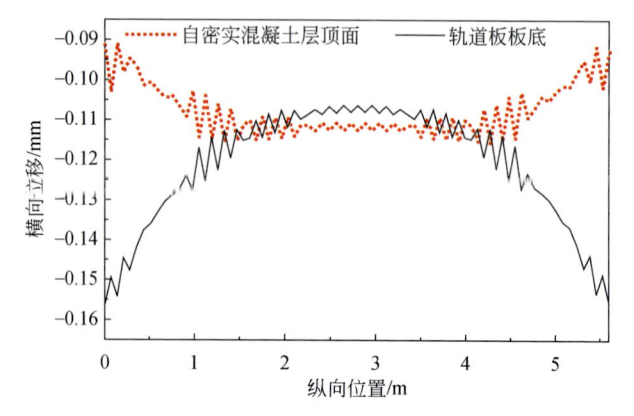

图 5.74 正温度梯度荷载作用下自密实混凝土层顶面与轨道板板底横向位移分布(门型筋满布方案)

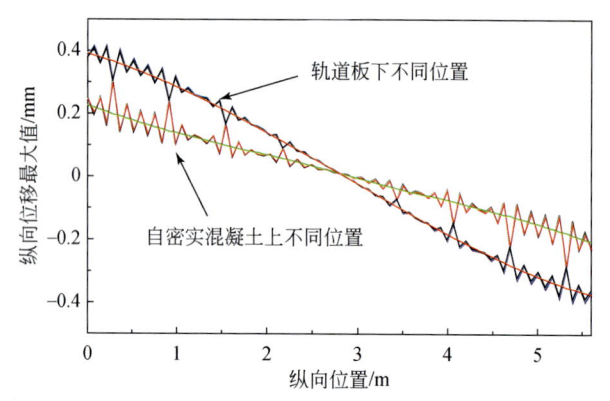

图 5.75 正温度梯度荷载作用下自密实混凝土层与轨道板不同位置纵向位移最大值对比(门型筋满布方案)

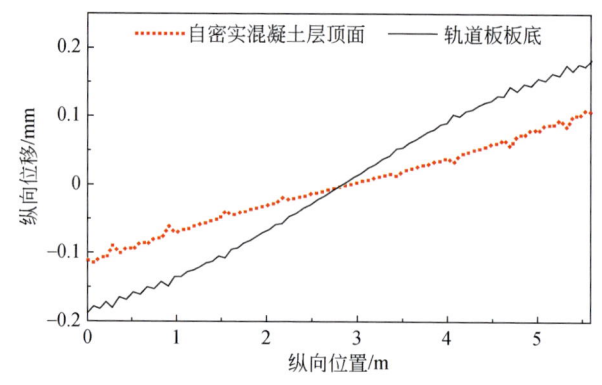

图 5.76 负温度梯度荷载作用下自密实混凝土层顶面与轨道板板底纵向位移分布(门型筋满布方案)

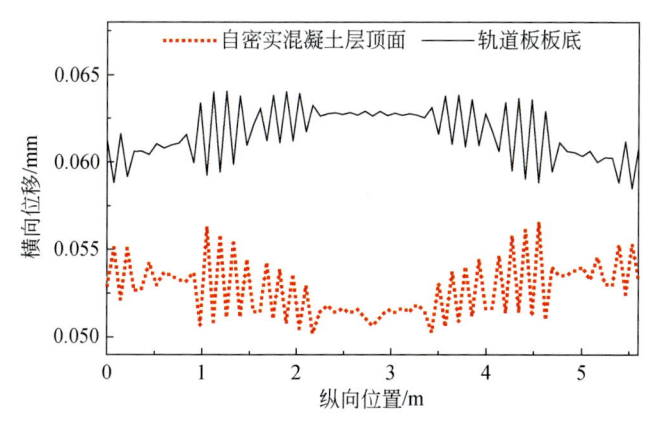

第 5 章　精细化分析方法在无砟轨道检算中的应用

图 5.77　负温度梯度荷载作用下自密实混凝土层顶面与轨道板板底侧边位置处横向位移分布（门型筋满布方案）

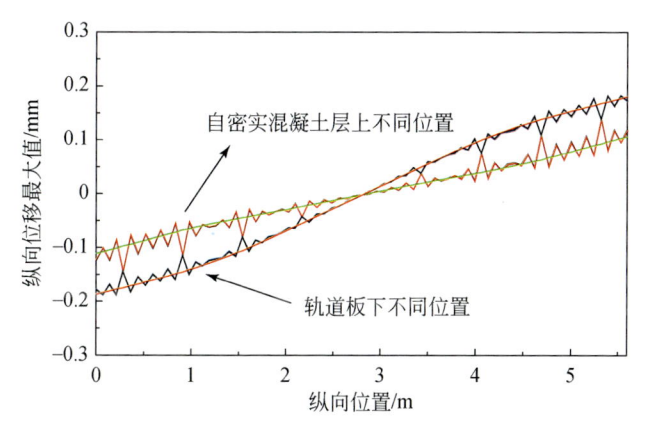

图 5.78　负温度梯度荷载作用下自密实混凝土层与轨道板不同位置纵向位移最大值对比（门型筋满布方案）

由图 5.78 可知，每个承轨台下都布置门型筋时，仍无法避免轨道板间的错动位移。仅在门型筋布置位置处，轨道板与自密实混凝土层无相对错动位移，且正温度梯度荷载作用下，板间位移错动量最大。选取正温度梯度荷载，无门型筋、板端布置门型筋和承轨台下满布门型筋三种情况下，自密实混凝土层与轨道板侧边中线处的纵向错动位移分布分别如图 5.79 和图 5.80 所示。由图 5.80 可以看出，层间错动位移在设置门型筋后有一定程度的减小，但减小幅度不大。其中满布门型筋较无门型筋时，层间纵向错动位移最大值降低 25% 左右。

图 5.81 和图 5.82 为整体升温荷载作用下不同门型筋设置方案下轨道板在门型筋位置处的纵向应力分布情况。由图 5.81 和图 5.82 可知，仅在板端设置门型筋时，轨道板应力集中过于明显，满布门型筋能够使轨道板在较大程度上均匀受

力。未布置门型筋时,最大纵向拉应力为 0.09MPa,最大切向应力为 0.01MPa;仅板端布置门型筋时,最大纵向拉应力为 1.19MPa,最大切向应力为 0.47MPa;满布门型筋时,最大纵向拉应力为 0.23MPa,最大切向应力为 0.14MPa。

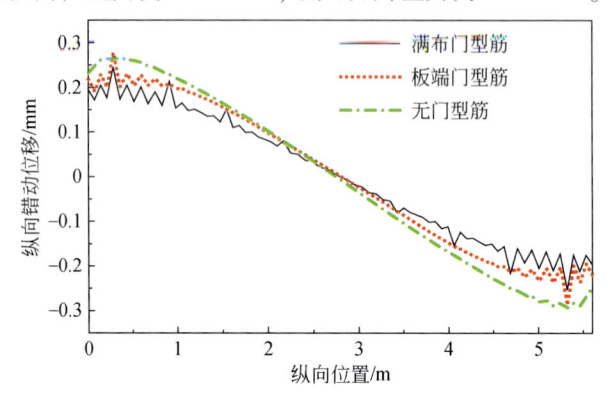

图 5.79 不同门型筋方案自密实混凝土层侧边与轨道板纵向错动位移分布

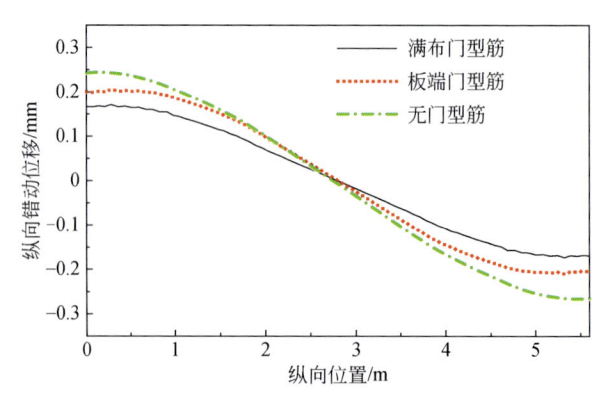

图 5.80 不同门型筋方案自密实混凝土层板中与轨道板纵向错动位移分布

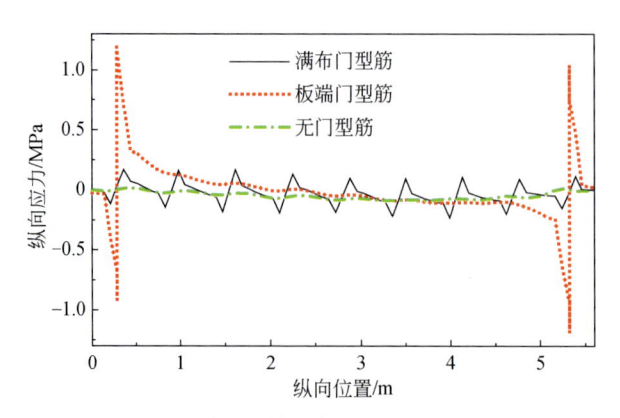

图 5.81 不同门型筋方案轨道板纵向应力分布

第 5 章　精细化分析方法在无砟轨道检算中的应用

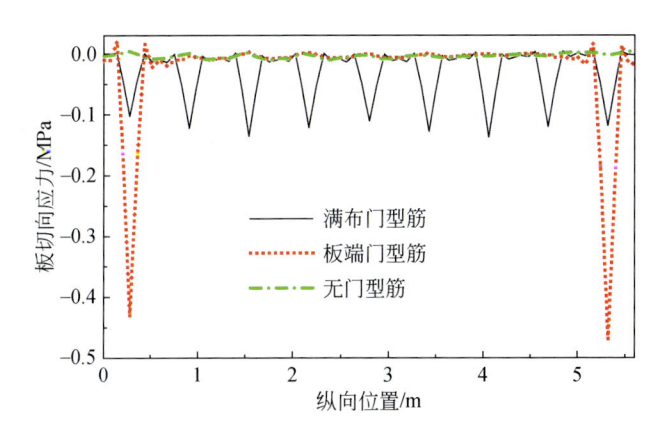

图 5.82　不同门型筋方案轨道板切向应力分布

综上所述，布置门型筋会带来板上纵向拉应力和切向应力在门型筋位置处的应力集中，而满布门型筋时应力集中得到明显改善，纵向拉应力由 1.19MPa 降低至 0.23MPa，降低了 81%，切向应力由 0.47MPa 降低至 0.14MPa，降低了 70%。因此，门型筋布置应避免只在板端设置门型筋，选择尽量满布门型筋。满布门型筋方案除进一步增强了复合板的整体性，也改善了应力集中的问题，更能满足无砟轨道的服役要求。

5.4.3　自密实混凝土层厚度减小对门型筋强度影响

出于经济性的考虑，希望自密实混凝土层厚度适当减小，此时需要计算门型筋强度是否满足要求以及受力变化情况。

当自密实混凝土层厚度降低时，其正温度梯度也相应改变，以自密实混凝土层厚度为 0.05m 为例，此时修正系数为 0.0795，最大正温度梯度仍为 95℃/m，对应轨道板最高升温 17.57℃。

由于厚度降低，考虑保护层厚度的限值要求，门型筋深入自密实混凝土层的长度为 0.3m，此时由混凝土自身剪切强度控制的抗拔力限值为 49.41kN，而由门型筋强度控制的抗拔力限值为 37.89kN，因此抗拔力仍由门型筋强度控制。自密实混凝土层间 0.09m 变为 0.05m 后，计算结果见表 5.18。

由表 5.18 可以得出以下结论：

（1）自密实混凝土层厚度降低之后，在正温度梯度荷载作用下板间错动位移有所减小，主要是因为温度梯度荷载有所减小，复合板的变形降低。而下部自密实混凝土层厚度降低，钢筋上拔力相应减小，钢筋剪力变化不明显。

表 5.18　自密实混凝土层厚度变化时门型筋受力计算结果对比

门型筋数	荷载工况	自密实混凝土层厚度/m	钢筋剪力/kN	板间最大错动位移/mm	钢筋上拔力/kN
44	制动力	0.05	2.323	0.0046	0.652
		0.09	2.351	0.0034	0.724
	横向力	0.05	1.301	0.029	1.696
		0.09	1.174	0.026	1.691
	正温度梯度	0.05	12.984	0.075	10.175
		0.09	12.983	0.084	11.558

（2）自密实混凝土层厚度降低之后，在横向力和制动力作用下钢筋切向应力以及板间错动位移均有增大趋势。钢筋的上拔力均较小，制动力作用下上拔力随厚度增大有所减小。

（3）自密实混凝土层厚度减小并且考虑保护层厚度之后，门型筋的抗剪和抗拔均在限值以内，符合设计要求。但综合考虑无砟轨道服役性能，应尽量不对自密实混凝土层进行减薄处理。

5.5　本章小结

本章主要对精细化分析方法在无砟轨道检算中的应用进行了阐述。通过对无砟轨道普通钢筋、预应力钢筋及特殊钢筋进行检算，主要结论如下：

（1）利用本书所建立的精细化分析方法，可突破传统配筋率检算的局限，从钢筋直径、数量等具体配筋参数对无砟轨道普通钢筋配置方案进行检算对比，并可结合已有的评价指标对配置方案进行进一步优化。在对 CRTSⅢ型板式无砟轨道的普通钢筋进行检算时发现，在满足配筋率要求时，选择较为均匀、密布的钢筋排布方案，并在轨下适当加密能够改善轨道板在不同环境下的受力状态。由检算结果可知，现有的普通钢筋配置方案较为合理。

（2）针对预应力轨道板结构，可利用精细化分析方法建立预应力配筋检算模型，实现预应力效应的真实模拟，并对其不同荷载组合下预应力效应进行检算。在对 CRTSⅢ型板式无砟轨道预应力钢筋进行检算时发现，预应力施加后轨道板纵横向预压效果明显；在车辆荷载、整体升降温荷载及温度梯度荷载作用下，轨道板中部均无拉应力产生，仅在负温度梯度荷载作用下轨道板板顶的板中位置应力接近0，其受力性能有很大改善。由检算结果可知，现有预应力钢筋配置方案较为合理。

（3）对于无砟轨道系统中存在的各类特殊钢筋，可利用精细化分析方法建立其细部模型，并针对其检算要求专门进行分析。以 CRTSⅢ型板式无砟轨道轨道板下门型筋为例进行检算,检算结果表明,门型筋的设置一方面可以提供足够的水平方向的阻力,另一方面由于其锚固作用提高了层间黏结性能,确保轨道板和自密实混凝土层之间不存在完全黏结失效问题,保证轨道结构不受破坏,因此建议保留门型筋。同时在布置门型筋时,应避免只在板端设置门型筋,尽量满布门型筋。满布门型筋方案除了进一步增强了复合板的整体性,也改善了应力集中的问题,更能满足无砟轨道服役要求。

综上所述,本书提出的精细化分析方法能够满足无砟轨道精细化检算的需求。

第6章 基于精细化分析方法的病害机理研究

我国高速铁路无砟轨道在运营初期出现了不同程度的病害,这不仅破坏了无砟轨道结构的完整性,影响了无砟轨道的正常服役性能,给工务人员带来了繁重的养护维修工作,严重时还将引发无砟轨道结构破坏及失效,危及行车安全。探明无砟轨道病害产生机理,掌握病害演变发展规律,对从源头上预防并高效整治线路病害至关重要。本章以 CRTS Ⅱ 型板式无砟轨道砂浆层离缝、轨道板上拱以及基础不均匀沉降下的基床表层离缝为例,通过建立精细化分析模型,对精细化分析方法在病害研究中的应用进行深入探索,对无砟轨道病害的产生机理及演变规律进行细致的研究,以期为无砟轨道病害整治及结构设计优化提供理论依据。

6.1 无砟轨道砂浆层离缝病害研究

CRTS Ⅱ 型板式无砟轨道是我国高速铁路主要采用的一种纵连板式无砟轨道结构形式,已在京沪、京石武、宁杭、津秦、沪杭、合蚌、杭甬和杭长等10余条设计时速350km的高速铁路上大规模应用。截至2017年底,CRTS Ⅱ 型板式无砟轨道正线总里程为4852km,占高速铁路无砟轨道线路总里程的近20%。然而,在运营过程中发现,CRTS Ⅱ 型板式无砟轨道在高温季节出现了大范围的 CA 砂浆层离缝现象。

以某高速铁路现场调研为例,在某年夏季持续异常高温情况下,该高速铁路南段 CRTS Ⅱ 型板式无砟轨道便发现层间离缝共计141处,个别离缝区域最大离缝高度达到10mm以上,层间离缝的产生影响了高速列车的正常运营,使得部分线路不得不进行限速处理,以至于列车大面积晚点。

目前引起层间离缝较为公认的原因是轨道结构层温度荷载效应,而造成层间离缝持续发展的主要原因则归结为由温度梯度所引起轨道板的翘曲变形[68,69]。本节通过建立层间离缝精细化分析模型,研究不同黏结强度(0.1~3.0MPa)下层间离缝随轨道板正负温度梯度变化的产生及演变机理;研究砂浆层离缝对车辆、轨道动力学响应的影响规律,并探讨离缝状态下的列车安全运营速度。

6.1.1 砂浆层离缝产生及演变机理分析

1. 负温度梯度下层间离缝产生及演变机理分析

在负温度梯度下层间离缝产生及演变机理分析中,除根据《高速铁路设计规

第6章 基于精细化分析方法的病害机理研究

范》(TB 10621—2014)[26]推荐的负温度梯度45℃/m以外,为了研究温度梯度荷载与砂浆层间黏结强度对层间起裂、发展直至贯通过程的共同影响,需要结合极端不利情况进行分析,这里假定负温度梯度计算范围为0~100℃/m。此外,值得说明的是,建模时假定砂浆层施工质量较好,层间充填饱满。

假定层间不产生破坏,在负温度梯度100℃/m下,砂浆层顶面的垂向应力、横向应力及轨道板与砂浆层黏结面上的切向应力分析结果如图6.1所示。由图可知,在轨道板负温度梯度100℃/m下,砂浆层顶面垂向受拉最为明显,拉应力最大值为2.5MPa左右,由此可认为在层间黏结强度≥3MPa时层间不会产生离缝。

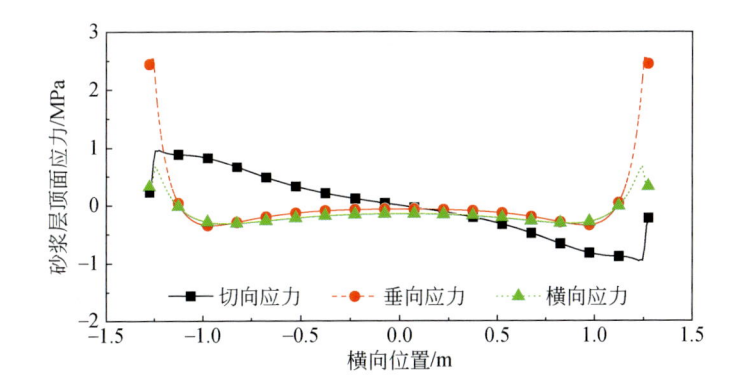

图6.1 层间无破坏时砂浆层顶面应力分布(负温度梯度100℃/m)

假定层间黏结完全破坏,在负温度梯度100℃/m下,轨道变形如图6.2所示。由图可知,在负温度梯度100℃/m下,轨道板与砂浆层间离缝高度最大值发生在轨道板侧边位置处,最大翘曲变形量在0.75mm左右。由此估算当层间黏结强度较小时,轨道板有可能产生贯通离缝,其翘曲变形量应不大于0.75mm。

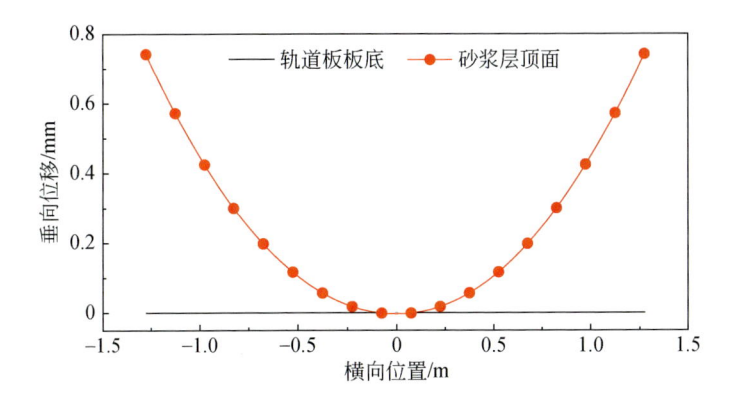

图6.2 层间无黏结时轨道板板底及砂浆层顶面垂向位移(负温度梯度100℃/m)

1)离缝发展趋势分析

不同黏结强度下,层间应力及离缝随负温度梯度变化的发展云图如图 6.3 ~ 图 6.7 所示。

(a) 负温度梯度25℃/m

(b) 负温度梯度50℃/m

(c) 负温度梯度75℃/m

(d) 负温度梯度100℃/m

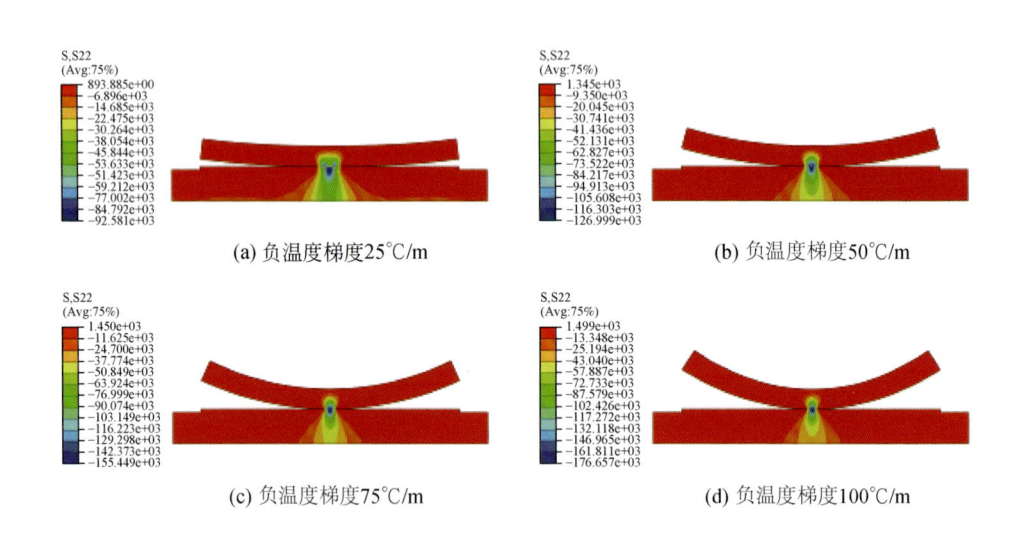

图 6.3　黏结强度 0.1MPa 情况下轨道板离缝发展过程(单位:Pa)

(a) 负温度梯度25℃/m

(b) 负温度梯度50℃/m

(c) 负温度梯度75℃/m

(d) 负温度梯度100℃/m

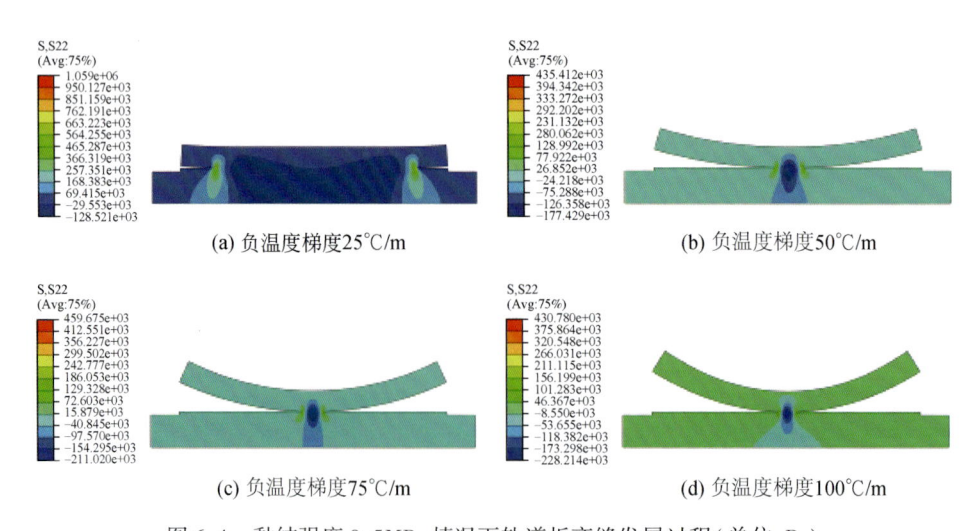

图 6.4　黏结强度 0.5MPa 情况下轨道板离缝发展过程(单位:Pa)

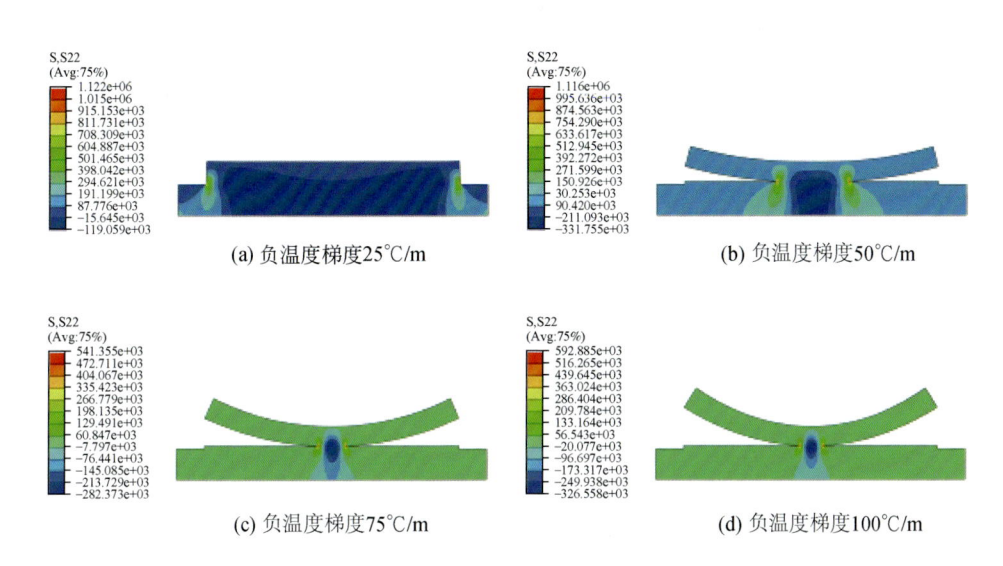

第 6 章　基于精细化分析方法的病害机理研究

(a) 负温度梯度25℃/m　　　(b) 负温度梯度50℃/m

(c) 负温度梯度75℃/m　　　(d) 负温度梯度100℃/m

图 6.5　黏结强度 1.0MPa 情况下轨道板离缝发展过程（单位：Pa）

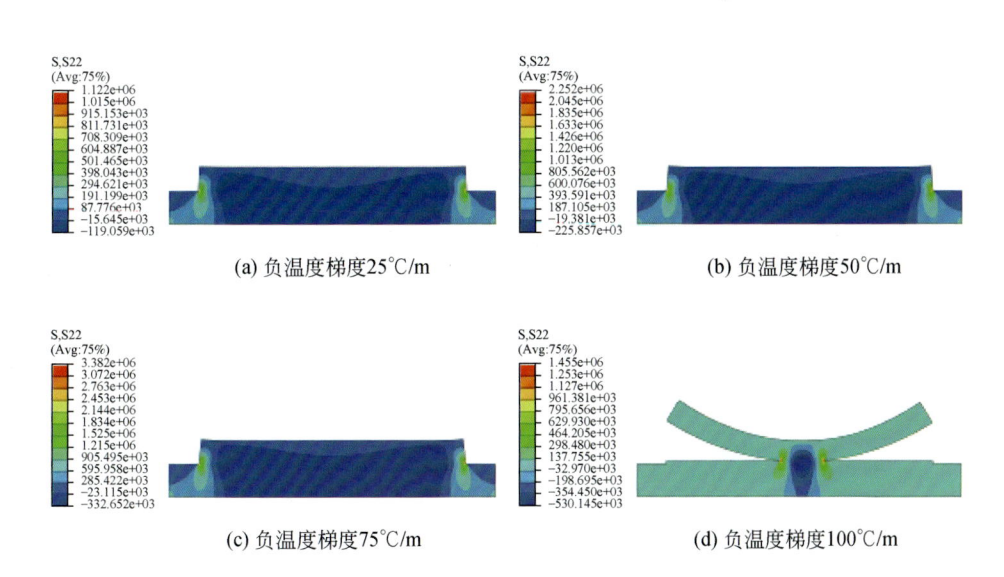

(a) 负温度梯度25℃/m　　　(b) 负温度梯度50℃/m

(c) 负温度梯度75℃/m　　　(d) 负温度梯度100℃/m

图 6.6　黏结强度 2.0MPa 情况下轨道板离缝发展过程（单位：Pa）

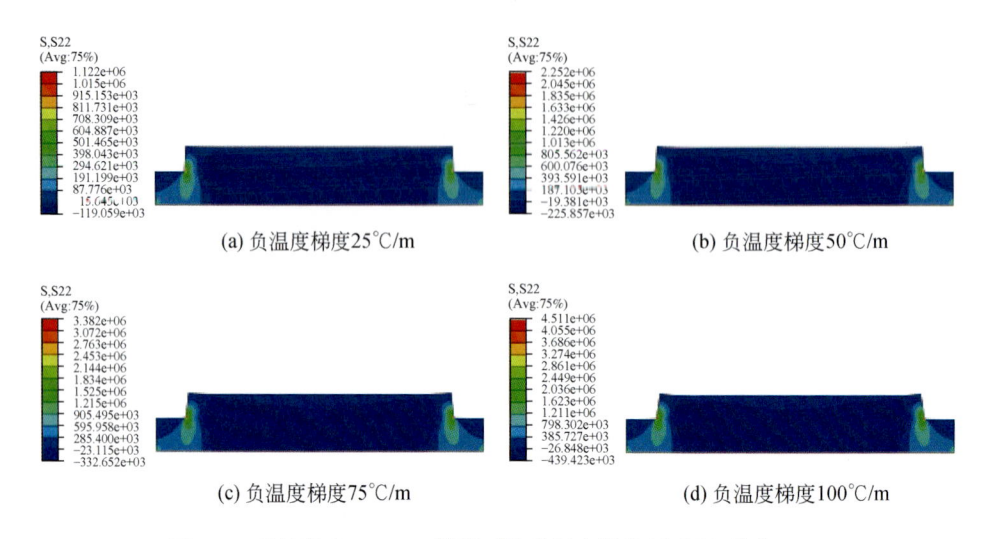

(a) 负温度梯度25℃/m   (b) 负温度梯度50℃/m

(c) 负温度梯度75℃/m   (d) 负温度梯度100℃/m

图6.7　黏结强度3.0MPa情况下轨道板离缝发展过程(单位:Pa)

不同黏结强度下,轨道板-砂浆层黏结面不同位置处的离缝高度随负温度梯度的变化而变化,以轨道板横向端部位置作为坐标系参考零点,离缝高度-负温度梯度变化云图如图6.8所示。其中白色部分代表层间黏结无破坏。

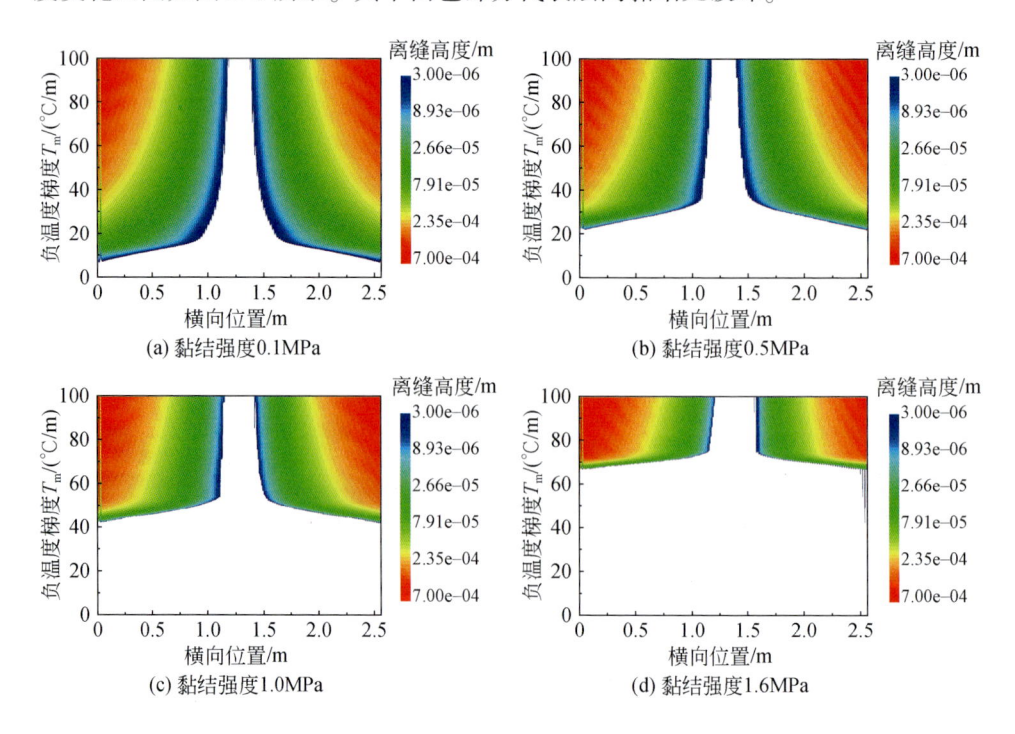

(a) 黏结强度0.1MPa   (b) 黏结强度0.5MPa

(c) 黏结强度1.0MPa   (d) 黏结强度1.6MPa

第6章 基于精细化分析方法的病害机理研究

(e) 黏结强度2.0MPa

(f) 黏结强度2.5MPa

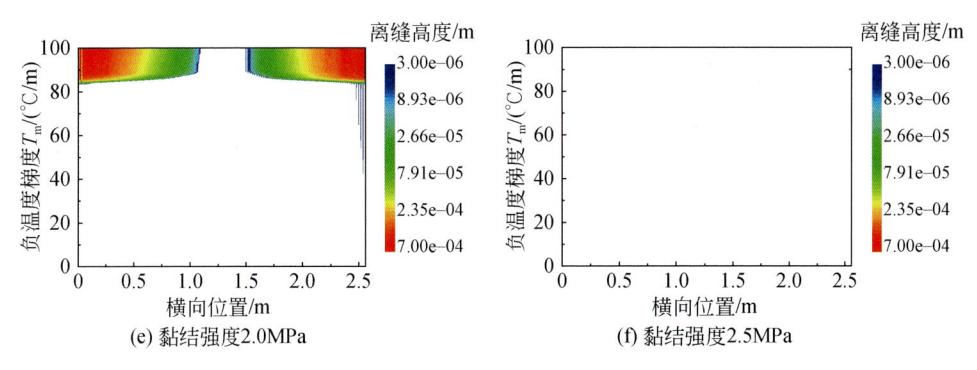

图6.8 不同黏结强度下离缝高度-负温度梯度变化云图

如图6.8(a)所示,当黏结强度为0.1MPa,负温度梯度较小时层间产生的离缝即接近贯通;如图6.8(a)~(e)所示,当黏结强度在0.1~2.0MPa,负温度梯度达到100℃/m时,黏结层均产生较大范围的离缝;而如图6.8(f)所示,当黏结强度为2.5MPa,负温度梯度达到100℃/m时,层间无明显离缝产生,与前面所估算的离缝发展时机基本吻合。

图6.9为负温度梯度为100℃/m时不同黏结强度下轨道板板底垂向位移的分布情况。从图中可以看出,黏结强度为0.1~1.0MPa时,负温度梯度在100℃/m时层间离缝发展较为完全,轨道板垂向翘曲变形量基本一致,最大翘曲变形量在0.75mm左右,与前面无黏结工况在同等荷载下得出的翘曲变形量基本吻合。当黏结强度在2.0MPa时,翘曲变形量稍小,最大翘曲变形量在0.68mm左右。可以看出,板中位置处仍有小部分区域存在一定的黏结,此时离缝尚未贯通。

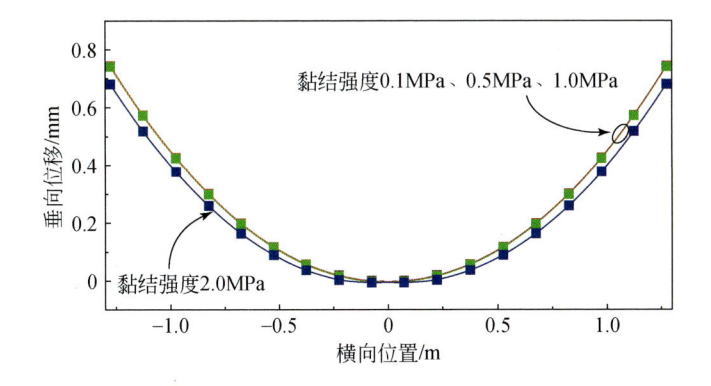

图6.9 不同黏结强度下轨道板板底垂向位移分布(负温度梯度100℃/m)

2) 离缝发展指标分析

本节参考了离缝产生过程中的离缝开口量(crack mouth opening distance,

CMOD)、离缝扩展深度（crack extension depth，CED）、起裂温度梯度以及离缝净空面积（crack interspace area，CIA）等指标[128,129]，通过分析这些指标与层间黏结强度及温度梯度之间的关系，对负温度梯度下层间离缝发展及演变规律进行阐述。

负温度梯度下 CMOD 和 CED 示意图如图 6.10 所示。CMOD 为轨道板翘曲后端部层间离缝开口量，CED 为翘曲后离缝横向扩展深度。在后面的分析中，只取 CMOD、CED 等指标的最大值进行对比，后续不再赘述。CIA 计算示意图如图 6.11 所示，阴影部分面积即为 CIA 数值，CIA 指标与轨道板宽度的比值即为轨道板下平均离缝宽度。

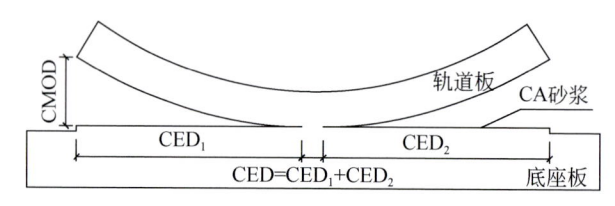

图 6.10 负温度梯度下 CMOD 和 CED 计算示意图

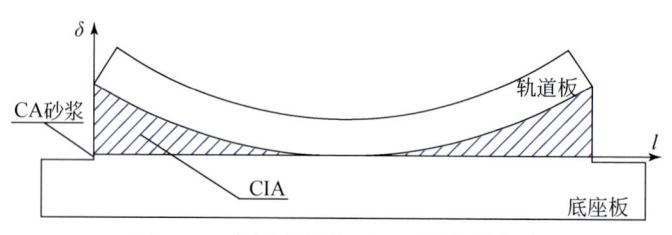

图 6.11 负温度梯度下 CIA 计算示意图

(1) CMOD 与 CED 分析。

不同黏结强度下，CMOD 和 CED 随负温度梯度变化情况如图 6.12 和图 6.13 所示。为表述方便，此处将负温度梯度记为 T_m。

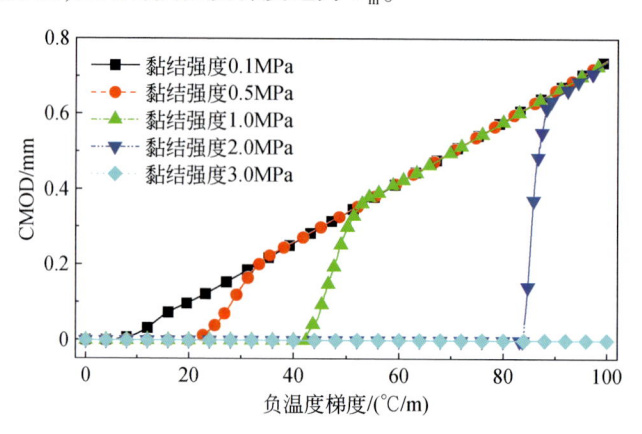

图 6.12 不同黏结强度下 CMOD 随负温度梯度变化情况

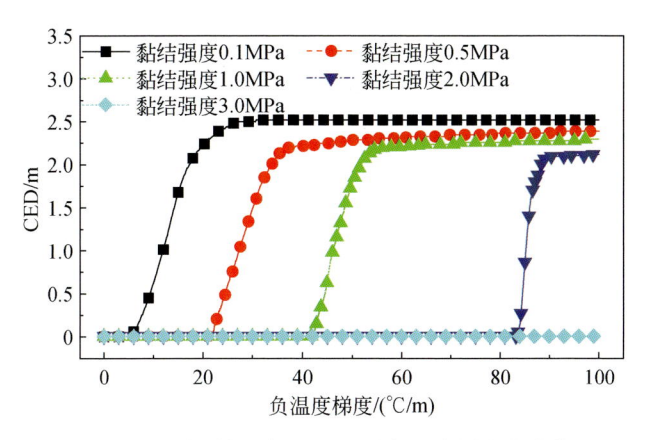

图6.13 不同黏结强度下CED随负温度梯度变化情况

由图6.12和图6.13可知,负温度梯度荷载作用下,层间破坏形式主要为Ⅰ型裂纹(张开型),离缝开口量及离缝扩展深度与层间黏结强度间呈较为明显的非线性关系。可以看出,在某一负温度梯度时CMOD及CED同时出现非零值,表示离缝开始产生,记此时对应的温度梯度为起裂温度梯度T_{m0},负温度梯度继续增加,离缝开口量及离缝扩展深度急剧增加,直至离缝扩展至贯通,记此时对应温度梯度为贯通温度梯度T_{m1},此后CMOD与负温度梯度间呈线性增长趋势。不同黏结强度下,在离缝完全贯通后CMOD曲线斜率基本一致,其原因在于层间黏结完全破坏后黏结阻力消失,轨道板变形仅受温度梯度的影响。

离缝扩展深度在温度达到贯通温度梯度T_{m1}后基本保持不变。由云图可知,由于上部轨道结构自重的存在,在负温度梯度下轨道板中部位置处不易发生离缝,仍存在一定范围的黏结区。

以层间黏结强度1.0MPa为例,离缝开口量和离缝扩展深度随负温度梯度发展而演变的过程可简化为图6.14和图6.15。

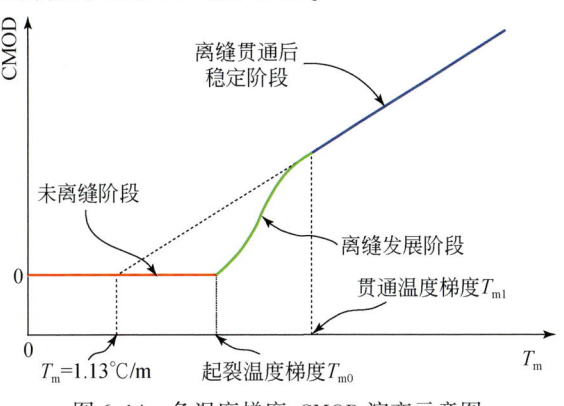

图6.14 负温度梯度-CMOD演变示意图

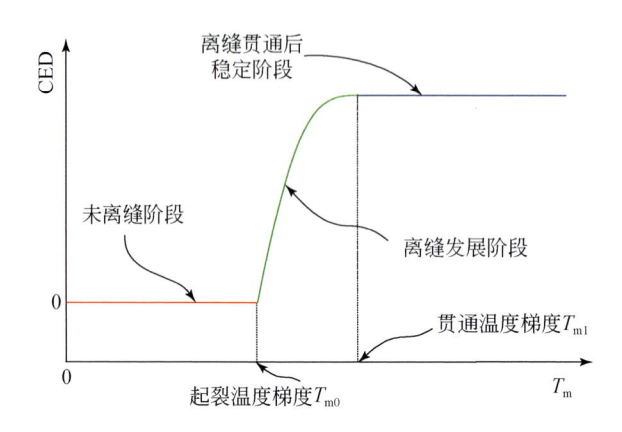

图 6.15　负温度梯度-CED 演变示意图

起裂温度梯度 T_{m0} 和贯通温度梯度 T_{m1} 与黏结强度相关，随着黏结强度的增加，T_{m0} 和 T_{m1} 也相应有所增加。图 6.14 中离缝贯通后负温度梯度-CMOD 呈线性变化，其延长线在负温度梯度轴上的截距在 1.13℃/m 左右，表示在自重荷载下，层间无黏结时，在负温度梯度达到 1.13℃/m 层间即开始产生离缝。在负温度梯度下，不同黏结强度对应起裂温度梯度以及极端温度梯度条件下离缝开口量和离缝扩展深度汇总表见表 6.1。

表 6.1　负温度梯度下离缝开口量和离缝扩展深度汇总表

黏结强度 /MPa	起裂温度梯度 /(℃/m)	负温度梯度 45℃/m 离缝开口量/mm	负温度梯度 45℃/m 离缝扩展深度/m	负温度梯度 100℃/m 离缝开口量/mm	负温度梯度 100℃/m 离缝扩展深度/m
0.1	5.400	0.297	2.52	0.744	2.52
0.2	9.525	0.299	2.42	0.744	2.44
0.3	13.637	0.300	2.32	0.744	2.40
0.4	17.638	0.299	2.28	0.744	2.40
0.5	21.525	0.298	2.24	0.744	2.38
0.6	25.525	0.298	2.22	0.744	2.36
0.7	29.688	0.298	2.19	0.744	2.35
0.8	33.691	0.290	2.05	0.744	2.33
0.9	38.032	0.277	1.73	0.743	2.31
1.0	42.127	0.081	0.65	0.742	2.29
1.2	50.199	0	0	0.740	2.24
1.6	66.800	0	0	0.735	2.17

续表

黏结强度/MPa	起裂温度梯度/(℃/m)	负温度梯度45℃/m 离缝开口量/mm	负温度梯度45℃/m 离缝扩展深度/m	负温度梯度100℃/m 离缝开口量/mm	负温度梯度100℃/m 离缝扩展深度/m
2.0	83.370	0	0	0.739	2.11
2.5	>100	0	0	0	0
3.0	>100	0	0	0	0

从表6.1中数据可以看出,黏结强度对起裂温度梯度有较大的影响,离缝开口量和离缝扩展深度也随着黏结强度的不同有明显的区别。图6.16为起裂温度梯度随黏结强度的变化情况。

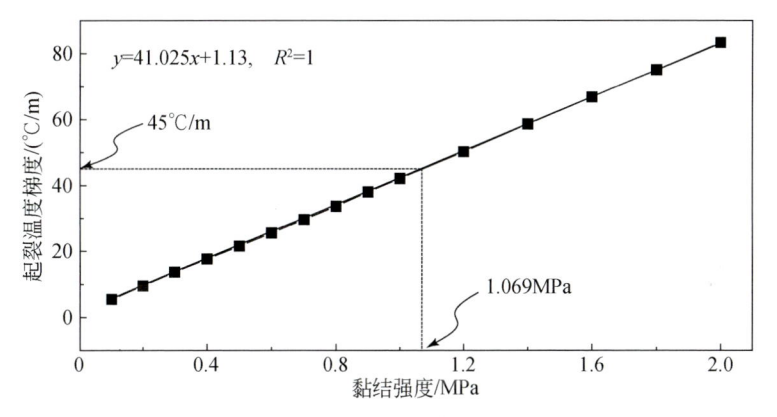

图 6.16 起裂温度梯度随黏结强度的变化情况

通过图6.16可以看出,在负温度梯度下,起裂温度梯度与黏结强度间基本呈线性关系,可拟合为如下方程:

$$T_{m0} = 41.025 f_t + 1.13 \tag{6.1}$$

式中,T_{m0}为初始离缝发生时轨道板负温度梯度,℃/m;f_t为黏结强度,MPa。

由式(6.1)可得,在$f_t=0$时,$T_{m0}=1.13$℃/m,此时的起裂温度梯度表示在重力荷载作用下,当层间无黏结,负温度梯度在1.13℃/m时,层间会产生离缝现象。此值与图6.14中负温度梯度-CMOD曲线在负温度梯度轴上截距一致。

由图6.16还可以得出,层间黏结强度在1.069MPa以上时,起裂温度梯度在45℃/m以上。由此可知,考虑设计推荐的负温度梯度45℃/m,在层间黏结设计时,需将轨道板与CA砂浆间黏结强度设计值控制在1.069MPa以上。

图6.17和图6.18为负温度梯度100℃/m时不同黏结强度对应CMOD、CED的分布情况。可以看出,此时CMOD、CED与黏结强度之间存在较为明显的非线性关系。在100℃/m负温度梯度下,当黏结强度在0～2MPa范围内增加时,离缝基

本已扩展至轨道板中部而不再发展;在 2~2.5MPa 增加时,CMOD 和 CED 有较大幅度的降低;当层间黏结强度大于 2.5MPa 时,CMOD 和 CED 为零,层间无离缝产生。

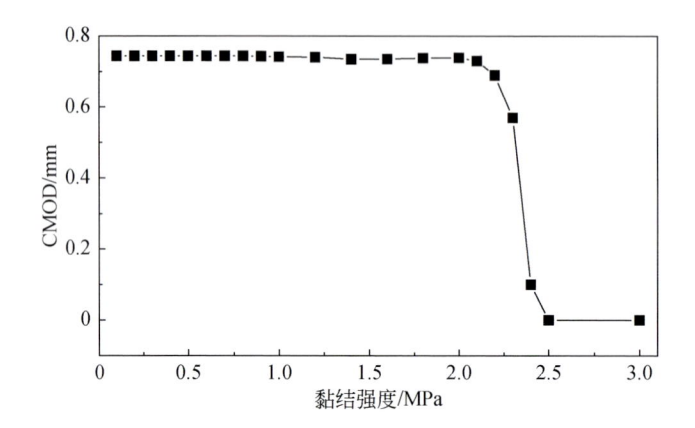

图 6.17　CMOD 与黏结强度的关系曲线(负温度梯度 100℃/m)

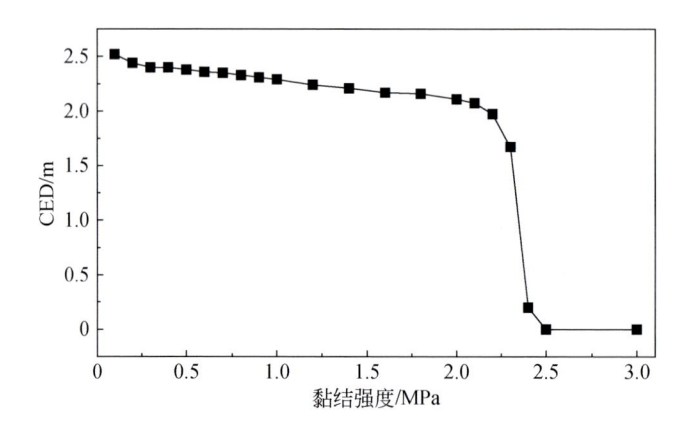

图 6.18　CED 与黏结强度的关系曲线(负温度梯度 100℃/m)

图 6.19 为 CMOD 和 CED 之间的对应关系。由图 6.19 可知,不同黏结强度下相同 CMOD 对应的 CED 有较大的差异。在黏结强度较小时,相同 CMOD 对应的 CED 较大,黏结强度较大时对应离缝扩展深度较小。以离缝开口量 0.1mm 为例,黏结强度在 0.1MPa 时离缝扩展深度为 2.23m,黏结强度在 2.0MPa 时离缝扩展深度仅为 0.48m。

轨道板与砂浆层在长期服役过程中会出现完全脱离的情况。故在养护维修工作中,对负温度梯度下裂纹扩展深度进行估算时,可近似采用黏结强度较小时的

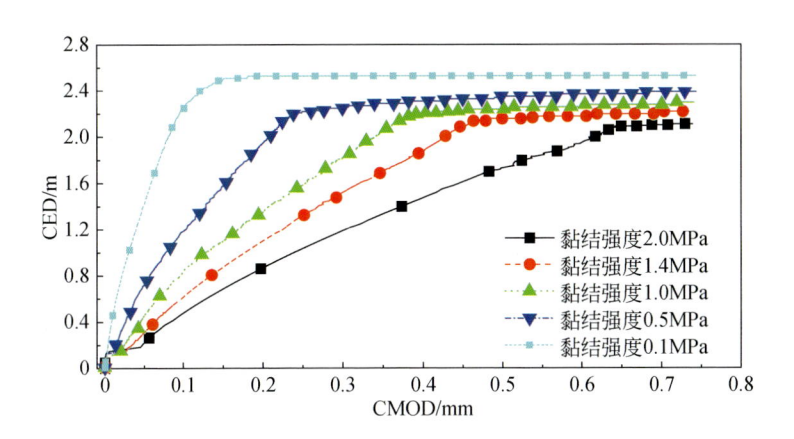

第6章 基于精细化分析方法的病害机理研究

图 6.19 不同黏结强度下 CMOD 与 CED 之间的关系

CMOD-CED 曲线,通过 CMOD 的测量结果对 CED 进行估计。

(2) CIA 分析。

不同黏结强度下 CIA 发展情况如图 6.20 所示。由图可知,在层间无破坏的情况下,CIA 为 0;在负温度梯度达到 T_{m0} 时,CIA 指标急剧增加;在达到贯通温度梯度 T_{m1} 后,CIA 随负温度梯度的增加呈线性增加趋势。从不同黏结强度下 CIA-负温度梯度发展曲线对比可以得出,黏结强度越大,离缝破坏过程越迅速。在负温度梯度到达 T_{m1} 后,不同黏结强度下的 CIA-T_m 曲线基本重合,此时 CIA 仅与负温度梯度相关,可用式(6.2)进行估算:

$$CIA = 6.81T_m - 70.5 \tag{6.2}$$

式中,T_m 为轨道板负温度梯度,℃/m,$T_m > T_{m1}$;CIA 为离缝净空面积,mm²。

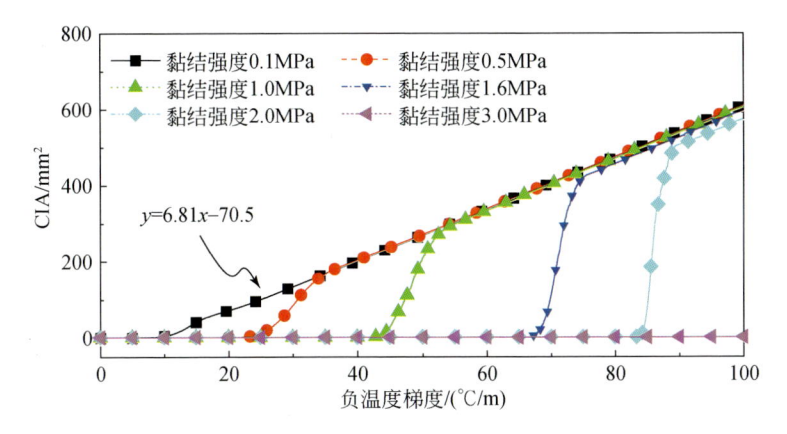

图 6.20 不同黏结强度下 CIA 与负温度梯度之间的关系

2. 正温度梯度下层间离缝产生及演变机理分析

在正温度梯度下层间离缝产生及演变机理分析中，在加载时主要考虑《高速铁路设计规范》(TB 10621—2014)推荐的正温度梯度 95℃/m，另外，基于与负温度梯度分析取值同样的理由，这里假定正温度梯度计算值范围为 0～200℃/m。

假定层间不产生破坏，在正温度梯度 200℃/m 下，砂浆层顶面的垂向应力、横向应力以及轨道板-砂浆层黏结面的切向应力分析结果如图 6.21 所示。由图可以看出，在正温度梯度 200℃/m 下，黏结面切向拉应力水平最高，切向拉应力最大值为 2MPa 左右，由此估算在黏结强度≥2MPa 时层间不会产生离缝。

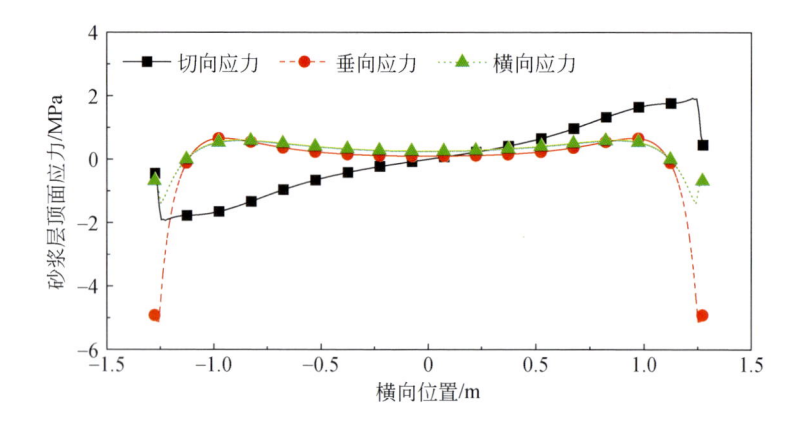

图 6.21　层间无破坏时砂浆层顶面应力分布(正温度梯度 200℃/m)

假定层间黏结完全破坏，在正温度梯度 200℃/m 下，轨道变形如图 6.22 所示。由图可以看出，在正温度梯度 200℃/m 下，轨道板与砂浆层间离缝高度最大值出现

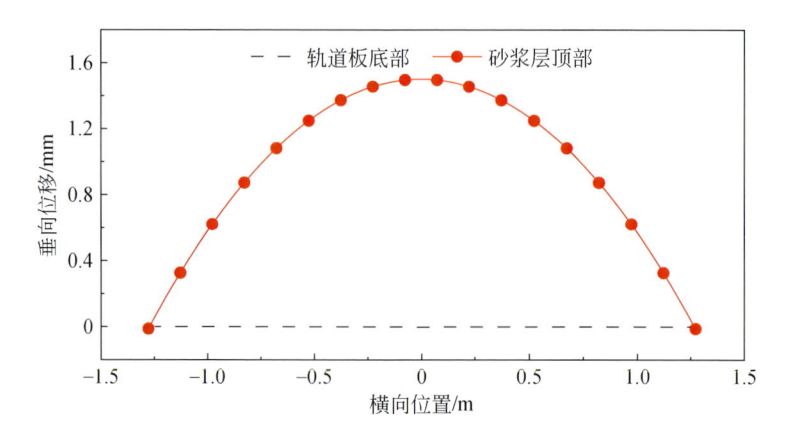

图 6.22　层间无黏结时轨道板板底及砂浆层顶面垂向位移(正温度梯度 200℃/m)

第 6 章　基于精细化分析方法的病害机理研究

在板中位置,最大翘曲变形量在 1.5mm 左右,由此估算在层间黏结强度较小时,轨道板若产生贯通离缝,其翘曲变形量应在 1.5mm 左右。

1)离缝发展趋势分析

不同黏结强度下,层间应力及离缝随正温度梯度变化的发展云图如图 6.23～图 6.27 所示。

(a) 正温度梯度50℃/m

(b) 正温度梯度100℃/m

(c) 正温度梯度150℃/m

(d) 正温度梯度200℃/m

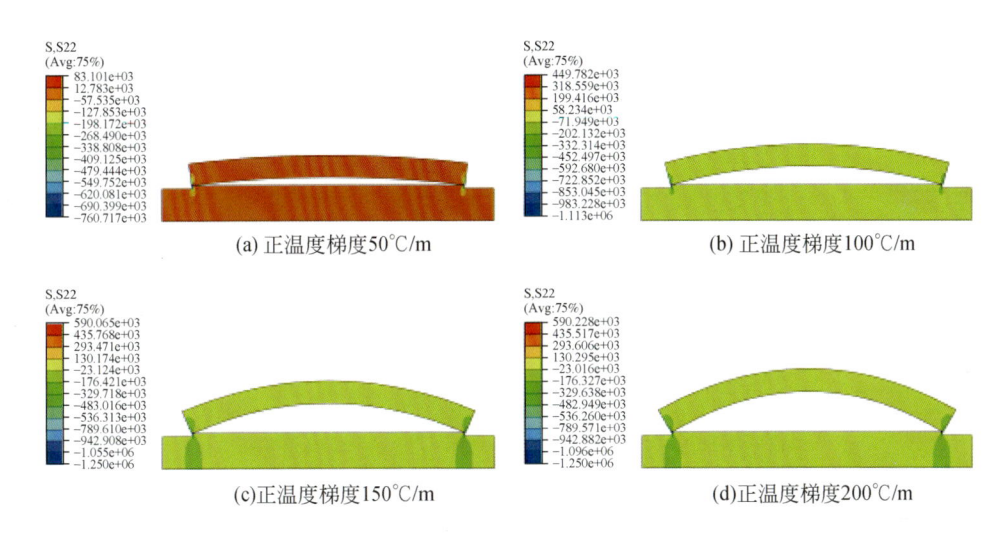

图 6.23　黏结强度 0.1MPa 情况下轨道板离缝发展过程(单位:Pa)

(a) 正温度梯度50℃/m

(b) 正温度梯度100℃/m

(c) 正温度梯度150℃/m

(d) 正温度梯度200℃/m

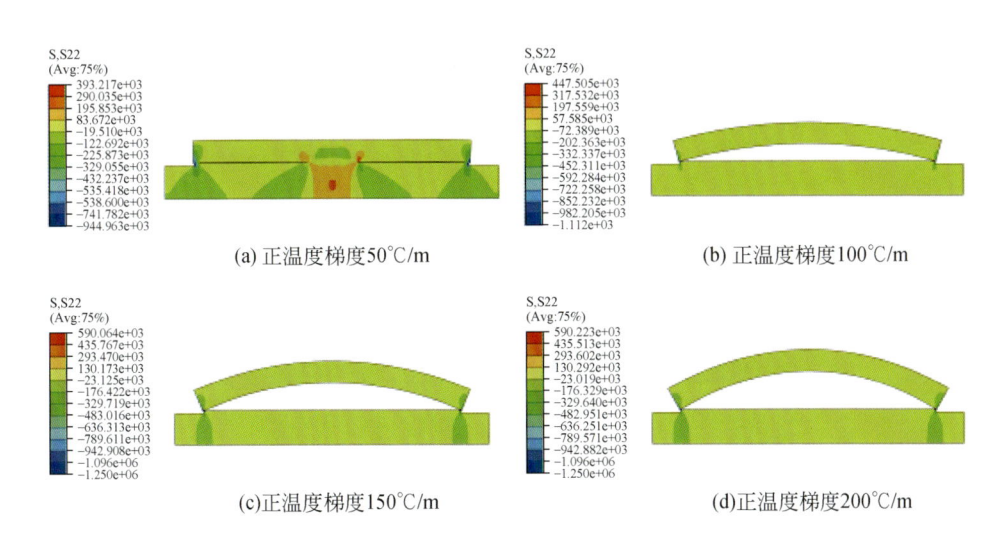

图 6.24　黏结强度 0.5MPa 情况下轨道板离缝发展过程(单位:Pa)

(a) 正温度梯度50℃/m

(b) 正温度梯度100℃/m

(c) 正温度梯度150℃/m

(d) 正温度梯度200℃/m

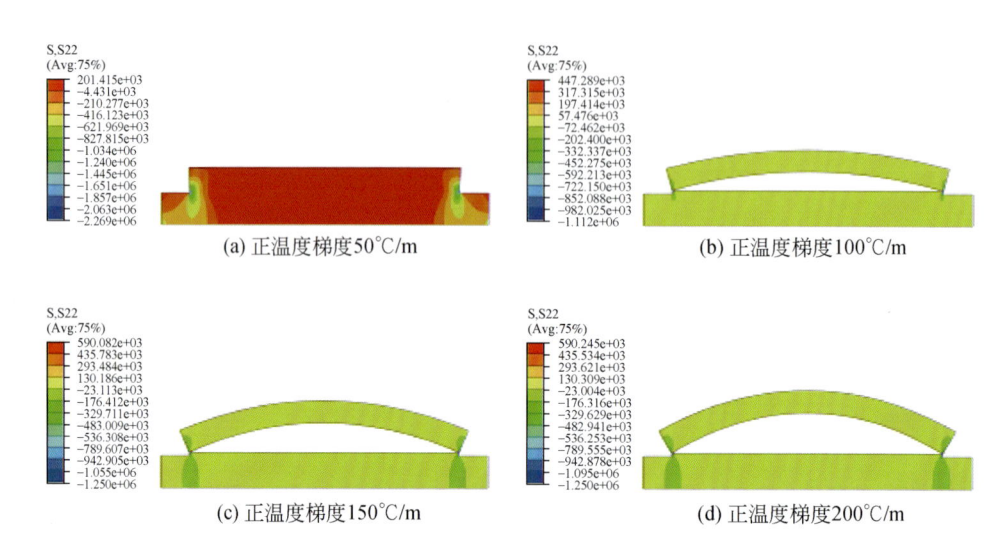

图6.25　黏结强度1.0MPa情况下轨道板离缝发展过程(单位:Pa)

(a) 正温度梯度50℃/m

(b) 正温度梯度100℃/m

(c) 正温度梯度150℃/m

(d) 正温度梯度200℃/m

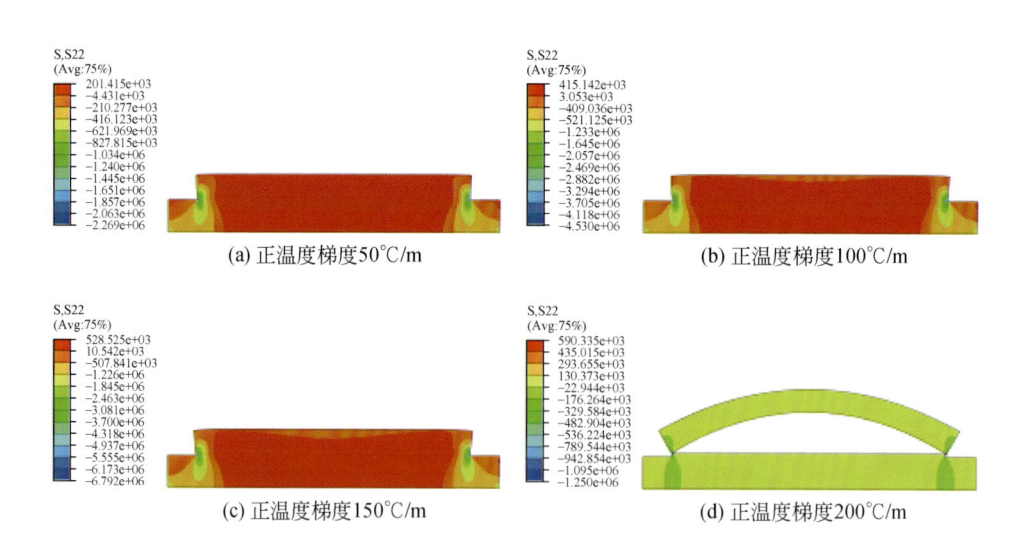

图6.26　黏结强度2.0MPa情况下轨道板离缝发展过程(单位:Pa)

第 6 章 基于精细化分析方法的病害机理研究

(a) 正温度梯度50℃/m

(b) 正温度梯度100℃/m

(c) 正温度梯度150℃/m

(d) 正温度梯度200℃/m

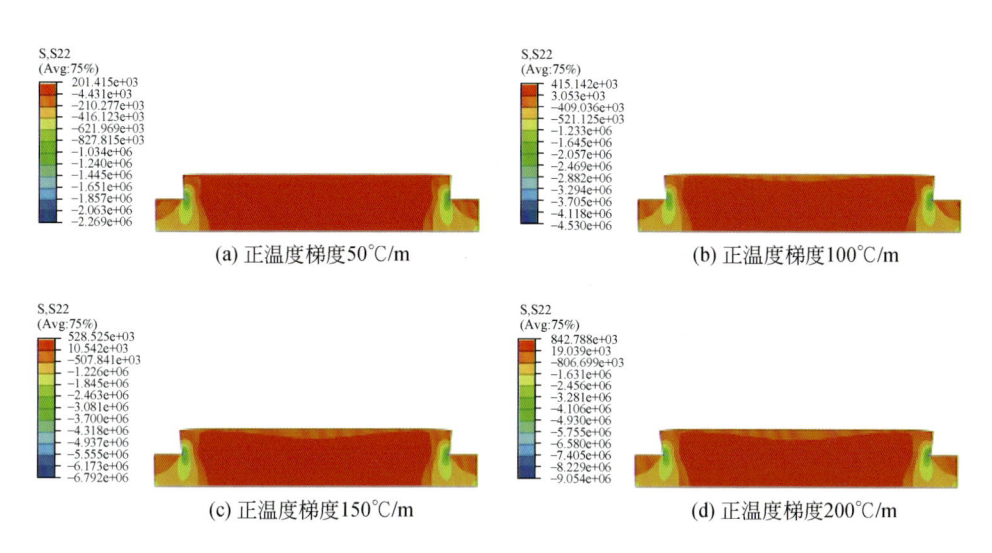

图 6.27 黏结强度 3.0MPa 情况下轨道板离缝发展过程(单位:Pa)

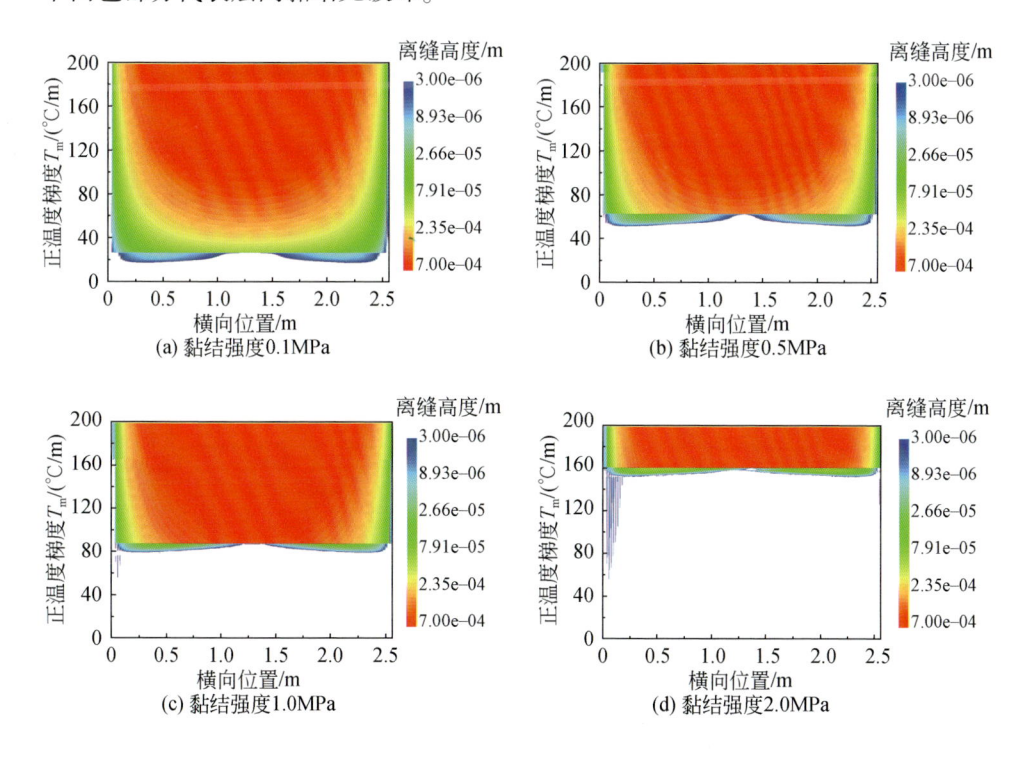

不同黏结强度下,接触面不同位置处的离缝高度随正温度梯度变化而变化,以轨道板横向端部位置作为坐标系参考零点,离缝高度变化云图如图 6.28 所示,其中白色部分代表层间黏结无破坏。

(a) 黏结强度0.1MPa

(b) 黏结强度0.5MPa

(c) 黏结强度1.0MPa

(d) 黏结强度2.0MPa

(e) 黏结强度2.5MPa　　　　　　　　(f) 黏结强度3.0MPa

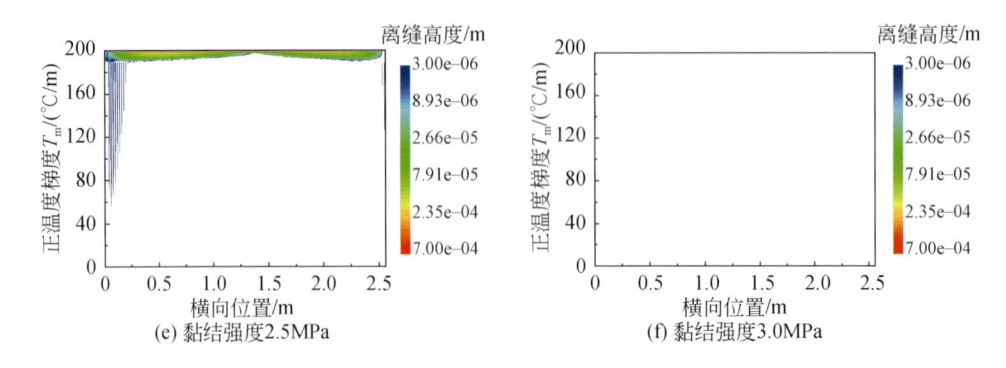

图 6.28　不同黏结强度下离缝高度-正温度梯度变化云图

由图 6.28(a)~(e)可知,层间黏结强度在 0.1~2.5MPa 范围内,正温度梯度达到 200℃/m 时,层间均产生整体离缝;由图 6.28(f)可知,当层间黏结强度在 3.0MPa 及以上,正温度梯度达到 200℃/m 时层间无离缝产生,这与前面所估算的离缝发展时机基本吻合。

图 6.29 为正温度梯度 200℃/m 时不同黏结强度下轨道板板底垂向位移的分布情况。由图可知,黏结强度在 0.1~2.5MPa 时,正温度梯度在 200℃/m 时层间已发生整体离缝,轨道板垂向翘曲变形量基本一致,最大翘曲变形量在 1.5mm 左右,与前面无黏结工况在同等荷载下所得出的翘曲变形量基本吻合。当黏结强度≥3.0MPa 时,翘曲变形量稍小,基本为 0,表明层间黏结无破坏。

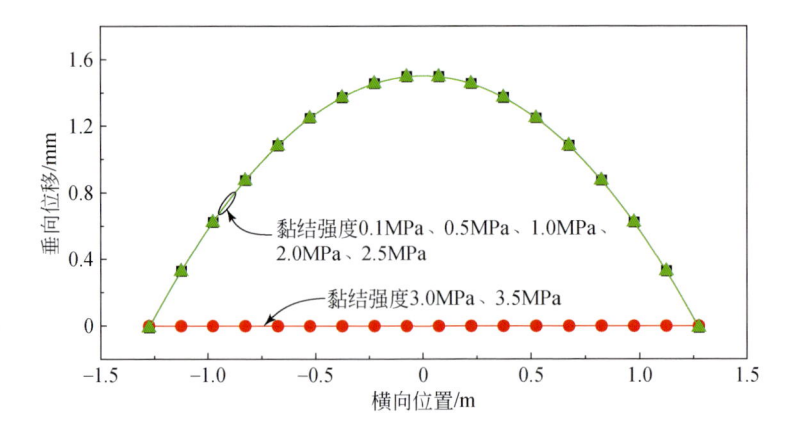

图 6.29　不同黏结强度下轨道板板底垂向位移分布(正温度梯度 200℃/m)

2)离缝发展指标分析

从正温度梯度下轨道板与砂浆层间离缝状况的发展云图可以看出,正温度梯度下,其离缝最初产生位置在距离边缘 0.2m 左右处,并向板中和侧边延伸,如

图 6.30 所示。

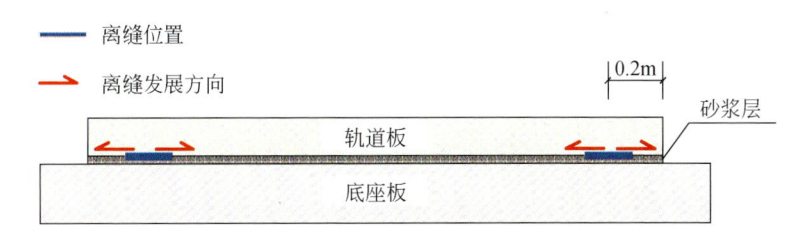

图 6.30　离缝横向发展演变过程

图 6.31 为轨道板与砂浆层黏结强度为 1.0MPa 情况下离缝发展过程中,起裂温度梯度到贯通温度梯度间垂向拉应力的云图演变过程。图中 T_m 为正温度梯度,由图可知,在正温度梯度下,接触面上边缘位置处首先产生破坏,直至破坏延伸至内部横向 0.2m 左右,层间开始产生离缝,并逐渐向轨道核心和边缘位置同时延伸,直至核心位置完全破坏后,轨道板开始拱起。结果表明,由离缝开始至贯穿,温度梯度仅增加 12℃/m 左右。

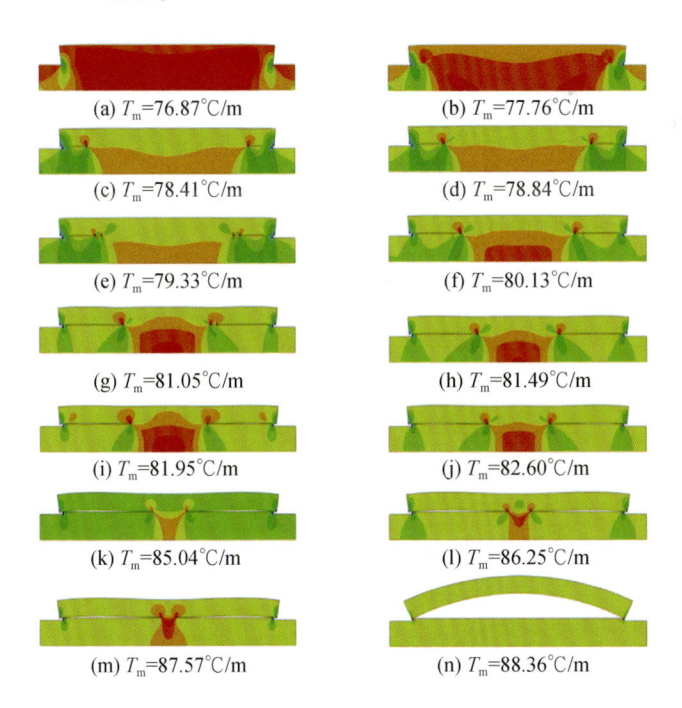

(a) T_m=76.87℃/m
(b) T_m=77.76℃/m
(c) T_m=78.41℃/m
(d) T_m=78.84℃/m
(e) T_m=79.33℃/m
(f) T_m=80.13℃/m
(g) T_m=81.05℃/m
(h) T_m=81.49℃/m
(i) T_m=81.95℃/m
(j) T_m=82.60℃/m
(k) T_m=85.04℃/m
(l) T_m=86.25℃/m
(m) T_m=87.57℃/m
(n) T_m=88.36℃/m

图 6.31　离缝发展过程垂向拉应力云图(黏结强度 1.0MPa)

由于端部无离缝产生,故采用轨道板中离缝曲线顶点的离缝开口量(crack

peak opening distance,CPOD)代替 CMOD 进行分析,并同样采用 CED 和 CIA 进行离缝演变分析[128,129]。具体 CPOD、CED 和 CIA 指标计算如图 6.32 和图 6.33 所示。在后面的分析中同样以各指标最大值作为分析对象。

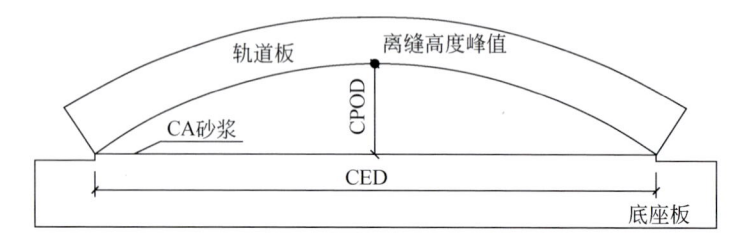

图 6.32　正温度梯度下 CPOD 和 CED 计算示意图

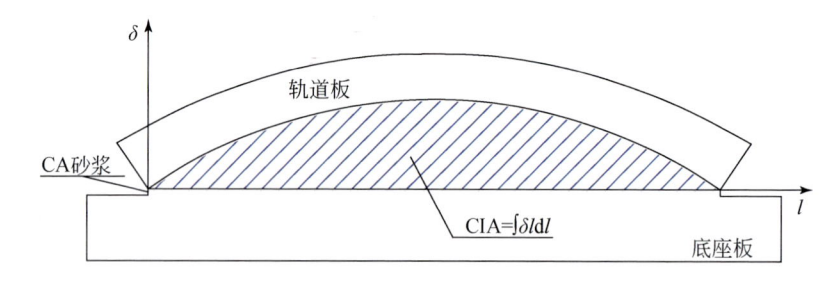

图 6.33　正温度梯度下 CIA 计算示意图

(1) CPOD 与 CED 分析。

不同黏结强度下,CPOD 和 CED 随正温度梯度变化情况如图 6.34 和图 6.35 所示。

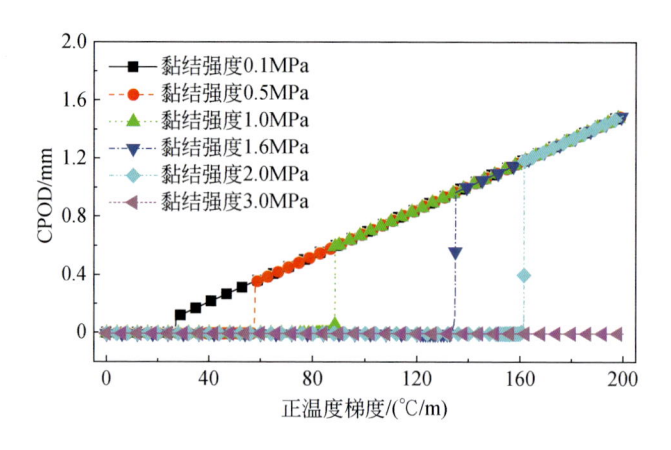

图 6.34　不同黏结强度下 CPOD 随正温度梯度变化情况

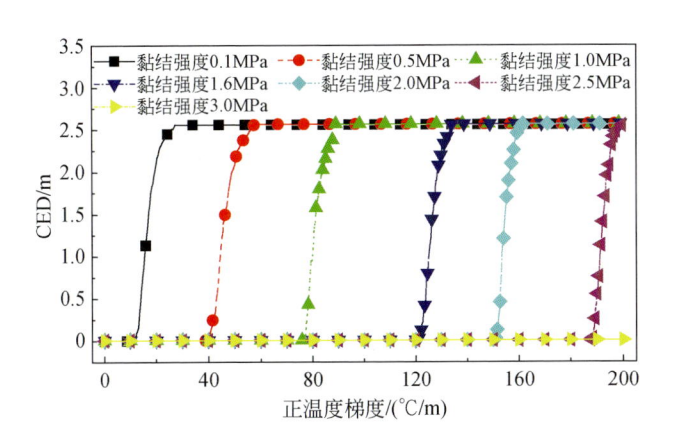

图 6.35　不同黏结强度下 CED 随正温度梯度变化情况

由图 6.34 和图 6.35 可知,正温度梯度荷载作用下,轨道板 CPOD 及 CED 与层间黏结强度间呈较为明显的非线性关系。由图 6.35 可见,当正温度梯度达到一定值时,CED 出现非零值,表示离缝开始产生并扩展,记此时对应的温度梯度为起裂温度梯度 T_{m0},随着正温度梯度继续增加,CED 急剧增加,离缝扩展至贯通时,正温度梯度-CPOD 曲线出现突变,CED 也不再增长,记此时对应温度梯度为贯通温度梯度 T_{m1},此后 CPOD 与正温度梯度 T_m 间呈线性增长趋势。不同黏结强度下,在离缝完全贯通后 CPOD 曲线斜率基本一致。

CPOD 和 CED 随正温度梯度发展而演变的过程可简化为图 6.36 和图 6.37。

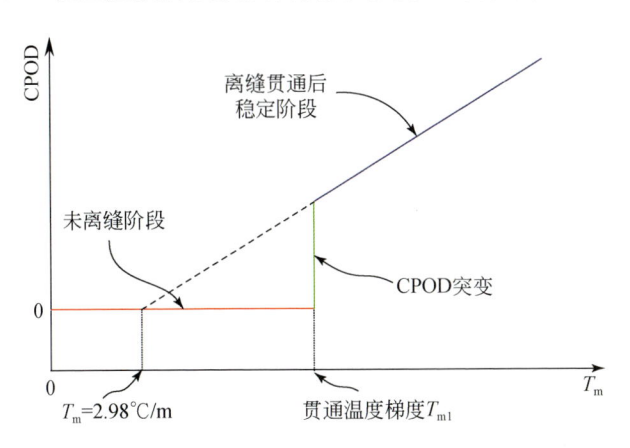

图 6.36　正温度梯度-CPOD 演变示意图

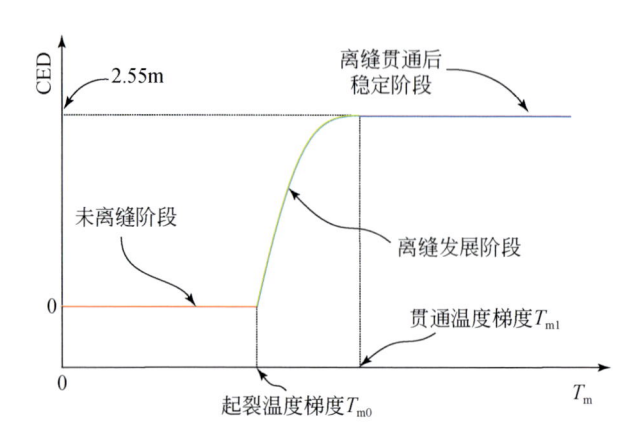

图 6.37 正温度梯度-CED 演变示意图

起裂温度梯度 T_{m0} 和贯通温度梯度 T_{m1} 与黏结强度相关,随着黏结强度的增加,T_{m0} 和 T_{m1} 也相应有所增加。图 6.36 中离缝贯通后正温度梯度-CPOD 曲线呈线性变化,其延长线在正温度梯度轴上截距在 2.98℃/m 左右,表示在自重荷载下,层间无黏结时,正温度梯度达到 2.98℃/m 时层间开始产生离缝。

正温度梯度下,不同黏结强度对应起裂温度梯度、贯通温度梯度以及极端正温度梯度作用下的 CPOD、CED 指标计算结果见表 6.2。

表 6.2 正温度梯度下板中离缝开口量和离缝扩展深度汇总表

黏结强度 /MPa	起裂温度梯度 /(℃/m)	贯通温度梯度 /(℃/m)	正温度梯度 95℃/m CPOD/mm	CED/m	正温度梯度 200℃/m CPOD/mm	CED/m
0.1	11.60	26.91	0.65	2.55	1.502	2.55
0.2	18.40	36.07	0.65	2.55	1.502	2.55
0.3	25.60	44.15	0.65	2.55	1.502	2.55
0.4	32.40	50.34	0.65	2.55	1.502	2.55
0.5	39.20	57.53	0.65	2.55	1.502	2.55
0.6	47.16	62.96	0.65	2.55	1.502	2.55
0.7	53.45	69.20	0.65	2.55	1.502	2.55
0.8	61.45	77.60	0.65	2.55	1.502	2.55
0.9	69.06	83.56	0.65	2.55	1.502	2.55
1.0	76.40	87.82	0.65	2.55	1.502	2.55
1.2	91.20	104.01	0.65	1.34	1.502	2.55
1.4	105.75	118.03	0	0	1.502	2.55

第6章 基于精细化分析方法的病害机理研究 ·281·

续表

黏结强度 /MPa	起裂温度梯度 /(℃/m)	贯通温度梯度 /(℃/m)	正温度梯度95℃/m		正温度梯度200℃/m	
			CPOD/mm	CED/m	CPOD/mm	CED/m
1.6	120.74	133.54	0	0	1.502	2.55
1.8	135.70	147.76	0	0	1.502	2.55
2.0	150.64	160.85	0	0	1.502	2.55
2.5	188.00	198.54	0	0	1.502	2.55
3.0	>200	>200	0	0	0	0

由表6.2可知，黏结强度对正温度梯度下起裂温度梯度有较大的影响。

图6.38为贯通温度梯度和起裂温度梯度随黏结强度的变化情况。通过图6.38可以看出，正温度梯度下，起裂温度梯度T_{m0}和贯通温度梯度T_{m1}随黏结强度的增加，呈明显增加的趋势，且基本呈线性关系，可拟合为如下方程：

$$T_{m0} = 73.7f_t + 2.98 \tag{6.3}$$

$$T_{m1} = 70.2f_t + 21.01 \tag{6.4}$$

式中，T_{m0}为起裂温度梯度，℃/m；T_{m1}为贯通温度梯度，℃/m；f_t为黏结强度，MPa。

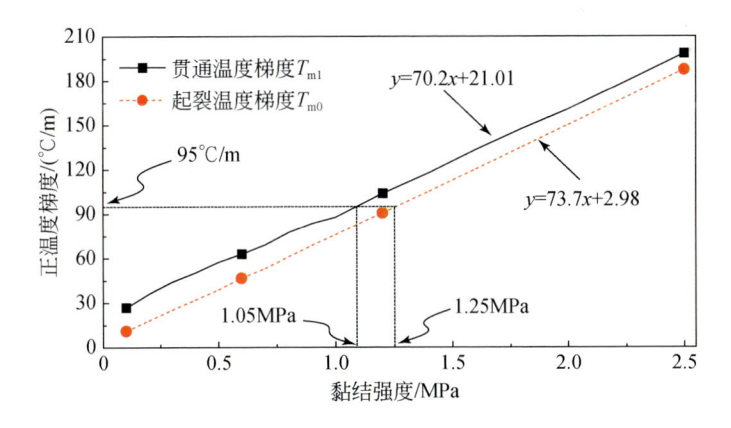

图6.38 贯通温度梯度和起裂温度梯度随黏结强度的变化情况

当$f_t = 0$时，$T_{m0} = 2.98$℃/m，此时的起裂温度梯度表示在重力荷载作用下，当层间无黏结，正温度梯度为2.98℃/m时，层间即会产生离缝现象。此值与图6.36中正温度梯度-CPOD曲线在T_m轴上截距一致。

由式(6.3)、式(6.4)可以得出，黏结强度在1.05MPa以上时，贯通温度梯度在95℃/m以上；黏结强度在1.25MPa以上时，起裂温度梯度在95℃/m以上。由此可知，在设计推荐正温度梯度95℃/m下，设计黏结强度时，需将轨道板与砂浆层间的黏结强度设计值控制在 1.25MPa 以上。

图 6.39 为不同黏结强度下起裂温度梯度和贯通温度梯度差值对比,从图中可对比离缝从产生至贯通的贯通速度。从图中可以看出,黏结强度较小时,起裂温度梯度和贯通温度梯度之间相差稍大;黏结强度较大时,起裂温度梯度和贯通温度梯度之间相差稍小。总体来看,从离缝产生到离缝贯通,其温度梯度增加在 10 ~ 20℃/m,平均值在 14.5℃/m 左右。

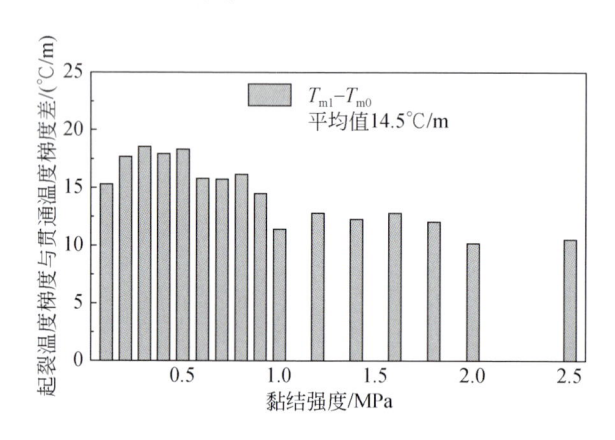

图 6.39 不同黏结强度下起裂温度梯度与贯通温度梯度差对比

图 6.40 和图 6.41 为不同黏结强度情况下正温度梯度分别为 95℃/m 和 200℃/m 时 CPOD 和 CED 情况。由图 6.40 可知,CPOD 随黏结强度呈台阶式变化,黏结强度较低时 CPOD 维持在固定值不变;黏结强度达到一定程度时,CPOD 为 0,表示板中位置处不产生离缝,即离缝未贯通。正温度梯度为 95℃/m 时,在层间黏结强度为 1.2 ~ 1.3MPa 时发生 CPOD 突变;正温度梯度为 200℃/m 时,在层间黏结强度为 2.6 ~ 2.7MPa 时发生 CPOD 突变,与式(6.4)中 $T_{m1}=95$℃/m 和 $T_{m1}=200$℃/m 对应的 f_t 值较为一致。

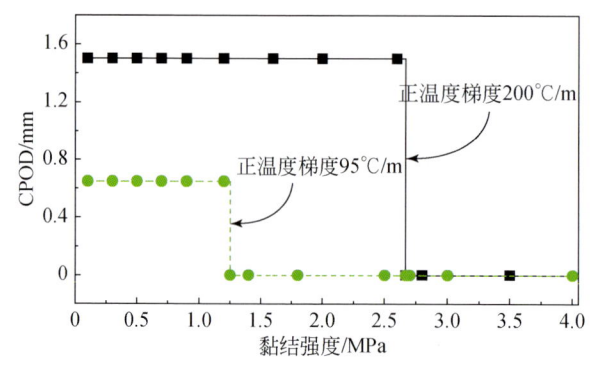

图 6.40 CPOD 与黏结强度的关系曲线

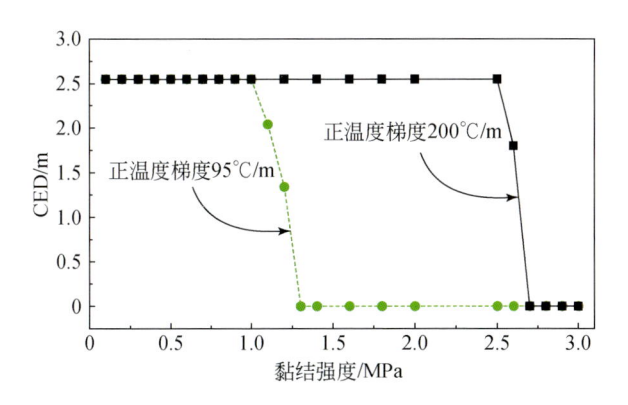

第6章 基于精细化分析方法的病害机理研究 · 283 ·

图6.41 CED与黏结强度的关系曲线

由图6.41可知,CED与黏结强度之间存在较为明显的非线性关系。黏结强度较低时,CED为2.55m,表明层已产生贯通离缝;黏结强度达到一定程度时,CED由2.55m逐渐降低至0,表明层间黏结无破坏。正温度梯度为95℃/m时,CED变化发生在黏结强度为1.0~1.3MPa时;正温度梯度200℃/m时,CED变化发生在黏结强度为2.5~2.7MPa时。

(2) CIA分析。

不同黏结强度下CIA指标发展情况如图6.42所示。由图可知,黏结强度对破坏后无砟轨道结构的力学行为没有影响,CIA在离缝贯通后,随着正温度梯度的增加呈线性增长趋势。根据图6.43,由CIA在离缝贯通瞬间之前的变化规律可知,黏结强度越大,离缝贯通瞬间之前CIA越大,说明不同黏结强度下,即使离缝宽度相同,其离缝空间也是不同的。黏结强度越大,在相同离缝宽度下所形成的离缝空间也越大。

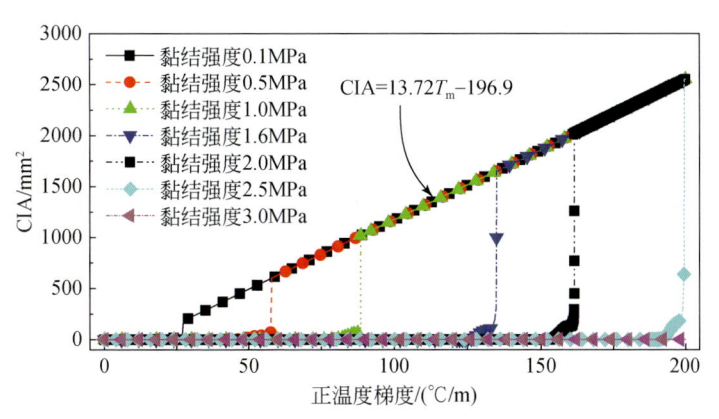

图6.42 不同黏结强度下CIA与正温度梯度的关系曲线

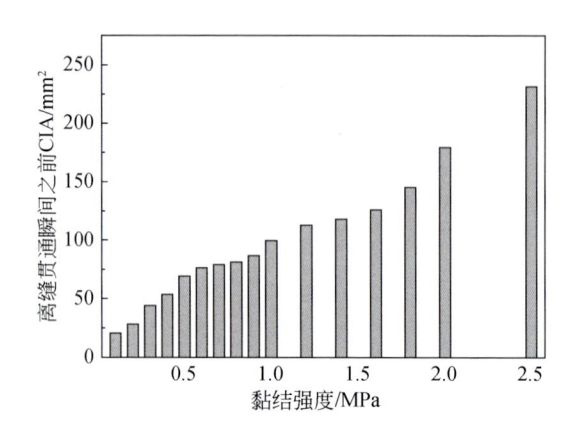

图 6.43　离缝贯通点 CIA 指标

综合来看,在正负温度梯度荷载作用下轨道板内部达到起裂温度梯度后离缝迅速增加,且黏结强度对轨道板离缝趋势有较为重要的影响。实际运营过程中应结合无砟轨道具体温度监测数据,在达到起裂温度梯度时关注离缝的发展状态以便及时补修。此外,在设计推荐正温度梯度 95℃/m、负温度梯度 45℃/m 下,层间黏结设计时,需将轨道板与砂浆层间的黏结强度设计值控制在 1.25MPa 以上。

6.1.2　砂浆层离缝动力影响规律研究

本节针对调研中发现的大范围砂浆层离缝,以路基上 CRTS Ⅱ 型板式无砟轨道为例,建立含砂浆层离缝的精细化车辆-轨道空间耦合动力学模型,研究砂浆层离缝对车辆、轨道动力学响应的影响规律,并对离缝状态下列车安全运营速度进行探讨。

1. 板下离缝动力学分析模型

参照第 3 章动力仿真模型相关内容,路基上 CRTS Ⅱ 型板式无砟轨道按照结构层实际尺寸、纵连方式等进行建模,模型中层间离缝区域如图 6.44 所示。离缝处

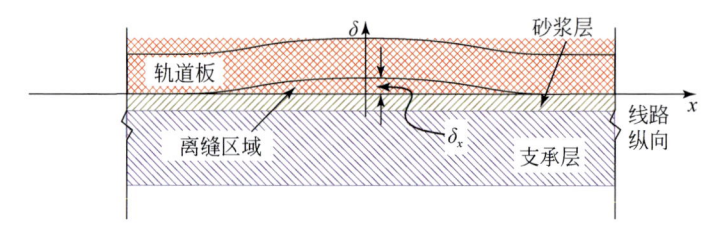

图 6.44　离缝区域示意图

第 6 章　基于精细化分析方法的病害机理研究

砂浆层与轨道板采用面–面硬接触进行建模,模拟其单向受力的非线性特性,如图 6.45 所示。所建立考虑轨道板和砂浆层间离缝的无砟轨道动力仿真精细化分析模型如图 6.46 所示。

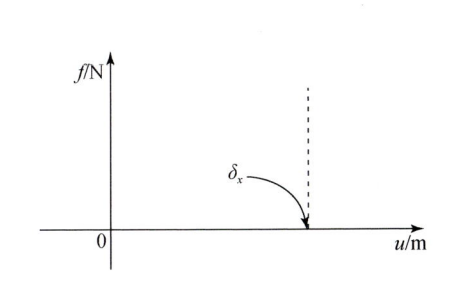

图 6.45　离缝区非线性接触属性

图 6.46　离缝区域有限元模型

建立整车动力学模型时,将车辆视为多刚体系统,模型参数的选取、轨道随机不平顺的施加等,详见第 2 章和第 3 章。最终建立的板下离缝动力学分析模型如图 6.47 所示。

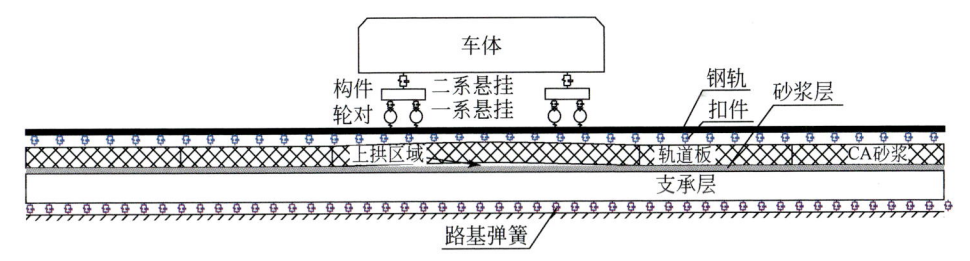

图 6.47　离缝区域内车辆–轨道空间耦合动力学模型示意图

在调研中发现,CRTS Ⅱ 型板式无砟轨道砂浆层离缝在横向上基本均已贯通,离缝纵向连续在 1~3 块轨道板居多,最大离缝高度达到 10mm 左右[183]。根据纵连轨道板离缝后上拱特点,用单波余弦曲线来模拟离缝高度纵向分布情况如图 6.48 所示,不同位置离缝高度用式(6.5)进行描述:

$$\delta = \delta_m \left[\frac{1}{2} - \frac{1}{2}\cos\left(\frac{2\pi x}{l_0}\right) \right] \qquad (6.5)$$

图 6.48　层间离缝高度纵向分布情况

考虑不同离缝高度、离缝范围及车辆速度,本书所建立的不同离缝程度分析工况汇总见表 6.3。表 6.3 中离缝范围、最大离缝高度、车辆速度相互组合共 195 组工况。

表 6.3 不同离缝程度动力分析工况

离缝范围 l_0/m	最大离缝高度 δ_m/mm	车辆速度/(km/h)
单块板 6.5; 双块板 13; 三块板 19.5	0;0.5;1;1.5;2;2.5;3;3.5;4;6;8;10;15	160; 200; 250; 300; 350

2. 离缝高度及离缝范围对行车安全性及平稳性的影响

1) 不同离缝高度影响规律分析

以两块轨道板范围离缝、车辆速度 350km/h 为例,分析离缝程度对行车安全性及平稳性的影响。计算结果表明,板下离缝高度对车体加速度影响较大。其中,板下无离缝时,车体垂向加速度最大值在 0.2m/s^2 左右,随着板下离缝高度的增加,车体垂向加速度最大值逐渐增加,当板下最大离缝高度在 15mm 时,车体垂向加速度最大值增加至 1.11m/s^2 左右,增加了约 4.55 倍;但在 15mm 板下离缝高度情况下,车体垂向加速度最大值仍未超出规范限值 1.3m/s^2。

图 6.49 和图 6.50 为不同最大离缝高度时轮轨垂向力时程及最大值对比。由图 6.49 与图 6.50 可知,离缝区域内轮轨垂向力冲击明显,模型中离缝高度最大值对应纵向位置 60m 附近,轮轨垂向力最大值出现在车轮行经离缝最大值之后。随着板下最大离缝高度增加,轮轨垂向力最大值呈逐渐增大的趋势。其中,最大离缝高度为 0~6mm 时,轮轨垂向力最大值增长缓慢,最大离缝高度大于 6mm 时,轮轨垂向力增长迅速,当最大离缝高度大于 8mm 时,轮轨垂向力超出限值 170kN。

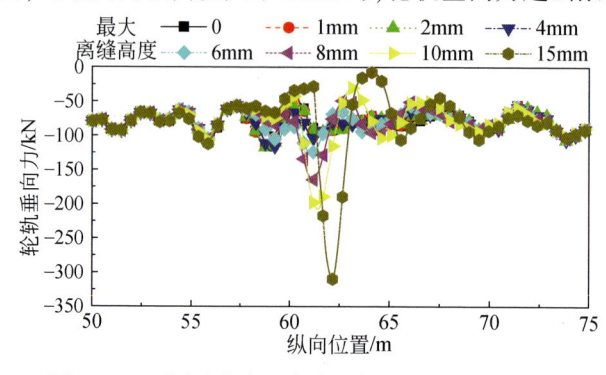

图 6.49 不同最大离缝高度时轮轨垂向力时程对比

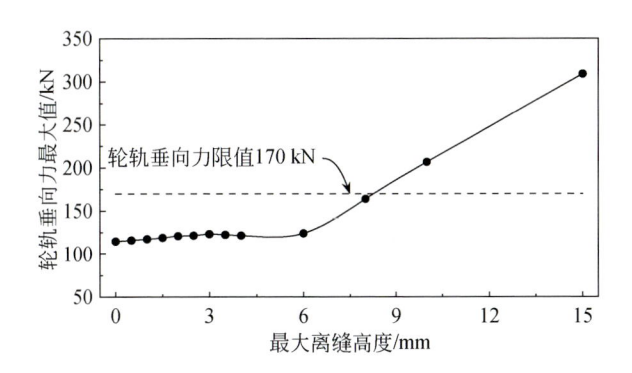

第 6 章 基于精细化分析方法的病害机理研究 ·287·

图 6.50 轮轨垂向力最大值随最大离缝高度的变化曲线

图 6.51～图 6.54 为不同最大离缝高度下脱轨系数与轮重减载率时程及最大值对比。由图 6.51～图 6.54 可知，列车经过离缝区段时脱轨系数与轮重减载率变化剧烈。随着板下最大离缝高度的增加，脱轨系数与轮重减载率也呈明显增加的

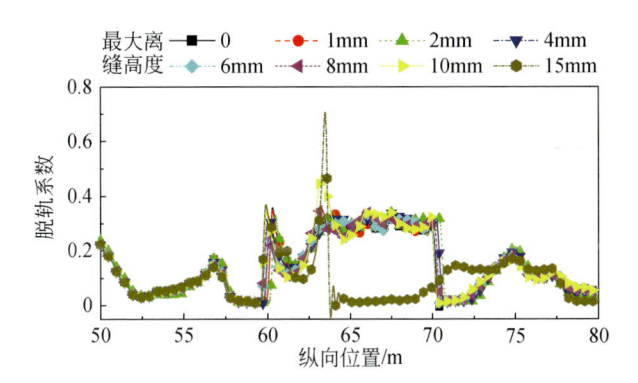

图 6.51 不同最大离缝高度时脱轨系数时程对比

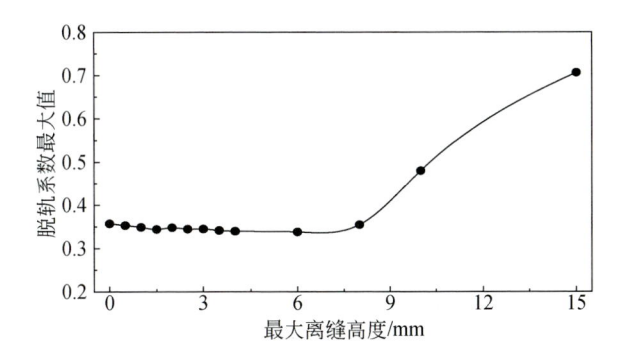

图 6.52 脱轨系数最大值随最大离缝高度的变化曲线

趋势。当最大离缝高度为0~8mm时,脱轨系数最大值增加幅度较小;当最大离缝高度为8mm以上时,脱轨系数最大值迅速增加,但在最大离缝高度为15mm时仍未超出安全范围。当最大离缝高度为0~6mm时,轮重减载率最大值增加缓慢;但当最大离缝高度为6mm以上时,轮重减载率最大值也迅速增加,最大离缝高度为12~15mm时,轮重减载率最大值已超出限值0.8。

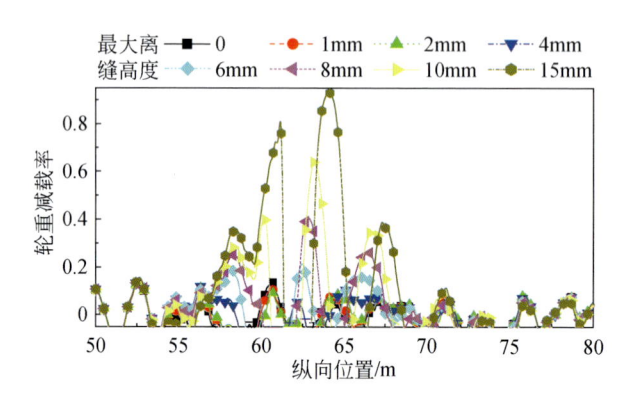

图6.53 不同最大离缝高度时轮重减载率时程对比

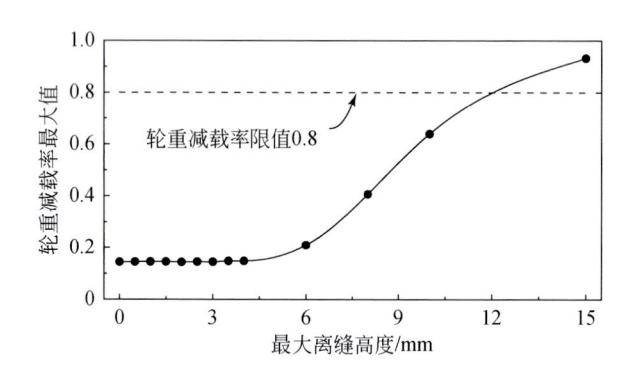

图6.54 轮重减载率最大值随最大离缝高度的变化曲线

图6.55和图6.56为不同最大离缝高度下离缝区域内动态拍击力时程及最大值对比。由图6.55与图6.56可知,离缝区域内轨道板和砂浆层之间的动态拍击效应明显,车辆每个转向架在通过离缝区域时均会产生明显的动态拍击,其中后转向架行经时所产生的动态拍击力更加显著。当最大离缝高度为0~8mm时,动态拍击力最大值增加幅度较小,当最大离缝高度在8mm以上时,动态拍击力最大值迅速增加。其中,最大离缝高度在2mm左右时,动态拍击力达到1000kN量级,最大离缝高度在15mm时瞬时动态拍击力最大值能够达到5000kN左右。

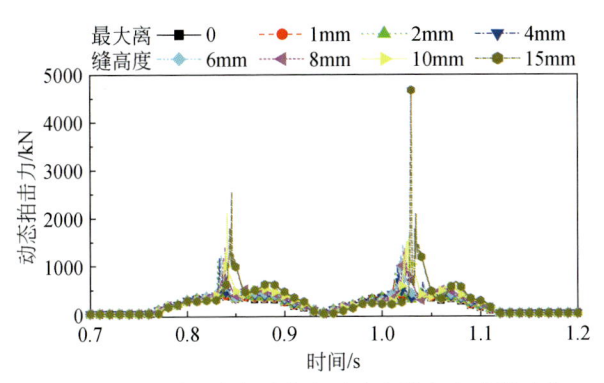

第6章 基于精细化分析方法的病害机理研究

图6.55 不同最大离缝高度时动态拍击力时程对比

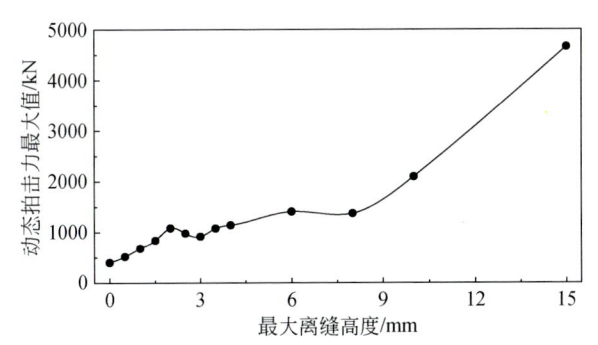

图6.56 动态拍击力最大值随最大离缝高度的变化曲线

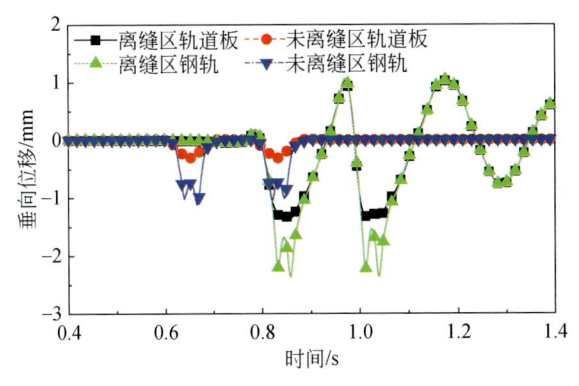

图6.57为离缝区(最大离缝高度1mm)和未离缝区钢轨及轨道板垂向位移时程曲线,图6.58为不同最大离缝高度时钢轨及轨道板垂向位移最大值对比。由图6.57和图6.58可知,离缝区轨道板垂向位移明显大于未离缝区,说明车辆行经过程中板下离缝闭合。钢轨与轨道板垂向位移最大值有明显的跟随性,两者间垂向位移最大值差在1mm左右,未随着最大垂向离缝高度增加有所变化。

图6.57 离缝区(最大离缝高度1mm)和未离缝区钢轨及轨道板垂向位移时程曲线

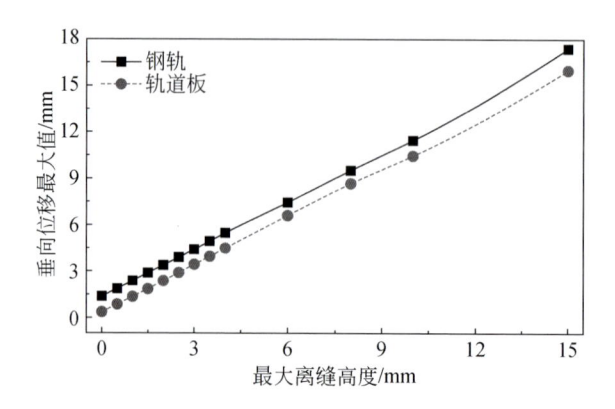

图 6.58　不同最大离缝高度钢轨及轨道板垂向位移最大值对比

图 6.59 和图 6.60 为不同最大离缝高度下轮下位置处钢轨动弯应力时程及最大值对比。由图 6.59 与图 6.60 可知,离缝区钢轨动弯应力产生了一定程度的冲击,随着板下最大离缝高度的增加,离缝区轮下钢轨动弯应力冲击明显增加。当最

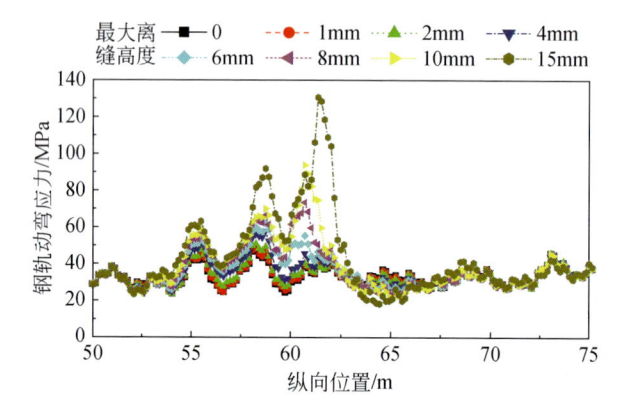

图 6.59　不同最大离缝高度下钢轨动弯应力时程对比

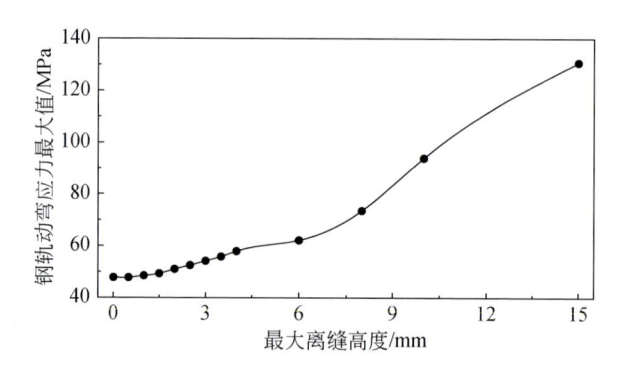

图 6.60　钢轨动弯应力最大值随最大离缝高度的变化曲线

第6章 基于精细化分析方法的病害机理研究

大离缝高度为 0~6mm 时,轮下钢轨动弯应力最大值增加幅度较小,当最大值离缝高度在 6mm 以上时,轮下钢轨动弯应力最大值迅速增加。未离缝状态下轮下钢轨动弯应力最大值在 48MPa 左右,而最大离缝高度 15mm 时轮下钢轨动弯应力最大值达到 130MPa 左右,较无离缝时增加了约 1.7 倍。

图 6.61 和图 6.62 为不同最大离缝高度下轮下位置处轨道板纵向拉应力时程及最大值对比。由图 6.61 与图 6.62 可知,板下最大离缝高度对轨道板纵向拉应力影响显著。其中,离缝最大值处及离缝范围边缘处轨道板纵向拉应力较大。在一定范围内,随着板下最大离缝高度的增加,轨道板纵向拉应力增加显著,当板下最大离缝高度大于 6mm 时增长趋势略有减缓。其中,当最大离缝高度超过 4mm 时,轨道板纵向拉应力超过混凝土极限抗拉强度 3.5MPa,存在产生板下横向贯穿裂纹的风险。

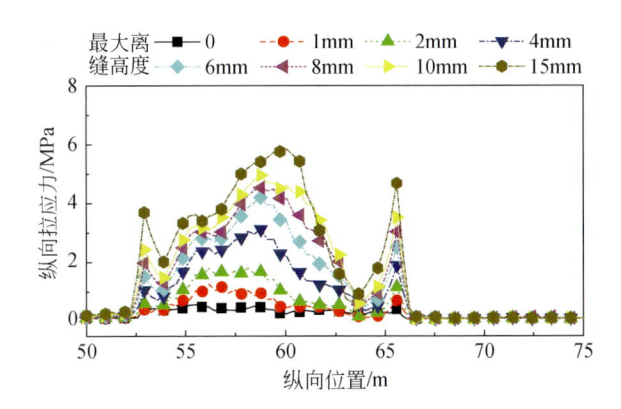

图 6.61 不同最大离缝高度下轨道板纵向拉应力时程对比

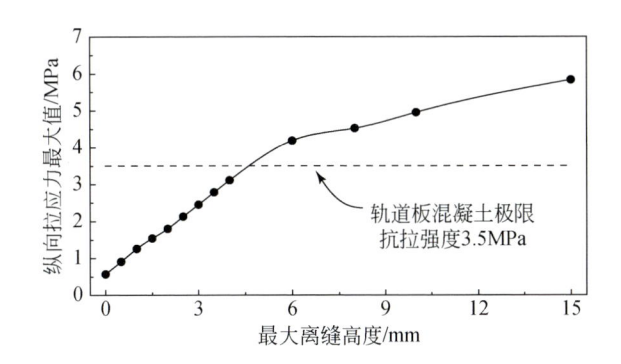

图 6.62 轨道板纵向拉应力最大值随最大离缝高度的变化曲线

图 6.63 和图 6.64 为不同最大离缝高度下轮下位置处砂浆层纵向拉应力时程及最大值对比。由图 6.63 与图 6.64 可知,最大离缝高度对砂浆层纵向拉应力影

响显著，与轨道板纵向拉应力分布规律类似。离缝最大值处及离缝区域边缘处的砂浆层纵向拉应力较大，随着最大离缝高度的增加，砂浆层纵向拉应力最大值增加显著。当最大离缝高度大于 8mm 时增长趋势逐渐减缓，最大离缝高度 10mm 时砂浆层纵向拉应力最大值最大，达到 1.16MPa 左右。

总体来说，最大离缝高度的增加会导致列车运营过程中的车辆、轨道动态响应显著增加。最大离缝高度在 4mm 以上时，轨道板纵向拉应力超出其极限强度；最大离缝高度在 8mm 以上时，轮轨力超出规范限值要求；最大离缝高度在 10mm 以上时，轮重减载率超出规范限值要求。因此，为保证列车运营安全及无砟轨道结构耐久性，应尽量避免离缝高度较大时列车的高速运营。

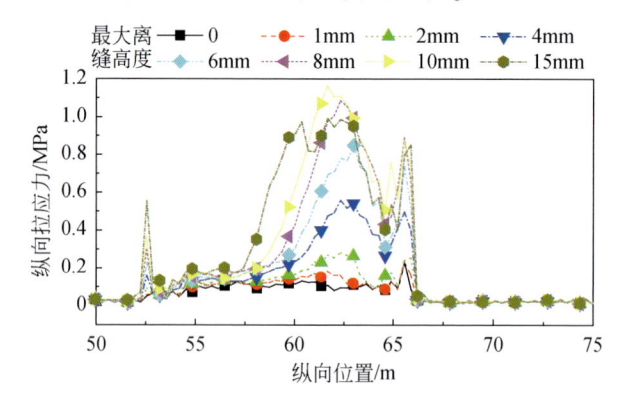

图 6.63 不同最大离缝高度下砂浆层纵向拉应力时程对比

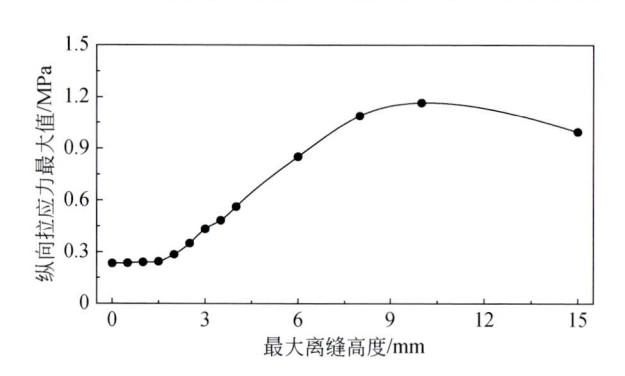

图 6.64 砂浆层纵向拉应力最大值随最大离缝高度的变化曲线

2) 不同离缝范围影响规律分析

以最大离缝高度 10mm、车辆速度 350km/h 为例，对离缝区范围一块板、两块板和三块板情况下车辆和轨道的动力响应进行分析，车体垂向加速度时程及最大值对比如图 6.65 和图 6.66 所示。由图 6.66 可以看出，伴随着离缝区范围的增加，车体垂向加速度也有一定程度的增加，但总体来看增加幅度较小，且均未超出规范限值要求。

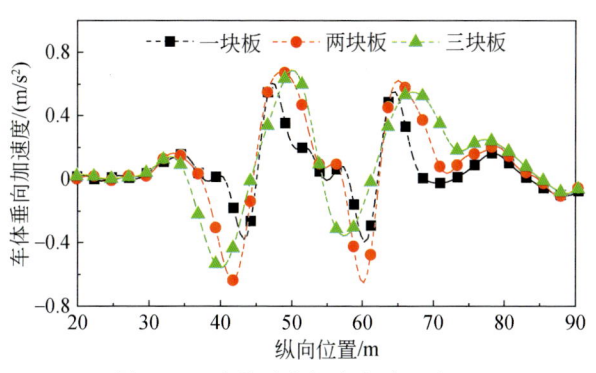

第6章 基于精细化分析方法的病害机理研究 ·293·

图6.65 车体垂向加速度时程对比

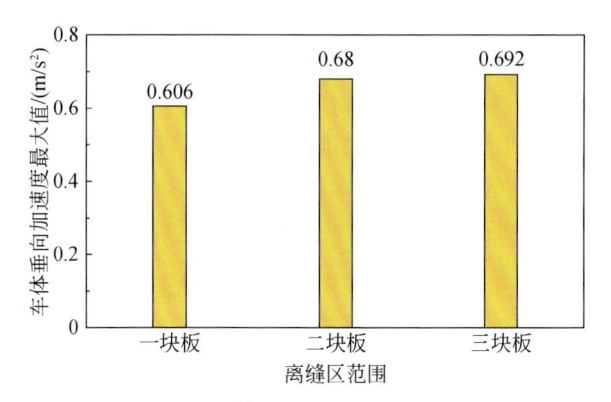

图6.66 车体垂向加速度最大值对比

图6.67和图6.68为轮轨垂向力时程及峰值对比图。由图可以看出,离缝区范围的变化对轮轨垂向力影响较大,其中离缝区范围为两块板,轮轨垂向力浮动范围最大,为29.2~206.7kN,而离缝区范围为一块和三块轨道板时,轮轨力冲击最大值均小于限值170kN。由此可知,两块板下离缝对轮轨间冲击影响最为显著。

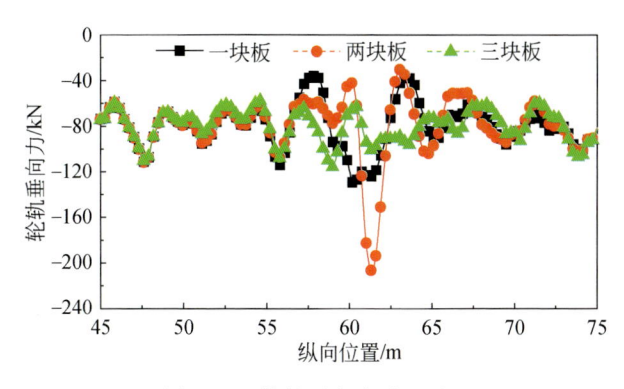

图6.67 轮轨垂向力时程对比

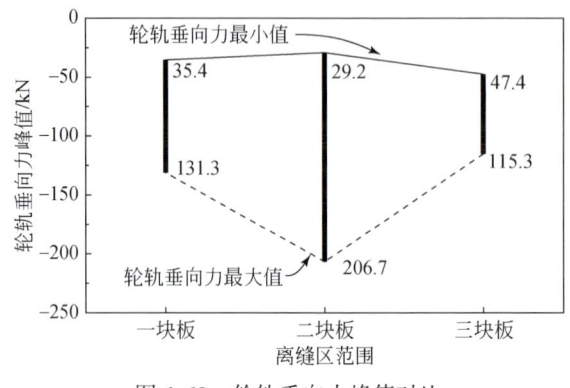

图 6.68 轮轨垂向力峰值对比

图 6.69 ~ 图 6.71 为脱轨系数与轮重减载率时程及最大值对比图。由图 6.69 ~ 图 6.71 可以看出，离缝区范围的差异对轮重减载率的影响较大，而对脱轨系数的影响较小，不同离缝区范围下脱轨系数基本保持不变。离缝区范围为一块板和两块板时轮重减载率较大，在 0.6 左右，离缝区区范围为三块板时轮重减载率较小，为 0.2 左右。据此可知，在离缝区范围稍小的情况下，车辆通过时减载效应将更加明显。

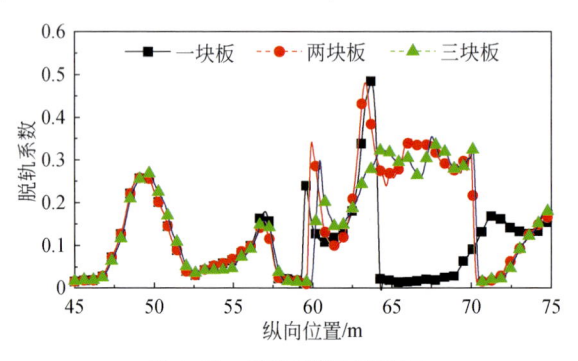

图 6.69 脱轨系数时程对比

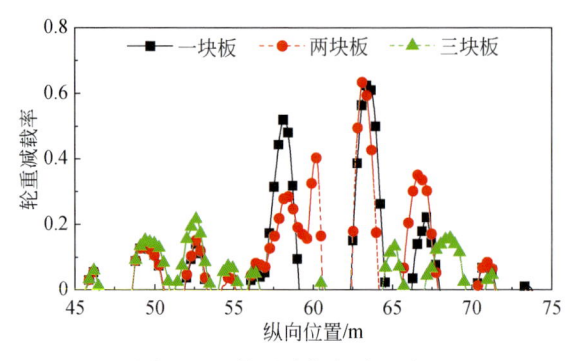

图 6.70 轮重减载率时程对比

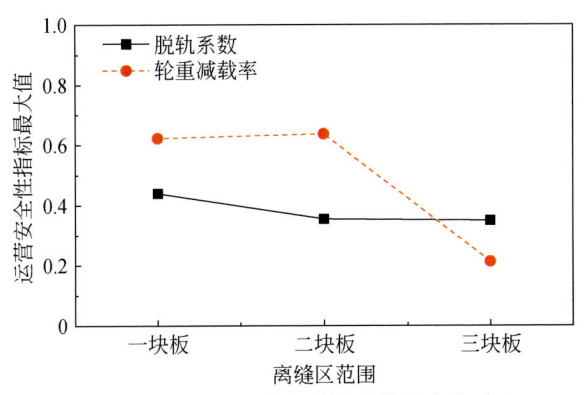

第 6 章 基于精细化分析方法的病害机理研究

图 6.71 轮重减载率与脱轨系数最大值对比

图 6.72 和图 6.73 为离缝区动态拍击力时程及其最大值对比图。由图 6.72 和图 6.73 可以看出，随着离缝区的增加，离缝区动态拍击力持续时间越长，动态拍击力也越大。离缝区范围一块板时离缝区动态拍击力在 820kN 左右，三块板时在 2757kN 左右，较一块板离缝范围增加了约 2.36 倍。

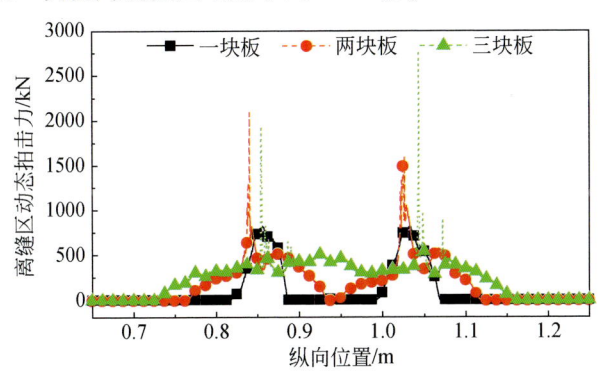

图 6.72 离缝区动态拍击力时程对比

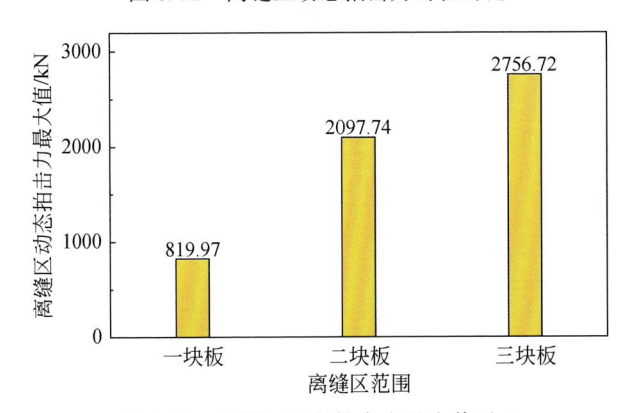

图 6.73 离缝区动态拍击力最大值对比

从轮下钢轨动弯应力、轨道板及砂浆层纵向应力的时程及最大值对比（图6.74~图6.79）可以看出，离缝区范围较小时，轮下钢轨动弯应力及轨道板纵向应力较大，其中两块轨道板下离缝导致的钢轨动弯应力较大，为94MPa左右，而三块轨道板下离缝所导致的钢轨动弯应力最大值仅61MPa左右，降低了35%。

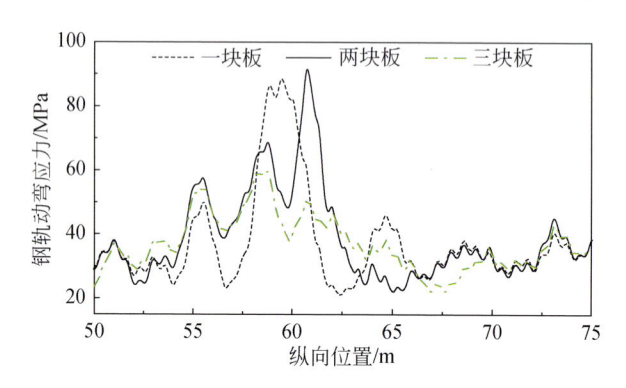

图6.74　钢轨动弯应力时程对比

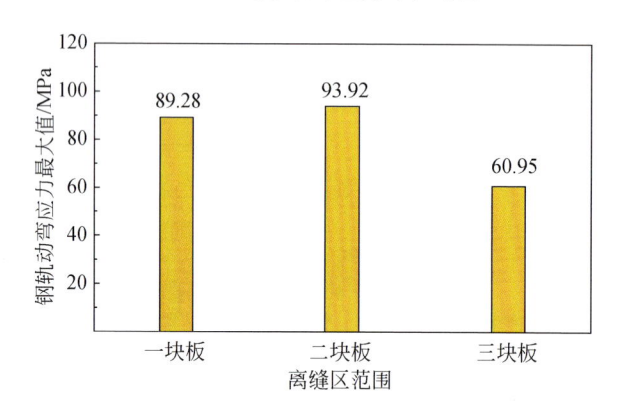

图6.75　钢轨动弯应力最大值对比

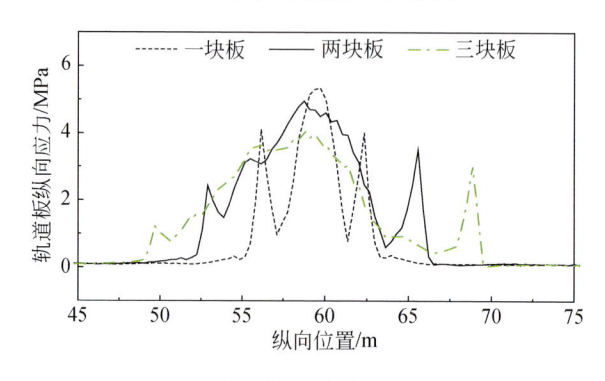

图6.76　轨道板纵向应力时程对比

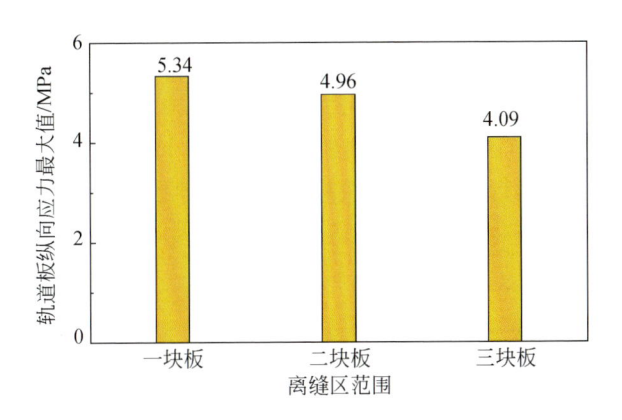

图 6.77 轨道板纵向应力最大值对比

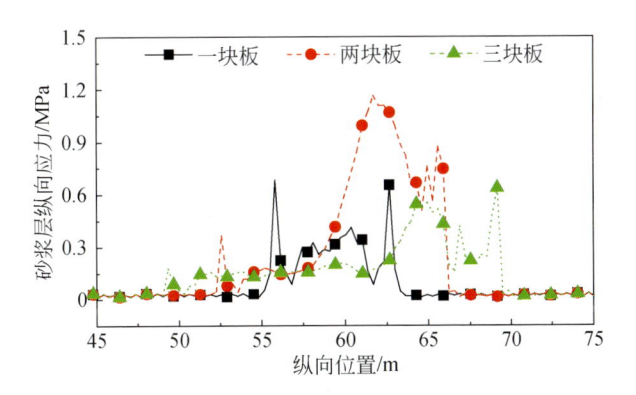

图 6.78 砂浆层纵向应力时程对比

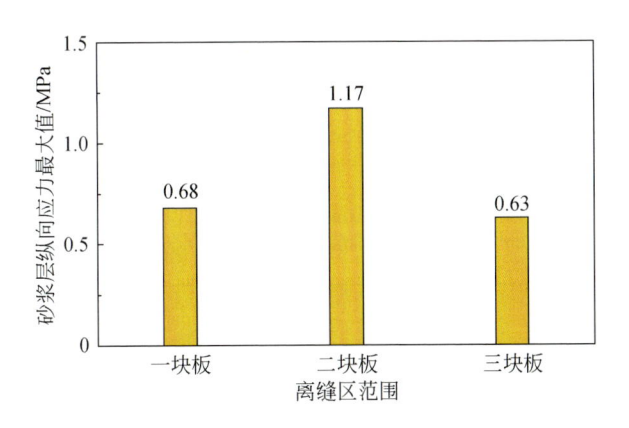

图 6.79 砂浆层纵向应力最大值对比

从不同离缝区范围下砂浆层纵向应力对比图可以看出,离缝区范围为两块板时所引起的砂浆层纵向应力较大,为 1.17MPa,而离缝区范围为一块板以及三块板时砂浆层纵向应力最大值达到 0.6~0.7MPa。

总体来说,离缝区范围的增加使离缝区动态拍击持续时间及拍击力增加明显,但车辆速度 350km/h 运行条件下,两块板下离缝所导致的轮轨垂向力、钢轨动弯应力、砂浆层纵向应力更加显著,轨道板应力也较大,因此应重点关注离缝区范围为两块板时的养护维修。

3. 离缝对不同车辆速度列车行车动力学影响

前面分析表明,最大离缝高度 15mm 以内,列车高速运营时轮轨垂向力、轮重减载率及轨道板纵向应力存在超出规范限值的可能,本节以最大离缝高度 10mm 为例,对不同车辆速度下轮轨垂向力、轮重减载率及轨道板纵向应力三个指标进行分析。

从不同车辆速度下轮轨垂向力、轮重减载率及轨道板纵向应力时程对比图(图 6.80~图 6.82)可以看出,随着车辆速度的增加,各项指标均有显著增加。而轮轨垂向力在车辆速度 200km/h 以下时即恢复至正常轮轨力浮动范围。图 6.83~图 6.85 为不同车辆速度下各指标峰值及最大值情况对比。

由此可以看出,降低车辆速度可使轮轨垂向力浮动范围显著减小。在车辆速度降至 300km/h 时,轮轨垂向力降低至 170kN 以下;车辆速度降至 200km/h 以下时,轨道板纵向应力降低至其混凝土强度极限以内。

对不同轨道板下最大离缝高度进行分析,得到图 6.86~图 6.88。

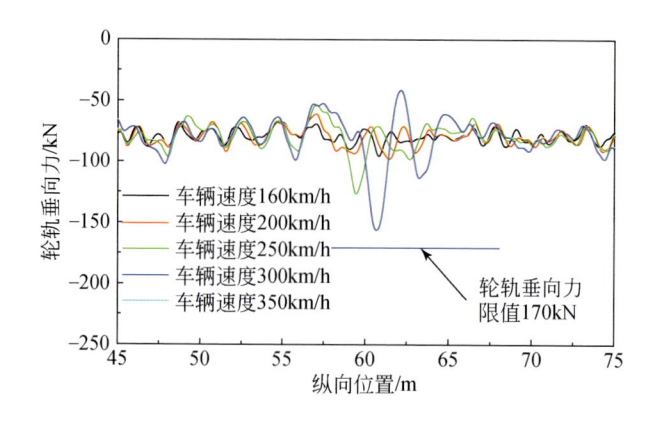

图 6.80　不同车辆速度下轮轨垂向力时程对比

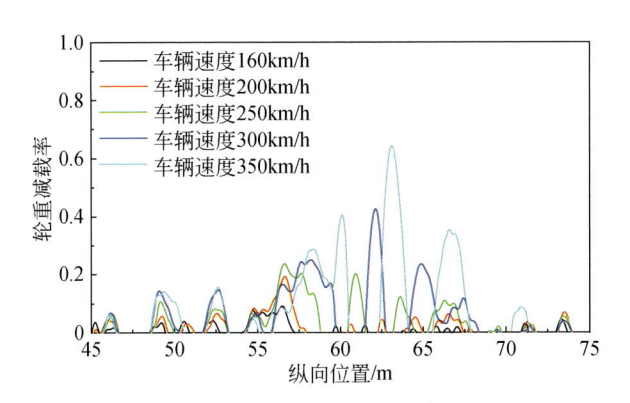

第 6 章　基于精细化分析方法的病害机理研究

图 6.81　不同车辆速度下轮重减载率时程对比

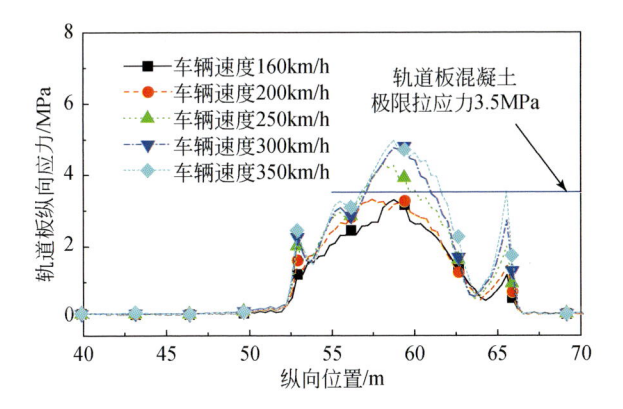

图 6.82　不同车辆速度下轨道板纵向应力时程对比

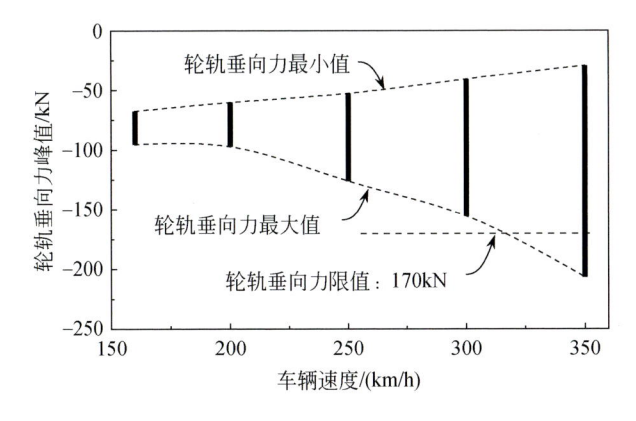

图 6.83　轮轨垂向力峰值随车辆速度的变化曲线

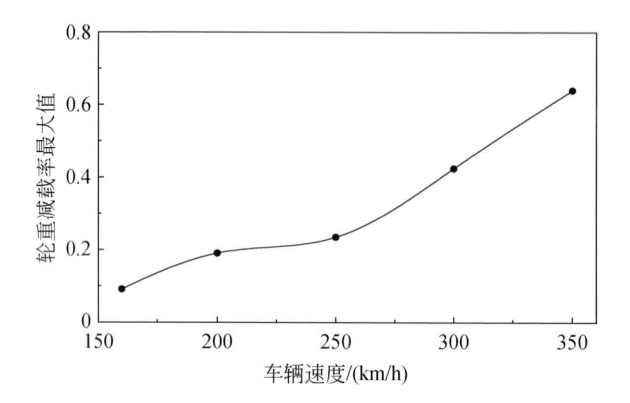

图 6.84 轮重减载率最大值随车辆速度的变化曲线

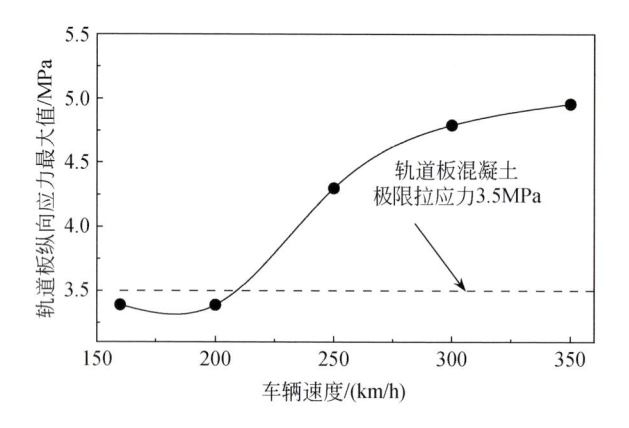

图 6.85 轨道板纵向应力最大值随车辆速度的变化曲线

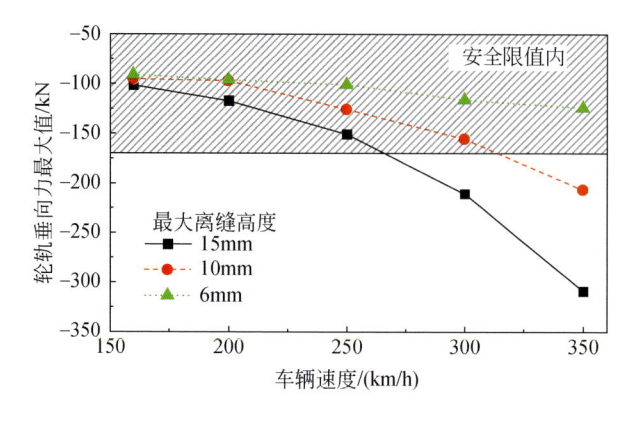

图 6.86 不同最大离缝高度下轮轨垂向力最大值对比

第 6 章 基于精细化分析方法的病害机理研究

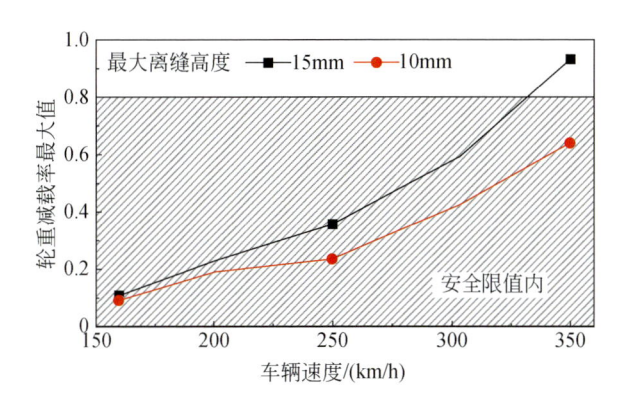

图 6.87 不同最大离缝高度下轮重减载率最大值对比

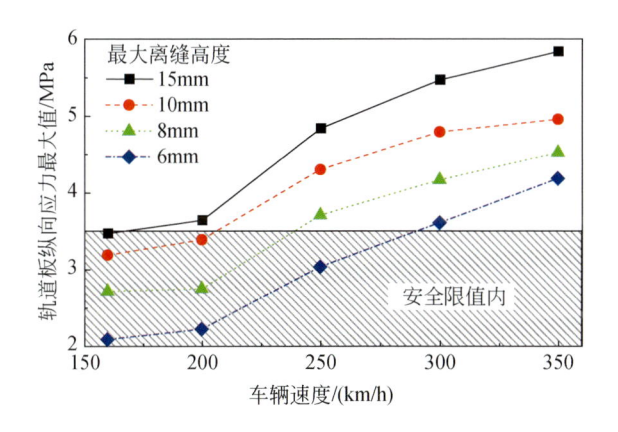

图 6.88 不同最大离缝高度下轨道板纵向应力最大值对比

由不同车辆速度下各指标最大值对比图可以得出,当两块板下发生离缝病害时,为了让列车运行过程中轮轨垂向力满足安全限值的要求,在最大离缝高度为 10mm 时,需限速至 300km/h;在最大离缝高度为 15mm 时,需限速至 250km/h;为了使轮重减载率满足安全限值的要求,在最大离缝高度为 15mm 时,需限速至 300km/h;为了保证轨道板使用安全与耐久性,在最大离缝高度为 15mm 时,需限速至 160km/h;在最大离缝高度为 8～10mm 时,需限速至 200km/h;在最大离缝高度为 6mm 时,需限速至 250km/h。

分别对一块板、两块板和三块板下离缝进行不同车辆速度分析,得到不同离缝程度下限速建议,见表 6.4。

表 6.4　不同离缝程度下限速建议

最大离缝高度/mm	离缝区范围		
	一块板	两块板	三块板
0～4	无须限速	无须限速	无须限速
6	≤250km/h	≤250km/h	无须限速
8	≤200km/h	≤200km/h	≤300km/h
10	≤160km/h	≤200km/h	≤200km/h
15	≤160km/h	≤160km/h	≤200km/h

6.2　无砟轨道轨道板上拱病害研究

根据现场轨道板上拱病害调研可知,轨道板上拱多发生在板端宽窄接缝处,而且实际调研中也发现轨道板上拱的同时宽窄接缝也出现不同程度的伤损[184],且窄接缝的伤损情况比宽接缝更为普遍,窄接缝的伤损导致轨道板在升温荷载作用下偏心受压,可能进一步诱发轨道板上拱[185]。本节以 CRTS Ⅱ 型板式无砟轨道为例,利用所建立的层间病害精细化分析模型,考虑无砟轨道层间黏结与窄接缝伤损,对轨道板上拱病害机理进行研究。

6.2.1　不同升温幅度下轨道结构上拱变形规律

为研究不同升温幅度下轨道结构的上拱变形规律,根据现场的调研情况按最不利条件考虑,假定轨道板上拱前窄接缝已经出现伤损。在此条件下,研究轨道板在升温荷载作用下的上拱变形规律。考虑到轨道结构的自重对上拱变形有一定约束作用,所以施加荷载应包括结构的自重。结合无砟轨道荷载参数取值,考虑最大整体升温45℃,分别取整体升温10℃、20℃、30℃、40℃、45℃,对应工况1～工况5。以工况5为例,整体升温45℃时轨道结构垂向位移云图如图6.89所示。

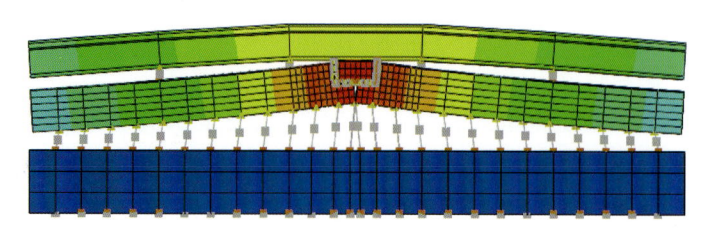

图6.89　轨道结构垂向位移云图(工况5:自重+整体升温45℃)

考虑到本节所研究的轨道结构上拱为宏观可视的病害,已对轨道结构的几何

第6章 基于精细化分析方法的病害机理研究

形位产生了影响,故在指标的选取上不考虑用CIA分析指标,选用钢轨垂向位移、轨道板垂向位移以及上拱离缝高度和扩展深度等宏观指标进行分析。

不同整体升温幅度下钢轨垂向位移分布曲线和垂向位移最大值对比如图6.90和图6.91所示。由图6.90可知,在整体升温荷载作用下,钢轨最大上拱的位置发生在窄接缝伤损处。由图6.91可知,随着整体升温幅度的增大,钢轨的垂向位移明显增加;当整体升温幅度小于20℃时,钢轨的上拱变形量很小,仅为0.77mm,上拱的变化趋势也较为平缓;当整体升温幅度超过20℃时,钢轨的上拱变形量会突然增大,上拱变形的速度也突然增大,之后随着整体升温幅度的增加,钢轨的垂向位移最大值呈线性增加的趋势。

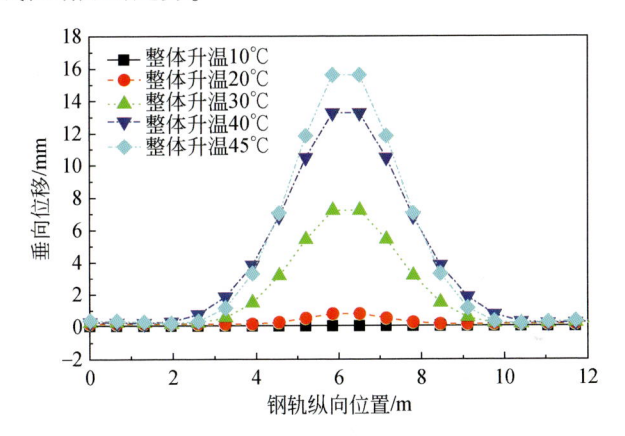

图6.90 不同整体升温幅度下钢轨垂向位移分布曲线

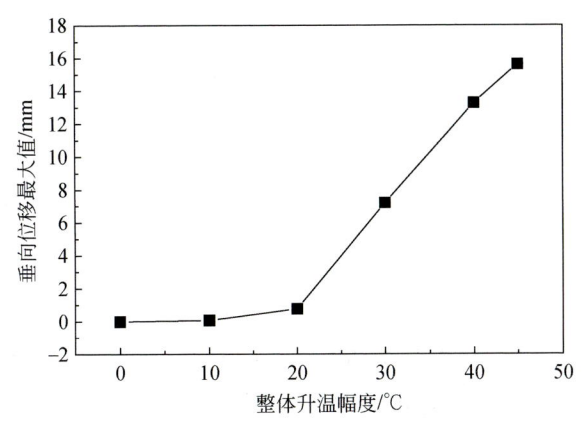

图6.91 不同整体升温幅度下钢轨垂向位移最大值对比

图6.92和图6.93为不同整体升温幅度下轨道板的垂向上拱变形。由图6.92可知,轨道板的最大上拱位置同样发生在窄接缝伤损处;由图6.93可知,轨道板上

拱位移随着整体升温幅度的增加而增加,当整体升温45℃时,轨道板的垂向位移最大值达到21.43mm;当整体升温幅度小于20℃时,轨道板的上拱变形量较小;当超过20℃时,轨道板的上拱位移大幅度增加,上拱速度也大幅度增加,轨道板的上拱位移随着温度升高大致呈线性增加的趋势。

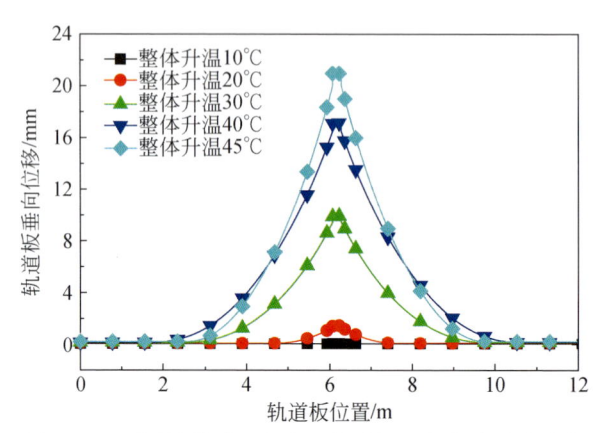

图6.92 不同整体升温幅度下轨道板垂向位移分布曲线

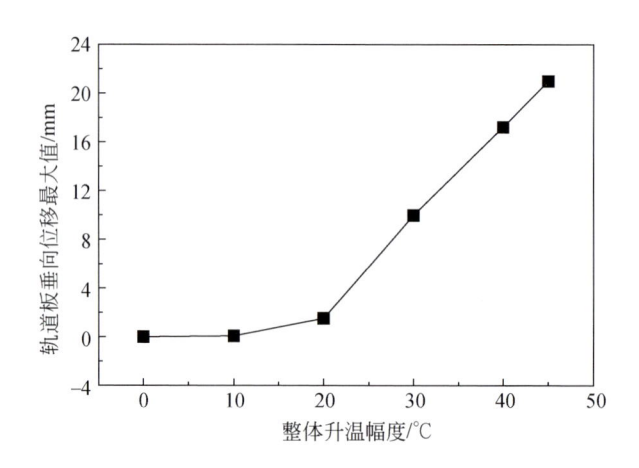

图6.93 不同整体升温幅度下轨道板垂向位移最大值对比

对比钢轨和轨道板的垂向位移规律可知,当窄接缝伤损时,轨道板和钢轨的上拱变形呈现一定的跟随性,均在窄接缝伤损的位置上拱变形最大;但由于自身结构刚度及扣件的缓冲,钢轨上拱变形量较轨道板稍小。由计算结果可知,当窄接缝伤损时,整体升温20℃为轨道结构上拱的临界温度,此时砂浆层所受应力较小,砂浆层与轨道板之间的黏结强度能够克服温度应力,砂浆弹簧还未达到失效的条件;当整体升温超过20℃时,砂浆弹簧开始失效,轨道板与砂浆层之间脱黏,出现一定长

第6章 基于精细化分析方法的病害机理研究

度的离缝,轨道结构的上拱变形量大幅增加。

通过砂浆弹簧的伸长量可以得到不同工况下轨道板与砂浆层之间发生层间破坏的最大离缝高度。汇总各个工况的最大离缝高度,见表6.5,不同的整体升温幅度下的层间离缝高度变化曲线如图6.94所示。

表6.5 不同整体升温幅度下最大离缝高度

工况	工况1	工况2	工况3	工况4	工况5
最大离缝高度/mm	0.0008	1.29	9.46	16.58	20.1

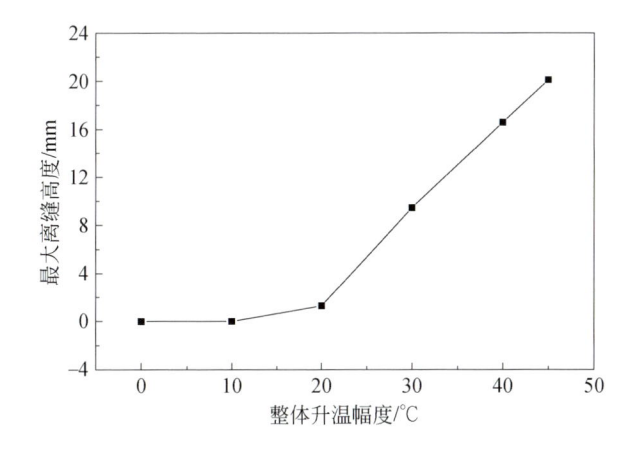

图6.94 不同整体升温幅度下最大离缝高度变化曲线

由图6.94可知,最大离缝高度随着整体升温幅度的升高而增加,整体升温幅度越大,轨道结构偏心受压荷载越大,在薄弱处失稳时变形量也越大,具体表现为轨道板与砂浆层之间的最大离缝高度也越大;当整体升温幅度小于20℃时,最大离缝高度很小,变化幅度也较为平缓,当整体升温幅度超过20℃时,最大离缝高度的增加速度也大幅增加,与轨道板和钢轨的上拱变形规律一致。

砂浆失效弹簧区域的纵向长度可以反映轨道板与砂浆层之间的离缝长度。以整体升温45℃为例,砂浆失效弹簧区域如图6.95所示,图中标红的区域为砂浆失效弹簧。图6.96为不同整体升温幅度下离缝长度变化曲线。由图6.96可知,离缝长度随着整体升温幅度的增加而增加;当整体升温10℃时,轨道板与砂浆层之间没有出现离缝破坏;当整体升温20℃时,轨道板与砂浆层之间的作用力开始超过层间黏结强度,轨道结构层间开始出现离缝破坏,离缝长度为1.6m,当整体升温45℃时,离缝长度为4.59m。

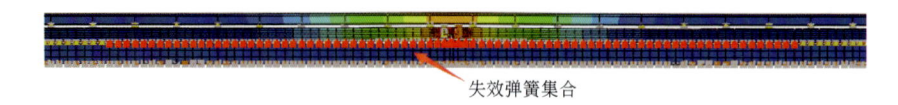

图 6.95　整体升温 45℃下的砂浆失效弹簧区域

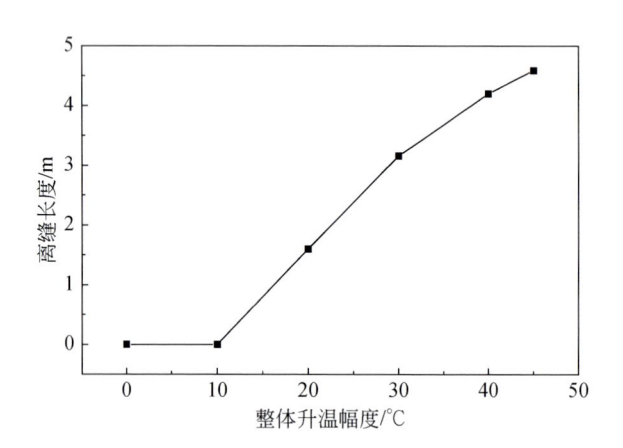

图 6.96　不同整体升温幅度下离缝长度变化曲线

6.2.2　窄接缝伤损程度对轨道结构上拱变形的影响

窄接缝伤损程度不同,对无砟轨道整体上拱变形规律也存在一定影响。窄接缝伤损程度主要由两个参数控制,即垂向上的伤损高度 H 和横向上的伤损宽度 L,如图 6.97 所示。

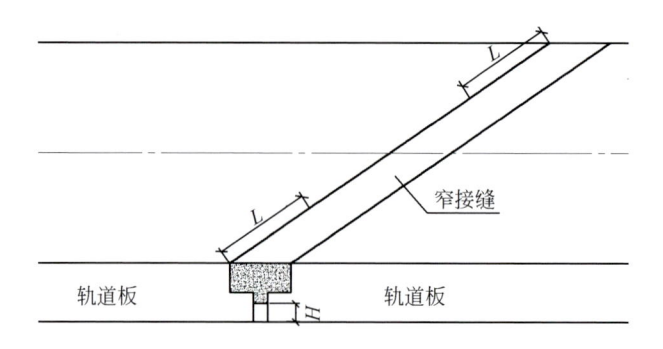

图 6.97　窄接缝伤损尺寸示意图

第6章 基于精细化分析方法的病害机理研究

1. 窄接缝伤损高度对轨道结构上拱变形的影响

本节主要研究窄接缝伤损高度对 CRTS Ⅱ 型板式无砟轨道结构力学性能的影响。选取最不利工况为窄接缝通缝的情况，即 $H=100\text{mm}$，$L=1275\text{mm}$（关于纵向中心线对称）。在此工况的基础上，控制 L 的长度不变（$L=1275\text{mm}$），通过改变伤损高度 H 研究窄接缝伤损高度对轨道结构力学性能的影响。

具体确定的工况有以下几种。工况 H1：$H=33.3\text{mm}$（窄接缝高度的 1/3）。工况 H2：$H=66.6\text{mm}$（窄接缝高度的 2/3）。工况 H3：$H=100\text{mm}$（基本工况）。工况 H4：$H=108.33\text{mm}$。工况 H5：$H=116.67\text{mm}$，其中工况 H4 和工况 H5 除窄接缝伤损外，还包括部分宽接缝伤损。以上工况均考虑整体升温 45℃ 荷载的作用。工况 H5 轨道板的垂向位移云图如图 6.98 所示。分析指标仍选取钢轨垂向位移、轨道板垂向位移以及最大离缝高度等指标进行分析。

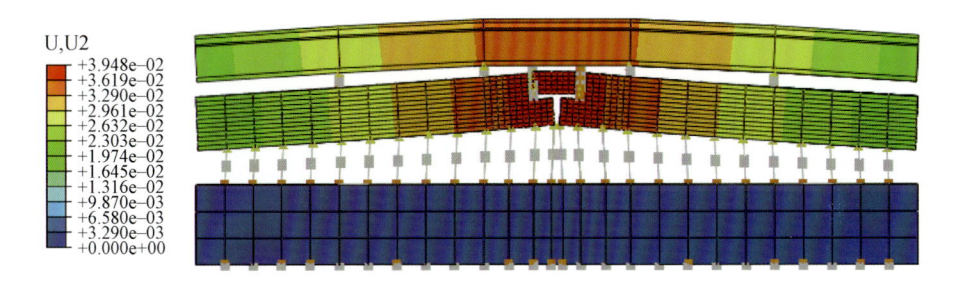

图 6.98　工况 H5 轨道结构上拱变形图（单位：m）

图 6.99 和图 6.100 为窄接缝不同伤损高度下钢轨垂向位移分布曲线和垂向位移最大值对比。由图 6.99 可知，随着窄接缝伤损高度增加，钢轨的垂向位移也

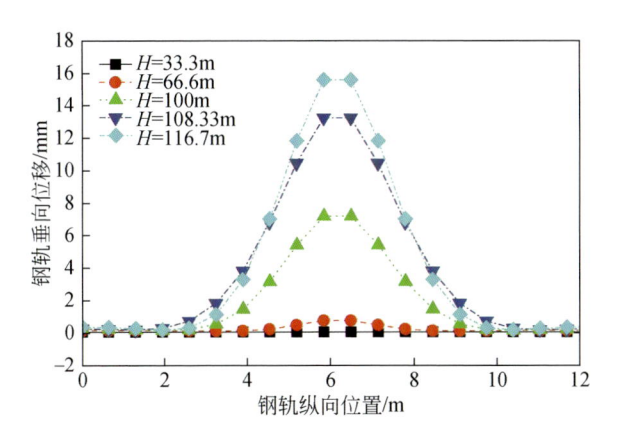

图 6.99　窄接缝不同伤损高度下钢轨垂向位移分布曲线

不断增加,钢轨的最大上拱位移发生在窄接缝的伤损位置。由图 6.100 可以看出,当伤损高度较小时,钢轨的垂向位移最大值增加速度较为缓慢;在整体升温 45℃下,当窄接缝处伤损高度为 33mm 时,钢轨垂向位移最大值为 2.8mm;当伤损高度达到 100mm 后,即伤损达到宽接缝位置后,钢轨的上拱速度大幅度增加。

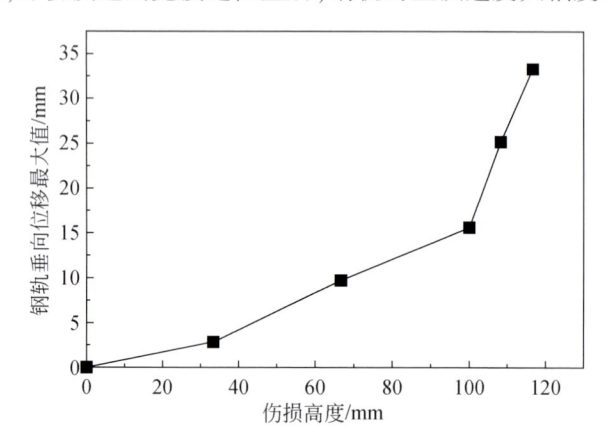

图 6.100　窄接缝不同伤损高度下钢轨垂向位移最大值对比

图 6.101 和图 6.102 为窄接缝不同伤损高度下轨道板垂向位移分布曲线和垂向位移最大值对比。由图 6.101 可知,当窄接缝处的伤损高度较小时,在整体升温45℃下,轨道板的上拱位移较小,随着伤损高度的不断增加,轨道板的垂向位移也不断增大,其原因同样在于伤损高度越大,轨道结构的偏心受压越严重,表现为上拱位移越大;当伤损高度达到 100mm 时,即窄接缝处的混凝土完全缺失时,轨道板的垂向位移增加的幅度有明显的提高。由此可知,窄接缝处的混凝土对轨道结构的稳定性有重要作用。

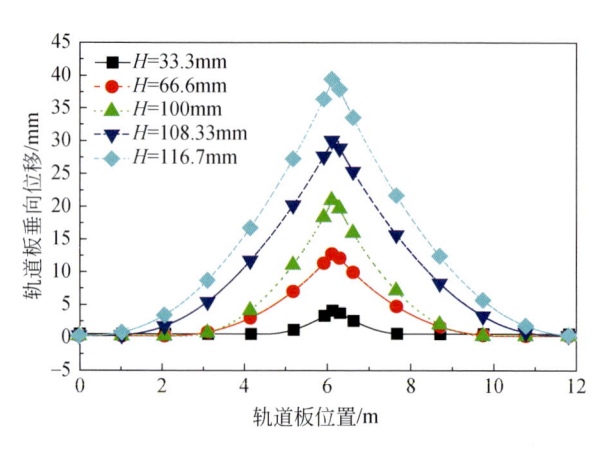

图 6.101　不同伤损高度下轨道板垂向位移分布曲线

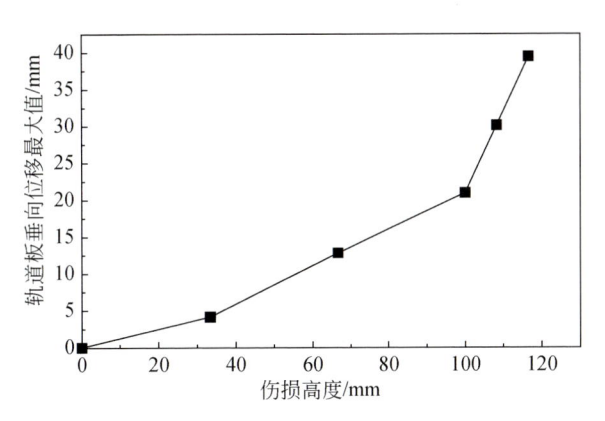

图 6.102　不同伤损高度下轨道板垂向位移最大值变化曲线

同理,通过砂浆弹簧的伸长量可以得到不同工况下轨道板与砂浆层之间发生层间破坏的最大离缝高度。各个工况的最大离缝高度,见表 6.6,同时得到不同伤损高度下最大离缝高度的变化曲线,如图 6.103 所示。

表 6.6　不同伤损高度下最大离缝高度

工况	工况 H1	工况 H2	工况 H3	工况 H4	工况 H5
最大离缝高度/mm	3.47	12.13	20.10	29.46	38.72

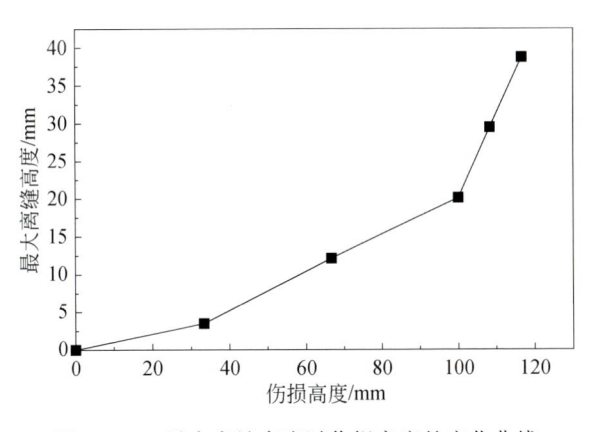

图 6.103　最大离缝高度随伤损高度的变化曲线

对比图 6.103 中曲线和钢轨、轨道板的上拱变形随伤损高度变化曲线可知,三者的变化规律基本一致,呈现一定的跟随性。

2. 窄接缝伤损长度对轨道结构上拱变形的影响

本节主要研究宽窄接缝处伤损长度对轨道结构的影响。考虑到轨道结构的对称性,在对窄接缝伤损长度取值时也按对称布置,伤损工况示意如图 6.104 所示。具体工况设置如下。工况 L1:$L=0.255$m。工况 L2:$L=0.51$m。工况 L3:$L=0.765$m。工况 L4:$L=1.02$m。工况 L5:$L=1.275$m。以上工况同样考虑整体升温 45℃ 荷载作用和窄接缝垂向完全伤损的情况。

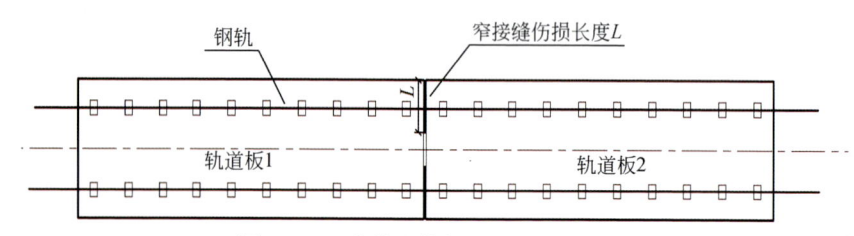

图 6.104 窄接缝伤损长度平面尺寸图

工况 L5 所对应的轨道结构的垂向位移云图如图 6.105 所示。

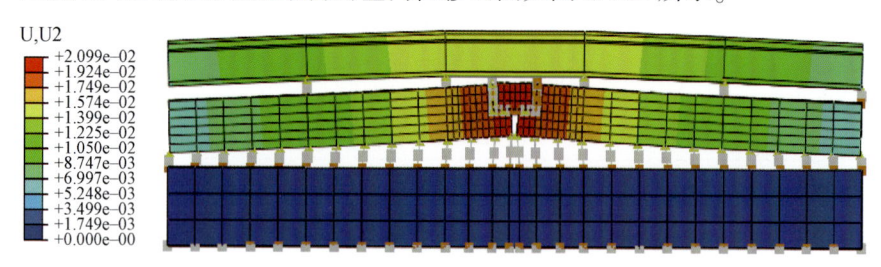

图 6.105 工况 L5 轨道结构上拱变形图(单位:m)

图 6.106 和图 6.107 为窄接缝不同伤损长度下钢轨垂向位移分布曲线和垂向位移最大值对比。由图 6.106 和图 6.107 可知,随着窄接缝伤损长度的增加,钢轨的上拱位移也不断增加。在整体升温 45℃ 下,当窄接缝伤损长度为 0.255m 时,钢轨的垂向位移最大值为 1.86mm;伤损长度为 1.02m 时,钢轨的垂向位移最大值为 12.34mm;钢轨垂向位移随着伤损长度的增加大致呈线性增加的趋势。

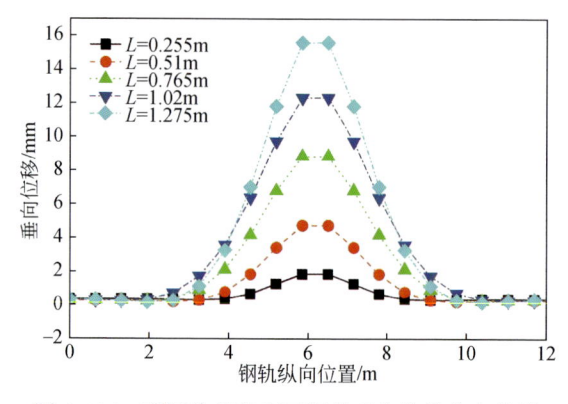

图 6.106 不同伤损长度下钢轨垂向位移分布曲线

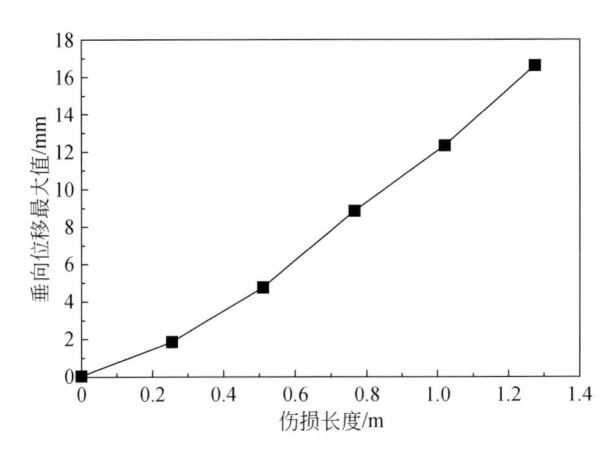

图 6.107　不同伤损长度下钢轨垂向位移最大值对比

图 6.108 和图 6.109 为窄接缝不同伤损长度下轨道板垂向位移分布曲线和垂向位移最大值对比。由图 6.108 和图 6.109 可知，在整体升温 45℃下，当窄接缝处伤损长度为 0.255m 时，轨道板的垂向位移最大值为 2.93mm；伤损长度为 1.02m 时，轨道板的垂向位移最大值为 15.79mm；伤损长度为 1.275m 时，轨道板的垂向位移最大值达到 20.99mm，两者变化同样基本呈线性增加的关系。

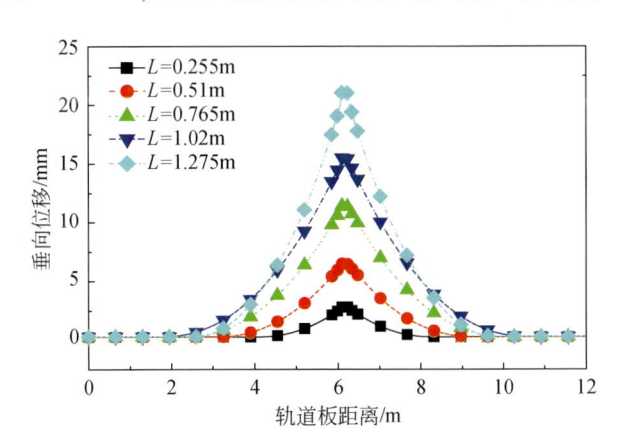

图 6.108　不同伤损长度下轨道板垂向位移变化曲线

同理，通过砂浆弹簧的伸长量可以得到不同工况下轨道板与砂浆层之间发生层间破坏的最大离缝高度。各个工况的最大离缝高度，见表 6.7，同时得到不同伤损长度下最大离缝高度的变化曲线，如图 6.110 所示。由图 6.110 可知，窄接缝处伤损长度越大，最大离缝高度就越大。原因同样在于伤损程度越大，轨道结构偏心受压越大，在薄弱处失稳时变形量也越大，具体表现为轨道板与砂浆层之间的最大

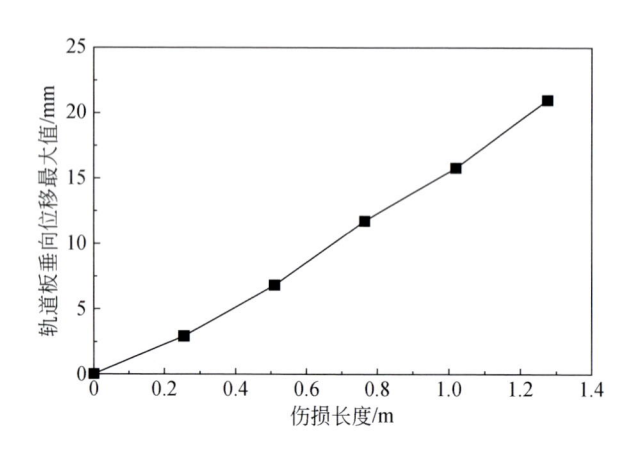

图 6.109　不同伤损长度下轨道板垂向位移最大值对比

离缝高度也越大。对比钢轨和轨道板的垂向位移，两者的基本走势大致相同，基本呈线性增加趋势。

表 6.7　不同伤损长度下轨道最大离缝高度

工况	工况 L1	工况 L2	工况 L3	工况 L4	工况 L5
最大离缝高度/mm	2.70	6.85	11.42	15.43	20.1

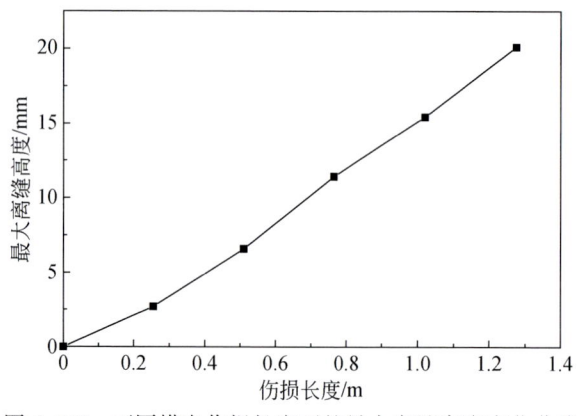

图 6.110　不同横向伤损长度下的最大离缝高度变化曲线

综上所述，轨道板宽窄接缝状态的好坏直接关系到轨道结构上拱以及层间离缝病害的发生，宽窄接缝的伤损将大幅降低轨道板结构上拱的临界温度。尤其在窄接缝已出现伤损的情况下，当环境温度超过轨道板纵连温度 20℃时，应加强对无砟轨道上拱病害的监控。

6.3 无砟轨道支承层与路基间离缝病害研究

无砟轨道在服役过程中受车辆、温度、基础不均匀变形等多种荷载影响。对于路基上无砟轨道在长期服役过程中,在路基的不均匀沉降以及严寒地区路基冻胀变形等因素的作用下,底座板/支承层与路基基床表层的级配碎石间可能产生区域内的离缝现象[182~184]。本节以路基不均匀沉降为例,对基床表层与无砟轨道间离缝产生及发展机理进行研究。

目前,对于路基沉降变形所引起的无砟轨道附加荷载影响已经有较多的研究,在无砟轨道结构设计中,也将其作为特殊荷载进行考虑。另外,在路基沉降对行车动力学影响方面,国内外学者也做了较多的研究。但现有研究较少涉及路基不均匀沉降作用下基床表层与无砟轨道间离缝的产生及演变。

本节利用所建立的层间病害精细化分析模型,对不同沉降曲线下路基上 CRTS Ⅱ型板式无砟轨道支承层与路基基床表层离缝的产生及演变情况进行研究。结合第3章层间黏结抗剪试验相关结果,黏结强度 f_t 分别取 0.2MPa、0.4MPa、0.6MPa、0.8MPa、1.0MPa、1.5MPa 和 2.0MPa。

本节中路基不均匀沉降变形采用下凹单波余弦式曲线和下凹半波余弦式台阶曲线为基本形式,以此研究不同沉降曲线、不同黏结强度及沉降量下的层间黏结破坏情况,路基沉降曲线如图 6.111 和图 6.112 所示。

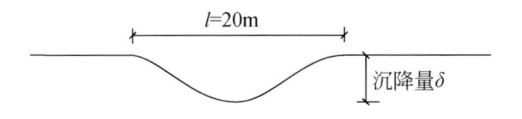

图 6.111 下凹单波余弦式路基沉降曲线

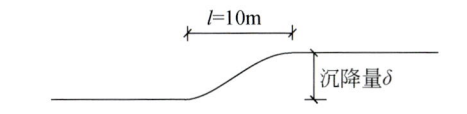

图 6.112 下凹半波余弦式路基台阶沉降曲线

6.3.1 下凹单波余弦式路基沉降下离缝产生及演变机理分析

1. 离缝发展趋势分析

不同黏结强度下,在 5mm、10mm、15mm、20mm 路基沉降量下,无砟轨道与路基层间黏结破坏情况如图 6.113～图 6.116 所示。

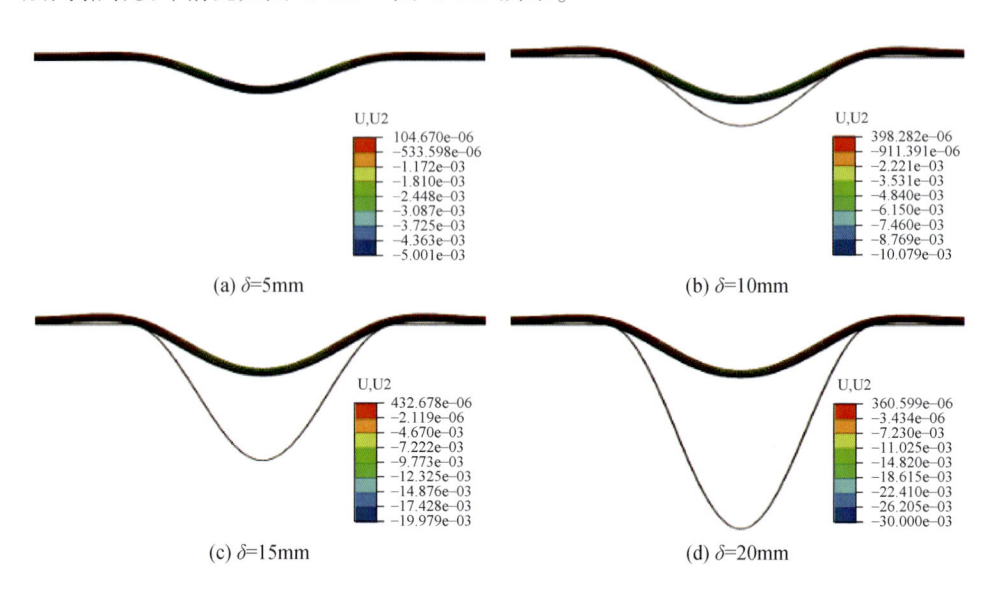

(a) $\delta=5$mm

(b) $\delta=10$mm

(c) $\delta=15$mm

(d) $\delta=20$mm

图 6.113　无砟轨道与路基层间黏结破坏云图($f_t=0.2$MPa,单位:m)

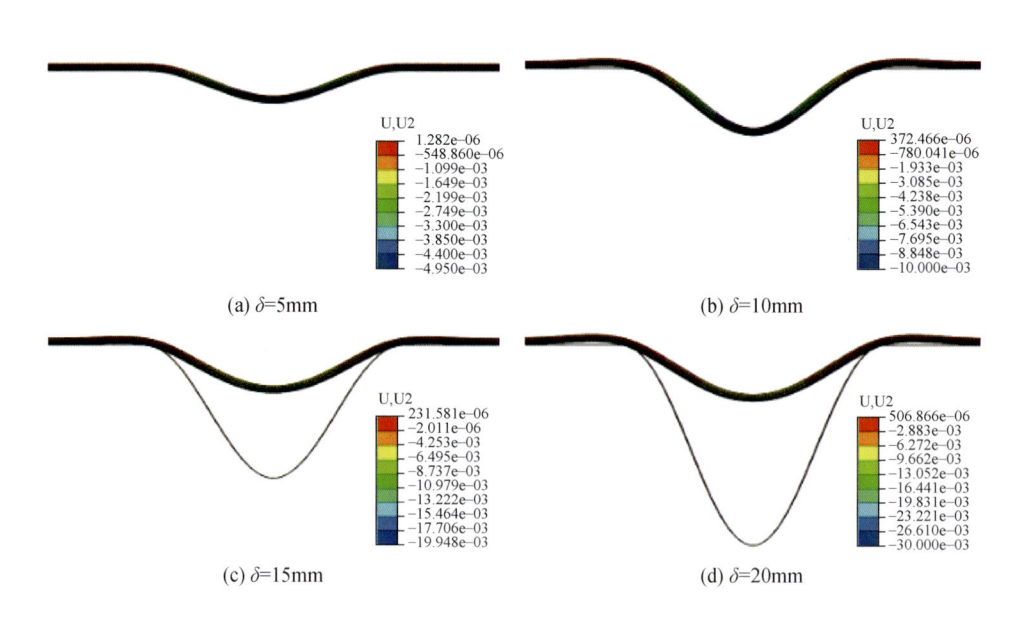

(a) $\delta=5$mm

(b) $\delta=10$mm

(c) $\delta=15$mm

(d) $\delta=20$mm

图 6.114　无砟轨道与路基层间黏结破坏云图($f_t=0.6$MPa,单位:m)

(a) $\delta=5$mm

(b) $\delta=10$mm

(c) $\delta=15$mm

(d) $\delta=20$mm

图 6.115　无砟轨道与路基层间黏结破坏云图($f_t=1.0$MPa,单位:m)

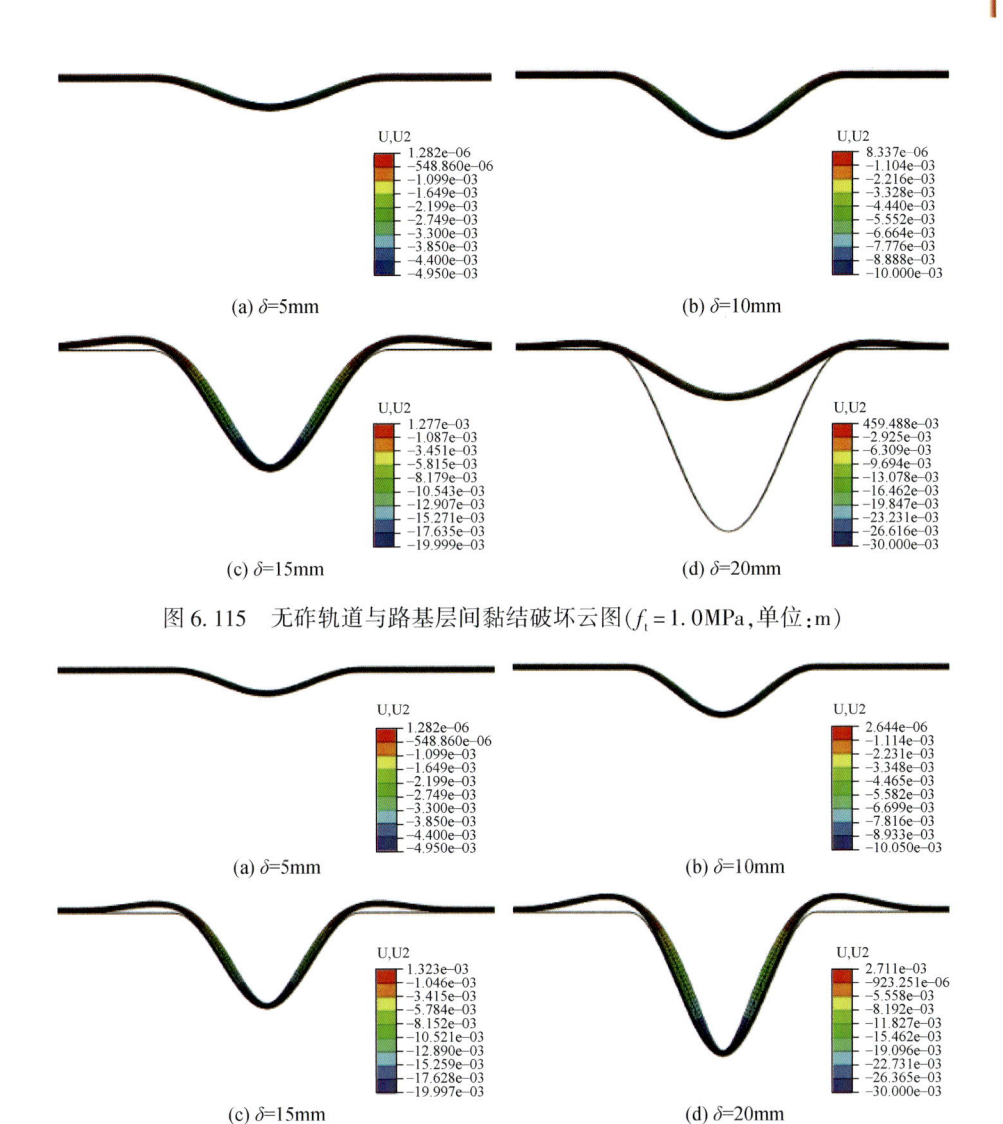

(a) $\delta=5$mm

(b) $\delta=10$mm

(c) $\delta=15$mm

(d) $\delta=20$mm

图 6.116　无砟轨道与路基层间黏结破坏云图($f_t=1.5$MPa,单位:m)

由图 6.113～图 6.116 可以看出,黏结强度对离缝开始产生的时机有较大影响。当黏结强度为 0.2MPa,路基沉降量为 10mm 时层间已出现整体离缝;当黏结强度为 0.6MPa,路基沉降量为 20mm 时层间已出现整体离缝;当黏结强度为 1.0MPa,路基沉降量为 20mm 时层间已出现整体离缝;当黏结强度为 1.5MPa,路基沉降量为 20mm 时层间尚未出现整体离缝。

不同黏结强度下,离缝高度随路基沉降量变化而变化的趋势如图 6.117 所示。其中白色部分代表层间黏结无破坏。

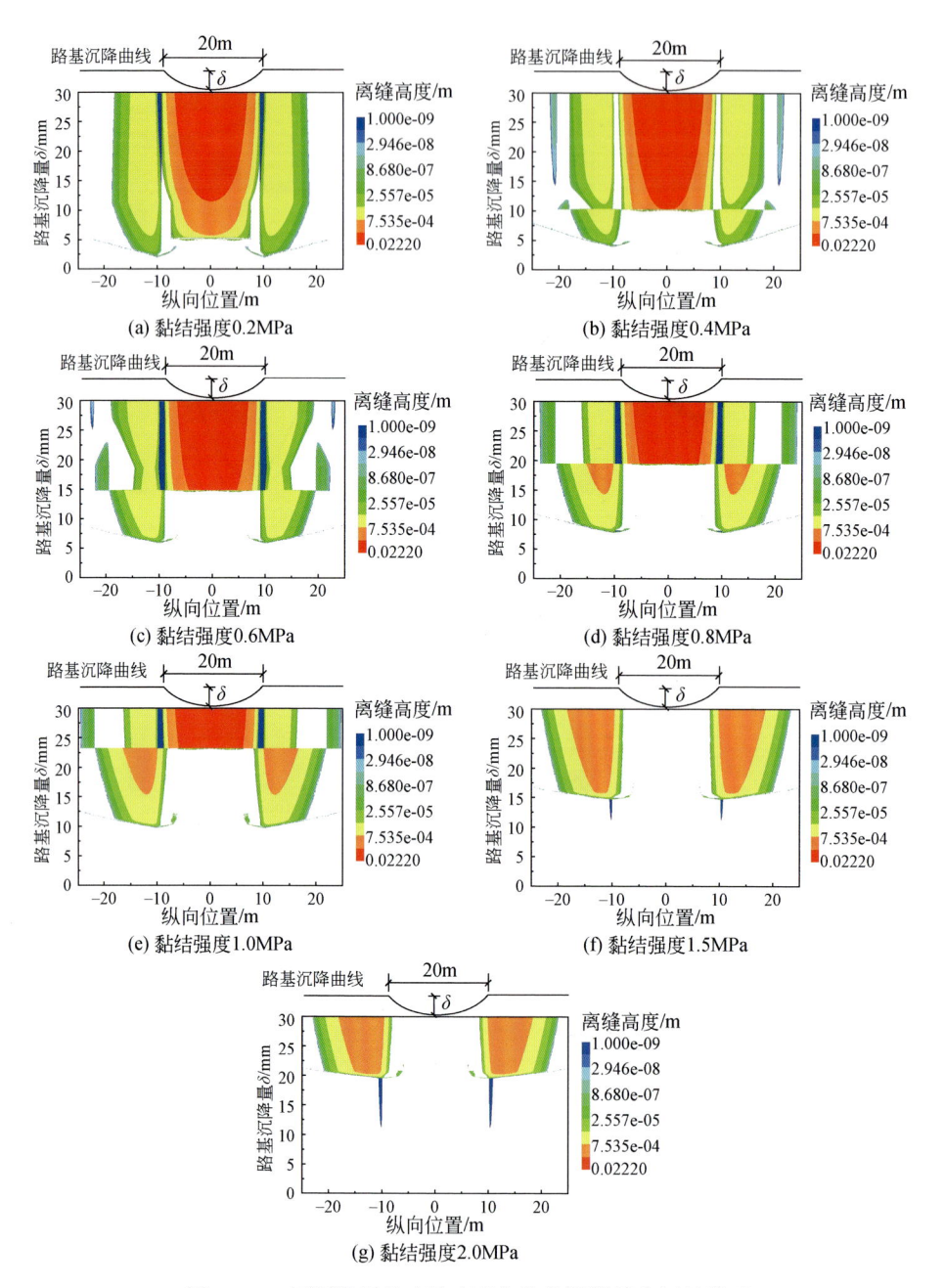

图 6.117　不同位置处离缝高度与路基沉降量之间的关系

从层间黏结破坏的离缝高度云图变化中可以看出，离缝最先由沉降曲线边缘位置处开始产生，并向外侧延伸，至一定程度时沉降曲线内产生整体离缝。黏结强度为0.2~1.0MPa时,沉降曲线中部均会产生离缝,黏结强度≥1.5MPa时,沉降曲线中部不会产生贯通离缝。

2. 离缝发展指标分析

通过对不同黏结强度时路基沉降下无砟轨道支承层与路基基床表层黏结破坏情况的分析可以看出,层间破坏从沉降区外侧开始发展,并向外侧延伸扩展。沉降区内层间离缝发展较为迅速,可以认为离缝整体突然发展,具体离缝发展机制如图6.118和图6.119所示。

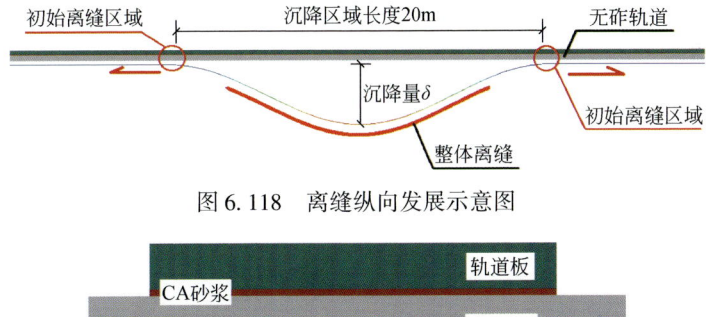

图6.118 离缝纵向发展示意图

图6.119 离缝横向发展机制示意图

图6.120是黏结强度为1.0MPa时,支承层与基床表层间破坏初始时刻,离缝

$\delta=8.96$mm　$\delta=8.97$mm　$\delta=8.99$mm　$\delta=9.00$mm　$\delta=9.01$mm　$\delta=9.03$mm　$\delta=9.04$mm

$\delta=9.06$mm　$\delta=9.07$mm　$\delta=9.09$mm　$\delta=9.12$mm　$\delta=9.14$mm　$\delta=9.17$mm　$\delta=9.22$mm

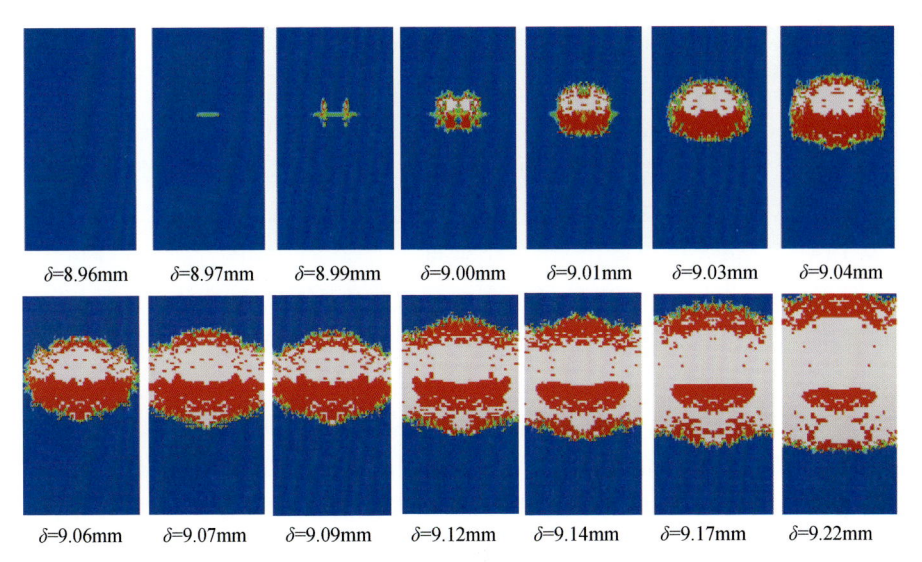

图6.120 离缝横向贯通过程

由板中向侧边贯通过程。由于无砟轨道在板中位置处刚度较大,侧边刚度较小,因此离缝从板中位置处开始发展,并向侧边延伸,直至形成横向贯通离缝。

将离缝开始发生时的路基沉降量记为起裂沉降量,将离缝贯通时的沉降量记为贯通沉降量。不同黏结强度下,起裂沉降量与贯通沉降量如图6.121所示。

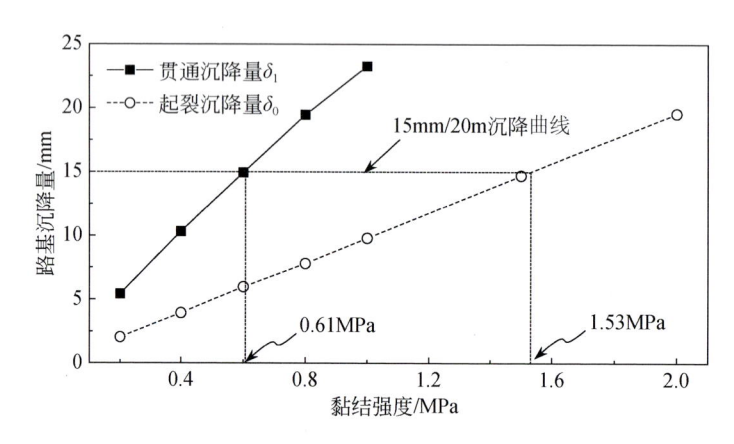

图6.121 不同黏结强度下起裂沉降量和贯通沉降量的关系

从不同黏结强度下起裂沉降量和贯通沉降量关系图中可以看出,起裂沉降量 δ_0 和贯通沉降量 δ_1 随着黏结强度增加,呈线性增长。起裂沉降量和贯通沉降量与黏结强度之间的关系可用式(6.6)和式(6.7)表示:

$$\delta_0 = 9.813 f_t \tag{6.6}$$

$$\delta_1 = 22.415 f_t + 1.227 \tag{6.7}$$

式中,δ_0 为起裂沉降量,mm;δ_1 为贯通沉降量,mm。

由图6.121可以看出,在20m范围内15mm余弦式沉降情况下,当黏结强度在1.53MPa左右时,基本不会产生离缝现象;当黏结强度在0.61MPa左右时,在沉降区范围外会产生一定程度的离缝,而在沉降曲线内不会出现离缝现象;不同黏结强度下CIA及纵向离缝长度随路基沉降量的变化如图6.122和图6.123所示。

从CIA变化情况可以看出,当黏结强度为0.2～1.0MPa,路基沉降量为0～30mm时均会有一定程度的突变;而当黏结强度为1.5MPa、2.0MPa时,路基沉降量30mm范围内不会出现CIA突变,如图6.122所示。不同黏结强度下离缝贯通瞬间CIA突变量对比如图6.124所示。

CIA突变表示黏结层出现大范围离缝,层间离缝长度迅速增长。由图6.124可以看出,随着黏结强度的增加,层间贯通离缝所产生的CIA突变量呈线性增加趋势。这表明黏结强度越大,沉降区范围内离缝瞬间所带来的板下脱空空间越大,对行车安全的影响也越大。不同黏结强度下CIA突变之后,其增长曲线基本一致,并

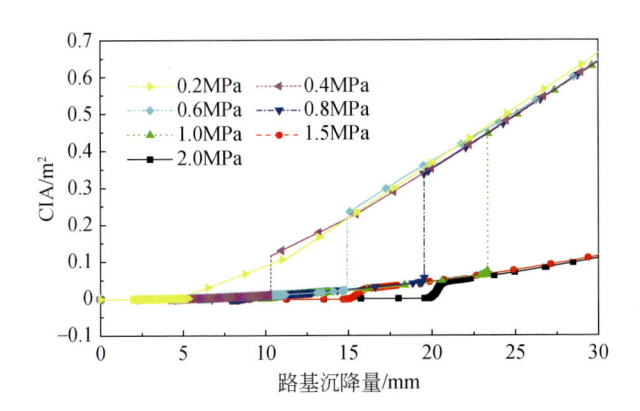

图 6.122　不同黏结强度下 CIA 随路基沉降量的变化

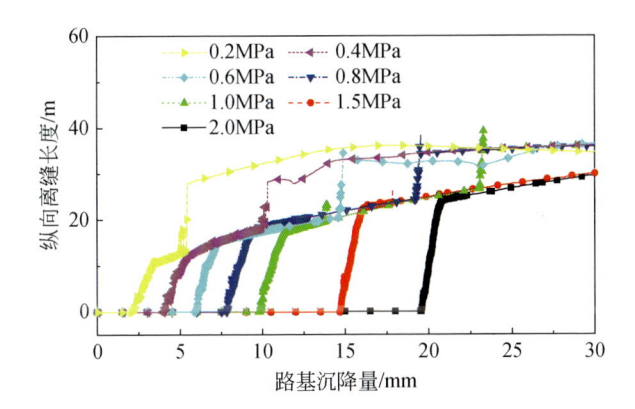

图 6.123　不同黏结强度下离缝长度随路基沉降量的变化

呈线性增长趋势。

图 6.123 为 30mm 沉降量下纵向离缝长度随层间黏结强度变化情况。由图可以看出,在黏结强度不同的情况下,层间贯通离缝发生之前,纵向离缝长度也存在一定的差异。随着黏结强度的增加,整体破坏前的纵向离缝长度也呈增加的趋势。而贯通离缝发生后,纵向离缝长度发展趋于平缓,除黏结强度 1.5MPa、2.0MPa 工况外,其余工况均维持在 35～37m。

图 6.125 和图 6.126 分别为在 30mm 路基沉降量下不同黏结强度时的纵向离缝范围分布及最大值。从图 6.126 中可以看出,波长 20m 范围内的下凹单波余弦式沉降在离缝后的平均影响长度为 35.97m,即离缝在沉降曲线外延伸 7.99m 左右,如图 6.125 所示。

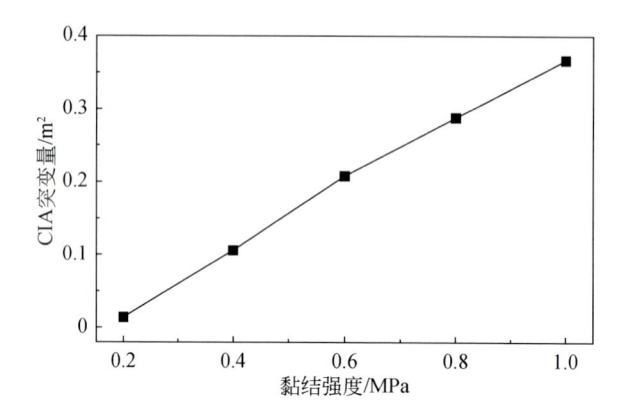

图 6.124　离缝贯通瞬间 CIA 突变量对比

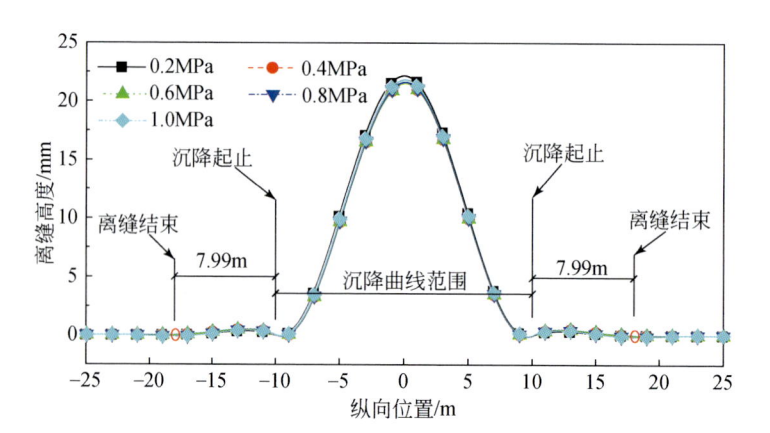

图 6.125　30mm 路基沉降量下纵向离缝长度分布

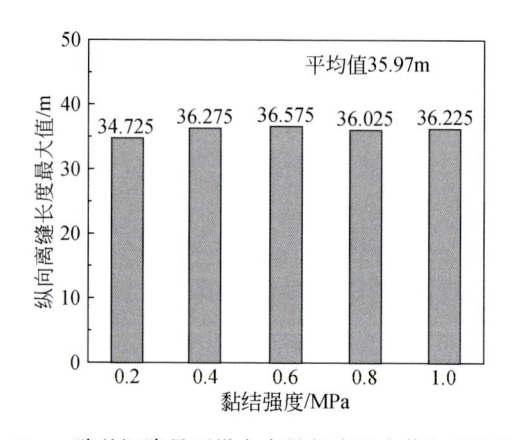

图 6.126　30mm 路基沉降量下纵向离缝长度最大值与黏结强度的关系

6.3.2 下凹半波余弦式路基沉降下离缝产生及演变机理分析

1. 离缝发展趋势分析

不同黏结强度下,在5mm、10mm、15mm、20mm路基沉降量下,无砟轨道与路基层间黏结破坏云图如图6.127~图6.130所示。

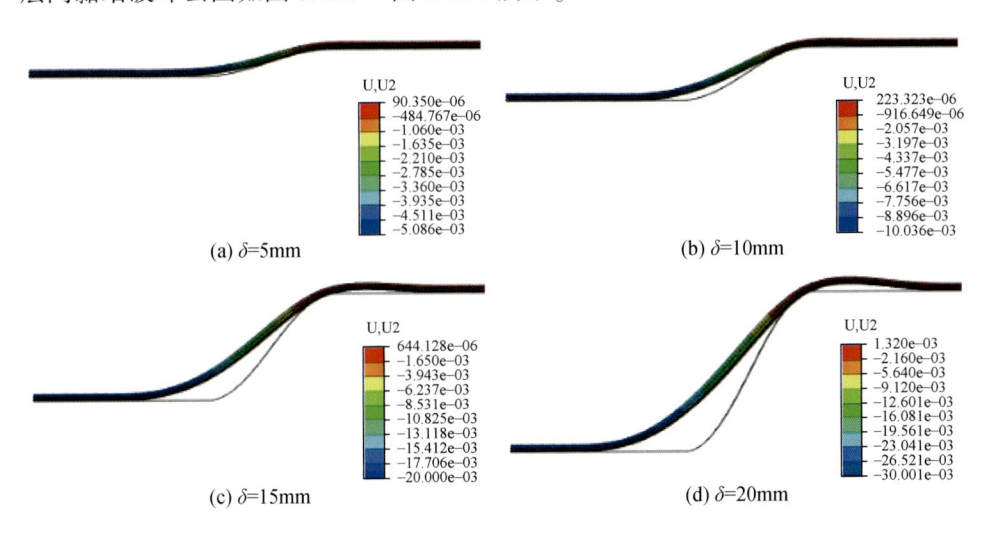

图6.127 无砟轨道与路基层间黏结破坏云图($f_t=0.2$MPa,单位:m)

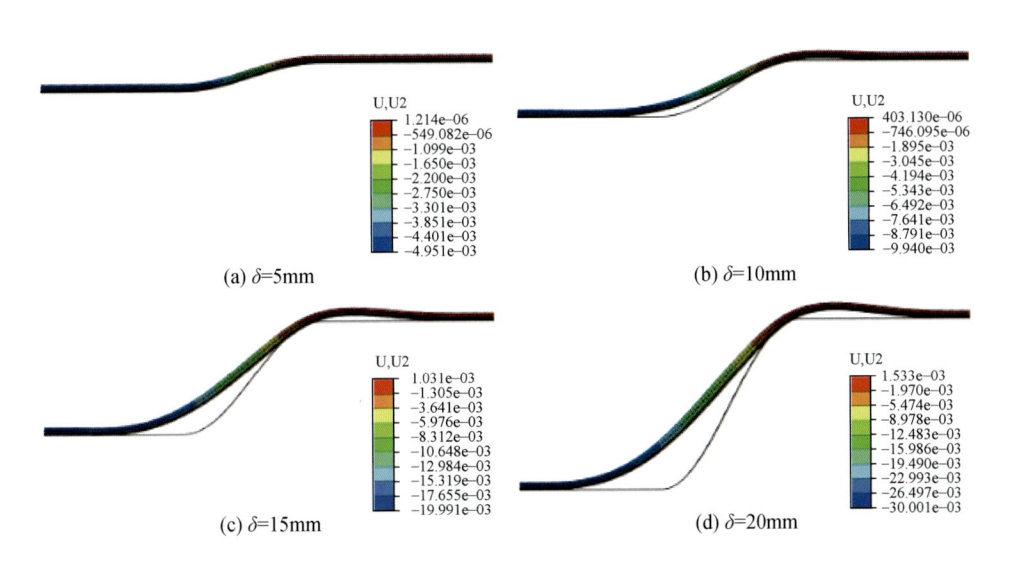

图6.128 无砟轨道与路基层间黏结破坏云图($f_t=0.6$MPa,单位:m)

(a) $\delta=5$mm   (b) $\delta=10$mm

(c) $\delta=15$mm   (d) $\delta=20$mm

图6.129　无砟轨道与路基层间黏结破坏云图($f_t=1.0$MPa，单位：m)

(a) $\delta=5$mm   (b) $\delta=10$mm

(c) $\delta=15$mm   (d) $\delta=20$mm

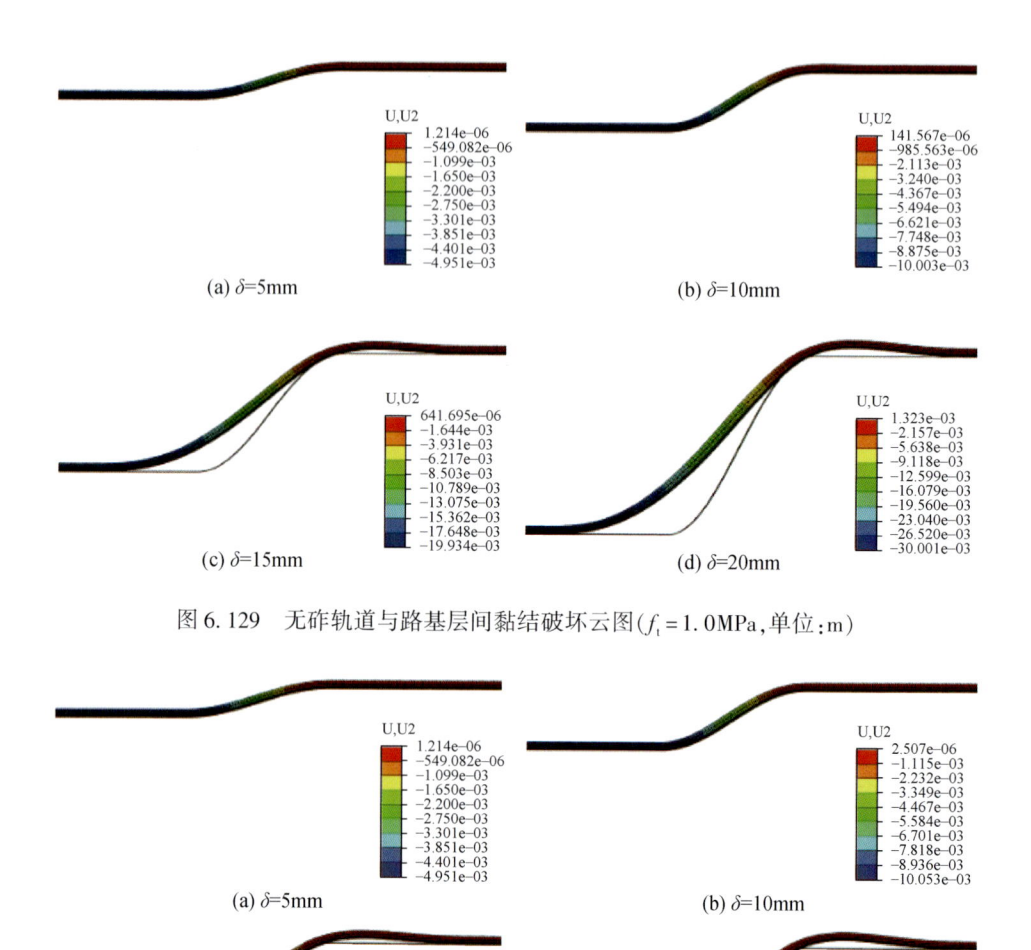

图6.130　无砟轨道与路基层间黏结破坏云图($f_t=1.5$MPa，单位：m)

由图6.127～图6.130可以看出，黏结强度对离缝开始产生的时机有较大影响。当黏结强度小于0.6MPa，路基沉降量为10mm时层间已出现贯通离缝；当黏结强度为1～1.5MPa，路基沉降量为15mm时层间已出现贯通离缝。

不同黏结强度下，离缝高度随路基沉降量变化的趋势如图6.131所示。其中白色部分代表层间黏结无破坏。

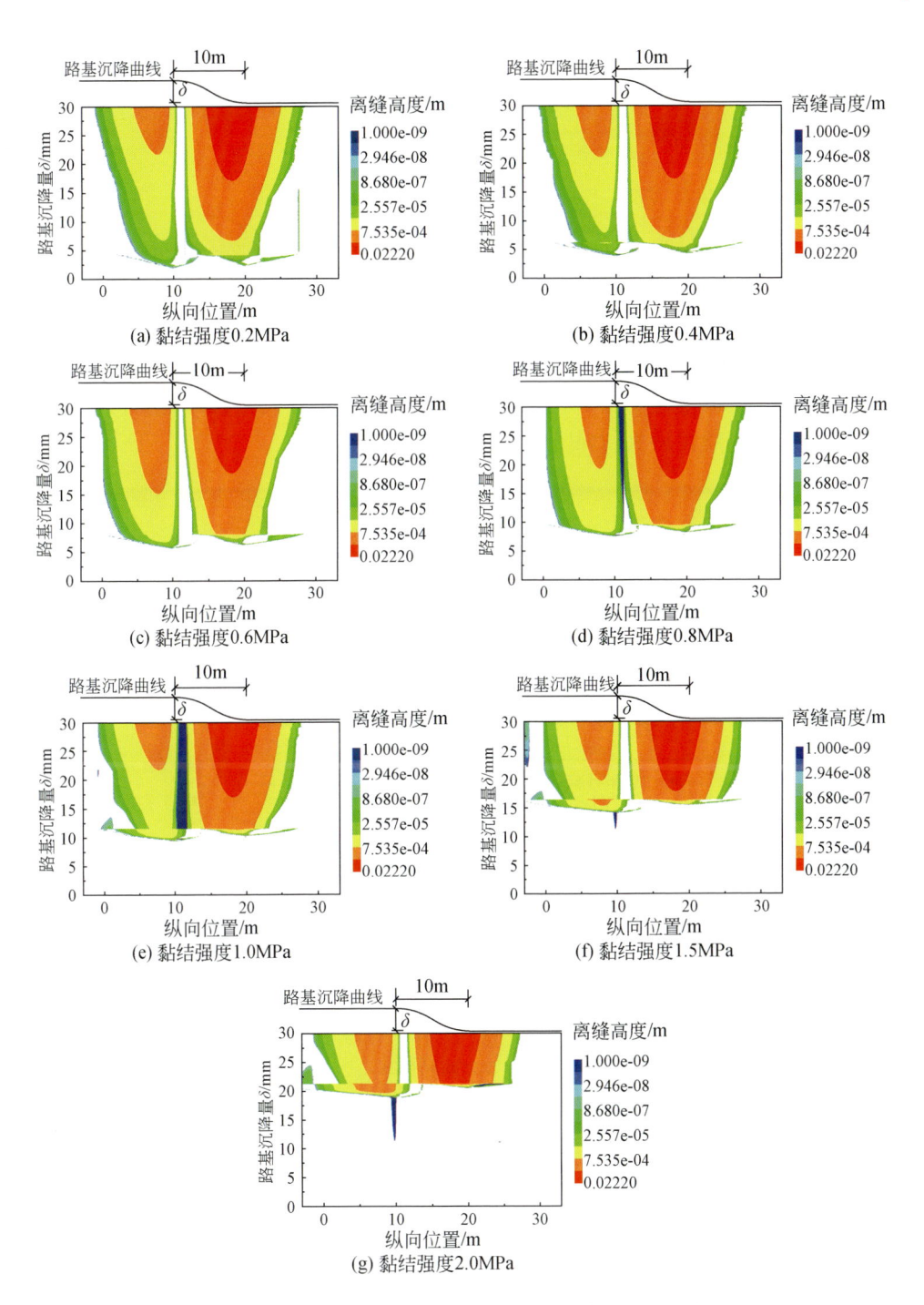

第 6 章　基于精细化分析方法的病害机理研究

(a) 黏结强度0.2MPa
(b) 黏结强度0.4MPa
(c) 黏结强度0.6MPa
(d) 黏结强度0.8MPa
(e) 黏结强度1.0MPa
(f) 黏结强度1.5MPa
(g) 黏结强度2.0MPa

图 6.131　不同位置处离缝高度与路基沉降量之间的关系

从黏结破坏的离缝高度云图变化中可以看出,离缝最先由阶梯沉降上端产生,并向外侧延伸,至一定程度时阶梯下端开始产生离缝。层间黏结强度越高,台阶沉降下端离缝扩展越迅速。

2. 离缝发展指标分析

从上述不同黏结强度下支承层与基床表层在下凹半波余弦式阶梯变形下的破坏发展情况可以看出,破坏最先由变形曲线较高部分外侧开始产生,当阶梯变形逐渐增加时,沉降曲线较低位置处产生第二个起裂点。两个起裂点在阶梯变形增大过程中逐渐向两侧延伸,至沉降曲线范围内离缝贯通时,离缝空间(即 CIA)产生突变。离缝的横向演变与 6.3.1 节单波余弦式变形中一致,均由板中开始向板边蔓延。具体层间离缝扩展机制如图 6.132 所示。

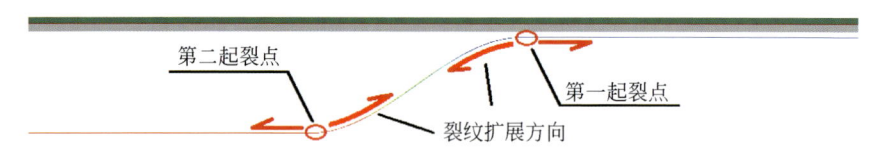

图 6.132 台阶沉降下离缝扩展机制

不同黏结强度下,第一起裂点沉降量与贯通沉降量如图 6.133 所示。

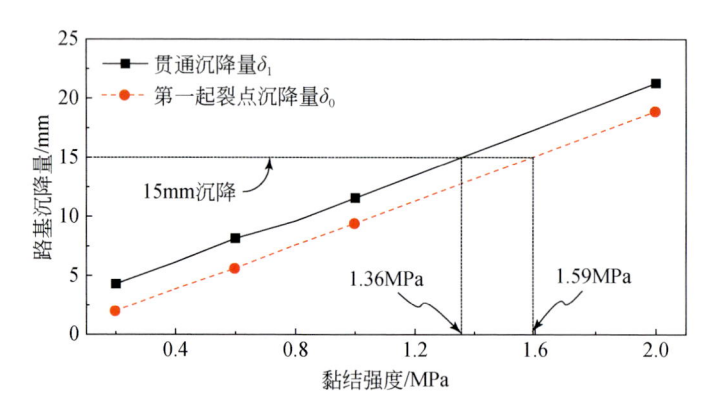

图 6.133 贯通沉降量和第一起裂点沉降量与黏结强度之间的关系

由图 6.133 可以看出,第一起裂点沉降量 δ_0 和贯通沉降量 δ_1 随着黏结强度的增加均呈线性增加趋势。δ_0 和 δ_1 与黏结强度的关系可拟合成式(6.8):

$$\begin{cases} \delta_0 = 9.42 f_t \\ \delta_1 = 9.41 f_t + 2.31 \end{cases} \tag{6.8}$$

由式(6.8)可以看出,δ_0 和 δ_1 与黏结强度 f_t 之间的线性系数基本一致,而整体

第6章 基于精细化分析方法的病害机理研究

离缝沉降量 δ_1 的截距 2.31mm 表示在重力荷载下,当层间无黏结,阶梯沉降量为 2.31mm 时,沉降区域内开始出现整体离缝。

在沉降量为 15mm,黏结强度为 1.59MPa 时,层间不会产生离缝;当黏结强度为 1.36MPa 时,层间不会产生贯通离缝,仅会在第一起裂点附近产生一定程度的离缝。

不同黏结强度下 CIA 随路基沉降量的变化曲线如图 6.134 所示,纵向离缝长度随路基沉降量的变化曲线如图 6.135 所示。由图 6.134 和图 6.135 可知,黏结强度为 0.2~2.0MPa 时,基础沉降量在 0~30mm 范围内 CIA 均会有一定程度的突变,突变后 CIA 基本上遵循同一上升曲线。当纵向离缝长度在第一起裂点产生后至离缝完全贯通时,不同黏结强度下纵向离缝长度随沉降量变化而变化,基本也呈线性变化规律,且较为一致。当两处离缝贯通后,纵向离缝长度和沉降量基本与黏结强度无关。

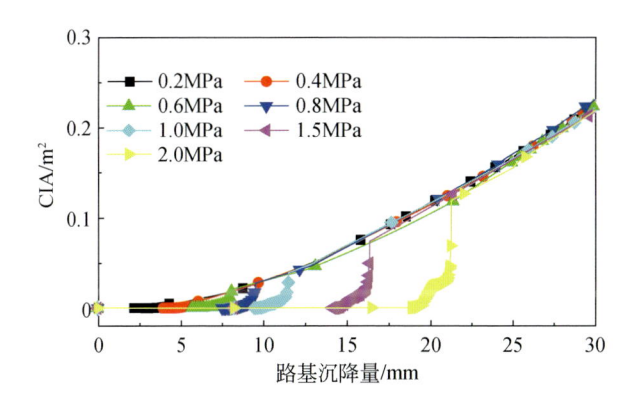

图 6.134 不同黏结强度下 CIA 随路基沉降量的变化曲线

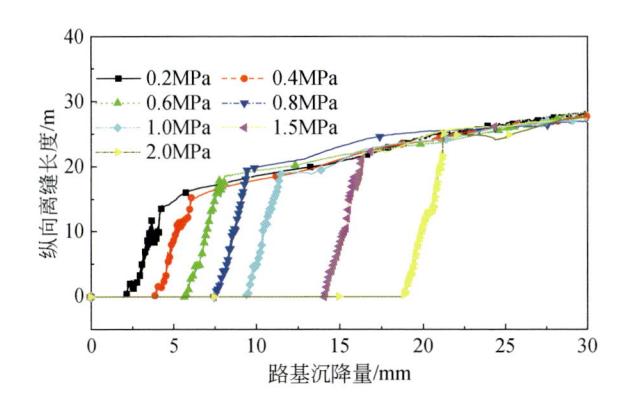

图 6.135 不同黏结强度下纵向离缝长度随路基沉降量的变化曲线

在不同黏结强度下,层间离缝贯通后,纵向离缝长度和 CIA 在 30mm 时刻(以 30mm 沉降量为例)的对比如图 6.136 和图 6.137 所示。由图 6.136 和图 6.137 可知,在贯通离缝产生后,相同阶梯沉降变形下,不同黏结强度的 CIA 和纵向离缝范围基本一致。其中,由式(6.8)可知,在 30mm 阶梯沉降下,层间均已产生贯通离缝。此时综合各黏结强度下纵向离缝范围及 CIA 平均值可知,无砟轨道支承层下存在 0.2232m² 的离缝空间(CIA 值),轨道在 27.62m 范围内受到离缝影响。图 6.138 为不同黏结强度时,在 30mm 沉降量下不同位置处的离缝高度分布情况。

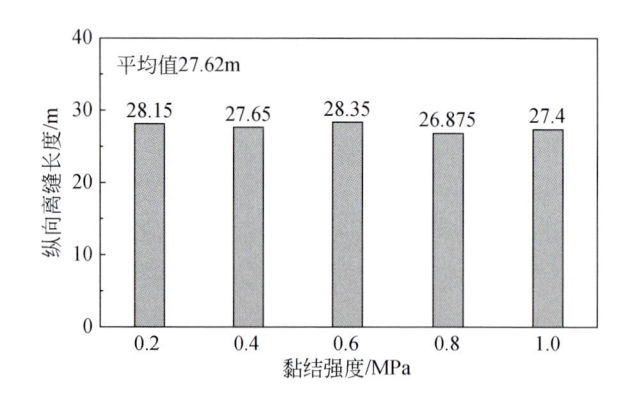

图 6.136　30mm 路基沉降量下纵向离缝长度与黏结强度之间的关系

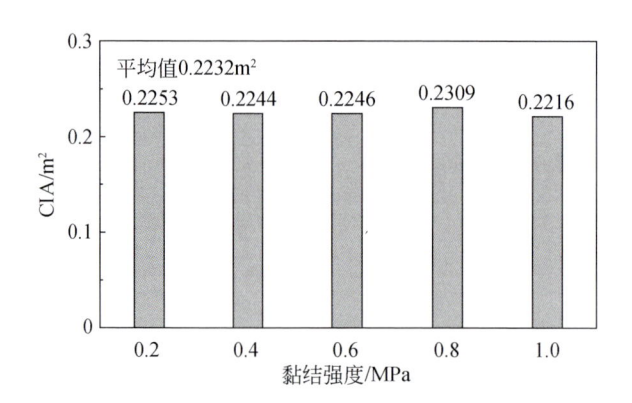

图 6.137　30mm 路基沉降量下 CIA 与黏结强度之间的关系

由图 6.138 可知,贯通离缝产生以后,黏结强度对 30mm 沉降量下的离缝高度分布影响较小,离缝高度分布趋于一致。其中,在下台阶端,离缝向外延伸 7~8m,在上台阶端,离缝向外延伸 9~10.5m。并且从图 6.138 中可以看出,在台阶上下端均产生明显的离缝高度峰值,且台阶下端更加明显。但从图 6.138 中可以分辨

第 6 章　基于精细化分析方法的病害机理研究

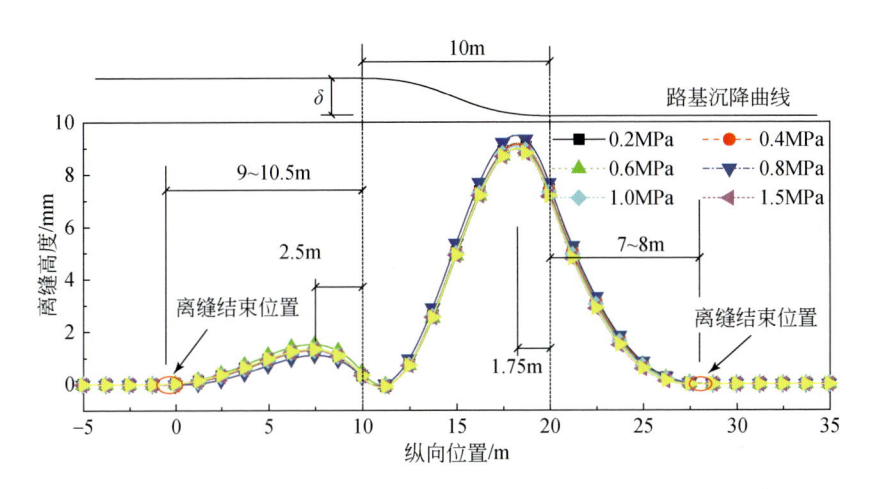

图 6.138　30mm 沉降量下不同位置处的离缝高度分布与黏结强度之间的关系

出,两处峰值均距离沉降曲线起点和终点有一定距离。其中,台阶上端处峰值距离沉降曲线起点 2.5m 左右,在沉降曲线外;台阶下端处峰值距离沉降曲线终点 1.75m,在沉降曲线内。

综合来看,在不同类型路基沉降的作用下,CRTS Ⅱ 型板式无砟轨道-路基间离缝发展过程有所区别,黏结强度也有一定影响。考虑沉降规范限值 15mm/20m,为保证支承层与基床表层间不发生离缝,在设计时应控制其层间黏结强度不小于 1.59MPa。

6.4　本章小结

本章利用所建立的考虑无砟轨道层间黏结破坏的精细化分析模型,对无砟轨道砂浆层黏结破坏、无砟轨道上拱病害及不同基础变形类型下支承层下离缝的产生及演变机理进行了细致分析。通过上述分析可得到以下结论:

(1)通过精细化分析方法中的层间离缝精细化分析模型,可有效分析复杂温度条件下无砟轨道轨道板下层间离缝病害的产生及演变过程。正温度梯度荷载作用下,CRTS Ⅱ 型板式无砟轨道轨道板与砂浆层接触面上边缘位置处首先产生破坏而不离缝,直至破坏延伸至内部 0.2m 左右,层间开始离缝,并逐渐向轨道核心和边缘位置同时延伸;负温度梯度荷载作用下,层间破坏形式主要为 Ⅰ 型裂纹,由板角向板中延伸;起裂温度梯度与黏结强度间基本呈线性关系,可结合实际温度监测,更好地关注层间离缝的补修时机;黏结强度对层间离缝发展趋势也有重要影响。此外,结合动力仿真模型,还可实现无砟轨道层间离缝后整体动力性能评估。对

CRTS Ⅱ型板式无砟轨道层间离缝后的动力性能评估发现,层间离缝量与离缝范围对系统整体动力学响应均有影响。综合规范限值和不同速度级下结构动力学特性分析,提出了限速建议。

综合来看,为保证CRTS Ⅱ型板式无砟轨道板下减少离缝的发生,在设计时应将轨道板与砂浆层间黏结强度控制在1.25MPa;当CRTS Ⅱ型板式无砟轨道层间发生离缝后,可根据表6.4建议对动车组进行限速。

(2)利用层间病害精细化分析模型,可对无砟轨道轨道板上拱病害的发生机理进行研究。例如,CRTS Ⅱ型板式无砟轨道在整体升温20℃条件下砂浆层与轨道板之间的黏结强度基本能够克服温度应力,此时砂浆未失效。当整体升温超过20℃时,砂浆层与轨道板之间黏结失效,轨道的上拱位移大幅度增加。此外,窄接缝伤损程度加剧后,轨道结构偏心受压程度提高,使得上拱病害加剧。

因此,当环境温度超过轨道板纵连温度20℃时,应加强对无砟轨道上拱病害的检查,尤其对窄接缝出现伤损区域需特别注意。

(3)利用层间病害精细化分析模型可实现对无砟轨道支承层与路基间离缝的产生及发展机理的研究。例如,在不同类型基础沉降荷载作用下,CRTS Ⅱ型板式无砟轨道支承层下离缝呈现出不同的发展过程。下凹单波余弦式沉降下,层间破坏从沉降区内侧开始发展,并逐渐向外侧延伸。沉降区内层间离缝发展较为迅速,可以认为离缝整体突然发生。横向方向上,离缝从板中位置处开始发展,并向侧边位置延伸,直至形成横向贯穿离缝。下凹半波余弦式台阶沉降下,破坏最先由变形曲线较高部分外侧产生,阶梯变形逐渐增加时,沉降曲线较低位置处产生第二个起裂点,两个起裂点在阶梯变形增大过程中逐渐向两侧延伸,至沉降曲线范围内离缝贯通。层间黏结强度也对其离缝行为有一定的影响。

综合来看,为保证支承层与基床表层间不发生离缝,在设计时应控制其层间黏结强度不小于1.59MPa。

综上所述,本书所提出的精细化分析方法能够满足大多数无砟轨道层间病害机理研究的要求。

第7章 基于精细化分析方法的病害整治研究

线路运营阶段最关注的问题之一就是病害整治。合理的病害整治方法对于保障列车运营安全、延长轨道使用寿命具有重要作用。因此,本章基于病害机理方面的研究内容,利用所建立的精细化分析模型,对无砟轨道典型病害整治方法进行研究;结合伤损等级判定标准,提出典型病害的养护维修时机;在维修措施优化研究方面,通过对维修材料参数、植筋方案等影响规律的研究,并结合既有的维修方法,提出无砟轨道典型病害的维修措施。

7.1 CRTS Ⅰ型板式无砟轨道砂浆层离缝整治方法研究

现场调研表明,CRTS Ⅰ型板式无砟轨道轨道板与砂浆层间离缝主要受温度荷载、下部基础沉降和施工质量等影响,其中温度荷载是造成大部分离缝的主要原因。本节通过分析不同温度条件下轨道结构的变形规律,提取砂浆层最大离缝高度与规范限值进行对比,从而提出砂浆层离缝的合理维修时机。另外,当采用修复材料对离缝区域进行填充后,修复材料自身属性将对轨道系统的受力状态产生影响。本节通过分析不同离缝伤损程度下不同修复材料弹性模量对轨道系统力学特性的影响,提出修复材料弹性模量的合理范围。

7.1.1 砂浆层离缝病害的维修时机研究

4.2.2节的温度荷载效应研究已表明,在"上热下冷"的正温度梯度荷载作用下,轨道板中部拱起,四角下弯;而在"上冷下热"的负温度梯度荷载作用下轨道板中部下沉,四角翘起。轨道板变形、层间离缝高度都与温度梯度有关,当最大离缝高度大于规范限值时需要开展养护维修工作。

受环境循环温度的影响,轨道服役性能处于逐渐劣化的状态。即使温度梯度幅值没有变化,在循环荷载作用下层间离缝高度也可能在不断变化。本节基于建立的空间精细化分析模型,计算循环温度作用下轨道板的离缝高度变化规律,以离缝高度为例,统计在不同温度梯度下无砟轨道砂浆层离缝高度变化范围,为养护维修时机的确定提供依据。施加的循环温度来源于监测数据,为了模拟极端温度梯度的影响,将监测值乘以一个系数,使最大负温度梯度达到50℃/m,最大正温度梯度达到100℃/m,以包络温度梯度实际可能最大值。加载的冬季温度梯度荷载曲线如图7.1所示,夏季温度梯度荷载曲线如图7.2所示。

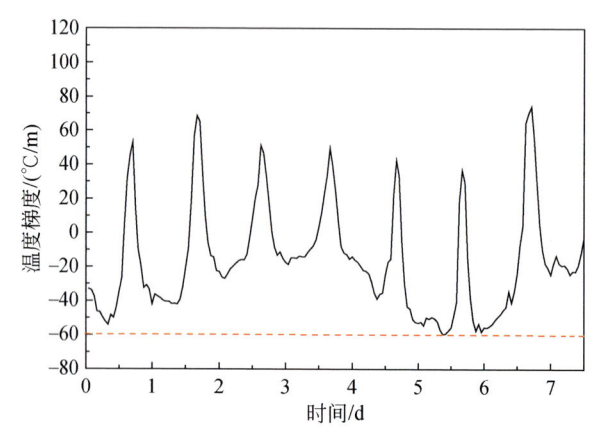

图 7.1　温度梯度随时间变化图(1 月)

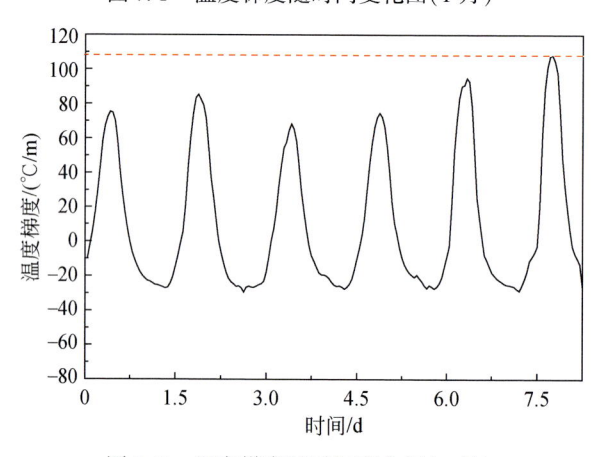

图 7.2　温度梯度随时间变化图(7 月)

在实际调研及数值试验中发现,板角离缝较为突出,因此取板角离缝高度为观测指标。通过计算可以得到每一时刻的最大离缝高度,计算结果如图 7.3 和图 7.4 所示。由图 7.3 和图 7.4 可知,在负温度梯度较大的 1 月,板角最大离缝高度较大,而在负温度梯度较小的 7 月,板角最大离缝高度较小,可见负温度梯度对层间离缝影响明显。分析负温度梯度较大的 1 月中板角最大离缝高度与温度梯度的关系如图 7.5 所示。

由图 7.5 可知,从整体上看,板角最大离缝高度与温度梯度基本呈线性关系,板角最大离缝高度随着负温度梯度的增加而增加。由于受板间离缝伤损的影响,板角最大离缝高度在某一个温度梯度下并不是一个固定值,变化幅度约为 0.55mm。其中,当负温度梯度大于 30℃/m 时,最大离缝高度将超过 1mm,达到《高速铁路无砟轨道线路维修规则》(试行)规定的无砟轨道Ⅰ级伤损标准,此时需要做好记录。

第7章 基于精细化分析方法的病害整治研究

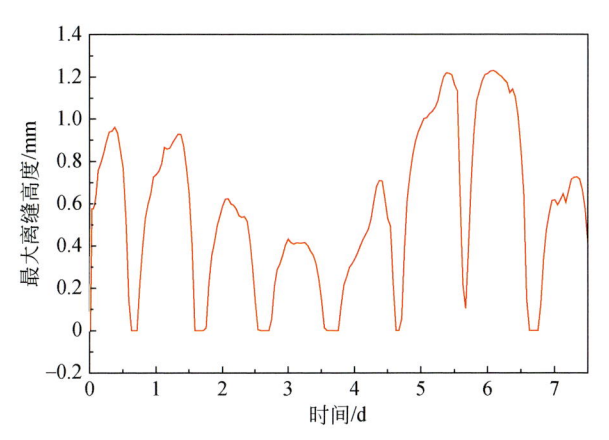

图7.3 板角最大离缝高度随时间变化图(1月)

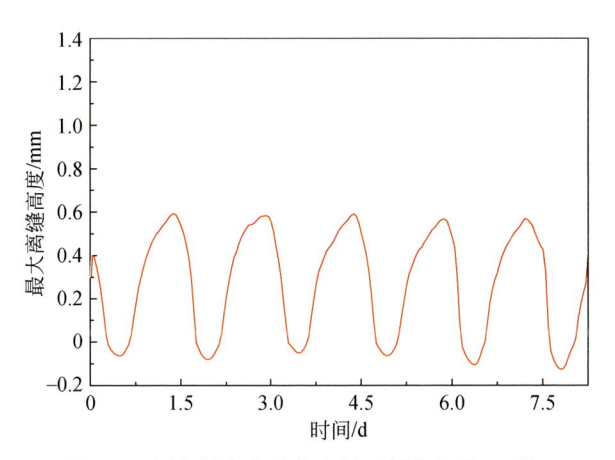

图7.4 板角最大离缝高度随时间变化图(7月)

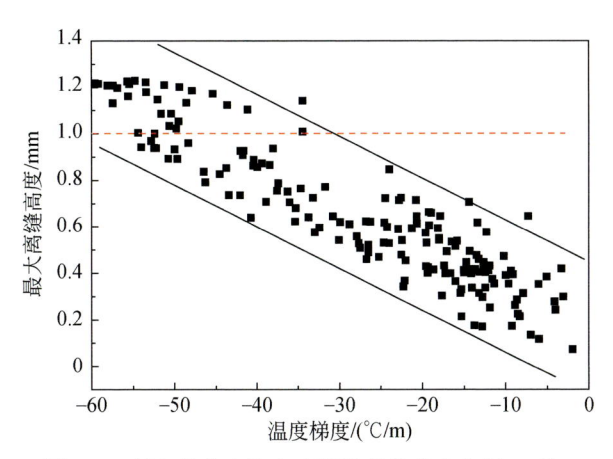

图7.5 板角最大离缝高度随温度梯度变化图(1月)

另外,所有最大离缝高度都没有超过1.5mm(Ⅱ级标准),说明当轨道板初始条件较好时,即使在短期的极端温度梯度作用下,轨道板最大离缝高度也不会超过维修限值。但是当轨道板已经运营了一段时间,经历了长时间的温度循环作用(即使不是极端温度梯度)后,最大离缝高度变化幅度将逐渐增大,再经过短期的极端温度梯度作用很可能超过维修限值。因此,针对最大离缝高度已经达到1mm的区域,在负温度梯度将连续超过30℃/m的时段,建议采取修补措施,防止最大离缝高度继续增大。

7.1.2 砂浆层离缝修补材料弹性模量选取研究

《高速铁路无砟轨道线路维修规则》(试行)中明确指出,针对CRTS Ⅰ型板式无砟轨道砂浆层离缝病害的处理,使用的材料为树脂材料。树脂材料品种繁多,性能各异,弹性模量也差异较大。例如,环氧树脂弹性模量一般为1000~3000MPa,而改性树脂弹性模量为100~300MPa。修补材料的差异可能对轨道系统的受力状态产生影响,因此有必要对修补材料的参数进行研究。

考虑修复材料弹性模量为100MPa、300MPa、500MPa、800MPa、1000MPa、2000MPa、3000MPa这七种情况。修复区域取四个板角,且考虑修复区域大小的影响,如图7.6所示,图中 l 为离缝修复区域长度,w 为离缝修复区域宽度。进行荷载加载时,考虑车辆荷载分别作用于板中和板端两种情况,考虑正温度梯度荷载、负温度梯度荷载以及车辆荷载与温度梯度荷载组合等工况。

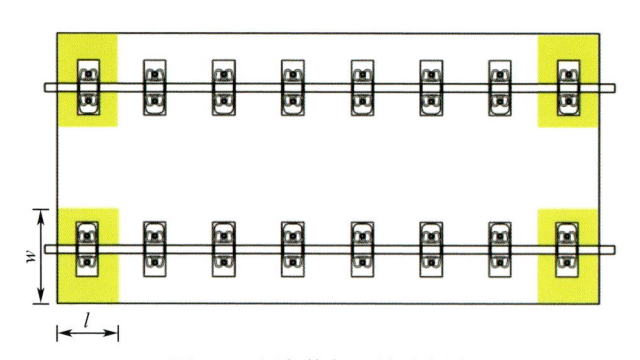

图7.6 板角修复区域示意图

以修复材料弹性模量为3000MPa时的计算结果为例,提取各荷载工况作用下轨道板纵向拉应力最大值如图7.7所示。

由图7.7可知,在车辆荷载单独作用下轨道板纵向拉应力最大值较小,约0.2MPa。当叠加温度梯度作用时,轨道板受力明显增大。其中,当车辆荷载作用于板端时,再叠加上正温度梯度,此时轨道板纵向拉应力最大值增加了3.35倍,达到

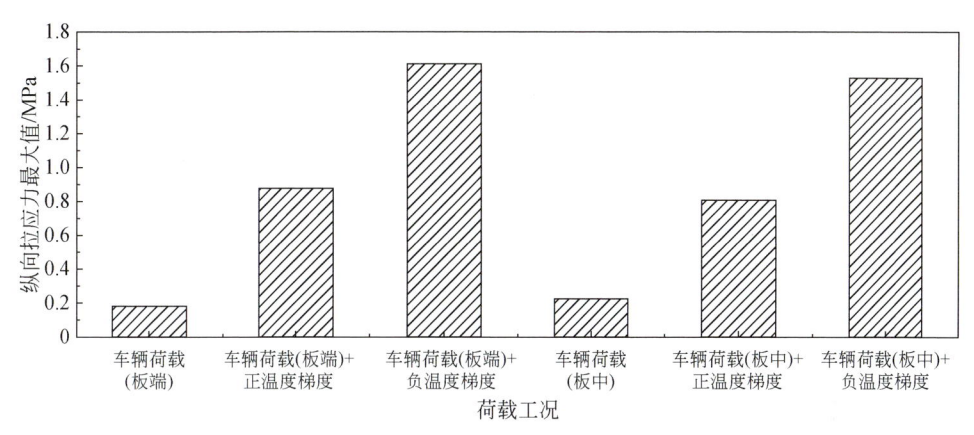

第7章 基于精细化分析方法的病害整治研究

图7.7 不同荷载工况下轨道板纵向拉应力最大值

0.87MPa；叠加上负温度梯度时，轨道板纵向拉应力最大值增加更为明显，为7.05倍，达到1.61MPa。同样，当车辆荷载作用于板中时，相较车辆荷载单独作用下轨道板纵向拉应力最大值约为0.22MPa，叠加上正负温度梯度时轨道板纵向拉应力最大值分别增加了2.68倍和5.95倍，分别达到0.81MPa和1.53MPa。由此可知，在车辆荷载+负温度梯度作用下，轨道结构纵向拉应力最大。因此，本节分析中主要考虑车辆荷载作用于板端+负温度梯度和车辆荷载作用于板中+负温度梯度两种工况。

1) 车辆荷载作用于板端+负温度梯度

板角修复区域长×宽分别取0.05m×0.05m、0.1m×0.1m、0.2m×0.2m、0.3m×0.3m、0.6m×0.6m、0.9m×0.9m。以修复区域0.3m×0.3m、修复材料弹性模量1000MPa为例给出轨道板受力变形云图如图7.8所示。以受影响程度最大的轨道板拉应力为例，统计不同修复区域下修复材料弹性模量与轨道板纵向拉应力最大值的关系如图7.9所示。

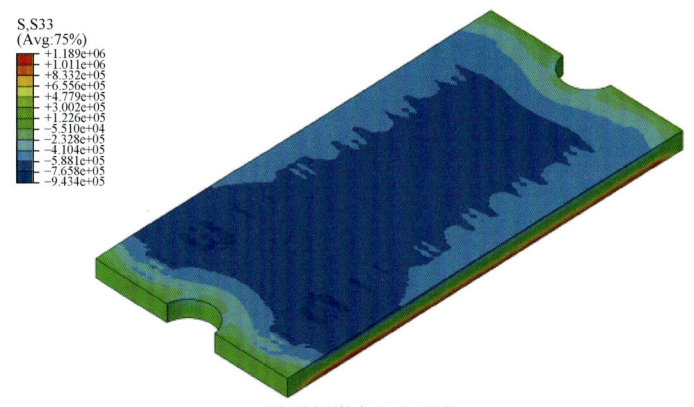

(a) 轨道板纵向应力(单位：Pa)

(b) 轨道板垂向位移(单位:m)

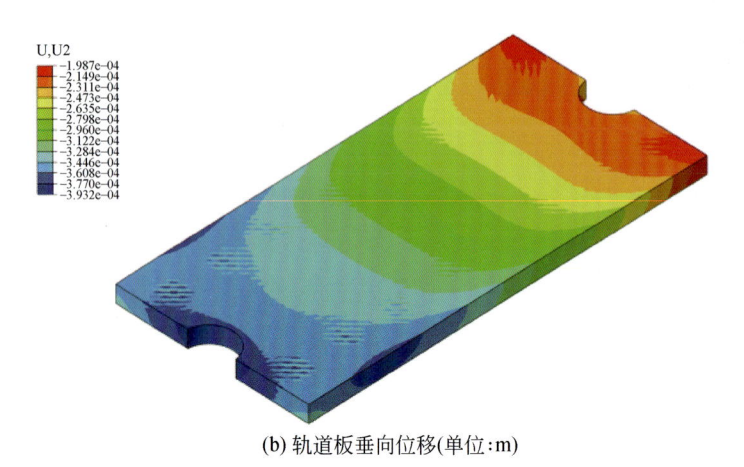

图 7.8　车辆荷载作用于板端+负温度梯度时轨道板受力变形云图

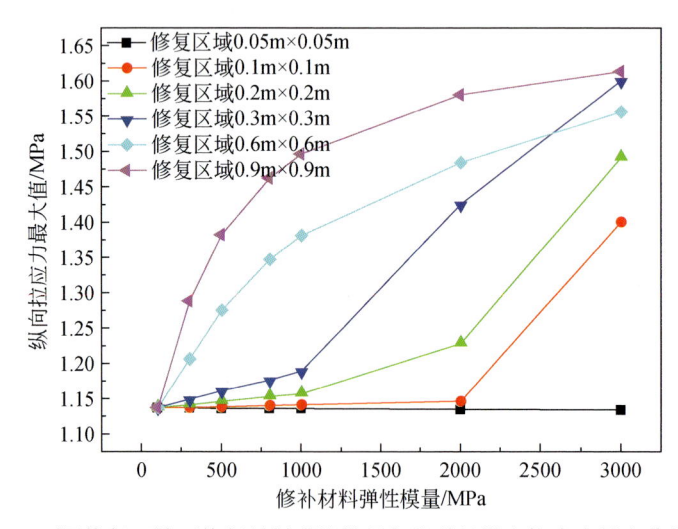

图 7.9　不同修复区域下修复材料弹性模量与轨道板纵向拉应力最大值的关系

CRTS Ⅰ 型板式无砟轨道 CA 砂浆弹性模量为 100～300MPa。由图 7.9 可知，当修复面积较小时，轨道板纵向拉应力最大值增幅不明显，当修复区域面积较大时，随着修复材料弹性模量的增加，轨道板纵向拉应力最大值逐渐增大。以修复区域 0.3m×0.3m 为例，当修复材料弹性模量小于 1000MPa 时，轨道板纵向拉应力最大值最大增幅为 4.7%，而当修复材料弹性模量大于 1000MPa 时，轨道板纵向拉应力最大值迅速增加，当修复材料弹性模量等于 3000MPa 时，最大增幅已达到 41%。

修复区域大小对轨道板受力影响也较为明显。当修复区域较小时，轨道板纵向拉应力最大值随修复材料弹性模量的增加变化较小。当修复区域超过 0.3m×

0.3m 后,轨道板纵向拉应力最大值的增长速率明显增加。当修复区域为 0.9m×0.9m,修复材料弹性模量为 500MPa 时,轨道板纵向拉应力最大值增大幅度就已达到 22%。

综合考虑修复区域的影响,建议修复材料弹性模量不超过 500MPa,最适宜的范围为 100~300MPa,与原结构的 CA 砂浆参数相匹配。

2) 车辆荷载作用于板中+负温度梯度

板角修复区域长×宽同样取 0.05m×0.05m、0.1m×0.1m、0.2m×0.2m、0.3m×0.3m、0.6m×0.6m、0.9m×0.9m。以修复区域 0.3m×0.3m、修复材料弹性模量 1000MPa 为例给出轨道板受力变形云图如图 7.10 所示。

(a) 轨道板纵向应力(单位:Pa)

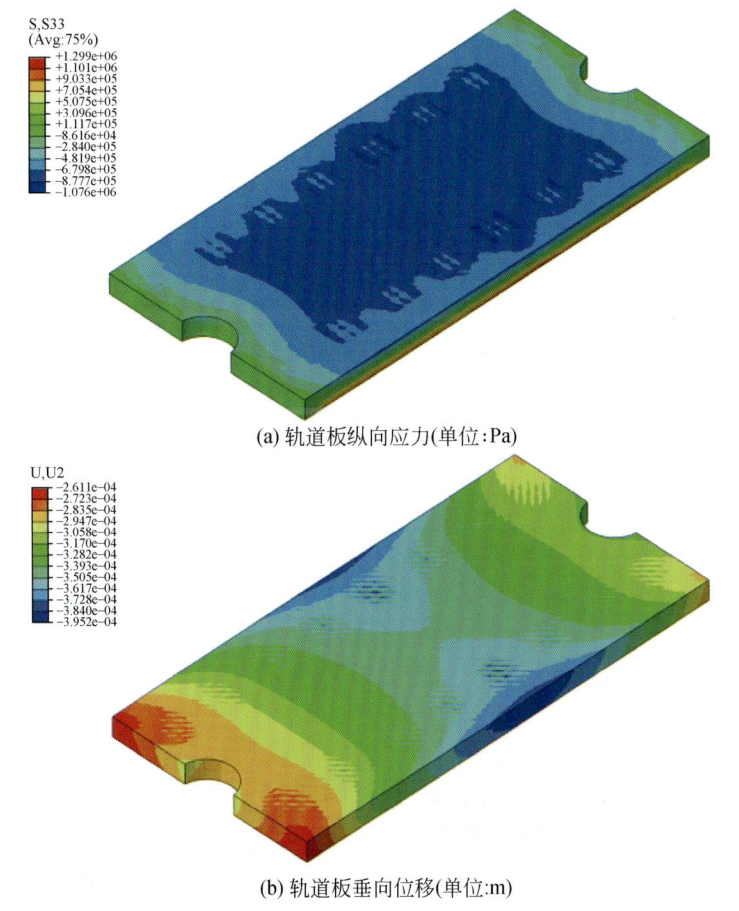

(b) 轨道板垂向位移(单位:m)

图 7.10 车辆荷载作用于板中+负温度梯度时轨道板受力变形云图

同样以受影响程度较大的轨道板纵向拉应力为例,绘制不同修复区域下修复材料弹性模量与轨道板纵向拉应力最大值曲线如图 7.11 所示。由图 7.11 可知,轨道板纵向拉应力最大值随着修补材料弹性模量的增加而增加，且修补区域越大，增加的幅度越大。在修复区域小于 0.3m×0.3m 时，轨道板纵向拉应力最大值与修补材料弹性模量基本呈线性关系；而当修复区域大于 0.3m×0.3m 时，轨道板纵向拉应力最大值的增长速率先增大，然后逐渐减小。当修复区域为 0.9m×0.9m，修复材料弹性模量为 500MPa 时，轨道板纵向拉应力最大值已有较大幅度增长，因此建议修复材料弹性模量尽量不要超过 500MPa。

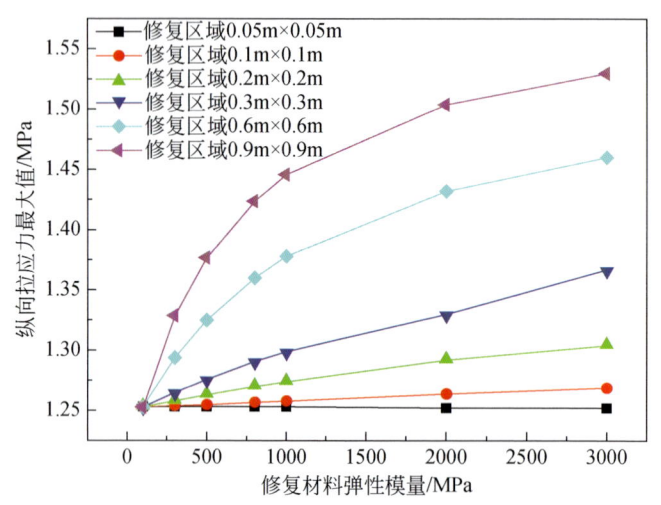

图 7.11　不同修复区域下修复材料弹性模量与轨道板纵向拉应力最大值的关系

综合不同荷载工况下的计算结果，为了使轨道结构处于更好的受力状态，提高轨道的耐久性，建议修复材料弹性模量不超过 500MPa，最适宜范围为 100~300MPa。

7.2　CRTS Ⅱ型板式无砟轨道轨道板上拱病害整治方法研究

本节主要针对 CRTS Ⅱ型板式无砟轨道轨道板上拱病害整治方法进行研究。通过第 6 章针对不同温度条件下轨道板上拱变形演化规律的研究，并结合轨道伤损等级判定标准，提出轨道板上拱病害养护维修时机。然后针对轨道板上拱病害整治中的植筋方案进行研究，通过分析不同植筋方案对轨道结构受力变形的影响，最终提出合理的轨道板植筋方案。

7.2.1　轨道板上拱病害维修时机研究

第 6 章已对 CRTS Ⅱ型板式无砟轨道轨道板的上拱病害产生及发展机理进行了分析。本节在升温幅度和窄接缝伤损高度、宽度对轨道板上拱变形影响规律研究的基础上，提出轨道板上拱病害的合理维修时机。

第7章 基于精细化分析方法的病害整治研究

由图 6.93 与图 6.94 可知，在整个窄接缝伤损的情况下，整体升温超过 29℃ 时，钢轨垂向位移达到 7.02mm，已超过《高速铁路无砟轨道线路维修规则》(试行)规定的轨道静态几何尺寸高低不平顺容许偏差临时补修标准，如图 7.12 所示；整体升温超过 21℃ 时，离缝高度超过 1.5mm，超过《高速铁路无砟轨道线路维修规则》(试行)无砟轨道离缝Ⅲ级评定标准的要求，如图 7.13 所示。因此，在窄接缝伤损情况下，当整体升温超过 21℃ 时，需要对轨道结构进行及时的养护维修，保证线路的安全运营。

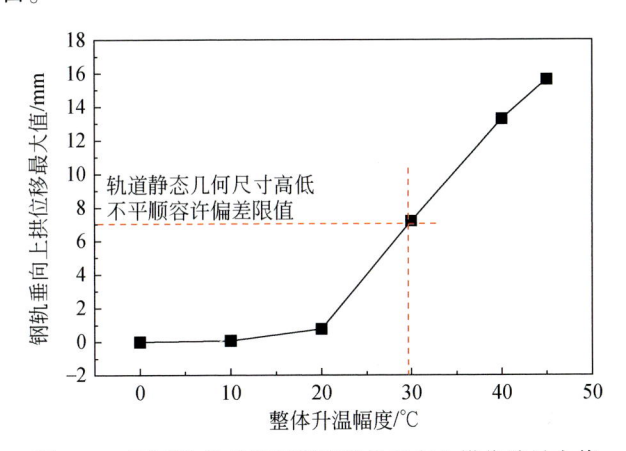

图 7.12　不同整体升温幅度下钢轨垂向上拱位移最大值

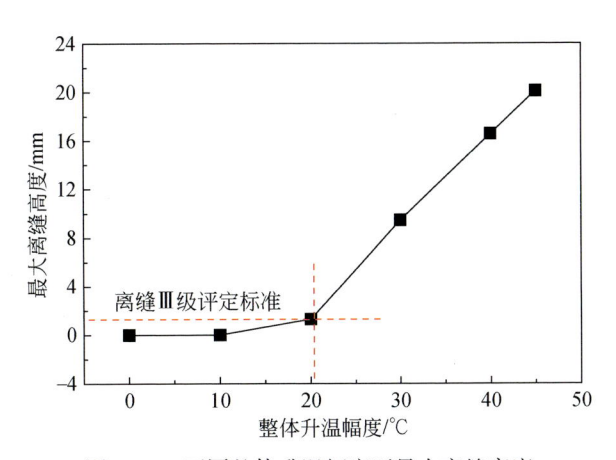

图 7.13　不同整体升温幅度下最大离缝高度

通过对板间接缝不同伤损程度下轨道结构上拱变形规律的研究可知，在整体升温 45℃ 的荷载条件以及窄接缝通缝的情况下，当窄接缝的伤损高度达到 50mm 时，钢轨的上拱位移最大值达到 7mm，需要临时补修；当伤损高度超过 15mm 时，离缝最大高度将超过 1.5mm，超过线路的Ⅲ级评定标准。因此，在伤损高度达到

15mm 时需要对宽窄接缝的伤损进行及时维修。

综上所述,当环境温度较轨道板纵连施工温度高 21℃时,需要特别关注轨道板状态,尤其是当窄接缝伤损高度超过 15mm 时,需要及时采取措施防止轨道板上拱的发生。

7.2.2 上拱病害维修中的轨道板锚固方案研究

在轨道板上拱病害整治中需要对轨道板进行植筋锚固,以防止轨道板纵向解锁后轨道结构纵向失稳。本节通过计算不同植筋方案下轨道结构的受力变形,以选取最优植筋方案。

植筋目的是通过将轨道板锚固到底座结构上以限制轨道板的纵向位移。在轨道板与砂浆层黏结良好的情况下,当轨道板相对底座结构移动时,首先是轨道板与砂浆层间的剪切力起作用。当层间出现错移(产生离缝)时,层间剪切力已严重削减,此时主要是锚固钢筋的抗剪性能起作用。为了正确模拟层间黏结和破坏过程,轨道模型中采用黏结接触单元模拟轨道板和砂浆层的相互作用。当层间剪切力超过轨道板与砂浆层间剪切强度后,层间出现伤损。当伤损系数达到 1 时,层间黏结失效,层间关系变为接触。层间剪切强度以单个轨道板的推板力 410kN 换算得到,层间摩擦系数取 0.3。考虑植筋抗剪强度由混凝土拉裂进行控制。

参考既有文献[182],单个板中植筋数量主要有 8 根、10 根、16 根三种情况。因此本节以此为基础,组合出表 7.1 中的 14 种植筋方案。然后分别对应每一种方案,计算不同温度下轨道板与砂浆层间的纵向相对位移及层间切向应力,以研究不同升温幅度下最佳植筋方案,为施工提供参考。

表 7.1　CRTS Ⅱ 型板式无砟轨道植筋方案

植筋方案	一	二	三	四	五	六	七	总计/根
方案一	×	×	×	×	×	×	×	0
方案二	8	×	×	×	×	×	×	8
方案三	8	8	×	×	×	×	×	16
方案四	10	8	×	×	×	×	×	18
方案五	16	8	×	×	×	×	×	24
方案六	16	8	×	×	×	×	×	32
方案七	16	10	8	×	×	×	×	34
方案八	16	16	8	×	×	×	×	40
方案九	16	16	10	×	×	×	×	42
方案十	16	16	10	8	×	×	×	50
方案十一	16	16	16	8	×	×	×	56

第7章 基于精细化分析方法的病害整治研究

续表

植筋方案	轨道板序号及植筋数/根							总计/根
	一	二	三	四	五	六	七	
方案十二	16	16	16	10	8	×	×	66
方案十三	16	16	16	16	10	8	×	82
方案十四	16	16	16	16	16	10	8	98

1. 升温下层间黏结破坏过程

图 7.14 给出了无植筋方案下轨道板砂浆层层间黏结破坏过程。本节中纵向位置为 0 时，恰好为轨道板解锁端。随着温度升高，轨道板内的温度力逐渐增大，当温度力超过层间黏结强度时，层间界面开始萌生裂纹，裂纹随着温度的升高进一步扩展，最后形成层间断裂面，层间失去黏结力，此时层间限位主要依靠摩擦作用。最大切向应力均出现在界面裂纹尖端，尖端向后切向应力逐渐降低。

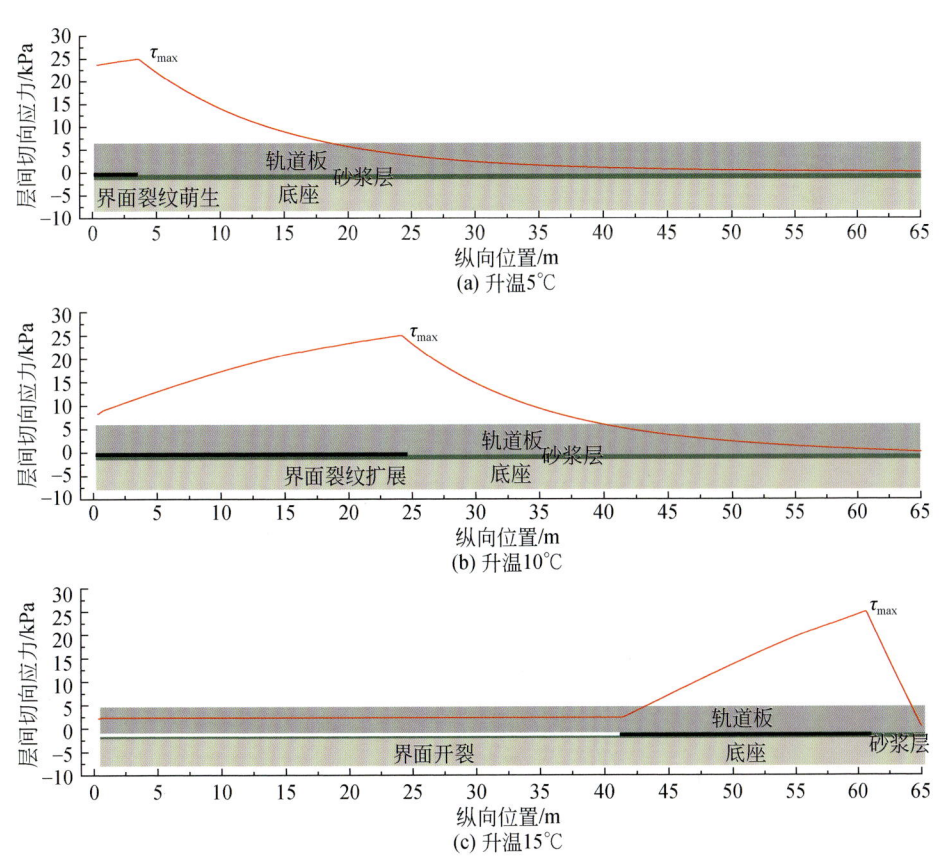

图 7.14　升温下轨道板-砂浆层层间黏结破坏过程（无植筋方案）

以图 7.14 所示的无植筋方案为例,进一步说明升温下无砟轨道层间黏结破坏过程。由图 7.14 可知,在没有植筋的情况下,升温 5℃时,温度力就已经超过了层间黏结强度,在轨道板自由端开始出现界面裂纹。当温度升到 10℃时,界面裂纹进一步扩展,轨道板自由端已基本失去层间黏结力。当温度达到 15℃时,界面大部分已经失去黏结力,主要依靠微弱的摩擦力作用。选取无植筋、植筋方案五、植筋方案十一进行对比,以此分析植筋对层间作用力的影响。由图 7.15 可知,植筋可以明显地控制层间裂纹的发展。例如,升温 15℃时,无植筋情况下轨道层间已大面积出现开裂,而有植筋的情况下轨道层间仅距离自由端 10m 范围内存在微小伤损。但随着温度的进一步升高,层间裂纹不可避免地发生。植筋量越大,层间黏结失效的程度越小。

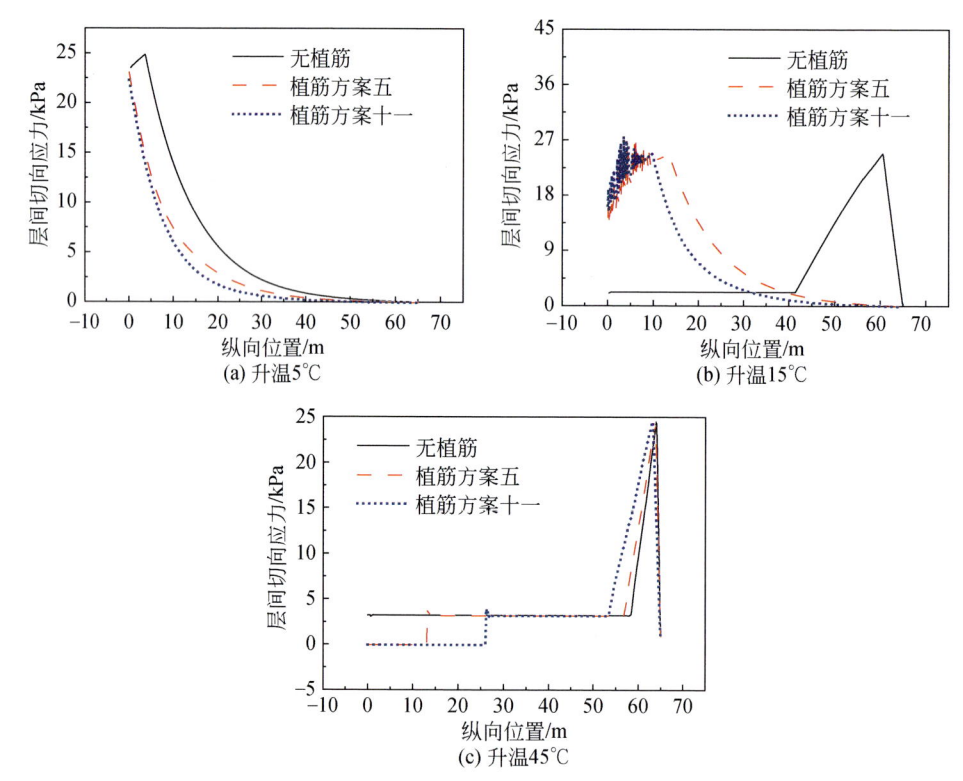

图 7.15 不同植筋方案下层间切向应力对比

2. 植筋方案比选

由于本节提出的轨道板植筋锚固方案较多,各方案变化规律类似,所以只选择方案一、方案五和方案十一这三种典型方案进行分析。图 7.16 和图 7.17 显示了不同升温条件下,不同方案层间纵向最大相对位移的分布规律。结果表明,同一植筋方案下,距离解锁端(即上拱整治中被凿开的宽窄接缝位置)越远,轨道板与砂浆层层间纵向相对位移越小。此外,升温幅度较小时,层间纵向相对位移随纵向距离的增大变化不大,因为升温较低时,轨道板与砂浆层间的纵向剪力由两者间的黏结力承担,此时无过大的相对滑动。随着温度的升高,纵向剪力增大,当超过两者间黏结强度时,轨道板与砂浆层层间开裂,产生层间离缝,此时层间不存在黏结力,只存在滑动摩擦力,纵向相对位移较大。

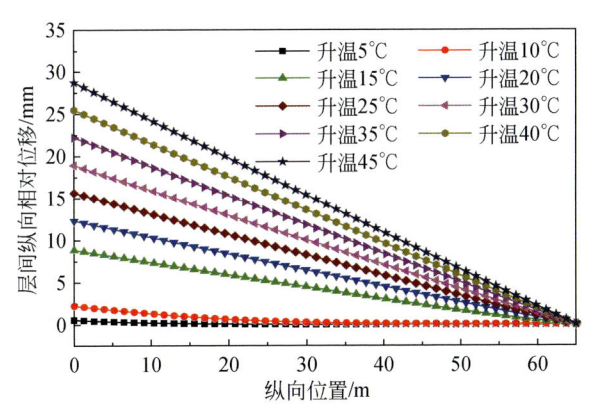

图 7.16　无植筋时层间纵向相对位移分布

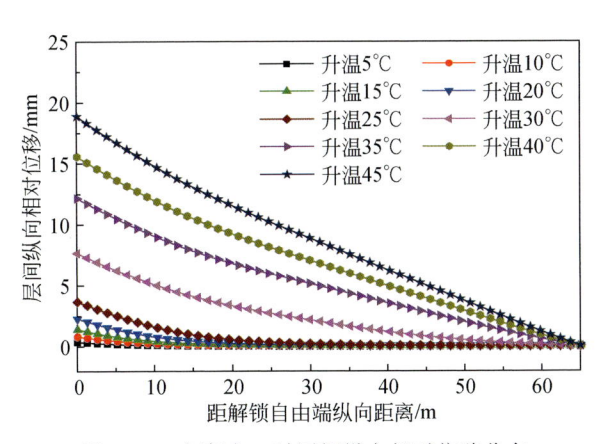

图 7.17　方案十一时层间纵向相对位移分布

通过各方案对比可知,植筋数量越多对轨道纵向移动限制越好。无植筋时,轨道靠层间黏结力就可以有效地限制升温 10℃ 以内的温度力,当温度继续增加时,层间很快开裂,层间纵向相对位移迅速增加。而植筋方案五,在升温 15℃ 以内仍具有较好的限位能力,而植筋方案十一可以有效地控制升温 25℃ 以内的温度力。

由图 7.18 可知,在升温 25℃条件下,层间纵向相对位移随距解锁自由端距离的增大而减小。植筋数量较少时(方案一到方案五),两者间呈线性关系;随着植筋数量的增加,两者间逐渐显现出一定的非线性关系;当植筋数量增大到一定程度时,层间纵向相对位移随纵向位置的增大呈先减小后不变的趋势。这是由于随着植筋数量的增多,轨道板与砂浆层层间开裂程度逐渐减弱,层间相对位移减小。当植筋足够多时,轨道板与砂浆层间只有距解锁自由端较近的范围内产生离缝,其余范围层间黏结状态未被破坏,相对位移为 0。

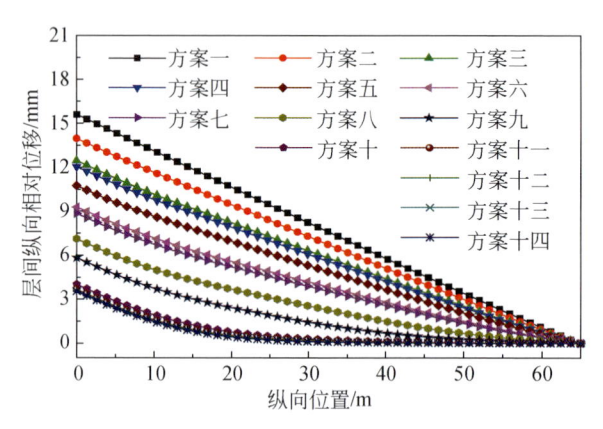

图 7.18 升温 25℃时不同方案层间纵向相对位移分布

图 7.19 ~ 图 7.21 为升温 5℃、15℃、45℃时不同植筋方案的层间纵向相对位移最大值对比。由图可知,同一升温条件下,随着植筋数量的增多,层间纵向最大相对位移减小,且减小到一定程度后趋于平稳。即当植筋数量增大到某一值后,层间相对位移不再发生过大变化,故某一温度下存在一个最佳植筋方案,使得植筋数量不多且层间相对位移不大。

就图 7.19(升温 5℃)而言,不对轨道板进行植筋锚固(方案一)时,轨道板与砂浆层层间纵向相对位移最大值较大(0.57mm),当锚固一块轨道板(方案二)时,层间纵向相对位移最大值减小(0.46mm)。可见,植筋与否对层间纵向相对位移影响较大。同时,由图 7.19 可知,对于方案五~方案十四,层间纵向相对位移最大值变化不大,层间接触关系较为稳定,故方案五为升温 5℃时的最佳植筋方案。

对图 7.20 和图 7.21 进行类似分析,可获得升温 10 ~ 45℃时的最佳植筋方案,见表 7.2。

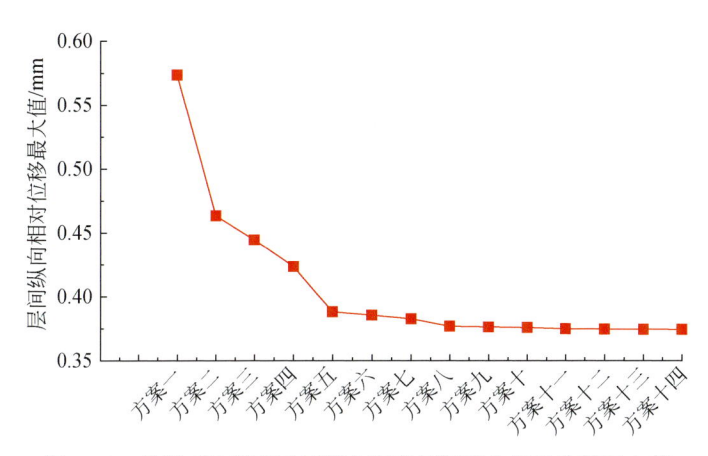

第 7 章 基于精细化分析方法的病害整治研究

图 7.19 升温 5℃时不同植筋方案的层间纵向相对位移最大值

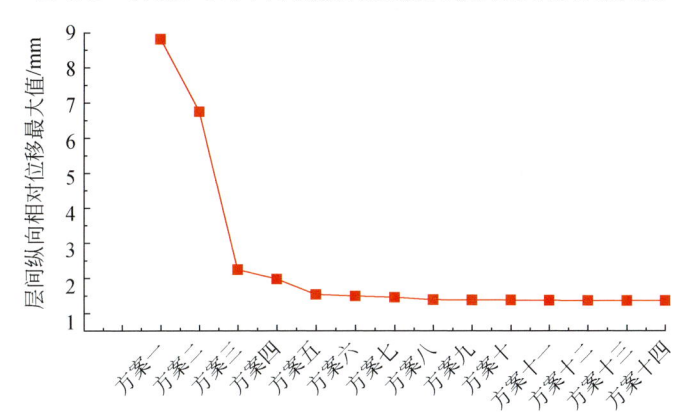

图 7.20 升温 15℃时不同植筋方案的层间纵向相对位移最大值

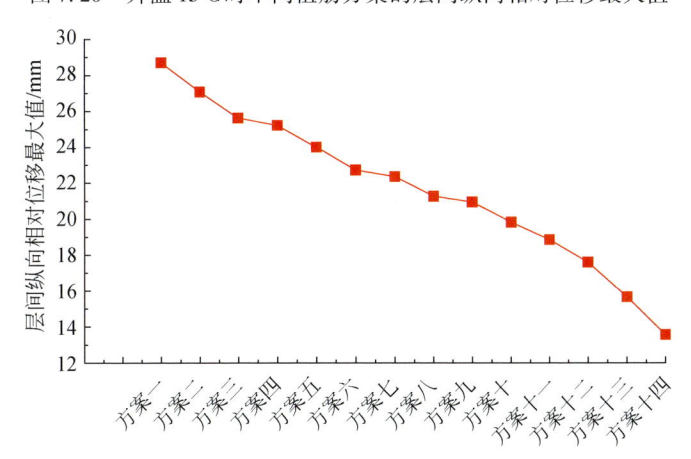

图 7.21 升温 45℃时不同植筋方案的层间纵向相对位移最大值

表7.2为不同升温作用下轨道板的最佳植筋方案。计算结果表明,当升温幅度在5~35℃时,轨道板均存在最佳植筋方案;升温幅度大于35℃时,植筋已无法很好地限制轨道板纵向位移。结合实际施工情况考虑,建议避免在升温幅度大于35℃时进行轨道板的解锁。另外,考虑到操作方便性,不宜设置过多的植筋方案,因此给出筛选后的植筋方案建议表,见表7.3。由表可知,升温5~20℃时,推荐选择植筋方案六;对于升温25~35℃的情况,建议采取植筋方案十三。

表7.2 不同升温作用下轨道板的最佳植筋方案

升温幅度/℃	最佳植筋方案	一	二	三	四	五	六	七	总计
5	方案五	16	8	×	×	×	×	×	24
10	方案五	16	8	×	×	×	×	×	24
15	方案五	16	8	×	×	×	×	×	24
20	方案六	16	8	8	×	×	×	×	32
25	方案十	16	16	10	8	×	×	×	50
30	方案十二	16	16	16	10	8	×	×	66
35	方案十三	16	16	16	16	10	8	×	82
40	—	—	—	—	—	—	—	—	—
45	—	—	—	—	—	—	—	—	—

表7.3 筛选后的植筋方案建议表

升温幅度/℃	推荐植筋方案	一	二	三	四	五	六	七	总计
5	方案六	16	8	8	×	×	×	×	32
10	方案六	16	8	8	×	×	×	×	32
15	方案六	16	8	8	×	×	×	×	32
20	方案六	16	8	8	×	×	×	×	32
25	方案十三	16	16	10	16	10	8	×	76
30	方案十三	16	16	16	16	10	8	×	82
35	方案十三	16	16	16	16	10	8	×	82
40	—	—	—	—	—	—	—	—	—
45	—	—	—	—	—	—	—	—	—

7.3 双块式轨道上拱病害整治方法研究

现场调研表明双块式轨道道床板上拱病害多发生在端梁附近。目前双块式轨

第7章 基于精细化分析方法的病害整治研究

道道床板上拱病害的整治方法一般是设置销钉。设置销钉可有效加强道床板与支承层之间的连接,增强轨道结构整体性,使得温度力通过层间连接传递给支承层至下部基础,减小端梁承受的纵向力,进而有效缓解端梁的扭转和上拔力,达到降低道床板上拱量的目的。

事实上,既有双块式轨道在过渡段都有设置销钉。销钉每排设置4根,间隔为3倍扣件间距。不过由于布置销钉总数量少、销钉布置方案未经合理性检算等原因使得道床板上拱量控制效果不佳。所以需要对销钉布置数量及位置的合理性进行分析。

偏于安全考虑,在植筋方案研究中忽略道床板与支承层之间的黏结作用,考虑层间仅依靠摩擦阻力作用。既有研究[186]表明温度梯度对上拱量影响较小,因此本节主要考虑整体升温的影响。参考既有研究[186,187],设置五种销钉布置方案,见表7.4。

表7.4 双块式无砟轨道销钉布置方案

方案名称	销钉具体布置方法
方案一	端梁桥梁侧,每排4根销钉设置6排;端梁路基侧,前10m范围内每排5根销钉,每排间隔1扣件间距,共16排;10~18m范围内,每排4根销钉,设置10排
方案二	端梁桥梁侧,除第1、4个轨枕盒及端梁范围内不植入销钉外,其他轨枕盒内按"3+2+3+2+…"(轨枕盒内植入销钉数量按3根和2根间隔植入)的方式植入销钉;20~40m范围内,按"3+2+0"的方式植入销钉
方案三	在方案二的基础上,将端梁往后10m范围内按"3+2"的方式植入销钉,端梁往后10~40m范围内;轨枕盒内按"3+2+0"的方式植入销钉
方案四	在方案二的基础上,距离端梁20m往后不再设置销钉
方案五	结合方案一和方案二,在端梁桥梁侧按照方案二设置;端梁路基侧,端梁往后10m范围内按"每排5根设置8排+每排4根设置8排"植入销钉,端梁往后10~20m范围内,按照"3+2+0"的方式植入销钉

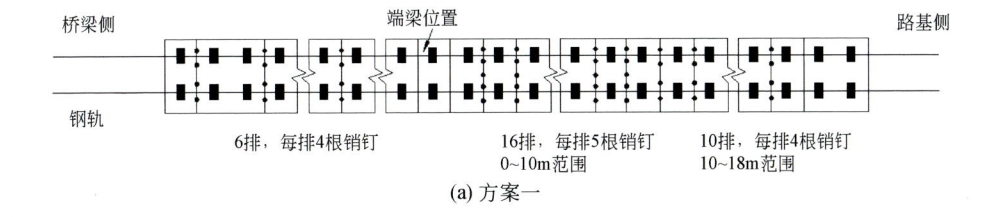

双块式无砟轨道销钉布置方案平面布置图如图7.22所示。

(a) 方案一

(b) 方案二：桥梁侧 端梁位置 路基侧；3+2的方式植入销钉 1、4轨枕盒位置处不植入；3+2的方式植入销钉 0~20m范围；3+2+0的方式植入销钉 20~40m范围

(c) 方案三：3+2的方式植入销钉 1、4轨枕盒位置处不植入；3+2的方式植入销钉 0~10m范围；3+2+0的方式植入销钉 10~40m范围

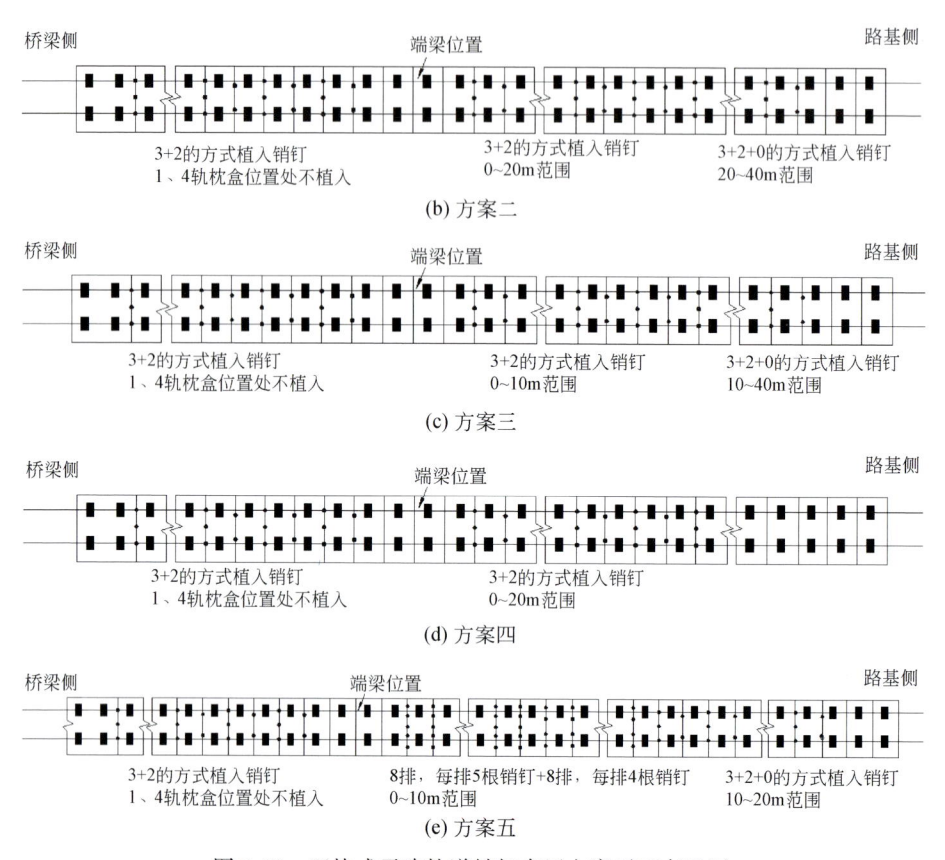

(d) 方案四：3+2的方式植入销钉 1、4轨枕盒位置处不植入；3+2的方式植入销钉 0~20m范围

(e) 方案五：3+2的方式植入销钉 1、4轨枕盒位置处不植入；8排，每排5根销钉+8排，每排4根销钉 0~10m范围；3+2+0的方式植入销钉 10~20m范围

图 7.22 双块式无砟轨道销钉布置方案平面布置图

7.3.1 不同销钉布置方案下道床板变形规律分析

为更好地比较各个销钉布置方案对双块式轨道上拱病害的整治效果，选择最能体现整治效果的道床板垂、纵向位移作为评价指标，对比不同升温条件下道床板变形规律，以期为最佳销钉锚固方案的选择提供依据。

1. 无销钉锚固下道床板变形规律

双块式无砟轨道上拱病害发生后，不设置销钉进行锚固，提取道床板变形规律如图 7.23 ~ 图 7.26 所示。

图 7.23 和图 7.24 为无销钉下升温 45℃ 时道床板垂向位移和纵向位移云图。由图 7.23 和图 7.24 可知，在整体升温作用下，道床板出现一定程度的上拱，两端出现较大的纵向位移。由图 7.25 可知，不同升温幅度下，道床板上拱范围基本相同，

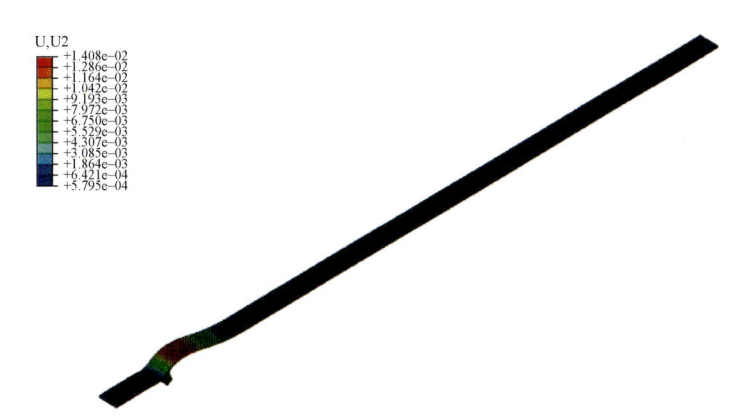

第7章 基于精细化分析方法的病害整治研究

图7.23 无销钉下升温45℃时道床板垂向位移云图(单位:m)

图7.24 无销钉下升温45℃时道床板纵向位移云图(单位:m)

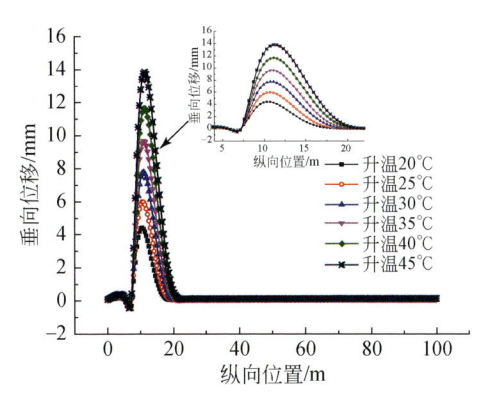

图7.25 无销钉下不同升温幅度时道床板垂向位移分布曲线

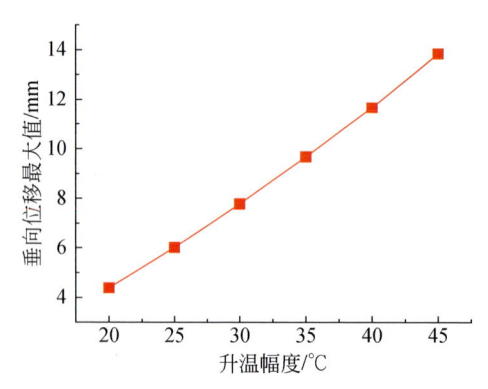

图 7.26　无销钉下不同升温幅度时道床板垂向位移最大值变化曲线

在路基侧距离端梁中心大概 10m 范围内,垂向位移最大值为距离端梁中心位置 3m 左右。由此可知,要控制道床板的上拱,路基侧前 10m 范围内的植筋设置尤为重要。

由图 7.26 可知,在升温 20℃时,道床板的垂向位移最大值达到 4.4mm,当整体升温达到 45℃时垂向位移最大值达到 13.9mm。上拱量与升温幅度基本呈线性关系。

综合来看,不采用销钉对双块式无砟轨道进行锚固,道床板与支承层之间仅靠摩擦作用时,道床稳定性较差,垂向位移与纵向位移均较大。

2. 不同销钉锚固方案下道床板变形规律

按方案一对双块式无砟轨道布置销钉后,提取道床板变形规律如图 7.27 ~ 图 7.30 所示。

图 7.27　方案一下升温 45℃时道床板垂向位移云图(单位:m)

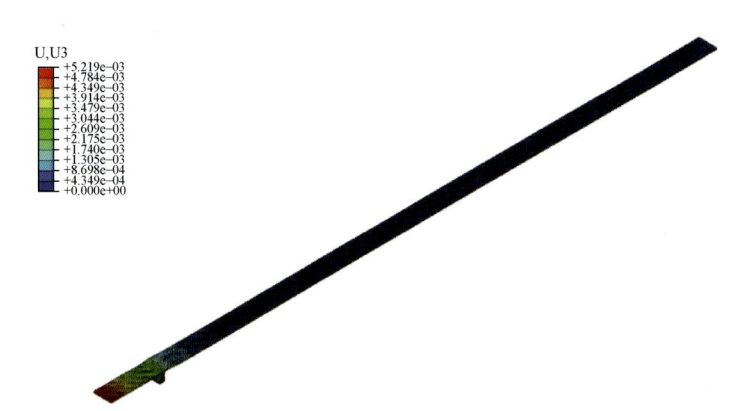

第7章 基于精细化分析方法的病害整治研究

图7.28 方案一下升温45℃时道床板纵向位移云图(单位:m)

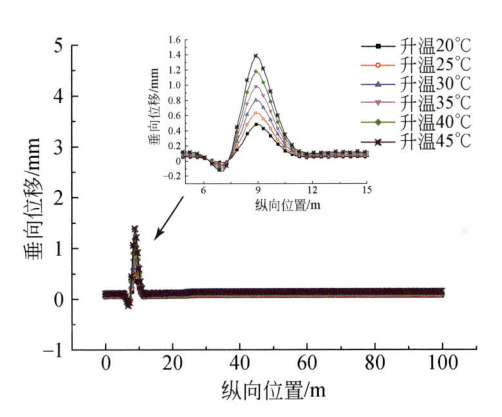

图7.29 方案一下不同升温幅度时道床板垂向位移分布曲线

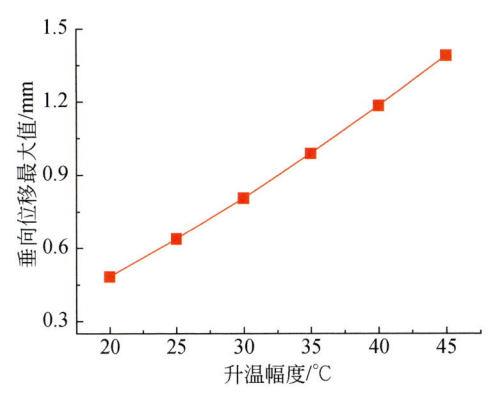

图7.30 方案一下不同升温幅度时道床板垂向位移最大值变化曲线

图 7.27～图 7.30 表明,按方案一布置销钉后,道床板的垂向位移和纵向位移明显减小。由图 7.29 和图 7.30 可知,在升温 20℃ 时,垂向位移最大值仅为 0.48mm,在升温 45℃ 时也仅为 1.39mm。上拱范围被限制在距离端梁 3m 范围内。随着升温幅度的增加,道床板垂向位移最大值也基本呈线性增长。由此可知,方案一可以有效地控制道床板上拱。

对比不同方案下道床板变形规律发现,按不同方案布置销钉后,道床板变形规律基本一致,仅在位移最大值和上拱范围上有所区别,因此后续云图等不再列出。对比各方案下整体升温 45℃ 道床板垂向位移最大值、纵向位移最大值及上拱控制范围见表 7.5。

表 7.5　各销钉布置方案下升温 45℃ 时双块式无砟轨道典型指标对比

方案名称	垂向位移最大值/mm	纵向位移最大值/mm	上拱控制范围
无销钉	13.87	8.63	距离端梁 10m 范围内
方案一	1.39	5.22	距离端梁 3m 范围内
方案二	2.31	5.75	距离端梁 4m 范围内
方案三	2.35	5.79	距离端梁 4m 范围内
方案四	2.34	5.77	距离端梁 4m 范围内
方案五	1.57	5.74	距离端梁 3.5m 范围内

由表 7.5 可知,各方案下双块式无砟轨道各指标相对无销钉情况均有大幅度降低,不同销钉布置方案对双块式无砟轨道上拱问题均能起到一定的整治效果。此外,由表 7.5 可知,各方案整治效果的区别主要体现在对垂向位移的控制,在上拱控制范围和轨道纵向位移方面各方案差别不大。

7.3.2　上拱病害整治植筋方案的比选

由表 7.5 可知,不同销钉布置方案在上拱控制范围及纵向位移方面的整治效果差别不大,但在道床板垂向位移最大值的控制效果方面有区别,因此需提取不同升温幅度下道床板的垂向位移最大值进行进一步对比,见表 7.6,绘制的各方案对比图如图 7.31 所示。对比各方案可知,在升温幅度较小时,五个方案都可以有效地限制道床板的上拱,如升温幅度小于 25℃ 时,道床板上拱量基本可以控制在 1mm 以内,因此五种植筋方案都适宜。

通过对比方案二、三、四可知,三者差异不大,说明在距离端梁 20m 范围以外植筋对道床板上拱的限制已经非常小,建议撤销此范围的植筋。另外,在 10～20m 范围内也可以考虑减少植筋。同时对比方案五可知,增加路基侧距离端梁 10m 范围内的植筋可以明显减小上拱量。因此,建议在条件允许时,在路基侧距离端梁 5m

第 7 章　基于精细化分析方法的病害整治研究

范围内进一步增加植筋数量。

综合以上分析，基于限位能力好同时植筋数量少的原则，建议选择方案五进行植筋。

表 7.6　各种植筋方案轨道在不同升温幅度下的道床板垂向位移最大值　（单位：mm）

方案名称	升温 20℃	升温 25℃	升温 30℃	升温 35℃	升温 40℃	升温 45℃
无植筋	4.41	6.05	7.81	9.70	11.69	13.87
方案一	0.48	0.64	0.81	0.99	1.19	1.39
方案二	0.79	1.06	1.35	1.65	1.98	2.31
方案三	0.80	1.07	1.36	1.67	2.00	2.35
方案四	0.80	1.06	1.35	1.66	1.99	2.34
方案五	0.53	0.71	0.90	1.11	1.33	1.57

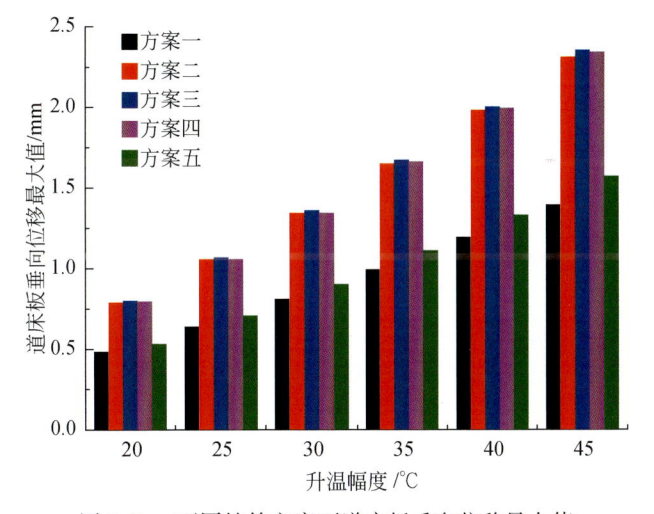

图 7.31　不同植筋方案下道床板垂向位移最大值

7.4　本章小结

本章基于精细化分析方法，主要针对无砟轨道典型病害养护维修时机、维修材料参数、植筋方案等进行了分析。研究提出了 CRTS Ⅰ 型板式无砟轨道砂浆层离缝整治时机及维修材料参数的合理取值、CRTS Ⅱ 型板式无砟轨道轨道板上拱病害整治时机及锚固措施、双块式轨道上拱病害整治方法等。主要有以下结论：

（1）利用精细化分析方法可以从养护时机、维修材料参数等角度对无砟轨道层间离缝病害提出养护维修建议。在 CRTS Ⅰ 型板式无砟轨道砂浆层离缝整治时机及维修材料参数优化研究方面,通过研究发现当负温度梯度大于 30℃/m 时,板下离缝高度将超过 1mm,达到规范规定的 Ⅰ 级伤损标准。针对离缝高度已经达到 1mm 的区域,在负温度梯度超过 30℃/m 时,建议采取修补措施,防止离缝高度的迅速增大。建议修复材料弹性模量不要超过 500MPa,最适宜的范围为 100～300MPa,与 CA 砂浆参数相匹配。

(2)通过精细化分析方法,可对 CRTS Ⅱ 型板式无砟轨道轨道板上拱病害整治时机及锚固措施研究提出建议,如建议当环境温度较轨道板纵连施工温度高 21℃ 时,需要特别关注轨道板状态,尤其是窄接缝伤损高度超过 15mm 时,需要及时采取措施防止轨道板上拱的发生。植筋可以明显地控制层间裂纹的发展,通过对比不同植筋方案下板下离缝状况,得到不同温度下植筋方案建议表。

(3)通过精细化分析方法可以对双块式轨道上拱病害整治方法进行研究。研究结果表明,道床上拱量与升温幅度基本呈线性关系。在升温幅度较小时,如小于 25℃,道床板上拱量基本可以控制在 1mm 以内,五个方案都可以有效地限制道床板的上拱。增加路基侧距离端梁 10m 范围内的植筋可以明显减小上拱量。基于限位能力好同时植筋数量少的原则,建议选择方案五进行植筋。

综合来看,在进行各类无砟轨道病害整治工作时,本书所提出的精细化分析方法具有较好的应用效果。

第8章 高速铁路无砟轨道现场测试与监测

高速铁路在投入运营后,无砟轨道服役状态的劣化是不可避免的。为了掌握无砟轨道的力学状态及其演化情况,需要开展大量的现场测试[188],必要时还需要采取适当的监测手段来对无砟轨道的服役状态进行实时监控及评估。此外,获取的线路检测监测数据还能够为理论研究时模型参数、模型验证等方面提供可靠的数据参考。本章主要结合作者在无砟轨道静、动态测试与监测方面开展的大量研究工作,结合实际案例,对无砟轨道静、动态测试与监测技术进行介绍。

8.1 无砟轨道力学性能现场测试

开展高速铁路现场动态测试可为轨道运营状态的评定提供数据支撑,同时可对理论模型进行验证。本书结合作者大量的高速铁路现场测试经验,以结构受力复杂的路桥过渡段台后锚固体系位置(倒T型端刺、Π型端刺)为例,对无砟轨道在车辆荷载作用下的受力变形及振动特性开展测试,并对不同端刺区域无砟轨道服役性能进行对比分析。

8.1.1 现场测试概况

1. 测试工点介绍

倒T型端刺动态试验的工点位于京沪高速铁路韩庄运河特大桥上海台曲线地段,里程为DK659+238,测试工点现场如图8.1所示。Π型端刺动态试验及Π型端刺制动试验的工点位于京沪高速铁路淮河特大桥北京台直线地段,里程为DK757+350,测试工点现场如图8.2所示。

2. 测试内容及测点布置

1)测试内容

(1)行车安全性指标。包括轮轨垂向力P和轮轨横向力Q,以及脱轨系数Q/P、轮重减载率$\Delta P/P$。

(2)轨道结构受力指标。包括钢轨动弯应力、钢轨纵向力、轨道板及摩擦板的纵向应力。

图 8.1 倒 T 型端刺动态试验工点

图 8.2 ∏ 型端刺动态试验工点

(3) 轨道结构振动指标。包括钢轨、轨道板、摩擦板的垂向加速度。

(4) 轨道结构变形指标。包括钢轨与轨道板、轨道板与底座板、底座板与摩擦板间垂向相对位移及过渡板与路基的纵向相对位移等。

2) 测点布置

在进行无砟轨道现场测试时,需要合理地进行测点布置,使之能够全面涵盖测试所需内容。

由于路桥过渡段台后锚固体系受动态冲击影响较大,因此动态测试的主要目的在于测试台后锚固体系的工作性能是否正常,能否为高速列车提供较高的平顺性,从而保证列车安全、平稳运行。因此,在进行端刺上测点布置时,首先需要布置相应的轮轨力测点,确保能够检测脱轨系数等安全性指标;之后还需布置结构层位移、加速度测点以关注测点的垂向刚度。值得说明的是,在进行动态测试时,常需

第8章 高速铁路无砟轨道现场测试与监测

要在测试区段内设置多个断面,以便试验数据可以相互参照和对比,确保试验所获得数据的有效性。图8.3中将台后锚固体系测试段分为A、B、C、D、E、F六个断面,其中A、E、F断面分别布置在桥台、过渡板、路基上作为参照断面;B、D作为主要测试断面,其布点较为密集。

倒T型端刺动态试验测点总数30个,测点布置如图8.3所示;Π型端刺动态试验测点总数30个,测点布置如图8.4所示。

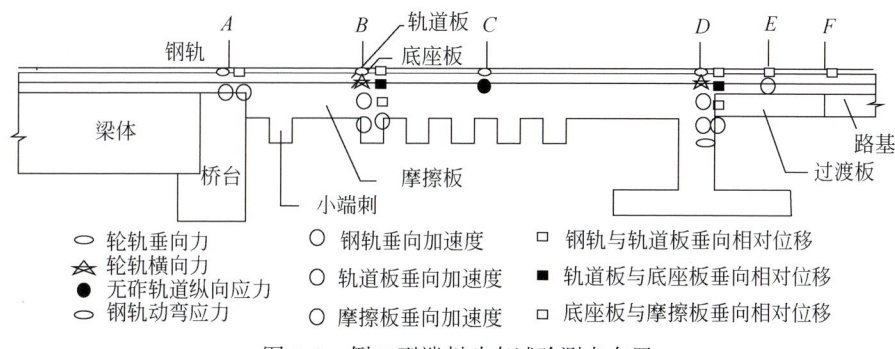

图8.3 倒T型端刺动态试验测点布置

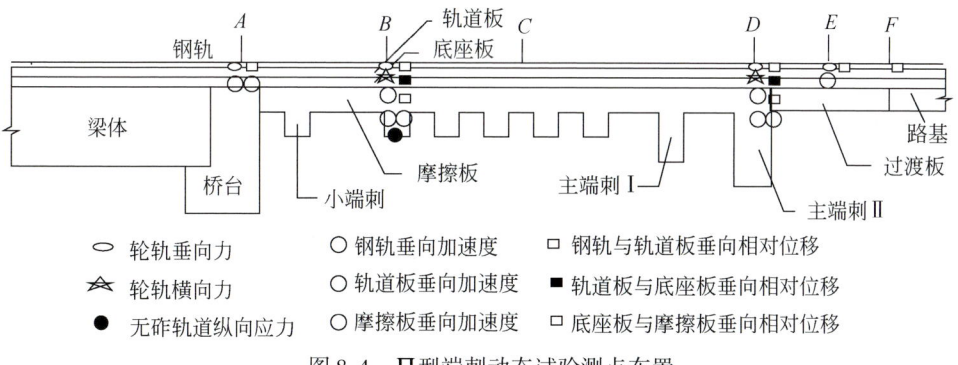

图8.4 Π型端刺动态试验测点布置

Π型端刺制动试验测点总数24个,测点布置如图8.5所示。Π型端刺制动试验重点关注在列车制动条件下Π型端刺的纵向稳定性。同样,将测试段分为A、B、C、D、E、F六个断面,各断面位置与动态试验大致相似,但此时A断面设置在端刺靠桥台一侧的小端刺上,检测内容主要偏重于Π型端刺的纵向稳定性,因此除了必要的轮轨力测点外,其余测点基本以结构间相对位移、钢轨及无砟轨道纵向应力为主。

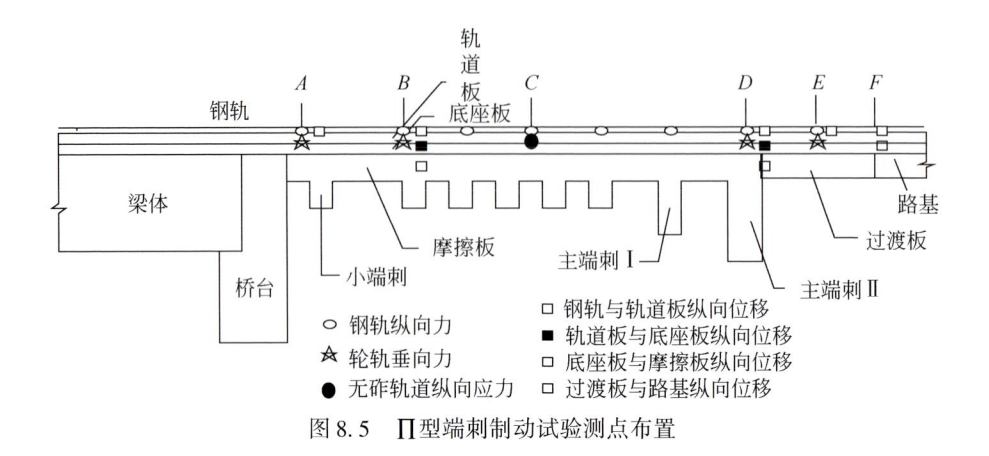

图 8.5 Π型端刺制动试验测点布置

8.1.2 测试方法

1. 轮轨垂直力与轮轨横向力

参照《轮轨横向力和垂向力地面测试方法》(TB/T 2489—2016)[189],采用全桥剪应力法测试动车组通过轨道结构测点时的轮轨垂向力和轮轨横向力,现场传感器布设方式如图 8.6 所示。测试时最终得到的数据为动态应变仪输出的电应变信号,需要采用垂、横向反力架对输出的电应变信号进行标定。

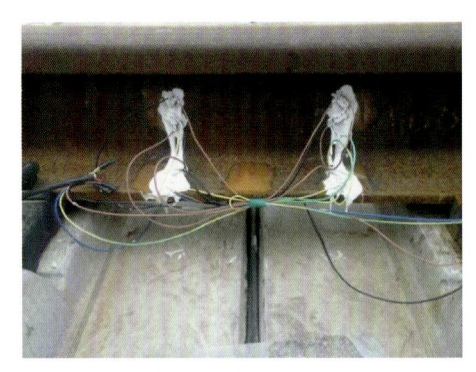

图 8.6 轮轨垂向力和轮轨横向力测试

2. 钢轨动弯应力

应变片沿纵向贴于钢轨轨底上表面,与补偿片组成全桥通过屏蔽电缆接入动态应变仪进行信号滤波和放大。钢轨动弯应力现场传感器布设方式如图 8.7 所示。

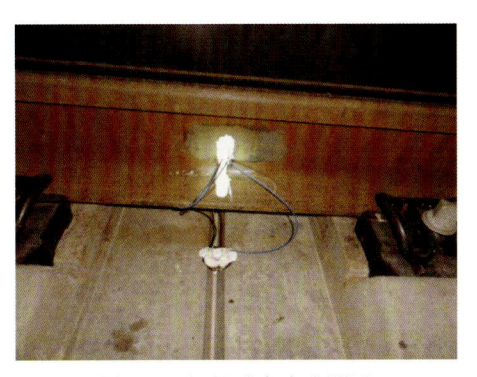

图 8.7　钢轨动弯应力测试

3. 钢轨纵向力

利用钢轨轨腰表面纵向黏结的应变片进行测试，与补偿片组成半桥通过屏蔽电缆接入动态应变仪进行信号滤波和放大，从而掌握钢轨在列车制动作用下的纵向应变，计算钢轨所受纵向力或制动力。钢轨纵向力现场传感器布设方式如图 8.8 所示。

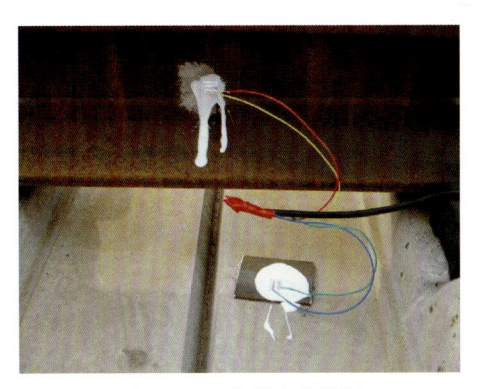

图 8.8　钢轨纵向力测试

4. 无砟轨道结构表面应力

应变片贴于无砟轨道表面，与补偿片组成全桥通过屏蔽电缆接入动态应变仪进行信号滤波和放大。无砟轨道应力现场传感器布设方式如图 8.9 所示。在进行应变片安装时，需要保证应变片安装位置的平整清洁，因此首先需要用砂纸对安装位置附近混凝土表面进行打磨，并刷上环氧胶，等待环氧胶风干后再使用砂纸对胶表面进行打磨贴片。

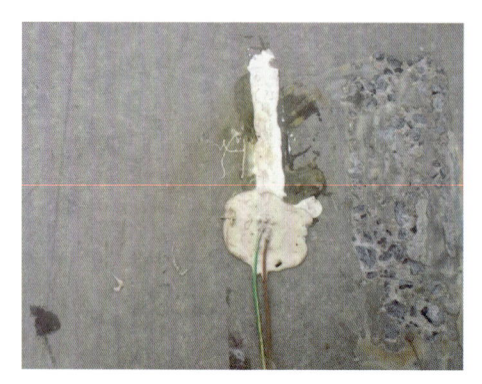

图 8.9　无砟轨道应力测试

5. 钢轨及无砟轨道结构变形

动位移桥路采用半桥,应变片对称贴于簧片上,组成半桥后通过屏蔽电缆接入动态应变仪进行信号滤波和放大。在进行钢轨等特殊位置的结构动位移测试时,可采用绝缘材料保证位移计与钢轨间的绝缘。图 8.10 为轨道板与底座板垂向相对位移现场传感器布设方式。

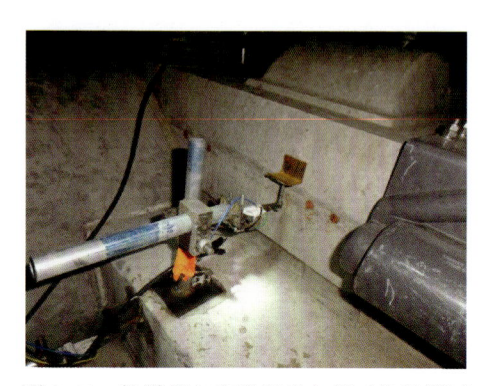

图 8.10　轨道板与底座板垂向相对位移测试

6. 钢轨及无砟轨道结构加速度

在进行钢轨、轨道板及摩擦板垂向加速度测试时,需要将压电式加速度传感器粘贴于被测体上,通过同轴电缆接入电荷放大器及动态应变仪进行信号滤波和放大。由于压电式加速度传感器通常采用钢制外壳对集成传感元件进行保护,因此在钢轨垂向加速度测试时同样需要做好绝缘措施。针对不同位置的垂向加速度测试,需要选择不同类型的加速度计型号以匹配其测试要求。例如,在钢轨垂向加速度测试时,由于钢轨振动峰值以高频区段为主,因此需要具有有效频率测试范围更广的加速度计。图 8.11 为轨道板垂向加速度现场传感器布设方式。

图 8.11　轨道板垂向加速度测试

8.1.3　测试数据的处理与评判标准

根据《高速铁路工程动态验收技术规范》(TB 10761—2013)[190]和《铁路桥涵混凝土结构设计规范》(TB 10092—2017)[191]的相关规定,确定试验数据评判标准,见表 8.1。

依据测试得到的轮轨垂向力 P 和轮轨横向力 Q,计算脱轨系数 Q/P、轮重减载率 $\Delta P/P$ 等动车组运行安全性指标。整理测试数据时,应确保数据分析的准确性和真实性。各项指标的数据按车位和轮位分别计量,并计算其平均值、标准差及其他统计特性,同时保证轮轨动力学平稳性和安全性动态指标检测、处理和计算方法符合《铁道车辆动力学性能评定和试验鉴定规范》(GB 5599—1985)[192]的相关规定。

表 8.1　高速铁路动态测试数据主要评判指标

参数名称		评判标准	参照依据
动车组运行安全性	脱轨系数 Q/P	≤0.8	《高速铁路工程动态验收技术规范》(GB 5599—1985)
	轮重减载率 $\Delta P/P$	≤0.8	
	轮对横向力 $\|Q_1-Q_2\|$/kN	≤10+P_0/3(P_0:轴荷载)	
钢轨及无砟轨道结构受力	轮轨垂向力/kN	≤170	
混凝土抗拉强度/抗压强度	轨道板混凝土抗拉强度/抗压强度/MPa	≤1.17/16	《铁路桥涵混凝土结构设计规范》(TB 10092—2017)
	摩擦板混凝土抗拉强度/抗压强度/MPa	≤0.73/8	

8.1.4 测试结果分析

本节主要以∏型端刺工点为例,从行车安全性、轨道结构受力、轨道结构振动加速度、轨道结构变形等方面对测试结果进行分析。

1. 行车安全性方面

1) 轮轨垂向力及轮重减载率

∏型端刺各断面轮轨垂向力随动车组速度级的变化如图 8.12 所示。由图可知,A、D 断面的轮轨垂向力略大于 B、C 断面,表明桥台及主端刺处结构的垂向刚度较大。在不同速度级下,B、C 断面轮轨垂向力并未随动车组速度的增加而产生明显的变化,A、D 断面轮轨垂向力随动车组速度的增加略有增大。

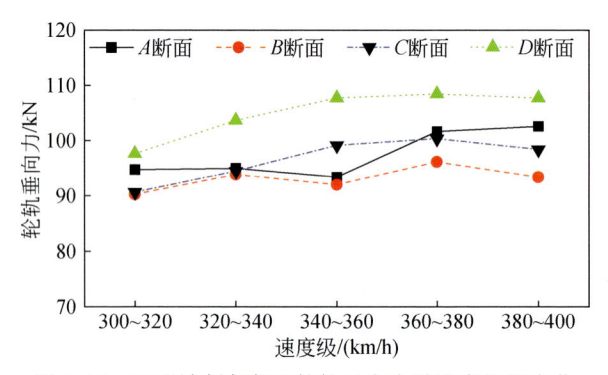

图 8.12 ∏型端刺各断面轮轨垂向力随速度级的变化

∏型端刺 B、D 断面轮重减载率随动车组速度级的变化如图 8.13 所示。根据统计结果可知,B、D 断面在不同速度级下的轮重减载率最大值远小于规范限值[193],表明端刺结构具有较好的平顺性。总体上看,随着动车组速度增加,不同断面的轮重减载率均有所增大,表明列车运行品质随速度的增加而略有下降。

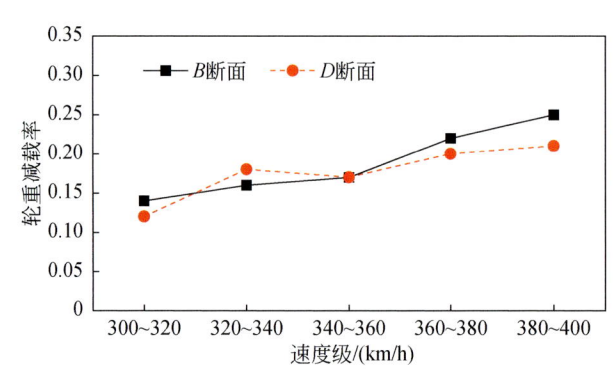

图 8.13 ∏型端刺 B、D 断面轮重减载率随速度级的变化

2）轮轨横向力及脱轨系数

∏型端刺 B、D 断面轮轨横向力随动车组速度级的变化如图 8.14 所示。测试结果表明，与 B 断面相比，D 断面的轮轨横向力测试值较大，表明主端刺处轮轨相互作用较为强烈。在不同速度级下，B、D 两个断面轮轨横向力的变化呈现一定的波动性，但不同断面的轮轨横向力均在规范规定的容许范围之内。

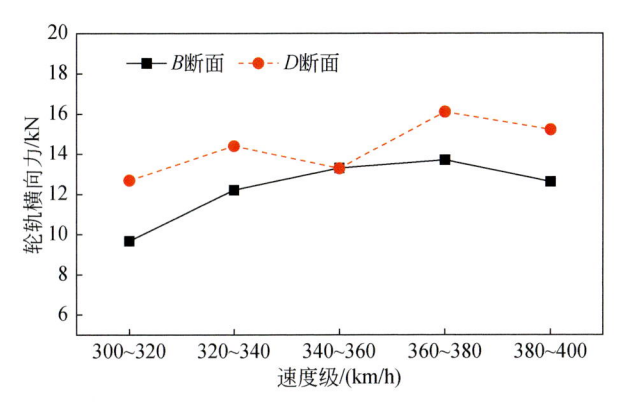

图 8.14　∏型端刺 B、D 断面轮轨横向力随速度级的变化

∏型端刺 B、D 断面脱轨系数的统计分析结果见表 8.2。统计结果表明，B、D 断面的脱轨系数最大值分别为 0.19、0.20，均小于规范限值，表明端刺结构平顺性较好，能够保证动车组的高速平稳运行。在不同速度级下，B 断面处的脱轨系数平均值分布范围为 0.12～0.16；D 断面处的脱轨系数平均值分布范围为 0.14～0.18。在不同速度级下，各断面脱轨系数稍有波动，但总体变化不大，均在规范限值之内。

表 8.2　∏型端刺不同断面脱轨系数测试对比

速度级 /(km/h)	平均值 B 断面	平均值 D 断面	实测最大值 B 断面	实测最大值 D 断面	最大可能值 B 断面	最大可能值 D 断面
300～320	0.12	0.14	0.16	0.16	0.18	0.22
320～340	0.15	0.18	0.19	0.20	0.21	0.25
340～360	0.16	0.17	0.19	0.19	0.26	0.24
360～380	0.15	0.16	0.16	0.19	0.22	0.25
380～400	0.13	0.17	0.18	0.19	0.21	0.27

由图 8.12～图 8.14 及表 8.2 可知，随着动车组速度逐渐增大，不同断面的轮轨垂向力、轨轮横向力、轮重减载率、脱轨系数的变化均呈现一定的波动性。其中，轮重减载率和脱轨系数的最大值均小于相应的规范限值，表明端刺结构平顺性较

好,能够保证车辆在不同速度级下安全平稳运行。由于桥台及主端刺处结构的垂向刚度较大,在不同速度级下,桥台及主端刺处轮轨相互作用较为强烈。

2. 轨道结构受力方面

1) 钢轨动弯应力

动车组通过端刺测点时钢轨动弯应力分布如图 8.15 所示。在不同速度级下,D 断面外侧钢轨动弯应力最大值分布范围为 25.24 ~ 33.21MPa,D 断面内侧钢轨动弯应力最大值分布范围为 31.72 ~ 38.87MPa。

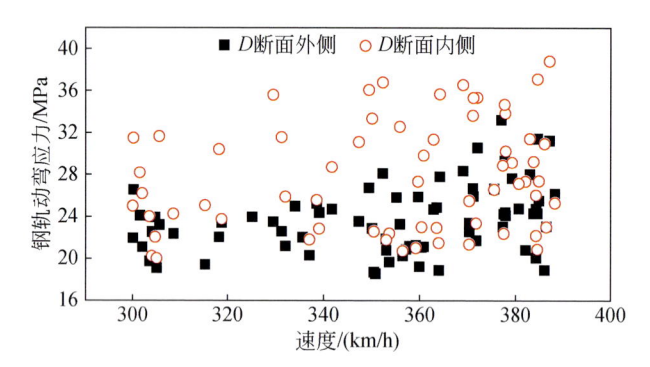

图 8.15　Π 型端刺不同速度下钢轨动弯应力分布

钢轨动弯应力随动车组速度级的变化如图 8.16 所示。从整体上看,钢轨动弯应力随动车组速度的增加有所增大。

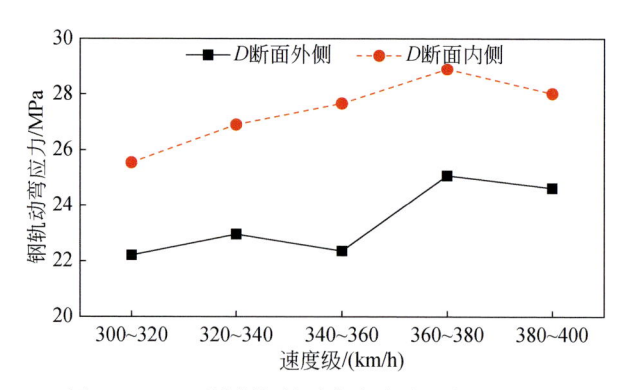

图 8.16　Π 型端刺钢轨动弯应力随速度级的变化

钢轨动弯应力试验数据的统计结果见表 8.3。测试结果表明,曲线地段 Π 型端刺处两侧钢轨受力不均衡,内侧钢轨受到的垂向力较大。

表 8.3　∏型端刺不同位置钢轨动弯应力测试结果对比

速度级 /(km/h)	平均值/MPa 外侧	平均值/MPa 内侧	实测最大值/MPa 外侧	实测最大值/MPa 内侧	最大可能值/MPa 外侧	最大可能值/MPa 内侧
300~320	22.21	25.57	26.55	31.72	27.28	34.96
320~340	22.96	26.93	25.24	35.66	27.23	39.30
340~360	22.36	27.69	28.12	36.85	29.39	42.35
360~380	25.08	28.92	33.21	36.62	33.80	42.20
380~400	24.63	28.04	31.43	38.87	34.08	41.09

2) 钢轨纵向力

当动车组进行制动试验时,提取各次试验数据发现,钢轨纵向力最大值为 37.408kN。换算可知,钢轨最大制动应力为 4.78MPa,小于轨道设计规范强度计算中的制动应力取值(10MPa)。与温度力相比,钢轨制动力较小,仅相当于轨温变化 2℃时的钢轨温度力。

动车组进行不同方向的制动时,钢轨纵向力沿端刺纵向的分布如图 8.17 所示。横坐标 0 处为端刺始端,主端刺中心位置的纵向坐标为 52.5m。由图 8.17 可

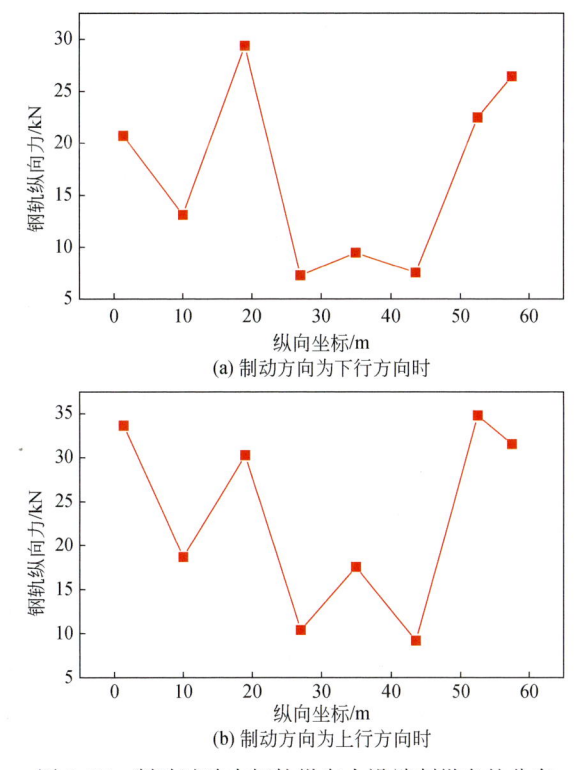

(a) 制动方向为下行方向时

(b) 制动方向为上行方向时

图 8.17　制动试验中钢轨纵向力沿端刺纵向的分布

知,端刺区范围内,在桥台及主端刺处存在较大的钢轨纵向力,且由于制动时车辆转向架所处位置的影响,桥台与主端刺间钢轨纵向力存在一定的波动。

3)轨道板与摩擦板纵向应力

制动试验无砟轨道纵向应力测试结果见表 8.4。在制动荷载作用下,与摩擦板相比,由于轨道板直接承受钢轨所传递的纵向力,其纵向应力较大。

表 8.4 制动试验无砟轨道纵向应力测试结果

序号	制动方向	轨道板纵向应力/MPa	摩擦板纵向应力/MPa	序号	制动方向	轨道板纵向应力/MPa	摩擦板纵向应力/MPa
1	下行	0.575	0.203	11	下行	0.455	0.120
2	上行	0.700	0.240	12	上行	0.805	0.207
3	下行	0.525	0.162	13	下行	0.490	0.150
4	上行	0.700	0.204	14	上行	0.735	0.204
5	下行	0.595	0.192	15	下行	0.385	0.117
6	上行	0.770	0.240	16	上行	0.665	0.219
7	下行	0.420	0.114	17	下行	0.629	0.203
8	上行	0.630	0.222	18	上行	0.700	0.198
9	下行	0.420	0.111	19	下行	0.385	0.111
10	上行	0.770	0.171	20	上行	0.735	0.189

由表 8.4 可知,轨道板最大纵向应力为 0.805MPa,摩擦板最大纵向应力为 0.240MPa,均远小于规范限值要求。制动荷载对无砟轨道受力影响并不显著。

由上述实测数据对比分析可知,随着动车组速度逐渐增大,钢轨动弯应力整体上呈现增大的趋势,在制动荷载作用下,钢轨纵向力、轨道板与摩擦板纵向应力的变化均呈现一定的波动性。曲线地段端刺处两侧钢轨受力不均衡,内侧钢轨受到的垂向力较大;在制动荷载作用下,端刺区范围内,桥台与主端刺处钢轨纵向力较大;由于轨道板承受钢轨传递的纵向力更直接,车辆制动时其纵向应力较摩擦板更大。由钢轨纵向力换算得到的钢轨最大制动应力、轨道板最大纵向应力、摩擦板最大纵向应力均小于相应的规范限值要求。

3. 轨道结构振动加速度方面

1)钢轨垂向加速度

Ⅱ型端刺钢轨垂向加速度随动车组速度级的变化如图 8.18 所示。测试结果表明,不同断面钢轨垂向加速度均随动车组速度增加而变化。在动车组速度达到 360km/h 时,D、E 断面钢轨垂向加速度随速度增加而有所增大,并且随着速度的提高,不同断面钢轨加速度分布比较离散。

图 8.18　∏型端刺钢轨垂向加速度随速度级的变化

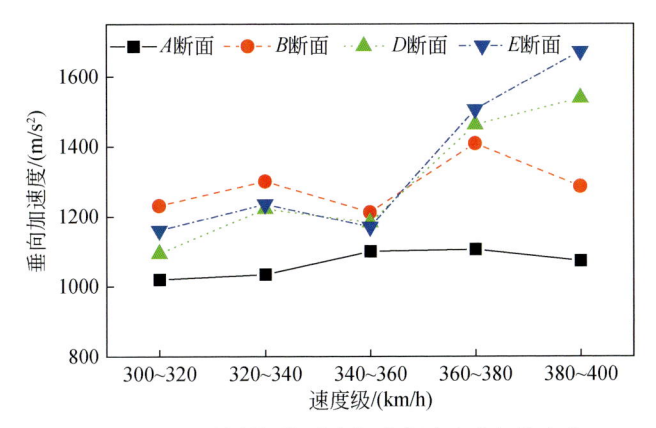

2) 轨道板垂向加速度

动车组 CRH380 通过端刺测点时,∏型端刺不同断面垂向加速度试验数据的统计结果见表 8.5。测试结果表明,在不同速度级下,A、D 断面轨道板垂向加速度较 B 断面更大,表明主端刺及桥台处结构的垂向刚度较大,振动较明显。

表 8.5　∏型端刺不同断面垂向加速度测试结果

速度级 /(km/h)	平均值/(m/s²)			最大值/(m/s²)		
	A 断面	B 断面	D 断面	A 断面	B 断面	D 断面
300~320	31.20	29.20	36.20	47.40	43.90	53.70
320~340	35.00	28.50	34.40	48.70	37.40	41.90
340~360	39.90	28.20	38.50	47.60	34.60	53.70
360~380	40.40	30.90	36.80	51.80	40.60	53.50
380~400	36.10	28.00	34.90	48.90	37.90	51.90

由表 8.5 可知,在不同速度级下,与 B 断面相比,A、D 断面轨道板垂向加速度均较大。从整体上看,轨道板垂向加速度的变化具有一定的波动性,动车组速度增加对轨道板垂向加速度的影响无明显规律。

3) 摩擦板垂向加速度

动车组通过端刺测点时,不同断面的摩擦板垂向加速度分布如图 8.19 和图 8.20 所示。在不同速度级下,B 断面摩擦板垂向加速度最大值分布范围为 1.90~2.40m/s²,D 断面摩擦板垂向加速度最大值分布范围为 4.75~5.95m/s²。

∏型端刺摩擦板垂向加速度随动车组速度级的变化如图 8.20 所示。在不同速度级下,与 B 断面相比,D 断面摩擦板垂向加速度均较大。但从整体上看,动车

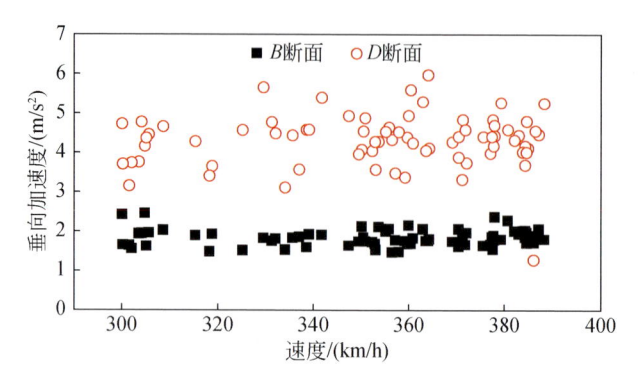

图 8.19 Π型端刺 B、D 断面不同速度下摩擦板垂向加速度分布

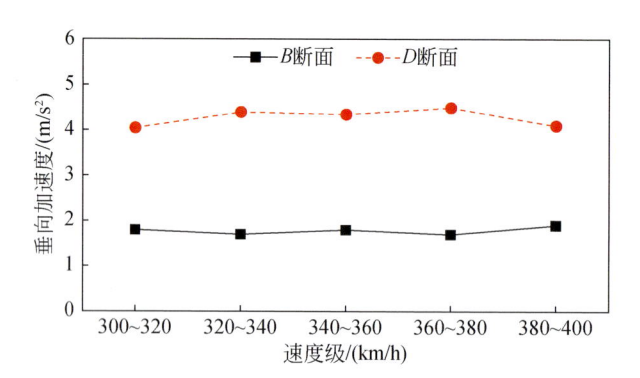

图 8.20 Π型端刺摩擦板垂向加速度随速度级的变化

组速度的变化对摩擦板垂向加速度的影响较小。

摩擦板垂向加速度试验数据的统计结果见表 8.6。由表可知,与 B 断面相比,D 断面的摩擦板垂向加速度较大,表明主端刺处结构的垂向刚度较大,振动较明显。

表 8.6　不同断面摩擦板垂向加速度测试结果

速度级/(km/h)	平均值/(m/s²) B 断面	平均值/(m/s²) D 断面	最大值/(m/s²) B 断面	最大值/(m/s²) D 断面
300 ~ 320	1.80	4.05	2.40	4.75
320 ~ 340	1.70	4.40	1.90	5.65
340 ~ 360	1.80	4.35	2.10	5.40
360 ~ 380	1.70	4.50	2.00	5.95
380 ~ 400	1.90	4.10	2.20	5.25

由上述实测数据对比分析可知,随着动车组速度逐渐增大,不同断面钢轨垂向加速度整体呈上升趋势,并且随着速度的提高其分布更为离散;轨道板垂向加速度

的变化呈现一定的波动性,无明显规律;摩擦板垂向加速度受速度影响较小。测试结果表明,在不同速度级下,主端刺及桥台处结构的垂向刚度较大,振动更明显。

4. 轨道结构变形方面

1) 钢轨与轨道板垂向相对位移

动车组通过端刺测点时,钢轨与轨道板垂向相对位移试验数据的统计结果见表8.7。由表可知,在不同速度级下,A断面处的钢轨与轨道板垂向相对位移平均值分布范围为0.65~0.72mm;B断面处的钢轨与轨道板垂向相对位移平均值分布范围为0.62~0.69mm;D断面处的钢轨与轨道板垂向相对位移平均值分布范围为0.52~0.60mm;E断面处的钢轨与轨道板垂向相对位移平均值分布范围为0.45~0.54mm;F断面处的钢轨与轨道板垂向相对位移平均值分布范围为0.73~0.81mm。

表8.7 不同断面钢轨与轨道板垂向相对位移测试结果

速度级/(km/h)	平均值/mm					最大值/mm				
	A断面	B断面	D断面	E断面	F断面	A断面	B断面	D断面	E断面	F断面
300~320	0.65	0.62	0.52	0.45	0.74	0.77	0.68	0.72	0.50	0.82
320~340	0.68	0.68	0.58	0.49	0.77	0.83	0.85	0.77	0.55	0.88
340~360	0.65	0.63	0.55	0.47	0.73	0.83	0.80	0.68	0.58	0.82
360~380	0.72	0.69	0.60	0.54	0.80	0.92	0.83	0.80	0.70	0.89
380~400	0.67	0.68	0.59	0.53	0.81	0.84	0.80	0.70	0.68	0.90

由表8.7可知,在不同速度级下,钢轨与轨道板垂向相对位移的变化有一定波动,但动车组速度增加对钢轨与轨道板垂向相对位移的影响无明显规律。

2) 轨道板与底座板垂向相对位移

轨道板与底座板垂向相对位移试验数据的统计结果见表8.8。由表可知,在不同速度级下,D断面轨道板与底座板垂向相对位移最大值分布范围为0.07~0.13mm。D断面处的轨道板与底座板垂向相对位移平均值分布范围为0.03~0.05mm,最大可能值为0.14mm。

表8.8 D断面轨道板与底座板垂向相对位移测试结果

速度级/(km/h)	平均值/mm	最大值/mm	最大可能值/mm
300~320	0.03	0.10	0.11
320~340	0.04	0.07	0.09
340~360	0.05	0.11	0.14
360~380	0.03	0.09	0.10
380~400	0.04	0.13	0.11

由表 8.8 同样可知,当动车组速度低于 340km/h 时,轨道板与底座板垂向相对位移平均值随动车组速度的增加而有所增大,并在动车组速度达到 340~360km/h 时出现最大值;当动车组速度增大到 360km/h 以上时,轨道板与底座板垂向相对位移有所减小。

3)底座板与摩擦板垂向相对位移

底座板与摩擦板垂向相对位移试验数据的统计结果见表 8.9。由表可知,在不同速度级下,B 断面处的底座板与摩擦板垂向相对位移平均值分布范围为 0.05~0.07mm,最大可能值为 0.12mm;D 断面处的底座板与摩擦板垂向相对位移平均值分布范围为 0.09~0.10mm,最大可能值为 0.18mm。

表 8.9 不同断面底座板与摩擦板垂向相对位移测试结果

速度级 /(km/h)	平均值/mm B 断面	平均值/mm D 断面	最大值/mm B 断面	最大值/mm D 断面	最大可能值/mm B 断面	最大可能值/mm D 断面
300~320	0.05	0.09	0.10	0.16	0.12	0.18
320~340	0.05	0.09	0.08	0.15	0.09	0.18
340~360	0.06	0.09	0.10	0.14	0.11	0.18
360~380	0.06	0.10	0.11	0.14	0.12	0.16
380~400	0.07	0.09	0.09	0.14	0.11	0.15

B 断面与 D 断面的底座板与摩擦板垂向相对位移随动车组速度级的变化如图 8.21 所示。由图 8.21 可知,不同断面底座板与摩擦板垂向相对位移均随动车组速度增加而变化。当动车组速度低于 380km/h 时,不同断面底座板与摩擦板垂向相对位移随动车组速度的增加而有所增大,并在动车组速度达到 380~400km/h 时出现最大值;当动车组速度增大到 400km/h 以上时,不同断面的底座板与摩擦板垂向相对位移均有所减小。

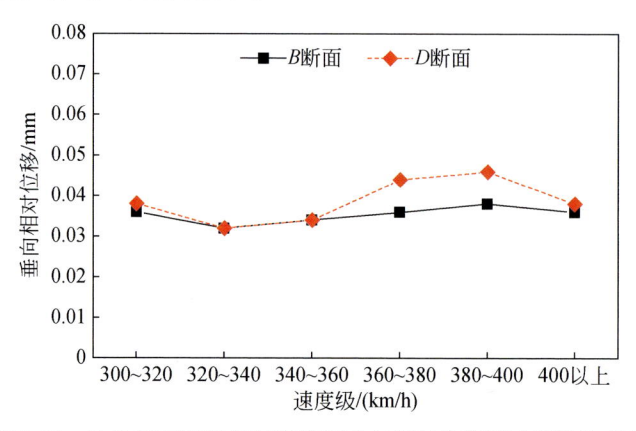

图 8.21 B、D 断面底座板与摩擦板垂向相对位移随速度级的变化

第8章 高速铁路无砟轨道现场测试与监测

从整体上看,底座板与摩擦板垂向相对位移的变化波动性较强,动车组速度增加对底座板与摩擦板垂向相对位移的影响无明显规律。

4) 动车组制动下轨道结构纵向相对位移

动车组进行不同方向制动时,钢轨与轨道板纵向相对位移沿端刺方向的分布如图8.22所示。钢轨与轨道板的纵向相对位移在桥台及主端刺处较大,表明钢轨在这两处位置受到较大纵向力的作用。这也与钢轨纵向力测试结果得到较好的验证。

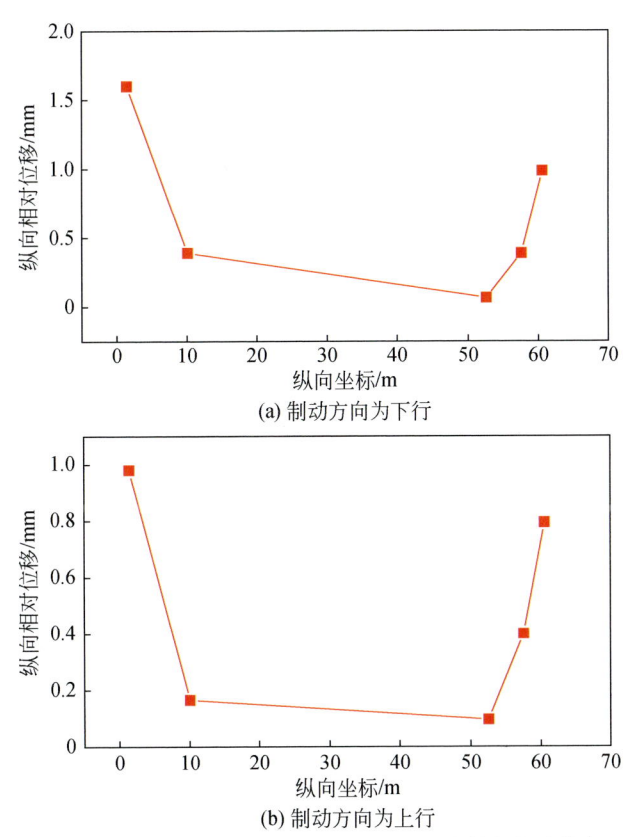

(a) 制动方向为下行

(b) 制动方向为上行

图8.22 钢轨与轨道板纵向相对位移沿端刺方向的分布

此外,当动车组进行制动试验时,从测试数据发现,轨道板与底座板纵向相对位移较小,最大纵向相对位移仅0.011mm,表明两者间砂浆连接紧密,轨道板与底座板协同受力较好。底座板与摩擦板间铺设两层土工布,两板间可发生一定的纵向相对位移。由于受到制动荷载的作用,底座板与摩擦板间出现纵向相对位移,但均较小,最大值仅为0.030mm。距离主端刺越近,底座板与摩擦板间的纵向相对位移越小。在制动荷载作用下,过渡板相对于路基产生的最大纵向相对位移为

0.012mm，表明主端刺出现了一定的纵向位移。

过渡板与路基纵向相对位移的典型测试波形如图 8.23 所示。从图中可以看出，在动车组进行制动时，过渡板与路基纵向相对位移增大；在动车组制动完成后，过渡板与路基的纵向相对位移基本恢复至动车组制动前的状态，表明端刺在制动荷载作用下所产生的纵向位移主要由土体弹性变形提供。

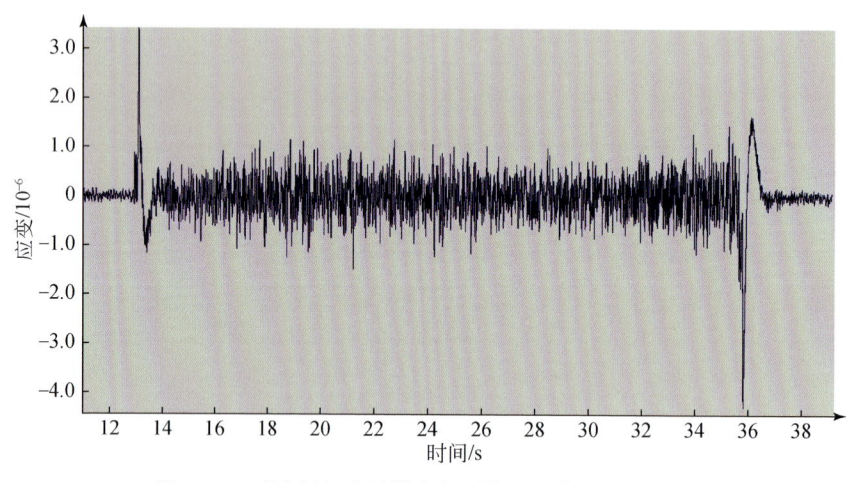

图 8.23　过渡板与路基纵向相对位移的典型测试波形

综上分析可知，随着动车组速度逐渐增大，钢轨与轨道板垂向相对位移、轨道板与底座板垂向相对位移、底座板与摩擦板垂向相对位移、动车组制动下轨道结构纵向相对位移的变化均呈现一定的波动性，但动车组速度增加对各相对位移的影响无明显规律。从整体上看，轨道板与底座板垂向相对位移、底座板与摩擦板垂向相对位移的变化波动性较强。钢轨与轨道板的纵向相对位移在桥台及主端刺处较大，表明钢轨在这两处位置受到较大纵向力的作用。当动车组进行制动时，轨道板与底座板协同受力较好；底座板与摩擦板间由于铺设土工布可发生一定的纵向相对位移，协同受力次之，且距离主端刺越近，底座板与摩擦板间的纵向相对位移越小；过渡板相对于路基产生纵向变形，表明主端刺出现一定的纵向位移，且在制动完成后位移基本恢复。

5. 不同工点对比分析

为比较倒 T 型端刺与 Π 型端刺区域结构动力学性能，对两工点均进行了动态测试。动车组高速通过不同形式的端刺测点时，结构不同断面轮轨力及行车安全性指标对比见表 8.10。

第 8 章　高速铁路无砟轨道现场测试与监测

表 8.10　不同形式端刺轮轨力及行车安全性指标对比

指标	断面	倒 T 型端刺	∏型端刺	指标	断面	倒 T 型端刺	∏型端刺
轮轨垂向力/kN	B 断面	107.59	108.62	脱轨系数	B 断面	0.19	0.18
	D 断面	117.09	113.57		D 断面	0.20	0.18
轮轨横向力/kN	B 断面	16.49	14.96	轮重减载率	B 断面	0.33	0.24
	D 断面	19.31	18.96		D 断面	0.26	0.25

由于主端刺处结构刚度较大,对于不同形式的端刺,与 B 断面相比,D 断面处的轮轨垂向力和横向力均较大。总体上看,∏型端刺刚度过渡稍好,轮轨作用力变化均匀;倒 T 型端刺区域内的刚度变化均匀性较差,与∏型端刺相比,动车组运行的安全平稳性能有所降低。

动车组高速通过不同形式的端刺测点时,结构不同断面的变形对比见表 8.11。

表 8.11　不同形式端刺结构变形对比

指标	断面	倒 T 型端刺	∏型端刺	指标	断面	倒 T 型端刺	∏型端刺
钢轨与轨道板垂向相对位移/mm	A 断面	0.92	0.84	钢轨与轨道板垂向相对位移/mm	F 断面	0.90	0.98
	B 断面	0.85	0.86	轨道板与底座板垂向相对位移/mm	D 断面	0.13	0.05
	D 断面	0.80	0.99	底座板与摩擦板垂向相对位移/mm	B 断面	0.11	0.05
	E 断面	0.70	0.80		D 断面	0.16	0.06

钢轨与轨道板垂向相对位移较大,分布范围为 0.70~0.99mm;轨道板与底座板垂向相对位移及底座板与摩擦板垂向相对位移较小,两者均小于 0.2mm。在动荷载作用下,倒 T 型端刺与∏型端刺的变形相差不大,表明两种端刺都具有较好的结构稳定性。

动车组高速通过不同形式的端刺测点时,各结构不同断面的结构振动对比见表 8.12。

表 8.12　不同形式端刺结构振动对比

指标	断面	倒 T 型端刺	∏型端刺	指标	断面	倒 T 型端刺	∏型端刺
钢轨垂向加速度/(m/s^2)	B 断面	2216	2195	轨道板垂向加速度/(m/s^2)	B 断面	43.9	37.7
	D 断面	1995	1950		D 断面	53.7	54.8
	E 断面	2195	2075	摩擦板垂向加速度/(m/s^2)	B 断面	2.40	2.12
	—	—	—		D 断面	5.95	6.15

对于不同形式的端刺,结构垂向振动均由钢轨、轨道板至摩擦板依次衰减。与Π型端刺相比,倒T型端刺在动荷载作用下的振动稍大,主端刺处表现得较为明显。

综上所述,对于Π型端刺与倒T型端刺,两者在动荷载作用下均有较好的结构稳定性,能够保证动车组高速平稳通过。对比两者动力学性能发现,Π型端刺轮轨作用力变化更为均匀,结构振动加速度稍小,其结构刚度过渡更好。

限于篇幅,本章以较为典型的无砟轨道端刺试验为例对无砟轨道力学性能现场测试进行综合阐述。但值得说明的是,作者结合在其他线路上的大量测试经验,同样为精细化分析方法的理论模型提供了大量数据,以保证相应建模参数的获取以及结果的验证。

8.2 无砟轨道监测技术研究

轨道是承载列车运行的关键结构,其长期服役状态直接影响行车安全性和舒适性。因此,实时在线监测轨道服役状态,对于保障高速列车安全平稳运行、指导工务养护维修具有重要意义。无砟轨道监测内容包括轨道部件的受力与变形、轨道状态(如几何形位、平顺性)、轨道结构及部件振动等。监测指标包括应变、温度、位移等。而在一系列长期监测指标中,温度由于其特殊性备受人们的关注。轨道结构长期暴露在外界环境中,在年温度变化、日照等因素差异的影响下,轨道结构内部产生一定的温度分布。在实际运营条件下发现温度荷载对轨道结构的影响特别大,轨道稳定性受到严重威胁。在负温度梯度条件下,轨道结构边缘上翘,易产生离缝;在正温度梯度条件下,轨道结构中部拱起,易产生轨道板脱空。在无砟轨道应用初期对无砟轨道温度场分布的研究较少,因此本书以无砟轨道内部温度场分布及温度效应的长期监测为例,对无砟轨道监测技术进行介绍。

8.2.1 监测方法研究

无砟轨道监测方法的选取需根据监测时间的长短及监测内容的需要,满足一定的耐久性、稳定性及准确性。通常无砟轨道监测时间按月计算,短则几月,长则几年到几十年,这就需要传感器具备较好的耐久性[194]。此外,还需要根据现场试验环境进行仪器的安装及调试,并对试验仪器进行防护加固以保证测试环境不影响试验数据的准确性。

目前常见的无砟轨道温度监测方法有光纤光栅温度传感器监测方法、数字式温度传感器监测方法、电阻式温度传感器监测方法等。其中光纤光栅温度传感器及数字式温度传感器监测方法可用于无砟轨道内部及环境温度测试,还可用于钢

第8章 高速铁路无砟轨道现场测试与监测

轨温度采集及一些外部设施的温度测试。无砟轨道各种温度监测方法均有其各自的特点,可根据测试位置、相关测试要求及试验场地状况灵活选用[195,196]。下面对各种温度监测方法进行介绍。

1. 光纤光栅监测方法

1) 光纤光栅传感器技术特点

光纤光栅是一种光纤无源器件,以光纤布拉格光栅(fiber Bragg grating,FBG)为主的光纤光栅传感器具有抗电磁干扰、耐高温、体积小、能承受较高的温度和腐蚀等优势,其传感信号以波长调制,测量信号不受光纤弯曲损耗、连接损耗、光源起伏和探测器老化等因素的影响;复用能力强,在一根光纤上串接多个FBG,可同时得到几个测量目标的信息,并可实现准分布式测量[194]。

光纤光栅测试采集系统是利用光纤材料的光敏性(外界入射光子和纤芯内锗离子相互作用引起的折射率永久性变化)进行数据采集。其技术原理是利用光纤光栅中光纤的光敏性;光纤中的光敏性是指激光通过掺杂光纤时,光纤的折射率将随光强的空间分布发生相应变化的特性。而在纤芯内形成的空间相位光栅,其实质就是在纤芯内形成一个窄带的(透射或反射)滤波器或反射镜。利用这一特性可制造出许多性能独特的光纤器件,它们都具有反射带宽范围大、附加损耗小、体积小,易与光纤耦合,可与其他光器件兼容成一体,不受环境尘埃影响等一系列优异性能。

光栅的 Bragg 波长 l_B 由式(8.1)决定:

$$l_B = 2nL \tag{8.1}$$

式中,n 为芯模有效折射率;L 为光栅周期。

当光纤光栅所处环境的温度、应力、应变或其他物理量发生变化时,光栅的周期或纤芯折射率将发生变化,从而使反射光的波长发生变化,通过测量物理量变化前后反射光波长的变化,就可以获得待测物理量的变化情况。通过特定的技术,可实现对应力和温度的分别测量和同时测量。通过在光栅上涂敷特定的功能材料(如压电材料),也能实现对电场等物理量的间接测量。

2) 系统组成

高速铁路基础设施监测涉及铁道工程、通信工程、计算机技术等多专业的交叉,系统为供电层、传感层、传输层、存储层、应用层等组成的多层体,拓扑结构复杂,维护很关键,并需要具有一定的可拓展性[196]。

监测系统由光纤光栅传感器、光纤光栅解调仪、采集服务器、后台数据处理(备份)服务器、监测终端等硬件部分组成。系统组成拓扑图如图8.24所示。

(1) 温度传感器。温度的采集采用光纤光栅温度传感器,如图8.25所示。温度测量范围为-25~80℃,测量精度为0.1℃,测量频率为1Hz。图8.25为现场使用的

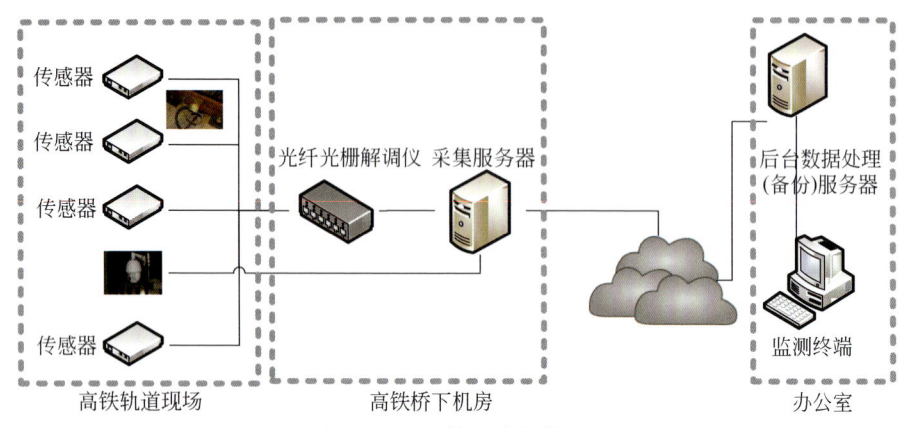

·374· 高速铁路无砟轨道空间精细化分析方法及其应用

图 8.24　系统组成拓扑图

光纤光栅温度传感器。温度传感器的尺寸为 4.5cm×1cm。

（2）多通道光纤光栅解调仪。光纤光栅解调仪如图 8.26 所示，用于光纤光栅传感器波长信号的读取和解调，有 4/8/16 通道三种规格。光纤光栅解调仪是为测量应力、温度和压力等物理量变化而设计的。单台光纤光栅解调仪拥有多个光学通道（可达 16 个），单个通道可允许在一根光纤上同时连接超过 40 个光纤布拉格光栅传感器。

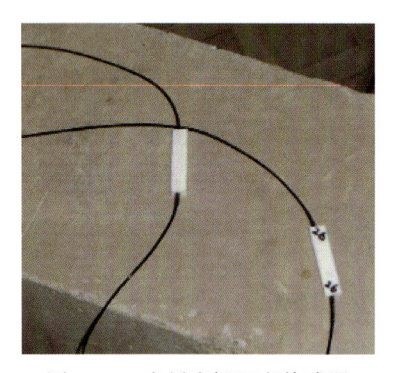

图 8.25　光纤光栅温度传感器　　　　图 8.26　光纤光栅解调仪

光纤光栅解调仪的主要参数见表 8.13。

表 8.13　光纤光栅解调仪参数表

项目	参数要求
解调频率/Hz	20
通道数	16
波长测量范围/nm	1280～1330

第8章　高速铁路无砟轨道现场测试与监测

续表

项目	参数要求
波长精度/pm	5
波长分辨率/pm	1
温度分辨率/℃	0.1
温度测量精度/℃	±0.5
应变分辨率/με	1
应变测量精度/με	±3
光纤接口	FC/APC
输出接口	RJ45/UDP、TCP/IP
安装方式	标准机柜
功耗/W	≤20

(3) 采集服务器。采集服务器主要用于接收光纤光栅解调仪的监测数据，并进行现场存储和初步处理，再通过有线或无线网络将其传输到监测终端计算机中；监测终端也完整地保存一份监测数据，同时起到远程监测计算机的备份作用。

(4) 后台数据处理(备份)服务器。后台数据处理(备份)服务器主要有三大功能：接收、存储现场传输回来的监测数据；监测现场数据的备份功能；为监测终端提供查看、查询、分析服务。后台数据处理(备份)服务器的功能组成如图 8.27 所示。

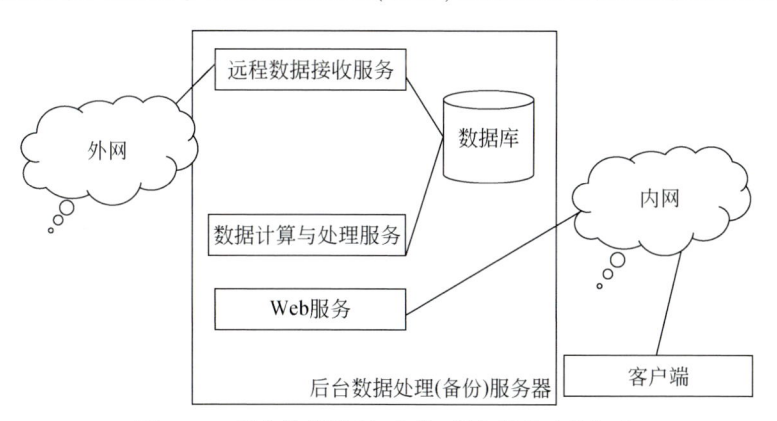

图 8.27　后台数据处理(备份)服务器的功能组成

2. 数字式温度传感器监测方法

1) 数字式温度传感器技术特点

数字式温度传感器能代替模拟温度传感器和信号处理电路，直接与单片机通信，完成温度采集和数据处理任务。现代数字式传感器是指将传统的模拟式传感器经过加装或改造模数(A/D)转换模块，使之输出信号为数字量(或数字编码)的传感器,全自动或半自动(通过人工指令进行高层次操作,自动处理低层次操作)系统可以包含更多智能性功能,能从环境中获得并处理更多不同的参数[197]。

本书以目前应用较多的 DS18B20 数字式温度传感器为例对数字式温度传感器内部结构进行说明。该数字式温度传感器的测试原理主要为传感器内部晶体振荡器振动频率与温度密切相关。内部主体结构主要由四部分组成:64 位只读存储器(read-only memory,ROM)、温度灵敏元件、非挥发的温度报警触发器 TH 和 TL、配置寄存器。DS18B20 数字式温度传感器内部结构如图 8.28 所示。

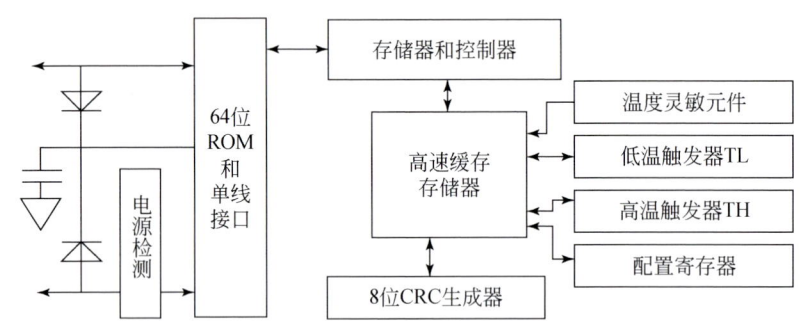

图 8.28　DS18B20 数字式温度传感器内部结构

该传感器采用一线接口,只需要一条线就能够与多点进行通信,简化了温度传感器的分布式应用,可用数据总线供电,电压范围为 3.0 ~ 5.5V,无需备用电源。测量温度范围为 –55 ~ 125℃,–10 ~ 85℃ 范围内精度为 ±0.5℃。

2)采集系统介绍

无砟轨道监测应用数字式温度传感器多点采集系统监测无砟轨道不同位置不同层面的温度变化规律,并将整个采集系统集成在恒温箱中,以保证采集系统的正常工作状态,通过无线发射系统将信号传送至办公室的无线接收系统。基于数字式温度传感器的无砟轨道温度监测系统布置方案如图 8.29 所示,具体监测布置方案见后续案例说明。

8.2.2　光纤光栅监测方法的应用案例

1. 监测方案

基于光纤光栅系统的测试内容主要是依托高速铁路高架站无砟轨道道岔在线监测系统[196]对天津南站 CRTS Ⅱ 型板式无砟轨道钢轨、桥梁梁体、气温及无砟轨道温度梯度的相关温度变化进行监测,还对道岔纵向附加力、钢轨横向力和垂向力、无砟轨道板应力等进行了测试,主要测点位置及测点数目的布置见表 8.14。

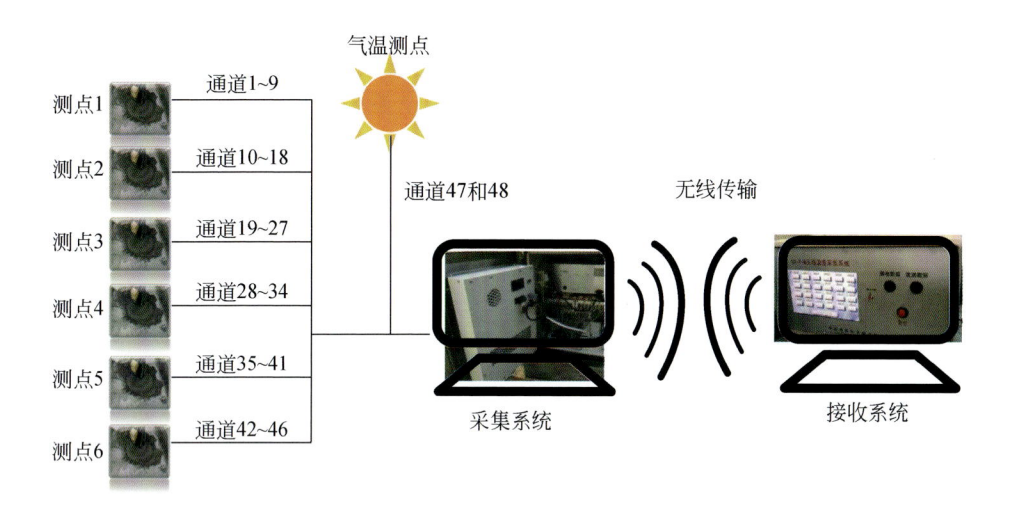

第8章 高速铁路无砟轨道现场测试与监测

图8.29 基于数字式温度传感器的无砟轨道温度监测系统布置方案

表8.14 测点分布及数目

项目	测点位置	测点数目
道岔纵向附加力	直基本轨	5
	曲导轨	3
	梁端两头	2
道岔-底座相对位移	直基本轨	4
	曲导轨	2
无砟和梁体相对位移	岔区梁体平均分布	4
温度变化	钢轨	2
	桥梁梁体	2
	道旁百叶箱	1
	无砟轨道内部	4
桥梁位移	梁端	2
钢轨横向力、垂向力	梁端	4
轨道板应力	在桥梁温度跨度较大一侧梁缝处和梁固定支座处	2
底座板应力	在桥梁温度跨度较大一侧梁缝处和梁固定支座处	2
道岔区整体状态/尖轨相对位移	岔区	1
总计	—	40

选取天津南站 CRTS Ⅱ 型板式无砟轨道及无砟轨道道岔结构进行测试,总体测点布置如图 8.30 所示。对 CRTS Ⅱ 型板式无砟轨道进行温度传感器布置时,轨道板纵向中轴线上布置一点,轨道板两边非承轨槽处各布置一点,两点纵向位置一致,在轨道板端部非承轨槽处布置一点,温度传感器布置平面图如图 8.31 所示。

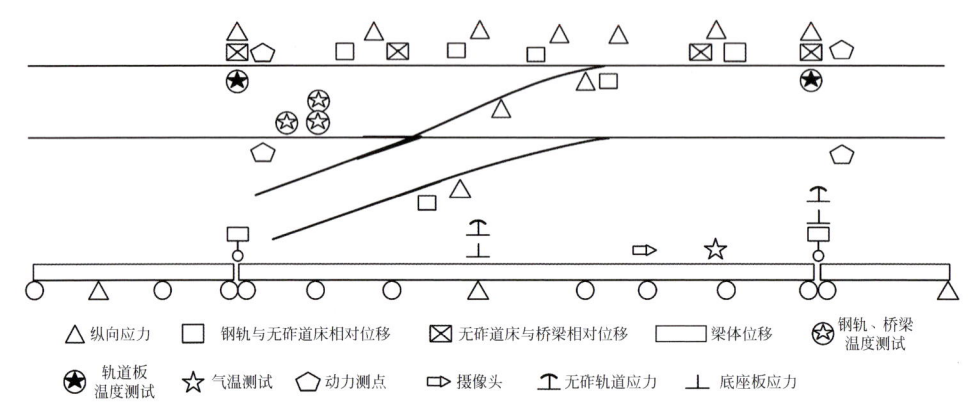

△ 纵向应力　　□ 钢轨与无砟道床相对位移　　⊠ 无砟道床与桥梁相对位移　　▭ 梁体位移　　⭐ 钢轨、桥梁温度测试
⯁ 轨道板温度测试　　⬠ 气温测试　　◯ 动力测点　　▷ 摄像头　　⊥ 无砟轨道应力　　⊥ 底座板应力

图 8.30　天津南站 CRTS Ⅱ 型板式无砟轨道总体测点分布

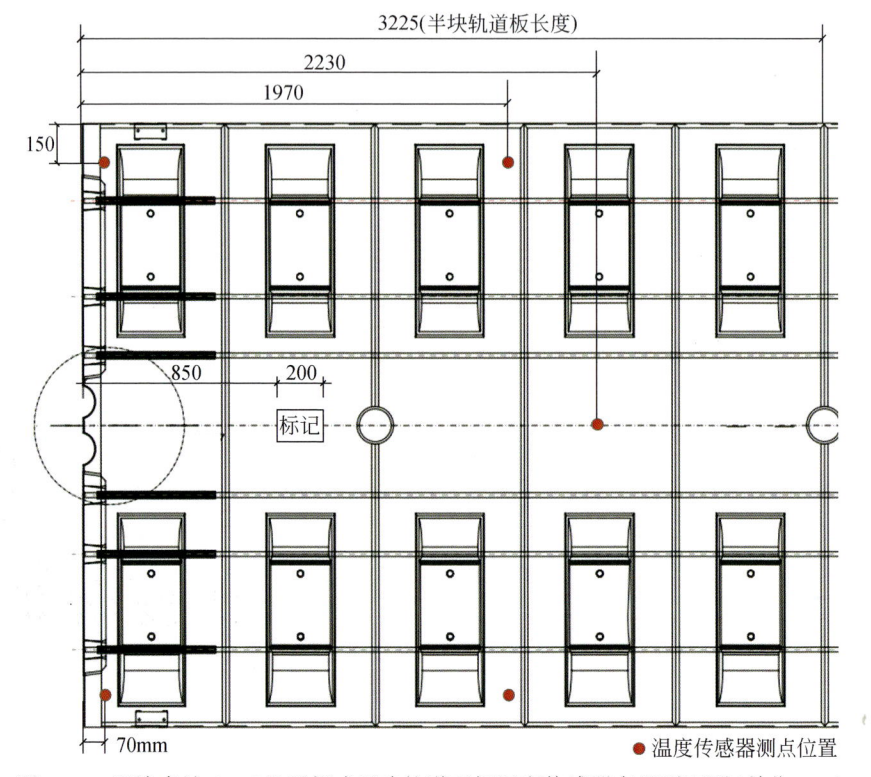

图 8.31　天津南站 CRTS Ⅱ 型板式无砟轨道现场温度传感器布置平面图(单位:mm)

第8章　高速铁路无砟轨道现场测试与监测

为测试CRTS Ⅱ型板式无砟轨道的温度梯度,在京津延长线连续梁无砟轨道板上布置3个温度梯度测点,标号为26号孔、27号孔和28号孔。其中,26号孔孔深30cm,孔径3cm,位于岔区轨道板中心;27号孔孔深10cm,孔径3cm,位于岔区轨道板边缘;28号孔孔深27cm,孔径3cm,位于非岔区轨道板板中。表8.15列出了轨道板温度传感器的安装参数。

表8.15　轨道板温度传感器安装参数

孔号	传感器个数	安装深度
26	4	轨道板以下2cm
		轨道板以下11cm
		轨道板以下20cm
		轨道板以下27cm
27	2	轨道板以下2cm
		轨道板以下6cm
28	3	轨道板以下6cm
		轨道板以下14cm
		轨道板以下24cm

光纤光栅温度传感器置于监测区间的铁道外侧。监测环境温度时,传感器应避免直接暴露在阳光下,并采用悬挂安装方式将探头式光纤光栅温度传感器安装于百叶箱内,以保证环境温度的准确性。当外界温度变化时,光纤光栅温度传感器能实时地将温度变化信号传给数据采集中心。图8.32为百叶箱及探头式光纤光栅温度传感器。

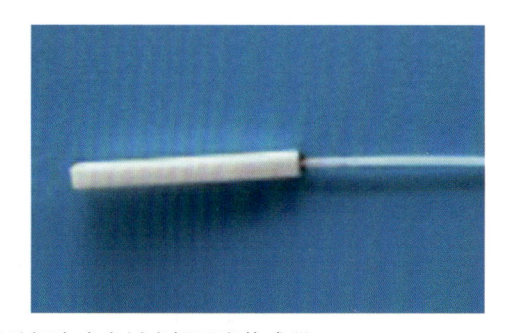

图8.32　百叶箱及探头式光纤光栅温度传感器

2. 监测数据分析

监测时间段内环境温度长期变化和不同天气条件下(高温、常温、雨天)环境温度日变化情况如图 8.33 和图 8.34 所示。

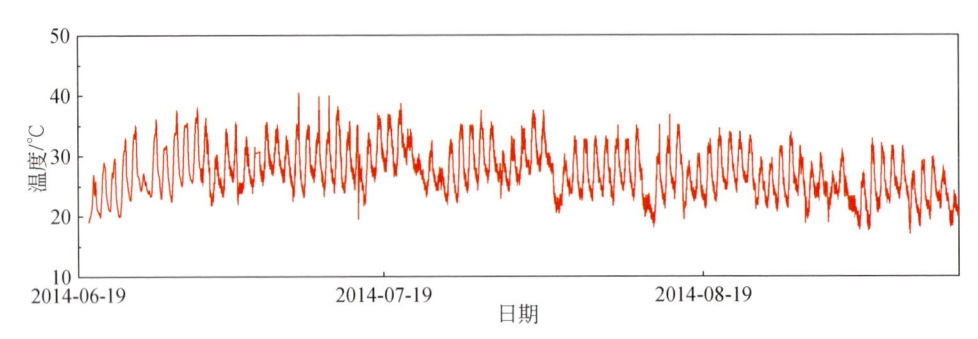

图 8.33　2014 年 6 月～2014 年 9 月环境温度变化曲线

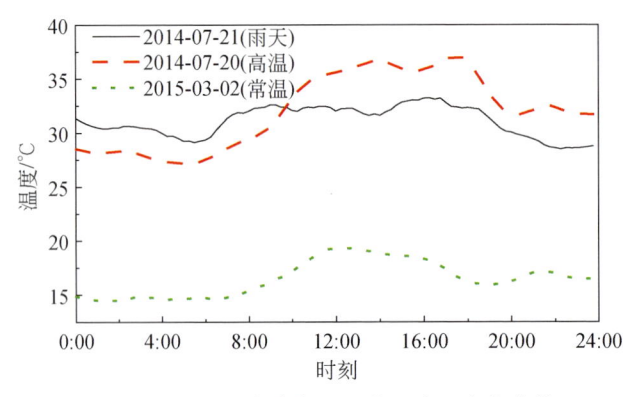

图 8.34　不同天气条件下环境温度日变化曲线

由图 8.34 可知,无论何种环境温度,其日变化规律基本一致。其中,高温时间(2014 年 7 月 20 日)相较于常温时间(2015 年 3 月 2 日)变化幅度更大,起伏更明显;而雨天天气(2014 年 7 月 21 日)曲线相对晴天(2014 年 7 月 20 日)较为平缓,环境温度最大值特征不明显。

1)轨道结构各层温度

轨道板表面中心处最低温度出现在 2014 年 12 月 2 日 6:30,为 -13.71℃;最高温度出现在 2014 年 7 月 14 日 15:00,为 48.32℃。监测时间段内轨道板温度变化和高温、常温、雨天日温度变化分别如图 8.35 和图 8.36 所示。

高温与常温温度变化曲线规律性较好,极值特征明显;雨天天气温度变化趋于平缓,整体温度较稳定,极值特征不明显。轨道板表面的温度与环境温度的跟随性很好。

底座板处温度传感器埋深 27cm,最低温度出现在 2014 年 12 月 2 日 6:04,为 -12.21℃;最高温度出现在 2014 年 7 月 14 日 18:00,为 35.32℃。监测时间段内底座板温度变化和日温度变化分别如图 8.37 和图 8.38 所示。

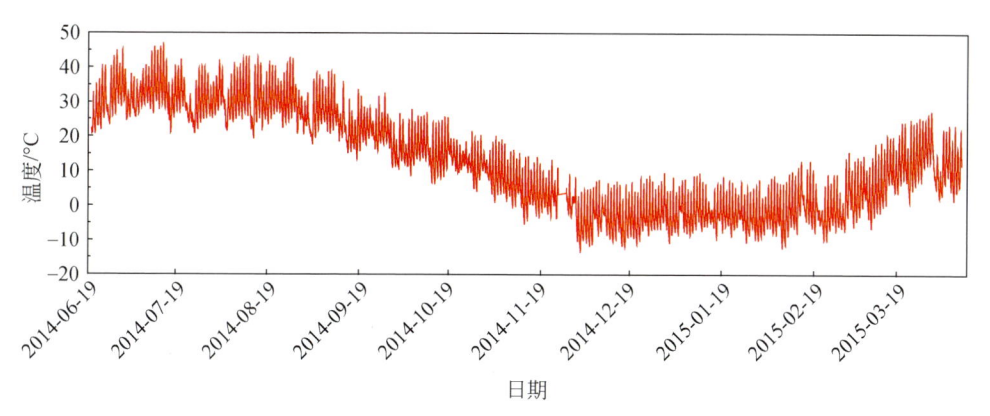

图 8.35　2014 年 6 月~2015 年 3 月轨道板表面温度变化曲线

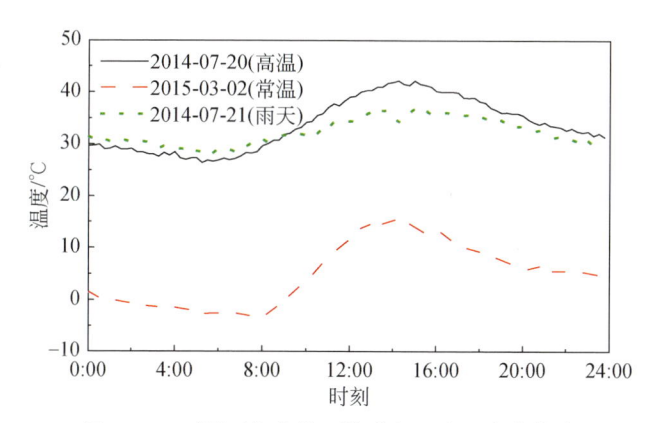

图 8.36　不同天气条件下轨道板温度日变化曲线

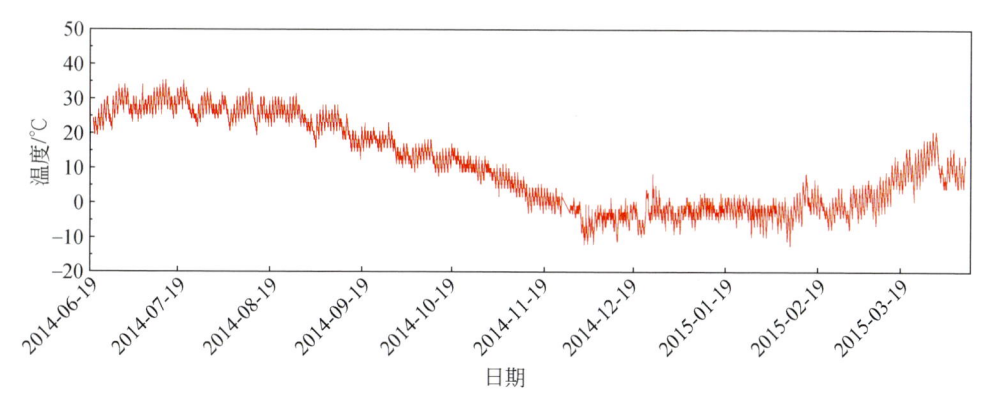

图 8.37　2014 年 6 月~2015 年 3 月底座板温度变化曲线

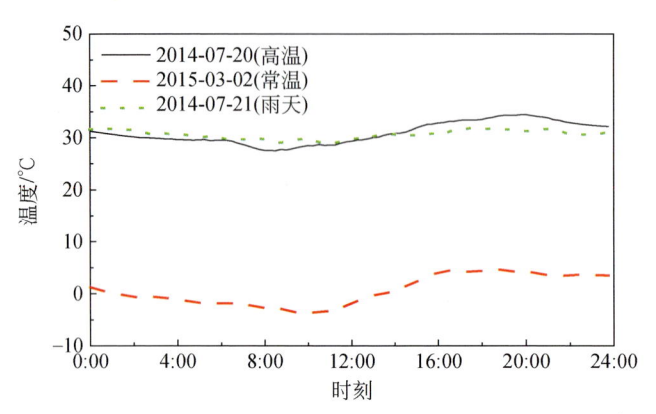

图 8.38 不同天气条件下底座板温度日变化曲线

底座板温度日变化曲线整体较轨道板平缓,当日温度极值相对轨道板极值出现时间滞后,深度差 25cm 时,温度最大值及最小值滞后 2h 左右。雨天时底座板温度日变化曲线几乎是一条直线,变化特征不明显。

表 8.16 为气温、轨道板表面、轨道板底面和底座板温度极值及其出现的时间,由表 8.16 可知,轨道板表面较环境每日最高、低温度出现的时刻滞后 1h 左右,实测轨道板表面最高温比环境温度最高温高 10.2℃;受轨道板、CA 砂浆层覆盖的影响,底座板中心的最高温度、最低温度出现的时刻存在明显的滞后现象,相对轨道板表面滞后 3h 左右。轨道板埋深 2cm、底座板埋深 27cm 温差分布曲线及统计图如图 8.39 与图 8.40 所示,实测正温差为 14.05 ~ 16.32℃,负温差为 -10.54 ~ -2.13℃,负温差为正温差的 13.14% ~ 70.22%。

表 8.16 气温、轨道板和底座板温度极值及其出现的时间

气温/℃		轨道板表面温度/℃		轨道板底面温度/℃		底座板温度/℃	
最高温	最低温	最高温	最低温	最高温	最低温	最高温	最低温
38.12	-15.32	48.32	-13.71	38.02	-12.56	35.32	-12.21
7月14日 14:00	12月3日 5:00	7月14日 15:00	12月2日 6:30	7月13日 18:00	12月17日 9:00	7月14日 18:00	12月2日 9:00

由上述分析可知,不论何种天气条件,轨道板温度、底座板温度与环境温度的变化规律基本一致,有良好的跟随性。其中,高温天气温度变化幅度较常温天气更为明显,晴天温度变化幅度较雨天更为明显。由于受热的不均匀和传热过程的影响,轨道结构各层温度与环境温度之间存在一定的滞后现象,且随着板深度的增加,滞后时间延长,温度峰值总体呈现底座板滞后于轨道板表面,滞后于环境温度。

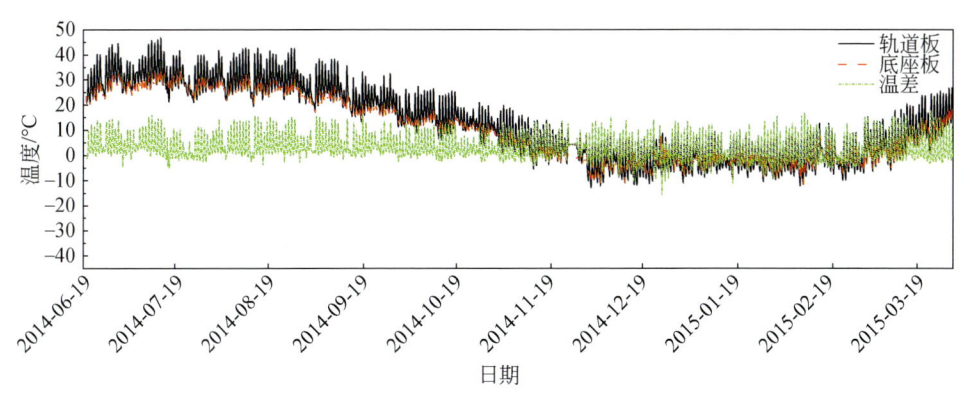

第8章 高速铁路无砟轨道现场测试与监测

图8.39 轨道板温度与底座板温度的关系

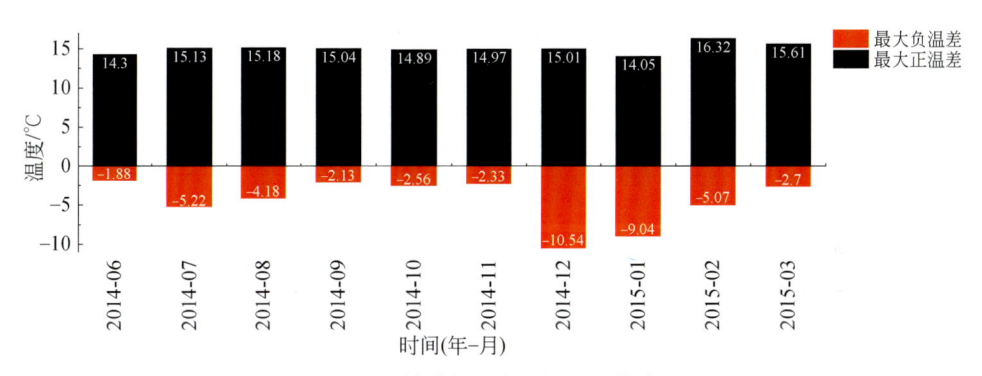

图8.40 轨道板和底座板温差统计图

此外,受热不均匀也导致轨道板与底座板之间存在一定的温差,正温差明显大于负温差。

2)轨道结构垂向温度梯度特征

轨道板、底座板不同深度垂向测点如图8.41所示。从图8.42所示的实测轨道结构不同深度处温度随时间变化可以看出,轨道板表面和侧面直接暴露在环境中,与外界热交换比较快,因此呈现白天升温快,夜晚降温快的特性;白天受日照影响,板顶升温较快,板顶温度高于板底,温度由板顶向底座板底面传递,形成正温度梯度;夜间板顶热量散失较快,板顶温度低于板底,温度由底座板向轨道板表面传递,形成负温度梯度。对比不同深度的温度变化如图8.42所示,底座板相对于轨道板温度变化幅度很小。

从图8.43中可以看出,在轨道板板高范围内温度分布为非线性。由于底座板上表面86%的面积覆盖有砂浆层及轨道板,受日照面非常小,日温差较小,且随深度增加,温度梯度减小。

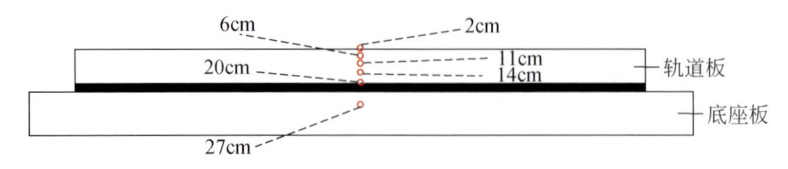

图 8.41　轨道结构传感器埋深

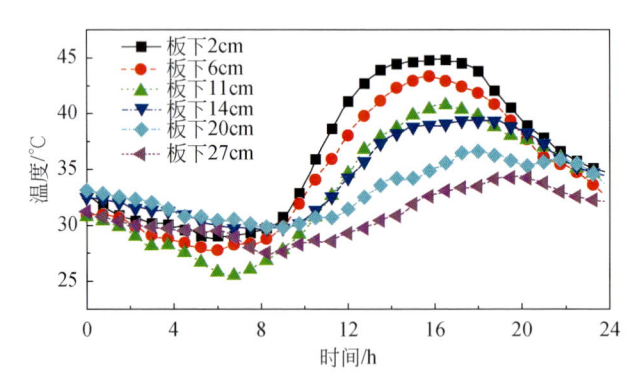

图 8.42　轨道结构温度随时间变化时程图

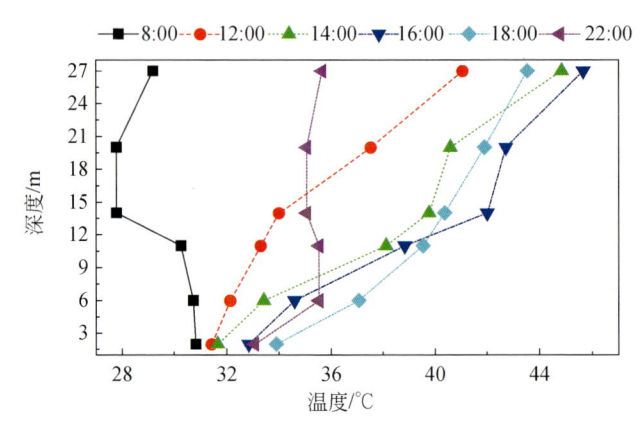

图 8.43　不同深度轨道结构温度随时间变化

图 8.44 为轨道板板顶和轨道板板底最大正负温差统计,根据图 8.44 所示与轨道板厚度,可得到轨道板垂向温度梯度统计图如图 8.45 所示,由图 8.45 可知,实测 2014 年 6 月~2015 年 3 月轨道板最大正温度梯度为 68.85℃/m,最大负温度梯度为 43.3℃/m,分别出现在 7 月和 9 月。从温度梯度统计情况来看,正温度梯度约为负温度梯度 2 倍。轨道板正温度梯度有随着气温的升高而增大、降低而减小的趋势;负温度梯度为正温度梯度的 17%~72%。

第8章 高速铁路无砟轨道现场测试与监测

图8.44 轨道板板顶与轨道板板底温差统计图

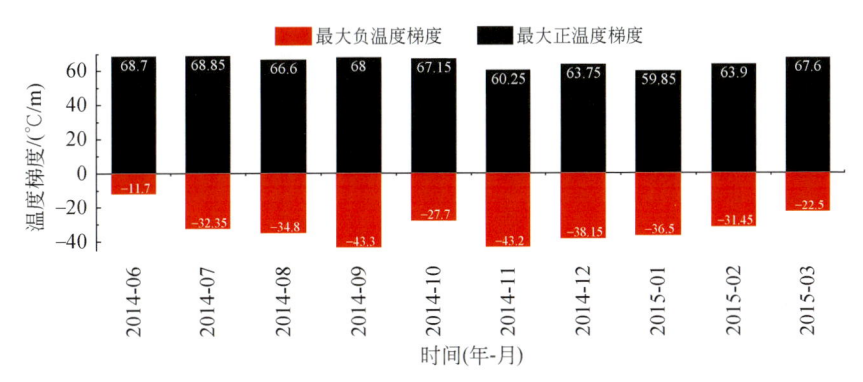

图8.45 轨道板垂向温度梯度统计图

根据实测数据样本得到轨道板温度梯度比例分布如图8.46所示,轨道板垂向温度梯度≥45℃/m的比例为8.56%,垂向温度梯度≥50℃/m的比例为5.95%,温度梯度≥60℃/m的比例为1.63%。轨道板垂向温度梯度主要集中在-20~10℃/m,其比例为57.85%。

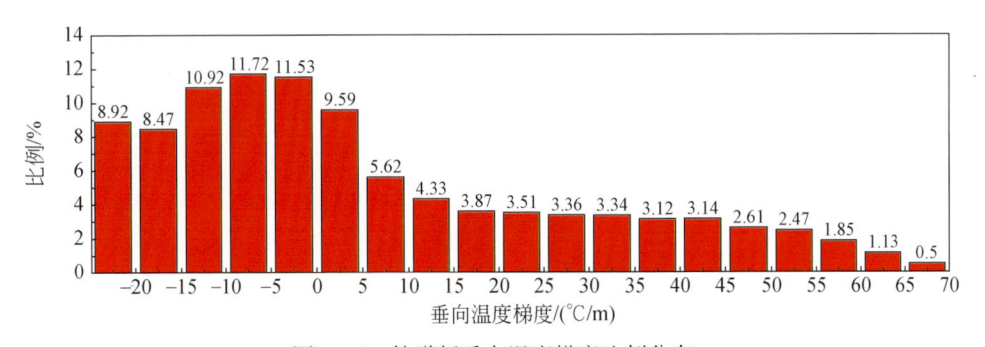

图8.46 轨道板垂向温度梯度比例分布

不同深度处的轨道结构由于与外界热交换的程度不同,形成了白天板顶温度高于板底的正温度梯度和夜间板顶温度低于板底的负温度梯度,且正温度梯度约为负温度梯度的 2 倍。随着深度的增加,温度梯度减小,量值主要集中在 $-20\sim10℃/m$。

3) 轨道结构温度与环境温度的关系

将夏季伊始 6 月到入冬时节 11 月作为典型时间区段,分析轨道结构温度与环境温度的关系。根据 6~11 月实测轨道板温度与环境温度对比可知,两者温度变化趋势一致,如图 8.47 所示。6~8 月轨道板温度与环境温度差值为 $-3\sim13℃$,9~12 月温差有增大的趋势,温差分布在 $-5\sim17℃$。

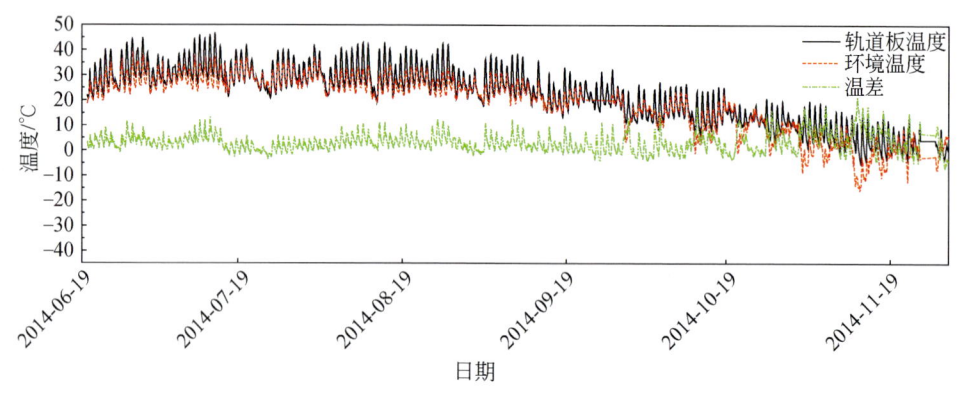

图 8.47　2014 年 6~11 月轨道板温度与环境温度温差分布

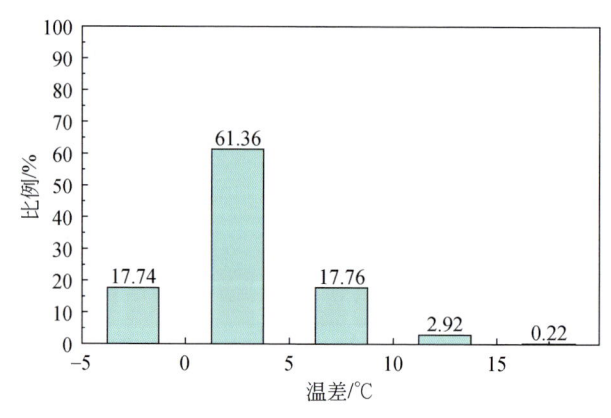

根据实测温度数据样本,绘制轨道板温度与环境温度温差比例分布如图 8.48 所示,其中轨道板温度与环境温度温差在 $-5\sim10℃$ 范围的占全部数据的 96.86%,0~5℃ 的温差占 61.36%,超过 15℃ 的温差所占比例非常小,几乎可以忽略,因此 $-5\sim10℃$ 为轨道板温度与环境温度温差的合理范围区间。

图 8.48　轨道板温度与环境温度温差比例分布

2014年6~9月轨道板温度与环境温度温差统计图如图8.49所示。从趋势来看,随着环境温度升高,轨道板与环境正温差逐渐增大,负温差逐渐减小;随着环境温度降低,轨道板与环境正温差逐渐减小,负温差逐渐增大。

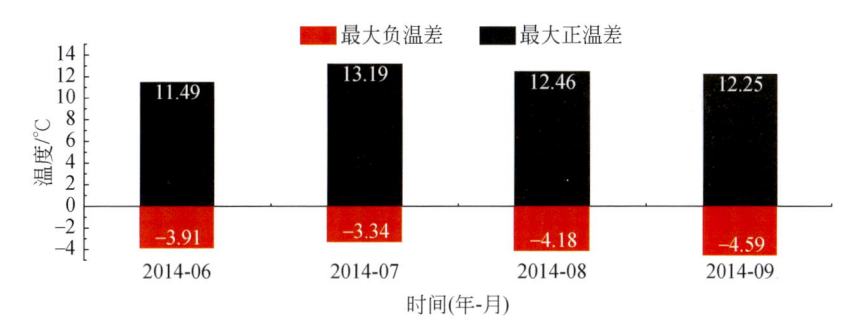

图8.49 轨道板温度与环境温度温差统计图

底座板温度跟随轨道板温度变化,且跟随性很好,因此底座板与环境温度变化趋势也一致,底座板温度与环境温度温差如图8.50所示。由图可知,2014年6~9月底座板与环境温差主要分布在-10~7℃,10~11月底座板与环境温差主要分布在-10~10℃。

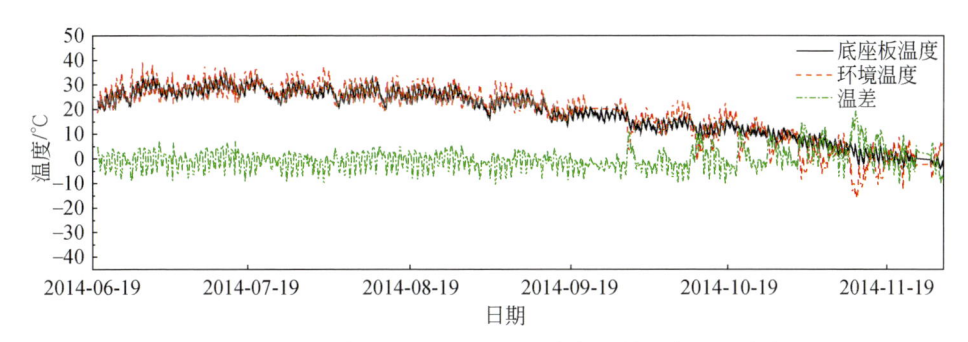

图8.50 2014年6~11月底座板温度与环境温度温差分布

根据目前实测温度数据样本,绘制底座板温度与环境温度温差比例分布如图8.51所示。由图8.51可知,底座板温度与环境温度温差主要集中在-5~5℃,覆盖数据的82.58%,-5~0℃的数据占44.84%。

2014年6~9月底座板温度与环境温度温差统计图如图8.52所示。随着整体环境温度升高,底座板与环境正温差逐渐增大,负温差逐渐减小;随着环境温度降低,正温差逐渐减小,负温差增大,由于跟随性关系,这与轨道板温度和环境温度温差结论类似。

由上述分析可知,轨道结构温度与环境温度变化趋势一致。随着整体环境温度

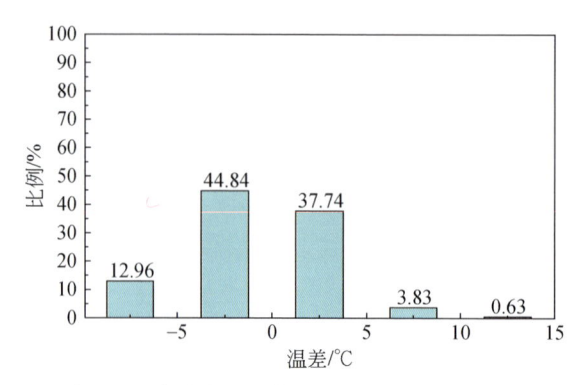

图 8.51　底座板温度与环境温度温差比例分布

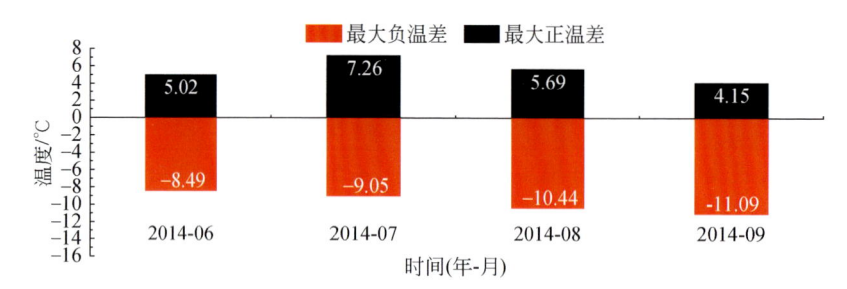

图 8.52　底座板温度与环境温度温差统计图

的升高,轨道结构温度与环境温度的正温差增大而负温差减小;随着环境温度的降低,正温差减小而负温差增大。其中,轨道板温度与环境温度的温差合理区间为-5~10℃,底座板温度与环境温度的温差合理区间为-5~5℃。

4)轨道板、环境温度与气温

本节统计了 2014 年 6~8 月每天轨道板表面温度、实测环境温度与气象温度的最大值,并绘制了三者对比时程图,如图 8.53 所示。

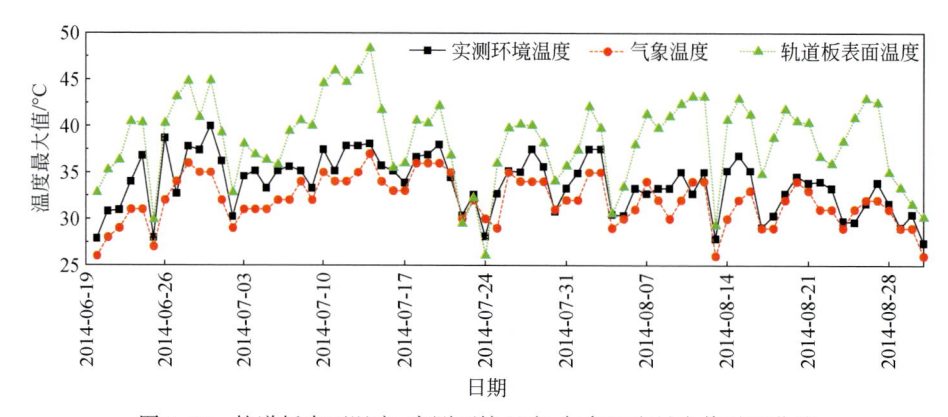

图 8.53　轨道板表面温度、实测环境温度、气象温度最大值时程曲线

第 8 章　高速铁路无砟轨道现场测试与监测

从温度最大值对比关系来看,基本呈现轨道板表面温度包络实测环境温度,环境温度包络气象温度,且三者的变化趋势一致。气象温度上升或下降时,环境温度随之升高或下降,板温最后升高或下降。板温的升降温幅度最大,每逢降温时,轨道板降温幅度明显变大,如 6 月 25 日、7 月 24 日、8 月 13 日,轨道板温度甚至低于环境温度。对于波动幅度,轨道板温度波动幅度大于环境温度波动幅度、大于气象温度波动幅度。

将实测环境温度和气象温度的最大值作差并统计其差值,分布情况如图 8.54 和图 8.55 所示。从时程图上看,两者温差不大,差值曲线较为缓和,没有出现较大的波动,且数值大多数在 0 以上,温差平均值 1.8℃。通过统计分布柱状图可知,温差在 $-2 \sim 0$℃占 10.96%,$0 \sim 2$℃占 47.95%,$0 \sim 4$℃占 79.46%,而 $6 \sim 8$℃仅占 1.36%,几乎可以忽略。

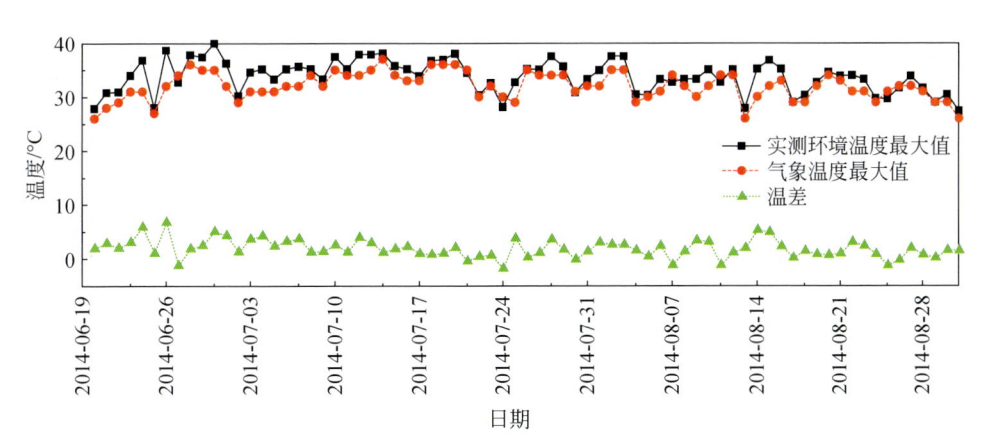

图 8.54　实测环境温度、气象温度最大值及其温差时程曲线

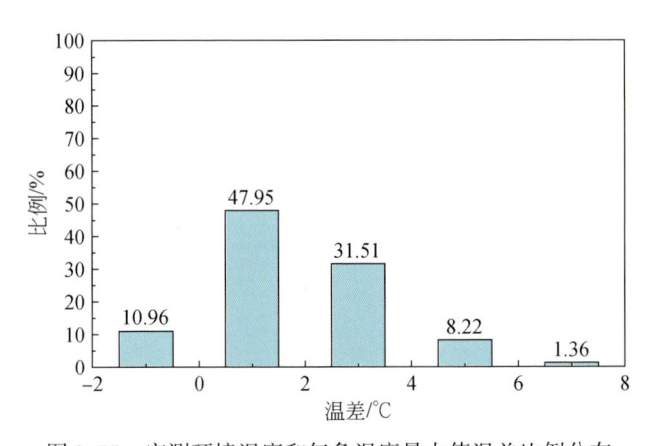

图 8.55　实测环境温度和气象温度最大值温差比例分布

图 8.56 为轨道板表面温度、实测环境温度及气象温度最小值时程曲线。从图 8.56 中的温度最小值对比关系来看,轨道板温度依然跟随环境温度,环境温度跟随气象温度变化,环境温度变化曲线与气象温度变化曲线呈现同步趋势。温度最小值变化幅度以轨道板最为剧烈,环境温度最小值变化大致等同于气象温度。与温度最大值不同,环境温度与气象温度不具有包络性。

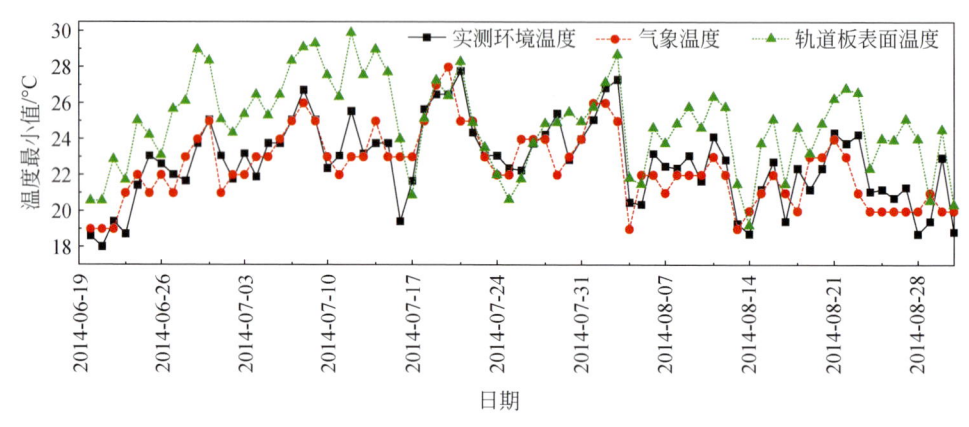

图 8.56 轨道板表面温度、实测环境温度、气象温度最小值时程曲线

从图 8.57 和图 8.58 的温差时程曲线及统计规律看,环境温度与气象温度温差以 0 轴为基准上下波动,且波动范围很小,温差平均值 0.22℃。通过统计分布柱状图可知,温差在 -4~-2℃ 仅占 2.74%,-2~0℃ 占 38.36%,0~2℃ 占 46.58%,2~4℃ 占 12.32%,其中 -2~2℃ 约占 85%。

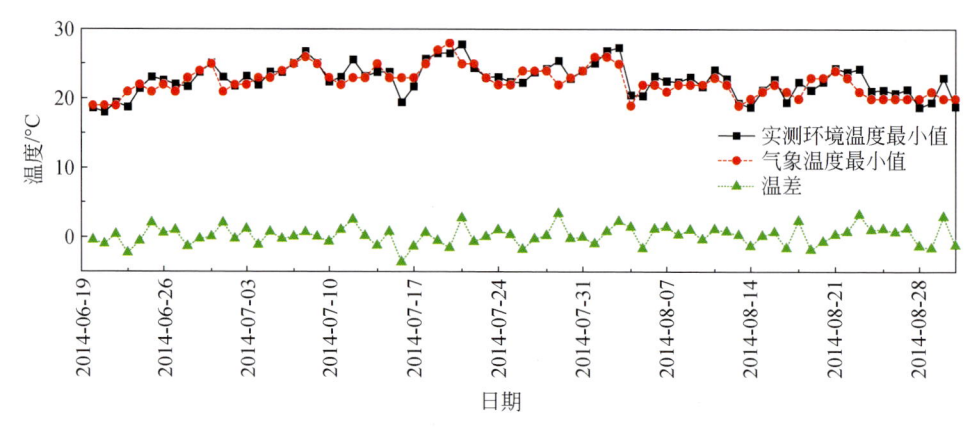

图 8.57 实测环境温度、气象温度最小值及温差时程曲线

结合上述分析可知,环境温度变化曲线与气象温度变化曲线呈现同步趋势,而轨道板表面温度最值跟随环境温度最值变化且存在一定程度的滞后。就波动幅度

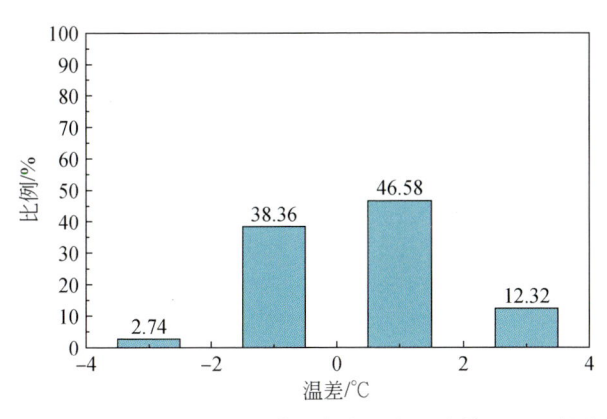

第8章 高速铁路无砟轨道现场测试与监测

图 8.58 实测环境温度最小值与气象温度最小值温差比例分布

而言,轨道板表面温度最值变化最剧烈。其中,温度最大值总体呈现轨道板表面温度包络环境温度,环境温度包络气象温度;而温度最小值不具有此包络性。此外,基于统计分析可得环境温度与气象温度的最值温差主要集中在-2~4℃。

8.2.3 数字式温度传感器监测方法的应用案例

1. 监测方案

为比较不同监测方法在无砟轨道温度监测时的应用优劣,本节对数字式温度传感器监测方法的应用案例进行综合阐述。监测案例是通过北京交通大学 CRTS Ⅱ 型板式无砟轨道的实尺模型进行相关温度监测,主要的监测内容如下:

(1)轨道板不同深度温度测试。
(2)轨道板在板中、板端、板角温度测试。
(3)砂浆层不同深度温度测试。
(4)砂浆层在板中、板端、板角温度测试。
(5)底座板不同深度温度测试。

在开展监测试验前,以北京当地气温为环境气温依据,采取现场工况与前期所进行的理论研究相结合的测点布置原则[197]。前期对温度在无砟轨道内部的变化规律及传递特性进行了初步理论研究[198],通过 ABAQUS 有限元分析软件建立了 CRTS Ⅱ 型板式无砟轨道精细化模型。通过对模型加载自主拟合日照条件下的温度曲线,得到板内横向和垂向温度分布曲线,如图 8.59 所示。

理论分析结果表明,垂向温度在轨道板内的分布是非线性的,在砂浆层及底座板内部分布几乎是一致的,数值大小与轨道板底面温度差值很小,因此温度测点多考虑在轨道板布置。在轨道板横向两侧宽约 0.25m 处,温度分布是非线性的,因此

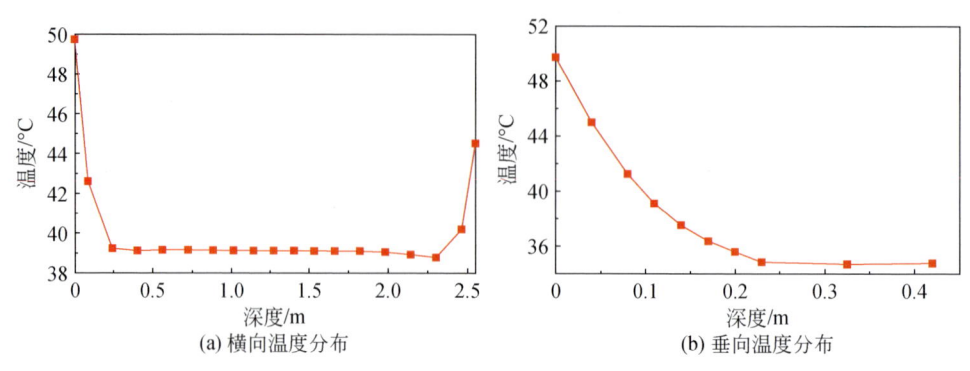

图 8.59 轨道板内部横向和垂向温度分布曲线

该区域为主要测点布置区域,而温度在轨道板 0.25～2.3m 处的分布几乎一致,因此该区域仅考虑布置一点。温度测点布置如图 8.60 所示。

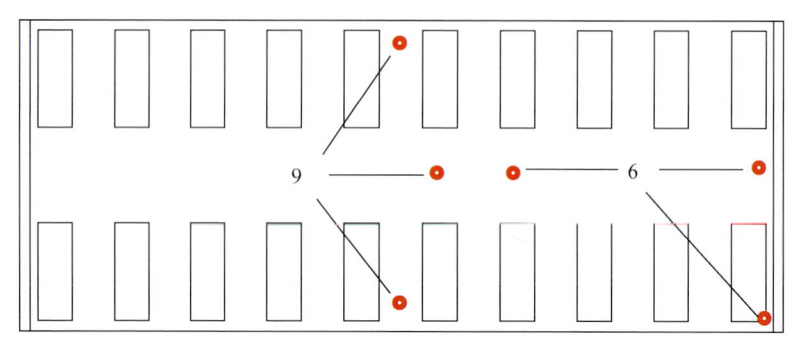

图 8.60 温度测点布置

图 8.60 中数字含义为传感器数量。阴阳面及板中每个测点垂向埋设 9 个温度传感器,其中轨道板 5 个,CA 砂浆层 1 个,底座板 3 个;剩下三个测点仅在轨道板及砂浆层埋设传感器;加上 2 个用于测试气温的传感器,共需传感器 48 个。传感器分布见表 8.17。

表 8.17 垂向埋设 9 个温度传感器的分布

传感器指标	轨道板					砂浆层	底座板		
数量	1	1	1	1	1	1	1	1	1
位置	板下 0.5cm	板下 5cm	板下 10cm	板下 15cm	板下 20cm	板下 21.5cm	板下 23cm	板下 30.5cm	板下 38cm

第8章 高速铁路无砟轨道现场测试与监测

确定仪器位置后即开展测试仪器的安装,其步骤主要包括轨道结构钻孔、温度传感器的定位安装、连接采集及接收系统。采集系统主要依据单片机原理进行温度数据采集,通过无线传输接收数据,可将接收系统放在办公室实时接收数据。值得说明的是,采集系统需要安装在恒温箱中,恒温箱具有防风防雨、保持内部温度恒定(温度过高或过低则通过内置空调进行调节)等功能,其内部有防雷击引线,并采用钢制外壳保证外表面的坚固。具体无砟轨道温度采集系统如图 8.61 所示。

(a) 无砟轨道内布置传感器

(b) 传感器接头接入采集系统　　　　(c) 接收系统数据

图 8.61　北京交通大学 CRTS Ⅱ 型板式无砟轨道温度采集系统

2. 监测数据分析

1) 环境温度及轨道结构温度

本试验对轨道板温度进行了为期两年的监测,本节依据建立的 CRTS Ⅱ 型板式无砟轨道温度监测工点提取 2015 年 3 月 19 日～2015 年 6 月 1 日的数据作为典型案例,并对数据进行处理,剔除因环境因素、电磁干扰等产生的部分坏值后绘制环境温度变化曲线,如图 8.62 所示。

为避免太阳直射影响测量,因此将环境温度测点置于阴凉处。监测期间最低温度出现在 2015 年 4 月 8 日,为 7℃;最高温度出现在 2015 年 5 月 31 日,为 36℃。无论何种环境温度,其日变化规律一致,3 月底及 5 月 10 日为雨天天气曲线,相对晴天较为平缓,环境温度最大值特征不明显。

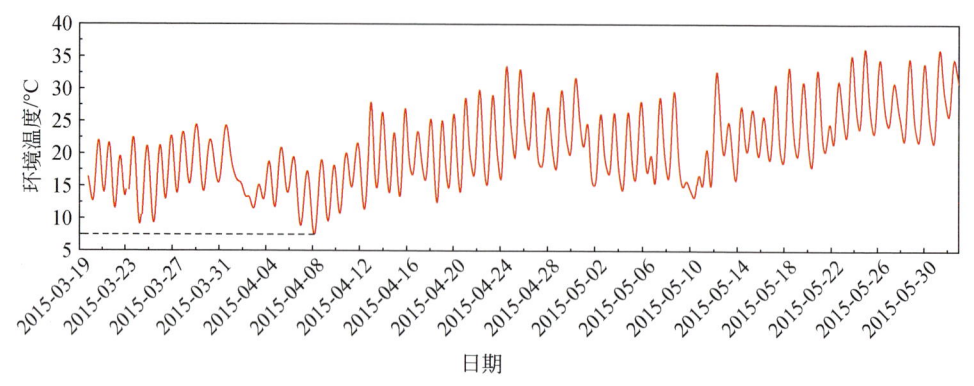

394 高速铁路无砟轨道空间精细化分析方法及其应用

图 8.62　2015 年 3 月 19 日~2015 年 6 月 1 日环境温度变化曲线

绘制轨道板板中和板角温度变化曲线如图 8.63 和图 8.64 所示。

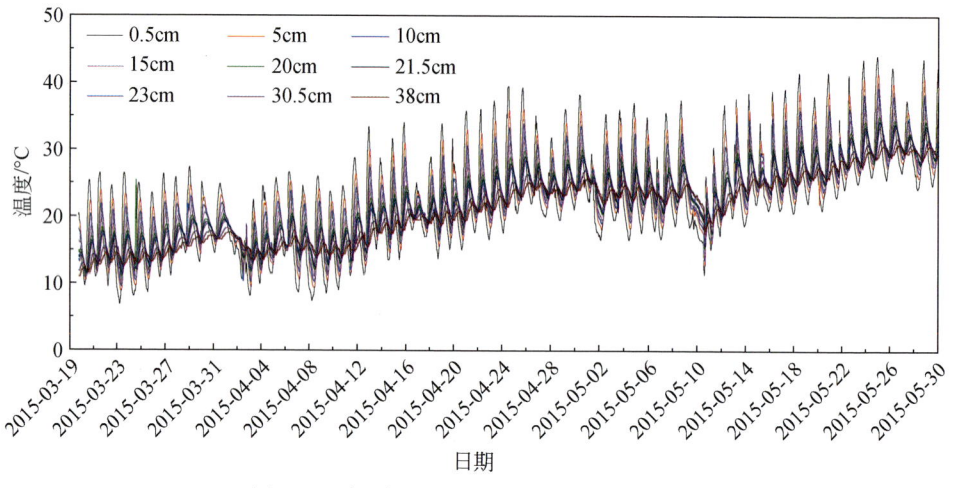

图 8.63　轨道板板中不同深度温度变化曲线

监测结果表明,轨道不同位置沿垂向的温度分布规律是一致的,轨道结构内部温度变化较表面更为缓和,且存在一定的滞后。不同位置垂向温度分布在各层结构数值上存在一定差异,其中板角温度最高,其次是板端。

2) 轨道板垂向温度梯度

绘制轨道板板中垂向温度梯度变化曲线如图 8.65 所示,并对轨道板温度梯度的分布进行统计,如图 8.66 所示。

温度梯度最大值出现在 2015 年 4 月 12 日,为 68.47℃/m,最小值出现在 2015 年 3 月 24 日,为 -33.05℃/m,最大正温度梯度约为负温度梯度的 2 倍。从温度梯度的统计来看,温度梯度主要集中在 -20~0℃/m,约占总体的 45.83%,大于 60℃/m 的温度梯度占 1.06%,这些值均出现在高温天气的极值处。

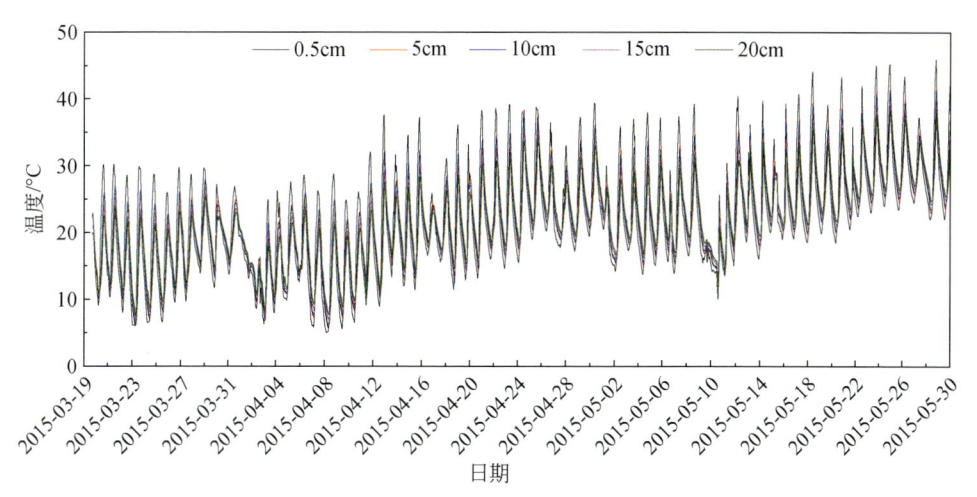

图 8.64 轨道板板角不同深度温度变化曲线

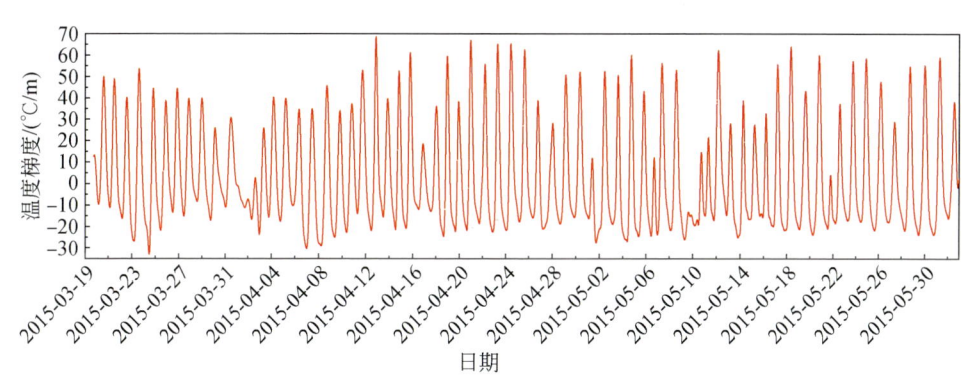

图 8.65 轨道板板中垂向温度梯度变化曲线

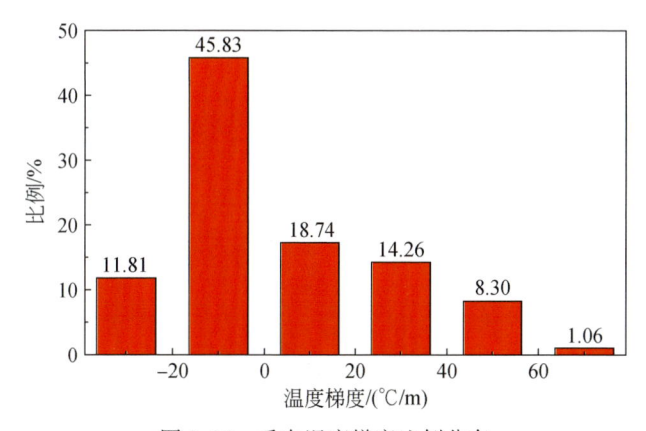

图 8.66 垂向温度梯度比例分布

3) 轨道板板面温度与环境温度温差

对轨道板板面温度及环境温度作差绘制如图 8.67 所示的曲线。

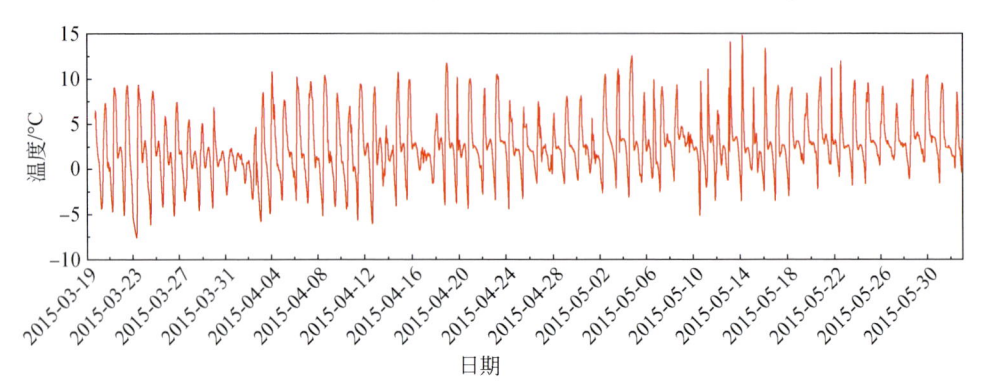

图 8.67　轨道板板面温度与环境温度温差变化曲线

由图 8.67 可以看出，高温天气条件下，升温状态轨道板板面温度与环境温度的当日最大温差在 10℃ 左右，出现于轨道板板面温度极值处，且温差随着温度的下降而下降。对于降温状态时，轨道板板面温度与环境温度最小温差在 3℃ 左右，温差随温度的降低而升高。

4) 环境温度与气温温度的关系

将实测环境温度与气象局统计资料进行对比，主要进行温度最大值的比较，如图 8.68 所示。

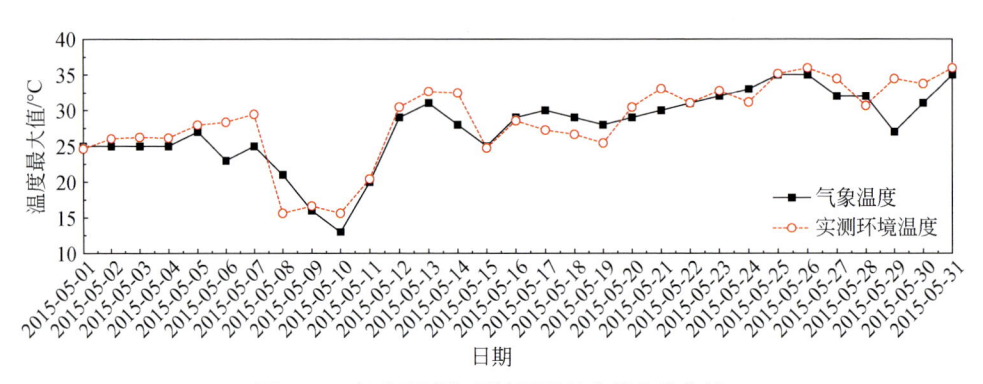

图 8.68　气象温度与环境温度最大值变化曲线

由图 8.68 可知，环境温度季节性特征明显，结构周围温度环境与气象资料的城市中心温度虽然有差异，但差异较小。无论变化趋势还是波动范围，实测环境温度与气象温度基本一致，因此气象温度很好地验证了实测环境温度的有效性。

对比光纤光栅监测方法和数字式温度传感器监测方法两个应用案例可发现不

第 8 章　高速铁路无砟轨道现场测试与监测

同方法所得的温度变化规律基本一致,两种方法对无砟轨道温度监测均有较好的适用性。监测结果表明,轨道结构与环境温度随时间的变化规律一致,跟随性良好。结构内部温度变化较表面温度变化更为缓和,且存在一定的滞后现象;由于板内垂向深度不同,轨道结构各层与外界热交换的程度不同[199],无砟轨道内部存在随时间变化的非线性温度梯度。

8.3　本章小结

本章主要结合作者在无砟轨道静动态测试与监测方面开展的大量工作,对无砟轨道静动态测试与监测技术进行了介绍,并通过测试及监测数据对无砟轨道服役性能进行了分析。

(1)无砟轨道力学性能现场测试方面,以受动态冲击影响较大的路桥过渡段台后锚固体系位置无砟轨道测试为例,对无砟轨道受力变形及振动特性的现场测试技术进行了详细阐述。动态测试结果表明,本书针对路桥过渡段台后锚固体系采取的布点方案、测试方法、评价方法等较为合理。测试数据表明,在不同速度级下,主端刺及桥台处结构的垂向刚度较大,振动更为明显。当动车组进行制动时,轨道板与底座板协同受力较好。∏型端刺轮轨作用力变化更为均匀,结构振动加速度稍小,其结构刚度过渡更好。值得说明的是,通过对无砟轨道力学性能的测试,不仅能够为精细化分析提供必要的建模参数,还可验证精细化分析模型动力学分析结果的正确性。

(2)无砟轨道监测技术方面,本书主要采用光纤光栅和数字式温度传感器两种监测方法,针对无砟轨道温度场及温度效应的长期监测,对监测方法选取、监测方案设计、监测设备安装、监测系统构建、监测数据分析等关键技术进行了详细阐述。监测结果表明,无砟轨道结构温度与环境温度的变化规律一致,结构内部温度变化较表面变化更为缓和,且存在一定的滞后现象;分析表明,无砟轨道内部存在随时间变化的非线性温度梯度。监测结果也为精细化分析方法中温度荷载参数的选取提供了一定的依据。

综上所述,对无砟轨道进行检测和监测具有重要意义。无砟轨道的检测和监测可对无砟轨道空间精细化分析提供参数的获取和模型的验证,从而满足精细化分析的需求。此外,无砟轨道监测技术的发展对无砟轨道未来服役状态的监控更具深刻意义。

第9章 结　　语

目前,我国高速铁路无砟轨道应用范围已经初具规模并仍处于快速发展阶段。我国所应用的无砟轨道种类形式较多,结构、材料及服役环境极为复杂,为保证高速铁路的安全、平稳运营,无砟轨道在设计、应用等阶段都逐渐体现出精细化管理的需求。与此同时,国内自有的无砟轨道技术在不断创新与发展,对我国无砟轨道设计技术提出了更高的要求;在无砟轨道大规模应用过程中所出现的病害问题也急需完善的分析理论体系来进行有针对性的研究。基于此,本书在细部设计参数选取、荷载计算方法研究及大量设计经验的基础上,提出了高速铁路无砟轨道空间精细化分析方法,并对其在无砟轨道设计、检算及病害研究等方面的应用进行了举例说明,主要对高速铁路无砟轨道关键结构及荷载参数、无砟轨道精细化分析模型群、无砟轨道精细化设计及检算、无砟轨道层间病害产生机理和维修措施以及高速铁路无砟轨道检测与监测技术等方面进行了深入的理论及试验研究。

基于无砟轨道精细化设计理念,本书首先在明确细部结构、荷载参数的基础上,通过设计及检算方法的创新,提出了高速铁路无砟轨道空间精细化分析方法,并建立了由无砟轨道空间实体设计模型、配筋检算模型、病害分析模型及动力仿真模型组成的精细化分析模型群。结合实际算例,重点阐述精细化分析方法在无砟轨道设计、检算及病害分析与整治过程中的应用。本书所建立的精细化分析方法,能够对无砟轨道进行关键设计参数影响规律分析、结构优化设计、检算以及病害产生机理分析。在此基础上作者结合自己在无砟轨道现场测试及监测方面的大量工作,对相关计算理论进行进一步完善,形成了高速铁路无砟轨道空间精细化分析理论体系。

目前,本书研究成果已成功应用于京沪高速铁路、郑西客运专线、哈大客运专线等高速铁路,取得了一定的成绩。但高速铁路无砟轨道运营环境复杂,安全服役问题仍然是人们关注的重点,对于一些尚未解决的问题,相关研究还需要继续深入和细化,具体如下:

(1)无砟轨道精细化分析方法的重点之一是细部参数的精细化,而细部参数的获取需要有大量的试验支撑。本书对既有无砟轨道的多项细部参数进行了现场试验测试,但针对分析对象的不同以及今后研究中可能面临的新问题,仍需继续开展现场及室内试验来推动无砟轨道精细化设计的进一步发展。

(2)本书利用所建立的空间精细化分析方法对无砟轨道进行设计、检算,旨在为无砟轨道设计、检算阶段提供一个新的思路。但限于篇幅,本书仅结合作者于CRTSⅢ型板式无砟轨道研发过程中所做的部分工作对其应用进行了介绍。值得说明的是,该方法同样适用于未来的新型无砟轨道设计以及既有其他无砟轨道结构参数优化等方面的研究,相关工作仍将持续展开。

(3)随着无砟轨道应用范围的扩大,在复杂环境、复杂线路条件影响下,新型无砟轨道结构病害也有可能发生,对其病害机理及整治方法的研究也将进一步深入。本书目前仅针对精细化分析方法在已出现的部分病害研究中的应用进行了阐述。对于未来可能出现的病害问题,仍可采用精细化分析方法进行分析。

(4)目前无砟轨道安全服役监测技术已在高速线路上开展了试验性的应用,但整体上依然处于以科学研究为主的阶段。为了进一步促进监测技术的推广应用,在监测测点布置方案、传感器长期耐久性、现场快速牢固安装技术及预测预警与辅助决策等方面还需要开展更深入的研究。

我国高速铁路仍处于飞速发展阶段,及时总结既有无砟轨道设计、运营、铺设及养护维修经验,加快制定并完善适用于高速铁路无砟轨道的相关规范,更深入地开展关键技术的研究工作,对于促进我国高速铁路的推广和应用具有重要意义。

参 考 文 献

[1] 国家发展和改革委员会. 关于印发《中长期铁路网规划》的通知[EB/OL]. http://www.ndrc.gov.cn/zcfb/zcfbghwb/201607/t20160720_813863.html[2019-03-10].
[2] 梁缘,徐秋雨,孟令稀. 中国高铁里程全球第一,未来五年还将以58%的增长率扩建[N]. 界面新闻,2016-09-21.
[3] 卢祖文. 高速铁路轨道技术综述[J]. 铁道工程学报,2007,(1):41-54.
[4] 安国栋. 高速铁路无砟轨道技术标准与质量控制[M]. 北京:中国铁道出版社,2009.
[5] 赵国堂. 高速铁路无碴轨道结构[M]. 北京:中国铁道出版社,2006.
[6] 高亮. 轨道工程[M]. 北京:中国铁道出版社,2010.
[7] 辛学忠. 德国铁路无碴轨道技术分析及建议[J]. 铁道标准设计,2005,(2):1-6.
[8] Maier F, Pichler D. Ballast-less track systems overview[J]. Oesterreichischen Ingenieur- und Architekten-Zeitschrift,2009,153(10-12):426-432.
[9] 沈东升. 客运专线无砟轨道的技术应用与发展[J]. 中国铁路,2009,(10):11-14.
[10] Muller M, Henn W D, Jansch E K, et. al. 对德国高速铁路各发展阶段的评价[J]. 中国铁路,1998,(10):19-27.
[11] Anon. Seven slab track designs on test[J]. Railway Gazette International,1997,153(2):2.
[12] Bosterling W. Elastic track for high speeds[J]. Der Eisenbahningenieur,2010,(4):26-30.
[13] Braun W. Ballastless tracks with concrete track bed and AC traction power supply[J]. Elektrische Bahnen,2003,101(4-5):213-216.
[14] Fendrich L. DB explores the limits of ballastless track[J]. Railway Gazette International,1995,151(1):45,47-49.
[15] 芮东升,赵陆青. 德国高速铁路轨道技术简介[J]. 铁道标准设计,2006,(z1):144-146.
[16] Steenbergen M J M, Metrikine A V, Esveld C. Assessment of design parameters of a slab track railway system from a dynamic viewpoint[J]. Journal of Sound Vibration,2007,306(1-2):361-371.
[17] 何华武. 无碴轨道技术[M]. 北京:中国铁道出版社,2005.
[18] 陈鹏. 高速铁路无砟轨道结构力学特性的研究[D]. 北京:北京交通大学,2009.
[19] 张庆. 日本铁路九州新干线板式无碴轨道介绍[J]. 中国铁路,2002,(4):60-61.
[20] はじめに. スラブ軌道[J]. 鉄道総研報告,2014,71(4):5019-5024.
[21] 李成辉. 轨道[M]. 成都:西南交通大学出版社,2005.
[22] 陈杨. 桥上CRTS I型板式无砟轨道纵向力分析[D]. 成都:西南交通大学,2009.
[23] 彭勇,杨荣山. CRTS I型板式无砟轨道施工工艺及施工技术[J]. 铁道建筑,2011,(11):110-113.
[24] 王军. 哈大铁路客运专线CRTS I型板式无砟轨道铺设技术[J]. 铁道标准设计,2012,(5):58-61.
[25] 徐庆元,李斌,周智辉. CRTS I型板式无砟轨道线路路基不均匀沉降限值研究[J]. 中国铁道科学,2012,33(2):1-6.

[26] 国家铁路局. 高速铁路设计规范[S]. (TB 10621—2014). 北京:中国铁道出版社,2014.
[27] 曲村,高亮,乔神路. 高速铁路长大桥梁 CRTS Ⅰ型板式无砟轨道无缝线路力学特性分析[J]. 铁道标准设计,2011,(4):12-16.
[28] 蔡小培,高亮,曲村. 无砟轨道端刺结构纵向位移的解析算法及应用[J]. 工程力学,2012,29(5):174-179.
[29] 蔡小培,高亮,魏强,等. CRTS Ⅱ型板式轨道台后Ⅱ型主端刺锚固结构受力分析[J]. 铁道建筑,2010,(12):121-124.
[30] 李伟. 损伤条件下 CRTS Ⅱ型板式无砟轨道纵向受力状态分析[D]. 石家庄:石家庄铁道大学,2014.
[31] 李中华. CRTS Ⅰ型与 CRTS Ⅱ型板式无砟轨道结构特点分析[J]. 华东交通大学学报,2010,(1):22-28.
[32] 宋小林,翟婉明. 高速移动荷载作用下 CRTS Ⅱ型板式无砟轨道基础结构动应力分布规律[J]. 中国铁道科学,2012,33(4):1-7.
[33] 伍卫凡,刘玉祥. 沪昆客运专线长(沙)玉(屏)段 CRTS Ⅱ型板式无砟轨道端刺设计方案的研究[J]. 铁道标准设计,2010,(5):10-13.
[34] Max Bogl. 关于长桥上博格型无砟轨道系统滑动层摩擦系数及其长效性的测定报告[R]. 慕尼黑:Max Bogl,2007.
[35] 朱胜阳,蔡成标. 含裂纹的双块式无砟轨道道床垂向振动特性分析[J]. 铁道学报,2012,34(8):82-86.
[36] 张娅敏,张毓,赵坪锐. 武广客运专线端梁结构分析及尺寸优化[J]. 路基工程,2010,(1):74-76.
[37] 贵藏高橋,悦夫関根. スラブ軌道を健全に保つ[J]. 铁道总研报告,2014,28(6):29-34.
[38] 刘钰,赵国堂. CRTS Ⅱ型板式无砟轨道结构层间早期离缝研究[J]. 中国铁道科学,2013,34(4):1-7.
[39] 吴绍利,吴智强,王鑫,等. 板式无砟轨道轨道板与砂浆层离缝快速维修技术研究[J]. 铁道建筑,2012,(3):115-117.
[40] 中国铁道科学研究院,沈阳铁路局,等. 高速铁路 CRTS Ⅲ型板式无砟轨道养护维修技术研究[R]. 北京:中国铁道科学研究院,沈阳铁路局,2013.
[41] 刘振民,钱振地,张雷. 双块式无砟轨道道床板混凝土裂缝的分析与防治[J]. 铁道建筑,2007,(6):99-101.
[42] Clough R W, Johnson C P. A finite element approximation for the analysis of thin shells[J]. International Journal of Solids and Structures,1968,4(1):43-60.
[43] Melosh R J. Basis for derivation of matrices for the direct stiffness method[J]. AIAA Journal,1963,1(7):1631-1637.
[44] Popplewell N, McDonald D. Conforming rectangular and triangular plate-bending elements[J]. Journal of Sound Vibration,1971,19(3):333-347.
[45] 胡海昌. 弹性力学的变分原理及其应用[M]. 北京:科学出版社,1981.
[46] Mindlin R. Influence of rotatory inertia and shear on flexural motions of isotropic elastic plates[J].

Journal of Applied Mechanics,1951,18(1):31-38.

[47] Reissner E. The effect of transverse shear deformation on the bending of elastic plates[J]. Journal of Applied Mechanics,1945,12(2):68-77.

[48] Zienkiewicz O C,Hinton E. Reduced integration,function smoothing and non-conformity in finite element analysis (with special reference to thick plates)[J]. Journal of the Franklin Institute, 1976,302(5-6):443-461.

[49] 岑松. 新型厚薄板、层合板元与四边形面积坐标法[D]. 北京:清华大学,2000.

[50] 杨艳丽,陈秀方. 我国客运专线无砟轨道设计荷载取值探讨[J]. 铁道建筑技术,2008,(5):38-41.

[51] Momoya Y,Takahashi T,Sekine E. Settlement of concrete slab track considering principal stress axis rotation in subgrade[C]//Advances in Transportation Geotechnics: Proceedings of the International Conference,Nottingham,2008: 615-619.

[52] 赵坪锐. 客运专线无砟轨道设计理论与方法研究[D]. 成都:西南交通大学,2008.

[53] 吴克俭. 无砟轨道技术再创新研究与实践[J]. 铁道工程学报,2010,27(6):55-60.

[54] 客运专线无砟轨道技术再创新理论组. 客运专线无砟轨道设计理论再创新[R]. 北京:客运专线无砟轨道技术再创新理论组,2009.

[55] Tatematsu H,Sasaki T,Iijima T. Studies on diagnosis and repair for reinforcing bar corrosion by salt injury[J]. Quarterly Report of RTRI,2001,42(1):48-54.

[56] Takahashi T. Evaluation of factors contributing to deterioration of track-slab in cold areas[J]. Quarterly Report of RTRI,2011,52(3):149-155.

[57] Rose J G,Teixeira P F,Ridgway N E. Utilization of asphalt/bituminous layers and coatings in railway trackbeds—A compendium of international applications[C]//Joint Rail Conference, Urbana,2010: 239-255.

[58] Anon. Concrete sleepers of twin-block design for conventional and ballastless high-speed lines developed in France[J]. Adhesives Age,1973,3(2):88-90.

[59] Rutherford T,Wang Z,Shu X,et al. Laboratory investigation into mechanical properties of cement emulsified asphalt mortar[J]. Construction and Building Material,2014,(65):76-83.

[60] Muramoto K,Sekine E,Nakamura T. Roadbed degradation mechanism under ballastless track and its countermeasures[J]. Quarterly Report of RTRI,2006,47(4):222-227.

[61] Takiguchi M,Watanabe T,Sato T,et al. Evaluation of ductility for reinforced concrete members[J]. Quarterly Report of RTRI,1999,40(3):165-170.

[62] Toyooka A,Ikeda M,Yanagawa H,et al. Effects of track structure on seismic behavior of isolation system bridges[J]. Quarterly Report of RTRI,2005,46(4):238-243.

[63] 王森荣,杨荣山,刘学毅,等. 无砟轨道裂缝产生原因与整治措施[J]. 铁道建筑,2007,(9):76-79.

[64] 王会永. 现浇无砟轨道轨枕结构对新老混凝土粘结面应力状态的影响[D]. 成都:西南交通大学,2008.

[65] 吴欢. 含裂纹CRTS Ⅰ型双块式无砟轨道受力分析[D]. 成都:西南交通大学,2011.

[66] 张勇. 路基上双块式无砟轨道空间力学及裂缝特性研究[D]. 长沙:中南大学,2011.
[67] 陆达飞. 双块式无砟轨道裂缝形式及控制标准研究[J]. 铁道勘察,2011,37(3):89-92.
[68] 吴斌,张勇,曾志平,等. 温度及收缩荷载下路基上双块式无砟轨道力学及裂缝特性研究[J]. 铁道科学与工程学报,2011,8(1):19-23.
[69] 张艳锋. 无砟轨道道床板混凝土断裂参数研究[D]. 长沙:中南大学,2011.
[70] 周志荣. 客运专线无砟轨道轨道板裂缝控制技术[J]. 铁道建筑技术,2010,(8):63-65.
[71] 崔国庆. 双块式无砟轨道道床板裂缝控制研究[J]. 铁道标准设计,2010,(1):66-68.
[72] 刘扬. 无砟轨道耐久性研究与分析[D]. 成都:西南交通大学,2008.
[73] 朱长华,王保江,裘智辉,等. CRTS I 型无砟轨道道床板裂缝成因分析及应对措施[J]. 施工技术,2012,41(5):77-79.
[74] 王会永,闫红亮. 整体道床无砟轨道现浇道床板新老混凝土黏结面应力分析[J]. 铁道建筑,2010,(6):111-114.
[75] 赵伟. 单元板式无砟轨道伤损及纵向受力分析[D]. 成都:西南交通大学,2008.
[76] 杨金成. Ⅱ型板式无砟轨道结构裂缝产生机理及修补方案研究[J]. 石家庄铁道大学学报(自然科学版),2012,25(2):54-58.
[77] 杨明华. 桥上纵连板式无砟轨道结构的温度翘曲变形及整治[J]. 中国铁路,2012,(4):78-81.
[78] 卫军,班霞,董荣珍. 温度作用对CRTS Ⅱ型无砟轨道结构体系的影响及损伤分析[J]. 武汉理工大学学报,2012,34(10):80-85.
[79] 朱晓斌,姚婷,刘加平,等. CRTS Ⅱ型无砟轨道CA砂浆开裂风险有限元计算[J]. 武汉理工大学学报,2011,33(11):76-81.
[80] 刘丹,李培刚,赵坪锐. 无砟轨道结构整体失稳可能性探讨[J]. 铁道建筑,2011,(10):95-98.
[81] 高增增. 路基不均匀沉降对双块式无砟轨道结构受力影响分析[J]. 中国铁路,2010,(7):74-76.
[82] 朱胜阳,蔡成标. 温度和列车动荷载作用下双块式无砟轨道道床板损伤特性研究[J]. 中国铁道科学,2012,33(1):6-12.
[83] 段翔远,荆果,徐井芒,等. 高墩大跨桥梁变形对无砟轨道的影响[J]. 铁道建筑,2011,(8):1-4.
[84] 黄应州,秦曦青,钱春阳. 海南东环铁路无砟轨道区段沉降变形观测与分析评估研究[J]. 广东土木与建筑,2011,18(2):41-43.
[85] 杨荣山,赵坪锐,肖杰灵. 支承层开裂对双块式无砟轨道的影响分析[J]. 路基工程,2009,(6):61-62.
[86] 徐庆元,李斌,范浩. 路基不均匀沉降对列车-路基上无砟轨道耦合系统动力特性的影响[J]. 铁道科学与工程学报,2012,9(3):13-19.
[87] Tanaka H,Tottori S,Nihei T. Detection of concrete spalling using active infrared thermography[J]. Quarterly Report of RTRI,2006,47(3):138-144.
[88] Chapeleau X,Sedran T,Cottineau L M,et al. Study of ballastless track structure monitoring by

distributed optical fiber sensors on a real-scale mockup in laboratory[J]. Engineering Structure,2013,(56):1751-1757.

[89] 魏祥龙,张智慧. 高速铁路无砟轨道主要病害(缺陷)分析与无损检测[J]. 铁道标准设计,2011,(3):38-40.

[90] 胡新明,李良余. 无砟轨道道床翻浆修复技术[J]. 国防交通工程与技术,2010,8(1):54-55.

[91] 胡新明,李良余. 无砟轨道水泥沥青砂浆破损修复技术[J]. 中国勘察设计,2010,(4):43-45.

[92] Ueda H, Tamai Y, Kudo T. Evaluation of the durability of cement-based repair materials[J]. Quarterly Report of RTRI,2011,52(2):92-96.

[93] Takagi K, Satou M. Application of abrasive jet to slab track repair[J]. Quarterly Report of RTRI,1990,31(2):89-94.

[94] 马伟斌,李红海,郭胜,等. 铁路隧道内无砟轨道结构病害检测与快速修复技术[J]. 中国铁路,2011,(9):29-32.

[95] 曾真. 高速铁路板式无砟轨道破损分析及工务修程修制研究[D]. 成都:西南交通大学,2009.

[96] 张绮. 客运专线无砟轨道与桥梁保护层裂缝修补技术[J]. 山西建筑,2009,35(18):125-126.

[97] 国家铁路局. 高速铁路扣件 第1部分:通用技术条件[S]. (TB/T 3395.1—2015). 北京:中国铁道出版社,2015.

[98] 中国铁路总公司. 高速铁路CRTSⅢ板式无砟轨道后张法预应力混凝土轨道板暂行技术条件[S]. (QCR 567—2017). 北京:中国铁道出版社,2017.

[99] 中国铁路总公司. 高速铁路CRTSⅢ板式无砟轨道自密实混凝土[S]. (QCR 596—2017). 北京:中国铁道出版社,2017.

[100] 中华人民共和国铁道部. 铁路无缝线路设计规范[S]. (TB 10015—2012). 北京:中国铁道出版社,2012.

[101] 中国铁道科学研究院. 无砟轨道系统安全技术深化研究总报告[R]. 北京:中国铁道科学研究院,2012.

[102] 范俊杰. 铁路超长轨节无缝线路[M]. 北京:中国铁道出版社,1996.

[103] 李阳春. 隧道洞口无缝线路参数计算[J]. 铁道建筑技术,2006,(1):9-11.

[104] 张向民,高亮,曾志平,等. 青藏铁路风火山隧道气温轨温试验及无缝线路设计[J]. 北京交通大学学报,2013,37(3):73-78.

[105] 陈建勋,罗彦斌. 寒冷地区隧道温度场的变化规律[J]. 交通运输工程学报,2008,8(2):44-48.

[106] 宋欢平,边学成,蒋建群,等. 高速铁路路基沉降与列车运行速度关联性的研究[J]. 振动与冲击,2012,31(10):134-140.

[107] 邹春华,周顺华,王炳龙. 有砟轨道路基不均匀沉降引起轨枕空吊的计算方法[J]. 铁道学报,2013,35(1):87-92.

[108] 于红军. 含复杂界面非均匀材料断裂力学研究[D]. 哈尔滨:哈尔滨工业大学,2010.

[109] 徐汉忠. 不连续位移法解弹性力学平面问题[J]. 河海大学学报(自然科学版),1990,18(3):56-61.

[110] 李树忱,程玉民,李术才. 动态断裂力学的无网格流形方法[J]. 物理学报,2006,55(9):4760-4766.

[111] 吴敬凯. 非均质材料力学性能与失效分析的多尺度有限元法研究[D]. 大连:大连理工大学,2013.

[112] 朱华满,支树华. 力学中的不连续位移边界元特解法[J]. 大连铁道学院学报,1992,13(3):15-18.

[113] Xu X P, Needleman A. Numerical simulations of fast crack growth in brittle solids[J]. Journal of the Mechanics and Physics of Solids,1994,42(9):1397-1434.

[114] Evangelista Jr F, Roesler J R, Proenca S P. Three-dimensional cohesive zone model for fracture of cementitious materials based on the thermodynamics of irreversible processes[J]. Engineering Fracture Mechanics,2013,97(1):261-280.

[115] Ghovanlou M K, Jahed H, Khajepour A. Cohesive zone modeling of fatigue crack growth in brazed joints[J]. Engineering Fracture Mechanics,2014,(120):43-59.

[116] Silva C M, Flores-Colen I, Gaspar S. Numerical analysis of renders' adhesion using an interface model[J]. Construction and Building Materials,2013,(38):292-305.

[117] Shi J, Chopp D, Lua J, et al. Abaqus implementation of extended finite element method using a level set representation for three-dimensional fatigue crack growth and life predictions[J]. Engineering Fracture Mechanics,2010,77(14):2840-2863.

[118] Oswald J, Gracie R, Khare R, et al. An extended finite element method for dislocations in complex geometries: Thin films and nanotubes[J]. Computer Methods in Applied Mechanics and Engineering,2009,198(21-26):1872-1886.

[119] Gracie R, Oswald J, Belytschko T. On a new extended finite element method for dislocations: Core enrichment and nonlinear formulation[J]. Journal of the Mechanics and Physics of Solids,2008,56(1):200-214.

[120] Moës N, Belytschko T. Extended finite element method for cohesive crack growth[J]. Engineering Fracture Mechanics,2002,69(7):813-833.

[121] 元强,郭建光,邓德华,等. 板式轨道用高弹模水泥沥青砂浆与混凝土黏结性能的试验研究[J]. 铁道科学与工程学报,2013,10(6):40-44.

[122] Bouhala L, Shao Q, Koutsawa Y, et al. An XFEM crack-tip enrichment for a crack terminating at a bi-material interface[J]. Engineering Fracture Mechanics,2013,(102):51-64.

[123] Zhang S, Wang G, Yu X. Seismic cracking analysis of concrete gravity dams with initial cracks using the extended finite element method[J]. Engineering Structure,2013,(56):528-543.

[124] 董玉文,任青文,余天堂. 扩展有限元法在重力坝断裂分析中的应用研究[J]. 重庆建筑大学学报,2008,30(3):39-43.

[125] Pais M J. Variable amplitude fatigue analysis using surrogate models and exact XFEM reanalysis

[D]. Gainesville: University of Florida, 2011.

[126] Rice J R. Elastic-plastic crack growth [C]//Mechanics of Solids: The Rodney Hill 60th Anniversary Volume. Oxford: Pergamon Press, 1982: 539-562.

[127] Sukumar N, Huang Z Y, Prévost J H, et al. Partition of unity enrichment for bimaterial interface cracks[J]. International Journal for Numerical Methods in Engineering, 2004, 59(8): 1075-1102.

[128] Shih C A R. Elastic-plastic analysis of crack on bimaterial interface: Part I—Small scale yielding[J]. Journal of Applied Mechanics, 1988, 55(2): 299-316.

[129] Yau J F, Wang S S, Corten H T. A mixed-mode crack analysis of isotropic solids using conservation laws of elasticity[J]. Journal of Applied Mechanics, 1980, 47(2): 335-341.

[130] Cherepanov G P. Comment on contribution on "theory of fatigue crack growth" by G P Cherepanov and H Halmanov[J]. Engineering Fracture Mechanics, 1975, 7(4): 771.

[131] Drucker D C, Rice J R. Plastic deformation in brittle and ductile fracture[J]. Engineering Fracture Mechanics, 1970, 1(4): 577-602.

[132] Rice J R, Rosengren G F. Plane strain deformation near a crack tip in a power-law hardening material[J]. Journal of the Mechanic and Physics of Solids, 1968, 16(1): 1-12.

[133] Williams M L. On the stress distribution at the base of a stationary crack[J]. Journal of Applied Mechanics, 1957, 24(1): 109-114.

[134] Westergaard H M W. Bearing pressures and cracks[J]. Journal of Applied Mechanics, 1939, 6(1): 49-53.

[135] Nuismer R J. An energy release rate criterion for mixed mode fracture[J]. International Journal of Fracture, 1975, 11(2): 245-250.

[136] Sih G C. Strain-energy-density factor applied to mixed mode crack problems[J]. International Journal of Fracture, 1974, 10(3): 305-321.

[137] Bilby B A C. The crack with a kinked tip[J]. International Journal of Fracture, 1975, 11(4): 708-712.

[138] Liu Y M S. Threshold stress intensity factor and crack growth rate prediction under mixed-mode loading[J]. Engineering Fracture Mechanics, 2007, 74(3): 332-345.

[139] Richard H A, Fulland M, Sander M. Theoretical crack path prediction[J]. Fatigue and Fracture of Engineering Materials and Structures, 2005, 28(1-2): 3-12.

[140] Erdogan F, Sih G C. On the crack extension in plates under plane loading and transverse shear[J]. Journal of Basic Engineering, 1997, 12(4): 527

[141] Maiti S K, Smith R A. Theoretical and experimental studies on the extension of cracks subjected to concentrated loading near their faces to compare the criteria for mixed mode brittle fracture[J]. Journal of the Mechanics and Physics of Solids, 1983, 31(5): 389-403.

[142] Underwood J H, Lasselle R R, Scanlon R D, et al. A compliance k calibration for a pressurized thick-wall cylinder with a radial crack[J]. Engineering Fracture Mechanics, 1972, 4(2): 231-244.

[143] Palaniswamy K, Knauss W G. On the problem of crack extension in brittle solids under general

loading[J]. Mechanics Today,1978,(12):87-148.

[144] Sih G C, Macdonald B. Fracture mechanics applied to engineering problems- strain energy density fracture criterion[J]. Engineering Fracture Mechanics,1974,6(2):361-386.

[145] Sih G C. Energy- density concept in fracture mechanics[J]. Engineering Fracture Mechanics, 1973,5(4):1037-1040.

[146] Theocaris P S, Prassianakis J. Propagation of cracks from strip inclusions in composite plates under impulsive tensile load[J]. Fibre Science and Technology,1982,17(4):273-288.

[147] Theocaris P S, Tsamasphyros G, Theotokoglou E E. A combined integral- equation and finite- element method for the evaluation of stress intensity factors[J]. Computer Methods in Applied Mechanics and Engineering,1982,31(2):117-127.

[148] 徐世烺. 混凝土断裂力学[M]. 北京:科学出版社,2011.

[149] 徐世烺,赵艳华. 混凝土裂缝扩展的断裂过程准则与解析[J]. 工程力学,2008,(S2):20-33.

[150] 赵艳华,徐世烺,聂玉强. 混凝土断裂能的边界效应[J]. 水利学报,2005,36(11):51-56.

[151] 徐世烺,赵国藩,黄永逵,等. 混凝土大型试件断裂能 G_F 及缝端应变场[J]. 水利学报,1991,(11):17-25.

[152] Hillerborg A, Modéer M, Petersson P E. Analysis of crack formation and crack growth in concrete by means of fracture mechanics and finite elements[J]. Cement Concrete Research,1976,6(6):773-781.

[153] Petersson P E. Fracture energy of concrete: Practical performance and experimental results[J]. Cement Concrete Research,1980,10(1):91-101.

[154] Alfano G, Sacco E. Combining interface damage and friction in a cohesive zone mode[J]. International Journal for Numerical Methods in Engineering,2006,68(5):542-582.

[155] Gambarova P G, Valente G. Smeared crack analysis for fracture and aggregate interlock in concrete[J]. Engineering Fracture Mechanics,1990,35(4):651-663.

[156] Reinhardt H W, Cornelissen H A W, Hordijk D A. Tensile tests and failure analysis of concrete[J]. Journal of Structural Engineering,1986,112(1):2462-2477.

[157] Comite Euro- International du Beton. CEB- FIP Model Code 1990(Concrete Structures)[S]. London:Thomas Telford,1993.

[158] 中华人民共和国住房和城乡建设部. 混凝土结构设计规范[S]. (GB 50010—2010). 北京:中国建筑工业出版社,2010.

[159] 王涛,胡曙光,王发洲,等. CA 砂浆强度主要影响因素的研究[J]. 铁道建筑,2008,(2):109-111.

[160] 徐静,张勇,张小冬,等. CA 砂浆强度的影响因素及作用机理研究[J]. 铁道建筑,2010,(9):134-138.

[161] 谭忆秋,欧阳剑,王金凤,等. CA 砂浆强度影响因素及强度机理研究[J]. 哈尔滨工业大学学报,2011,43(10):80-83.

[162] 谭忆秋,欧阳剑,王金凤,等. 高强型 CA 砂浆力学性能影响因素及力学机理研究[J]. 铁

道学报,2012,34(7):122-125.
[163] 刘学毅,苏成光,刘丹,等. 轨道板与砂浆粘结试验及内聚力模型参数研究[J]. 铁道工程学报,2017,34(3):24-30.
[164] 中国铁道科学研究院. CRTS Ⅱ型板式无砟轨道温度变形与控制措施阶段报告[R]. 北京:中国铁道科学研究院,2014.
[165] 高亮,杨文茂,曲村,等. 高铁长大桥梁CRTS Ⅰ型板式无砟轨道无缝线路的动力学特性[J]. 北京交通大学学报,2013,37(1):73-79.
[166] 辛涛. 高速铁路高架桥上无砟道岔动力特性研究[D]. 北京:北京交通大学,2011.
[167] 刘学毅,王平. 车辆–轨道–路基系统动力学[M]. 成都:西南交通大学出版社,2010.
[168] 国家铁路局. 高速铁路无砟轨道不平顺谱[S]. (TB/T 3352—2014). 北京:中国铁道出版社,2014.
[169] 刘学毅,赵坪锐,杨荣山. 客运专线无砟轨道设计理论与方法[M]. 成都:西南交通大学出版社,2010.
[170] 国家铁路局. 铁路桥涵设计规范[S]. (TB 10002—2017). 北京:中国铁道出版社,2017.
[171] 王继军,尤瑞林,王梦,等. 单元板式无砟轨道结构轨道板温度翘曲变形研究[J]. 中国铁道科学,2010,31(3):9-14.
[172] 朱伯芳,王同生,丁宝瑛. 水工混凝土结构的温度应力与温度控制研究[M]. 北京:水利电力出版社,1976.
[173] 张德兴,李梦佳. 双向约束地基上砼板温度应力计算的新方法[J]. 结构工程师,2001,(1):28-33.
[174] 赵磊,高亮,辛涛,等. 考虑层间效应的无砟轨道复合板温度荷载效应计算方法研究[J]. 铁道学报,2014,(10):81-87.
[175] 朱伯芳. 地基上混凝土梁的温度应力[J]. 土木工程学报,2006,39(8):96-101.
[176] 朱伯芳. 大体积混凝土温度应力与温度控制[M]. 北京:中国水利水电出版社,2012.
[177] 陈鹏,高亮,马鸣楠. 高速铁路路基沉降限值及其对无砟轨道受力的影响[J]. 工程建设与设计,2008,(5):63-66.
[178] 王璞,高亮,赵磊,等. 路基地段CRTS Ⅲ型板式无砟轨道底座板限位凹槽设置方式研究[J]. 工程力学,2014,31(2):110-116.
[179] 高亮,赵磊,曲村,等. 路基上CRTS Ⅲ型板式无砟轨道设计方案比较分析[J]. 同济大学学报(自然科学版),2013,41(6):848-855.
[180] 蔡小培,赵磊,高亮,等. CRTS Ⅲ型板式无砟轨道底座合理纵连长度计算[J]. 交通运输工程学报,2016,16(1):55-62.
[181] 辛涛,张琦,高亮,等. 高速铁路CRTS Ⅲ型板式无砟轨道减振垫层动力影响及结构优化[J]. 中国铁道科学,2016,37(5):1-7.
[182] 赵磊,高亮,蔡小培,等. CRTS Ⅰ型无砟轨道板预应力筋破坏所致附加荷载的影响分析[J]. 铁道学报,2015,(12):74-80.
[183] 赵国堂,高亮,赵磊,等. CRTS Ⅱ型板式无砟轨道板下离缝动力影响分析及运营评估[J]. 铁道学报,2017,39(1):1-10.

[184] 高睿. CRTS Ⅱ型板式无砟轨道轨道板离缝上拱整治及效果研究[D]. 成都:西南交通大学,2014.
[185] 高亮,刘亚男,钟阳龙,等. 宽窄接缝破损对CRTSⅡ型板式无砟轨道无缝线路受力的影响[J]. 铁道建筑,2016,(5):58-63.
[186] 姜鹏. 双块式无砟轨道结构道床板上拱的成因分析与整治措施研究[D]. 成都:西南交通大学,2011.
[187] 韩波,蔡小培,赵磊,等. 双块式无砟轨道上拱离缝后动力性能评价[J]. 铁道建筑,2013,(10):99-101.
[188] 屈畅姿,王永和,魏丽敏,等. 武广高速铁路路基振动现场测试与分析[J]. 岩土力学,2012,33(5):1451-1456.
[189] 国家铁路局. 轮轨横向力和垂向力地面测试方法[S]. (TB/T 2489—2016). 北京:中国铁道出版社,2016.
[190] 中华人民共和国铁道部. 高速铁路工程动态验收技术规范[S](TB 10761—2013). 北京:中国铁道出版社,2013.
[191] 国家铁路局. 铁路桥涵混凝土结构设计规范[S]. (TB 10092—2017). 北京:中国铁道出版社,2017.
[192] 国家标准局. 铁道车辆动力学性能评定和试验鉴定规范[S]. (GB/T 5599—1985). 北京:中国标准出版社,1985.
[193] 中华人民共和国铁道部. 高速铁路无砟轨道线路维修规则(试行)[S]. (TG/GW 115—2012). 北京:中国铁道出版社,2012.
[194] 张鹏飞,雷晓燕,高亮,等. 高速铁路桥上无缝线路静态监测数据分析[J]. 铁道工程学报,2016,33(11):40-44,62.
[195] 蔡小培,高亮,林超,等. 京沪高速铁路高架站轨道系统长期监测技术[J]. 铁道工程学报,2015,32(5):35-41.
[196] 蔡小培,高亮,刘超,等. 高架站无砟轨道道岔监测数据管理信息系统[J]. 铁道工程学报,2016,33(1):52-57.
[197] 高亮,尤明熙,肖宏,等. CRTSⅡ型板式无砟轨道温度分布与环境温度关系的试验研究[J]. 铁道建筑,2016,(5):6-9.
[198] 尤明熙,蔡小培,高亮,等. 基于监测的CRTSⅡ型板式无砟轨道温度传递仿真分析[J]. 铁道建筑,2015,(11):104-107.
[199] ACI Committee. Institude Building Code Requirements for Structural Concrete and Commentary[S]. ACI 318-14. Farmington Hills:American Concrete Institute.